国家出版基金项目
NATIONAL PUBLICATION FOUNDATION

顧頡剛全集

顧頡剛日記

卷 九

中 華 書 局

目　　録

一九六〇年

一九六〇年二月十七日，越特金返國，凡住京三個月又二旬。

二月十七日，潘梓年在東四工人俱樂部主持哲學社會科學部團結躍進會，説此後當注重資料工作，不看資料工作者爲低一等的人。

二十日，到政協，爲抗議美國政府劫奪我國在臺灣之文物，開會抗議，予發言。

是月，爲辛樹幟修改《禹貢新解》。

三月一日，與政協同人參觀湖北建設，到武漢、棗陽、丹江口、樊城，十九日歸。

三月廿九日起，開政協大會，四月十日閉幕。

自四月起，上海人民出版社每月寄來五十元，作予筆記鈔費，予開始交人鈔寫。

四月十二日參觀密雲水庫。十三日參觀植物園。

五月，作《尚書》序，未畢。作《尚書存佚各本及現存本零整篇章表》。

七月十一日，到北戴河休養，游秦皇島、山海關，静秋及潮兒繼至。三十日返京。在彼讀恩格斯《家庭私有制及國家的起源》。

八月五日起，到廬山休養，將《左傳》點讀一過。游鄱陽湖、星子縣及山上各名勝。九月二十三日與王偉同到九江、南昌、景德鎮、吉安、井崗山。十月七日與王偉别，十月九日到上海，十日到蘇州，十九日返京。

十月十九日，自江西返北京。

十月廿六日，與文聯同人到八大處長安寺，學習《毛選》第四卷，十一月十日歸。

十一月廿一日起，始理《大誥》。

爲灾荒故，政協俱樂部大量供應，予與諸同鄉老友定每星期一叙，自十二月十三日始。

整理舊筆記付鈔。

朱務善及蕭光兩同志均向我介紹北京西皇城根嘉興寺對面之馬理堂針灸師，謂其對于失眠病及高血壓有特殊治效，可包睡十小時而不做夢。惟就醫者多，必須早往，又須多待耳。

思想是解放牌！決心是無敵牌！干勁是永久牌！

——一個工人所説，見一九六〇，一，十一，《人民日報》社論

列寧有一條重要的遺訓："在工作中無論何時都不要拒絕小事情，因爲大事是由小事積成的。"凡是對人民的事業有益處的事情，任何一件小事都同時又是大事。

——一九六〇，二，十，《光明日報》王子野《談立志》

天然鑽石是世上很堅强的礦物，爲純粹的磁，在地下受巨大的熱力、壓力而結晶。……利用一種溶化的金屬觸媒作爲碳與生長的鑽石結晶之間的一層薄膜而達成此種"穿透"。此點加上了新的超級壓力（每平方時高至一百八十萬磅力）及高溫度（華氏四千四百度以上）的儀器便產生了人造鑽石。

——一九六〇，二，十三，《參考消息·製造人造鑽石方法》

一九六〇年《新建設》一號韓佳辰《馬寅初哲學的破產》文云：

> 馬寅初的政治經濟學的特點是：只見鋼、鋁、齒輪、肥料，甚至垃圾等物的因素，而不見人，不見生產關係，更不見社會制度。凡有些馬克思列寧主義常識的人，也都曉得，要想對我國社會主義建設大躍進的情形作一個科學的解釋，必須遵循馬克思研究社會經濟形態發展的方法："從社會生活的各種領域中劃分出經濟領域來，從一切社會關係中劃分出生產關係來，并把它當做決定其餘一切關係的基本的原始的關係。"（《列寧全集》一卷 118 頁）具體講來，首先要從我國當前的生產關係入手，闡明社會主義制度的優越性，黨的領導和解放了的億萬勞動人民的革命積極性、主動性和創造性等等。相反，馬寅初研究社會經濟不是從生產關係入手，社會主義制度、黨的領導、人民群眾的活動等等，更不在馬寅初"經濟學"研究範圍之內。

我們從舊社會來的知識分子，遇事祇看見現象，看不到本質，因此到了新社會裏常常犯錯誤。馬先生搞了一世的經濟學而不能講經濟于今日的中國，正猶我搞了一世的歷史學而不能講歷史于今日的中國一樣。這不能怨人家對我們的薄待，而只能怨自己不能隨時進步，站在時代的前列。因書于此，以自警惕！然我所苦的，只是業務太忙（這種忙法是別人想不出來的，他們以爲整理古籍是一件容易事，尤其我已搞了數十年更是方便，而不知生于清代之後，必須從清儒達到的階段走下去，而要達到清儒的階段卻是一件極不容易的事。我不幸早歲成名，社會上不容其不活動，又值國勢齪齪，四方流轉，經歷長時期，以致樸學基礎并未打好，今日爲此，必須從頭做起，然而事務冗忙，限期迫促，做了這樣就丟了那樣，不能像乾嘉學者之循序漸進，其苦痛爲何如也），無法好好學習馬克思主義耳，非不願學也，更非自謂學業已成，欲以己學與馬克思主義相對抗也。何日使我時間夠用，新知舊學交相應發，完成"古爲今用"之任務，以自獻于社會主義之建設，而不如今日之脚踩兩條船，時時有傾跌之虞乎？跂予望之！

祝瑞開謂予："黨要團結你，尹達不可能打擊你。"此語甚是，當記在心頭。惟願此公注意領導者之態度，勿懷成見，勿爲人言所動，勿以譏諷語刺人，使我得安心于工作崗位也。

一九六○年一月

一月一號星期五（十二月初三）

賀次君來。點《馬克思主義哲學原理》六面。看《人民日報》社論《展望六十年代》。到越特金處，并晤尹達、侯外廬、施乃德。邀越特金到新僑飯店六樓飯，遇劉多荃。

點《經義述聞》六則。尹素雲來。金振宇、擎宇來。

與静秋到人民大會堂，參加新年聯歡會，自六時半至十時半。十一時許，歸家。十二時服藥眠，翌晨五時醒。

今日社論分析國際局勢，指出今後道路，甚重要。所恨字太小，文又長，看去着實吃力。必須買一放大鏡，以濟老眼之窮。

今日同席：越特金　高理高理也夫（以上客）　胡厚宣（主）

今晚同會：劉主席　朱委員長　周總理　彭市長　所晤人：康同璧　羅儀鳳　張滄江　仇鰲　于滋潭　張明養夫婦　章元善夫婦　嚴希純　向達　薛愚　葛志成　張紀元　徐楚波　吕叔湘　譚惕吾　李儼　胡愈之夫婦　葉至善　李一平　陳達邦　周亞衛夫婦　朱潔夫　鄒秉文　李培基　翁文灝　吴半農夫婦　李俊龍

楊一波　程希孟　陸殿棟夫婦　黃秉維夫婦　李祖蔭　林山　錢端升夫婦　沈性元　葉企孫　陳岱孫　老舍夫婦　吳覺農夫婦

今晚所觀劇：（一）三金殿（川劇、胡琴）：宋康王——周裕祥　息氏——楊淑英　（二）爾成説親（川劇、高腔）：崔爾成——李笑非　菱角——蕭熙鳳　焦志——司徒慧聰　焦母——戴雪如　（三）小宴驚變（昆曲）：唐明皇——俞振飛　楊玉環——言慧珠

一月二號星期六 （十二月初四）

石慰萱來。點《馬克思主義哲學原理》四面。到新僑飯店，參加民進新年歡叙會。二時，聚餐。

到北京醫院打針。點《經義述聞》十五則。雁秋來，留飯。寫李址麟信。

洗浴。祝瑞開來。十時半服藥眠，翌晨四時半醒。近曉又半眠，六時半醒。

今午同席：王紹鏊　許廣平　楊東蓴　徐伯昕　馮賓符　葛志成　張紀元　馮少山　陳秋安　張景寧　吳榮　方明　方白　林漢達　金芝軒　董守義　雷潔瓊　嚴景耀　謝冰心　吳文藻　吳研因　嚴幼芝　李紫東　徐楚波　陶建基　王寶初　沈祖培　張明養　梁純夫　章廷謙　顧均正　趙樸初　陳慧　陳麟瑞　傅彬然　余之介　毛之芬　沐紹良　方毅明　王嘉璿　陳秉直　張守平　吳德咸　鄭芳龍　富介壽　趙濟年　毛啓邲　酈平章　巫寶三　馮亨嘉　吳廷勘　張志公　謝瑩　陳公慶　馬榮選　丁裕超

一月三號星期日 （十二月初五）

點《馬克思主義哲學原理》十六面。將在滬時所點《經義述聞》卷三加上引號，凡十六則。本卷訖。

孫助廉來，議書價。張貞甫、陳晉來。重勘《秦本紀》，記筆

記一則。出，刮臉。遇馬曼青。鈔朱熹《開阡陌辨》入筆記。雁秋來。

翻金鶚《求古録禮説》。十時服藥眠，翌晨四時醒，拂曉又略眠。

一月四號星期一（十二月初六）

車中遇杜任之。到所，與越特金、胡厚宣、趙幼文、高志辛同討論《秦本紀》文字。十二時，越特金以車送歸。

孫助廉來，告書價。記筆記六則。到北京醫院打針，遇酈明。點《馬克思主義哲學原理》六面。雁秋來，留飯。

與湲兒到紅星，看《羅蒙諾索夫城》、《蘭州十年》、《歐洲花樣滑冰冠軍》影片。翻《求古録禮説》。十時半服藥眠，翌晨五時三刻醒。

予一生想做藏書家，積書至十萬册以上，并想獨立經營一圖書館，使永不散失。今其事已不可能矣，而公家圖書館越來越多，亦無須由私人爲之。值此勞動力極端缺乏之際，我一人之力亦不能維護并檢取此五萬餘册書，故決取不需要者售出。兹由中國書店派孫助廉來商談，決先售出下列數種：

李氏藏書正續　　卅二册　一百五十元

廣雅叢書　　四百廿册（缺九册）　　四百元

歷代詩餘　　四十册　一百元

藝文類聚　　卅六册　七十元

每周評論　　一册　七十二元

此爲我有生以來第一次親手賣書與書店，此種書隨我三四十年，臨別時亦不無戀戀之情也。但祝物得其所，使用率加强，于學術界有裨益耳。

一月五號星期二（十二月初七）

點讀《馬克思主義哲學原理》第一分册《導論》訖。理出出售書籍。賀次君來，共商《史記》句讀，改正錯誤。孫助廉、孔繁山等來取書。

記筆記二則。到北京醫院，就史顯義大夫診。到人民銀行存款。高志辛來。

爲堪兒點生字。翻《求古録禮説》。十時半服藥眠，十一時半醒。又眠，翌晨六時醒。

檢查血壓爲150/95，下壓又比前高。近日眠頗佳，而又高，何也？意者每晚服五味子酊少許，以有酒精故耶？

醫言檢驗結果，我的血糖正常，即是没有糖尿病，聞此一慰。

堪兒好勇鬥狠，前日與一劉姓同學打架于路，鐵絲切入小指，流血甚多，昨由静秋伴赴兒童醫院，打破傷風針，以略有反應，分打四針。男兒生性自不與女兒同也。

一月六號星期三（十二月初八）

點讀《馬克思主義哲學原理》十面。到所，取工資。到張德鈞處談。到厚宣處交工會費。看大字報，遇蕭良瓊。到北京醫院打針。

到所，參加第一組會，討論本所及本組方針，自二時至五時半。看《參考消息》。

雁秋來。記筆記一則。查《詩經》。失眠，服藥兩次，約十一時三刻眠，翌晨六時半醒。

多日得眠矣，今日又失眠，則下午開會與晚上記筆記之故也。予晚間真不能動筆！

今日同會：胡厚宣　蕭良瓊　鄧福秋　裘錫珪　桂瓊英　馬雍　蘇治光　舒振邦　周自强　韓毓陞　鄧自燊　孟世凱　趙健　應永深　羅世烈　主要討論本所及本組工作之目的與要求，以掌握中心環節。

一月七號星期四（十二月初九）

記筆記一則。《湯山小記》第十六册記畢，即整理一過。爲越特金擬一《史記參考書簡目》凡七十八種。記筆記一則。

王姨丈來。高志辛來。點劉師培《尚書源流考》三頁。

翻《草堂詩餘》。失眠，服藥兩次，約十一時半後眠，翌晨七時醒。

靜秋性本易怒，而近日尤甚，任何事都可引其憤慨。對于堪兒督責尤嚴，時加酷打。

一月八號星期五（十二月初十）

爲高志辛提出之《秦始皇本紀》問題作答，未訖。到南小街刮臉。到北京醫院打針。點《馬克思主義哲學原理》八面。

與傅彬然同車到民進開會，討論陳副總理毅之報告，自二時至五時半。與彬然、芝軒、楚波同車回。點《尚書源流考》六頁。

到東安市場閱書，聽周口店評劇團戲。十時三刻服藥眠，翌晨五時半醒。

今日同會：王紹鏊　張紀元　謝冰心　吳文藻　徐楚波　傅彬然　董守義　金芝軒　章廷謙　余之介　吳研因　林漢達　張守平　王嘉璿　沐紹良　毛啓邪　趙濟年

文藻言，美帝畏憚蘇聯，不敢與戰，則盡力挑撥中蘇友好。不知中蘇爲道義之交，非若帝國主義國家之爲酒肉朋友。其挑起印度、印尼之反華，結果徒使其本國陷入泥淖，與中國并無傷損。欲武裝日本以威脅中國，亦爲徒勞之舉。人民已覺醒，反動統治階級自然站不住也。

一月九號星期六（十二月十一）

記筆記凡七則。爲高志辛提出之《秦始皇本紀》上半篇之問題作答，訖。

與靜秋到紅星看《平凡的人》、《戰黃河》、《永不退色的紅旗》三短片。李址麟來。點《尚書源流考》訖。

雁秋來，留飯。看宋劉斧《青瑣高議》。十時服藥眠，上午二時半醒。良久，又眠，六時半醒。

昨王却老言，中國人數已至六億九千萬。今日址麟言，北京人口已至七百萬，上海則至一千萬。而朝鮮民主主義共和國僅一千餘萬，平壤則七十萬；南朝鮮二千餘萬。相較之下，我國勞動力之充足爲何如也！

一月十號星期日（十二月十二）

到陳慧家，開小組生活會，自九時至十二時半。

理書，理抽屜。劉珺來。孔繁山來。點《經義述聞》六頁。到北京醫院打針。

看蔣超伯《榕堂續錄》。爲湲兒默字。十時半服藥眠，翌晨三時半醒。

今日同會：陳慧　徐伯昕　梁純夫　董守義

予前作《給我最深刻印象的河南勞動人民》，今日梁純夫爲提意見，知我文有疵纇，當改。我幸得在民進，得有此切磋琢磨之機會也。

伯昕云："共產黨有使尹達團結顧頡剛之任務，民主黨派亦有使顧頡剛團結尹達之任務。"又云："要解決此一問題，可看《老兵新傳》小說。"金玉之言，所當遵從。又云："所以要使資產階級知識分子思想改造者，正欲其能正確發揮力量，爲社會主義建設服務。"誠哉是言，黨正大有望于我輩，豈可自暴自棄。

一月十一號星期一（十二月十三）

遇張知行。到伯祥處，與同到所，爲越特金譯《史記》討論問題，《秦始皇本紀》盡半篇。自八時半至十二時，高志辛俱。乘越特金車歸。頤萱嫂來，製衣，晚歸。

中國書店葛鴻年來，整理《禹貢》紙版。續答志辛所提出之《始皇本紀》下半篇之問題，未畢。以病發，到市場散步，遇王姨丈、母，同到南門茶館坐。

到市場曲藝廳聽新藝曲藝團表演。十時半服藥眠，翌晨六時醒。

近日工作緊張，而又頭緒多，予又生性急，因之心悸病又作，不得不事游散。此真無奈何之事。靜秋亦泄瀉，且大便色半黑半黃，王姨丈說恐是膽病。

許昂若（寶駒）于十日逝世，年六十一，此北大老同學也。

一月十二號星期二（十二月十四）

看《史記會注考證校補彙報創刊號》，記筆記二則。蕭新祺來，爲寫翁獨健、姚家積信。看東方文化研究所《尚書正義定本》。

記筆記二則。孫實君自滬來，長談。到北京醫院打針，遇黃仲良、馬寅初先生。到中國書店及新華書店購書。

雁秋來，留飯。頤萱嫂留宿。看《夏完淳集》。十時許服藥眠，翌晨五時半醒。

今日爲陰曆十二月十四日，靜秋五十三歲生日，頤萱嫂送來三斤麵，全家食之。

《禹貢半月刊》，中國書店擬重印，派人來整理，又安助之，大致不缺。惟銅版則全爲靜秋當銅料獻出矣。此無可挽回之損失也。此刊全分，現價值二百餘元，故中國書店願再版。

一月十三號星期三（十二月十五）

　　點《馬克思主義哲學原理》十五頁。記筆記二則。點《經義述聞》六頁。

　　到北京展覽館，看“一九四九——一九五九全國工業交通展覽會”，自二時至五時半。雁秋來，留飯。

　　孔繁山來。爲洪兒默書。看《北京圖書館善本書目》。洗浴。十一時許服藥眠，翌晨五時醒。又眠，六時半醒。

　　今日所看展覽會，凡分冶金工業、機械工業、地質資源、煤炭工業、電力工業、石油工業、原子能、建築工業、紡織工業、輕工業、鐵道、交通、郵電十三館，可見大躍進運動後之突飛猛進與祖國之無地無寶。地質工作人員，解放前只八百人，今則爲二十餘萬人，且一般農民已能辨認礦石，可使地無遺利。礦石種類，解放前只查出十八種，今則爲八十八種。本年產煤量已超過英國，占世界第三位。鐵道館中所列“成渝鐵路模型”，鐵軌鑽洞越水，迴環往復，自寶雞站至秦嶺站，在穿進穿入之際漸漸升高，後道架前道之上，爲之驚嘆。惜時間不足，僅浮光掠影，粗粗一觀耳。

一月十四號星期四（十二月十六）

　　爲湖南漵浦兩丫坪青坡小學教師羅勛猷解答《史記》、《漢書》、《通鑑》中疑難問題九條。記筆記四則。孔繁山來，取《禹貢》紙版。

　　翻汪榮寶《清言箋疏》。記筆記二則。到金魚胡同理髮，看葉景莘《巴黎和會期間的我國對外關係見聞》。到北京醫院打針。

　　到政協禮堂觀劇，自七時半至十時三刻。遇樓朗懷、周國華等。十一時半歸，十二時服藥眠。翌晨七時醒。

　　外地人民來信，詢問學術問題，所中竟無適當作答之人，不得不送到我處。不知將來我不能工作時將若何？

予之鬍子越來越多越硬，自己買了保安剃刀已不能刮，入肆剃之，亦恒爲理髪師所驚。湲兒説我鬍子向横裏發展，如其留起，真成一莽張飛矣。

今晚所觀劇：湖北省實驗歌劇團《洪湖赤衛隊》：韓英——王玉珍　劉闖——夏奎斌　王金標——王燕傑　秋菊——傅凌　韓母——劉淑琪　胡子爹——葉承鈞　小紅——李金梅　彭霸天——陳金鵬　馮團長——胡少卿　張副官——阮海浴　劉老么——劉利此爲一九三〇年沔陽實事，爲黨配合紅軍（賀龍部）擊潰國民黨及地方反動武裝，得到勝利。覽此，殊能唤起革命精神。

一月十五號星期五（十二月十七）

冒大雪出。到北京醫院，打針。就女大夫吴玉麗診。遇于樹德、秦德君、黄紹竑、程希孟。王姨母來。金荷清來。答高志辛所提《始皇本紀》問題，未畢。

到民進，參加學習會，討論國際問題（蘇聯定期發射新火箭、日美修改安全條約），自二時半至五時半，乘金芝軒車歸。

頤萱嫂歸其家。與静秋到吉祥戲園，看鄭州市曲藝團演出，自七時至十時一刻。十一時服藥眠，翌晨四時醒。又眠，六時醒。

今日同會：楊東蓴　王紹鏊　謝冰心　張紀元　林漢達　金芝軒　鄺平章　沐紹良　王嘉璿　毛啓邨

今日檢血壓，爲 136/80，殊正常。惟醫謂予仍有糖尿嫌疑，須再檢。

今晚所觀劇：（一）趕脚：趙光漢——耿庚辰　李二妮——萬寶珠　（二）風雪配：錢青——張香蘭　高秋芳——王秀玲　高鎖——張風録　顔俊——趙德春　尤辰——馬全喜　知縣——白永玲　田氏——趙華

一月十六號星期六（十二月十八）

將《史記》、《賈子》書中之《過秦論》加以校勘，點王耕心《賈子次詁》。答高志辛提出之《秦始皇本紀》中之問題，未畢。記筆記一則。

看《新建設》中馬寅初《重申我的請求》及韓佳辰等駁馬氏文字。

雁秋來。看《北京圖書館善本書目》。失眠，服藥三次，十二時後眠，翌晨七時半醒。

自昨晨二時下雪起，直至今日中午未停，積雪路滑，氣候又寒，予又終日伏案，因此今天又失眠了。此後傍晚總必動動，以袪頑疾。

《過秦論》三篇，極易讀之書也，而要講得明白，備蘇聯同志翻譯，亦復困難重重，可見無微不鉅。

越特金留此僅一閱月矣，而尚有六篇未譯，《補孝武本紀》問題更多，在此一月中不知將如何對付。

一月十七號星期日（十二月十九）

將《漢書》、《文選》中之《過秦》讀一過，記筆記兩則。將高志辛提出之問題答畢。整理《讀尚書筆記》第二冊。

記筆記二則。

看《青瑣高議》。聽無綫電。十時三刻服藥眠，翌晨五時醒。又眠，六時醒。

今天仍下一天雪，不得出門。

一月十八號星期一（十二月二十）

在雪中步至所，與越特金、趙幼文、高志辛、胡厚宣同商《秦始皇本紀》譯事，本篇訖。越特金以車送予及厚宣夫婦歸家。

記筆記六則。

王煦華自滬來，談。爲洪兒默生字。失眠，服藥三次，至上午一時後始入眠，翌晨七時醒也。

雪已及四日，雖不大而迄不得停。

所中連日開"反右傾機會主義者批判大會"，聞每日三次，夜中不停，迄春節尚不能竟，其緊張熱烈可知。所中當局不通知予參加，當以予年齡已大，禁不住此種緊張也。

覽報，悉衛立煌于昨日逝世，年六十四。

一月十九號星期二（十二月廿一）

到北京醫院，檢查有無糖尿病，凡抽血五次，小便五次，自八時半至十一時半訖。打針。看《紅旗》本年二期宋任窮《無產階級領導工業的基本方針》訖，看江渭清《學習毛澤東思想充分發揚自覺能動性》未訖。十二時歸。

到所，參加所務會議，自二時半至五時半，討論本年工作計劃。與尹達、楊向奎、賀昌群談。到中國書店購書。

閱由雲龍編《越縵堂讀書記》。蕭風來。十時服藥眠，翌晨六時醒。

降雪連續已五日矣，雪凍成冰，地滑難行，而不得不出。汽車、電車俱以雪故乘客增多，予不堪其擠，不得不步行，此老年居于北方之痛苦也。

今日同會：尹達　侯外廬　熊德基　酈家駒　賀昌群　謝國楨　李學勤　胡厚宣　楊向奎　蕭風　翁獨健　王毓銓　張若達　高全璞　常紹溫　姚家積

一月二十號星期三（十二月廿二）

終日理書，檢出復本，備出售。路工、張紫晨來。雁秋來鈔哲學所論文目。頤萱嫂亦來，留宿。

與洪、堪兩兒到文化俱樂部看《戰上海》電影。十時半歸。服藥眠，翌晨六時半醒。

昨聞楊向奎言，鄧文如先生（之誠）于十日前逝世，年七十三。老友凋謝，爲之惘悵。

理書一天，頗覺勞頓，尤其是心頭作痛，蓋亦冠狀動脉硬化，與衛立煌同病也。

一月廿一日星期四（十二月廿三）

續與尹受理書。記筆記一則。林幹來，談《匈奴史料》引書事。到南小街刮臉。

理書。記筆記二則。補記日記三天。點《馬克思主義哲學原理》五頁。

雁秋留宿。頤萱嫂歸。看潘奕雋《三松堂集》。十時半服藥眠，翌晨四時醒。又眠，六時半醒。

堪兒試算術得九十六分，語文得九十八分，此靜秋管教之功也。此兒好弄，心思不專一，如無母教，竟將成劣等生矣。

昨日夜間，蘇聯發出大型多級彈道火箭的最後一級落于太平洋巴爾米拉島（美屬）之西，計行一萬二千五百公里，而時速則爲兩萬六千多公里，尚不及半小時。快捷如此，準確性又如此，美帝尚敢掀起世界戰爭乎！

一月廿二號星期五（十二月廿四）

到北京醫院，就吳玉馨大夫診。打針。看李富春《迎接一九六〇年的新躍進》未畢。答高志辛提出《項羽本紀》問題。孔繁山來，估書價。

到紡織工業部禮堂，參加科學院社會科學部反右傾系統批判大會，聽某君對王紹飛之批評及潘梓年主任所作總結，自二時至六時。劉大年主席。遇鄧詩熙。

聽靜秋傳達李先念副總理報告。看《魏正始三體石經》。失眠，服藥兩次，上午一時眠，翌晨七時醒。

吳醫謂予，有潛伏性的糖尿病，不必醫藥，但須少吃糖。予謂予本不愛食糖，可無禁忌也。今日量血壓，爲 126/76，較前又低，故眠較佳也。

社會科學部之黨員被定爲右傾機會主義者三人，而杜任之與焉。杜學經濟，前年人民公社運動中，渠作一書以批評之，謂其經濟性不能平衡，在此次反右傾運動中遂大受批判，而渠固有二十餘年黨齡者也。睹之起我警惕。

一月廿三號星期六 （十二月廿五）

爲又安事，與靜秋口角，到史家胡同散步。答《項羽本紀》問題訖。記筆記一則。點《馬克思主義哲學原理》七面。

步至紡織工業部，以反右傾批判會已結束退回。續點《馬克思哲學原理》八面。爲準備譯《孝武本紀》，點《漢書補注》之《郊祀志》。記筆記一則。孔繁山來。

伴堪兒讀連環圖畫。服藥兩次，十時半眠，翌晨六時半醒。

第二個五年計劃提前三年完成。一九五九年經濟計劃超額完成，工農業總產值達二千四百多億元，比一九五八年增長31.1%。鋼一千三百卅五萬噸，煤三億四千七百多萬噸，糧五千四百多億斤，棉四千八百多萬擔，大躍進萬歲！

理出復本書百餘部，而孔繁山只批二百四十元，汲古閣十七史零種每冊僅合二角，可見綫裝書價今日尚不高。予爲騰出空箱，俾存書易于整理，只得接受。

一月廿四號星期日（十二月廿六）

爲考“陳寶”故事，作筆記一則，千餘字。孔繁山來，捆書。記筆記一則。雁秋與尹受鈔哲學所“論文索引”訖。

點《漢書補注・郊祀志》六頁，記筆記二則。到北京醫院打針。出，遇王歷耕。到科學出版社買書。

到民族文化宫，看天馬舞蹈藝術工作室公演，晤伯祥，與同歸。十一時到家，十二時服藥眠，翌晨四時醒，遂不寐。

今日到市場，欲爲兒輩買些讀物、畫片，以太擠，未能如願，足見大家手頭富裕之狀。

今日所見舞蹈節目：春江花月　平沙落雁　思凡　北國風光（以上兩節爲吳曉邦演）　梅花操　十面埋伏　梅花三弄　游擊隊員之歌　紡織娘　暖溶溶（此爲樂隊演出）　花蝴蝶（朱潔主演）　尚有太平舞、遇雨兩節，以遲到未及見。

一月廿五號星期一（十二月廿七）

到伯祥處，與同到所，會高志辛、趙幼文、胡厚宣，與越特金討論《項羽本紀》、《高祖本紀》訖。十二時，越特金以車送歸。

點《漢書補注・郊祀志》六頁。整理書桌。助尹受大掃除，擦桌及椅。偕四兒到政協禮堂文化俱樂部，與静秋會，同進餐。

參加政協婦女組聯歡會，至十時半散。十二時，服藥眠，翌晨七時半醒。

今晚節目：合唱　扇子舞　喻宜萱歌　昆曲　京劇清唱　新疆舞　西藏舞　朗誦詩　跳舞　江蘇小調　言慧珠、梅葆玥清唱　數來寶　湖北調　政協婦女組組員大抵五十餘人，扇子舞中一位大姐已六十二，可見其鼓足幹勁也。

今晚所晤人：黃炎培　呂叔湘夫婦　章元善夫婦　王雪瑩　關瑞梧　錢昌照夫婦　陳汲　王立芬　覃異之　于樹德　徐楚波

徐伯昕　張紀元　陳慧　葛志成　樓朗懷　余之介　王國珍　李覺　吳德咸　劉多荃　顧均正夫婦　馬正信　連以農　周叔弢　吳大琨

一月廿六號星期二（十二月廿八）

重點《經義述聞》十四頁，《尚書》下卷訖。點《漢書補注・郊祀志》六頁。整理信札。

點《馬克思主義哲學原理》九面，第四章訖。到文化俱樂部定理髮。到北京醫院打針，遇吳研因。到環球圖片社買風景照片，贈越特金。到人民銀行取款并存款。歸，理書。點讀《郊祀志》三頁。

到文化俱樂部理髮。遇張志讓。看顧家相《五餘讀書廛隨筆》。十時半，服藥眠，翌晨四時醒。拂曉又小眠。

湲兒本學期成績，已到消滅四分的程度，潮、洪兩兒則消滅三分，堪兒則只能消滅二分耳。又操行，湲、洪兩兒均得優，以其肯協助同學，潮、堪則得良。湲兒天分最高，潮兒學習最勤，洪兒服務最勇，自舊社會觀念説來，原是各有一長，可以自立，但自今日言之，則必紅且專，二德應俱備也。

孔繁山送書款一百九十二元六角來，因補入七元四角，存定期。昨政協惠贈二百元，存活期，自是我有千元儲蓄矣。此近年所未有也。

一月廿七號星期三（十二月廿九）

點《漢書補注・郊祀志》十一頁，卷上訖。點《馬克思主義的哲學原理》十面。

理書。雁秋來。到美術協會，看美術電影展覽會。遇劉珺。

翻繆荃孫刻《雲自在龕叢書》。剝栗子。服藥兩次，十二時後眠，翌晨七時半醒。

今日爲要趕點書，且理書，心跳且悶，不得不看展覽會。究竟我的年齡已不容我這樣趕了。然而不趕工作任務便完不成，奈何！

一月廿八號星期四（正月初一　庚子春節）

記筆記一則。張覺非來。木蘭來。胡厚宣來。楊向奎來。與厚宣、向奎同到賀昌群處。昌群偕趙幼文、徐清廉、呂叔湘來。王明來。王文俊、唐守文來。賀次君偕其夫人鳳淑英來。尹受來。寫樹幟信。記筆記一則。

高瑞蘭偕其女燕寧來，留晚飯。馮世五來。錢寶琮來。蒙默來。雁秋來。

潮、洪、湲宿舅家。看趙詒琛等所印《甲戌叢編》。服藥兩次，十二時後眠，翌晨七時許醒。

初服五味子酊頗易眠，近乃不然，入眠之難難于上青天矣。

一月廿九號星期五（正月初二）

與靜秋同到蕭風夫婦處。予到尹達處，未遇，晤其夫人。歸，姚紹華來。金振宇、緯宇夫婦來。與靜秋同到王姨丈家，晤王大琪夫婦、大瑜等。方慶瑛來。道遇金岳霖、金荷清。

與靜秋到黃秉維處，并昭其兄、嫂及岳母等。到康同璧處，并晤其女儀鳳及外孫女吳靜姝。到金氏兄弟家，晤竹君及尹文發之子正慶。予至姚紹華家，晤其兩子。殷綏真偕其子來。

雁秋夫婦偕卜蕙賞來，留飯。看《乙亥叢編》。十時服藥眠，翌晨五時醒。又眠，七時半醒。

一月三十號星期六（正月初三）

尹達來。程金造來。蔡尚思來，與同到昌群處。張德鈞來。班書閣來。

到政協，與民進同人聚餐。予家人均參預。飯畢，以車擠，三時方歸。點《漢書補注·郊祀志》六頁。記筆記一則。傅振倫來。

與静秋挈四兒到政協禮堂看電影，自七時半至十時半。遇許廣平、李祖蔭、吳大琨。十一時半歸。十二時服藥眠，翌晨四時醒。又眠，七時醒。

今午同席：徐伯昕　葛志成　翁獨健夫婦　章廷謙夫婦　張紀元夫婦　徐楚波夫婦　雷潔瓊夫婦　陳麟瑞　吳榮夫婦　吳研因　嚴幼芝　巫寶三　吳廷勘　吳文藻夫婦及其二女　何欽賢　趙濟年　梁純夫夫婦　陳慧　董守義夫婦　孫照　王伯祥及其次媳、三子湜華、王緒芳　王歷耕　王寶初及其外孫　林漢達夫婦　王嘉璿　張守平　沐紹良　陳秉直

今晚所看電影：1. 壁畫的故事（動畫片，農民戰勝風雨）　2. 流水歡歌（開水庫）　3. 糧食（一九四三年敵占區人民向八路軍送糧）

一月卅一號星期日 （正月初四）

到東四頭條，至胡厚宣處，并晤其兄洛希。到張德鈞處，張雲非處。到北京醫院，道遇陶才百。打針。買下月車票。道遇王姨丈夫婦。到容元胎處，并晤王維。王澤民夫婦來，康同璧偕其女羅儀鳳來。

石慰萱來。讀《史記·孝武本紀》，記筆記二則。出找理髮店，皆以人多，未能進。到燈市口人民銀行取款。

與四兒到紅星，看匈牙利片《凱蒂和野貓》。翻《丙子叢編》。十時服藥眠，十二時半醒。又眠，五時半醒。

數日中來客未晤者：李延增　魏明經　容肇祖　黃秉維夫婦　王樹民夫婦　尚愛松　石聲漢夫婦

昨我對尹達再請撥給助員，彼仍以"接不上"相拒，然則黨

整風云何？整風而又鼓勵我輩寫大字報云何？

昨班書閣來，謂張長弓死矣，此燕大國學研究所舊生也。

得劉起釪信，悉羅雨亭（根澤）于一月七日在南京大學系會議席上中風，發生腦阻塞現象，經鼓樓醫院急救，神志已正常，惟左半身不良于動，聞之殊念。

歷史研究所在今後工作中必須明確的幾個關于工作方針、路綫的問題：

一、必須明確歷史研究所的根本性質和中心任務。

二、加強和鞏固黨的領導、堅持政治掛帥。

三、堅決貫徹以毛澤東思想爲指導的研究方向。

四、堅持歷史科學領域内兩條道路的鬥爭和黨的百家爭鳴方針的貫徹。

五、堅持無産階級集體主義原則、走群衆路綫、大搞群衆運動。堅決貫徹總路綫，高速度的發展馬克思主義歷史科學，壯大戰鬥隊伍。

一九六〇年二月

二月一號星期一（正月初五）

到伯祥處。步至所，與越特金、趙幼文討論《高祖本紀》、《孝景本紀》。到胡厚宣處。十時出，找理髮，仍不得。

到巷口刮臉。到北京醫院，就金静仁大夫診。打針。點《馬克思主義哲學原理》三頁。答越特金問。記筆記一則。

與厚宣、幼文到北京飯店訪越特金，同車到政協禮堂進餐。八時半歸。失眠，服藥三次，至十二時半後眠。翌晨七時半醒。

接高洪池信，悉其父逝世，函中述及宿縣生活，一般以白菜籽及胡蘿蔔爲主食，粗細糧俱無。渠一家四口均浮腫，無法醫治。邇來流至北京當保姆而無糧食證者亦以安徽人爲獨多。何以淮河已治好，而彼處農村尚如此，深所不解。

今日量血壓，爲 150/90，視前又高。

今晚同席：越特金　胡厚宣　趙幼文（以上客）　　予（主）七元九角

今晚在政協俱樂部所遇人：于滋潭　仇亦山　陶孟和　錢昌照夫婦　程希孟夫婦　翁文灝　黃紹竑　笪移今　劉斐　陳鶴琴　趙啓騄

二月二號星期二 （正月初六）

到所，開會，討論"歷史研究所在今後工作中必須明確的幾個關於工作方針、路綫的問題"，自九時至十二時。與賀昌群同歸。

與潮、湲兩兒到文華殿，看"中國人民解放軍第二屆美術展覽會"。四時出，到東安市場進甜食。予獨至北京醫院打針。

雁秋來。略翻《乙丑叢編》。九時半服藥眠，十二時半醒。又眠，五時半醒。

昨晚失眠，連進藥三次，今日精神頗覺疲憊，故下午出游。以此見予晚上真不能事交際。

下齶牙痛作，吃飯不便。

今日同會：胡厚宣　蕭良瓊　桂瓊英　鄧福秋　裘錫圭　馬雍　蘇治光　舒振邦　孟世凱　趙健　周自强　鄧自燊　應永深　羅世烈　韓毓深

二月三號星期三 （正月初七）

步至所，待開會，在厚宣室看《北京大學批判資産階級思想論文集》。十時，開會，續談本所方針、路綫問題。

蘇笑天來。看《文史資料選輯》第一輯中何基灃等《七七事變紀實》及張國淦《洪憲遺聞》。點《馬克思主義哲學原理》八面。到廠甸閱書，遇中國書店（來薰閣）孔繁山等三人。

翻《丙寅叢編》。十時一刻服藥眠，上午三時半醒。又眠，六時醒。

今日下午工作，驟覺心宕（心競），不得已出游廠甸。予心臟冠狀動脉硬化，而又處于大躍進時代，一切工作求多求快，予體力已不勝任，此真悲劇也。予性本積極，數十年來未嘗求暇逸。但從前只是自己急，社會環境對予本無督促，年齡又輕，身體亦較好，故支持得下。今日社會力量已逼得甚緊，而予又要求自己甚嚴，不願敷衍應付，此所以造成病象也。奈何奈何！

二月四號星期四（正月初八）

記筆記一則。答趙幼文提出《孝武本紀》諸問題。與潮、堪兩兒到紅星，看電影。

看《漢書補注·郊祀志》，記筆記三則。到北京醫院打針，遇喻培厚。到新華書店閱書，出遇王儼。

與洪兒到文聯大樓看電影。自七時至十時。遇老舍。十時半服藥眠，翌晨六時醒。

今日所看電影：1. 歌唱總路綫　2. 趕英國　3. 八月十五慶豐收　4. 奇妙的顏色（以上皆動畫片）　5. 打麻雀（此爲木偶片）

今晚所看電影：1. 一幅僮錦　2. 大躍進萬歲　3. 壁畫上的故事　4. 美麗的小金魚（以上皆動畫片）　5. 一隻鞋（木偶片）　6. 漁童（剪紙片）

今日看了兩次電影，又打了兩種針，竟能酣眠達旦矣。可見要我身體好，必須度此種生活也。喻培厚見予，謂予目腫，前些時，別人亦如此説，恐予內臟有病。

二月五號星期五（正月初九）

到所，與越特金、胡厚宣、趙幼文、高志辛會商《孝武本紀》譯文。十時，到政協，參加文史資料研究會討論此後工作發展。十二時，在會聚餐。

到鼓樓市場理髮。到民進，參加學習會，討論一月廿三日《人民日報》社論《社會主義建設的新階段》。自二時半至五時半。與楚波、彬然同車回。

翻看《庚辰》、《辛巳》兩叢編。十時服藥眠，翌晨六時醒。

今日上午同會：申伯純　米暫沉　翁文灝　浦熙修　載濤
劉大年　邢贊亭　李仲公　王家楨　鄧哲熙　劉道衡　楚溪春
羅任一　黃琪祥　覃異之　張希孔　吳晉航　閻寶航　姜克夫

今日下午同會：王紹鏊　董守義　吳文藻　傅彬然　林漢達
金芝軒　張紀元　徐楚波　王嘉璿　張守平　沐紹良　陳兼善

二月六號星期六（正月初十）

看辛樹幟《禹貢新解》，寫筆記一則。寫辛樹幟、張又曾、黃奮生、上海人民出版社信。出，遇查夷平。與靜秋及四兒到華僑大廈大同酒家飯。遇張秀琳及其子。

到南河沿文化俱樂部，開民進生活小組會，自二時半至五時半。與伯祥同出。到北京醫院打針。遇葛志成。

看桂文燦《經學博采錄》。洗浴。十一時半服藥眠，翌晨四時醒。又眠，六時醒。

今日同會：陳慧　徐伯昕　梁純夫　王伯祥　談中緬定界及其他。陳慧以父病促歸。

二月七號星期日（正月十一）

與靜秋及潮、堪兩兒到大華看《雲霧山中》電影。德融侄來，長談，留飯，下午三時去。

看《越縵堂讀書記》。誦芬弟自瀋陽來。到王澤民處，未晤。

到市場曲藝廳，看大興區評劇團演《秦香蓮》一段。十時服藥眠，上午三時半醒，良久又眠，六時醒。

連日開會，今日本想作業務，誦芬、德融來，遂不能作，然亦心喜其來，在此矛盾心理下，心頭一急，方寸間又搖搖如懸旌。去日苦多，力量愈促，而責任甚重，爲之奈何！

二月八號星期一（正月十二）

寫自珍信。到所，取本月工資。到北京醫院掛號，遇楚溪春。寫劉起釪、王季思、誠安、起潛叔信。

到北京醫院打針。就內科吳玉麗大夫診。照心象電流圖。遇吳研因、許廣平、李俊龍。歸，寫方慕絮、陳懋恒信。

到東安市場曲藝廳，看評劇《珍珠汗衫》。服藥兩次，十時半後眠，上午三時半醒。又眠，七時醒。

今日量血壓，爲 136/76，較上星期爲低。今日打兩次針，晚又聽劇，而仍須服兩次藥，予睡眠之不自由如此，可嘆也。

二月九號星期二（正月十三）

到崇文門外木廠胡同十二號訪石聲漢，長談，十一時，到南河沿文化俱樂部飯，同到王府井而別。予入永仁堂購藥。

爲整理筆記事，寫上海人民出版社信，凡一千五百字，即鈔清，寄發。答趙幼文開來《孝武本紀》疑問。湲兒之師曹受珍來。

到市場，看評劇《麻風女》。十時服藥眠，上午二時三刻醒。又眠，六時醒。

今日過藥肆，見有麩氨酸片、增爾壽（Salsolae），皆治神經衰弱，又施今墨處方之神經衰弱丸，皆購之，以北京醫院之藥已吃疲，換幾種新藥或較有效也。

石聲漢君今年五十四歲，而衰于我，去年在西北農院中暈過十餘次，又鼻中有肉塞住，須開刀，此次來京，係就協和醫院診治，但仍須回陝割治。

聲漢云：沈剛伯已死在臺灣大學＊，吳印禪大聲漢兩歲，亦于去年死于中山大學。

二月十號星期三（正月十四）

遇梁純夫。到所，與越特金、趙幼文、高志辛同討論《孝武本紀》及《呂后本紀》。遇高里高里也夫。記筆記兩則。

到北京醫院，以值普查，退回。看辛樹幟《禹貢新解》約一萬字，爲修改。道遇趙萬里，至其家談。到市場買文具。

與堪兒到文聯禮堂，看廣東木偶劇《孫悟空三調芭蕉扇》。遇俞平伯夫婦、林山、陶鈍。十時半歸。服藥三次，至十二時後始得眠。翌晨六時半醒。

昨得上海人民出版社來信，索我《史林小識》稿，因作長函與之，請其派人來京，助我編輯，俾將五十年來心得作一結束，使不負我一生勞動力。不知彼社能允我否？

今日心象仍覺痿弱，不能多任工作。晚間木偶戲甚輕鬆，但又使我服安眠藥三次，我神經衰弱之程度可知矣。

二月十一號星期四（正月十五）

晨大雪。將起潛叔寄回書籍入架。爲静秋寫表揚戶籍警察趙景惠等事大字報四張。

王修來談出版農業、水利書籍事。到北京醫院驗血、打針。到

＊　編按：此係誤傳。沈剛伯于1977年6月25日逝世。

琉璃廠閱春市，入榮寶齋。

看《了凡四訓》。十時，服藥眠，翌晨四時三刻醒。

上海寄回之書帖皆蘇州家中者，予殊不省記，當時爲何要將此種書帖存在上海合衆圖書館？得此一批，先父手迹又可保存若干，甚以爲幸。

今日到琉璃廠榮寶齋，欲買毛邊紙紅格本，竟無有，以現在用毛筆作字者日少，此項貨物銷路不多故也。前日石聲漢君謂予："如無大字報，毛筆絶迹矣。"風尚丕變，于此可知。

二月十二號星期五（正月十六）

記筆記二則。金荷清來。續校《禹貢新解》。寫米暫沉信。

與傅彬然同車到民進，參加學習會，討論中印、中緬邊界問題。五時三刻散。與楚波、純夫、彬然同車出。

尚愛松來，長談，至十時。服藥兩次，進點一次，十二時眠，翌晨五時三刻醒。

今日《人民日報》載蘇聯拉脱維亞共和國阿普西齊斯製出"電子催眠器"，把兩個小薄片放在患者前額上，通上電流，在十至十五分鐘以後，他就能入睡，此不知對我有效否？當一試之。

今日同會：王紹鼇　楊東蓴　葛志成　張紀元　徐楚波　吳研因　吳文藻　謝冰心　林漢達　董守義　梁純夫　傅彬然　金芝軒　沐紹良　王嘉璠　方健明

二月十三號星期六（正月十七）

續校《禹貢新解》，第一編畢。記筆記一則。陳維輝來。

到南小街理髮。到北京醫院打針。續看《禹貢新解》。從電話中答復高志辛提出之《史記·孝文本紀》問題。看于奕正《天下金石志》。

到人民大會堂，參加首都慶祝中蘇友好同盟互助條約簽訂十周年招待會。十二時半歸。服藥眠，翌晨七時醒。

覽報，悉江翊雲先生（庸）于前日在滬逝世，年八十三。

今晚會中講話者：郭沫若　陳毅　契爾沃年科　葉留金　今晚所晤人：潘梓年　費孝通　吳文藻　潘光旦　楊蔭瀏　曹谷冰　張振漢　吳羹梅　向達　何思源　葉景莘　梁純夫　張紀元　程希孟　馮友蘭　周炳琳　浦熙修　徐楚波　王紹鏊　浦化人　申伯純　趙宗燠　陳調甫　馬大猷　劉子來　汪家榮　陳萬齡　陳建晨　劉多荃　今日以政協、中蘇友好協會、外交部、對外文化聯絡委員會爲主人，蘇聯及其他各國留京專家爲客人，賓主達五千人，有音樂、歌唱、跳舞、戲劇等助興，爲世界性之盛會。

二月十四號星期日（正月十八）

續校《禹貢新解》。修改《史林小識》中《吳越兵器》一條，未畢。

與靜秋游中山公園，到唐花塢看百花齊放展覽會，到水榭看中蘇友好同盟互助條約簽訂十周年展覽會。遇楊美真、鄒秉文。雁秋來，留飯。

與靜秋到紅星，看《上海英雄交響曲》（工人），《旭日東升》（上海農民）兩片，歷兩小時許。十時半服藥眠，翌晨三時醒。良久又眠，六時許醒。

　　百花齊放展覽會中，秋菊未謝，牡丹已開，人工駕馭自然，此是一好例。

二月十五號星期一（正月十九）

爲贈物與越特金作準備。到東四郵局買《新建設》。到隆福寺買印泥，不得，買舊書。到琉璃廠胡開文買印泥。到北京醫院打針。車中遇徐行之。

　　續校《禹貢新解》。看尹受評《禹貢新解》文，未訖。五時，到北京飯店訪越特金，長談，留飯。厚宣來，同食。遇高里高里也夫。頤萱嫂來，爲兒輩製衣，留宿。

　　到南河沿文化俱樂部看美術影片。開政協文化組會討論。十時半歸。洗浴。服藥兩次，十二時半眠，翌晨七時醒。

　　數日不至隆福寺，寺西又起大廈矣。數日不出前門，前門外電車軌道已悉拆去，重鋪路面矣。北京處處在變化！

　　今晚所觀電影：1. 大躍進萬歲　2. 壁畫上的故事　3. 漁童　4. 一只鞋　同觀者：吳覺農　張志讓　張明養　申伯純

　　今晚同會：胡愈之　沈瑜（美術影片公司職員）　李書城　金城　林仲易　徐伯昕　李麟玉　陳建晨　浦熙修　馬正信

二月十六號星期二（正月二十）

　　續校《禹貢新解》，第二編訖。寫樹幟信。整理贈越特金物，寫越特金信。

　　到北京飯店，送贈越特金物。到天橋劇場，參加科學院哲學社會科學部團結躍進大會，聽文學研究所所長何其芳、近代史研究所副所長劉大年、經濟研究所所長某自我批評與該所躍進計劃。又某二青年講話。自一時至五時。

　　到市場，聽天津市南開區相聲隊表演。到百貨大樓買跳棋。十時服藥眠，翌晨六時醒。

　　贈越特金物：1. 仿製戈　2. 仿製古錢（兩枚：一鏟形，一刀形）　3.《史記探源》　4.《吳地記》　5.《古史辨》第三、四冊，第五冊之序　6.《中國上古史演義》　7. 程金造論《補史記正義》文　8. 頤和園雪景照片　9. 予全家相片　10. 印泥一盒

　　今日會場所遇人：王明　翁獨健　夏鼐　謝剛主　潘光旦

費孝通　吳文藻　高志辛　賀昌群

一九五六年，予在齊齊哈爾，始見女理髮師，自後北京亦偶見之。去年在北京見女司機及女警察。女警，反動政權時代亦有，但專司車站之搜檢女客，非站崗也。今日又見女相聲員。婦女工作範圍日擴，真可喜也。（使在舊社會中，女警必爲流氓欺侮死。）

二月十七號星期三（正月廿一）

到東四工人俱樂部繼續參加團結躍進大會，聽青年同志三人講話。十時半出，到車站，送越特金返國。十二時四十分車開。到大同酒家飯。

到東四工人俱樂部續開會，聽潘梓年作總結。三時半出，到北京醫院打針。歸，看《參考消息》。

雁秋來，留飯。偕頤萱嫂歸。到東安市場聽天津相聲。十時服藥眠，翌晨四時三刻醒。

今日所遇人：容肇祖　祝瑞開　胡厚宣　潘梓年　宋家鈺
高里高里也夫　陳述　翁獨健　陳夢家

越特金同志於去年十月廿八日到北京，譯《史記》十二本紀，至今日功成歸去，凡歷三個月又二旬，此來予頗得益，以本紀中向來存着之問題得一解決，使予深入多多也。

二月十八號星期四（正月廿二）

記筆記兩則。理書桌。姚紹華來，長談。渠來催稿，給我刺激不小。

記筆記一則。到米市大街修面。到北京醫院，就吳玉麗大夫診。打針。遇錢昌照、酈明、嚴濟慈、金燦然。鄒樹文先生自南京來，談一小時，送之至王府大街上車。遇傅志章。

遇黃仲良，至其家，并晤其子烈。到丁瓚夫婦處談，丁大夫送上站。十時半服藥眠，翌晨五時半醒。

得西北大學來信，悉張西堂以肺病于本月十日逝世，老友又弱一個。

鄒樹文先生年七十七矣，精神矍鑠，殊堪羨慕。此次以出席昆蟲學會開會來京。

今日量血壓，右臂爲 140/80，左臂 158/80。據上星期檢查結果，糖尿病略有些，醫謂不須服藥。心象電流測驗無病，堪慰。然事務一多，心一焦急，便覺方寸間搖搖如懸旌，此中滋味亦殊不堪忍受也。

二月十九號星期五（正月廿三）

與静秋同到政協禮堂，聽水利電利部副部長張含英報告，自九時至十二時。會散，即至小吃部，與伯祥、宋雲彬共飯。

到民進，參加學習會，討論國際問題，自二時半至五時半。與純夫同出。

到科學出版社購書。到市場聽天津相聲。服藥兩次，十一時半眠，翌晨五時半醒。

今日上午會中所晤：酈平樟　黃芝崗　李書城　李一平　陳修和　向達　朱光潛　徐楚波　楊蔭瀏　林仲易　汪世銘　張豐胄　閻寶航　巨贊　董守義

今日下午同會：張紀元　林漢達　董守義　謝冰心　章廷謙　梁純夫　張志公　葛志成　沐紹良　王嘉璿　方健明

二月二十號星期六（正月廿四）

爲抗議美國政府劫奪我國在臺灣之文物，作發言稿二千五百言，即修改謄清。

與静秋同商發言稿。到南河沿文化俱樂部，晤陳慧、董守義；

道遇朱文叔、魏建功。到政協禮堂，開文化教育組會，抗議美國陰謀劫奪我國文物，自三時半至六時半。

與齊思和到禮堂小吃部偕予一家進食，飯後長談。遇馬毅夫婦、孫蓀荃、陳兼善、陳達。九時歸。服藥兩次，十二時半後眠，翌晨七時半醒。

今日同會：胡愈之　王冶秋　齊燕銘　朱啓鈐　陳垣　陳半丁　仇鰲　李麟玉　徐炳昶　鄧以蟄　韓壽萱　尹達　翦伯贊　常書鴻　趙萬里　許廣平　齊思和　張政烺　蘇秉琦　郭寶鈞　唐蘭　陳萬里　吳仲超　翁獨健　黃文弼　陰法魯　向達　王伯祥　葉聖陶　葉至善　沈從文　呂叔湘　張奚若　陳文彬　劉開渠　章士釗　陶孟和　胡厚宣　林仲易　浦熙修　楊鍾健　王振鐸　賀昌群　歐陽道達　謝國楨　馮友蘭　單士元

二月廿一號星期日（正月廿五）

到章行嚴先生處談。題先祖廉軍公《古慕軒印蛻》。看郭沫若《甲申三百年祭》，訖。

寫黃永年信，包扎書籍，到郵局付寄。到北京醫院打針，問林宰平疾，與林太太談。魏重慶來，談社會經濟史料事。到日壇公園散步。寫孫實君信。

記筆記一則。看陳兗《三百堂文集》。服藥兩次，約十二時眠，翌晨七時醒。

聞思和言，孔繁霱與鄧文如先後死。老友存者愈少矣。聞思和言，趙承信亦于去年逝世，年才五十餘耳。

林宰平先生入院已兩月，檢查結果爲肝上生瘤，進食甚少。年已八十二，恐遂爲最後一晤乎？

日壇，予來北京五十年，從未去過。現已闢爲公園，星期日得閑，因往一走。地方不大，其壇體制甚卑，然城外之雅寶路甚清潔，其地爲使館區，新植樹木甚多，將來必有可觀也。

二月廿二號星期一（正月廿六）

爲尹受看其所作駁辛樹幟《禹貢製作時代的推測》一文，加以批語。將丕繩致樹幟論《禹貢》書鈔入筆記。

記筆記一則。將《禹貢新解》第二編中贅辭塗去。將第三編中第一解改畢。到日壇路散步，至建國門歸。遇凌大夏夫婦，陳建晨。

看丁國鈞《荷香館瑣言》，陳毅《東陵紀事詩》。十一時服藥眠，翌晨五時半醒。又眠，七時半醒。

三天來都是服藥兩次方得成眠，因是强迫性的，且藥量多，因此白天精神不舒服，兩足冰冷。幸而政協即將外出參觀，否則真要病倒了。

和縣人張嫂吳藂蘭自丁瓚夫人介紹，來我家已三個月，以無戶口，戶籍警察常來催走，而又以無糧票，使我家食料不足，無可如何，只得辭去。然自此靜秋家務縶忙，不能任街道工作及其他社會活動矣。

二月廿三號星期二（正月廿七）

在巷口修面。到北京醫院，就蔣景文大夫診，打針。遇劉定五先生。歸後知遺忘鋼筆與記事本在院，又往取。改《禹貢新解》第三編第二解。

改《禹貢新解》第三編第三、四、五解，第五解未畢。

與靜秋同到民族文化宮禮堂觀《兩代人》歌劇，自七時半至十一時。遇曾澤生、章乃器。服藥兩次，至上午一時半始入眠，三時半醒。又眠，六時半醒。

今日量血壓，爲 150/80。予告醫，許多人說我眼腫，是否腎病，醫亦云然，囑驗小便再說。

今晚所觀鐵道部烏魯木齊鐵路局文藝工作團演出，其重要演員如下：李華（後改名容芝）——杜向音飾　阿西姆——吳敬亭　艾衣江（李華子）——黨權　趙彬（李華夫）——馮炳鈞　阿依尼沙——陶思夢　阿拉木汗——吳麗生　王隊長——王化　烏買爾（地方民族主義分子）——崔絡紋

二月廿四號星期三（正月廿八）

到北海公園散步。到政協禮堂西廳，參加湖北參觀團團員會。又至第五會議室，參加湖北參觀團第一組組員會。到小吃部進餐。

飯後與何叔父夫婦、李培基、楊崇瑞品茗，談。爲樹幟文修改文字。三時，到禮堂，聽第一機械部副部長劉鼎報告。六時散，與靜秋同歸。

散步。到新華書店購圖。洗浴。十時半服藥眠，翌晨五時醒。良久又朦朧，六時半醒。

今日所晤人：翁文灝　陳文彬　何叔父夫婦　嚴景耀夫婦　徐伯昕　葛志成　張紀元　吳榮　李培基　周新民　聞家駟　鄧哲熙　史良　朱蘊山　包爾漢　羅隆基　林仲易　浦熙修　汪世銘　黃艮庸　陸殿棟　楊崇瑞　沈從文　趙君邁　吳半農　周圖麟　段紹浩　康同璧　于樹德　李書城　陳達邦　劉多荃　焦實齊　竺可楨　陶孟和　王雪瑩　馬曼青　高崇民　鄒秉文　覃異之　楊蔭瀏　陳建晨　周亞衛　章元善夫人　崔永純　韓壽萱　易禮容　王季範　程希孟

二月廿五號星期四（正月廿九）

鄒新垎來，送湖北地圖。陳維輝來，長談，爲寫立幅二條。看《易緯》，記筆記二條。金荷清來。

到北京醫院打針。將《禹貢新解》第三編第五解改畢。記筆記

一則。馮家昇夫人張秀玲送賈媽來工作。潮兒病，金大夫來診。

看《荷香館瑣言》。服藥兩次，十一時半後眠，翌晨五時醒。又眠，七時半醒。

兩目覺得模糊，不知是近日睡眠不佳所致耶？抑結膜炎日甚耶？如前說，則出門即易痊。如後說，則目病不易治，以予太緊張，不能張眼以就診也。

潮兒勤于校課，本學期功課皆得五分，早起遲眠，昨晚浴後仍作功課，室無火爐，以此感冒，今日下午發高燒。協和醫院地段保健科大夫金志銘適來本巷，請她診視，幸非肝炎，她囑延中醫服藥。

二月廿六號星期五（正月三十）

初次修改樹幟《禹貢新解》第三編甲、乙兩篇俱訖。金志銘大夫來視潮兒疾。

汪仲鶴大夫來診潮兒病，并爲予及湲兒診。張西珍等來視潮兒疾。到銀行取款。與昌群談。

與靜秋到政協禮堂看雲南花燈劇團演出，自七時半至十時一刻。十一時半服藥眠，翌晨六時醒。

汪大夫診予，謂脉雖緩而尚和，無大疾。惟神經衰弱嚴重，須常服"補心片"及"柏子養心丹"。

今晚所晤人：邵力子　錢端升　沈玆九　吳半農夫婦　周國華　雁秋夫婦　唐鉞　章元善夫婦　陶孟和　王國珍

今晚所觀劇：一、游春——張世俊、蔣麗華等　二、劉成看菜——馬正才、蔣麗華　三、鬧渡——黃仁信、張惜榮、門蘭芬　四、山茶贊——姚芝生、張世俊、蕭瓊英　五、雙採花——蔣麗華、門蘭芬　六、喜中喜——袁留安、史寶鳳、吳繼賢　七、大茶山——李秀芬等

二月廿七號星期六（二月初一）

將樹幟稿送王修處。步至所，開會，討論在此次整風運動中之心得。自八時半至十二時。

寫樹幟信。審查劉彩玉《論肥水源與江淮運河》稿。記筆記一則。偕靜秋到市場外買鞋。遇元胎。

看王時敏《西廬家書》。失眠，服藥兩次，十二時後眠，翌晨七時醒。

今日同會：胡厚宣　尹達　高志辛　高全樸　王毓銓　陰法魯　張德鈞　張政烺　金光平　謝剛主　謝友蘭　冒懷辛　常紹溫　魏明經　張若達　胡嘉　趙幼文　米家源　張雲非

潮兒今日下午又有熱七分。

予向不飲酒，伯祥謂我，飲酒有利睡眠，乃服五味子酊。初有驗，繼亦失效。今晚以飲量較多，眠後血在腦際跳蕩，遂久久不能睡。此藥，以後不敢服矣。

二月廿八號星期日（二月初二）

爲洪兒寫決心書。記筆記五則，約二千字。

井成泉來。與湲兒同游歷史博物館。四時半閉門，到中山公園散步。吳叢蘭去。

與靜秋到政協禮堂看邯鄲東風劇團演出，遇樓朗懷。未畢，出，十時到家。十時半服藥眠，翌晨五時醒。又眠，七時半醒。

以昨夜失眠，今日精神甚不佳。幸下午游博物館及公園，晚間又往政協禮堂，身體稍爲勞倦，加以藥物，乃得安眠一宵。此後天暖，下午及晚間必應多出散步，一改書房生活，庶乎猶得生存。

今晚所觀劇：一、借髢（落子劇）：王嫂——李魁元　小四姐——陳素珍　二、宇宙鋒（豫劇）：趙高——韓剛（十八歲）　趙

艷容——陳素珍　　胡亥——吳素雲　　啞丫環——劉改英（十六歲）

二月廿九號星期一（二月初三）

又安商編"吳中水利叢書"事。記筆記一則。到王府井"美白"理髮。到政協禮堂，與靜秋同飯。晤陳達邦、周亞衛、于學忠、樓朗懷。參觀化妝室，玩具製造。

記筆記五則，約一千五百字。到附近胡同散步。遇蕭風、金志銘。

到市場，聽天津李伯祥等相聲。與靜秋口角。失眠，服藥二次，約上午一時眠，五時半醒。

找理髮鋪六七家，乃得"美白"，以價較高，去者不太多也。北京人多，縱在辦公之時，亦復如此擁擠，以予多鬚，偏值此剃鬚成俗之際，費去時間不少。

靜秋伴潮兒到協和醫院檢查，知是肺炎。爲彼遭急，又因一細事與予吵架，我本難入眠，夜中一吵當然更難眠矣。

［剪報］《光明日報》一九六〇，二，廿。
　　　　　　論"我"　　　　　　　　　　　　　　羅子桂
　　（下略）

湖北參觀團名單：（有°者未到丹江口）
　　團長：包爾漢　副團長：朱蘊山　秘書長：周新民　°副秘書長：張紀元
　　第一組：聞家駟（組長）　羅隆基　林仲易　浦熙修　°馮友蘭（先歸）　吳昱恒　黃艮庸　褚聖麟　°梁純夫　謝冰心　顧頡剛　陸殿棟　°彭鏡秋　楊崇瑞　沈從文　趙君邁　°陳文彬（先歸）　吳半農　羅涵先　彭飭三　章乃器

　　第二組：曾澤生（組長）　°翁文灝　°黃紹竑　陳劭先　于學忠　許聞天　劉斐　于樹德　°康同璧（帶女兒羅儀鳳）　李書城（帶°夫人）　黃琪翔（帶夫人）　何遂　周士觀　覃異之　°張難先　°李奇中　°陳達邦（先歸）　楊蔭瀏　張潤書　李文瀾　鄧士章　°劉契園

　　第三組：朱葆光（組長）　陳爾冬　劉遼逸　孫用　金人　黃芝崗　周貽白　曹又和　鹿文波　孫師毅　張景祐（泥人張）　徐天許　王楓

　　第四組：黃夢醒（組長）　°劉多荃　張又新　巴文峻　李洲　周北峰　張醾村　郭文通　秦豐川　朱德禽　李文述　吳一凡　張定夫　高雲飛

　　第五組：朱元成（組長）　張淑良　岳維春　董林哲　謝高峰　成盛三　李勉之　姜培禄　魯定華　張德馨　鄭靜安　王達仁　李佩琳　陳文儇　周穎

　　第六組：葉剛侯（組長）　林芳聲　馬榮選　王德滋　劉熙衆　蘇延賓　陳曉嵐　張喬嗇　張述祖　顧道生　馮亦代　錢端升

　　工作人員：于益之（政協秘書處副處長）　史公載　郝一　林儀　陳斌　寧靜　段紹浩　解國安　周圖麟　楊明　劉漢文　張耀英　文英　梁振權　吳松齡　聶希武　唐纘同　劉民棟

　　社會主義學院領隊：鄧哲熙　封梧

　　醫師：李中華　謝克辛（護士）

　　警衛人員：朱全有等四人

　　湖北省人代同人：熊子明、朱早弟等

　　湖北省政協副主席：蔡書彬　隨從人員數人

　　後至團員：李明揚　胡庶華　陳公培　鄧初民　李霽野（旋至湖南）

　　第一、二組爲人民代表、政協委員、國務院參事。第三組爲政協文化教育組學習人員。第四、五、六組爲社會主義學院之學員。

一九六〇年三月

三月一號星期二（二月初四）

記筆記八則，約三千字。金志銘來，爲潮兒打針。爲潮兒寫請假信。寫姚紹華信。

審查劉彩玉著《肥水源與江淮運河》一文訖。記筆記一則。寫歷史所請假信。出購物，遇盧雪巖夫人。整理行裝。五時飯。由尹受伴送至站。在站與何叔父、康同璧、章乃器等談。

六時四十五分車開。八時許服藥眠，上午三時醒，拂曉又一朦朧。

昨眠不佳，今日足冷甚。静秋真不解事！

車中同室：吳昱恒　羅涵先　褚聖麟

三月二號星期三（二月初五）

在車看《科學家談廿一世紀》，未畢。與林仲易、章乃器、馮友蘭、羅涵先等談。

六時半到漢口，脱車兩小時。落宿江漢路璇宮飯店五一六室。

飯後參加第一組會，由聞家駟報告行程。李中華大夫來打針。待純夫眠，至十二時，服藥兩次，翌晨七時醒。

純夫必于晚十二時就眠，早睡則失眠，而予之習慣適與之反，今日與之同室，彼既開燈看書，予即不能入眠，因起坐待之。至十二時，彼就榻，予乃服多量之藥而睡。自明日起，只得與紀元同室矣。

今日起，打丙酸睾丸素針，間日一次。

武漢多雨，已雨三日矣。氣壓低，昏悶甚。

今晚來迎者：湖北副省長趙辛初、李明灝、陳經畬；武漢市副市長熊飛、唐星、唐午園、孫耀華；市統戰部副部長路耀林；省政協副主席蔡書彬、陶述曾；市政協副主席李伯剛、王家楫、李冬青。

三月三號星期四（二月初六）

與王楓談。聽長江大橋工程處工作人員報告。十時出發，到長江大橋參觀，兼及武漢三鎮。十二時歸。

寫靜秋、朱士嘉信。到中蘇友好宮，參觀湖北省十年經濟文化建設成就展覽會，自二時至五時四十分。與郝一談。

遷入五〇六室。洗浴。服藥兩次，約十一時半眠，翌晨五時半醒。

予三日來均一日兩便。今日腹中隱隱作痛，下便至三次，幸不甚稀，慮慢性腸炎之復發也。

湖北十年成就，進步空前，各方面均發展。此大躍進光輝照耀也。

三月四號星期五（二月初七）

看《人民日報》社論《工商業者應當下決心"顧一頭"、"一邊倒"》。九時，聽湖北省長張體學介紹湖北省工農業建設情況。十二時，赴省方公宴。予桌主人爲民建之華煜卿。晤沈肇年。

出，遇翁詠霓先生。到江岸散步。三時，參加第一組座談會，至六時散。看齊思和《中國和拜占庭帝國的關係》。

打針。朱士嘉來。同渡江，到其家，晤其夫人程含玉，進點。乘汽車歸。待紀元看電影回。十一時半服藥眠，翌晨六時醒。

今午公宴主人：省委　省人委　省統戰部　市委會　省各民主黨派

張省長是一極刻苦之黨員，常在外面跑，一天走幾十里，故能深察民情。五四年大水災，渠任總指揮，晝夜與水搏鬥，築造長堤，民賴以安。

三月五號星期六（二月初八）

在寓聽重型機床廠廠長報告。十時，出發至該廠（武昌東區）參觀，十二時歸。

到花樓街修面。二時，到武漢輕工業機械廠（漢口北部）參觀，聽劉廠長報告。五時半歸。與朱全有談。

六時半，到漢劇院，看全部《二度梅》。與林儀談。十時三刻歸。十一時服藥眠，翌晨五時醒。

重型機床廠于五八年九月建成，今日已爲一巨型工廠，製出四十公尺長之機床，創世界尖端。全省紅旗手馬學禮即在此廠中。輕工業機械廠，一九五〇年爲十四個挑擔銅匠所組織，後爲合作社，今進爲國營，進步之快，工作之努力，充分表現工人階級之優良品質，爲從無到有之好例。

今晚所觀劇：陳杏元——陳伯華　梅良玉——王曉樓　陳日升——胡桂林　陳夫人——童金鐘　陳春生——朱慶玉　翠環——雷金玉　黨進——冷少鳴　盧杞——張春堂　番使——李羅克　陳伯華久已聞名，今日一見，果然名不虛傳，扮相甚似當年梅蘭芳，唱、白、做工無一不佳，真漢劇之翹楚也。

三月六號星期日（二月初九）

寫靜秋信，未訖。八時出發，到武漢鋼鐵公司，聽王經理報告，參觀煉焦、翻車機、一、二號高爐。到招待所飯。與純夫同游長堤。

參觀平爐出鋼。到武鋼第一醫院及一食堂參觀。五時半歸。作詩二首。

劉爲章來，即到其室。省政協三人來，開會。出外散步。麗安民、吳廷勘來。謝克平來打針。失眠，服藥兩次，十二時後眠，翌晨四時醒。又眠，七時醒。

今晚同會：胡忠民（省政協文史資料研究委員會主任委員）余覺（副主任）　周雲蒸（幹部）　浦熙修

今日勞動一天，以爲可得佳眠矣，而來幾次客，開一次會，又使予精神緊張，不能成眠，予真病入膏肓矣！

三月七號星期一（二月初十）

劉爲章來。金通尹來。陳文彬來。聞家駟來。到武漢大學，聽李達及張副校長報告，參觀生物標本室、化學實驗室及圖書館。十二時，冒雨歸。

開會座談，自二時至六時。到漢口古舊書店閱書。續作詩二首。

散步。到江漢飯店訪麗安民、吳廷勘。出，閱一書店。服藥兩次，約十一時眠，翌日七時醒。

劉爲章（斐）督作長江大橋詩，因成三首。又以將赴丹江口觀水利工程，而爲章昔爲中南區水利部長，又附一首：

脚底千帆化小舠，車來電掣與風飆。古今壯觀誰爲最，浩蕩江流第一橋。

喚得黿鼉叱作津，穆王舊事久成塵。何如牢鎖龜蛇頸，天際長虹萬古新。

東方出日燦朝霞，大地齊開錦樣花。我上橋端一高矚，蕩胸勝乘碧雲䮜。

丹江餘波付庫存，南瀾北轉整乾坤。知公昔掌荊交水，請説中樞覆載恩。

聞家駟來，動員予勿去丹江口，以公路長，車行勞苦也。予告以予所怕者爲開會，所不怕者爲走路。如此行僅至武漢市而不去丹江口，心有不甘。渠無言而去。康同璧、陳文彬等已允留。

何叙父、李書城、吳昱恒仍去。

三月八號星期二（二月十一）

晤胡庶華、陳公培、李霽野，渠等初自北京來。在寓聽關山工業區黨委書記報告。九時許到該廠，冒大雨參觀，并看文娛節目。十二時，到洪山飯店進餐。

在休息室，與沈肇年先生談。到喻家山，參觀華中工學院。六時，仍返洪山飯店進餐。

在洪山飯店看楚劇四折。十一時三刻歸。謝克辛來打針。服藥兩次，約上午一時眠，翌日七時醒。

今晚所觀劇：1. 斷橋：白素貞——陳玉枝　小青——馬慶萍　許仙——朱明祥　2. 庵堂認母：徐元宰——徐大樹　王惠貞——沈雲陔　3. 打豆腐：黃德材——余星川　閻氏——王碧燕　4. 審誥命：知縣、誥命夫人嚴氏等演員名俱未詳。

三月九號星期三（二月十二）

在寓聽武漢鍋爐廠李工程師報告，九時許到洪山該廠參觀。十二時歸。

記日記兩天。寫詩與覃異之。到湖北省圖書館，晤崔祥衍、孔憲凱、宋克強，由徐孝密導觀其父藏書。出，到武昌新華書店古舊書門市部。六時，乘公共汽車歸。

理物。龐安民、吳廷勘來。出散步。到新華書店。理髮。服藥兩次，約十一時眠；翌晨六時半醒。

徐行可一生好書，所得稿本、批校本、鈔本、明本書甚多，數年前以其半售與科學院。去年七月身故，其子孝密盡出所藏，捐與省圖書館。今日往觀，甚多佳本及鮮見書，惜以時促未得多覽。

得靜秋信，知潮兒熱已退，惟經協和醫院透視，左肺部中間有陰影，醫囑臥床十天後再診。湲兒咳仍未止。

三月十號星期四（二月十三）

七時早餐。七時半上站，在候車室與彭飭三長談。九時開車，車中與包爾漢、朱蘊山、周新民、趙君邁、聞家駟等談。十二時八分到花園站，換乘汽車。一時三刻到安陸，入縣委會進食。與曹安談。

二時半開車，沿溳水行，五時至隨縣。六時渡溠水。

八時半抵棗陽，入招待所，與吳昱恒同室。到叔父處。九時飯。招待員李憲凱來。覃異之來談。打針。十時半服藥眠，翌晨三時三刻醒。

公路不平，又值雨後，車行顛簸甚，直如騎快馬。然以此勞頓，夜眠較佳，亦是一樂。

溠水，予九歲讀《左傳》所知，今日乃見之。又安陸、隨縣，舊屬德安府，吾七世祖列圃公所治也。

由花園到安陸三十公里，由安陸至棗陽一百八十公里。

漢丹公路正在施工，而報上未見，知我國新建設未宣告者正多也。

今日又大便兩次。

三月十一號星期五（二月十四）

補記日記兩天。將六日所寫靜秋信寫訖付寄。到禮堂，聽黨委書記報告，自八時半至十時一刻。即出發，到楊壋人民公社，十二時三刻到。聽管理委員會負責人報告。一時半飯。看同人作畫寫字。

在社參觀文化宮、幼兒園、百貨商店等處。四時，赴太平公社之姚崗，車壞，步往，參觀第二分場堰與渠。聽社中第一書記報告。六時半上車，八時到棗陽。

　　九時，參加招待晚會，至十一時散。失眠，服藥兩次，約上午
一時半眠，六時半醒。

　　自棗陽縣城至楊墻，六十五華里。自楊墻至姚崗，約二十華
里。自姚崗至縣城，五十五華里。此數地皆在湖北省最北部，北
行十餘里，越一山，即河南唐河縣境矣。故此間居民皆說河南
話，文娛活動亦皆河南化。

　　今晚所看節目：一、棗陽巨變（快書）　二、八字憲法（八人
輪歌）　三、贊姚崗（河南墜子）　四、園田化（花鼓戲）　五、崗
上姑娘（三弦）　六、夫妻爭論園田化（豫劇）

　　昨夜雖只睡五小時許，然今日精神仍舒適，以睡得早，上半
夜睡好也。今晚以參加晚會遲睡，上半夜遂不能睡矣。

三月十二號星期六（二月十五）

　　八時半出發，到沙河水庫參觀。到鹿頭鄉，入新華書店購書。
到鹿頭第二大隊機械廠參觀。下午一時歸。

　　獨游棗陽城一周。到新華書店購書。開座談會，自三時至六時
廿分。

　　與吳昱恒同到市街散步。予腸炎發，痾褲中，急歸就廁。洗
浴。打針。十時服藥眠，翌晨四時三刻醒。

　　今晚予忽然腹痛難禁，急跑回招待所，而已痾于褲中矣。恐
是急性腸炎，與去年在青島同，因取 S. D. 服之。同人中亦多腹
瀉者，不知是天驟寒，抑此地飲水不潔也。

　　棗陽本以崗地多，崗地易旱，平地易澇，是一苦地方，現在
引沙河水上崗，崗上遂得灌漑及林牧之利。此可見共產黨整頓乾
坤之大力。

三月十三號星期日（二月十六）

終日下雪，氣候驟寒。八時上車，十時三刻到樊城，未停，下午一時半抵光化（老河口）。入招待所，飯。

三時上車，四時四十分到丹江口，入總指揮部招待所，落宿。與黃艮庸、褚聖麟同室。

到飯堂，聽副總指揮石川報告，自八時至十時。十時半，服藥眠，翌晨五時半醒。

今晚聽石川同志報告，大家感動。此地交通不便，房屋、飲食、燃料、衛生均極難辦，至機械運輸則更難，在如此物質困難下而集十萬大軍，以土法爲主，漸入半機械化，成一千〇二十里之水庫，實爲從無到有之好例，相信馬克思主義之共產黨絕無不可做到之事。今正築漢丹鐵路，此路築成，起重機始能運到，彼時航行漢江之五百噸輪船將由起重機吊過大壩，其爲偉觀爲何如也！

三月十四號星期一（二月十七）

雪止放晴，路滑難行。八時半，參觀展覽館。十時，到漢江丹江口水利工程工地參觀，直上大壩。十二時歸飯。

入市，修面。二時半出，參觀職工醫院、修配總廠。到總指揮部開座談會，自四時至六時半。即在總指揮部進餐。與工程師雷鴻基及人大代表朱早弟（武漢紗廠女工）談。

到大禮堂，出席晚會，自八時至十時。歸，打針。十一時服藥眠，上午一時醒。又眠，五時醒。

丹江水庫工程與三門峽不相上下，然三門峽爲機械化，而此以各種條件限制，僅能達到半機械化，範圍太大，困難太多，此其所以更不易也。將來三門峽、丹江口兩處完工，即移治三峽。三峽畢工，又將入西藏調雅魯藏布江水入長江。

今晚所觀節目：1. 歌唱職工醫院(醫院職工)　2. 全家福(花鼓戲，八師)　3. 相聲(七師)　4. 三千里漢江(歌舞劇，八師)

三月十五號星期二（二月十八）

八時上車，十二時半抵樊城，到招待所休息。下午一時飯。與沈從文、林仲易談。

二時上車，環行樊城一周，隔岸望襄陽，又行，五時三刻到襄陽，仍住招待所原室。與吳昱恒同視朱蘊山疾。到蔡書彬處。包所購書付寄。

上街散步。參加文娛晚會，自七時三刻至十時一刻。服藥兩次，十二時眠，翌晨六時醒。

襄陽三面環江，西山聳峙，形勢勝絕，所以爲兵家必爭之地也。過唐白河，浮船二十餘。過清河，浮船十。

朱蘊老患鼻疾，雖到丹江口而不能參觀。

今晚所觀節目：1. 快書（人民公社好）　2. 墜子（贊姚崗等三首）　3. 戲劇（新農村）　4. 舞蹈（姊妹八人舞）　5. 相聲（人民公社）　6. 單弦（同上）　7. 合唱（春耕等三節）

唱墜子者名周永珍，聲調之抑揚頓挫，表情之喜怒哀樂，聽者皆叫絕，惜女音太高，有聽不真之字耳。

三月十六號星期三（二月十九）

八時開車，過浙水後車壞，換乘第四號車。下午一時到安陸，飯。

二時車開，四時半抵花園站，五時八分上京漢慢車，七時三刻到漢口，住璇宮四三五室，與李明揚同室。與黃芝崗談。在火車中與李書城、何叙父、章乃器談。

到于益之處。到叙父處。與李明揚談。段紹浩來。李中華來打針。洗浴。十一時半服藥眠，翌晨六時半醒。

自棗陽至安陸，計一百五十六公里，行五小時。此次由漢口至丹江口，往返達一千公里。

棗陽與丹江口之行凡七天，往返一千公里，公路不平，時時跳起。氣候忽寒，病者甚多，若朱蘊山、章乃器、彭飭三皆是也。予不畏顛簸，而不耐寒冷，因之氣管炎又作，打噴嚏及咳嗽俱來矣。

三月十七號星期四（二月二十）

寫靜秋信。赴第一組組會，聽同人對于此次參觀之認識，自八時至十二時。

再寫靜秋信。到李中華處取藥。到康同璧、羅鳳儀處。到紀元處，候金通尹來，同到民進武漢市委會，予與冰心同述旅行觀感，自二時至四時。回至旅館，仍參加第一組組會，六時散。

到洪山飯店，看湖北省歌舞匯報演出，自七時至九時半。十時半服藥眠，上午二時醒。又眠，五時醒。

今晚所見歌舞節目：一、五個萬歲（荊州）　二、姑嫂採桑舞　三、相聲（武鋼，艾森哈威爾看中國戲，打燈謎）　四、六十三歲老工人自編自唱　五、英國佬直瞪眼（武漢市）　六、女聲獨唱（"人民公社好"等）　七、大合唱　八、春耕舞　九、舞（大腳好）　今晚節目甚多，約記如此，此中表現青年人的活力，新時代的光明，十分有力，觀之使人精神振奮，增強幹勁。文藝洵改造思想之利器也。

今日民進之會，到者卅三人。

三月十八號星期五（二月廿一）

到吳昱恒、黃艮庸室談。到五樓開全體會，聽各組代表發言，自九時至十二時。湖北第一書記王任重設宴。

到百貨公司買包紙，包書付寄。到五樓開會，聽團長、秘書長致詞。二時半，長江流域規劃室魏主任來報告。四時，到規劃室參觀。五時半歸。

七時，看《戰勝漢江》、《萬山群島》兩電影。八時許上站。九時十三分開。看《戰官渡》、《下一次開船港》兩小冊。服藥兩次，十二時後眠，翌晨六時醒。

到站送行者：金通尹　胡文裕　謝克辛

車中同室：彭飭三　陸殿棟　梁純夫

今日上車本可早眠，而彭飭三君不能早，且眠後必須開燈，予遂不能眠矣。我有此病，在集體生活中，苦痛如此！

三月十九號星期六（二月廿二）

到劉斐、黃琪翔夫婦處談。早飯時抵鄭州，午飯時抵安陽，晚飯後到保定，脫車四十分，十時十五分到北京。看連環圖畫《阿瑪莎》、《清泉流到大旱莊》、《紅色的種子》、《藕塘關》、《對繡鞋》、《小晴告狀》、《金雞》、《幸福橋》八冊，又看《怎樣抓住中心環節》一冊。與陸殿棟、彭飭三長談。周新民、聞家駟、段紹浩、聶希武來。

靜秋偕潮、洪兩兒來接，乘無軌電車歸。服藥兩次，至上午二時方眠，翌晨七時醒。

車中服務員以連環圖畫來，遂盡閱之。因念予以忙且病，不能多看理論書，而此類書籍不須多費腦筋，指示之目標明確，新人新事隨時編出，亦改造思想之一助也。

潮兒犯肺炎，已請假三星期，今經協和醫院證明全愈，下星期可上學矣。湲兒咳嗽亦痊，惟堪兒右手入刺，自己拔出，遂致發炎，病已五日。

三月二十號星期日（二月廿三）

理物。看信。張覺非來。雁秋夫婦偕褚文夫人及其孫女玲玲來，留飯。

小卧，未成眠。欲理髮，各肆均擠甚。到文化俱樂部，看雜志以待，五時得理。

看張應昌《國朝詩鐸》。失眠，服藥三次，至十二時後始成眠，翌晨六時半醒。

在外失眠，以參觀緊張，節目繁多，又與他人同室，習慣不適應也。歸家而仍失眠，謂之何哉？

三月廿一號星期一（二月廿四）

到北京醫院，就腦系科趙宗彦大夫診。到理療科，就徐延香大夫診。作電療。遇熊德基、邵力子、朱蘊山、黃琪翔。補記日記三天。

眠一小時。點《群經平議》一卷（《堯典》——《甘誓》）。到北京醫院打針。

看羅根澤等《先秦散文選》。服藥三次，至上午一時後方眠。

以連夜不能眠，今日就醫，醫囑行理療，針灸、水療、電療兼爲之。幸北京醫院晚間有班，不致妨及工作時間。量血壓，爲134/80，頗不高。糖尿病已證實，爲1^+。

Novocain 及 Vitamin B 針，予已打至第九療程，而病終不愈，何也？

連日高度失眠，大量服藥，殆將飲鴆自殺，結果雖勉強得眠，而精神仍不痛快，其苦何如！

三月廿二號星期二（二月廿五）

七時，到北京醫院，欲作腎病試驗，以須久待，退出。在院遇吉雅泰。到大同酒家進早餐。九時半,到政協,參加文史資料研究會,十二時散。

與靜秋、堪兒到紅星,看《階級弟兄心連心》影片。獨出,到安定門外和平里散步,入新華書店。冒雨游地壇公園。五時,到北京醫院作電療及水療。七時歸。

翻翟灝《四書考異》。爲堪兒默寫生字。十時許服藥眠,翌晨五時半醒。

今日同會:楊東蓴　申伯純　米暫沉　姜克夫　張希孔　章士釗　羅隆基　浦熙修　王家楨　李培基　陳公培　翁文灝　趙世蘭　吳晋航　李祖蔭　王伯祥　呂振羽　劉大年　黃紹竑　載濤　翁獨健　邵循正　覃異之　陳修和　邢贊亭　李仲公　鄧哲熙　羅任一　閻寶航　葉景莘　周亞衛

今天到安定門外跑了半天,又到醫院作治療兩次,故今晚得一佳眠,殊不易也。此後除診療外必須多勞動,否則死矣!

今日量血壓,124/80,何其低?是知失眠非由血壓高,醫疑予有腎病,不知然否?

三月廿三號星期三（二月廿六）

七時,到北京醫院作 P. S. P 試驗,至十時廿分畢。打針。在院遇李奇中、賀貴嚴、章伯鈞、秦德鈞。看袁珂《中國神話》。作此次旅行總結。

眠一小時許。點《群經平議》半卷(《湯誓》至《盤庚中》)。邵恒秋來。到北京醫院電療及針灸。遇張治中。

看樊廷枚《四書釋地補》。洗浴。十一時服藥眠,上午一時半醒。又眠,四時半醒。

三月廿四號星期四（二月廿七）

　　到王修處。點《群經平議》一卷許（《盤庚下》至《洪範》）。寫傅彬然信，爲整理十三經事。

　　登榻兩小時，迄未成眠。到前門飯店報到，遇浦熙修。車至前門，步至北京醫院，作電療水療。

　　到北京醫院取遺失物，未得。到東安市場聽相聲。服藥兩次，至十二時半眠，二時半醒。五時半又醒。

　　春寒料峭，室中雖有火爐，足冷猶如冰，殊不耐也。自到湖北，陰雨連綿，久流清水鼻涕，歸後迄今不止，乃覺晴日之可愛。

　　予晚上須極安静，精神鬆懈，眠乃可期。而静秋性情急躁，動輒破口大罵，今午以堪兒事，今晚以猫偷食馬肉事，連次吵鬧，予不但不能眠，并胸膈亦作痛矣。

三月廿五號星期五（二月廿八）

　　點《群經平議》第五卷（《金縢》至《梓材》）畢。

　　得眠半小時許。到北京醫院，就女大夫徐永秀診。作電療，作針灸。遇金毓黻、丁瓚。到銀行取款。

　　欲到“迎秋”聽相聲，以太擠退出，游勸業場。服藥，約十一時半眠，翌晨五時半醒。又眠，七時醒。

　　以昨眠不佳，今日精神怠倦，如此治療，病迄不痊，奈何！今晚睡頗好，惟總難入眠，不及十時即上床，而須待至十一時許始成眠，亦苦事也。

　　看病歷，予病如下列：一、大腦動脉硬化　二、血管硬化　三、血壓高低不常　四、習慣性失眠　五、糖尿病（2$^+$）　六、消化不良（易放屁）　七、慢性氣管炎　八、眼結膜炎　此皆衰象也，到此年齡，必受此罪。只要每日能工作，亦不必計矣。

三月廿六號星期六（二月廿九）

點《群經平議》第六卷（《召誥》至《書序》）訖。

眠約一小時。到巷口修面。到北京醫院，因護士學習退出。到美術協會，看三八婦女節五十周年紀念圖畫展覽會。謝友蘭來。

看《參考消息》。失眠，服藥三次，至十二時後眠，翌晨六時醒。

此一星期中，失眠症劇發，居然將《群經平議》中《尚書》部分點訖。嘆俞氏真天才，能揭露《尚書》真面目不少，王氏父子後一人而已。

婦女畫展中，何香凝、孫誦昭、張紅薇皆八十以上人，陸小曼當亦六十以上，筆墨殊秀。新起畫家甚多佳作，劉自鳴其選也。

三月廿七號星期日 （三月初一）

到文化俱樂部，出席民進組織生活，聽顧均正述河南，雷潔瓊述上海，巫寶三述東北，趙樸初述緬甸，自九時至十二時。

未成眠。看中華書局送來之張宗祥寫定《董子》稿。到北京醫院打針。

看王祖畬《讀左質疑》。十時服藥眠，上午一時醒。又眠，四時三刻醒。

今日同會：趙樸初　徐伯昕　馮賓符　張紀元　嚴景耀　雷潔瓊　吳研因　謝冰心　陳慧　毛之芬　酈平樟　顧均正　巫寶三　王寶初　林漢達　章廷謙　梁純夫　李紫東　方毅明　金芝軒　陳兼善

今日校讀《董子》一稿，忽然心宕，予不能多管事如此。

三月廿八號星期一 （三月初二）

七時，到北京醫院驗血及尿。十時，就內科女大夫劉錦葵診。十一時歸。在院遇李一平、王伯祥及其子潤華、黃紹竑、張治中。

與鄧哲熙長談。看袁珂《中國神話》。記筆記一則。

眠半小時。辛樹幟來，與同至農業出版社訪王修，談。又訪夏緯瑛，未晤，晤其弟緯琨。又訪朱務善、王次甫，均未晤。到民族飯店進晚飯。晤伍獻文、王大珩、杜鵬程、涂治。

到樹幟室小坐。歸，看《說郛》兩册。十時服藥眠，翌晨四時醒。又眠，六時醒。

今日驗血糖，爲120，正常。驗尿糖，爲2$^+$，較高。予請開買肉證明書，醫謂予膽固醇高224，多吃肉則加速血管硬化，不如多食菜蔬爲宜。此真矛盾事也。

李一平君告我，林宰平先生于上星期一逝世，年八十二。樹幟告我，粟顯倬君在西農逝世，以緊張故。鄧裕洹亦于去年死。

三月廿九號星期二（三月初三）

寫政協秘書處、自珍、蕭新祺信。九時車來，到政協禮堂。十時開會，十一時散會，十二時午餐。

到北海看桃花，在雙虹榭飲茶。乘七路無軌電車到東直門，出城一觀。歸，寫上海人民出版社信。到北京醫院打針、電療、水療。

看《說郛》。十時半服藥眠，翌晨四時醒。又眠，六時半醒。

今日所晤人：徐伯昕　朱潔夫　易禮容　王家禎　于滋潭
費孝通　沈尹默　潘伯鷹　辛樹幟　宋雲彬　辛志超　張紀元
周總理　李維漢　彭真　潘承孝　楊東蓴　巨贊　張之江　陳調
甫　馬一浮　吳研因　丁聲樹　熊佛西　王个簃　徐冰　陳銘樞
陳劭先　王葆真　朱蘊山　李平衡　楊亦周　周新民　聞家駟
陳望道　羅隆基　董爽秋　章乃器　侯仁之　陳叔通　胡愈之
豐子愷　趙九章　陳岱孫　韓壽萱　袁敦禮　陳鶴琴　王芸生
李德全　許廣平　陸殿棟　劉多荃　鄧哲熙　劉定五　李祖蔭
何思源　吳文藻　彭鏡秋　查夷平　連以農　柯靈　薛愚　喜饒

嘉措　金通尹　戚景龍　周建人　馬寅初　熊慶來　陳禮節　章
元善　黃鳴龍　張奚若

三月三十號星期三（三月初四）

到“春風”理髮。記筆記一則。樹幟偕董爽秋來，與之同到民
族飯店飯。晤伍獻文。

到人大會堂，與潘承孝上樓參觀，列席人代第二次會議，聽李
富春“關于一九六〇年國民經濟計劃草案的報告”，李先念“關于
一九五九年國家決算和一九六〇年國家預算草案的報告”。冒大風，
乘環行路車歸。

看《説郛》。咳不成寐。服藥三次，得眠約四小時。

今日下午起七級風，吹人欲倒。予出尋覓科學院汽車不得，
天安門廣場不可久留，遂乘街車歸，氣管炎益劇矣。

今日所晤人：伍覺天　虞宏正　范文瀾　蕭三　陳序經　張
璽　孟目的　王歷耕　李儼　劉錫瑛　王國秀　陳雲章　楚圖南
車向忱　沈肇年　沈濟川　沈禮蘭　薛篤弼　何遂　白薇　汪世
銘　袁翰青

三月卅一號星期四（三月初五）

到民族飯店，在六樓會議室閱讀文件。辛樹幟、董爽秋、王家
楫來談。到樹幟室，并晤趙洪璋。到爽秋室。與樹幟同飯。

晤曾昭掄、曾昭燏等。與樹幟到何炳麟先生處，同乘汽車，到
陶然亭公園環行一周。到中山公園，入茶座憩息。五時返民族飯
店。到北京醫院電療、針灸。買汽車月票。

看《説郛》。失眠，服藥兩次，十二時後眠，上午二時半即醒，
遂耿耿達旦。

伯祥患肝炎，入傳染病醫院。

本月行程：

一日下午六時上車，二日下午六時到漢口，住璇宮飯店。

三日，上午參觀長江大橋，下午參觀湖北省十年經濟文化建設成就展覽會。

四日，上午聽省長張體學報告，下午座談，晚至朱士嘉處。

五日，上午參觀重型機床廠，下午參觀輕工業機械廠，晚看陳伯華《二度梅》劇。

六日，竟日參觀武漢鋼鐵公司。

七日，上午參觀武漢大學，下午座談。

八日，上午參觀關山工業區，飯于洪山飯店，下午參觀華中工學院，晚看楚劇四折。

九日，上午參觀武漢鍋爐廠，下午參觀省立圖書館。

以上在武漢市參觀七天，凡參觀工業、文化、交通十處，聽大報告一次，座談二次。

十日，乘汽車，經安陸至棗陽，住縣委招待所。

十一日，上午參觀楊壋人民公社，下午參觀太平人民公社之姚崗水利工程，晚看文娛節目。

十二日，上午參觀沙河水庫、鹿頭人民公社，下午座談。

十三日，終日在車，飯于光化，宿于丹江口指揮部招待所，晚聽副總指揮石川報告。

十四日，上午參觀展覽館及丹江口水利工程，下午參觀總指揮部之醫院及修配廠、座談，晚觀文娛節目。

十五日，在車，飯于樊城，下午望襄陽，歸棗陽，晚觀文娛節目。

十六日，在車，晚歸漢口。

以上赴棗陽及丹江口往返七天，凡參觀公社三處，水利工程三處，聽大報告一次，座談二次，觀文娛節目三次。

十七日，終日座談，予又參加民進座談會，晚觀文娛節目。

十八日，上午參加全體大會，下午參觀長江流域規劃室，晚看電影，九時上車。

十九日，終日在車，晚到北京。

以上結束，凡參觀水利工程一處，座談四次，觀文娛節目一次，電影一次。

綜計往返十九日，在途中五日，實際參觀及座談十四日。

漢口　住十夜　　　　　襄陽　住四夜

丹江口　住二夜　　　　火車　住二夜

致上海人民出版社信　1960. 3. 29. （下略，見《顧頡剛書信集》）

一九六〇年四月

四月一號星期五（三月初六）

看《中國叢書綜錄》。與尹達、侯外盧同車，先送之至人大會堂。到民族飯店六樓，出席民進小組討論，自九時至十二時。遇葉至善。歸家飯。雁秋來，留飯。

看湖北參觀筆記，備明日發言。到北京醫院，打針、電療、水療、按摩，四時半至六時。到科學出版社購書。

周成勳來。看徐旭生《中國古史之傳說時代》。十時服藥眠，良久不能入睡。十一時許又服藥，眠，翌晨六時半醒。

今日同會：徐伯昕　陳禮節　李平心　李霽野　吳研因　張紀元　金通尹　柯靈　徐楚波　梁純夫　戚景龍　馮少山　葛志成　潘承孝

以昨夜眠太不佳，今日精神甚劣。此次開會，凡不常見之友都稱余瘦，可見余體實不如前。又近來走路稍快及上下車都覺氣喘，亦見其衰。飯量亦不及前，兩碗飯有時覺得勉強。余前常自誇："吃得下飯，走得動路。"此最後兩注本錢今亦在動搖中矣。余不畏死而畏病，以病則不能工作，白吃飯也。

四月二號星期六 （三月初七）

看湖北參觀筆記。到民族飯店，出席小組會，予發言兩次。與平心同飯。遇尹義、陳中凡、王颿、沈尹默夫婦。

到樹幟處。到十一樓修面。到平心處，延護士打針。與平心到何炳麟先生處，同乘汽車，欲到玉淵潭公園，以未完工未入。到動物園，又以風大沙多，中途退出。五時許歸。

看《文史資料選輯》第三册。洗浴。十一時許服藥眠，翌晨六時醒。

今日同會：如昨，陳禮節、柯靈未到，王紹鏊到。

向大會醫療科取 Nevbatal 藥片服之，有效。此新出藥也。

四月三號星期日 （三月初八）

續看《文史資料選輯》第三册。補記日記四天。到平心處，晤周谷城，偕游北海，在大衆食堂飯。

到雙虹榭茶叙，遇王城。出，參觀少先隊水電站。二時半歸。偕静秋挈四兒到民族飯店，先訪平心，并晤其子前偉。游十一層樓，遇周亞衛夫婦。到周瘦鵑、嚴獨鶴處談。遇鄭曉滄父女、徐伯昕、尹義。

到樹幟處，同飯。歸，看宋板《孝經》。十時服藥眠，翌晨四時醒。又眠，六時醒。

昨夜睡眠雖較佳，但今日疲憊非常，何也？豈服藥太多，發生副作用耶？

今晚同席：予全家　劉宗鶴夫婦及其二子　辛仲勤夫婦及其

二子（以上客）　辛樹幟（主）

四月四號星期一（三月初九）

到民族飯店，開小組會，討論陳叔通《全國政協工作報告》，并論服務與改造的關係問題，予發言。到樹幟處，晤鄭建宣、陸秀、唐鉞。到醫療科打針，取藥。草另建北京圖書館提案。

到民族文化宮禮堂，聽大組發言，傅作義主席。四時三刻休息時予離會，到北京醫院水療、按摩。車中遇姚家積。歸，殷綏貞來。

周成勳來。看《歷史研究》中錢寶琮論曆法文。十時半服藥眠，翌晨四時醒。

今日上午同會：如四月一日。

在無軌電車中作俚歌一首，記此：

一方面搞古，一方面搞今。周身多病痛，又要去看病。時間不够用，精神不够挺。欲待問如何，直須呼救命。

歸來接羅雨亭凶報，渠已于三月卅一日在鼓樓醫院逝世，朋從又弱一個，更加惆悵矣。

四月五號星期二（三月初十）

到民族文化宮禮堂，聽大組發言。晤鄒秉文、劉斐、鄧哲熙、龍雲、裴文中、尹義。

飯後與徐楚波、葛志成、辛樹幟、邵力子談。遇邵恒秋。到王國秀室談。到民族文化宮禮堂，聽大組發言。晤王雪瑩、邢贊亭、莊明遠、陳禮節。

到人民劇場，看匈牙利青年團歌舞。遇黃新彥。九時半，與樹幟、胡庶華同出。十時半服藥眠，翌晨四時醒。

四月六號星期三（三月十一）

到政協禮堂，聽大會發言，自九時至十二時。楊尚昆、許廣平主席。在禮堂飯。

寫羅雨亭夫人唁函，到甘石橋郵局寄奠儀。在西單理髮。到人民大會堂，聽吳振等五人在印度展覽情況、譚震林“爲提前實現全國農業發展綱要而奮鬥”及陳叔通、陳郁發言。與潘承孝到江蘇、四川兩廳。

到民族飯店飯。到醫務室打針。十時服藥眠，翌晨五時醒。

聽吳振等五人報告，知印度人之貧苦較我國在反動統治期爲尤甚。尼赫魯當國十餘年毫無成績，不向中國學好，反向中國挑釁，無聊甚矣，其國內之革命亦近矣。

得上海人民出版社來信，允每月供給予五十元，作鈔寫費。因定計劃，第一步將全文鈔出，第二步爲分類及合并，第三步爲修改，第四步爲分類出版。倘能于三、四年間全部整理乎？

四月七號星期四（三月十二）

到政協禮堂，聽大會發言，自九時至十二時。郭沫若主席。在禮堂飯。與薛愚、傅懋勣談。

到雁秋夫婦處，并晤木蘭、褚太太。到政協禮堂，金岳霖邀予及查阜西茶叙。三時，取文件出，到北京醫院針灸、電療、水療、按摩。

到北京展覽館，觀邯鄲落子劇《瑞花》及瓊劇《紅葉題詩》，未畢。十時半歸。十一時半服藥眠，翌晨六時醒。

今日所遇人：豐子愷　安若定　季方　周建人　熊慶來夫婦　吳家象　潘光旦　陳序經　葉企孫　白薇　李燕　盧于道　盧郁文　葉景莘　周新民　陳建晨　鄭昕

四月八號星期五（三月十三）

到政協禮堂，聽大會發言。食熊掌。

上三樓看書面發言，寫魏應麒信。

到民族飯店打針，遇趙洪璋。十時服藥眠，十二時半醒。再服藥，六時半醒。

今日所遇人：吳大琨　李書城　吳文藻　吳研因　韓壽萱　向達　辛樹幟　光昇　葛志成　楊蔭瀏　嚴獨鶴　劉清揚　陸秀　潘伯鷹　夏衍　史良　張銓

此次大會發言，以談各地大躍進及自己思想改造者爲多，較歷屆爲充實，會畢後不可不細看。

四月九號星期六（三月十四）

到民族飯店，出席小組會，討論譚震林副總理“爲提前實現全國農業發展綱要而奮鬥”的報告，予發言。晤文懷沙之父文倜生。

到沈尹默先生處，并晤其夫人褚保權。到李平心處，并晤董竹君、文懷沙之母。到人民大會堂，聽蒙古人民共和國大人民呼拉爾主席賈爾卡塞爾演說，及陸定一、謝覺哉、程潛、傅作義等發言。看章乃器書面發言及平心駁文。與紀元、禮節等參觀福建廳。

遇王大玫、大琬。到首都劇場，看青年藝術劇院演田漢編《文成公主》，十二時散。十二時半服藥眠，翌晨七時醒。

今日上午同會：徐伯昕　陳禮節　王紹鏊　金通尹　葛志成　李平心　張紀元　潘承孝　柯靈　徐楚波　李霽野　吳研因　馮少山　戚景龍　梁純夫

今日所晤人：武和軒　嵇文甫　張明養　伍覺天　闍迦勒　傅抱石　葉渚沛　車向忱　康同璧　王崑崙　毛誠　陳雲章　章元善　喻宜萱　尹義　謝冰心

《文成公主》一劇，故事貧乏，不足動人，惟服裝道劇悉據唐畫，在戲劇界中別開生面。

四月十號星期日（三月十五）

到人民大會堂，聽周總理報告"國際形勢及對外方針"。回民族飯店飯。修面。寫魏應麒第二信。

聽人大報告及通過審查報告，參加人大閉幕儀式。參觀甘肅、安徽等廳。

在人大宴會，看雜技。十時出。服藥兩次，約十二時眠，翌晨六時醒。

今日所晤人：徐森玉　鄘雲鶴　朱蘊山　秉志　朱洗　童第周　陳雲章　章元善　千家駒　周谷城　吳貽芳　吳羹梅　董爽秋　雷榮珂　載濤　許德珩　李燭塵　李書城　傅作義　梁漱溟　丁西林　李平心

近日眼甚痛，蓋結膜炎增劇矣。予以神經過敏甚，不能受眼科醫，真是苦事。

雜技表演，確實進步，可吸引全世界人民之愛好中國也。

四月十一號星期一（三月十六）

到政協禮堂，與李平衡、熊慶來、潘伯鷹等談。十時開會，通過提案處理、大會決議，聽周總理談話。到民族飯店，平心邀宴。

董竹君來。三時，與平心到十一層樓，出席民進聯歡會，與外來諸委員談話。打針。晤何思源及其孫女。與傅彬然同車歸。

爲陳雲章寫杜甫詠懷詩，作廢。服藥兩次，十二時眠，翌晨五時醒。

今午同席：文懷沙　常任俠　辛樹幟　予（以上客）　李平心（主）

此次大會，歷十四日，視以前各屆均短。

今日下午同會：王紹鏊　楊東蓴　徐伯昕　馮賓符　張紀元　雷潔瓊　嚴景耀　傅彬然　嚴獨鶴　周瘦鵑　周世釗　鄭曉滄

吴贻芳　吴荣　杨石先　周建人　徐楚波　林汉达　董守义　王
宝初　毛之芬　谢莹　李霁野　李平心　梁纯夫　陈礼节　冯少
山　金通尹　吴研因　潘承孝　戚景龙　葛志成　余之介　车向
忱　吴若安　陈秋安

四月十二號星期二（三月十七）

到民族飯店，與樹幟、爽秋同進餐。遇吳家象。八時半上車，
經順義、懷柔，十二時至密雲水庫總指揮部。由副總指揮趙毓秀講
解。進午餐。

先參觀白河區築壩，再至潮河區水庫，登舟、寫詩。四時半上
車，五時半至懷柔水庫，登壩一望。七時進城。

看《清一統志》順天府部。十時服藥眠，翌晨四時醒。

今日同游：張醁村　賀綠汀　辛樹幟　董爽秋　楊木蘭　孫
仲逸　林竹三（政法學院學生，扶余行）約七十人。

密雲水庫面積二百平方公里，相當于一百個昆明湖。水庫風
景區面積爲七百零六平方公里，爲中山公園之三千四百六十倍。
密雲距北京約一百公里，已通火車，即京承鐵路也。

四月十三號星期三（三月十八）

到民族飯店，遇張銓、王个簃、陳序經、薛篤弼、趙洪璋。寫
致民進請假條。與樹幟、爽秋同早餐，同到西郊，由俞德浚導游植
物園温室。訪森林工業科學研究所長陳嶸，未晤。到人民大學預科
訪辛仲健，晤之。游動物園。出，到莫斯科餐廳飯。遇夏玫雲。

到東安市場購物。歸家，重寫杜甫《自京赴奉先縣詠懷詩》，
并作跋。補記前數日日記。理書物。寫西四羊肉胡同服務所信，爲
請雁秋鈔書事。

到陳雲章處送所寫字。到樹幟處道別。到平心處道別，并晤姚

紹華、何炳然。打針。遇唐弢、仲勤夫婦。洗浴。服藥兩次，十二時眠，翌晨四時半醒。又眠，六時半醒。

今午予宴樹幟、爽秋二人，用六元六角。

昨在密雲水庫"來賓贈言"中匆促題一詩：

潮、白年年作禍災，于今俯首受安排。若無黨力勝天力，那得汪洋萬頃開。

昨、今兩日，均爲民進集會，而予以游覽，皆請假，頗惴惴然慮受批評，而樹幟謂我："民主黨派工作者只有政治業務，無學術業務。君既有專業，即不必經常出席民主黨派之集會，黨于此未必不了解也。"

四月十四號星期四（三月十九）

理書物。續看張宗祥整理之《董子》訖，寫出審查意見。雁秋來。

眠半小時許。到北京醫院，就蔣景文大夫診，電療、水療、按摩。候診時看寒卓《黃河》訖。遇酈明、陳劭先、劉開渠、熊迪之、周建人。遇王修、蕭風。

看《說郛》。十時半服藥眠，上午三時半醒。又眠，五時半醒。

靜秋多日來全身酸楚，胸膈不爽，經常泄瀉，精神疲乏，昨就汪仲鶴診之，謂是春瘟。

予血壓，今日爲150/90。今晚得一佳眠，當緣理療之功。

得自珍來信，悉羅雨亭以犯病太多（肺病、心臟擴大、高血壓、肝癌、血管硬化），不堪其苦，醫院已無法治療，于上月底跳樓自殺。悲哉！

四月十五號星期五（三月二十）

爲靜秋寫表揚金志銘之大字報。逢劉珺，同到劉瀛處，未晤，

留條。寫傅彬然信，爲《董子》事。到西總布胡同理髮。整理大會
所發文件。

與傅彬然同車到民進，開會討論學習問題。到北京醫院打針。
頤萱嫂來，留飯。

劉瀛來。看《説郛》。十時半服藥眠，翌晨三時半醒。天明時
又矇矓。

今日同會：楊東蓴　王紹鏊　張紀元　謝冰心　傅彬然　林
漢達　董守義　金芝軒　余之介　嚴幼芝　王嘉璿　李念武　趙
濟年

今日爲建國門區人民公社成立之日，静秋請加入爲社員，未
批准，以其爲家務所困，未能從事勞動也。静秋因自今日起，爲
予鈔寫筆記，每千字以三角計。

四月十六號星期六（三月廿一）

寫上海人民出版社信，爲整理筆記定一計劃。寫何思源信，介
紹劉瀛。寫李址麟信，即付寄。看李址麟論文《中國文獻上古朝鮮
位置》。尚愛松來。

到文華殿參觀山西永樂宮壁畫模本展覽。到故宫，參觀綜合藝
術第二室及青銅器、陶瓷、織綉等三館、御花園。出，到美術協會
參觀貴州民族民間工藝展覽會，遇劉開渠。

聽静秋讀毛主席文字。十時半服藥眠，翌晨五時半醒。

今日心宕、心空，甚不舒服，出去跑了半天，幸得一夜佳
眠，可見予之生活必須散淡也。

日來北京市各區紛紛辦人民公社，建國門區亦于今日成立，
而静秋請求入社竟未批准，大爲詫異，以其爲街道積極分子，從
事掃盲、分配副食品等甚爲忙碌，又街道辦工廠捐出桌椅，不當
拒之門外也。繼聞金荷清亦未批准，乃知領導方面視我家爲資産

階級，正猶農村中辦公社之對富農也。金荷清之夫開洗染廠，家有兩保姆，固其自身參加街道衛生甚積極，爲衛生主任委員，參加期限已長，終由階級成分之限制，不得與予第一批批准之列。蘇笑天亦未批准，或以其雖爲寡婦而有存款，猶過資産階級之生活乎？

四月十七號星期日（三月廿二）

到北京醫院打針。到井成泉處送鈔件，并開與條件。記筆記五則。雁秋來，留飯。重寫羊肉胡同服務所信。

到中山公園，看菊花展覽及匈牙利解放十五周年政治文獻圖片展覽會。寫起潛叔信。

與静秋同到政協禮堂，看新疆維吾爾族話劇團演《步步跟着毛主席》。遇翁獨健夫婦及梁純夫等。十時出，十一時半眠，時睡時醒。

自三月初出門以來，迄今近五旬，精神緊張，身體勞頓，已多日不舒服。今晚觀劇時，病遂發作，坐立爲難，鼻中出氣熱，知發燒矣。雖服藥兩次，仍不能安眠，筋骨疼痛，若被打者。

四月十八號星期一（三月廿三　予生辰，足六十七歲矣）

臥床，看《説郛》。吃麵。

姜亮夫寄其所作《歷代人物年里碑傳總表》來，翻之。

一夜仍時眠時醒。

今日上午已無熱，而下午熱度又高，幸只一度耳。

《説郛》一書，編輯極無法度，但所集唐、五代、宋、元資料甚多，有以識當時社會，爲可貴耳。

四月十九號星期二（三月廿四）

臥床，看《桐橋倚櫂録》及《説郛》。

眠半小時許。井成泉派其子宗頤來，示鈔件體例合格否。王嘉璿來，静秋見之。

十時服藥眠，上午三時醒。又眠，五時醒。

今日上午無熱，中午有熱，晚間熱退。

陶孟和副院長赴上海開學部會議，心臟病作，遂死于滬，年七十三。

顧鐵卿所著《桐橋倚櫂録》一書，寫嘉、道時虎丘盛況，各方面都注意到，誠爲一有心人。此書爲鄭振鐸借去數年，索之不還。日前乃由文化部送還，因通覽一過，當摘録其末數卷于筆記中也。

四月二十號星期三（三月廿五）

臥床，看《説郛》。李址麟來，長談，留飯。

陳乃乾、潘達人、賀昌群來。

十時服藥眠，翌晨四時醒。

今日退燒。惟飯納不佳，不知是服消炎片之反應否？

周總理昨自緬甸到印度。

南朝鮮人民起與李承晚政權鬥爭，以反動政權壓迫當地人民太過，不特無自由，并斷糧也。今日予見址麟，因賀彼國之行將統一。在美國卵翼下而有此，帝國主義其可休矣！

四月廿一號星期四（三月廿六）

起身，看《説郛》。

眠一小時許。

十時服藥眠，翌晨五時醒。

今日起床，仍極疲憊，兩足冷甚，足見其虛弱也。惟經此休息，睡眠頗好，是知爲健康計，實不能過緊張生活。

讀《北京晚報》，周總理昨在尼赫魯宴會上之講話，云："只要處處爲兩國友好的長遠利益着想，既考慮到歷史背景，又考慮到當前的實際情况，根據五項原則，互諒互讓，兩國邊界問題是完全能够公平合理的全面解决的。"如此寬大公平，不知尼赫魯能受此偉大精神感動否？

四月廿二號星期五（三月廿七）

寫吳樹德、魏瑞甫信。補記日記四天。到禄米倉修面。寫越特金信。

未成眠。寫姜亮夫、自珍、黄珮、吳仲超、朱葆初信。寫沙應若、陶夢雲、科學出版社信。到崇文門郵局寄信。到北京醫院打針。

馮家昇夫人張秀玲挈其子來。看《説郛》。洗浴。十二時服藥眠，翌晨六時醒。

今日爲偉大的世界革命導師列寧誕生九十周年，舉行慶祝大會，計其生年爲同治九年庚午，適與吾父同年，即長予二十二年。

今日寫信十餘通，覺得肩上一輕，蓋不復人信直如負債也。黄珮爲張西堂夫人，沙應若爲程憬夫人，陶夢雲爲丁山夫人，與之通信，皆爲其夫之遺稿也。

胃納仍不佳，脚亦仍冷。昨晨大便，拉出蛔蟲一條，長約八寸，此腸病之一端也。

四月廿三號星期六（三月廿八）

到北京醫院，就女醫師劉錦葵診。打針。遇酈明、鄭一俊、陳劭先。看季汝梅《讀書偶識》稿。記筆記一則。

眠一小時許。摘鈔季汝梅《讀書偶識》稿入監本《尚書》。記筆記三則。李址麟來。

王姨丈、姨母來。址麟接洪、堪兩兒至北大。十時許服藥眠，上午四時醒。良久又眠，六時醒。

今日不舒服，就醫診之，謂肺無病，只是年老，不勝氣候之變化，容易感冒耳。又查血壓，則僅 140/70，下降甚，故近日得安眠也。

王碩輔姨丈今年八十四歲，每日到科學史室工作半天，下午休息，到公園吃茶。能食能眠，真可羨也。

姨丈言，龐敦敏日前逝世，年七十二。此我參加中國社會黨時之老友也，去年嘗見之。

四月廿四號星期日 （三月廿九）

張覺非來，長談，爲按脈。看《光明日報》，摘鈔孟周《古代作品的社會意義》一文入筆記。

略一朦朧。到北京醫院打針。摘錄季汝梅《讀書偶識》入監本《尚書》，仍未畢。記筆記二則。

看《説郛》。服藥兩次，十二時眠，翌晨六時醒。

予此次病氣管炎覺得比以前爲重，非常疲憊，雖睡眠不差而精神甚壞，胃口不好，吃飯總覺勉強，此其大病之預兆乎？

覺非爲按脈，云弦數，謂予幸而身體底子好，否則如此疲勞，早就垮了。又謂予有濕。

四月廿五號星期一 （三月三十）

張毓峰來，取鈔件。摘錄季汝梅《讀書偶識》入監本《尚書》，仍未訖。

眠一小時。到北京醫院打針。遇張炯伯、汪静之。記筆記五則。看孫詒讓《籀膏述林》。

賈大娘請假歸休息。看姜亮夫《歷代人物年里碑傳總表》。服藥後至十一時後眠。翌晨五時許醒。

并不發燒而甚疲倦，若在大病之後，何也？抑大病之將至耶？今年春天，真不好受！

覽報，知我三十年前爲中山大學所鈔之車王府曲劇，已由中山大學黨委領導，中文系師生從事整理編選。前招人鈔寫時，碧澂曾説："鈔這種東西有什麼用？"而今日則竟有用矣。

四月廿六號星期二（四月初一）

家務勞動。到北京醫院，就劉錦葵大夫診。打針。皇甫通來。蕭新祺來，看其新送來書《亦囂囂齋四種》。

未成眠。爲《籣膏述林》補目訖。作《裴字古今異説表》訖。頤萱嫂來，留宿。

看陳叔通《百梅書屋詩存》。看孫玉堂《六蓺通考》目。失眠，服藥三次，十二時後眠，翌晨五時醒。又眠，六時後醒。

今晚開吳瑞燕鬥爭會，静秋前往，故歸來遲，予又失眠矣。

得趙孟頫信，悉渠弟雲裳（善發）及蔣企鞏（紹曾）皆逝世，此皆我中小學同學也。

四月廿七號星期三（四月初二）

寫吳榮信。到北京醫院抽血驗血糖及肝功能。在院進早點。到"春風"理髮。民間文學編輯部趙慧娟、王一奇來。作趙孟頫《拙齋紀年》序千二百言。雁秋來，留飯。

略一朦朧。孔繁山來，與尹受同理書，挑出可售者。寫孟頫信。

到東安市場配電燈，未得。看《説郛》。十時半服藥眠，翌晨三時醒，遂不寐。

朝鮮漢城五十萬人示威，日本全國七百萬人示威，李承晚及岸信介必可打倒矣。快之！

余脚仍冷，精神不痛快。兩眼澀且痛，泪多，蓋結膜炎又劇發也。

静秋捐大書架一、書櫃一于本胡同人民公社，因此招孔繁山來，將以若干部大書，如《新元史》、《新舊唐書合鈔》、《晋書斠注》等書出售。形勢逼人，無可如何。

四月廿八號星期四 （四月初三）

到中山堂，吊陶孟和先生之喪。遇屠思聰。到北京醫院打針。爲民間文藝研究會修改《高舉毛澤東思想旗幟，大力促進群衆創作，全面開展民間文學工作》一報告。孔繁山來議書價。

未成眠。過録季汝梅語入《尚書》，訖。記筆記三則。雁秋來，留飯。頤萱嫂歸其家。

翻《籀膏述林》、《説郛》。十時半，服藥眠，翌晨六時醒。

予昔常自詡興趣好，然今兹一病，興趣便在無形中消失了。昨日到市場不聽相聲，今日到公園不看花房，如此頹唐，昔所未有。

自今日起，予隔一日到北京醫院打維它命 B 及 B_{12} 各一針，又普羅卡因兩針，看有驗否。

今日報載李承晚已逃，南朝鮮總統府中空無一人，此真快事。此亦足使岸信介、蔣介石、吳庭艷輩看個下臺榜樣。東風壓倒西風，此爲明驗。

民間文藝會一文約兩萬字，一句話要拉長到十句，看來費力眩目。此是今人寫文通病。將來如不改，殊費作者與讀者之精神。

四月廿九號星期五 （四月初四）

記筆記二則。寫季汝梅遺著審查書。寫林山信。

眠半小時許。將所摘鈔《讀書偶識》覆查一過。故宫博物院圖書館王超來。寫朱葆初信。記筆記二則。爲堪兒小組默寫功課。

到王修處。看《説郛》。服藥兩次，十一時後眠，翌晨六時醒。

昨晚得一佳眠，當因打針之故。只要足不發冷（予常覺冷氣一縷從脚心起），疲勞當易恢復。

自昨日下午起，我家包飯于公社，從此靜秋不必爲做飯忙，大是解放。我家本生兩爐，今留其一，煮水及作早點。

李康石，南朝鮮僞副總統李起鵬之子，僞總統李承晚之養子，可謂反動統治集團之核心人物，而今日報載渠以手槍殺其父母與弟，繼亦自殺。渠尚如此，則勞動人民之態度堅決可知。美帝猶欲建樹其新的傀儡政權，可謂大愚！

四月三十號星期六（四月初五）

到崇文門買乘車月票。遇鄒秉文夫婦。到北京醫院打針。孔繁山來取書。修改李址麟《古朝鮮》論文。記筆記三則。

看楊守敬《晦明軒稿》。

看《説郛》。易住北屋，服藥兩次，約十一時半成眠，翌晨五時醒。

今日大風，塵霧蔽天，予到醫院，幾被吹倒。

此次賣出書籍，得五百元。欲買進一電視機，尚不足也。

土耳其爆發反獨裁政治大示威，全世界資産階級政權皆搖搖欲墜矣！

保姆行後，靜秋雖已包飯，然而還不能不在厨房，常須深夜始罷，予只得與之分室矣。

[上海人民出版社來信]　　1960.4.6.（下略，見《顧頡剛書信集》）

覆信　1960.4.16.（下略，見《顧頡剛書信集》）

一九六〇年五月

五月一號星期日（四月初六）

家務勞動兩小時。點王先謙《漢書補注·地理志》中遼東、遼西、玄菟、樂浪郡各章。記筆記三則。

眠一小時許。

静秋與四兒俱出，予在家守門。看《説郛》。服藥兩次，十一時半眠，翌晨五時半醒。

予向來興致勃勃，今日為國際勞動節，世界騰歡，而予因病未能參加，晚間兒輩欲拉至天安門看烟火，亦未往，何興起闌珊一至于是？

五月二號星期一（四月初七）

點全祖望《水經注》校本《濡水》篇。張覺非來。程金造來。記筆記一則。

未成眠。到北京醫院打針。到文淵閣買筆。點全校《水經注·大、小遼水、浿水》篇。記筆記三則。

看《國粹學報》。十時服藥眠。翌晨三時醒。天曉時又朦朧。

五月三號星期二（四月初八）

家務勞動。作《史記與尚書關係》一條筆記，未畢。蕭新祺來，理予藏文學書。到春風，待至兩小時始得理髮。遇屠思聰、静秋。看《詁經精舍文集》。

未成眠。到北京醫院，就腦系科趙宗彦大夫診。遇李祖蔭。理書，選出一部分出售書。

看王藴章《然脂餘韻》。洗浴。十時服藥眠，翌晨六時醒。

今日檢血壓，爲 130/85，頗正常。惟上星期驗血糖，爲130，醫云較高，如降至 110 則善矣。肝功能及便糖，亦正常。

五月四號星期三 （四月初九）

記《史記與尚書》筆記訖。蕭新祺來，議書價。到北京醫院打針。到百貨商店買五味子酊。記筆記三則。

未成眠。續讀《漢書補注》中之東北各郡，記筆記五則。尹受來談工作。

看孫璧文《新義録》。十時半服藥眠，翌晨四時醒。又朦朧，五時半醒。

五月五號星期四 （四月初十）

續讀《漢書補注》及《後漢書集解》之東北各郡。記筆記十二則。

未成眠。寫越特金信，付寄，遇吳瑞燕。

看《新義録》。服藥兩次，十一時半眠，翌晨五時許醒。

氣管炎迄不見痊，既易喘，又覺喉頭老有一口痰吐不出。而天氣忽冷忽熱，又多風，亦爲此病不易痊可之一因。如予因此而犯肺病，則與我父“白首同所歸”矣。

在屋子裏爬桌子做工作，自覺尚有精神，而一出街即覺憊憊不振，此何故也？

五月六號星期五 （四月十一）

陳慧來，長談。蕭新祺來。到建國門門診部，就汪仲鶴大夫診。到北京醫院打針。

未成眠。看陸定一《在列寧革命旗幟下團結起來》。四時，車來，到民進，參加學習座談會。六時散。以待車，七時歸。

看《新義録》。十時服藥眠，十一時即醒。又服藥，翌晨四時半醒。

今日同會：趙樸初　謝冰心　吳文藻　陳慧　金芝軒　吳研因　徐楚波　顧均正　董守義　嚴幼芝　陳兼善　今日之會，予昨日本已請假，而陳慧來，勸我前往聽之，她是我的小組長，不敢不應。

汪醫謂予疲勞過度，引起慢性氣管炎。

今日大風，甚寒。

吳瑞燕，管制分子也，予昨日路遇，立談數語，今日告之靜秋，渠乃大怒而哭，謂我失去立場，且以此事告之陳慧，此事予當引以為誡。

五月七號星期六 （四月十二）

記筆記二則。寫王超信。作《尚書學校勘重點參考書表》、《尚書學訓詁重點參考書表》、《尚書學研究主要工具書表》及應看之文集、筆記表。

孔繁山來。劉瀛來。眠一小時許。到南小街理髮。

翻吳汝綸《尚書故》。十時服藥眠，翌早一時醒。又眠，五時醒。

中華書局屢催《尚書今譯》，此工作決于下星期展開，因先作數表，作為計劃。

兩眼結膜炎有加無已，昨陳慧來亦言予目腫。

中國書店估書價太低，一部康熙本《御選唐詩》，開化紙套版印，十五厚冊僅定十五元，真足使藏書者短氣！

五月八號星期日 （四月十三）

記筆記一則。七時半，全家到近代史研究所，會王愛雲，七時四十分開車，八時四十分到臥佛寺，游，到櫻桃溝花園。十時半到香山，十一時在香山飯店進餐。到雙清別墅坐。游見心齋。

二時到碧雲寺，喝茶。四時上車，五時歸城。遇唐鉞。到北京醫院打針。

看明畢恭等《遼東志》。十時服藥眠，上午二時醒。又眠，六時醒。

今日同游：王愛雲及其子克平、女以平、永平　黃秉維之侄展唐、丁名楠及其子　劉大年之子、女及其舅嫂。約三十餘人。

今日走路頗多，尚不覺倦，自慶兩月之病得一振作。

五月九號星期一 （四月十四）

水世玚介紹張逢慶來鈔寫。家務勞動一小時。寫昆明向芝蘭信，答其所詢古代地理問題。看《史記》，記筆記十則，《湯山小記》第十八冊記畢，即加整理，作一小叙。

眠半小時。

看《史記菁華錄》。服藥兩次，十一時後眠。翌晨四時半醒。

今日下午首都各界人民一百餘萬人舉行盛大集會，支援日本人民反對日美軍事同盟條約，東至東單，西至西單，南至正陽門皆滿。靜秋與潮兒都參加。日本人民以更浩大的聲勢猛烈反對"安全條約"，在第十六次統一行動中將動員兩千萬人向國會請願。

昨日出游，脚已不冷，方自欣幸，而今日在家，又覺寒氣自脚心上襲，不知何法可治此病？今晚八時覺疲倦，因即登榻，而至十一時尚無眠，不得不多服藥。神經衰弱害得我好苦也！

五月十號星期二 （四月十五）

張北辰、蕭項平來，談《尚書今譯》事。白剛來，送還《禹貢錐指》。理書。看潘祖蔭《攀古樓彝器款識》。

未成眠。到北京醫院打針。遇張知行、徐行之、賈芝。記筆記三則。

看陳奇猷《韓非子集釋》。十時半服藥眠，翌晨五時半醒。

蕭項平原在教育部，今調至中華書局，爲金燦然代表。張北辰爲中華黨支書，皆核心人物也。今日談得很好，渠等知我工作之不易，不逼我定期交稿，爲之一慰。

五月十一號星期三（四月十六）

寫張逢慶、蕭新祺信。作《尚書今譯序》一千八百字。賀次君來，爲尹如潛事長談。劉瀛來。

略一朦朧。記筆記二則。

看孫璧文《新義錄》。失眠，服藥兩次，約十一時半眠，翌晨五時半醒。

《尚書今譯》爲受中華要約，必須動手矣，因擬先作序文及凡例，使此工作具體化。

今日未出外走動，又未打針，又做了一天文章，故又不能成眠，逼得服 Chloral hydrat 液劑，此藥真不好飲，使余胃不佳，必嘔吐矣。人生不得自由，爲疾病所苦，奈何！

五月十二號星期四（四月十七）

作《尚書序》之"版本問題"初稿一千餘字。爲歷史所寫黃重憲資料。

未成眠。記筆記兩則。到北京醫院打針。覓理髮肆皆人滿，退出。

看郭沫若《兩周金文辭大系圖錄》。洗浴。十時半服藥眠，翌晨五時醒。

今日打針，又多服藥，故得眠七小時。然醒來依然頭腦昏昏。報載北京醫學院及協和醫院對于神經衰弱已有辦法，一患病十年之人經其治療兩旬即愈，頗擬往一試。

五月十三號星期五 （四月十八）

讀《人民日報》社論《沿着偉大列寧的道路前進》，訖。中共中央馬恩列斯著作編譯局王雲開、殷叙彝來詢問新潮社及北京大學事。到祿米倉修面。

作發言預備。到煤渣胡同郵局寄黃永年《國語》。到民進，參加學習會，自三時至六時。與傅彬然同車歸。

出外散步，到文淵閣買信封。翻郭沫若《金文叢考》。十時服藥眠，十一時即醒。又服藥眠，翌晨五時醒。

今日同會：王紹鏊　楊東蓴　張紀元　謝冰心　吳文藻　傅彬然　吳研因　徐楚波　陳兼善　嚴幼芝　林漢達　金芝軒　董守義　趙樸初　李念武　王嘉璿

五月十四號星期六 （四月十九）

到北京醫院打針。續寫《尚書序》千餘言。記筆記一則。

到文聯，乘大汽車到建國門外參觀北京市紡織印染廠，由黨委書記姚明等導觀。五時半，冒大雨歸。

續翻《金文叢考》。兩次服藥，約十一時後眠，早四時醒。又眠，六時醒。

今日同參觀者：溥雪齋　謝冰心　俞平伯　孫思毅　葉淺予　吳作人　林山　馮宜英　陳慧　查阜西　王亞凡　陶鈍　蕭淑芳　汝龍　共二十三人

"超聲波"爲北京紡織廠所發明，其用可以加速，可以降溫，可以掃塵，現已行于全國，惟尚在改進中，故對外保密。此工人之創造也，蓋利用物理之震動數及化學之氣體分析，省時間，省燃料。

五月十五號星期日（四月二十）

重寫《尚書序》千餘字。携湲、堪兩兒到政協禮堂俱樂部，静秋、潮兒繼至，飯。

與陳慧、果淑珍長談。與静秋及三兒到雁秋夫婦處，并晤木蘭。出，予到北海，參觀"北京市五一藝術展覽會"及"北京文物陳列室"。遇江紹原。

翻《揚子法言》。服藥兩次，約十一時半眠。翌晨六時半醒。

今日在政協禮堂所遇人：黄秉維夫婦及其二女　楊蔭瀏　曹安和　于滋潭及其次子　王芸生　周亞衛　孫蓀荃　丁聲樹　吕叔湘夫婦　趙忠堯夫婦　陳慧　果淑珍　王家楨　鄭天挺　章廷謙　鄭奠　浦熙修　米暫沈　關瑞梧　葛志成　徐楚波　吳研因　吳榮　陳綿祥

五月十六號星期一（四月廿一）

到北京醫院就趙宗彦大夫診。打針。遇陳劭先。修改前數日所作《尚書序》。

眠一小時半。到南河沿文化俱樂部，出席民進東、西城兩小組聯合會，自三時至六時。歸，爲堪兒小組默寫。

翻《揚子法言》。十時半服藥眠，翌晨三時半醒。又眠，六時半醒。

檢血壓爲130/88，甚不高，而失眠，醫言由大腦動脉硬化所致。予請入院診治，如協和醫院例，彼謂此對年輕人有效，老年人則無效，然則予此生已矣！今日起服桑椹膏，不知有效與否。醫囑我每晚用熱水洗足，須歷十五分鐘。

永遠昏昏的頭腦，那能叫我寫出好東西來！

今日同會：葛志成　陳慧　王紹鏊　徐伯昕　陳兼善　董守義　吳研因　余之介　徐楚波

五月十七號星期二（四月廿二）

張逢慶來，取鈔件。重作《尚書序》三千餘字。

眠一小時。記筆記二則。切窩窩頭喂鷄。澆花。

看余嘉錫《四庫提要辨證》。十時半服藥眠，翌晨五時醒。又眠，六時半醒。

自上海人民出版社從上月起每月寄五十元來，爲予筆記之鈔費，即組織雁秋、静秋、井成泉、張毓峰四人繕寫，而近來城市人民公社初辦，大家事忙，竟不能寫。今張逢慶能專力爲之，則解決一半矣。

昨日雨，今日風，天又轉寒，毛綫衣竟脱不下。

今日喂鷄、澆花，開始從事生產。

五月十八號星期三（四月廿三）

曹祥之來，長談。寫楊向奎、陳維輝、馬非百、黄永年、朱葆初、自珍、趙孟輶信。爲孟輶寫小傳。

眠一小時許。到崇文門郵局寄信。到北京醫院打針。遇袁翰青。歸，陰法魯來，談《西藏圖譜》事。

看《四庫提要辨證》。十時半服藥眠，翌晨六時半醒。

近日睡眠時間不少，而疲憊仍不解，何也？足仍作冷，可見病實未去。

奴夫卡因藥針第十療程前日打畢，今日改打丙種睪丸素。

曹祥之，民國元年爲中國社會黨北京支部會計，習知陳翼龍事。予久欲爲翼龍寫傳，投政協文史資料會，以無負此死友。程金造爲祥之侄婿，予告之，故今日渠來談。以談話久，更不能事研究，故便寫信。

五月十九號星期四（四月廿四）

續作《尚書序》二千餘字，第二章畢。第一、二章合計爲萬字。俞旦初來。劉瀛來，取鈔件。

未成眠。記筆記二則。寫陳景巒信。

到"美白"理髮。服藥兩次，徹夜未能成眠。天明後略一闔眼。

睡眠彌佳而疲勞增劇，此何病也？

今夜張目達旦，服藥無效，蓋日來作文太緊張之故也。從前作文數萬字不爲奇，今寫數千字即不勝，今昔之感如何可言！

五月二十號星期五（四月廿五）

將所作《尚書》序文修改一過，付尹如潛鈔。

未成眠。步至景山公園，看"在美帝國主義扶植下的西德軍國主義對世界和平的威脅圖片展覽"。又到北海，看"列寧九十周年圖片展覽"。遇趙君勱。徐伯昕來。

到市場買物。服藥後仍不能眠，靜秋招與同榻，爲拍之，約十一時後得眠，翌晨六時醒。

爲昨夜失眠，今日精神極劣，故下午出外散步。登景山，適有風，兩腿爲軟，殆所謂"弱不禁風"乎？

今日首都三百餘萬人爲美國飛機向蘇聯挑釁而示威，規模比九日示威大兩倍。社會主義陣營愈來愈團結，帝國主義國家愈來愈失人心，予此生中倘能見其滅亡耶？

五月廿一號星期六（四月廿六）

將所作《尚書》序文再修改一過。到北京醫院打針。遇錢琢如、舒維清。到新華書店購書。

眠一小時。看高本漢《分析字典》。到廣渠門散步。記筆記二則。

洗浴。十一時半服藥眠。翌晨七時醒。

五月廿二號星期日（四月廿七）

與静秋及四兒到北京劇場，看人民藝術劇院演出《列寧與第二代》，自九時至十二時半。雁秋來，留飯。

眠兩小時許。看郭沫若《先秦天道觀之進展》等書。與雁秋談。看《觀堂集林》、《說文稽古篇》。

到東安市場，看鐵道藝術劇院曲藝隊表演。遇黃君坦。佟志祥自貴陽來，筆談。爲待静秋，至十一時半始上床，失眠，服藥兩次，上午二時後眠，翌晨五時半醒。

上海游行示威，亦三百萬人，與北京同。

佟志祥自貴陽來，詢悉自明全家均好。自明送潮、洪、溲衣料三件而無信，筆何懶也？

爲本院辦食堂，蕭風與静秋、夏志和同在門洞中砌竈，夜中摸索爲之，予久待不至，遂又失眠，静秋至上午三時後始眠。

五月廿三號星期一（四月廿八）

到北京醫院，就張愈醫師診。遇黃秉維。陳景巒來，取鈔件。看《先秦天道觀之進展》訖。

眠兩小時。到隆福寺商場買墨。看《新學僞經考》。記筆記一則。

到市場聽曲藝。服藥兩次，十一時半後眠，翌晨六時醒。

今日量血壓，爲120/70，甚不高，而失眠之嚴重如此，醫因勸我作氣功，戒藥，倘能有效，則幸甚矣！

五月廿四號星期二（四月廿九）

從日本《尚書正義定本》及阮元《尚書注疏校勘記》中摘出《尚書》版本。劉瀛來，繳還鈔件。

未成眠。到政協禮堂購物。理髮，進晚餐。遇汪世銘，趙君勘、陳達邦。到楊向奎處，晤其夫人。

到西單商場聽曲藝。步行歸，遇袁翰青。十時半服藥眠，翌晨六時醒。

義安來信，得女友吳硯芳，問予夫婦及雁秋夫婦同意否，且出女方情書以證，此事何須商量耶！

五月廿五號星期三（五月初一）

家務勞動一小時許。到嘉興寺，吊于振瀛之喪。再改所作《尚書序》。

看張西堂《尚書引論》及陳夢家《尚書通論》。到宣外幸福大街散步。

看《觀堂集林》。爲待靜秋爲食堂事開會歸，失眠，服藥三次，十二時後眠，翌晨七時醒。

今日所晤人：陳建晨　朱蘊山　王楓　邵恒秋　楚溪春　張豐胄　翁文灝　楊公庶

人大代表于振瀛，予未識面，其夫人陳建晨則在政協中甚熟，故往吊之。于同志年六十，以食道癌，病兩年卒。

五月廿六號星期四（五月初二）

作《尚書存佚各本及現存本零整篇章表》，未畢。趙幼文、蒙默來詢秦楚之際事。蕭新祺來，易書。

未成眠。到北京醫院打針。到政協禮堂飯，遇陳達邦。到雁秋夫婦處，遇趙廣順之姑母。

到西單商場聽曲藝。十一時服藥眠，翌晨七時醒。

昨未安眠，萬分疲倦，然又不得休養，身體將不克支持，奈何！予每自疑，恐至嘉興寺不遠矣。然終望至兩書出版後撒手也。

日本四百餘萬工人罷工集會，東京二十萬人大示威包圍國會，堅決要求廢除日美軍事條約，解散國會，推翻岸內閣。如仍僵持，則距革命之期不遠矣。

五月廿七號星期五（五月初三）

重讀《沿着偉大列寧的道路前進》。程希文、高啓秀來，取鈔件。蕭新祺來，取書。

寫姜義安信。到民進開學習會，自三時至六時。到南河沿文化俱樂部飯，晤陳翰笙夫婦、馬思聰夫婦、文懷沙、于樹德、謝南光。

到中山公園吃茶、看芍藥。步歸。服藥，十一時半眠，翌晨六時半醒。

昨夜睡眠時間不少，而今日頭腦仍覺昏昏，何也？此甚妨礙我工作。

今晚初不能眠，後以洋點心與五倍子酊同食，居然成眠。大約胃中有些東西比較易入眠也。

今日同會：趙樸初　王紹鏊　謝冰心　徐楚波　董守義　金芝軒　傅彬然　吳研因　王嘉璿　李念武　吳廷勘　討論國際局勢

五月廿八號星期六（五月初四）

張毓峰來，交鈔稿。蕭新祺來，取書。校張毓峰所鈔《法華讀書記》第九冊。今日始食本院子食堂飯，由靜秋、夏志和、曾淑蓮三人執爨。

眠一小時。爲《法華讀書記》第一、二兩冊補目。

八時半進食。上街散步一小時。服藥兩次，十二時眠，翌晨六時半醒。

昨晨土耳其陸軍發動政變，推翻曼德列斯賣國政府，逮捕總統、總理、國民議長及各部長、各省長等，是爲南朝鮮打倒李承晚賣國政府後第一快事。全世界法西斯政權皆在戰栗待亡中矣。後知陸軍仍親美反蘇，失望！

老撾王國軍隊一個連起義，携帶全副美國裝備投入人民隊伍，美帝國主義欲利用別國之生命以反蘇反共，其結果如此！

岸信介在群衆示威風暴中無處容身，到處躲藏，其爲曼德列斯已不遠。

這真是一連串的好消息！

五月廿九號星期日（五月初五　端午）

承名世來。寫陳景鑾信。帶四兒到政協禮堂吃飯。參觀棋室。車中遇酈明。歸途遇姚紹華。

未成眠。承名世偕施嘯岑來。到北京醫院打針。遇陳文彬。到王姨丈、母處談。

看《甌風雜志》。服藥兩次，約十二時眠，翌晨七時醒。

今日在政協所晤人：徐日新夫婦及二子　陳達夫婦　徐楚波　陳公培　王卓然　吳景超　王葆真　呂驥

林伯渠同志以心臟病今日逝世，年七十五。

昨接趙孟韜來函，中學同學朱文騏已于去年逝世，年六十八。今日又在王姨丈處知潘介泉患腦，人呆木，入醫院療治中。我輩年齡易病難療，因此整理積稿必須趕作，庶可搶救。今日承名世介紹常州文學家施嘯岑來，渠閑居婿家，可爲我作初步整理，甚喜得此助手。

五月三十號星期一（五月初六）

到北京醫院，就趙宗彥大夫診。到春風理髮。看李鷹《師友雜記》。今日起，打奴夫卡因針十一療程。

眠一小時。到南河沿俱樂部，出席民進組織生活，談國際情況。又到政協禮堂，出席文教組會，討論保管文物事。

到東安市場聽曲藝。看《閱微草堂筆記》。服藥兩次，約十一時半眠，翌晨七時醒。

今日同會：葛志成　吳研因　徐楚波　林漢達　陳兼善

今日又同會：胡愈之　齊燕銘　李蒸　章士釗　載濤　邢贊亭　老舍　陳公培　向達　王伯祥　宋雲彬　沈從文　王家楨　呂振羽　馮友蘭　周炳琳　邵循正　周亞衛　劉斐　林仲易　楊蔭瀏　浦熙修　李書城　韓壽萱　葉景莘　覃異之　李一平　陳修和　馬正信等六十餘人

今日量血壓為 150/110，較前星期大高矣，所以眠更難也。

五月卅一號星期二（五月初七）

到北京醫院學氣功，由某女醫教之，靜坐半小時。遇陳兼善、郭一岑、李俊龍。續作《尚書今譯序》一千五百字。

眠一小時。到文化宮，欲弔林伯渠先生之喪，未得入。到施嘯岑處，并晤其女。

與湲、堪兩兒到市場聽曲藝。服藥兩次，約十一時半眠，翌晨六時醒。

四十餘年前，蔣竹莊先生著《因是子靜坐法》，北大亦有"靜坐會"之組織，而予思想蕩軼，檢束不佳，不能學。今失眠症轉劇，中西藥俱失效，計無復之，只得為此。且同輩半化異物，予復何所圖哉，決計靜下心來，使血壓轉低，睡眠轉安，或非無望也。

静秋自參加食堂勞動，晚間屢有會，不克早眠，且妨礙予之睡眠，自昨日起，予又移居北屋。

一九六〇年六月

六月一號星期三（五月初八　兒童節）

到北京醫院作靜坐，并打針，遇朱務善、舒維清、李文貞等。爲堪兒到市場買書。續寫《尚書序》一千字。

未成眠。到人民大會堂，列席文教界群英會，自三時至六時。

到市場聽曲藝。看《閱微草堂筆記》。服藥三次，至上午一時眠。翌晨六時半醒。

今日量血壓，爲140/84，較前日又低，豈即靜坐之效耶？予若入眠易，則大樂矣。同是眠，夜眠與午眠不同，何也？

今晨甚欲寫《尚書序》，乃事情牽掣，勉強寫得一千字，心中頗急，故中午即未能成眠。後以參加群英會，聽林楓報告甚長，注意既久，又覺興奮，遂有此強烈失眠。我下午及晚真不能多用腦矣。

今日會中所晤人：王伯祥　裴文中　周炳琳　馮友蘭　韓壽萱　朱光潛　徐伯昕　葛志成　吳研因　翦伯贊　傅彬然　李蒸　吳榮　呂振羽

六月二號星期四（五月初九）

到北京醫院作氣功。到勞動人民文化宮，參加林伯渠同志之公祭。乘聖陶車歸。

未成眠。到歷史博物館，看殷代文物。看《歷史博物館通史陳列預展說明》。遇大風，幾不克歸。坐廣場上待久之。

到北京醫院，未遇人。到東安市場聽曲藝。雁秋來。服藥兩次，約十二時眠，翌晨六時半醒。

今日會中所晤人：林漢達　楊崇瑞　陳翰笙　范文瀾　葉聖陶　李明揚　趙啓禄　參加公祭者約萬人，劉主席主祭，周總理等陪祭，鄧小平讀簡歷。

六月三號星期五（五月初十）

到北京醫院作氣功并打針。遇朱務善、沈雁冰、楚溪春等。寫井成泉、俞旦初、科學出版社、陶夢雲信。頤萱嫂來。

到人民大會堂，列席文教界群英會，自三時至六時。

走十餘家理髮肆，均不得位。服藥三次，十二時後眠，翌晨六時半醒。

氣功之法，一須静，二須一切放鬆。予以性情緊張，雜念橫集，以致神經衰弱如此其甚，不知能以氣功改正之否？

今日會中所晤人：沈鵬飛　譚其驤　王个簃　徐伯昕　王紹鏊　徐楚波　吳研因　馮友蘭　周炳琳　沈從文

六月四號星期六（五月十一）

陶才百來。到大會堂，聽李先念副總理報告"關於當前的經濟情况"，自八時半至九時半。到南河沿修面。寫陶才百、趙孟輼信。

眠五十分鐘。到文化部開會，自三時至五時三刻。與沈從文同乘車歸。

頤萱嫂回。與洪兒到市場聽相聲。服藥三次，十二時眠，翌晨六時半醒。

今日上午所遇人：王伯祥　陳文彬　沈從文　吕振羽　徐伯昕

今日下午同會：齊燕銘　王毅　陳滋德　陳明達　謝辰生（以上文化部）　顧鐵符（故宮）　韓壽萱　向達　吕振羽　邵

循正　沈從文　李一平　討論保護文物條例及第一批保管單位

六月五號星期日（五月十二）

到大會堂，聽陳毅副總理報告訪問印度、緬甸、柬埔寨、尼泊爾及越南、蒙古之經過與國際局勢。

矇矓約一小時。曹祥之來，交陳翼龍傳資料，長談。施嘯岑、承名世來，談整理筆記方法。

到中山公園散步。服藥四次，直至上午二時始得眠，翌晨六時半醒。

今日上午所遇人：陳錫祺（中山大學）　張紀元　徐伯昕　陳文彬　徐楚波

雁秋偕其弟子成般若來，爲我鈔筆記，云一日可寫五千字，此大佳事。

六月六號星期一（五月十三）

成般若來，取鈔件。到北京醫院，就趙宗彥大夫診，又到理療部接洽。遇郭一岑、黃仲良、竺可楨、舒維清、鄭一俊、蕭項平、尚鉞。看治丘《馬爾薩斯的人口理論是資產階級最反動的思想體系》。

眠一小時。看丁山《新殷本紀》。到北京醫院，作電療及針灸。到南河沿文化俱樂部飯，遇陳文彬、徐伯昕、侯外廬、鄒秉文。

到北京醫院打針、作氣功，與汪祖毅大夫談。看張天翼《大林和小林》。十時半服藥眠，上午二時半醒。又眠，六時半醒。

爲昨夜失眠，今日頭昏無力，只得到北京醫院，商請另換治療藥物。經換 Atarox, Amemophythe, Medinel 等，又打 10% Sod Bromide 10c. c. 針，并續行電療、水療、針灸等，今晚總算得一佳眠。予血壓爲 130/89。

洪兒多日病拉稀，蓋易穿裙子後天氣轉冷之所致也。今晨在校上操，忽然頭暈欲倒，經韓璐送回，以温度計量之，熱三十八度七，由静秋偕至協和醫院診治，并請頤萱嫂來家幫忙。

六月七號星期二（五月十四）

到大會堂，以無會退歸。補記日記三天。再將所作《尚書序》修改一過。

未成眠。修改《浪口村隨筆》。到北京醫院電療、水療、按摩、打針。

因雨未出。看焦廷琥《尚書伸孔篇》。失眠，服藥三次，約上午一時眠，七時醒。

血壓爲148/90，又與昨不同。脉搏爲66。重量爲60公斤。

今天稍做了一些工作，眠又大壞，予欲治病，確須屏絶書卷，然此事爲不可能，奈何！

六月八號星期三（五月十五）

寫蕭項平信。到紫竹院散步。到二里溝理髮。又回紫竹院活魚食堂飯，飯後飲茶。

到和平門外教育行政學院參觀"教育改革展覽會"，遇葛志成、徐伯昕。到北京醫院電療、針灸、打針，遇胡厚宣、王歷耕。

到北京醫院作氣功。與夏玉全談。乘四路車繞城一周。洗浴。服藥後約十一時後得眠，然不酣，上午一時半醒。進點心，二時後又眠，上午六時半醒。

今日一天在動，未看書，夜眠較佳，惟醒後又覺疲倦非常耳。

游西直門外紫竹院，此地建設公園尚未成，而已先買茶飯。予以其食堂署曰活魚，欲一嘗鮮，顧無小魚，爲予煮一方魚重一斤半，價三元七角五分，予雖得大啖，亦自嫌奢侈矣。烹調殊不佳，吃得有些冤枉。

六月九號星期四（五月十六）

陶才百來。張毓峰來，付鈔費。寫賀次君、施嘯岑、何叙父信。到北京醫院水療、按摩。

未成眠。到北京醫院，電療、打針。遇胡厚宣。頤萱嫂因雁秋病歸。

到北京醫院作氣功。到天橋散步。失眠，服藥三次，至十二時後眠，翌晨七時醒。

水療按摩後確想眠，顧非眠時，亦非眠地，歸而又清醒矣。安得作之于晚間且在榻畔耶？

洪兒尚患拉稀。

六月十號星期五（五月十七）

指導尹受爲予續作《尚書存佚各本及現存本零整篇章表》。修改《浪口村隨筆》。到幸福大樓訪張逢慶。

眠五十分鐘。到民進市委會，與同人參觀景山學校等教學改革展覽會。到北京醫院電療、針灸、打針。遇楊向奎。看《文史資料》。

到隆福寺散步，閱書。歸，看楊榮國《中國古代思想史》。十時半服藥眠，翌晨六時半醒。

昨下半夜眠雖熟，然今日頭暈無力殊甚，其服安眠藥太多所致耶？然不服即不能睡，將奈何！

今日同參觀者：雷潔瓊　嚴景耀　張紀元　謝瑩　孫照　吳廷勘　共六十六人

予所欲爲之《尚書》一表，太瑣碎，予已無力爲之，只得請尹受代作。

予之筆記，發出已多，而寫竣交還者甚少，大抵在職人員則太忙，如井成泉是也；退休人員又多病，如陶才百是也。要于一年中鈔訖，大是難事。不得不厚望于成般若矣。

六月十一號星期六（五月十八）

陝西博物館龐繼震、何清谷來，邀張苑峰、賀昌群同討論設置司馬遷紀念館事。到北京醫院電療、水療、按摩。遇胡華。

眠五十分鐘。出，遇施嘯岑。到人民大會堂，參加文教界群英會閉幕式，看發獎。到北京醫院打針。雁秋來，留飯。

因雨，未出。看姜蘊剛《中國古代社會史》。十時半服藥眠，上午二時醒。又眠，七時醒。

近日雖能睡，但睡醒時非常疲憊，若大病然，此何故也？

今日會中所遇人：呂振羽　王伯祥　王紹鏊　彭道真　李一平　裴文中　馮友蘭

六月十二號星期日（五月十九）

到南河沿文化俱樂部，出席民進小組生活，自九時至十二時半。與伯祥同飯于俱樂部。静秋及四兒先來。

一時歸。眠五十分鐘。看報。補記日記三天。到北京醫院打針，遇王歷耕。

到長安戲院看許昌豫劇團演《下陳州》。服藥兩次，十二時後眠，翌晨六時半醒。

今日同會：陳慧　徐伯昕　葛志成　王紹鏊　吳研因　徐楚波　林漢達　董守義　王伯祥　余之介　陳兼善　梁純夫　張紀元

今日所遇人：黃警頑　黃慎之　翁獨健　酈平樟　俞平伯　廖華　常任俠及其女　裴文中　章乃器　達浦生

六月十三號星期一（五月二十）

又安問標點事。成般若來。陳景鑾來。爲《法華讀書記》第三冊補目。理書、紙。寫龐繼震等函。

眠一小時。到東單理髮館修面。到北京醫院電療、針灸、打針。
遇胡厚宣。到南河沿俱樂部飯。遇劉契園、巨贊、王家楨、陳公培。

到北京醫院作氣功。與湲兒上街買物。十時半服藥眠，上午三
時醒。又眠，六時半醒。

疲乏之極，不能工作，奈何！

今日起，尹受住在我家。

六月十四號星期二 （五月廿一）

整理《法華讀書記》第四冊，未訖。到北京醫院就趙宗彥診，
電療、水療、按摩。遇陳育麟、朱紹華。

到民間文藝會，與同人上車，到華僑大廈、前門飯店、西郊賓
館、西苑大旅社、西頤賓館接各代表，到頤和園龍王堂開會，聽唱
歌，自二時半至六時。與黎丁同還。

看徐中舒《巴蜀文化初探》。洗浴。十時半服藥眠，翌晨四時
半醒。又眠，六時半醒。

今日同會：郭沫若　周揚　賈芝　唐弢　毛星　黎丁　吳聞
王老九　林山　陶建基　路工　鐵肩　陽翰笙　李永鴻　各地代
表三十餘人（民間詩人歌手）

工農群眾之智慧，至今日而能充分發揮，白洋淀漁民李永鴻
即席賦詩，且唱且表演，聲調之低昂與情緒之悲喜完全應合，爲
最突出之一例。

六月十五號星期三 （五月廿二）

記筆記二則。整理《法華讀書記》第四冊訖。到北京醫院針
灸、電療。遇祝叔屏、李乾、李一平。

未成眠。到前門外小椿樹胡同訪陳景鑾，并晤其夫潘華典。到
西四帥府胡同訪何叔父。到政協禮堂飯。到北海飲茶。爲何叔父

寫詩。

　　洗浴。失眠，服藥三次，約上午一時眠，翌晨六時半醒。

　　今日所晤人：浦熙修　薛愚　江澤涵夫婦　孟目的　章行嚴
鄒秉文　楊東蓴　千家駒　徐伯昕　邵力子　劉斐

六月十六號星期四（五月廿三）

　　寫華訓義信，寄款及鈔件，即到郵局發出。陳景鑾來，交鈔
稿。校《法華讀書記》第十二冊鈔件。

　　眠一小時。到施嘯岑處，送校費及鈔件，并見其女浣薇。到北
京醫院打針，遇楊向奎。

　　到東安市場聽相聲。失眠，服藥三次，約十二時後眠，翌晨六
時半醒。

　　　今晚本已疲倦，朦朧入睡矣，而靜秋爲潮兒不肯服藥（病眼
　　炎），大聲責斥，予遂清醒矣。從明日起，只得分室而眠。

六月十七號星期五（五月廿四）

　　寫陳景鑾、王超、趙孟輯、張又曾信。爲《法華讀書記》第
五、六冊補目。

　　未成眠。二時半，到歷史所開會，討論青老結合問題，六時半
散。與魏明經同出。

　　到市場看房山評劇半小時。洗浴。服藥兩次，十二時後眠，翌
晨六時半醒。

　　　今日同會：尹達　高全樸　張兆漢　胡厚宣　謝國楨　趙幼
　　文　陰法魯　張德俊　高志辛　牛繼斌　冒懷辛　魏明經　胡華
　　王毓銓　張若達　張政烺

　　　艾森哈威爾以日本人民反美情緒激，宣布緩期訪日。岸信介
　　政府無美帝撑腰，其必倒矣，美國在世界威望亦驟沒落矣！快哉！

六月十八號星期六（五月廿五）

爲《法華讀書記》第七、八册補目。到西單第一理髮館理髮。

眠四十分鐘。到文聯禮堂，出席文藝界反抗美帝座談，自四時至六時。

發燒，臥床。終夜無寐。天明後稍一朦朧。

今日同會：周揚　沈雁冰　歐陽予倩　梅蘭芳　侯寶林　田漢　許廣平　楊蔭瀏　陶鈍　陶建基

連日大熱至卅七度，而無日不外出，遂致感冒。今日在文聯禮堂思嘔，歸而量之，得卅八度五。服阿司匹林片，大出汗，衣枕均濕。

六月十九號星期日（五月廿六）

眠床。看報及筆記。成般若來。袁翰青來。吳玉年來。

服藥五次始得眠，自十二時至翌晨六時。

今日得退涼。静秋要我躺兩天，因翻十餘年來所作筆記。

予一生所寫筆記，固多幼稚語，而實有石破天驚之論，將來整理出版，必有裨于史學界。但願身體恢復健康，得終成其事也。

六月二十號星期一（五月廿七）

眠床，看報及筆記。蘇淵雷來，長談。

多服藥，十時眠，十一時半醒。再服藥，得眠，翌晨六時醒。

六月廿一號星期二（五月廿八）

到北京醫院，就內科某醫師診。作電療、打針。遇吳覺農夫人、林漢達、李書城、陸殿棟。看《隸續》及《經義雜記》。

眠一小時。李址麟來，長談。到北京醫院，就曲以蘭醫師診。遇焦實齋。

到東單廣場看長春雜技團表演。九時歸。洗浴。服藥兩次，十一時半眠，翌晨五時半醒。

今日在北京醫院兩次打針，晚看雜技，自以爲可安眠矣，乃又兩次服藥始眠，則其爲痼疾何如也。

血壓爲 148/95。

六月廿二號星期三（五月廿九）

寫華訓義信。到伯祥處，與同訪聖陶，長談。遇章元善夫人。十時半，與聖陶及其媳滿小姐同出，到康樂餐館，以無菜退出，到王府井帥府園全聚德飯。

到美協觀全國美術展覽，又到北海畫舫齋觀全國美術展覽。聖陶車送至北長街陳乃乾家，長談。五時，與伯祥同出，予至北京醫院打針。

雁秋來。洗浴。十時半服藥眠，翌晨五時醒。

到伯祥處，知聖陶病，因往訪之，蓋亦疲勞過度，已卧床一周矣。請與同出，飯于全聚德，伯祥花十三元餘，而滋味絕佳，同聲稱善，爲之開胃。

六月廿三號星期四（五月三十）

作魏正始三體石經《尚書》文統計，記筆記一則。

眠五十分鐘。校張毓峰所鈔《法華讀書記》第十冊。陸尹甫先生來，同到歷史博物館參觀，到南河沿文化俱樂部飯。遇雷潔瓊夫婦、張紀元、徐伯昕、焦實齋等。

在附近散步。略翻《章氏叢書續編》。十一時服藥眠，上午二時醒。又眠，四時醒。又眠，六時醒。

昨日游散一天，居然得一佳眠，一月來痛苦得一解除。予安得長有此閑散生涯耶？

政協同人饒國模、王冷齋先後在數日内逝世，饒年六十五，王年六十九。

尹甫先生年七十九，來北京視其侄，勾留一月。爲言潘酉生先生（昌煦）已于前年逝世，年八十五。單束笙先生（鎮）住上海婿家，年已八十五，而多病。

今晚眠不甚佳，大約爲工作也。

六月廿四號星期五（六月初一）

校《法華讀書記》第十册訖，第十一册未訖。高啓秀來，交鈔件。到“春風”理髮。

未成眠。到北京醫院電療、扎針、打針。遇王歷耕、浦化人。

井宗頤來，借錢。看政協文史資料四件。服藥兩次，十一時眠，翌晨四時醒。

岸信介被迫下臺矣。美日安全條約雖經非法通過，以日本人民力量之壯大，必可打銷也。

今日僅校稿耳，實不用心，徒以坐定六七小時，眠又不好，神經如此脆弱，實無工作可能矣，一哭！

筆記，予一天只能校一册，則有百五十册，那裏來的百五十天功夫乎！

六月廿五號星期六（六月初二）

校《法華讀書記》第十一册訖，寫施嘯岑信。尚愛松來，長談。寫于鶴年信。

小眠。到故宫訪王超。到慈寧宫看明清工藝美術展覽館。到乾清宫兩廊看全國美術展覽會。

看章太炎《古文尚書拾遺》。十時服藥眠，翌晨六時醒。

今日在故宫中走了三小時半，覺得兩腿疲勞，幾不能舉步，此見予走路之力亦衰。然因是故，得一佳眠，則仍不可不走也。

擬將筆記中地理及民族類請于鶴年先生編輯，故去函商之，若可答應，則明年出第一册不難矣。

六月廿六號星期日（六月初三）

程金造來，長談。與靜秋及四兒到政協禮堂俱樂部午飯。

全家到雁秋處，并晤木蘭。成般若來，交稿。看其所鈔稿。爲潮兒默俄文生字。

到俱樂部飯。與靜秋同在禮堂看《赤膽紅心》湖南話劇，自七時半至十一時三刻。服藥兩次，上午一時眠，翌晨七時醒。

今日所晤人：何叙父夫婦及其第二媳　王雪瑩　徐日新　申伯純　章廷謙　陳兼善　余之介　邵力子　鄭效洵夫婦及其女鄭榮　潘梓年　金漢鼎　陳文彬　梁純夫　樓朗懷　王愛雲

今日甚熱，予不知流了多少汗。

看《赤膽紅心》劇，寫湖南在第一次國内革命期間農民自衛隊與地主及右傾機會主義鬥爭，對于革命事業了解不少。

六月廿七號星期一（六月初四）

成般若來，取鈔件。寫華訓義、井成泉信。校成般若鈔《緩齋雜記》第三册，未畢。

小眠。施嘯岑來。到北京醫院打針、電療、扎針。就徐大夫診。遇徐行之。

翻《荝漢昌言》。十時半服藥眠，翌晨五時半醒。

今日，小食堂結束矣，其故，因尹達、蕭風不支持，一個月中，只賀昌群夫人與靜秋兩人操作，實在太累，今賀太太表示不願再幹，靜秋一個人當然難挺下去，只得另設法矣。

昨夜看戲遲眠，又多服藥，今日精神又不舒服。予真不能看夜戲矣。

六月廿八號星期二（六月初五）

到政協辦公室，開文史資料委員會主委擴大會議，自八時半至十一時。與章元善到俱樂部飯。與翁獨健夫婦談。遇俞平伯夫婦、翁文灝、嚴景耀、吳研因。

到兵馬司理髮。歸，校《緩齋雜記》第三冊訖。與靜秋、潮兒到紅星，看《瘟神現形記》、《亞洲風暴》等電影。

理髮師祝玉泉來按摩。洗浴。失眠，服藥四次，上午一時眠，六時醒。

今日同會：申伯純　章士釗　劉大年　邢贊廷　資耀華　章元善　邵循正　浦熙修　覃異之　閻寶航　米暫沈　何幹之　姜克夫　張希孔　李仲公　王家楨　鄧哲熙　吳晉航

昨夜雨，今晨稍涼，然中午又大熱，使予作喘。

今日按摩師係尚愛松所介紹，甚用力，予亦覺倦思睡矣，而一經洗澡，仍復清醒，逼得服四次藥，可見按摩于予病之無效也。

六月廿九號星期三（六月初六）

到尹達處談。到俞旦初處。到陰法魯處，審查《西藏圖譜》，未訖。晤胡嘉、朱家源、謝剛主。與張苑峰同歸。

眠半小時。校《緩齋雜記》第四冊，未畢。到北京醫院，電療、扎針、打針。遇浦化人。

沈長鉞、趙惠如挈其子沈陵來，長談，十一時去。服重藥眠，翌晨五時半醒。

尹達允予到青島治療，而靜秋欲與予先到北戴河，應政協約，如此，則七月十一至卅一在北戴河，八月一日至九月底在青島。能換換地方，變變生活，當可期其稍瘥也。

趙惠如爲静秋同鄉，亦前中大同事，隨其夫沈長鉞到埃及教中國語，今返國，在北京小作勾留，仍到南大任職。

六月三十號星期四（六月初七）

校《緩齋雜記》第四册、《湯山小記》第一册畢。陳景鑾來，送鈔件。寫民進信請假，即付寄。頤萱嫂來。

未成眠。寫沈長鉞信。寫陳乃乾、成般若信。張毓峰來。到北京醫院電療、打針。遇千家駒、王立芬。

洗浴。看筆記。服藥後約十一時眠，翌晨四時半醒。又眠，六時醒。

爲予鈔筆記者，以陳景鑾大姐鈔得最工整，最無錯字。若成般若，則潦草不堪矣。

北京醫院曲以蘭大夫爲我所開之病歷：

爲證明事，腦系科患者顧頡剛同志患頭沉，睡眠不好，易緊張，興奮，煩躁，血壓偏高 150～130/110～80。診斷：神經衰弱，高血壓病緩進型二期，輕度動脉硬化（大腦動脉爲主），慢性氣管炎。病人感到身體越發不好，要求療養，我們同意。

[剪報] 一九六〇，七，七《人民日報》

評《中國古代地理名著選讀》第一輯

（中國科學院地理研究所編輯 科學出版社出版）

高泳源

關于我國地理，歷代都有著作。其中包含很多寶貴的遺產，需要批判地繼承。但是，由于這類古籍的數量很大，年代久遠，初學者閱讀起來有一定的困難。因此，從中選出若干種代表性的名著，加以科學的整理，使讀者易于理解古籍的内容，這是一件很有意義的工作。《中國古代地理名著選讀》（下文簡稱《選讀》）第一輯，正是根據這樣的需要而出版的。

《選讀》第一輯收有《禹貢》、《漢書地理志》、《水經注》和《徐霞客游記》四種。這四種書在内容上和寫作方式上都有其獨特之處，所以代表性十分顯著。

《禹貢》是我國現存最古的史書——《尚書》中的一篇，成書的年代大約是公元前第三世紀初期。它開創了從區域的角度來研究各地區地理情況的方法。根據這個方法，《禹貢》打破了原有大邦、小邦的疆界，以自然的山川作爲分界標準，把全國劃分爲九州。對于這九州的各個區域，它都以極其簡潔的文字，記述了其中山川的分布和治理經過，土壤、草木和礦産，田畝和賦税的等級，特産和手工業品，運輸各種産品到中央的路綫等等。所有這些記述，貫徹了徵實的精神，因而使這部著作成爲徵實派的始祖。在兩千多年以前，交通不發達，巫風盛行，這是不容易做到的。此外，《禹貢》的作者還通過這部著作來宣傳他的大一統的理想，又使這部著作具有鮮明的政治目的性。《漢書地理志》是正史地理志中最早的一部。它第一次以行政區劃爲綱，叙述了全國疆域、政區、人口、物産、建置沿革以及山川和地方風俗等等。《漢書地理志》所開創的這樣一種著述的體例，對于後來的地理書籍有重大的影響。《水經注》雖然也是一部綜合性的地理著作，但是它以水道爲綱，所以它又別具一格。作者依靠自己的實地觀察，又遍覽前人的著作和地圖，不僅詳細地記述了大小河系源流脈絡，而且還詳細地記述了各地的自然地理和經濟地理現象。這部著作所記述的範圍很廣，甚至超越了今天中國的疆界。對于山脉河流、土地物産、建置沿革、聚落興衰以及自然地理的各種現象，這部著作都無不兼容并包。記述中還常常涉及有關水文、氣候、土壤和植被等資料。由于作者在這部著作中選録了大量的古籍和碑刻，這些資料得以免于亡失而保存下來。作者還記載了不少民間的歌謡、諺語、方言和傳説等，這也是極其可貴的。因此，這部著作可以説是北魏以前我國地理研究的總結。此外，文筆的絢爛又使這部著作具有很高的文學價值。至于《徐霞客游記》，作者則以其系統地觀察和解釋性地描述自然地理現象的杰出成就，奠定了這部著作在學術上的地位。特別是在石灰岩地貌的考察和研究方面，這部著作不僅是我國而且也是世界的最早的文獻。對于河流的侵蝕作用、地下水壓力的原理、各地岩石的特徵、植物與環境的關係、各處植物的特點以及各地有關經濟地理的情况等等，作者也都進行了精深的觀察和忠實的描述。至于這部著作在文學上的價值，更是衆所共知的了。

這四部名著之中，除了《禹貢》是全部注釋以外，其他三種都是選録，選録得也是恰當的。《選讀》在選注一書之前，對于各書的基本内容、作者生平、寫作時代和它在地理學上的價值，都作了扼要的介紹。這使讀者對于全書首先有一個概括的理解，便于進而閲讀原文。

注釋是本書的重要部分。前述四種名著，除《徐霞客游記》外，以前都已經有很多學者作過注釋。但是，《選讀》所做的，不是僅限于匯集和整理舊説，而是另有其獨到的地方。《選讀》的注釋着重在地理内容的闡發，指出原著的正確和錯誤。這使得它和過去那種繁瑣枝蔓的訓詁考證有本質上的區別。由于時代的限制，古人對于知識的獲得有其局限性，尤其是對于當時邊遠地方的地理知識不可能知道得很清楚，以致記載常有錯誤，或者不够正確。例如，《禹貢》將岷山和衡山連在一起，《徐霞客游記》江源考仍認爲長江發源于岷山，《選讀》對于這類錯誤都作了糾正。古籍有時因輾轉傳鈔而發生錯簡脫落，《選讀》對于這類錯誤也作了考證，使原書的文義得到合理的解釋。古籍的記載，有的在當時原是準確的，後因地理現象發生了變化而和現在的情況不相符合。如果不仔細審察，就會以爲古籍的記載是錯誤的。例如，《漢書地理志》濟陰郡乘氏縣的泗水，初看起來在水名、水源、入淮地點三個問題上似乎全都錯了，但是《選讀》將《漢志》和《水經注》相對照，發現這是由于水道的變化所致。《漢志》的記載不僅没有錯誤，而且正可幫助我們了解水道的變遷。古代地理書籍的記載有時過于簡略，《選讀》參證其他有關的史料作了説明。過去對古書的注釋絕大部分是引經據典作繁瑣的考證，不能説明問題。《選讀》有一部分注釋不是根據書本，而是根據實地考察，以事實來和原書相印證。例如，《水經注》灅水、鮑丘水兩篇中的車箱渠，選釋者除叙述了它的路綫及其變遷以外，并和當前的事實聯繫起來，指出了現今北京西郊的永定河引水渠道和車箱渠之間的關係。這種運用實地考察來注釋古書的科學方法，打破了過去訓詁考證的傳統範圍。此外，本書的注釋還利用地圖將古代的地理情況重現在我們的面前，使我們能够更好地去理解古籍，更深刻地去認識地理現象的發展規律。書中根據《水經注》，復原了一千七百年以前的北京及其附近水道，和漢朝長安附近的水道。并且，書中還利用其他的發掘調查資料，作出了漢長安城建章宮區遺址及渠道復原圖。這幾幅地圖在歷史地理學的復原工作上，是一種相當成功的嘗試。

由于各書的性質不同，各書的注釋也不是一個人寫的，所以注釋的質量并不是平衡的。例如，《禹貢》和《水經注》中渭水篇的注釋，就沒有完全貫徹地理内容的闡發的總精神。《禹貢》的注釋有時還繁證博引，致使注釋者自己的論斷反而不够鮮明突出；渭水的注釋則失之太簡，并且偏重在沿革方面。注釋也有不够嚴謹的地方。如《禹貢》梁州之下對于熊、羆、狐狸，渭水一文對于人名，都一一作了注釋，而對于一些地理性很强的内容，反而注釋得很不詳細。《禹貢》全面地叙説了全國九州的土壤種類和特性，在我國土壤地理的研究上有很高的價值。近年以來已有不少的科學工作者從土壤學的觀點對它進行研究，并且取得了比較一致的意見。但是本書關于《禹貢》土壤的注釋，大半是因襲舊説，而没有充分吸收近代的科學研究成果，這就不僅削弱了注釋的科學内容，而且也影響到對原書的科學價值的闡發。也有一些注釋的内容在科學性上是值得商榷的。例如，注釋中稱渭河上游的鳥鼠山"屬北嶺六盤山系"，就不妥當。因爲如果北嶺就是秦嶺的話，那末它和六盤山構造不同，造山的時代也不同，二者是不應合在一起的。此外，各篇之中有個別的注釋，前後也有重復。

一九六〇年七月

七月一號星期五（六月初八）

寫趙孟頫七十壽詩。寫孟頫、朱士嘉、辛樹幟、黄永年、陳維輝、陳中凡、自明信。

小眠。寫自珍、李炳坴信。到南小街寄信。到西長安街全聚德。到雁秋處，未晤留條，回全聚德宴客。遇俞平伯。

與靜秋、堪兒偕沈長鉞夫婦到人民文化宮，看《風暴》電影。十時三刻歸。洗浴。十一時半服藥眠，翌晨五時半醒。

炳坴在合肥，自珍在南京，夫婦既分居，而自珍任南京市五女中教職，家中有三子，家庭學校職責俱重，既不用保姆，一人獨理，力量不足，炳坴擬調職南京，囑我設法。然今日之事必須經由組織，個人力量已用不出，因直言却之，且勸其移家合肥。

今日同席：沈長鉞　趙惠如　沈陵　張雁秋　褚頤萱（以上客）　予夫婦及潮、堪兩兒（以上主）　廿五元

《風暴》片爲京漢路工人罷工，爲吳佩孚鎮壓事。其中英國領事，爲捷克人所扮。帝國主義與軍閥相勾結，以鏟除共產黨，此片寫得甚清晰。

七月二號星期六（六月初九）

寫施嘯岑信。寫于鶴年信。到北京醫院打針、扎針、電療，就趙宗彥大夫診。遇許廣平。到文淵閣買信箋。寫徐伯昕信，出寄。在巷口修面。

小眠。看陳銘樞、黃紹竑所寫歷史資料。校《緩齋雜記》第二冊，未畢。出，遇蘇笑天、劉瀛。

到伯祥處談。洗浴。批華訓義鈔件。十時半服藥眠，翌晨三時半醒，四時許起。

今日量血壓，爲120/75，何其低耶？

前數日極熱，今日小雨，有風，天氣轉凉，予氣管支炎又發。

七月三號星期日（六月初十）

校《緩齋雜記》第二冊畢，列正誤表，寫成般若信，誠之。到

民進，開會，討論李維漢、徐冰發言，自八時半至十二時。

小眠。寫中華書局辭海編輯所信、華訓義信。看李希凡論諸葛亮文。為堪兒默書。

與洪、湲兩兒到中山公園，遇郭鑑。洗浴。雁秋來。十一時半服藥兩次眠，翌晨四時半醒。

今日同會：王紹鰲　楊東蓴　徐伯昕　梁純夫　徐楚波　章廷謙　陳慧　陳兼善　方明　毛之芬　雷潔瓊　嚴景耀　顧均正　巫寶三　余之介　林漢達　董守義　吳榮　傅彬然　陳麟瑞　葛志成　張紀元　張明養　王嘉璠　張蘭玉

中華書局要我審閱《辭海》中歷史地理方面之稿，辭之。

七月四號星期一（六月十一）

為解放後筆記補目四冊。又將抗戰前筆記打圈分條四冊。

小眠。

洗浴。看筆記。十時服藥眠，上午四時半醒。又眠，六時醒。

今日氣溫高至卅九度，熱極矣，蟄居室中，猶自流汗，則行于路者可知也。傍晚忽起雲作風，謂有大雨至矣，而轉瞬清明，依然無事。今年又將成旱災，若無大小水庫之興建，有不赤地千里者乎！

整理筆記，實為予生一大事。五十餘年來所記，共約一百五十冊，三百餘萬言，擬大加刪汰，約之為百二十萬言，編成下列六冊：1. 民族與地理，2. 歷史與傳說，3. 制度與風俗，4. 名物，5. 文藝，6. 載籍。每冊約二十萬言，第一冊于明年出版。依近日經驗，每冊鈔前之整理與鈔後之校對，至少費予一天功夫，則一年中須費一百五十天，實為今日社會所不許。至于分類、并合、修改，更無此時間。施嘯岑君優于文學，未遑考據，不能望其負全部責任。幸得于鶴年君下決心助我成事，故以一九五六年所鈔之五册及近日所鈔而爲施君所校者寄之，彼尚有一友可仗義相助，則此書必有成功之望矣。上海人民出版社之必欲出此書，與于君等之樂于相助，皆至可感也！

予之筆記：甲集，大學時代，十七册——無甚可用，只可備寫自傳。乙集，在北大、商務、厦門、廣州任職時代，卅四册——小半可用。丙集，在燕京任職時代，十九册（佚去一册）——大半可用。丁集，自抗戰至解放，十一册——大半可用。戊集，在上海任職時代，三十册——大半可用。己集，在北京任職時代，現已有卅三册——大半可用。以上六集，共一百四十三册。外加零星資料，共約一百五十册，三百七十五萬字，去其半數爲一百八十七萬五千字。

七月五號星期二（六月十二）

到所，晤陰法魯，審查《西藏圖譜》訖。遇胡厚宣、鄧福秋、張德鈞、俞旦初等。校陶才百鈔《緩齋雜記》第一册訖。

眠半小時。寫井成泉、陶才百、蕭新祺信。寫李址麟信。

看筆記。洗浴。服藥兩次，十二時半眠，翌晨六時半醒。

七月六號星期三（六月十三）

整理《得性軒讀鑑記》二册。張逢慶來。整理抗戰前筆記，打圈三册。

眠一小時。

疲倦甚，早眠。雁秋夫婦來，頤萱嫂留。十時半服藥眠，翌晨三時半醒。又眠，六時醒。

今日下午雨，雖不大，炎威稍殺矣。予晚飯後倦極而眠，倘即以氣候之轉變而然乎？日來多噴嚏，當是又傷風矣。

七月七號星期四（六月十四）

　　整理抗戰前筆記五册。施嘯岑來。蕭新祺來。王姨母來。寫于鶴年信，寄與筆記鈔稿。

　　未成眠。與尹受同理舊稿。王伯祥、陳乃乾來，長談。又同到賀昌群處談。

　　洗浴。疲甚，未藥眠。自十時至上午一時半。天明，復寐一小時許。

　　　今夜雖只斷續得眠四小時許，然而未服藥，好像開了一個新紀元。

七月八號星期五（六月十五）

　　寫陶才百、華訓義信。到東安市場北門理髮。遇江伯平。看在大學時筆記。

　　未成眠。到和平里訪陸尹甫先生，未遇，留條，晤其侄媳。歸，陳慧來。到張毓峰處。

　　頤萱嫂回家。與靜秋、堪兒到紅星，看《周總理訪問六國》等電影。九時半服藥眠，上午一時半醒。又眠，五時半醒。

　　　上午陰雨，頗涼爽，而予一走，仍是一身大汗，自顧衰態，不勝惆悵。

　　　中午，洪、湲兩兒與靜秋以細故吵鬧，兒輩嬌氣、驕氣，對之蹙額。

七月九號星期六（六月十六）

　　陳景鑾來。陸尹甫先生來。張毓峰來。洪家蓮來。記筆記四則，《讀尚書筆記》第三册訖。

　　未成眠。校張毓峰所鈔《古柯庭雜記》第一册訖。王修來。

　　伯昕來，同到南河沿文化俱樂部飯，長談，至十時散。服藥兩次，十二時後眠，晨六時半醒。

今晚同席：徐伯昕　梁純夫　陳慧

今晚所晤人：史公載　張紀元　黃琪翔夫人　陳鶴琴

民進將于七月二十五日起開大會，文聯將于七月二十日起開大會，故伯昕、陳慧等均勸予勿到北戴河。然天如此熱，予體如此弱，在大太陽中跑來跑去，恐將倒下去矣。

七月十號星期日（六月十七）

李址麟、李龍福來。承名世來。李唐晏來。理書、物。

眠三小時許。記筆記一則。雁秋偕吳孝騫來，長談，留飯。胡以滔來。

施嘯岑來。洗浴。十一時服藥眠，十二時醒。又眠，晨六時醒。

今日不知何故，午眠得如此長。

昨聞伯昕言，我作《尚書今譯》係黨中央之命令，故中華書局對此極重視，然尹達竟屢拒絕我請求撥給助理員，何也？豈宗派主義仍得延長于社會主義時代乎？

七月十一號星期一（六月十八）

整理行裝。頤萱嫂來。九時，又安送上站，會政協同人上車，十時五十六分車開。與胡庶華、章乃器、何思源等人談話。

以脫車半小時，于五時到北戴河站。換乘汽車，以三十里，六時到政協休養所，落宿西樓一三八號。李覺來。

到東樓，訪李覺，并晤謝家榮夫婦。九時半服藥眠，上午一時半醒。又眠，五時半醒。

政協休養所以氣功療養院改，在海濱，距市街五里，距車站卅里，而無交通車，私人又不能用公家車，大不便。

北戴河避暑區為五十餘年前英帝國主義分子所開發，分東山、西山兩部分，我所後有大松林一座，亦彼輩所植也。聞外國來建屋避暑者有七十餘國。

七月十二號星期二（六月十九）

到海濱散步。校施嘯岑校《法華讀書記》第十一册寄于鶴年。到東樓取藥。寫靜秋、尹達信。散步柏樹林。到辦公室訪李成章。

眠一小時。寫于鶴年信。步行到市，修面，購物。游海濱公園。寄信。遇何思源夫婦，同歸，道遇范長江。洗浴。

往東頭散步。服藥兩次，十時眠，上午一時醒。又眠，四時醒。又眠，六時醒。

今日下午跑了三小時半，覺得有些疲勞了，又可早眠，乃于八時半上床，乃仍愈睡愈醒，逼得服藥兩次，苦矣！

在劉莊理髮鋪內見一標語云："一師帶百徒，一徒學百藝。"不禁有感。

七月十三號星期三（六月二十）

寫靜秋信。到食堂開會，討論學習問題。看恩格斯《家庭、私有制和國家的起源》。寫自珍信。

未成眠。看《紅旗・列寧主義萬歲》文半篇。到東樓購物。散步。

與曹谷冰等同到海濱散步。九時服藥眠，上午一時半醒。又眠，三時半醒，五時起。

今日兩次大雨。

北戴河潮濕非常，又鬱熱，兩腕多生痱子，瘙癢甚。

七月十四號星期四（六月廿一）

看《列寧主義萬歲》後半篇訖。將《家庭、私有制和國家的起源》中《家庭》讀畢。寫靜秋信。

熊迪之邀至其室吃西瓜。未成眠。上街買物。歸，洗浴。看阿英《雷峰塔傳奇叙錄》。

與王葆真同到海邊散步，遇曾憲楷、魏重慶，至其室。十時服藥眠，翌晨三時半醒。

今日晴，大熱。

七月十五號星期五（六月廿二）

六時半進早餐。七時出發，經秦皇島至山海關，入招待所小憩。在車與張楚琨談。上關城，到姜女廟，回招待所午餐。與曹谷冰散步山海關市街，進冷飲。與梅汝璈上街冷飲。

二時出發，到秦皇島，上艦，參觀港口。五時上車，六時一刻回北戴河。晤焦實齋一家，同至海邊。

續看《雷峰塔傳奇叙錄》。十時服藥眠，上午二時醒。又眠，五時醒。又眠，六時醒。

數十年想望之山海關與姜女廟，今日始得一登。然猶未得到姜女墳也。

秦皇島市街甚盛，工廠綦多，其所轄區有海濱、海港、北戴河、山海關、撫寧等。一九〇〇年英人開港，爲運開灤之煤出口。當時爲木碼頭，其後逐漸改造爲石碼頭。自逐走英帝後，碼頭已有七處，出口貨物仍以煤爲大宗。此爲不凍港，勝於天津。

七月十六號星期六（六月廿三）

六時半，到松林，請趙君邁教太極拳。上樓學習"紀念列寧九十周年"三文，自八時半到十時半。讀《家庭、私有制和國家的起源》中《易洛魁人的民族》一章。到辦事處，請李成章打長途電話。

眠一小時。記筆記二則。記昨日游覽二則。洗浴。查血壓。曾憲楷來。申廣泉來。

到河北省總工會休養所，看蘇聯片《繼母》。十時歸。服藥兩次，十一時半眠，上午三時三刻醒。又眠，五時半醒。

今日同會：焦實齋（西樓小組組長）　王家楨　李蒸　胡庶華　梁漱溟　梅汝璈　何思源　吳世鶴　楊崇瑞　章乃器　李培基　趙君邁　金芝軒　楊公庶　閻寶航　曹玉林　王楓

今日查血壓，爲 150/100，較前頗增高，豈學習太緊張所致耶？

七月十七號星期日（六月廿四）

趙彥卿來，告靜秋來車時間。七時半，乘車到站。八時卅五分，接靜秋，與同至服務部小坐。十時回所。與何思源夫人及其子何理路同車。湯敬書來收飯費。

眠一小時。與靜秋同到海濱，洗海浴，又到淋浴室冲洗。與靜秋同到曾憲楷處。

與靜秋同到林中海邊散步，遇何思源一家。八時半服藥眠，十二時半醒。又眠，五時醒。

今日僅靜秋一人來，四個孩子一個也不來，家中由頤萱嫂代管。

今晚得一佳眠，當由于全日在活動，未做伏案工作也。然則予病自有治法，惟爲職業所不許耳。

七月十八號星期一（六月廿五）

與靜秋同到松林學太極拳。到東樓理髮。讀《人民日報》社論《沿着偉大列寧的道路前進》，訖。寫文聯全國代表大會請假信，寫林山信。

未成眠。與靜秋到海邊，因百餘女生占浴場，退回。讀陸定一

《在列寧的革命旗幟下團結起來》，訖。到東樓打針。

　　與靜秋及熊迪之夫婦同到河北省俱樂部觀劇。十時半先歸。洗浴。十一時服藥眠，翌晨五時半醒。

　　文聯全國代表大會，我爲當然代表，由本月二十日開起，今日去函請假。民進全國代表大會，我亦當然代表，于廿五日開起，我已請假矣。

　　今晚所觀劇：1. 百花贈劍　2. 借親配　唐山評劇團演出。《借親配》爲一地主買妾，而此妾以孝服在身，不肯成婚，不得已允于百日之期。期將滿，其表弟爲岳家要求見其新婦，向地主借此妾同往，適逢大雨，爲岳家所留，遂與同居。地主訟之官，官不直之，乃將此妾斷歸表弟爲妻。不知見于何種小説。

七月十九號星期二（六月廿六）

　　學拳。周亞衛夫婦來，同到王楓處。予又到金芝軒處。開學習會，自八時半至十時半。寫潮兒、尹如濬信。

　　眠一小時。再寫潮兒信。與靜秋同到海濱，洗海浴。予初次用橡皮圈入海。淋浴。讀毛主席《中國社會各階級的分析》。

　　與靜秋同往東散步。歸，看報。與王家楨談話。服藥兩次，十一時半眠，翌晨五時半醒。

　　今日同會：如十六日。

　　靜秋甚欲令潮、洪兩兒前來，今日與王楓商之，緣彼兩子亦擬來也。如能結伴同來，最好。

七月二十號星期三（六月廿七）

　　學拳。與靜秋兩次到百貨公司東山門市部購物。打電話與兩兒。予先歸，寫楊向奎、酈家駒信。讀毛主席《必須注意經濟工作》。

　　眠半小時。與靜秋同海浴。打針。讀恩格斯書《希臘人的氏族》、《雅典國家的發生》兩章。

　　與靜秋向西散步。遇王葆真。九時服藥眠，十二時半醒，耿耿達旦。

　　予與尹達信九日矣，曾不得覆，恐今夏療養不能成事實，因與楊、酈兩君一函催之。如再無效，只得隨衆回京。歸後有暇，當覓《紅梅記》傳奇一讀。

　　今晨靜秋打長途電話與潮兒，十八分鐘，費九元餘。

七月廿一號星期四（六月廿八）

　　學太極操。與政協同人同游"怪樓"，并看果園。與靜秋同游鴿子窩，上亭子望海。遇魏重慶。十一時三刻歸。

　　未成眠。與靜秋到海濱洗海浴。看報。

　　與政協同人到勞動人民文化宮觀劇。十時三刻歸。十一時服藥眠，約半小時醒。十二時半，又服藥、吃麵包，翌晨五時半醒。

　　昨晚眠既不佳，今午又未能成眠，晚服 Chloral Hydrate，以爲必能睡矣，而僅半小時即醒。予之睡眠如不治愈，將無法再任工作，苦矣！

　　接北京電話，悉潮、洪兩兒明早可來。

　　今晚所觀劇爲河北省青年躍進劇團演出之《寶蓮燈》，甚精彩，尤以飾沉香之一十二歲女藝員爲最，唱做皆熨貼老到。予自抗戰前與履安同觀小香水、金鋼鑽之《孟姜女》後，河北梆子戲已廿餘年未見矣。此劇分五場：1．仙配　2．受害　3．下山　4．廟遇　5．救母（將後堂放子等全删去）。

七月廿二號星期五（六月廿九）

　　靜秋五時半出，接潮、洪兩兒，至十二時半同來。學拳。開學習會，自八時半至十時半。邵力子先生來。看李址麟論文。

服藥，眠一小時。到東樓打針。何思源來。看施嘯岑校《湯山小記》第一册。與潮、洪兩兒到海濱。寫北戴河醫院信。

與兩兒上樓，與楊崇瑞等談。熊迪之夫人來，何思源來。晤李成章。八時半服藥眠，上午四時醒。又眠，六時醒。

今日同會：同前（缺李培基——回京；楊崇瑞——病假）

此間規定每一政協委員一間房，予室本小，潮、洪兩兒來，又加一床，竟無迴旋餘地矣。

今日量血壓，爲 140/90，較上星期稍低。服藥多（午後眠爾通一片），故午、夜皆得眠。然此何可常也！

潮兒兩眼病角膜炎已數月，昨晚一夜未睡，眼更紅。

七月廿三號星期六（六月三十）

與熊迪之夫婦、曹玉林同車到北戴河醫院，就韓國文醫師診，并抽血，檢查膽固醇。續看李址麟論文，略訖。

服藥，眠四十分鐘。記筆記六則。到海邊及東經路散步。

游公園。與洪兒到文化宮觀劇，自八時至十一時半。十二時服重藥眠，上午二時醒。又眠，六時半醒。

今晚所觀劇：小放牛　三盜芭蕉扇　上海市新民京劇團演出。

七月廿四號星期日（閏六月初一）

讀《後漢書·東夷傳》一過，記筆記四則。

服藥，眠一小時。到海濱浴，停兩小時。遇施今墨。記筆記二則。與王家楨等談。

與靜秋及潮、洪打撲克。于渝生來。八時半服藥眠，十二時半醒。又眠，三時半醒。

昨夜雖得眠，終以就睡較遲，服藥太多，今日精神甚不爽快。

七月廿五號星期一（閏六月初二）

四時二十分獨出，往東，至鴿子窩觀日出，登望海亭，六時歸。學拳。記筆記五則。到施今墨先生處談，并按脉。與王家楨談。讀毛主席《我們的經濟政策》。

服藥，眠一小時。記筆記二則。到東樓打針。海浴。淋浴。與靜秋在園內散步。

看恩格斯書《羅馬的氏族和國家》未畢。九時服藥眠。翌晨三時醒。

自休養所到鴿子窩，行四十分鐘。今日無波浪，日出甚平常。

施今墨先生診予脉，謂雖弱，然平和，身體根柢尚好。又謂吃得下飯和拉得出屎，即是身體根柢的兩要點。

七月廿六號星期二（閏六月初三）

四時二十分獨出，往西，至市街，游公園、棧橋，遵海而歸。學拳。開學習會，自八時半至十時半。到海邊送兩兒泳衣。讀恩格斯書《羅馬》章訖。

未成眠。洗海浴。理髮。讀恩格斯書《克勒特人及德意志人的形成》訖。學拳。

李明儒來。趙君勱來。十時服藥兩次眠，翌晨三時半醒。又眠，五時醒。

今日同會：同前　加：邵力子、凌其峻，去：李燕、楊崇瑞

自休養所到劉莊，行廿分鐘。自劉莊到市區，行十五分鐘，自公園沿海行，到休養所，行四十分鐘。

七月廿七號星期三（閏六月初四）

到東二路散步。學拳。與靜秋乘公共汽車到市區，游公園，購桃子。十一時半歸。謝家榮夫婦來。到閻寶航處。

服藥，眠一小時。讀恩格斯書《德意志人的國家底形成》、《野蠻與文明》兩章。打針。學拳。

上樓，與翁文灝、錢昌照、梅龔彬、王楓、趙君勱談。十時服藥眠，十二時半、三時半、五時醒。

十二日致尹達書，十九日致尹如瀓書（托詢蕭風），二十日致楊向奎、酈家駒書，致今俱不得答復，是所中已不許我到他處再作休養矣。然何以不直告我不能去也？

七月廿八號星期四（閏六月初五）

五時半，冒雨出門，東行，游金山嘴。讀恩格斯書《新發現的群婚實例》及本書序跋文四篇，全書訖。重讀《列寧主義萬歲》。

未成眠。記筆記二則。到餐廳西屋，開學習會，自三時至五時三刻，并論休養所改進事宜。

與靜秋、潮、洪及所中同人到文化宮觀邯鄲春風劇團演《武則天》，自八時至十一時三刻。十二時一刻服重藥眠，翌晨五時醒，又七時醒。

恩格斯《家庭、私有制和國家的起源》一書爲研究古代史者所必讀，予久欲讀之，而迄不得其時。今到北戴河休養，以十餘日之力將此書粗讀一過，十分欣快。甚願他日得暇，更作二、三、四讀，并以東方資料補足之，則幸甚矣。

今日上午大風雨，氣候突涼，下午雨仍未止。

今日同會：李覺（主席）　焦實齋　王葆真　陳達　熊慶來　蔡方蔭　閻寶航　梁漱溟　李俊龍　王家楨　何思源　章乃器　趙君邁　胡庶華　王楓　謝家榮　金芝軒　楊公庶　周亞衛　黃雍　吳世鶴　梅汝璈　于益之　凌其峻　劉孟純　王復初　曹谷冰　康心之　曹玉林

七月廿九號星期五 （閏六月初六）

與潮兒到海邊觀浪。看施今墨方。邵力子先生來，與同到施今墨處。理物。

服藥，眠一小時。到海濱浴。到東樓打針。理物。學拳。

與靜秋及兩兒到海濱散步，遇陳此生等。未服藥，覺倦眠，自八時半至十二時半，醒後更不成眠，四時起。

七月三十號星期六 （閏六月初七）

六時早餐，七時上汽車，八時一刻上京安直快車，在車與梅汝璈、金芝軒夫婦等談。進麵包。

略眠。二時到北京。待汽車久，尹如濬來。予乘電車先歸。看各處來信。

洗浴。服藥三次，十時半眠，翌晨七時醒。

衛生部保健局派我到廬山療養，此甚好事，以內地十八省中惟江西未去，茲可補足也。

近日開會處太多，我應參加者爲文代大會、民進中央擴大會議、科學院反官僚主義運動。如不外出，則日日在驕陽下奔馳，身體必然吃不消矣。

七月卅一號星期日 （閏六月初八）

到政協禮堂，開文史資料研究委員會，自八時半至十一時半。四兒來，同到俱樂部飯。

與伯祥到政協秘書處，未遇人。到棋藝室，看兒輩下棋。與兒輩到雁秋夫婦處，校成般若鈔稿。吳孝騫携其子長俊等來。五時，偕堪兒先歸。

洗浴。到蕭風處。到賀昌群處。昌群來。服藥兩次，十二時眠，翌晨六時醒。

今日同會：范文瀾　楊東蓴　申伯純　王世英　米暫沈　張述孔　姜克夫　浦熙修　劉大年　邢贊亭　葉景莘　王伯祥　資耀華　劉道衡　翁獨健　何幹之　黃紹竑　載濤　李仲公　鄧哲熙　王家楨　章伯鈞　羅隆基　閻寶航　李培基　陳達　周亞衛　吳晉航　向達　陳公培　覃異之　羅任一　呂振羽

今日在文化俱樂部所遇人：江澤涵夫婦　孫蓀荃　張知行　張豐胄　焦實齋　蔡方蔭夫婦　陳萬里　葉至善夫婦及其子女

同休養人：

李覺夫婦　熊慶來夫婦　章士釗夫婦　王家楨夫婦　何思源夫婦及其孫女　董竹君及其二外孫女　梁漱溟　章乃器、警衛小朱　胡庶華　趙君邁　李蒸　楊崇瑞　謝家榮夫婦　陳達夫婦　金芝軒夫婦　張楚琨夫婦　秦德君　李俊龍及其子　王葆真　李培基　楊公庶　閻寶航夫婦　周亞衛夫婦　蔡方蔭夫婦　曹谷冰　康心之夫婦　黃雍夫婦　施今墨夫婦及其子　王復初　吳世鶴夫婦　梅汝璈及其子女　焦實齋夫婦及其幼子　于益之及其女于渝生　杜春晏　曹玉林　凌其峻　馬正信　王仲富　劉孟純及其二女　王楓及其二子吳民凱、民偉

一九六〇，七，廿八觀河北省邯鄲市東風劇團演出《武則天》：第一場，收婉　二，暗箭　三，傳訊　四，審婉　五，害賢　六，告密　七，捕駱　八，回鸞　九，誘供　十，提駱　十一，朝審　　演員：武則天——胡小鳳（女，十四歲）　唐高宗——熊孟霞（女，十八歲）　太子賢——焦步群（男，十八歲）　上官婉兒——牛淑賢（女，十四歲）　鄭十三娘——王愛煥（女，十六歲）　明崇儼——朱勤道（男，十九歲）　道生和尚——王振國（男，十五歲）　駱賓王——王柏萱（男，廿一歲）　裴炎——謝長春（男，十九歲）

騫味道——韓剛（男，十九歲）　江七——焦步群兼演

話劇原著：郭沫若（《人民文學》一九六〇年第五期）

豫劇改編：邯鄲市戲曲研究室，邯鄲市東風劇團編導室

此劇本才于今年五月發表，兩個月間已改編及排演純熟，并按唐人服裝裝備道劇齊整，可謂神速。

此劇主角爲武則天與上官婉兒，而扮演者均爲十四歲之女兒，表演出武則天之穩重、潑辣，上官婉兒之聰敏、伶俐，可謂難能。人才日出，可爲我國家歡慶也。

一九六〇年八月

八月一號星期一（閏六月初九）

到北京醫院，爲建屋故，移阜外醫院診，即往，經內科女大夫闊同志診。十二時歸。車中遇陶才百。

服藥，眠一小時。與兒輩到北海，入仿膳茶肆，她們去划船，予看又安所著《孟姜女故事的研究》第一、二節。靜秋後至，同散步。

八時半歸家。與又安談。雁秋來。九時飯。洗浴。十二時服藥眠，翌晨七時許醒。

今日驗血壓，爲135/78，甚好，特睡眠不知何以仍困難。

予所集孟姜女故事材料，數年前交又安整理，今始成初稿，然須修改及查書處甚多，彼以生計壓迫，甚欲奮力爲之，予當助之成也。

在阜外醫院所遇人：康心之　李俊龍　劉定五　楊公庶　黃雍　郭一岑　馬特　朱慶永

八月二號星期二（閏六月初十）

晏起。洪家蓮來。校雁秋所鈔《湯山小記》第十五冊。寫越特金信，寄《古史辨》第六、七兩冊。

眠一小時許。看又安《孟姜女故事》文至第三節。

與又安談。看《石遺室詩話》。服藥兩次，十一時眠，翌晨六時醒。

昨日跑了一天，夜眠甚好。今天未出，眠又甚難了。廬山歸來後，下午必須出門散步。

八月三號星期三 （閏六月十一）

賀次君來。爲書法研究社寫字二幀。寫于鶴年信、陳維輝信。

曹孝先來。服藥，眠五十分鐘。寫楊向奎、中華書局、施嘯岑信。到王姨丈處，未遇，晤其孫珏、喆。

洗浴。看《石遺室詩話》。雁秋送兒輩歸。十時服藥眠，翌晨六時醒。

潮、洪、湲三兒俱報名至朝陽門外工人運動場游泳，而湲兒特善，故游泳教師令其每日前往練習。此兒天分特高，自是可喜，惜其不免驕傲耳。

潮兒兩眼犯角膜炎已兩月餘，尚未痊可。

八月四號星期四 （閏六月十二）

爲又安改《孟姜女研究》。孫雨廷自西安來，談。童丕繩自濟南來，同到趙登禹路政協俱樂部飯，飲茗長談。四時半出，到歷史研究所。又出，到南河沿政協俱樂部晚飯。

與丕繩到沈從文處長談瓷器。十時歸。洗浴。服藥兩次，十二時眠，翌晨七時醒。

今日所遇人：陳達夫婦　金漢鼎　丁聲樹　李俊龍父子　王葆真　胡厚宣　笪移今

丕繩議論風發，而背愈彎，咳亦愈甚。

今日大熱，予伴丕繩四面奔跑，汗出如瀋，有若水中撈出者。予近年太會出汗，每逢一夏直如遇一難。苦矣！

八月五號星期五（閏六月十三）

施嘯岑來。理裝。看華訓義鈔寫稿。曾奶奶來。

飯後與靜秋、潮、湲、堪三兒、又安上站。二時半車開。在車看趙景深校訂本《英烈傳》。

上半夜半眠狀態，下半夜無眠，天明時小眠。

天熱，軟席絨幕，又分間，太悶熱，故乘硬席臥車。

非洲諸殖民地，近來大抵成爲獨立國，可喜也。

八月六號星期六（閏六月十四）

十一時五十分到漢口，到武漢市交際處接洽，住入武漢飯店。

洗浴。理髮。看《英烈傳》畢。

到濱江公園散步。洗浴。服藥兩次，十時半眠，翌晨六時半醒。

《英烈傳》，予所未睹，而在京劇及說書則頗聞之，今借旅行時間，將八十回讀完。此書爲歷史小說，與《三國演義》同；其取材于正史及野史，亦與《三國演義》同。惟敘事簡而直，與《三國演義》不同，乃與《宣和遺事》相類，惟《宣和遺事》之後發展爲《水滸傳》，有了描寫，此則繼起無人耳。然說書者有脚本，如得其稿，當與原書之乾巴巴者不同。

漢口熱甚，一動即流汗。九江票今天已無有，則只得在旅館中呆一天耳。

八月七號星期日（閏六月十五）

寫靜秋信。復校成般若所鈔《緩齋雜記》第三冊，寄鶴年。

服藥，眠一小時。鈔呂誠之、齊思和、黃永年三人函入筆記，約三千字。

洗浴，上街散步買物。服藥兩次，十時後眠，翌晨七時醒。

北京藥肆不賣"腦力須"，醫生又不肯開，久不服矣。今晚上街，竟買得一大瓶，中國醫藥公司湖北省武漢市公司所製也。臨眠服兩次，遂眠九小時。

湖北久不下雨，旱象已成，所幸水庫林立，可用人力驅却旱魔。天氣一天熱似一天，居民大抵携席或竹榻在露天住宿。予本畏熱，不敢出門矣。

到九江船，今日無有，又須在此多住一天。

八月八號星期一（閏六月十六）

翻《清一統志》江西各卷。鈔陳維輝論洪水信入筆記，凡三千餘字。

服藥，眠一小時半。寫靜秋信。理物。

到大智門車站散步。洗浴。九時，徐洪章送上船（江順），與黃湘君談。十一時半服藥眠，翌晨七時醒。

天氣更熱，不動亦流汗，如入火焰山矣（攝氏表三十七度）。

江順船本定本晚十時開，而載運貨過多，遲至上午一時後始開。貨暢其流，此亦好現象也。

舊社會中，每一碼頭腳夫甚多，只須有錢，行李不論多少可上。今日則市無閑民，隨身帶一衣箱即發愁。幸江漢飯店職員徐洪章君代携，且介紹江西交際處職員黃湘君一路招呼，否則予將不知所措矣。

在漢口待船三天，旅館費至廿五元二角，若武漢不停，徑至株洲換車至南昌，再至九江，則錢與時將俱省。

八月九號星期二（閏六月十七）

七時船過黃石（即大冶），十二時半過武穴，午飯後得眠一小時半。

三時半抵九江，與黃湘君同到花園飯店（即廬山管理局招待處）。寫靜秋信。

飯後與黃湘君、吳樹堅上街散步，到中蘇友誼電影院觀電影。服藥三次，十二時後眠，翌晨六時半醒。

九江市一面倚江，一面瀕甘棠湖。予今日所居，即在湖畔。綠波蕩漾，廬山遙翠，極可欣賞。市街以大中路爲盛。本市爲衛生模範，吐痰罰五元，且榜其名。

八月十號星期三（閏六月十八）

八時上汽車，十時到廬山療養院，由護士汪德芳送至中四路二五八號宿舍。理物。付飯錢。與黃寶瑋談。

服藥，眠一小時半。姚我清大夫來診。寫靜秋信。算賬。石磊來談。

洗浴。看黃雲眉《史學雜稿訂存》。服藥三次，十一時後眠，翌晨七時醒。

今日一上山即雨，聞山中人云已雨兩日矣。

天氣驟涼，即換厚衣。此間即盛夏，亦不逾攝氏卅度。惟濕氣濃，室中被窩不免有霉味耳。予所居，窗對石壁，壁上一片綠林，可愛也。

檢血壓，爲 130/80。昨今二晚都不易入眠，是換新地方耶？夜間寒甚，只恨被薄。

八月十一號星期四（閏六月十九）

讀《馬克思主義哲學原理》第十一章一、二兩節，凡二十面。

點《左傳杜注》第一卷，畢。

未成眠。張護士來打針。與石磊同上樓，與劉世民談。

看《清一統志》江西卷。服藥三次，約十一時眠，翌晨七時醒。

雨仍不停，大霧漫空，間以大風，陰森殊甚，溫度降至攝氏二十度矣。

爲了工作，午眠又不成，如何可兩全也？

自在九江看《解放軍第二屆運動會》電影後，精神緊張，每夜皆服藥三次乃眠，苦甚。此後晚間不敢看電影矣。看運動會電影，知道中國人的體質越來越強，正與中國國家生產之越來越富同。恨我不得返老還童耳。

八月十二號星期五（閏六月二十）

讀《馬克思主義的哲學原理》第十一章三、四兩節，凡十四面。點《左傳杜注》第二卷畢。

服藥，眠一小時。打針。療養院總務科科長孫義芝來。寫自珍信。

到胡鳳英處。續看黃雲眉書。服藥兩次，十時半眠，翌晨六時半醒。

近日眠非不多，但入眠非常難，往往將 Amital, Seconal, Chloral Hydrate 三種都吃方能睡着，不知因不勞動之故歟？抑廬山高千餘公尺，與予體不適應之故歟？

八月十三號星期六（閏六月廿一）

讀《馬克思主義的哲學原理》第十一章第五節，凡十二面，本章訖。點《左傳杜注》第三卷，未畢。

服藥，眠一小時。寫姚我清大夫信。寫于鶴年信。打針。在山散步。

胡鳳英招吃西瓜。與黃寶瑋談。服藥兩次，十一時後眠，翌晨六時醒。

老撾起政變，由空軍大尉貢勒領導革命委員會奪取政權，宣布趕走外國軍隊，撤銷外國軍事基地，停止内戰，改組政府，禁止貪污，此一佳音也。美國佬又爲寢饋不安矣。

今日下午晴矣，在附近散步，岩壑深邃，林木茂密，可喜也。

八月十四號星期日（閏六月廿二）

寫靜秋信。下山，上市，買物。歸，看金毓黻《中國史學史》。

服藥，眠五十分鐘。與胡鳳英、黃寶瑋等同到療養院打針，又同到廬山電影院看《鴻雁》。六時歸。

向西獨步一小時。八時半服藥眠，十二時半醒。又眠，四時醒。

連日睡眠不佳，今日換一生活方式，凡三次下山，約行二十里。夜間居然能早睡。將來還是多散步。

《鴻雁》一片，寫長白山郵遞員在厚雪中送信之艱難，非實心實意爲人民服務者不可任其事也。

到廬山後，每日下午多一次大便，但不稀，意者飲水發生作用乎？

八月十五號星期一（閏六月廿三）

讀《馬克思主義哲學原理》第十二章第一節至第三節，凡廿二面。胡鳳英來，同到石磊處談。點《左傳杜注》第三、四卷畢。

未成眠。到院打針。看周進楷譯《印度史話》三篇。與胡鳳英上街購物。歸，吃西瓜。

到石磊新居。到山洞散步。續看《印度史話》。服藥後十一時眠，翌晨六時醒。

廬山天氣刻刻變，"晴、陰、雨"三字每日可寫，宜其稱茶曰雲霧茶，稱市曰雲中人民公社也。

八月十六號星期二（閏六月廿四）

遷居。理物。讀《馬克思主義哲學原理》第十二章四、五兩節，凡十三面。遇徐行之。到石磊處。

眠五十分鐘。點《左傳杜注》第五卷垂畢。打針。徐行之來。飯後到徐行之處，與同出，遇胡華、陸培基，同散步。

到街心公園小坐，望九江。到胡華、陸培基處。九時歸，看《鏡花緣》。服藥兩次，十一時後眠，翌晨六時半醒。

遷至中路二三四號，聞前爲牯嶺飯店屋。房間寬敞，有一廊可作書房，北窗下修竹垂之，美絕。徐行之、胡華諸君均住附近，尤易得伴。

《鏡花緣》小說尚係予十餘歲時所看，今日遷入新居，前客留下此書，遂得復看一遍。

八月十七號星期三（閏六月廿五）

讀《馬克思主義哲學原理》第十三章一、二兩節，凡十五面。寫姚我清大夫信。打針。送驗大小便。點《左傳杜注》卷五訖，卷六訖。

眠五十分鐘。到院接洽驗血。寫静秋信。姚大夫來診。到新華書店閱書。

看《鏡花緣》。洗浴。服藥三次，十一時半眠，翌晨六時醒。

今日血壓爲145/90，稍高。姚大夫囑我勿爬山，多休息。

八月十八號星期四（閏六月廿六）

到療養院，由楊人劭抽血化驗。讀《馬克思主義哲學原理》第十三章第三節，凡八面。點《左傳杜注》卷七訖。看《鏡花緣》。

未成眠。到正街理髮館取牌，又到新華書店買書，回理髮館等待，三時理畢。到院打針。看《歐陽予倩選集》。

到俱樂部、人民劇場、東谷廬山大廈等處散步。到曾桃處談。服藥兩次，十時半眠。上午二時半醒，直至曉稍一闔眼。

近日睡不佳，當因讀書較多之故。今日上午減少分量，下午又未工作，晚上散步一小時許，乃仍不得佳眠，何也？豈學問一道遂與我無緣耶？若是，真為"活死人"矣！

八月十九號星期五 （閏六月廿七）

趙承堠先生來，即到其室。看《歐陽予倩選集》中《忠王李秀成》等劇。點《左傳杜注》卷八，未訖。看《鏡花緣》。

未成眠。打針。到胡鳳英、陸培基處。

遇魏守謨。到西谷大林路散步。買物。洗浴。九時半服藥眠，翌晨四時醒。

多日睡不佳，今日索性看一天小說，并多出散步，居然好些。

守謨與上海教工團來此休息兩星期，無意中邂逅，一時竟想不出他的名字。直至半小時以上方想出，以抗戰期中來往極多的人乃至如此，可見予精力極衰。

歐陽予倩有文才，又有舞臺經驗，所編劇自是緊湊有力，各劇均充滿了反帝、反封建的情調，使觀者是非分明，愛憎正確，亦見此百年中中國人之苦痛之深切，極有歷史意義。

八月二十號星期六 （閏六月廿八）

晤曹靖華。散步。看歐陽予倩《桃花扇》話劇本。點《左傳杜注》卷八訖。看《鏡花緣》。

未成眠。打針。遇劉世民。寫靜秋、自珍、尹如瀋、阜外醫院信。

上街買物。看《鏡花緣》至第四十回。九時半服藥眠，翌晨五時醒。

近日寫字手顫，似非佳兆。右臂軟甚，不知能愈否，否則不易寫字矣。

此間無 Amital 和 Seconal 兩藥，所給之藥其性太輕，不足使予得眠。因今日函京，囑尹君取寄。

上街一次，來往不過兩里，今日有風，氣候絕涼，而予乃汗出如注，尚敢到遠處游乎！

八月廿一號星期日 （閏六月廿九）

看歐陽予倩《潘金蓮》話劇本。題其選集。八時半開車西行，九時到鐵船峰下，步至靜觀亭，望石門澗。十一時歸。洗衣。

點《左傳杜注》卷九訖。看《鏡花緣》。打針。與胡鳳英到曾桃處。

入市散步。看《鏡花緣》至五十二回。十時服藥眠，上午三時半醒。又眠，六時醒。

連日多看小説劇本，少看理論書，居然眠得較佳。予對馬列主義其無緣乎？爲之一嘆！

今日同游：胡華　陸培基　石磊　胡鳳英　毛鐸　尚友　楊定一　鍾學坤　小胡　約三十人

今日游鐵船峰，下邊正在修路，上邊則豐草塞途，路不好走，同游者多半途而止。予其時兩衫均汗濕，惟興趣鼓勵我前進，小鍾從之，遂行叢草中，直登靜觀亭，得最後之勝利。甚望予之學業亦能如此，不致白費一生勞力也。

八月廿二號星期一 （七月初一）

與徐永瑛談。魏守謨來，同到第二招待所，晤周予同，長談。

到守謨室，并晤張俊佛等。十二時，歸飯。

眠約半小時。點《左傳杜注》卷十訖。看《鏡花緣》。打針。

看《鏡花緣》至七十一回。洗浴。服藥兩次，十時半眠，翌晨四時醒。

今日大雨數次，又寒。

許多人都問我何以不帶徒弟，今日予同言之尤切，予安得直說夫己氏不欲我與青年接觸乎？予常處于禁錮狀態中，安得有傳徒之自由乎？

八月廿三號星期二（七月初二）

姚我清及兩男醫來問疾。點《左傳杜注》卷十一訖。寫潮兒、靜秋、尹如潘信，即上街付寄。

眠不及半小時。打針。寫榮東溟、毓蘊、開孫、黃永年、起潛叔、趙孟詔信。

上街爲潮兒買瓷貓，看《鏡花緣》至八十三回。服藥兩次，十一時眠，上午一時半醒。又眠，六時醒。

來廬山後，甚欲一訪勝迹，而一動即氣喘，一行即流汗，四顧躊躇，欲往不得，追念昔年奮發直前之况，爲之于邑無已！

八月廿四號星期三（七月初三）

點《左傳杜注》第十二卷訖。看《鏡花緣》至一百回，訖。記筆記一則。

服藥，眠一小時。打針。

到西谷電廠路散步。與趙承嘏談。十時服藥眠，十二時醒。又眠，四時醒。

八月廿五號星期四（七月初四）

点《左傳杜注》第十三卷訖。與徐永瑛長談。徐行之來辭行。寫王鳳雲、王振華二函，托徐行之帶至青島療養院。

服藥，眠近一小時。看《印度史話》第四篇。打針。訪徐行之，不遇。記筆記一則。胡華來談，同訪徐行之及曹靖華，皆不遇。訪陸培基，遇之，并晤王宗素，借《廬山》一書。

曾桃出院，胡鳳英遷入其室，至彼處談，并晤陳克光父子。到市散步。到新華書店買書。歸，看潘伯鷹編《黃庭堅詩選》導言，十時訖。服藥兩次，十一時後眠，翌晨六時半醒。

昨石磊謂予："此間無不知道你的。"今日往打針，有一北京初來之宋君看牌上姓名，詫道："顧頡剛也在這裏嗎？"我惟有此不虞之名，所以負謗如泰山之重也！數十年來，拉攏予者以此，打擊予者以此，直至今日而不已，豈不可嘆！

潘伯鷹，予故人也，得其《黃庭堅詩選》，將導言廿七頁一氣看畢，又不能眠矣。予夜間不能集中注意力如此。

八月廿六號星期五（七月初五）

曹靖華、胡華來。送徐行之上車。到保健室，就中醫黃貽聖診。看商務印書館所出《廬山》，石磊來呼進食。

上山，行香山路，到花徑公園，又到仙人洞，飲茶。出，遇吳樹堅。由大林路到正街，喝汽水。歸院。洗澡。打針。記筆記一則。

到胡鳳英處，與之同到廬山人民劇場，看江西話劇團演出《勞工萬歲》，十時歸。十時半服藥眠，半夜醒兩次，七時起。

爲昨夜服藥多，今日精神不爽，因于下午出游，約行二十里，兩度翻山，胸背出汗如瀋，真苦事也。

中醫黃貽聖說我脉象軟，與在北戴河施今墨大夫之言同。此與從前醫師說我脉剛勁有力恰恰相反。

今晚所觀劇《勞工萬歲》：萍礦黨委宣傳部、江西省話劇團合作（根據電影劇本改編）　雷映光——方惠如　趙猛子——祁林玉　趙老倌——魯林　春妹——張美仙　唐葆全——徐平　葆全妻——李依祥　蕭克昌——林麓　金楚生（礦長）——呂玉堃　白五——白羽　唐師爺——譚光友　孫督辦——王少陵　王漢卿——夏寶權　安源煤礦爲萍鄉礦之一部分

八月廿七號星期六（七月初六）

看徐士年《古典小説論集》。記筆記二則。點《左傳杜注》卷十四訖。

到胡鳳英處，并晤石磊、朱慶祥。未成眠。打針。寫静秋信。白浩、姚哲來院。

到東谷散步。歸，與趙承嘏、徐永瑛、廖少儀等談。服藥兩次，十一時後眠，翌晨七時醒。

昨日雖睡得不差，今天却没有一點氣力，這却爲何？

八月廿八號星期日（七月初七）

終日雨。點讀《左傳杜注》第十五卷訖。白浩、徐永瑛來談。胡鳳英、徐永瑛來談。續看徐士年《古典小説論集》。

眠一小時。打針。徐永瑛來。

到新華書店閲書。歸，看《胡適思想批判》。服藥兩次，十一時後眠，上午三時半醒。又眠，七時醒。

近日入眠甚難，而早上却有睡不醒之勢，何也？

八月廿九號星期一（七月初八）

點讀《左傳杜注》第十六卷訖。到理療處，遇汪德芳。看徐士年《古典小説論集》訖。

未成眠。黄貽聖等三醫來查病房。打針。寫静秋信，未訖。

與白浩、王偉到東谷散步。到白浩處談。服藥兩次，十時半眠，上午一時三刻醒。又眠，五時醒。

今日量血壓，爲 140/78，較前爲低。

今日始得静秋書，知潮兒目疾猶未痊，湲兒游泳已達到五十米要求，堪兒好製玩具，作木工，但不愛寫字。義安于本月十日結婚，新娘廿五日即回懷遠。

八月三十號星期二（七月初九）

七時進食，八時出發，到汽車站停半小時，十時半到秀峰寺，游青玉峽。下山，十二時到星子縣，飯。

予獨游周瑜點將臺、鄱陽湖、周歷城中。二時半上車，到觀音橋，游慈航寺、玉淵潭、盍賢寺，飲茶于三峽橋下。觀天下第六泉。五時半上車，七時半回院。

八時進食。徐永瑛來。看阿英《小説二談》。服藥兩次，十二時眠，翌晨六時醒。

今日同游：曹靖華　徐永瑛　王宗素　張菊　胡鳳英　馬繼光　胡春娥　小舒　李榮平夫婦　張和生　陳克光　郭雷　柯麟　朱慶祥　呂奇峰　共十八人

秀峰寺略有泉石之勝，又有王陽明紀功碑、米芾詩碑。星子縣爲舊南康府治，并不繁盛，鄱陽湖則波浪澎湃，頗可觀。觀音橋爲廬山絕勝處，山林泉石無不佳妙，惜不克久停也。廬山交通不便，迴環盤旋，在車中達四小時許。將來五老峰路鑿通則善矣。

八月卅一號星期三（七月初十）

與胡鳳英同到石磊處，看《廬山續志稿》。到徐永瑛處送別。點讀《左傳杜注》第十七卷訖。

到正街理髮。歸，瞌睡半小時。看余冠英等《怎樣閱讀文學作品》，未訖。打針。

　　與白浩、王偉等到廬山大厦參觀、觀劇。十時，與柯麟、江清宇同出。服藥兩次，約十二時眠，翌晨七時醒。

　　今日所觀劇：廬山文藝學校演出：（1）櫃中緣　　（2）西厢記　第一齣頗緊凑，第二齣則散漫，《西厢記》原不必演全本也。

　　尹如濟向阜外醫院取藥，今日寄到，膽爲一壯。此間藥種太少，予病既深，不能生效矣。

　　此次到廬山工作計劃：

　　一，將《馬克思主義哲學原理》讀訖。

　　二，將恩格斯《家庭、私有制及國家的起源》再讀一過。

　　三，將辛樹幟《禹貢新解》校改訖。

　　四，將胡渭《禹貢錐指》再讀一遍。

　　五，作《禹貢簡注》。

　　六，將《左傳杜注》讀一過。

　　七，將《毛澤東選集》讀一過。

　　此殆奢望，然必超半數方不愧此行也。

　　可憐，只完成了第六項計劃！

　　此行所看書：

　　一、趙景深點：英烈傳　二、黃雲眉：史學雜稿訂存　三、左傳杜注　四、清一統志（江西卷）　五、馬克思主義哲學原理（百餘面）　六、金毓黻：中國史學史　七、周進楷譯：印度史話　八、李汝珍：鏡花緣　九、歐陽予倩選集　十、潘伯鷹：黃庭堅詩選　十一、徐士年：古典小説論集　十二、阿英：小説二談　十三、余冠英等：怎樣閱讀古典文學作品？　十四、陽翰笙劇作選　十五、何其芳：星火集、續集　十六、人民的廬山　十七、高真：花園之城蘇州

十八、謝國楨：明清筆記談叢　十九、王拾遺：白居易　二十、毛澤東：實踐論　廿一、毛澤東：矛盾論　廿二、趙善昌：拙齋紀年

天津徽州道三號于鶴年
天津河北區王串場鐵路宿舍八段三排 35 號榮東溟（方震）

一九六〇，九，二，致尹如潛函云：（下略，見《顧頡剛書信集》）

本年七月中得樹幟書，云：（下略，見《顧頡剛書信集》）

九月九日答之云：（下略，見《顧頡剛書信集》）

同日與鶴年書云：（下略，見《顧頡剛書信集》）

一九六〇年九月

九月一號星期四（七月十一）

　　點《左傳杜注》第十八卷訖。與馬繼光談。與廖少儀等談。
　　到胡鳳英處談。未成眠。看《怎樣閱讀古典文學作品》訖。點《左傳杜注》第十九卷半卷。打針。
　　散步，自東谷至西谷。看阿英《小說二談》。服藥，十時眠，上午三時醒。良久，又眠，七時醒。
　　讀《左傳》，至吳季札謂叔孫豹曰：“子其不得死乎，好善而不能釋人。”不禁瞿然自儆！予過于愛才，不免重才輕德，致他人所爲集矢于我，咸爲怨府，數十年來之坎坷悉由是來也。
　　接潮、湲兩兒書，悉潮、洪、湲三兒均考上工人體育場長期游泳班，每日前往練習。湲兒一下子能游三百米，潮兒則只能游三十米。她們并至昆明湖游泳。我家竟有體育人才，可喜也。

九月二號星期五（七月十二）

點《左傳杜注》第十九卷訖。記筆記三則。寫潮潮等四兒信。

眠一小時。看阿英《小説二談》。寫靜秋、尹如潛信。與石磊等談。打針。晤黃寶瑋。上街寄信。

與胡鳳英同觀電影，自七時至九時。看《小説二談》訖。十一時服藥眠，翌晨六時半醒。

今晚所看電影：1. 牡丹江狩獵　2. 邯鄲之歷史與新市容
3. 小蓮娜尋父記（蘇聯抗德）

九月三號星期六（七月十三）

點《左傳杜注》卷二十，訖。看《印度史話》第五章，訖。

眠一小時。看《印度史話》第六章訖。修改又安《孟姜女故事的研究》。打針。

到新華書店購書。歸，看《陽翰笙劇作選》。服藥兩次，十二時半眠，翌晨六時半醒。

九月四號星期日（七月十四）

與馬繼光同出，到革命烈士紀念塔。出，上喇嘛諾那塔。遇黃寶瑋。十一時歸。看《陽翰笙劇作選》。

眠一小時許。看《印度史話》第七章訖。重整《緩齋雜記》第四冊、《古柯庭瑣記》第二冊稿，寄于鶴年。打針。與黃寶瑋談。點《左傳》卷廿一，未訖。

與王楓、胡鳳英同到人民劇院看戲，十一時散。服藥兩次，約十二時半眠，翌晨七時醒。

三日來天轉熱，今日尤甚，可説是予來廬山後最熱的一天，聞南昌已熱至攝氏卅七度矣。

今日所觀劇係《七本包公》，演出者係上海來的班子，角色整齊，書名于下：（一）淨：李如春（包公）　（二）生：李君玉（李文和）　（三）旦：李君華（李十娘）　紅雲艷（劉三春）　（四）丑：季迎白（范仲峰）　韓金奎（汝寧王趙哇）　楊澐洲（王元繼、媒婆）演李十娘之李君華，當夫死逼嫁，辭別翁姑稚子之時，熱淚盈眶而出，知其身入劇中，混而爲一矣。

九月五號星期一（七月十五）

遲起。到飯堂，與徐林談。點《左傳杜注》卷二十一，訖。胡華來談。

未成眠。看《印度史話》第八章訖。記筆記二則。醫師查病房。打針。與姚哲談。

到郵局寄稿。歸，與趙承嘏談。又出，到東谷散步。看《印度史話》第九章訖。十時半，服藥眠，翌晨七時醒。

予膽固醇仍二百五十，與前年無異，此病根也。

廬山溫度二十八，聞南昌竟至四十，真所謂“火燒七月半”矣。

九月六號星期二（七月十六）

點《左傳杜注》卷二十二，訖。護士長王玉如送靜秋匯款來。看《印度史話》第十、第十一訖。

未成眠。洗浴。打針。點《左傳》半卷。

看《印度史話》第十二章。看何其芳《星火集》。服藥兩次，十一時眠，翌晨五時半醒，又朦朧一小時。

今日下午有霹靂，晚有雨，天氣稍涼。

靜秋來信說，又安已到京郊國營農場勞動，我家戶口冊上只有六人了。這是我們家庭正軌化的開始。

九月七號星期三（七月十七）

點《左傳杜注》廿三、廿四卷。姚哲來，長談。到姚哲處。

看《印度史話》第十三章。打針。到胡華、曹靖華處，長談。

與姚哲同到電影院觀劇，九時三刻歸。續看《星火集》。服藥兩次，約十一時半眠，翌晨六時醒。

今日所觀電影：1．隨縣厲山公社之發展　2．向海洋（建立人民海軍及擊蔣匪軍艦）

竟日大霧。

胡華囑予詢問驗血結果，卵靈子若干，緣卵靈子與膽固醇相抵消也。又謂雞蛋中膽固醇固多，卵靈子更多，故血管硬化者仍可吃雞蛋。

九月八號星期四（七月十八）

送趙承嘏出院回滬。點《左傳杜注》卷二十五，訖。寫靜秋長函、如濬、阜外醫院信。

未成眠。看《印度史話》第十四、十五章。打針。上街寄信，遇黃寶瑋。

到胡鳳英處，取《廬山》書還王宗素。散步，遇劉登仁。看《星火續集》。與姚哲長談。服藥兩次，一時眠，翌晨六時半醒。

今日大雨，氣候驟涼。

九月九號星期五（七月十九）

送劉登仁等回南昌。看《人民的廬山》。王楓來。到王楓處，并與姚哲談。點《左傳杜注》卷廿六，訖。

繪廬山圖。爲白浩繪蘇州游覽圖。寫樹幟、申伯純、米暫沉、鶴年信。姚哲來。送圖到白浩處。打針。

與白浩等同觀電影，九時三刻歸。十時半服藥眠，翌晨六時醒。

上午晴，下午霧，繼以雨，若深秋。

今晚所觀電影：（1）一九五九年全國冬季運動會（在哈爾濱）（2）在冰上和水上（蘇聯片）（3）上尉的女兒（蘇聯片，依普希金小說編）　末一片只寫人民起義之失敗，上尉女兒入宮侍皇后，在沙皇時代自有其反抗性，但在今日則無積極性矣。

九月十號星期六（七月二十）

寫起潛叔、誠安、朱士嘉信。與胡華到白浩處。就景萬源大夫診。點《左傳杜注》卷廿七、廿八訖。

未成眠。看《印度史話》第十六、十七章。打針。散步。與張菊談。

到白浩處。與柯麟同到其室。遇徐林，到其室長談。失眠，服藥三次，十一時半眠，翌晨六時醒。

今晚偶高興，與人談話稍多，遂覺精神緊張，更無眠法，所有藥都用了，乃得眠。後當以此爲戒，夜中不得多說話！

九月十一號星期日（七月廿一）

點《左傳杜注》二十九卷，訖。送楊定一返南昌。到胡華處談。晤曹靖華。

眠一小時許。到胡鳳英處。打針。散步。看《印度史話》第十八章。看何其芳《星火集》續編。

與王楓、胡鳳英同到文化館，聽穆寶華說《小五義》及《林海雪原》等。胡華來，同到姚哲處。服藥兩次，十一時後眠，翌晨七時醒。

孟韜來書，謂其友某君年六十，血壓弛張壓110，收縮壓200，在上海第二醫學院附屬醫院（原廣慈醫院）所設之高血壓

診療所醫治三星期出院，血壓弛張壓降至 90，收縮壓降至 150，
達適當血壓度數，該所爲全國性的試驗所，來治者大都全國高級
幹部，病床僅男 20，女 12，故不易進。所施者爲氣功療法，伴
以音樂，受術時舒服之至。據云氣功能醫 50 餘種病，血壓醫平，
他病亦可因之而愈。

九月十二號星期一（七月廿二）

送胡華、姚哲離院。與王楓、胡鳳英、白浩游含鄱口及植物
園，八時四十分往，十二時十分歸。

眠二小時許。點《左傳杜注》三十卷，未畢。到王楓處談。
打針。

上街理髮。到文化館聽説書。看《星火集》。服藥兩次，十二
時眠，翌晨六時醒。

今日上午走了三十多里路，午眠便至兩小時多，可見治予病
之方只有體育勞動，可惜無此機會耳。

含鄱口可望鄱陽湖，胸襟開暢。植物園爲中國科學院所設，
種類甚多，惜温室鎖閉，不能入覽耳。

九月十三號星期二（七月廿三）

送朱慶祥、于亞農出院。與王偉到胡鳳英處談。乘汽車，到黄
龍寺，看文從簡、劉度等畫。到烏龍潭。到水電站。又乘車到仙人
洞。自九時至十二時。

眠二小時半。洗浴。醫生來查房間。點《左傳杜注》全書訖。
打針。看《印度史話》第十八章。

冒雨，到文化館聽説書，九時四十分歸。十時半服藥眠，翌晨
五時三刻醒。

昨今兩日均勞動了半天，而午飯後皆得睡兩小時半（自十二

時至三時），可見予必須體力勞動。

量血壓，爲 122/62，少有之降低也。

今日同游：王楓　胡鳳英　張菊　曹靖華　王宗素　馬繼光　郭雷　高文　朱鏡冰　胡春娥　共十三人　黃龍寺有古樹三株，高挺獨絶，一爲娑羅，一爲白果，一爲杉。烏龍潭四瀑齊注，亦可觀。

九月十四號星期三（七月廿四）

看《印度史話》第十九章訖，全書閱畢。點《春秋名號歸一圖》，未畢。看陽翰笙《草莽英雄》劇訖。

未成眠。寫靜秋信，到街寄。打針。

看電影，九時歸。服藥兩次，十一時眠，翌晨五時醒。

《左傳》于昨日點畢，《印度史話》于今日閱畢，皆二十萬字以上之書也。若非休養，何得如此！《印度史話》爲印度社會發展史，可以作治中國史之借鏡。

今晚電影：1. 西安技術革新　2. 風車　3. 英雄島（在荷花島上與蔣匪軍作戰）

九月十五號星期四（七月廿五）

與石磊同到白浩處，送白浩、郭雷、黃寶瑋行。到廬山圖書館借書。點《春秋名號歸一圖》仍未畢。到王楓處。

到柯麟處。獨出，尋香山路到花徑，遍觀一過。到廬山文物陳列室參觀，出，到大天池。還至仙人洞，飲茶，五時半歸。打針。

到廬山圖書館看報。散步。看高真《花園之城蘇州》。服藥兩次，十一時眠，翌晨五時醒。

今日獨游五小時，可四十里，我的主觀尚有此興趣，在客觀上尚有此脚力，殊可喜也。廬山文物陳列室，不倫不類，許多水平以下的東西也陳列了出來，説明亦多錯誤，何其無人也？

大天池、小天池（小天池之池即在喇嘛塔前），均去過矣，而實無池，地理變遷若是。在仙人洞得見明太祖之周顛碑，甚完好，可見帝王神道設教意。

每夜服藥兩次方得眠，真是苦事。不知是因住在高山上而致然否？

九月十六號星期五（七月廿六）

到胡鳳英處，與王楓、石磊、李榮平等長談。點《春秋名號歸一圖》及《春秋年表》畢。看陽翰笙《兩面人》劇本畢。

看《花園之城蘇州》訖。王楓來。散步。到張菊處。

與馬繼光談。看電影。十時半服藥眠，翌晨四時醒。將曉，又眠一小時。

今晚所看電影：1. 海南島　2. 海島漁歌　3. 新聞人物（香港片，寫玩弄女性，幾致女死事）

《左傳》一書，自八月十一日點起，至今日點畢，凡歷一月餘。這次是極粗枝大略，回京後當再看。

看陽翰笙《兩面人》劇甚有感慨，祝茗齋有事業心，有自信力，惜乎其未明大是大非，故幾爲女漢奸拖下水也。

九月十七號星期六（七月廿七）

送廖少儀、馬繼光等離院。與張來發、朱鏡冰談。入市買鞋，寄書。看《清一統志》。寫趙孟頫、于鶴年信。

寫靜秋信。三時，與王楓、胡鳳英、石磊、黄錫滿同出，游大林寺，至花徑觀動物，經上林寺、法堂庵、專家招待所，五時半歸。打針，遇姚我清大夫。

到文化館聽穆寶華説書。九時半歸。服藥，十一時眠，翌晨五時三刻醒。

香山路舊名醫生窟，多英帝國主義分子所建屋，故最整齊。其所以名醫生者，以帝國主義分子以醫生面目出現于其殖民地也。

穆寶華說書甚賣力，所說《林海雪原》及《小五義》兩書娓娓動聽，惜余將離此，而東安市場但有曲藝而無說書，不易重度此生活耳。

九月十八號星期日（七月廿八）

批改又安《孟姜女故事的研究》稿一册餘。到郵局寄書。到二五〇號訪曹靖華、張菊。到萬紹芬處。

到郵局又寄書。打針。與姚大夫談。記筆記一則。

到文化館聽說書。十時歸。服藥兩次，十二時眠，翌晨七時醒。

寫字手顫抖不能自禁，此壞現象也，當如何戰勝之？

九月十九號星期一（七月廿九）

與護士長于文先談。送陳克光離院。待車，至十時始到正街口上車，十二時至觀音橋、玉淵潭游覽。

二時半到星子縣星子飯店吃飯。飯後參觀市街及百貨商店。四時半到白鹿洞口，走至書院，看碑刻。五時半下山，七時半到院。

八時許吃飯。打針。失眠，服藥三次，至十二時半眠，翌晨七時半醒。

今日同游：李榮平夫婦　胡鳳英　賴仰高　朱鏡冰夫婦　黃錫滿　王偉　白洛　胡春娥　王受之　甘秀清

白鹿洞碑碣雖多，但皆明清者，未見有宋刻，朱熹所寫“忠孝廉節”四字亦不見，僅有“孝弟忠信禮義廉恥”八字，署名漫漶，僅見一“湖”字，不知誰寫。此間有虎，不傷人。

九月二十號星期二（七月三十）

送李榮平夫婦、黃錫滿、張和生離院。到張桂處談。與胡華英、陳姣英兩服務員談。看《廬山》。

得眠一小時半。記筆記五則。找醫生不遇。打針。算清飯賬。記筆記三則。寫起潛叔信。

上市寄書。買藥。聽説書。十時半服藥眠，上午二時半醒。良久又眠，六時醒。

　　今日轉熱，昨日萬里無雲，寒温適中，洵爲春秋佳日，得游，幸也。

　　療養院醫生查房間本在星期一、二。今日待之不至，往訪則闃其無人，醫生之不負責任與廬院之無組織皆于此可見。

九月廿一號星期三（八月初一）

待朱鏡冰作氣功。九時半與鏡冰、郭英、王楓、姚我清同車到九江。到第一招待所小憩，即與王楓、姚我清同車到九蓮公路，入太平宮，觀雙塔（俗名婆媳塔）。又到西林寺，觀千佛塔。

到東林寺，飯。游寺中三笑堂、白蓮池、十八高賢圖、文殊閣等處。出，到蓮花洞。回九江招待所小憩，四時半起身，五時半回院。在九江遇李榮平夫婦及黃錫滿。

洗浴。與胡鳳英等同觀電影捷克片《毀滅舊發明》。十時半服藥眠，上午一時半醒。又眠，四時醒。又眠，六時醒。

　　今日游太平宮、西林寺，皆頹敗不堪，惟東林寺于民國重修，尚整齊，壁間嵌有唐柳公權書殘碑及別一唐人殘碑。王陽明詩碑則完整。又有明製銅塔，刻金剛經全文，又有銅質文殊佛像，僧人謂自海中浮來，築閣置之。

　　東林寺爲慧遠所創（寺始建至今 1574 年），集佛學家百二十餘人，譯華嚴經、涅槃經等。此百餘人中留名者凡十八人，繪爲十八高賢圖，内有居士六人，舍衛國及罽賓國各一人。寺爲東晋孝武帝太元十一年建，公元三八六年。慧遠卒于安帝義熙十三年（四一七），年八十四。

九月廿二號星期四（八月初二）

上街，還書，理髮，買物。遇魏指薪，王偉等。與胡華英同出，到郵局寄衣包。記筆記一則。

看謝國楨《明清筆記談叢》。理物。打針。請黄貽聖大夫開方。到曹靖華、張菊處辭行。胡華英來長談。到魏指薪處談。

與劉玉蓮談。與王楓、胡鳳英到影院觀劇。失眠，服藥兩次，上午一時眠，五時醒。

午飯時右鼻忽流血，不知何故，意者近日勞動過度之所致耶？

接静秋信，悉其忙于買菜、做飯，晚間又眠不好，已至不能支持之程度，甚爲發愁。

今日所觀電影：（1）安徽民兵　（2）水庫尖兵　（3）陳三兩（開封曲劇）

九月廿三號星期五（八月初三）

魏指薪來。九時與王偉、王楓、胡鳳英下山，到九江招待所，出游周瑜點將臺，飲茶。入市，觀瓷器。

飯後游能仁寺。二時，上南潯路車，二時半開。與李國梁談。六時半到南昌，入洪都賓館，住二一五室。

由萬冰志導觀贛劇一團演《陳三、五娘》，十時半歸。約睡三小時。

今晨送行者：石磊　柯麟　白洛　姚我清　王玉如　魏指薪　曹靖華　張菊　萬紹芬　張桂　王宗素　王受之　劉玉蓮　賴仰高　胡春娥　胡英華　甘秀清

此數日山上固熱，山下則更熱，竟至三十五度，久無雨，田乾旱甚。聞胡鳳英言，其家山西炘縣山谷中，已一年無雨，其弟以無飯吃，到長沙訪姊。

九月廿四號星期六（八月初四）

寫靜秋信。與王偉、胡鳳英、萬冰志同到八一起義紀念館，由工作同志平慧珍引觀，歷三小時出。遇葉壽春，同游。遇胡秀蘭。入市觀瓷器，病作。

臥床休息。三時，到江西醫院，由中醫師盧隆源、西醫師周某會診，并驗血，司機陳達先代辦手續。

晤李國梁。應省人會闞秘書長宴。柯麟來，到其室談。約眠三小時。

昨日下山，在九江即甚熱，上南潯路車後更熱，到南昌即覺皮膚灼熱，今晨勉強出游，至中午而不能忍耐。下午到醫院檢查，則熱高至攝氏卅八度八，只得休息矣。

今晚同席：葉長庚　賴義　王偉　康靜　尚有四人未問姓名（以上客）　闞由熹（主）　正式的江西菜，今天第一次嘗到。惜以病，不敢飽餐也。

九月廿五號星期日（八月初五）

與孫亞恒同飯。到江西醫院，晤盧隆源，未診出。臥床，看《明清筆記談叢》。陳克光偕其子女三人來。

胡鳳英來。與王偉、柯麟、胡鳳英、萬冰志游青雲譜道院，觀八大山人書畫。又到佑民寺觀銅佛。

與王敬群、徐惠珍同飯。與柯麟、王偉同到南昌劇院看越劇團《打金枝》。十一時歸，整理行李。服藥兩次，二時半眠，五時半醒。

昨日服藥後儘流汗，今日已無熱，惟出汗太多，不免軟弱耳。

青雲譜爲八大山人出家之地，省文化局派李旦來此，爲其籌備紀念館，已徵集到原作四十餘件，照相四百件。

南昌市有越劇團，且觀者多，足徵浙人來贛從事工商業者之夥也。

觀《打金枝》劇頗有感，此公主橫梗一"我的父親是皇帝"的觀念，必欲顯出其"威風"以至激出郭曖之打，此種人固各時代所俱有者也。

九月廿六號星期一（八月初六）

寫留別胡鳳英信。八時半上汽車，柯靈、胡鳳英來道別。出南門轉東，十時抵信江，舟渡。到餘干縣屬之黃金埠，飲茶。過萬年縣。

一時半抵鄱江，又舟渡。過樂平縣。二時三刻，達景德鎮，宿招待所，與所員徐山祿整理物件。寫靜秋信。方金生、于長江來談。與王偉長談。

洗澡。邵立榮伴至昌江劇院，看《華麗緣》。十一時半歸，十二時服藥眠。翌晨四時醒，又眠，六時醒。

自南昌至景德鎮二百五十七公里。

景鎮德人口二十萬，爲江西第二大市（第一大市爲南昌，七十萬人）。有十大瓷廠，分正式工及臨時工兩種，正式工爲工資制，臨時工計件取酬。臨時工或入廠工作，或在家工作，故全市人口爲瓷業服務者十萬人，男女老少及有勞動力者悉致力于瓷，無一閑人。收入既多，文娛活動遂發達，今日所見觀劇之踴躍可徵也。聞各廠之星期假日各不同，否則擁擠不堪矣。

九月廿七號星期二（八月初七）

邵立榮伴至陶瓷館參觀，吳良華爲導。晤林秘書，到藝術瓷廠參觀。出，到景德鎮市賓館工地。十一時半歸。

休息二小時許。出，參觀宇宙瓷廠及雕塑瓷廠。歸，邵君伴飯。

七時半到昌南劇院觀採茶劇《春容誤》。十一時半歸，服藥眠，四時醒。又眠，六時醒。

此間陶瓷館所陳列，分歷史部分及社會主義部分，歷史部分均由外地徵集而來，社會主義部分則收羅解放後之創作，殊可觀。天津"泥人張"亦來此摺塑，轉化爲陶像，奕奕有神。

宇宙瓷廠爲機械化之大量生產日用器皿，大部分出口。藝術瓷廠爲繪圖，集合千餘人爲之。雕塑瓷廠爲雕刻及捏塑，製爲模子印出，再經種種之加工，精細甚。此二廠出品，均我輩在各處所見者也。

今日室內溫 28 度，室外可 35 度矣。

九月廿八號星期三（八月初八）

與邵君同出，入市選購瓷器，到建國瓷廠圓器車間參觀手工製瓷。十時半歸，理物，十一時飯。即上車。

在車眠兩小時。下午四時，至臨川縣屬之溫家圳，小憩，飲茶。五時十分抵洪都賓館。洗浴。看報。

遇梁興楚。看《清一統志》。服藥兩次眠，翌晨五時醒。又眠，七時醒。

有雲而不雨，天仍大熱，可卅五度。

今日所觀瓷廠，爲用老法生產者，除陶鈞外一切用手工操作，爲效雖不若機械化，彌見技術之靈巧。

來景德鎮雖只匆匆看了四個廠，然于瓷器之工序，若運土、篩土、搏土、製胚、挑選、修胚、上釉、上色、配件、繪畫、燒爐、再挑選、包扎等略有所知矣。一碗、一碟，均費若干人之勞動力，歸後當囑兒輩小心用物也。

九月廿九號星期四（八月初九）

補記日記及賬。理髮。寫靜秋信。

未成眠。三時，與王偉、萬冰志同到柴油機廠參觀，晤方廠長、謝秘書。楊定一來談。送定一至江西醫院，并晤胡憲章、安鳳石二醫。與萬冰志談。

洗浴。到陽明路散步。到賓館花園望月。看王拾遺著《白居易》。服藥二次，十一時半眠，翌晨六時半醒。

日日盼雨，日日有雲，然而竟不雨，悶熱至極。

本定今日到井岡山，廣東軍區副司令梁興楚堅勸休息，王偉從之，只得過國慶節再行矣。

一枝自來水筆，已用多年，今日發靜秋信時尚在，夜中摸口袋則失去矣。蓋換一褲子，口袋較小，易脫出也。然非天熱，則穿制服，放在口袋裏就決不會掉了。

九月三十號星期五（八月初十）

續看王拾遺《白居易》粗畢。讀毛主席《實踐論》。寫胡華、起潛叔信。

眠一小時許。讀毛主席《矛盾論》半篇。補看《白居易》。寫童丕繩、張又曾信。

在門口散步。到百貨公司買物。服藥兩次，十時半眠，翌晨五時醒。

下午起風，晚甚狂，然猶流汗。

昨聞楊定一言，陸培基在廬山病，由護士送至上海醫院，入院不久即死，生命無常，爲之詫嘆。因去函告胡華，以其常同散步也。

一九六〇年十月

十月一號星期六（八月十一）

參加江西省南昌市各屆人民慶祝建國十一周年會，觀游行，自七時半至九時廿分，遇潘震亞、歐陽武、楊尚奎等。寫静秋、自珍信。萬冰志來。

到瞿獨伊處談。眠一小時許。看王拾遺《白居易》畢。記筆記三則。

赴宴。潘震亞來，同到後院觀舞。服藥兩次，十一時半眠，翌晨六時半醒。

昨日一夜狂風將暑氣吹走，今日在觀禮臺上雖穿衣三襲，尚覺微寒。今日竟日大風，困不得出，猶之大熱也。

本定明日赴井岡山，今晚得賓館通知，延遲一日，想因假期，給司機以休息也。

今晚同席：宋劭文　朱旦華　瞿獨伊（以上客）　陳鐵民　闕由熹　李文陳處長（以上主）

十月二號星期日（八月十二）

潘震亞來，同車出，游萬壽宮，到南昌劇院，聽各劇名角清唱。十二時到潘宅飯。

眠一小時。洗浴。看《明清筆記談叢》略訖。

到勝利路及八一橋散步。服藥兩次，十時半眠。翌晨二時半醒。又眠，六時半醒。

今午同席：予（客）　潘震亞及其孫定國、定民（主）

萬壽宮祀許遜，雕刻極精，聞此宮焚于民國初年，重修時集雕工二百人，從事三年乃成，門窗楹屏無所不雕。此亦人民藝術也。

十月三號星期一（八月十三）

七時一刻，與王偉、王佑論、王晉、瞿獨伊、梁美瓏同行，九時到清江縣，小憩。十一時廿分到吉水縣朱山橋，渡贛江。十二時三刻到吉安市，入專署交際處五〇五號室。

一時半飯。交際處長趙師國來。未成眠。三時，游白鷺洲，參觀高中及風月樓等處，登岸，到烈士紀念公園，上古青原臺，五時半回。地委孫光明來。

副處長張筠清伴觀采茶劇《鷄毛飛上天》，十時半散。十一時服藥眠，早四時半醒。又眠，五時半醒。

吉安市昔爲廬陵縣，歐陽修之家鄉，故市中有上、中、下三永叔路。白鷺洲書院建于南宋，文天祥曾讀書于此，其地在江中，而大水時不淹。瀧岡，今爲公社。

王偉同志于一九三〇年參加少先隊，其攻吉安城爲是年陰曆八月十四日，敵人張鐵絲網，紅軍縱火牛隊以突破之，少先隊則遍插紅旗于各山頭，使敵人氣懾。今日登臨，恰好三十周年。

十月四號星期二（八月十四）

八時半，地委彭振興、寧子明設宴相款。九時半上車，十時半到泰和。入飯店小憩。又行，下午一時三十五分到茨坪，宿井岡山管理局交際處二〇九號。與諸同人商定參觀日程。

三時飯。到市街散步、修面。歸，黨委書記左克仁、袁林來談。與交際處長鄭本詔談。寫静秋信。

到電影院看法國片《逃亡者》，自七時半至九時半。服藥兩次，十二時眠，翌晨六時醒。

自南昌至吉安二百十五公里，自吉安至井岡山一百五十九公里，兩共三百七十四公里。

出泰和境即入井岡山，森林遍山，山嶺重叠，難攻易守，固有革命根據地之條件也。井岡山管理局所在地爲茨坪，係一小盆地，今爲農田，新建築皆沿山麓，他日將低田改爲人工湖，高田改爲運動場，即爲一極美麗之市容矣。

龍弟抗戰初期死于泰和，即稿葬于此。今日經此，殊爲悲悼。

十月五號星期三（八月十五　中秋）

與鄭本詔、饒孟輝同出，到大井謁毛主席故居，參觀山區資源綜合利用陳列館。十一時歸，續看《矛盾論》。

眠三刻鐘。看報紙。三時，鄭本詔伴至革命歷史博物館，聽王偉講革命歷史，在紀念册題詞。六時回寓。

應黨委書記、管理局長宴。張琴伴觀寧岡采茶劇，十時半散。服藥，十一時半眠，翌晨五時醒。又眠，七時醒。

大井毛主席故居已被蔣匪軍焚毀，而基礎尚存，又有殘壁一片，今照原狀重建。至朱總司令則僅存遺址。在博物館見毛、朱二公擔米上山之相，爲之起敬。革命成功，其艱苦可知也。

今晚同席：王偉　王佑論　瞿獨伊　梁美瓏　樊月芽　南昌總工會張主席　吉安專區交通運輸局張局長　左克仁　袁林　鄭本詔（以上客）　饒孟輝（以上主）

今晚所觀劇：1. 吹鼓手招親　2. 僧尼會　3. 打花鼓　三短劇頗有姿致，此可見文娛活動之遍地開花。

十月六號星期四（八月十六）

八時半下山，鄭本詔、饒孟輝同行。到桐木嶺，觀哨口。到石獅口，參觀造紙廠，廠長余廣才導。又觀水電站及水庫，廠長閔忠義導。

到嚴家橋共產主義勞動大學飯，晤校長吳文榮、主任晏志仁。一時半，與瞿獨伊、梁美瓏等人握別上車。三時半經泰和，四時半到吉安市。游中永叔路。與王偉訪王佑逵。

到專署交際處。晤張淼清。飯後盛金榮伴觀采茶劇，十時散。洗浴。服藥兩次，十二時眠，翌晨四時醒。又眠，六時半醒。

今晚觀吉安縣采茶劇團演《趙氏孤兒》。程嬰——李舜華（26 歲）　趙武——陳木英（女，17）　趙朔——徐招秀（22）公主——劉麗君（女，22）　屠岸賈——曾文忠（32）　晉靈公——王明聲　趙盾、卜鳳、公孫杵臼，飾者不詳。江西各劇院皆無戲單，以是無法知演員姓名，上列六人，係托交際處詢得者。聞吉安專區采茶劇團，藝術尚高于此，今在外省演出。

十月七號星期五（八月十七）

八時十五分與王偉等握別上車，八時五十分渡贛江。九時至朱仙橋，十時廿分到新淦縣，入飯店小憩。十一時半到清江縣（樟樹鎮），游天街，步至江邊。

二時，返南昌，仍居洪都賓館二一五號。二時半進食。讀《矛盾論》訖。補記日記五天。

看《清一統志》。服藥兩次，十時半眠，上午四時醒。又眠，六時半醒。

王偉弟兄今日回吉安縣南鄉值下，瞿獨伊、梁美瓏留茨坪參觀墾殖場，余獨歸南昌，買明日票赴滬轉蘇。

由吉安至南昌，四百卅華里，由吉安至值下，四十餘華里，而我與王偉均八時半出發，下午二時到，此可見現代文化與古代文化之區別。

景德鎮往返五一四公里，井岡山往返七四八公里。穆王欲使天下皆有其車轍馬迹，予亦具體而微矣。司機樊月芽開車甚穩，使予得安然經歷長途，可喜也。

十月八號星期六（八月十八）

寫靜秋信。到勝利路理髮。補記賬。記筆記五則。

整理行裝。到江西醫院，以時早不能入，到勝利路、中山路、象山路、百花洲散步。復至江西醫院，晤楊定一，并遇萬紹芬、廖少儀、張和生、胡雪江。安鳳石送回。算清賬目，離賓館。楊聯沛送行。游撫河橋。上南站。五時〇九分開車，與盧增昇長談。

貪看月下景色，不服藥，遂徹夜無眠。

聞多人言，《古史辨》第一册有新版，誰爲之耶？何不通知我耶？有人猜想，恐是臺灣方面所爲，然則其目的爲何耶？

買車票，自南昌至上海，軟席臥車達五十元七角五分，予所携錢罄矣，不得已，向楊定一借十元。明日到滬，當向起潛叔更借，及歸蘇則又曾處可取矣。

十月九號星期日（八月十九）

曉到杭州。九時十五分到上海，唐慎儉來接，入上海大厦十一樓十四號室。整理物件。打起潛叔電話。

到起潛叔處，并晤潘景鄭及鳴高叔。到誠安弟處，晤弟婦及平侄。再至起潛叔處，同到泰興路市政協文化俱樂部。

待食一小時許。食訖，誠安來，同至起潛處談。又與誠安到大厦談。服藥兩次，十一時眠，翌晨六時半醒。

今晚同席：予　景鄭（以上客）　起潛叔夫婦（主）

多年不到上海，今來市容整齊，街道清潔，路旁多栽樹木。

誠安正在脫産學習，以其爲資方代理人，故與許多資本家僑。聞丹楓、緯宇均病，以無時間，未得一訪。

全侄在俄文大學肄業，已試教，聞亦病失眠，當以勤學過度之故。平侄在化工學院，明年畢業。

十月十號星期一 （八月二十）

理物。寫静秋、尹達信。十時，華玉熙送至車站，十時三刻開車，十二時五分到蘇州，市政協陳鳴來接，到西美巷招待所，落宿二〇七號。

路遇又曾。游玄妙觀。到家，與又曾夫人談，見行健及行吉。到二嬸母處，并晤蔣媽。到市政協，晤副主席汪旭初、謝孝思，副秘書長吴學新。

專員李芸華等設宴。陳鳴、蔣賚、柴德庚來，與德廧長談。十時半服藥眠，翌晨六時醒。

今晚同席：劉國鈞夫婦及其妻妹　予（以上客）　李芸華（專員）　茅于一（市長）（以上主）

二嬸母年八十，常跌交，與六年前較，老得多矣。

蘇州工廠，經合并後尚有三四百家，足見工業之突飛猛進，以前的閑民均轉化爲工人了，蘇州從封建社會直接進入社會主義社會了，不禁爲我的家鄉歡呼！

上海大厦收房金、車費，一日間花費近二十元，與江西招待所大不同，何全國招待之不一致也？

十月十一號星期二 （八月廿一）

記賬。吴學新來，同到汪旭初家，不晤。到文管會，晤范煙橋、顧公碩、沈勤廬等，觀博物館陳設。到陶叔南家，晤其夫人。歸，與魏統幹、夏福生談。

劉國鈞來。寫静秋信，到人民路寄信。汪旭初來。陳鳴來，同出，到網師園，飲茶。到城東動物園。五時半歸。

步歸家，與又曾夫婦、毓藴姊妹談。十時歸。服藥，上午一時眠，六時醒。

博物館陳列，蘇州史前文物頗不少，知太伯開吳前此間早有文化。網師園去年新修，位置緊湊。動物園爲舊昌善局，殯房全拆。

蘇州親友見余者，均謂余氣色好，不見老，惟較前爲瘦耳。

十月十二號星期三（八月廿二）

吳學新來，同到美術工藝刺綉研究所，由張西湖、丁儀伴觀，晤老藝人金靜芬。游環秀山莊。陳鳴來，同到檀香扇廠，汪傳馥導，晤老藝人龔福琪。到周瘦鵑處，游默園，觀盆景。

到劉國鈞處談。看報。看《矛盾論》。二時三刻，陳鳴來，同到東吳絲織廠，陳錫賓導。到江蘇師範學院，訪柴德賡，談。五時半歸。

謝孝思夫婦來談。訪蔣吟秋，不遇。十時半服藥眠，翌晨六時半醒。

刺綉研究所在余沈壽十八法基礎之上共同研究，已有四十五法，益趨精美。現有工人五百人。檀香扇廠分繪畫、鋸工、造型、燙花、磨工、糊面、煉油等工序，每年出國七八十萬扇。

周瘦鵑之園亦名紫蘭小巢，集奇石異花甚多，盆景各有姿態。

東吳絲織廠雖已有數十年之歷史，而至一九五八年大辦鋼鐵後始發展，今一天所出貨抵得上以前一年，然猶供不應求。

十月十三號星期四（八月廿三）

趙孟輻來。步至家，晤德輝等。訪陸尹甫先生，不遇，留條。到吳大姨處，并晤吳璞良。遇阿虎娘。到又曾家飯。毓琦來。與又曾到舊屋看存物，晤馬詒綬太太，蔡雲笙之女蔡藻來。

馬詒綬來，贈藥。沈勤廬來。與又曾同到東北街嚴家看文通書局書。到獅子林，飲茶。到拙政園，游東園，茗于秫香堂。毓蘊、毓芬、德輝、行吉來，同游全園。乘公共汽車到觀前街，步歸。

疲乏，休息。服藥三次，十時半眠，翌晨六時半醒。

今午同席：予（客）　德輝夫婦　毓芬　毓琦　行健　行吉（同飯）　張又曾夫婦（主）　蘇州供應缺乏，買菜不易，又曾爲我來，特宰一鷄。

我家古物，文管會尚未取完。然我歸居無望，不知將來如何處理也。

拙政園開闢東園，頗曠敞，尚未布置就緒。東、中、西三園合爲一，而疏密不同，無整體性。西園所列榆椿、柏椿等盆景數百，有久至四百餘年者，真大觀也。東園秫香堂，係取自玄妙觀東殿楹桷，可謂匪夷所思。

十月十四號星期五（八月廿四）

寫蘇州市文管會信及沈勤廬信。寫靜秋信。蔣賚來，同到安利化工廠，由文春林導觀有機玻璃。出，到虎丘、西園、留園。十一時半歸，疲極，小眠。

柴德賡、蔣賚來，同到靈岩山，飲茶，參觀佛教文化館及花園，僧永昌導，并晤僧淵明。六時歸。

晤尹延齡。到北局書場，與又曾夫婦同聽書。十時歸，服藥，十一時眠，翌晨六時半醒。

蘇州園林，近來都收拾得乾淨整潔。有機玻璃，惟所欲爲，稱爲"人工琥珀"。現有工人三百七十，五八年所發展也。

今日本欲到樂園公墓掃先塋，而時間局促，竟未能往，悵何如之！

今晚聽書：蘇似蔭、江文蘭：金釵記　嚴雪亭：林則徐　吳子安：隋唐演義

十月十五號星期六（八月廿五）

爲孟韜寫扇及傳略。訪蔣吟秋，不遇。道遇孟韜，同到其家，蔣犀林、徐偉士來。與孟韜夫婦及偉士同到華訓義家飯。

二時半，自華家出。到偉士家小坐。到又曾家。到觀前匯楊定一借款。到車站買票，未得。六時，到又曾家飯。

到吳大姨家。九時歸，看孟韜《拙齋紀年》。十一時服藥眠，翌晨五時醒。

今日同席：黎直凌（廣東人）　趙孟韜夫婦及其長孫是鑫　徐偉士（以上客）　華訓義夫婦（主）　今日私人買菜絕不易，而華家乃備菜十色，真苦心也。

雖已深秋，天氣仍熱，車站往返，汗濕重衫。而購票不得，只得托招待所代辦矣。

十月十六號星期日（八月廿六）

托夏福生代買車票。將孟韜所作《拙齋紀年》看畢，凡八萬言。

到舊吳苑茶社，入老年休息室，與小學、中學諸友茶叙。到國際照相館共攝一影。五時歸。寫楊定一、王鳳池信。

到滄浪亭周圍散步。失眠，服藥三次，十一時後眠，翌晨六時醒。

今日下午聚會者：蔣犀林（原名輝，年七十二）　趙孟韜（善昌，七十一）　徐疇青（恩壽，七十一）　李延甫（玉麒，七十一）　李映夔（鳴奎，七十）　徐偉士（駿烈，六十九）　所未見者：陶蓉初（曾元）　宋康　彭家成　顧欣伯（元）　葉瑄生（正甲）　胡遠香（世楷）　范煙橋（鏞）

今日天轉凉，而予自招待所至北局往返，又出兩身汗，此蓋中醫所謂氣虛也。今日不知何故，竟難成眠。

十月十七號星期一（八月廿七）

讀《矛盾論》。九時乘車出，訪陶叔南、汪旭初、陸尹甫，皆不遇。到家，晤又曾夫人。到玄妙觀舊衣肆，晤耀曾。到文學山房，訪江靜瀾，不遇。到李延甫處，長談。十一時歸。

柴青峰（德賡）來。陳鳴來，同到中街口，觀珠寶廠，廠長劉耀生導。出，觀閶、胥、盤、南門市街。游滄浪亭。四時半歸。寫孟韜信。

到觀前打電報歸家。向招待所算賬。與魏統幹話別。看江西省委所編《人民公社好得很》訖。十一時到柴青峰處移書，青峰送至站。蔣賚、陳鳴亦來送。一時〇五分二二次車來，一夜無眠，拂曉稍朦朧。

今日訪友，或打不開門，或昨未歸家，或到郊外種菜，其勞可知。若延甫、孟韜之因退休得閑，實占極少數也。

滄浪亭除本園外，全歸蘇州醫學院，可園亦包在內，聞狗叫聲特多。滄浪亭之南，則工人文化宮有大片之建築，游泳池、滑冰場俱備。

與招待所算賬，始知此地係名"南園飯社"，未揭牌也。

十月十八號星期二（八月廿八）

在車，看連環圖畫。與葛何林、楊格、朱飛等長談。眠約兩小時。

九時許，車到濟南，送楊格下車。服藥，十時眠，翌晨五時醒。

葛和林爲清華畢業，雖專業電機而亦好歷史，知予名，遂暢談竟日。

昨日買車票，又付招待所飯賬，又曾處所取百元亦垂罄矣，以是不克買些蘇州糖果回家。

陳鳴告予：蘇州在一九五八年前，每年工業產值不足一千萬，今年則達二十億，長至二百倍。又謂蘇州之廠以蘇鋼爲最大，在滸墅關，他日當往一觀。蘇州市僅五十萬人，而有廠三百餘家，以是家家無閑人。

十月十九號星期三（八月廿九）

六時半到京，靜秋到站接。雇三輪車歸。理物。看各處來信。到巷口理髮。回，遇朱育蓮。

遇汪靜之。與尹如瀋到紅星，看《井岡山》電影。到所，以開會，未晤一人。到伯祥處，亦未晤。歸，補記日記及賬目。

到賀昌群處談。訪蕭風，未晤。義安來。十時半服藥眠，翌晨六時半醒。

脫車一小時半。

靜秋欲予思想改造，淚簌簌下。此事予已有決心，必不辜負彼之期望也。

此行共用三百九十二元，所中出二百元。

王修調雲南，任曲藝工作。索介然于國慶前被捕，聞以有小組織反黨故，此罪當不輕。賀次君調至北郊勞動，其夫人送之上車時，始知其歷史問題。

十月二十號星期四（九月初一）

改李址麟《中國文獻上古朝鮮領域的變動》，未畢。陳維輝來。陳景鑾夫婦來。中國書店王哲卿來。

到姚紹華處，未晤，到中華書局晤之。訪陳乃乾，未晤，遇陸高誼。到所，遇胡厚宣夫婦、張德均。到尹達處談，并晤酈家駒。到會計科取款。到隆福寺市場。途遇王大珩，與同到西什庫北大醫院視王姨丈疾，并晤姨母。遇葛志成、彭道真。

洗浴。看《毛澤東文選》四卷文三篇。待諸人浴畢就睡，失眠，約上午二時半眠，服藥四次。五時半醒。

　　藥已盡，服腦力須液劑及復方五味子酊等無大效，予醫療機構改至阜外醫院，路太遠，初歸事忙，不克往，以是致失眠。

　　予就浴，靜秋見之，謂比在北戴河瘦得多矣。究竟爲何而瘦，當質諸醫生。

十月廿一號星期五（九月初二）

　　續改李址麟文，未畢。賀昌群來。陳慧來。中國書店王哲卿來。乃乾來，同到萃華樓飯。

　　到民進，開學習會，研究李維漢《學習毛主席著作，逐步改造世界觀》一文。自二時半至六時。

　　趙健來，問夏史。服藥無效，徹夜無眠。

　　今日同會：楊東蒓　葛志成　林漢達　吳研因　吳文藻　謝冰心　陳兼善　陳慧　許廣平　孫照　顧均正　吳廷邁　趙濟年　張守中

　　陳慧來，約予與文聯同人到八大處之第一處，攻讀《毛選》，此予之所願也。文聯當與研究所接洽。期約半月。

十月廿二號星期六（九月初三）

　　遇聶筱珊。到阜外醫院，遇陳達、錢臨照、呂炯、袁翰青。就劉錦葵女醫師診，再至中醫陳西源診。到第五病房訪徐伯昕，并晤夏康農。

　　中國書店王哲卿來，同理書。看筆記，作題二冊。翻舊筆記。

　　翻舊筆記。十時服重量藥眠，上午三時半醒。又眠，六時半醒。

　　前日僅睡三小時，昨日則徹夜無眠，以此精神甚不好。今日就醫量血壓，爲 165/96，比在廬山時高多矣。

　　中國書店欲得予書，屢次派人來接洽，予亦以現在社會性質改變，私人住房不可能太大，有此大包袱實爲沉重之負擔，故允將集部出脱。然吾父愛文學，集部佳板皆吾父所購，今聽擲諸不可知之地，頗爲傷痛。

十月廿三號星期日（九月初四）

王哲卿及馬君來，理書。寫越特金信。到紅星，看《也門之行》及《中國雜技團在幾内亞》兩片。

整理抗戰前所作筆記，凡八十一册，書其目。整理《旅杭雜記》二册，未畢。到紅星，看《小蓮娜尋父記》。

看曾愷《樂府雅詞》。十時許服藥眠，上午四時醒。又眠，六時半醒。

今日在電影中見也門與幾内亞，使予長進世界知識。明日當復往觀《西伯利亞》一片。聞中國雜技團往幾内亞極受歡迎，群稱之爲魔術。

十月廿四號星期一（九月初五）

到阜外醫院抽血，驗小便。遇趙萬里。整理《旅杭雜記》訖。王哲卿來。校《湯山小記》第十册，略訖。頤萱嫂來，留宿。

修面。看聖陶《篋存集》。到紅星看《新西伯利亞》片，復看《幾内亞》片。歸，静秋勸復往看《萬水千山》片。

看連環畫《萬水千山》。服藥兩次，十一時眠，翌晨三時醒。又眠，六時半醒。

售書二百廿七種，作價八百廿元，比售進之價差得多了。予急欲減輕包袱，遂爾成議。祝這些書能得其所，供學人之參考，則予雖不得見，亦無恨也。

西伯利亞昔爲荒蕪之區，今則建設工廠及城市甚多，成爲樂園。

《萬水千山》昔曾見話劇，今實地攝影，益見瀘定橋與臘子口之險，而紅軍之英勇給人以更深之印象。

十月廿五號星期二 （九月初六）

將李址麟文第二節閱畢。記筆記一則。得陳慧電話，即至文聯談明日出發事，并晤姜志潔、馮宜英。歸，寫請假信。到所，晤侯外廬、熊德基、祝瑞開、蕭風、高全璞、張德鈞。

到阜外醫院，就趙宗彥大夫診。遇焦實齋。高啓秀來。記筆記五條。義安來。

到陳景鑾處送稿。看連環畫《隱身帽》。服藥兩次，十二時眠，翌晨六時半醒。

今日血壓爲 150/90，較平。

醫亦勸我戒藥，然服少且不得眠，不服即徹夜無眠，何得戒耶？

外廬謂予："我們編的《中國通史》請你看看。"此言也，尹達所不肯出口者也，然彼所以如此不願我插手所務，實亦由我敢于在政協、民進及科學院反映其缺點，敢與彼撕破面子。將來，必當與之團結，以符社會主義建設之原則。

十月廿六號星期三 （九月初七）

理物。八時半到文聯，會學習同人，聽陽翰笙講話。十時十分上汽車，十時五十五分到八大處長安寺。飯後陽翰笙、陳慧別去。

未成眠。看《浪口村隨筆》兩册，未畢。馮宜英來，取糧票。四時出散步，至靈光寺，遇曹靖華、查夷平、吳作人、汝龍，同登塔臺。五時半歸。

到查夷平處談。鈔學習計劃。服藥兩次，十二時眠，翌晨七時醒。

同學習者：查夷平　曹靖華　汝龍　吳作人　張雷　吳鏡汀

芳信　馮宜英　蔡若虹　王朝聞　力群　所住長安寺爲中國文聯西山文藝之家。

八大處，尚是一九二四年到過，至今三十六年矣。靈光寺佛牙塔爲去年新築，甚高偉，牙曾爲緬甸取去瞻仰，故此塔有國際意義。

十月廿七號星期四（九月初八）

讀《毛澤東選集》第四卷文六篇。馮宜英伴至部隊門診部打針。

眠一小時許。續讀《毛選》文四篇。上街買物。到靈光寺散步。看魚池及端方歸來庵，下山遇查夷平等，同回。管理員黃勤東來。寫靜秋信。

看舊筆記，定去取。九時服藥眠，翌晨四時醒。又眠，六時醒。

今日竟得午眠，打丙酸睪丸素及維他命 B_{12} 藥針之效也。

本組學習計劃：自十月廿六日至十一月一日——自讀《毛選》第四卷。自十一月二日至八日——上午學，下午討論。

十月廿八號星期五（九月初九）

到汝龍處談。馮宜英來。續讀《毛選》第四卷十篇。與查夷平同到衛生所，就李廷文打針。回寺，與王雪明談。與芳信、汝龍談。

未成眠。上街理髮。到靈光寺、三山庵、大悲寺、龍王堂、香界寺、寶珠洞，五時下山，至靈光寺憩息。吳作人、芳信來，同歸。與芳信同到蔡若虹處談。

到吳鏡汀處談。看舊筆記。九時半服藥眠，翌晨五時醒。

今日重陽，適山居，便奮勇上山，道途滑，不顧也。至香界寺，已大喘，襯衣盡濕，猶直上。自寶珠洞下山，極難走，幾躓者屢矣。予以望七之年，猶有此興致，殊自喜。

八大處惟靈光寺與香界寺規模較弘，餘均小廟耳。有水者，靈光寺一池，龍王堂一泉。八大處爲太監所造者多，彼輩無子女，而錢甚多，造寺後即以爲養老之所。亦有妃子造者，太監所慫恿也。惟香界寺爲敕建，有乾隆行宮，今爲北京市教工休養所。

一九二四年，與緝熙等到大悲寺，在竹林前攝影。今我再至，同游人已散盡，徘徊其間，不勝感嘆。

十月廿九號星期六（九月初十）

鈔《毛澤東選集》卷一至卷四目錄。到衛生所，由馮文秀打針。讀《毛選》三篇。

眠一小時。到靈光寺服務部飲茶，讀《毛選》十篇。步至三山庵。歸，又讀《毛選》兩篇。

到芳信處談。看舊筆記。失眠，服藥三次，上午一時後眠，七時半醒。

三山庵，以庵在翠微、平坡、盧師三山之間而得名。

讀《毛選》第四卷，三日來已竟三分之二，但此是極粗略的讀，正如牛吃草，必反芻然後可以消化也。

十月三十號星期日（九月十一）

到秘魔崖（證果寺）眺望。讀《毛選》九篇。與曹靖華、吳作人、王朝聞談話。

眠一小時。讀《毛選》四篇。與曹靖華、吳作人、吳鏡汀、汝龍、芳信同游秘魔崖。歸，又讀《毛選》四篇。

晤劉開渠。看舊筆記。失眠，服藥兩次，十二時後眠，七時半醒。

昨日上午打針，下午得眠，而晚間竟不成眠，服藥六種者，則以欲趕快讀畢《毛選》，遂致精神緊張也。此後應視爲大戒，慢慢地做。毛主席勸人勿性急，正合治予病。

秘魔崖（明成化初太監劉恒重修）在盧師山，相傳唐代有僧名盧，卓錫于此，山以此得名。其後值旱，僧人以供養之大小二青蛇禱天得雨，故二青封王。寺有祁寯藻、程恩澤書二碑，明姚夔二碑。長安寺有碑，龔鼎孳撰文，嚴繩孫書。

十月卅一號星期一（九月十二）

開會，討論學習方法。讀《毛選》六篇。到衛生所打針。到雜貨店買物。

眠一小時。與汝龍同到三、四、五、六、七處，在五、六處小坐。六時許歸。

到公路步月。失眠，服藥兩次，十二時眠，翌晨七時醒。

爲了上海人民出版社要求出版我的筆記，爲了選取筆記付鈔，不得不將舊日筆記看一遍，大約因爲晚上看書，連日睡眠極難，真是苦事。今晚當試停閱。

今日同會：張雷　蔡若虹　王朝聞　查阜西　曹靖華　劉開渠　汝龍　吳作人　芳信　吳鏡汀　馮宜英

今日走路可謂多矣，而仍不能睡，何也？

聖陶壽孟輯七十壽詩云：

夏侯橋畔情如昨，屈指于茲半紀餘。早歲同經封建日，全民今寫大同書。喜聞腰脚老彌健，偶陟岩巒尚自如。擊劍英姿良足慕，題詩遠道寄姑胥。

寫得非常自然，足爲我輩小學同學之紀念。

一九六〇年十一月

十一月一號星期二（九月十三）

八時半離寺，八時五十分上公共汽車，九時五十分到阜外醫院，以就醫人多，上午不克診。在醫院遇張伯英、賈芝、彭鏡秋、曹靖華、焦實齋。到西郊商場飯，飲茶。

再到阜外醫院，就劉錦葵大夫診。遇金芝軒夫婦。歸取藥，晤頤萱嫂、尹如潛。知湲兒發燒。即出，乘五時車返寺。遇金荷清。

與查阜西等談。看舊筆記。九時，服多量藥眠，上午二時醒。又眠，七時半醒。

量血壓，爲 150/80，增服 Misturae Selativae。張伯英見予，詫曰："何瘦也?" 可見予確較前爲瘦，但不知其原因何在。上月檢小便，甚正常。

今日上午既不及就診，因擬到莫斯科餐廳吃飯，至則見牌上寫五元、八元兩種，訝其貴，欲退出，既而思西郊商場排隊人多，姑吃一頓奢侈飯吧，開門入，則侍者云"已賣完了"。時正十二時一刻也，轉至西郊商場，有飯店三，一大店，一清真，一廣東，無不排隊，且只許一人一菜，予于大店食饅頭一，粥一，白菜一，價只一角七分，糧票三兩。五元何其貴，一角七何其賤?

十一月二號星期三（九月十四）

開會，聽蔡若虹傳達讀《毛選》方法之報告，自八時三刻至十時半。到衛生所打針。

未成眠。讀《毛選》十篇，第四卷訖。上街修面。寫靜秋信。聽王朝聞讀報。

步月，至亞洲學生療養院，往返兩小時。看舊筆記。服藥及點心，于十一時半眠，翌晨七時半醒。

今日同會：本組同人，文聯在此勞動同人，共約三十人。

邇來予雖晚間難于入眠，而醒則甚遲，常須七時半，趕緊漱洗，已搖鈴進早餐矣，何也?

十一月三號星期四（九月十五）

聽查阜西及張雷讀報。打家中電話。重看《毛選》四卷，鈔"放手發動群衆"資料。

與汝龍談。繼續摘鈔《毛選》。與查夷平到秘魔崖，遇夏更起，參觀"作協"屋。

與芳信、汝龍到公路散步望月。看舊筆記。服藥兩次，十一時後眠，翌晨七時半醒。

　　湲兒病未痊，熱度忽高忽低，醫亦未能斷定是何病，云或是流感。

十一月四號星期五（九月十六）

續鈔《毛選》。馮宜英來，送《紅旗》。看《紅旗》雜志編輯部所作之《中國人民革命勝利經驗的基本總結》。到衛生所打針，無人而歸。買文具。晤董森。

眠一小時。開會，討論"關于第二次世界大戰以後國際形勢的分析"，自三時至六時。

與芳信、汝龍到公路散步。看舊筆記。服藥兩次，約十一時半眠，翌晨七時半醒。

　　今日同會：王朝聞　劉開渠（主要發言人）　查阜西　蔡若虹　張雷　吳作人　芳信　曹靖華　汝龍　馮宜英　自今日起，討論《毛選》八個專題一星期。

　　予分得"群衆運動"一題，因分析爲下列小題：1. 群衆的對象是什麼？　2. 民主陣營中參加的群衆愈多，如何打倒反動派？　3. 如何組織群衆？　4. 如何爭取國民黨區域内的群衆？5. 統一戰綫内部有什麼矛盾？　6. 如何改造不覺悟的群衆？7. 中國解放運動勝利後，如何組織全世界人民的統一戰綫？8. 蔣匪幫如何不認識統一戰綫？

十一月五號星期六（九月十七）

開會，繼續討論昨日論題，自九時至十二時。汝龍來。

鈔鄧力群等《辯證法是革命的代數學》未畢。開會，討論"關于粉碎舊的國家機器，消滅反革命武裝力量"，自三時半至六時。

與汝龍同出散步，看露天電影《三八綫上》。服藥兩次，十二時後眠，翌晨七時醒，八時起。

今日主要發言人：查阜西

十一月六號星期日（九月十八）

到衛生所。欲打針，以無人退出。開會，討論"關於反動派的本性，或用革命的兩手對付反革命的兩手"，自十時至十二時半。

靜秋携堪兒來，到靈光寺飯，并游三山庵，三時半送渠等上車。準備明日發言。到汝龍處。

與汝龍到公路散步，逾杏石口。服藥兩次，十二時眠，翌晨七時半醒。

今日主要發言人：汝龍　芳信

靜秋來，知湲兒所患疾係猩紅熱，特輕性耳。醫言須靜養三星期方可出門，家中不便隔離，而此病有傳染性，不知其姊弟能不受染否。

靜秋見予，説胖了些。

今日游八大處人不少，靈光寺飯店予等往時已八十五號，想見必在百號以上。每人限定饅頭一個，飯一碗，計二角五分。菜則只有炒白菜一碟，白菜湯一碗，價一角耳。

十一月七號星期一（九月十九）

開會，討論"關於放手發動群眾，團結百分之九十以上的人，打倒反動派"，自九時至十二時廿分。

　　到郭家理髮館理髮。到衛生所打針。與汝龍同上翠微山，至肺病療養院而止。下山，游賢良寺法安墓并至他墓四所。六時歸。

　　劉開渠來。九時上床，至十一時不得眠，服藥兩次，約十二時後眠，翌晨八時醒。

　　今日主要發言人：予　曹靖華

　　八大處凡三山，翠微山下有長安寺，翠微、平坡二山間有靈光寺及三山庵。平坡山上有大悲寺、龍王堂、香界寺、寶珠洞。盧師山上有秘魔崖。翠微山上僅有私人房屋及肺病療養院，無可游者，且不能至山頂。山下則松柏縈鬱，皆富人墓也。

　　理髮師謂他人當予年，臉上已有皺紋，不易刮，予尚不然，誇予遲衰。

十一月八號星期二（九月二十）

　　開會，討論"關于以劣勢兵力戰勝優勢敵人"，自九時至十一時三刻。

　　乘一時車進城，到阜外醫院向劉錦葵大夫取藥，遇張知行、劉定五。三時，至動物園站待車，看《辯證法是革命的代數學》一文。四時五十分車始來。五時四十分至亞洲學生療養院站便不前。與一駱姓老者同行小路歸。到汝龍處談。

　　看舊筆記。十時服藥眠，上午一時半醒。耿耿到曉，稍一朦朧。

　　今日主要發言人：王朝聞　劉開渠

　　近日各機關人員皆至鄉間勞動，而四十七路車太少，以人多故脫車至二小時許。站臺上站至百餘人，加開一車僅至亞洲學生療養院而止，幸我健步，否則苦矣。

　　今日向醫院取水合氯醛合劑，劇性之安眠藥也。久不服矣，服之期得一宵安眠，孰意此間今日開始生爐，而予室之爐爲晚間所生，上午一、二時間正其火力最旺之時，予遂不得眠矣。起而開門，又嫌冷。輾轉終宵，豈不冤乎！

十一月九號星期三（九月廿一）

到衛生所打針，交費。出，遇王朝聞等，同歸。開會，討論"關于黨的建設"，自十時至十二時半。

未成眠。二時，與汝龍同到靈光寺飲茶，看《毛選》四卷。四時許出，遇王朝聞、劉開渠。再上街，買練習簿。

與汝龍同到解放軍區，觀雜技團，自七時至九時。服藥兩次，十一時眠，翌晨七時許醒。

今晨大便，有脫肛之象，殊非佳事。

今日主要發言人：張雷

解放軍在八大處者數千人，每星期三、六均于露天廣場有文娛活動，居民亦能看。今夜之雜技團，即軍中自己培養者也。

以爲多日失眠所苦，今晚服 Seconal 0.2 無效，又服 Amital 0.2，乃眠。如此大量服藥，總會有一天中毒，歸後當漸以中藥代之。

十一月十號星期四（九月廿二）

馮宜英來。開會，討論"關于將革命進行到底、或民主革命向社會主義革命的轉變"，自九時半至十二時半。

理裝。擬發言節目。開會，各述自己讀書心得，自下午二時至六時。理物。

飯後寫大字報表揚服務員。七時上汽車，八時抵家。理物。看信。服藥兩次，十二時後眠，翌晨八時醒。

今日主要發言人：吳作人　蔡若虹

十一月十一號星期五（九月廿三）

理物。整理《滬樓日劄》付鈔，未畢。陶才百來，未見。

未成眠。到東單理髮館修面。到東安市場購筆。到王府大街清華園洗浴。看前所記周總理講演筆記。六時歸。

聽靜秋念鄧拓論農業文。服藥，十一時半眠，翌晨七時醒。

在翠微山十六日，不覺得累，一歸來就覺得疲乏不堪，幾乎連眼睛也張不開了。

十一月十二號星期六 （九月廿四）

到阜外醫院，就陳西源中醫診，待取藥，看《人民日報》、《紅旗雜志》社論各一篇。十一時歸。陶才百來。

整理《滬樓日劄》訖，整理《逍遙堂摭錄》未訖。李蔭棠來。

看孫璧文《新義錄》。爲堪兒講《水滸》第一回。服藥兩次，十一時半眠，翌晨七時醒。

陳醫謂予之病由于腦力過度疲勞所致。

予解放後所作筆記有標點，有題目，取出即可鈔。而解放前未能有此，不能即付鈔，而索者麕至，故不能不趕理。

十一月十三號星期日 （九月廿五）

與洪、堪兩兒到歷史博物館參觀，自九時半至十二時半，匆忙瀏覽一遍。

到紅十字會大禮堂，參加本屆基層選舉會議，自一時半至四時半。朱葆初來，贈物，未遇。作《逍遙堂摭錄》目次。

續聽靜秋讀農業文。看《新義錄》。服藥兩次，十二時後眠，翌晨七時醒。

今日同會：蕭風　王文娟　夏志和　賀昌群　張政烺　曾素蓮等百餘人

今晨大便與九日同，有脫肛之象，因不敢用力，憋在肚裏一天，好不難過。近日小便説尿即尿，常遺溺褲中，與張廣仲姑丈晚年所犯疾同。大限將至，無可如何，順天而已！

十一月十四號星期一 （九月廿六）

寫李蔭棠信。静秋以肥皂爲予下大便。到文聯總務科，將糧票、油票交鄒啓。到所，與尹達、侯外廬談。到東單買藥。

整理《純熙堂筆記》，未訖。到伯祥處談一小時許。出，遇張知行。

到東安市場，聽曲藝一小時半。服藥兩次，約十二時眠，在半睡眠狀態中至早七時醒。

大便用肥皂塞進肛門，居然滑下來了，得一鬆快。因購服麻仁丸，以期不再如此漲塞。

十一月十五號星期二 （九月廿七）

整理《融一齋筆記》及《純熙堂筆記》訖。金大夫來，視湲兒疾。

到新華書店購書。到美術協會看北大荒圖畫展覽會。到陳景鑾處送鈔稿。

謝友蘭來送報。爲堪兒講《水滸》。服藥三次，上午一時後眠，六時半醒。

失眠之疾愈來愈劇，每夜如過關，想盡種種方略，吃盡中西藥，均無效，予此生其已矣乎？

十一月十六號星期三 （九月廿八）

整理《浪口村隨筆》等五冊。劉開渠介紹熊壽農來。歷史研究編輯室盧善焕來。

作筆記五冊目次，未訖。陶才百來。姜義安來，留飯。

到南小街理髮。十時半服藥眠，翌晨六時醒。

今晚得一佳眠，蓋晚間出外散步，眠前又吃桂圓數枚，與静秋睡後話家常，便自然入睡，一宵未醒也。

囑熊壽農君爲予校筆記鈔稿。渠方四十，精力充實，當不致如施嘯岑之不易負擔耳。

歷史所催予送《尚書》譯稿甚急，予允于月内送《大誥》一篇去。

十一月十七號星期四（九月廿九）

到阜外醫院，就劉錦葵大夫診。十時歸，路遇馮賓符。將《駱園筆記》整理訖，即寫華訓義信付寄。助静秋買柿。

與静秋同到政協，予先至文史資料會，晤張述孔，談。到第二會議室，聽邵宗漢報告"訪問南美的印象"。五時，予先還。

到文聯，以禮堂正在開會，訪芳信，并晤其夫人陳方。與芳信同到文聯看電影。十時畢。十一時服藥眠，上午三時醒。又眠，六時醒。

今日量血壓，爲150/70，上字仍舊，下字則甚低。

今年柿子豐收，然購柿者猶排長隊，此售物處集中之故也。

今日會中所晤人：張明養　王紹鏊　朱藴山　章元善　王伯祥　邵力子夫婦　梁漱溟　李俊龍　章乃器　鄧初民　吳大琨　李一平　李培基　覃異之　梁純夫　浦熙修　李蒸

今晚所看電影：1. 黑山阻擊戰　2. 北平入城式　3. 東北三年解放戰争　此係配合《毛選》四卷之學習者。

十一月十八號星期五（九月三十）

整理《郊居雜記》第一册竟，第二册未竟。李址麟偕蒙古女生罕德蘇倫來，長談，留飯。同照相。

到阜外醫院就中醫陳西源診，遇秦德君、劉定五、陳育麟。訪徐伯昕于病室，并晤徐永瑛。出，乘十五路車到達官營，訪汝萬青、汝龍父子。

到文聯看電影，遇吳作人、蔡若虹。九時半歸。洗浴。十一時半服藥眠。翌晨五時醒。良久又眠，七時醒。

今晚所看電影：1. 淮海戰役　2. 紅旗漫卷西風（解放西北）　3. 百萬雄師下江南

十一月十九號星期六（十月初一）

校《郊居雜記》第二册訖。校德靜娃所鈔《虬江市隱雜記》第二册訖。陳景鑾來。

校《法華讀書記》第四册鈔件，訖。義安來，留宿。德靜娃來，取鈔件。

又安來，留宿。到文聯看電影，遇汪靜之，同歸。十一時服藥眠，翌晨六時半醒。

今晚所觀電影：1. 太原解放　2. 大西南凱歌　3. 戰鬥中成長　三夜凡看解放戰爭電影九本，于解放全國事略知矣，中華人民共和國之誕生真不易也！革命烈士永垂不朽！

十一月二十號星期日（十月初二）

與又安談。到南河沿文化俱樂部，參加民進小組學習，開始討論《毛選》四卷。靜秋偕洪、湲兩兒來，同飯。遇陳達夫婦、王家楨夫婦、陳麟瑞、劉清揚、史公載。

一時半，回家，校洪家蓮所鈔《法華讀書記》第一册。到王姨丈家，與姨丈母談，并晤大琪、楊冬麟夫婦、大玫，留飯。

爲堪兒講《水滸》。又安來談。十時半服藥眠，上午一時醒。又眠，五時醒。

今日同會：張明養　楊東蓴　張志公　徐楚波　董守義　王

歷耕　左克明　謝冰心　吳文藻　謝瑩　酈平樟　嚴幼芝　傅彬
然　吳廷勘　趙濟年

　　湲兒初愈，静秋要她吃一頓好飯，于上午十時半携至文化俱
樂部，則已在排隊，輪至静秋時無菜但有湯矣。不得已四人吃蕃
茄口蘑湯五碟，以咽麵包，然因此食麵包多，四人花至一斤二兩
糧票，本月中少却一天糧矣。供應緊張，即此可知。

十一月廿一號星期一（十月初三）

　　寫朱育蓮信。寫辛樹幟信，托義安帶。送義安行。與静秋到高
士其處送行。鈔《大誥》，依吳闓生《尚書大義》説譯《大誥》。
頤萱嫂來。

　　到中山公園西廊，與章元善、王伯祥、王碩輔姨丈談蘇州五十
餘年前之新教育。四時半出，到南小街"銀城"修面。

　　點孫星衍《尚書疏・大誥》篇，未畢。爲堪兒講《水滸》。服
藥兩次，十一時後眠，上午五時醒。又眠，七時醒。

　　自本星期一始，每逢星期與幾位蘇州老同鄉在公園茶叙一
次，交換知識，鬆懈神經。

　　今日起譯《大誥》。爲了精神集中，胸間又現不適狀態，本
來睡眠較好，今晚又不行了，我真不能作有系統的工作了，如之
奈何！

十一月廿二號星期二（十月初四）

　　點宋、元、清人對于《大誥》之解釋，未畢。

　　寫施嘯岑信。爲堪兒講《水滸》。

　　到東安市場聽曲藝。十時半服藥眠，上午二時醒。又眠，五
時醒。

　　今夜下雪，予踏雪而歸。

今日溾兒復學，請假三星期矣。

十一月廿三號星期三（十月初五）

續讀《大誥》諸家解釋，仍未畢。記筆記一則。

點孫詒讓《尚書駢枝》。整理鈔就之筆記之兩冊，爲之分帙。

到政協禮堂，與静秋同看"越調"劇，十一時半歸，十二時服藥眠，翌晨六時醒。

今日所觀"河南省許昌專區越調劇團"演出：一、三哭殿：唐太宗（李明玉）　詹妃（何蘭英）　銀瓶公主（郭寶俠）　秦英（鄭書成）　長孫后（劉秀蓉）　二、掉印：韓翠萍（毛愛蓮）　王子龍（黃梅蘭）　韓孝忠（梁金）　韓夫人（劉秀蓉）　秋菊（侯寶蓮）臘梅（丁玉花）

所遇人：馬寅初　楊一波　許廣平　章乃器　載濤　吳研因余之介　謝家榮

十一月廿四號星期四（十月初六）

將《大誥》諸家解釋讀畢。中國書店裴孝先來。

重寫《大誥》譯文兩次，粗訖。爲堪兒講《水滸》。

到市場聽曲藝。歸，聽静秋讀報。十一時眠，上午三時醒。良久又朦朧，五時醒。

以數晚眠較好，今晚試不服西醫安眠藥，效果仍不好。

連日精神太集中，伏案太久，胸間覺悶又覺空。

静秋左邊小腹作痛，不知有病否？當催其就醫。

十一月廿五號星期五（十月初七）

斟酌昨譯稿。到政協禮堂，寫自珍、趙孟韶信。在俱樂部進午餐，遇載濤、閻寶航。理髮，遇梁漱溟、趙君邁。

到阜外醫院，晤劉錦葵，爲立方。借其診室寫于鶴年、起潛叔信。遇江澤涵。就陳西源診。到病房，訪徐伯昕、徐永瑛等。分叠筆記鈔稿一册。

聽靜秋讀報。服藥兩次，十二時眠，四時醒。又眠，六時醒。

今日大風從西來，將前日所下之雪捲在風裹，撲面作痛。予在阜外醫院門口幾乎吹倒，扶樹而行，足爲之軟。

政協禮堂俱樂部前月改變辦法，只許委員本身用飯，因此餐室頓清，今日至者十餘人耳。

十一月廿六號星期六 （十月初八）

寫上海人民出版社、李延甫、鄭本韶信。將《大誥》寫一標點本，再改前日所譯。看《參考消息》。

到南河沿郵局寄信。到政協俱樂部，參加民進生活小組談話，自二時半至五時。步歸。

看《文史資料》。十時服藥眠，上午四時醒，待旦。

今晨氣溫零下十二度。

今日同會：葛志成　王紹鏊　梁純夫　陳慧　徐楚波　董守義　王伯祥　吳研因　陳選善　林漢達　余之介

靜秋告予，渠見祝瑞開，他問道：“顧先生不覺得寂寞嗎？”祝爲歷史所之黨員，渠説此語，可見尹達之欲予孤立實爲千真萬確之事實，故前外廬要我看《中國通史》稿，現在也不提了。我自江西之行後，已知熱愛黨，尹達雖和我作對，我決不替他作對，我想，英明的黨是不會讓他胡幹的，只要我確有成績，黨是不會把我壓倒的。我信黨！我果能好好兒學習，黨會信我，不信尹達的。

十一月廿七號星期日 （十月初九）

到文化俱樂部，晤楊東蓴。參加民進學習《毛選》四卷，予發言後先出。到萃華樓、康樂餐室尋家中人，未晤，歸飯。

寫熊壽農信。校《法華讀書記》第五冊，訖。與靜秋偕堪兒到文化俱樂部聽唱昆曲。潮、洪、湲來，同飯。步歸。晤章元善、俞平伯、鄧哲熙。

看西藏故事《青蛙騎手》。十時半服藥眠，上午四時醒，稍朦朧。

今日同會：張明養　徐楚波　吳文藻　謝冰心　傅彬然　董守義　謝瑩　王歷耕　左克明　嚴幼芝　酈平樟　吳廷勘　張蘭玉

東蓴要我一星期學習兩次，允之。

家中買不到菜，糧票亦不足，本決定到高級飯館吃一次，以其不用糧票也。然萃華樓五人之菜二十二元，森隆則四十餘元，故只得到俱樂部吃晚飯，付糧票一斤，靜秋餓了肚皮回家。

十一月廿八號星期一（十月初十）

校《法華讀書記》第廿一冊，訖。整理《郊居雜記》第十一冊，未訖。爲孟鞱寫七十壽詩。理物。陶才百來。

到王姨丈處，并晤姨母、大玫。與姨丈同出，到北海雙虹榭，與伯祥、平伯、元善茶叙，四時出。遇陶才百。

李蔭棠來。看《新義錄》。十時半服藥眠，十二時醒。又眠，六時醒。

校自己筆記一冊，甚快，然亦須二小時半。上海人民出版社來信催索，故必須從速鈔訖。

李蔭棠來，要我給他一點工作，因以擬編之“大小戴記類編”事與之，不知其能成功否？

今日下午四時半經萃華樓，則門未闢而排隊者已多。聞伯祥

言，要上午吃飯者非七時去排隊不可。其所以然之故，静秋謂不
要糧票，一也；菜之量多，可以携歸，再吃一天，二也。至于價
格之高，則不計矣。

十一月廿九號星期二（十月十一）

整理《郊居雜記》第十一册訖。作《大誥》之校勘記及集解，
寫六千餘字。

記筆記一則。

爲堪兒講《水滸》。熊壽農來。十一時服藥眠，翌晨四時醒。
又眠，六時半醒。

今日尹受到東郊中阿人民友好公社買鷄，上午九時出，至下
午不歸，大家疑心出了問題。及六時許歸，方得寧貼。蓋城鄉交
通，客多車少，常待至數小時始得上車也。

近日睡眠較好，精神較振，今日上下午工作八小時，寫得六
千字，自喜尚堪一試。然得全篇四之一耳。

熊壽農年四十，精力强壯，謂校予筆記鈔件兩日可竟一册，
聞之快甚。

十一月三十號星期三（十月十二）

復看文聯學習時之筆記，未畢。裴孝先來。記筆記二則。

到文化俱樂部，理髮。參加民進學習《毛選》中《集中優勢
兵力……》一文，自二時半至五時半。

在俱樂部飯。看電影。十時歸。失眠，服藥兩次，十二時後
眠，翌晨六時半醒。

今日同會：趙樸初　楊東蓴　許廣平　王紹鏊　林漢達　顧
均正　孫照　李紫東　陳選善　徐楚波　葛志成　吳研因　吳廷
勷　王嘉璿　李念武　趙濟年

今日所遇人：錢昌照夫婦　唐蘭　王紹鏊夫人　邵力子夫婦
馬毅　龍文娛　章乃器　陸志韋　楊鍾健　劉定五　鄒秉文夫婦
陳光垚　陳文彬　杜任之　俞平伯

今晚所觀電影：1. 無人車間（石油廠）　2. 千方百計求增
產　3. 各界援助農業　4. 北京工農新聞　5. 房山縣公社辦企
業　6. 三八飯店（機械化食堂）

舒新城于本月二十八日在上海逝世，年六十八。

王獻唐于本月十六日在濟南逝世，年六十四。

[**原件**]（二張）北京市糧食局糧票

壹市兩　1960. 11　當月有效

凭票買糧

此二兩糧票，本月忘未用去，便成廢物。以此，每到月底，
必須檢點。

一九六〇年十二月

十二月一號星期四（十月十三）

終日作《大誥》之校勘與集釋，約寫三千餘言。

爲堪兒講《水滸》。

看《辭通》序跋。看《文史資料》。洗浴。十二時服藥眠，一
時醒。又眠，六時醒。又眠，八時醒。

又以《四庫珍本初集》千餘册售與中國書店，價五百元。

邇來各機關堅決執行"勞逸結合"辦法，減少開會，保證
休息。

十二月二號星期五（十月十四）

蕭項平、張北辰來。續昨寫三千餘字，仍未畢。

到平伯處，并晤其夫人許寶馴，外孫女韋梅，客周銓庵。爲堪兒講《水滸》。

整理孫璧文《新義錄》。十時服藥眠，十二時醒。又眠，五時半醒。

　　蕭、張兩君來，謂尹受任中華臨時工作，幫助我寫《尚書》，本無問題，惟近以糧票關係，西四派出所中知其非正式工人，而年又不大，勞動力強，當此大辦糧食之際，渠既不勞動，又不學習，不但國家吃虧，并彼自己亦吃虧，故與中華商定至本月底爲止，此後工作歸派出所作主。至予應有鈔書人，仍由中華派人來作。

十二月三號星期六 （十月十五）

到阜外醫院，就陳西源大夫診。遇周鯁生、呂叔湘、吳大琨母子。到崇文門買乘車月票。歸，成般若來。

草《大誥》校記、集釋略訖，重鈔標點本。到東安市場，爲靜秋買藥。發施嘯岑電。

到市場聽相聲、閱書。歸，看康駢《劇談錄》。十一時半服藥眠，三時醒。又眠，六時醒。

　　予近以服中藥頗見效，每日得眠六時至八時，惟多夢耳。然臨睡前仍不敢不服西藥，則以《尚書》工作壓在身上，懼以失眠故妨礙工作耳。俟《大誥》作訖，當試停西藥，倘能撤去，則大樂矣。

　　今日下午趕作工作太急，胸膈間作痛不止，故不得不出去散步。

十二月四號星期日 （十月十六）

　　與静秋同到遂安伯胡同電車公司，投東城區外交部街北段選民票。遇顧其行夫婦、謝友蘭夫婦、章雪村夫婦。予先歸，静秋任監選。記筆記二則。洪家蓮囑其二女送鈔件來，即寫復信。

　　整理《郊居雜記》第十册，訖。續集《大誥》資料，備增補。張覺非來。

　　與洪、湲、堪到紅星看電影。待静秋自他處看電影歸，到門外數次。十一時服藥眠，翌晨六時半醒。

　　　今晚所觀電影：1. 鐵路裝卸機械化（廣安門站）　2. 精彩的舞蹈（蘇聯片）

十二月五號星期一（十月十七）

　　到文聯，參加科學院哲學社會科學部學部委員會第三次擴大會議，聽郭沫若、潘梓年、周揚講話，自九時至十二時半。

　　到王姨丈處，與姨母同出乘車。到文化俱樂部，參加民進學習，討論"解放戰爭第二年的戰略方針"，自二時半到五時半。步歸。木蘭來。

　　王載興來，留飯。看《新義錄》。失眠，服藥三次，上午一時半眠，翌晨八時半醒。

　　　今日上午所晤人：嵇文甫　吳晗　張雲非　張德鈞　胡厚宣　郭寶鈞　賀麟　唐弢　賈芝　熊德基

　　　今日下午同會：楊東蓴　許廣平　王紹鏊　林漢達　顧均正　傅彬然　吳研因　陳選善　李紫東　孫照　葛志成　徐楚波　吳廷勘　王嘉璿　李念武

　　　日間兩次會，夜間兩客來，精神又緊張，失眠病仍作矣。予體之不勝繁劇如此！

　　　陳選善之兄鳴一于上月卅日以心臟病兼肺炎逝世，年五十八，其父叔通先生尚未知也。

十二月六號星期二（十月十八）

遲起。看章炳麟《新出魏三體石經考》。到東單理髮館理髮。王姨母來。又安來。寫華訓義信。

到中山公園，與伯祥、元善、平伯茗叙。到文化俱樂部，以休息，未入。整理《郊居雜記》第十三册。又安同飯。

到紅星，看《史前探險記》電影。十時半服藥眠，十二時醒。又眠，翌晨六時醒。

十二月七號星期三（十月十九）

修改《大誥》解釋。將《法華讀書記》第二、三册鈔件略看一過，分爲三帙。整理《郊居雜記》第五册訖。

到政協禮堂，聽潘梓年講“關于自然辯證法的問題”，休息時退出。到文化俱樂部，全家會餐。

到東安市場聽曲藝。十時半服藥眠，翌晨五時半醒。

今日下午會場所晤人：王静如　老舍　吴文藻　潘光旦　費孝通　章乃器　黄紹竑　李培基　周炳琳　薛愚　沈從文

今晚文化俱樂部所遇人：陳達夫婦　周太玄夫婦　江澤涵父子及兒媳　鄭效洵父女

十二月八號星期四（十月二十）

寫《經傳釋詞》條目于册首。作《大誥今譯》小引二千餘字，粗畢。頤萱嫂來。

到嘉興寺，吊陳鳴一之喪，晤陳選善、王却塵。到政協三樓，聽國際關係研究所孟用潛報告“關于美國經濟危機問題”。在政協進餐。

到西單商場聽曲藝、閲書。十時服藥眠，上午二時醒。良久眠，五時半醒。

今日在會所遇人：王復初　易禮容　金漢鼎　舒宗鎏　張知行　張豐冑　陳公培　李書城　趙君勱　張守平　嚴景耀　雷潔瓊　毛之芬　周國華　邵恒秋　宋雲彬　余之介　劉斐　葉企孫

十二月九號星期五（十月廿一）

記筆記一則。寫張北辰、張雲非、張德鈞信。寫聖陶信。重作昨文，成三千餘字，略訖。頤萱嫂來。

到昌群處，問療病情況。到阜外醫院，向郭敏文女醫師取藥。記筆記一則。

與靜秋到政協，看《南征北戰》電影。遇凌其峻、朱潔。十時半服藥眠，翌晨五時半醒。

昌群到阜外醫院作綜合治療，學太極拳及氣功，不服藥，如是者三星期，血壓果得降低。

十二月十號星期六（十月廿二）

記筆記一則。出，遇陳翰笙。到阜外醫院，就陳西源大夫診，遇伯祥及其女瀋華、呂叔湘。記筆記三則。

記筆記一則。整理《郊居雜記》第十三冊訖。到南小街"大中"修面。到王姨丈處，與姨丈、母談。

與全家同到紅星，看《神秘的旅伴》電影。失眠，服藥兩次，上午一時眠，晨七時醒。

醫謂予右脉頻數，肺、胃有熱。

好容易吃了中藥有些效驗，西藥吃得少了，今日晚間忘未進西藥，乃一過時間，竟不能寐。此亦可見中藥長吃會疲。

大便雖日下，而肛門作痛，不知何病也。此初期之痔瘡乎？

十二月十一號星期日（十月廿三）

到賀次君家，晤其夫人鳳淑琴，看予寄存書。到何叙父家，并晤其夫人及幼子，取書回。歸，整理《郊居雜記》第六册。

王伯祥來，同到人民大會堂，聽中朝友誼報告。四時半，與章元善、伯祥同步歸。續看筆記。

看《文史資料選輯》第九輯。服藥兩次，上午一時眠，翌晨七時醒。

失眠有連續性，昨睡不好，今日繼之。

洪兒感冒發燒。

今日所晤人：彭飭三　李書城　裴文中　陳麟瑞　王賓初　錢昌照　翁文灝　陳劻先　于益之　陳慧　今日本由賀龍元帥講，以彼發燒，改由羅瑞卿大將宣讀，故僅壹小時。

十二月十二號星期一 （十月廿四）

整理《郊居雜記》第六册訖。讀《各國共産黨和工人黨代表會議聲明》，盡兩節。

到文化俱樂部，參加民進學習，聽各人談《各國共産黨和工人黨代表會議聲明》，自二時半至五時半。在俱樂部飯，與沈從文、楚波、漢達合席。遇周曧成。

到市場閱書。與靜秋、頤萱同到紅星，看《史前探險記》電影。看新購書。十一時半服藥眠，翌晨五時醒。又眠，七時醒。

今日同會：楊東蓴　王紹鏊　許廣平　趙樸初　徐楚波　顧均正　葛志成　吳研因　李紫東　陳選善　吳廷勘　王嘉璿　張守中

《各國共産黨和工人黨代表會議聲明》及其《宣言》，前數日在報上發表，爲決定世界大局之重要文件，予竟未讀，今日討論，予無言可發。東蓴囑予必須擠出時間讀之。聞之，殊自慚也。

十二月十三號星期二（十月廿五）

整理《膏火書》訖。讀《各國共產黨和工人黨代表會議告世界人民書》及《人民日報》社論《建立反對帝國主義侵略和戰爭政策的統一戰綫，防止世界戰爭，爭取持久和平》。

整理《郊居雜記》第四冊，未畢。二時半，到政協禮堂俱樂部，與諸鄉友談。五時，同飯。飯畢，茶話。七時，搭聖陶車歸。

看《搜神記》。九時服藥眠，上午一時半醒。至四時半又眠，七時半醒。

今日聚會（以齒次）：王伯祥(七十一)　周晫成(七十)　章元善(六十九)　予(六十八)　葉聖陶(六十七)　俞平伯(六十二)　元善出示其家藏衛夫人、王毅等帖。

今日在政協所遇人：徐楚波　陳建晨　王葆真　吳研因　蔡方蔭　楊鍾健　吳羹梅　邵恒秋　章廷謙　梁純夫

洪兒昨已退涼，今日熱度又高。堪兒午歸，亦説頭痛，囑其明日在家休息一天。

十二月十四號星期三（十月廿六）

讀《各國共產黨和工人黨代表會議聲明》訖，預備下午發言。

到文化俱樂部，出席民進學習會，討論《會議聲明》，自二時半至五時半。即在俱樂部與漢達、紫東、均正同飯。

看《魏三字石經》。服藥兩次，十一時半眠，上午一時半醒。又眠，七時醒。

今日同會：葛志成　徐楚波　顧均正　李紫東　吳研因　林漢達　陳選善　張守平　吳廷勘　王嘉璿

南河沿文化俱樂部餐廳更改章程，每一委員許帶一人，每餐一客或二元八角，或三元五角。予前在廣州，看傅孟真在南園，每餐恒四元，心訝其奢，以予每餐只四角也，何期今亦步武其後塵耶！然每餐麵包三片，僅收糧票二兩，十次可省一斤，又有魚鴨之供，營養成分較多，故靜秋仍勸予往吃。

十二月十五號星期四（十月廿七）

將所作《尚書今譯》之《引言》，前部修改，後部重作，約四千五百字。

到政協禮堂，聽陳忠經作"關于中國藝術團訪問拉丁美洲和加拿大"的報告。兩俱樂部均擠，歸飯。

看《搜神記》及《新義録》。服藥兩次，十一時半後眠，上午三時半醒。又眠，七時半醒。

今日會中所晤人：楚圖南（主席）　陳叔通　王芸生　于滋潭　黄雍　李俊龍　載濤

到文化俱樂部所晤人：何思源　馬毅　張蘭玉

今冬煤少，予家十二間屋，僅裝煤爐四，而煤鋪猶以爲多，不肯送，因此只得將客廳停火，一家人相集于卧室矣。

十二月十六號星期五（十月廿八）

將《大誥》校文改訖，約七千字。將尹受所鈔之《引言》校訖。熊壽農來，交鈔件。

到"銀城"理髮。記筆記三則。

到文聯禮堂看電影，十時半歸。服藥兩次，十一時半眠，上午二時半醒。又服藥，七時半醒。

今晚所看電影：1. 林海雪原（智取威虎山一段）　2. 戰鬥的古巴　聞威虎山匪首崔老三，綽號坐山雕者，被捕後經勞動改造，爲此影片之顧問，此真化鬼爲人矣。

天大冷，入夜尤甚，出門一次，耳朵失去知覺了。

十二月十七號星期六（十月廿九）

葛志成來。將《大誥》篇《解釋選集》整理一過，尚未盡。

四時，到文化俱樂部，參加組織生活，談莫斯科聲明。五時散，即在俱樂部飯。

步歸。翻《經傳釋詞》。爲兒輩講國際關係。十時半服藥眠，翌晨五時半醒。又眠，七時醒。

今日同會：葛志成　徐楚波　梁純夫　吳研因　林漢達　董守義　陳選善　王嘉璿

在文化俱樂部所遇人：張志公　邵力子夫婦　張明養　馬毅　劉定五

十二月十八號星期日（十一月初一）

將《經傳釋詞》中釋《大誥》語散入《集釋》，訖。江伯屛來。到青海餐廳吃飯未成。

將《大誥解釋選錄》重行斟酌一過，凡萬餘字。到李紫東處談。

看吳汝綸《尚書故》。十時半服藥眠，上午五時醒。又眠，七時醒。

青海飯店新設，有手抓羊肉等菜，因欲與家人一嘗之。今晨煩尹受前往排隊，自上午五時冒寒前往，至九時半乃歸，取得四十八號牌，心以爲可得飽餐矣。十一時半與四兒同往，至則門緊閉也，待半小時，開矣，而不許擠進，謂當按號入內，在門等待，先則謂可携一兒，繼則一兒亦不得帶，予遂只得歸飯矣。我來回只一小時，且在中午，未覺苦也，而尹君乃以極寒之夜，極早起身，在檐下靜待至三小時，大苦矣。記于此，以志予感。

十二月十九號星期一（十一月初二）

將《大誥解釋選錄》重行斟酌一過，加入若干資料。又將新章句本重寫一過，加入提綱。

樓朗懷來。頤萱嫂來，留飯。

看李亞農《西周與東周》。記筆記一則。洗浴。十二時服藥眠，翌晨五時三刻醒。又眠，七時醒。

自昨日起又服中藥。

洪、堪兩兒今日上學。

十二月二十號星期二 （十一月初三）

將《大誥解釋》稿再修改一次付鈔。

到中山公園，與伯祥、元善、錢琢如茶叙。四時半，與元善同步歸。

看《觀堂集林》。九時，服藥眠。十時半醒。又眠，翌晨六時半醒。

聞黑龍江、內蒙、新疆三省區今年并豐收，以糧食接濟北方諸省。新疆土廣人稀，以飛機撒種，而粗收之。

聞我國以糧食十萬噸與古巴作等價交換，換得糖三十五萬噸。所以如此者，古巴在美國統治時期只種經濟作物，糧食蔬菜悉自美國運往，美國人高擡糧價而低抑糖價，故如此交換，中、古兩國都感滿意。若依中國物價，則三十五萬噸糖當值百萬噸糧也。

十二月廿一號星期三 （十一月初四）

將《大誥解釋》再修改，訖。趙廣順之姑母趙明來，帶到自明信。寫盧善煥、謝友蘭、趙孟頫、辛樹幟信。

到文化俱樂部，參加民進學習，討論《各國共產黨聲明》第一章，自二時半至五時半。堪兒來，同飯。遇魏建功、李俊龍夫婦、周信民。

與堪兒步歸。看《兩周金文辭大系》。十一時服藥眠，二時半醒。又眠，五時半醒。

趙明帶來自明全家相片，渠翁姑均健，自己較前爲瘦，長子震塗在師院實驗學校高中班，身體較弱，次子震奇在初中二年級，自願學農。現到貴陽，由柳州轉車前往，行三天三夜。

今日同會：楊東蓴　王紹鏊　葛志成　吳研因　李紫東　孫照　徐楚波　許廣平　顧均正　林漢達　陳選善　王嘉璿　沐紹良　趙濟年

十二月廿二號星期四（十一月初五）

將《大誥》解釋更改數條，章句重斟酌，且注音。今譯重寫一過，前四部分略竣。

出外覓修面，不得。又安來。

出外覓修面，又不得。看《古文尚書拾遺》等書。服藥兩次，十一時半眠，翌晨五時半醒。

靜秋面、脚俱腫，說不定是營養太不良而勞動過度所致。聞近日人民如此者甚多，故黨與政府提倡"勞逸結合"甚亟。靜秋每得營養品，必令予與四兒吃，而己不與。然脾氣則益烈，幾一說話必吵，家庭中無溫暖矣。

爲了修面，跑了八家鋪子，不是擠不上，就是時間晚了。生在今日，工作時間已不足用，如何爲了生活小節又化去這般多的時間。

十二月廿三號星期五（十一月初六）

再改《大誥》解釋。十時，到文化俱樂部取飯條。到八面槽修面。十二時，到俱樂部飯。車中遇劉開渠。

續改《大誥》文字、注釋及譯文。

到市場購物、閱書。歸，看《張煌言》小冊。九時半服藥眠，翌晨四時三刻醒。

　　今午所遇人：朱蘊山　陳建晨　馬毅　傅彬然　謝冰心　吳研因　凌其翰　俞平伯　閻寶航　陳選善　王却塵夫婦　吳作人

　　靜秋爲了糧食減少，副食品難買，常要我到政協文化俱樂部進食，以該處每餐只收糧票二兩，且供應較豐也。然該處限制綦嚴，必須親到取條，又必須早到取條，故每飯必須費去兩小時許。予正趕《尚書》工作，如何得此閑暇！

十二月廿四號星期六（十一月初七）

　　改《大誥引言》。十時，與靜秋同到俱樂部取飯條，遇邵循正長談，十一時至餐廳飯。

　　與靜秋同歸家。又出，到政協禮堂，聽班禪報告，自二時半至四時半。到小食堂排隊，五時飯。下樓看電影，五時五十分散。待車久，七時半始歸家。

　　看王筠《説文句讀》。服藥兩次，十一時後眠，上午二時醒。良久朦朧，六時醒。

　　今日在俱樂部所晤人：邵循正　楊人楩　嚴濟慈夫婦

　　在政協禮堂所晤人：呂振羽　鄧初民　覃異之　載濤　馮友蘭　游國恩　董渭川　劉及辰　李明儒　馮賓符　趙樸初　于滋潭　梁漱溟　丁聲樹　王立芬

　　今日上午既爲與靜秋同進食而出門，下午又以同聽班禪報告而出門，《尚書》工作竟不能作。班禪所講西藏改革情況，予早在報紙見之，此不過例行之報告，予本不欲往，而靜秋強之行，又欲予上樓吃飯，吃飯則須排隊半小時，及散會已將六時，今日爲星期六，無車不擠，竟待至一小時始得上，我的時間如何可以這般浪費！一氣，胸膈間作痛，又不能睡了。

十二月廿五號星期日（十一月初八）

将《尚書今譯引言》重寫三千餘言，粗畢。木蘭來，留飯。

尚愛松來，未見。看李亞農《中國的奴隸制與封建制》。

木蘭贈票，到天橋劇場觀劇，與靜秋、蘇笑天同回。十一時半服藥眠，翌晨五時醒。又眠，七時醒。

今日所觀劇：（一）能仁寺：何玉鳳——小王玉蓉　張金鳳——李毓芳　安公子——劉雪濤　賽西施——慈少泉　（二）二堂舍子：劉彦昌——馬連良　王桂英——張君秋　秦官保——馬富禄

十二月廿六號星期一（十一月初九）

讀李亞農《中國的奴隸制與封建制》，畢十八章。

修改《引言》未竟。

到文聯，以電影遲演，到吉祥戲院聽昆曲，十時歸。服藥兩次，十一時半眠，翌晨六時醒。

今晚觀北方昆曲劇院演出《雷峰塔》：白素貞（前部張玉文，盜草孔昭，水鬥董瑤琴，後部洪雪飛）　青兒（前部顧鳳莉，水鬥劉秀華，後部秦肖玉）　許仙（前部馬玉森，後部許鳳山）　法海（姜茂賢）　小和尚（韓建成）　船夫（張兆基）　鹿童（張敦義）　鶴童（劉國慶）　韋駝（張增群）　許夢蛟（劉徽祥）　此皆新訓練之青年，爲昆曲之新生力量。

十二月廿七號星期二（十一月初十）

再修改《大誥》之校勘、解釋、章句、譯文一過。

到市場閱書，歸，看任中敏《詞曲通義》等書。十一時服藥眠，翌晨六時醒。

靜秋就診，知血與溺俱正常，惟過勞，須多休息。洪兒亦有些腫。得于鶴年函，悉其亦復如此，函云：“此病大約因節省糧食，飲水過多，循環系統擔負過重所致。非飲食舒暢，不能根本痊愈，此乃明年事矣"。念蘇聯建國，其艱苦且甚于我國之今日，列寧得一片麵包亦復不易。我輩今日之艱苦，正爲將來之勝利打好基礎也。

十二月廿八號星期三 （十一月十一）

再將昨稿修改一次。與静秋到文化俱樂部取餐券，已遲，退歸。找理髮處，未得。看《莫斯科聲明》，未畢。

到王府井"美白"理髮。到文化俱樂部，出席民進學習《莫斯科聲明》第二章，自二時半至五時半。

洪兒來，同飯。與洪兒到東安市場購書。金竹安自滬來。九時半服藥眠，翌晨四時半醒。

今日同會：葛志成　林漢達　徐楚波　顧均正　陳選善　李紫東　孫照　吴廷勘　張守中　沐紹良　趙濟年

今晚所晤人：于學忠　黄琪翔　梅汝璈夫婦及其子　謝立林　葛志成夫人

要中午在文化俱樂部吃飯，非十時前往取券不可。

自由市場開放，天橋鷄蛋價高至八角一個，肉一斤五元。憶予四十年前住東高房時，一元買鷄蛋百枚，嘆農民亦復沾得資產階級思想矣。

十二月廿九號星期四 （十一月十二）

點孟輴、延甫所寫之蘇州婚喪禮及田畝制，凡五篇。中共中央編譯局王雲開、張允侯來，詢新潮社事。科學院韓毓陛來，取稿件陳列。

晤蕭風。與静秋同行，到政協第一會議室，開文史資料委員會，聽申伯純報告。自二時半至五時。與伯祥同回。晤楊景晨，周國華。

看一九二一、二二年日記。翻《養新録》。九時半服藥眠，一時半醒。約三時後復眠，六時醒。

今日同會：楊東蓴（主席）　申伯純　閻寶航　李培基　呂振羽　翁獨健　邵循正　予（以上發言）　邢贊廷　陳修和　何幹之　陳達　黃紹竑　載濤　金燦然　王伯祥　米暫沉　張述孔　章伯鈞　鄧哲熙　姜克夫　浦熙修　資耀華　趙式南　周亞衛　陳公培　覃異之　劉斐　羅任一　王家楨

十二月三十號星期五（十一月十三）

作《大誥評論》，約四千字。羅偉之來。户籍警趙景惠來。

王伯元來，贈《第二回現代中國書道展》。

記出本年八月至十月中行程。

昨日上午湲兒病，幸下午即好。今日下午堪兒又病，蓋近日易受寒也。

十二月卅一號星期六（十一月十四）

到阜外醫院就中醫陳西源診。又到内科劉錦葵女醫處取藥。看《西周與東周》。

整理《皋蘭讀書記》，未畢。記筆記一則。汪少鶴大夫診堪兒病。

熊壽農來，取校對款。譚季龍來，與同到昌群處談。十時半服藥眠，翌晨五時半醒。

熊壽農實不能校對，取去十二册，付與四十八元了事。施嘯岑甚細心而做不快，熊壽農做得快而不細心，予真無人相助也夫！

予近來睡眠較好，固是可喜，然每一出外散步，即出汗不止，即東安市場之往返亦然，兩條腿走得動，而汗之多如此，致嚴寒無異酷暑，則體力之日就衰也可知。

予着手的《尚書今譯》是一個極沉重的負擔，但做出來時也是一件極愉快的工作。以此次譯《大誥》爲例，專心致志，需時一個半月，則二十八篇共需三年半，尚須不休息，不生病，不參觀。這是做不到的。故預計需四年餘。《大誥》篇四萬字，廿八篇約一百十二萬字，但《堯典》、《禹貢》恐須十萬字，《洪範》亦必甚多，則當有百卅萬字也。此一大事業也，勉之，慎之！如能謹慎將事，不因勞致病，則全書脱稿予已七十二三歲矣。昔日自牓曰"晚成堂"，倘能不負宿願乎？

研究必須搜集豐富的材料，分析它的不同的發展形態，并探尋出這各種形態的内部聯繫。不先完成這種工作，便不能對于現實的運動有適當的説明。

　　　　　　　　　　　　——馬克思《資本論》第二版跋

[剪報] 1960．12．27《光明日報》
　　　　　　歷史劇和歷史真實性　　　　　　齊燕銘
　（下略）

江西行程記略：
一九六〇年八月五日，由京動身，六日到漢口，在武漢飯店待船三日。
八日，晚上江順輪，九日下午到九江，宿廬山管理局招待處（花園飯店）。
十日，到廬山，住廬山療養院。
廿一日，游鐵船峰，望石門澗。

廿六日，游花徑、仙人洞。

三十日，游秀峰寺，至青玉峽。到星子縣，登點將臺，步鄱陽湖濱。又至觀音橋，游慈航寺、玉淵潭、盞賢寺、三峽橋、天下第六泉。

九月四日，到革命烈士紀念塔、喇嘛諾那塔。

十二日，游含鄱口及植物園。

十三日，游黃龍寺、烏龍潭、水電站、仙人洞。

十五日，再至花徑，觀廬山文物陳列室，又至仙人洞。

十七日，游大林寺、花徑動物園、上林寺、法堂庵。

十九日，再至觀音橋、玉淵潭、星子縣，游白鹿洞書院。

廿一日，到九江，游太平宮、雙塔（婆媳塔）、西林寺、千佛塔、東林寺、蓮花洞。

廿三日，到九江，游煙水亭（點將臺）、能仁寺。下午上南潯路車，至南昌，入洪都賓館。

廿四日，參觀八一起義紀念館。

廿五日，游青雲譜、佑民寺、百花洲。

廿六日，經信江、黃金埠、萬年縣、樂平縣，抵景德鎮，宿招待所。

廿七日，參觀陶瓷館、藝術瓷廠、宇宙瓷廠、雕塑瓷廠、市賓館工地。

廿八日，參觀建國瓷廠（手工）。經溫家圳，返南昌。

廿九日，參觀柴油機廠。

十月一日，參加南昌市各界人民慶祝建國十一周年會。

二日，游萬壽宮，八一大橋。

三日，經清江縣、吉水縣，渡贛江，到吉安市，入專署交際處。游白鷺洲、烈士紀念公園（青原臺）。

四日，經泰和縣到茨坪，入井岡山管理局交際處。

　　五日，到大井謁毛主席故居，參觀山區資源綜合利用陳列館、革命歷史博物館。

　　六日，到桐木嶺，觀哨口。到石獅口，參觀造紙廠、水電站、水庫、勞動大學，返吉安。

　　七日，經朱仙橋，新塗縣、清江縣（樟樹鎮），返南昌。

　　八日，游撫河橋。上浙贛路車。九日到上海。十日到蘇州。

上海西康路（在北京西路口）一八一弄一號　起潛，電話 532829
上海圖書館電話 563176

　　蘇州紀行：

　　十月十日，午刻到蘇州，入西美巷招待所。

　　十一日，到文管會，觀博物館。游網師園、城東動物園。

　　十二日，參觀美術工藝刺綉研究所，游環秀山莊。參觀檀香扇廠。游默園。參觀東吳絲織廠。到江蘇師範學院。

　　十三日，游獅子林、拙政園。

　　十四日，參觀安利化工廠（有機玻璃）。游虎丘、西園、留園。至靈岩山，參觀佛教文化館。

　　十六日，到舊吳苑茶社，與老友聚，照相。

　　十七日，參觀珠寶廠。游滄浪亭。夜半，上京滬車返京。

　　十九日，到京。

［剪報］1960，11，29《人民日報・書刊評介》
　　評《韓子淺解》　　（梁啓雄著　中華書局出版）　　關鋒
　　（下略）

一九六一年

二月一日至三日，編定《史林雜識初編》，交中華書局。

三月十八日，統戰部宴新赦戰犯溥儀、杜聿明等，招予作陪。十九日周總理宴之，予坐總理旁，談文史資料事。

三月二日，到賀次君家取回存書，予書已有若干爲彼盜賣。

是月，校改《史林雜識初編》排樣。

陸續爲李址麟修改論文。

四月，開始作《大誥史事集證》。

四月廿三日，《人民日報》爲予發表整理《尚書》消息。

五月十三日，參加哲學社會科學部中心小組學習，潘梓年主席，討論培養幹部問題，囑予開一讀書學程，予爲歷史所第一組（商周史組）擬學程表，并作説明。是月廿七日又開會，討論此事。六月十日又開會討論，八月廿六日同。

是月，上海中華書局派人來，囑予校訂《辭海》。

七月二日，政協囑各委員携眷到海拉爾，以彼地魚肉供應豐富，足補灾荒消耗。予與静秋同往。四日至，住呼倫貝爾賓館。五日，静秋即病，溫度高，神智不清，經中西醫診治，漸愈。十三日，到謝爾塔拉圖參觀國營農牧場。廿三日，到鄂温克自治旗錫尼河生産隊參觀。廿七日到南屯，參觀蒙民定居點。卅一日，予爲同人講東北民族史簡況。八月一日，觀呼盟民間歌舞團表演。八月六日歸途經哈爾濱，受宴，游松花江。七日回京。

八月十五日，吳超來訪問，以予所述由彼整理爲《海拉爾散記》，載入《民間文學》。

八月九日，《光明日報》記者來訪問，爲予攝影，載入八月十二日該報。

八月十一日，黎澍遣人來，囑爲《歷史研究》撰稿。

八月十六日，蕭項平來，囑予編文集由中華書局出版。

八月廿一日，到人大會堂聽聶榮臻副總理報告，堅決貫徹百家爭鳴，要科學工作者儘量發揮潛力。

八月廿二日起，中華書局派孟默聞來助予工作。

十月九日，李址麟返朝鮮。

十月十三日，到民間文藝研究會講“自述五十年來我對民間文藝之諸種工作”。

是月，考周初年代。

十月廿三日，統戰部開會，討論書法問題。

十一月廿一日，作《殷周之際紀年異同表》。

十二月，研究《逸周書·世俘》篇，及古代曆法。

六一年《史記三家注》標點本出版。（予所點本，析句析段太繁，每段又加小題。中華書局以將全點二十四史，嫌其太繁，由宋雲彬重點，遂將予改正之舊讀又改回，越特金以爲疑，持以質予，而予則并未如此點。越謂蘇聯出書，均由作者自校，實則中國出書亦如是，特《史記》則未如是作耳。）

一九六一年一月

一月一號星期日 （十一月十五）

九時，與湲兒到南河沿俱樂部，待取膳券。看李亞農《西周與東周》。十一時入座，十二時飯訖，即歸。

病臥。李唐晏來。殷綏真來。又安來。木蘭來。

聽廣播。十時服藥眠，上午一時半醒。又甚久，約四時眠，六時醒。

今日所晤人：仇鰲　張鈁　譚惕吾　浦熙修　鄭效洵夫人　陳建晨　馬毅　翁文灝　李培基　李平衡　黃紹竑

今日自俱樂部歸，感不適，以溫度表量之，約三十七度半，熱雖不高而精神困倦。夜中滿身作痛，遂難成眠。

一月二號星期一（十一月十六）

金振宇、擎宇來。看李亞農《西周與東周》，未訖。

姚紹華來。看《西周與東周》及《觀堂集林》。

聽廣播，十時服藥眠，翌晨五時半醒。眠佳。

病中思張石公先生五十餘即病喘，然以葆愛甚好，天寒不出門，屋中生火甚暖，故至八十餘而卒。今予以氣管炎，不但受不得寒，亦受不得熱，予安得如張先生之不出門乎？

傷風感冒最易引起肺炎，故多服消炎片以防止之。

一月三號星期二（十一月十七）

蕭新祺來，觀其所送莊有可《慕良雜纂》及閻若璩《潛邱劄記》等。

大便。李址麟來送論文稿。續看《潛邱劄記》、《西周與東周》。溫貞芳來。

聽廣播。上半夜不能入睡，下半夜較佳。

今日已無熱，惟痰嗽仍劇。

爲進消炎片較多，故胃納不佳，僅食粥耳。邇來糧食極緊，每月恒感不足，得予與堪兒一病，本月殆不愁乎？

一月四號星期三（十一月十八）

看《西周與東周》、《潛邱劄記》地理部分、李址麟論文一章三節。

大便。起床，補日記。看《劄邱劄記》。

聽廣播。十時半服藥眠，上午二時醒。又眠，六時醒。

僵臥三日，下午起床，疲軟甚矣，數日進食不多，亦其一因也。痰喘頗甚，不知將蹈吾父覆轍否？

李址麟文交北大學生鈔得不成樣子，不但錯字累累，并標點號亦亂用，看之頭痛。大學生如此不成材，奈何！

一月五號星期四（十一月十九）

看孫璧文《新義錄》。看《西周與東周》。韓毓陞來，取稿件送所中陳列展會。

仍臥床。看《潛邱劄記》。

羅偉之來，未見。聽廣播。十時半服藥眠，翌晨六時醒。

起身後覺得無力，只得仍睡，總由氣管炎不愈，飯食少進，故致此耳。

一月六號星期五（十一月二十）

整理《皋蘭讀書記》及《蘭課雜記》兩冊訖，寄華訓義鈔。

眠床兩小時，未成眠。整理《郊居雜記》，編目二冊。補記日記訖。寫施嘯岑信。

續理筆記。服藥兩次，十二時眠，翌晨六時醒。

每到中午輒腳冷，下午不得不臥床，以熱水袋暖之。嗽幸已稀。

堪兒今日已如常，明日可上學矣。

爲華訓義已將寄去件鈔畢，不得不趕緊整數冊與之。此人甚謹慎，寫字清楚，惜不能調用。渠與尹受皆年力壯，可用而受人事限制，非我可能用，否則不但可助我，亦大可成其學。

一月七號星期六（十一月廿一）

整理《郊居雜記》第十四冊，訖。

眠床，溫腳。整理《郊居雜記》第七、九兩冊訖。整理《湯山小記》第二十冊目次。

聽廣播。十時服藥眠，翌晨六時半醒。

堪兒好作木工，今日以鋸子傷其手指，自己包扎，他人不知也。母檢視，傷了好大一塊。他平居雖嬌，獨爲其所喜之工作則不嬌，在這一點上也許他將來有成就。

成般若之鈔寫，熊壽農之校對，都使我在用人上提高警惕不少。

一月八號星期日（十一月廿二）

偕潮兒至文化俱樂部，十時領票，十一時進食，十二時半歸。

眠床，溫腳。整理《郊居雜記》第三、八兩冊未畢。

待靜秋看戲歸，記筆記三則。失眠，服藥兩次，十二時半後眠，晨十時醒。

病後休息一星期矣，乃今日出門，兩足無力，且冷氣由腳上起。飯亦只吃一片麵包。予向以健飯能支持，今胃呆若此，又何能期其早恢復乎？喉中總有吐不盡之痰，殊苦。

今日所晤人：陳文彬　李祖蔭　黃秉維夫婦及其女永平　曾世英夫婦　杜任之父子　浦熙修　呂叔湘夫人　載濤　覃異之

一月九號星期一（十一月廿三）

遲起。將《郊居雜記》第三、八兩冊大體整理完畢。記筆記兩則。

　　李蔭棠來。

　　記筆記兩則。待諸人浴畢，服藥，約十一時半眠，翌晨七時醒。

　　　　昨晚以静秋往政協看李少春、杜近芳劇，予待之歸，十一時半服水合氯醛合劑一格，以爲必能眠矣，乃上床後迄無睡意，不得已于十二時半復服 Seconal 一丸、Luminal 一丸，Meprobamate 三丸，乃睡至十時方醒，早餐畢已十一時矣。

　　蔭棠告予，邢勉之先生（端）于去春逝世矣。

　　今日堪兒復學。

一月十號星期二（十一月廿四）

　　將《郊居雜記》三、八兩册完全改訖付鈔。記筆記一則。

　　寫于鶴年、李址麟、朱士嘉信。

　　看連環圖畫數册。十時服藥上床，約至十二時半方寐，翌晨五時半醒。

　　　　起床五日，整理出筆記七册，足以應付一個時期矣。余少年時寫字太草率，記事太隨便，有不得不改或不得不增者，此所以費力之故也。

一月十一號星期三（十一月廿五）

　　整理《東山筆乘》第一册訖。蕭新祺來。静秋到右安門訪雁秋。

　　續整理《東山筆乘》第二册，未畢。看陳中凡論《吳越春秋》文。

　　服藥兩次，約十二時眠，翌晨五時醒。

　　　　今日本擬正式工作，而咳嗽迄不輕減，頭亦昏昏，只得仍理筆記，取其不用心耳。

　　昨晚洗足，静秋見其腫，今日上午則腫消。

一月十二號星期四（十一月廿六）

與靜秋同到文化俱樂部取飯票。予看李亞農《中國的奴隸制與封建制》二章。與高尚仁談。

歸，記筆記五則，將莊有可《慕良雜纂》選鈔入筆記，填《東山筆乘》空葉，未畢。賀次君來。羅偉之來。

聽廣播。服藥，約十時眠，翌晨六時醒。

今日所晤：高尚仁　李君武主教　馮友蘭　唐蘭　梅汝璈　高君箴　高宛真

靜秋臉腫甚，政協婦女組同人均勸其勿急躁，多休息。

予足及腿部晚上仍略腫。俟下星期醫療機構遷回北京醫院，當往驗血。如非糖尿病，可無慮也。

一月十三號星期五（十一月廿七）

與靜秋到俱樂部取票，予剃頭，靜秋出買物。讀《中國的奴隸制與封建制》三章。十二時，洪兒來，同飯。路遇高啓秀。陶才百來。

歸，記筆記五則，將《東山筆乘》第三冊填空畢。陳景鑾來。

看《禮記》一冊。服藥兩次，十二時後眠，翌晨五時半醒。

今日所晤：劉定五　康心之　唐蘭　王家楨

今日湲兒又病了，熱高三十八度六，蓋課堂太熱所致，渠今冬已病三次矣。此兒體弱，常出虛汗，奈何！

一月十四號星期六（十一月廿八）

蕭風來。整理《東山筆乘》第二、三冊都訖。記筆記八則。

看《禮記》第二冊。看《最後階段》連環畫。服藥，九時半眠，上午二時醒。良久眠，七時半醒。

余少年時所作筆記，字太草率，文太隨便，今當付鈔，非改不可，因此《東山筆乘》三冊足足費了四天功夫。越到前邊越困難，尚有四十餘冊需整理也。

杜國庠（守素）于十二日在廣州逝世，年七十三。

看《最後階段》，知希特勒德國從一九四二至四五年，在占領區波蘭境內，設立四個大集中營，其一爲奧斯維辛，三年内在此營中以毒氣房、焚屍爐等殺害四百五十萬善良人民。

一月十五號星期日（十一月廿九）

與潮兒同到俱樂部午餐。讀《中國的奴隸制與封建制》二章。

歸，記筆記五則。整理《西齋讀書記》第二冊訖。寫杭州大學組織部信，爲姜亮夫事。寫陳覺元信，論《吳越春秋》，即鈔出。

翻舊筆記。九時半服藥眠，十一時醒。又眠，五時半醒。

今日所晤：黃秉維及其女永平　謝家榮夫婦　呂叔湘　宋雲彬　陳翰笙

今日下午，潮兒也感冒了。

一月十六號星期一（十一月三十）

與静秋到文化俱樂部領票，静秋歸，予留看《中國的奴隸制與封建制》三章。十二時半，堪兒來，同飯。

到北京醫院，就史顯義大夫診。在院續看三章。歸，記筆記五則。葛志成來。

整理筆記。服藥三次，約十一時半眠，翌晨六時半醒。

今日所晤：（一）在俱樂部：高尚仁　唐蘭　鄒秉文　于學忠　閻寶航　（二）在北京醫院：郭一岑　錢端升　熊德基　丁瓚

量血壓，爲 145/95，較前頗高，近日所以不能眠，當由此也。予仍是咳嗽多痰，惟幸肺尚無病耳。出外一走，便氣喘、流汗，予體之虚可知。

一月十七號星期二（十二月初一）

李址麟來，談王險城等問題，看其論文。留飯。

記筆記一則。整理《景西雜記》第一冊訖。

木蘭來，未見。看畫報。服藥兩次，約十一時眠，上午二時半醒。又眠，七時醒。

筆記連前共整理出十二冊，若非此病，又耽擱下去矣。

昨志成來，爲言近兩年之災荒爲八十年來所未有，如在解放前，將餓死人民二千萬。今日不餓死一人，只是供養緊張，不吃好飯耳。予因念從前城市居民只吃西貢米或仰光米，任何饑荒都感覺不到，此亦罪孽耳。

一月十八號星期三（十二月初二）

記筆記一則。到羅偉之處，送《王同春》資料。記筆記五則。

到南河沿俱樂部，出席民進學習會，討論八十一國共產黨《聲明》第四節，自二時半至五時半。不得食，與堪兒同歸。

看《博物志》。服藥兩次，約十時半眠，上午二時一刻醒。約四時又眠，七時醒。

上月開文史資料會時，米暫沉囑我整理《王同春》資料，俾送內蒙自治區政協修改。以羅偉之方閑，即囑任其事。如做得好，便了却我一件心事也。

今日同會：楊東蓴　王紹鏊　許廣平　葛志成　吳研因　顧均正　李紫東　孫照　林漢達　王嘉璱　張守中　吳廷勘　趙濟年

一月十九號星期四（十二月初三）

蕭風來。記筆記六則，補舊筆記冊空白。

到所，開所務會議，四時半休息，先退。到王府井大街買筆，步歸，汗如雨淋，累甚。

翻舊筆記。服藥兩次，十一時後眠，翌晨六時半醒。

昨潮、湲兩兒同銷假上學，然潮兒中午回家熱又高至卅八度餘，只得仍養病。近日流行性感冒犯者甚多。予頭腦昏昏然，不能正式工作，真苦事也。

今日同會：侯外廬　熊德基　酈家駒　楊向奎　田昌五　高全璞　胡厚宣　胡嘉　趙幼文　翁獨健　張德鈞　張政烺　賀昌群　謝國楨　張若達　王毓銓　魏明經　姚家積　常紹温　張雲非

一月二十號星期五（十二月初四）

整理《蘄閑室雜記》第一册訖。

欲換假牙，至北京醫院，以無材料退出。遇李印泉及其子希泌。又遇黃雍。整理《蘄閒室雜記》第二册訖。

看《六經圖》。服藥三次，十二時半眠，翌晨六時半醒。

一九五五年王潔泉爲予裝之假牙，愈來愈發黑，欲重製，而醫院謂無材料，廢然而返。

一月廿一號星期六（十二月初五）

整理《遂初室筆記》一册畢。

到文化俱樂部，參加民進學習《聲明》第五節，自二時至五時。湲兒來，同飯。又安來，留飯及宿。

看《辭通》。十時半服藥眠，上午一時半醒，約四時又眠，七時半醒。

自本月一日病後，整理舊筆記達十五册矣。然痰、嗽、喘久之不愈，奈何！

今日同會：楊東蓴　王紹鼇　許廣平　葛志成　李紫東　林

漢達　吳研因　孫照　李念武　吳廷勷

　　所遇人：梁純夫　毛之芬

一月廿二號星期日（十二月初六）

羅偉之來，談寫作《王同春》問題。整理《湯山小記》第十九册訖。張覺非來。

與洪兒同到文化俱樂部候晚餐，看《中國的奴隸制與封建制》六章。與洪兒到東安市場購物。

到吉祥戲院看昆曲《玉簪記》，十時歸。十一時服藥眠，翌晨六時半醒。

　　今日所晤人：楊鍾健夫婦　黃秉維父女　陳達夫婦　尹贊勳
　　賀貴嚴

　　今晚所觀劇：陳妙常——虞俊芳　潘必正——虞俊聲　姑母——王少君　進安（書僮）——韓建成　艄翁——白玉珍　船夫——侯少奎　四小尼——李秀玉等　香火道——宋鐵錚　演員皆青年，爲昆曲新生力量。

　　《玉簪記》分折：1. 投觀　2. 琴挑　3. 問病　4. 偷詩
5. 催試　6. 秋江

一月廿三號星期一（十二月初七）

八時半到歷史博物館貴賓室，開歷史研究所學術委員會。十二時到北京飯店午飯。飯後與唐蘭同到三二〇號休息。

三時，到北京飯店一樓開會，五時散。到章元善處，晤其夫婦，送孟鞱信。步歸。

洗浴。看筆記。十一時半服藥眠，翌晨五時半醒。

　　今日同會：侯外廬　尹達　范文瀾　呂振羽　吳晗　周一良
　　鄧廣銘　傅樂煥　胡厚宣　賀昌群　陳垣　唐蘭　李儼　錢寶琮

張政烺　熊德基　白壽彝　翁獨健　楊向奎　劉導生　金燦然
陳樂素　列席：酈家駒　高全樸　劉乃和

一月廿四號星期二（十二月初八）

修改筆記二十篇，約五萬字。

謝剛主來，借《桐橋倚櫂録》。

看舊筆記。九時半服藥眠，翌晨六時醒。

于鶴年、施嘯岑兩君已將《浪口村隨筆》兩分寄回，因擬先整理出五十篇左右，約十一二萬字，寄交上海人民出版社，爲第一册。

近日睡眠較好，當由服"降壓靈片"所致。

尹受爲我在西四買得鷄蛋五個，價三元五角。記我父肄業京師大學，鷄蛋一錢一個，我肄業北大時已提高至一銅元一個，那知今日會有這樣貴的。

昨夜下雪，不大。北方太暖，有旱象。

一月廿五號星期三（十二月初九）

修改《畿服》一篇。與静秋到文化俱樂部飯。

參加民進學習會，討論《聲明》第六節。在俱樂部飯。

到東安市場。看張習孔《曹操》。記筆記一則。服藥兩次，十一時半眠，翌晨七時醒。

今日同會：楊東蓴　王紹鏊　許廣平　葛志成　孫照　李紫東　林漢達　陳選善　吳研因　吳廷勱　張守中　方毅明

今日所晤人：褚聖麟　王家楨　李覺　李蒸　賀貴嚴　章乃器　翁獨健　邵恒秋　王伯祥及其子潤華　唐蘭　載濤　張知行　章廷謙

一月廿六號星期四（十二月初十）

修改名物類十二篇，訖。記筆記一則。

整理舊筆記。服藥兩次，十一時眠，翌晨五時半醒。又眠，七時半醒。

今日堪兒考試，得九十五分，此静秋督導之力也。

一月廿七號星期五（十二月十一）

記筆記一則。與静秋到文化俱樂部取餐券，静秋歸，潮兒來同飯。在俱樂部選史事類筆記九篇。

到西單第一理髮廳理髮。到政協禮堂，參加文化教育組第九組會，自三時至五時半。到三樓飯。

與伯祥、宋雲彬同乘車歸。看《三禮便蒙》。服藥兩次，十一時後眠，上午二時醒。又眠，七時醒。

同會：呂振羽　翁獨健　王伯祥　陳萬里　宋雲彬　向達　邵循正　胡厚宣　張全新　唐蘭　白壽彝　傅樂焕　齊思和　裴文中　李道庸

所晤：趙紫宸夫婦　楊鍾健　劉及辰　吳文藻夫婦　俞平伯　于滋潭　章廷謙　程希孟　葛志成　劉定五　陳達夫婦　馬毅　陳公培　楊蘊瑞　林仲易　熊慶來

一月廿八號星期六（十二月十二）

到北京醫院，就曲以蘭女醫師診，并檢查小便。在院選定文藝類筆記八篇。

整理筆記四篇半，重鈔五葉。

看《東塾讀書記》。服藥兩次，十二時眠，翌晨七時醒。

今日就醫，知血壓爲140/70，降低甚，顧睡眠乃如此難，何也？醫謂予頭脚俱腫，因檢小便，倘有腎病，則麻煩矣。

予病，氣管炎，一也。流行性感冒，二也。失眠，三也。浮腫，四也。而增以氣喘，五也；常流汗爲氣虛，六也。以諸疾轃湊，遂有支持不下之勢，若大厦之將傾者。

一月廿九號星期日 （十二月十三）

偕湲、堪兩兒到南河沿文化俱樂部午餐。看《光明日報·文學遺産》。

到謝剛主處送書，并閱書。晤其夫人及蕭君。歸，續二葉。以身體軟弱，臥床。

看《東塾讀書記》。服藥二次，十一時眠，上午兩時半醒。良久又眠，七時醒。

今日所晤人：于滋潭　袁翰青　傅彬然　宋雲彬　陳翰笙　楊蔭瀏　吳半農　李聖章　曹安和

爲吃一頓飯，須費半天工夫，此在從前所必不願爲者。現在只當求醫，耗費時間不足惜矣。

到剛主處，走路不多，而自覺兩腿甚重。又作喘，流汗，予體之虛弱如此，殆將不久于人世矣。

一月三十號星期一 （十二月十四）

重鈔"師摯之始，關雎之亂"一篇畢。

鈔《韶》篇訖。又改定三篇。

看高士奇《春秋地名考略》。服藥兩次，十一時後眠，翌晨七時醒。

昔不解"氣虛"義，以爲是唯心之言耳。乃今身臨此境，始知確有此事實。

今日彤雲密布，若將下雪，而一陣東南風來，竟不知吹向何處。此間又有旱象，奈何！

一月卅一號星期二（十二月十五）

到北京醫院，就腦系科女醫師曲以蘭診，又就內科女醫師郭敏文診。遇吳羹梅、趙啓騄、李明揚。頤萱嫂來，留飯。

鈔改《徒詩與樂詩之轉化》，四千餘言。寫美國劫運臺灣所藏故宮文物抗議一千餘字，即寫政協信，請頤萱嫂帶去。

看《東塾讀書記》。十時服藥眠，翌晨四時醒。良久又朦朧，七時醒。

出門一次，便須喘息甚久，其苦可知。醫囑臥床一星期，以消浮腫。今日檢血壓，爲 140/90，下壓視前日爲高。

一九六一年二月

二月一號星期三（十二月十六）

記筆記三則。編定《史林雜識》初編五十四篇。

臥床翻王逸《楚辭注》。

擬《雜識》二編目。羅偉之來。王載興夫婦來，留宿。服藥兩次，上午一時眠，七時半醒。

二月二號星期四（十二月十七）

寫侯、尹兩所長、葛志成請假信。將《史林雜識》初編序文作訖，一千餘字，兩易稿而定。又寫目錄。

臥床，看程毅中《宋元講史簡論》。羅偉之來。

又安來，留宿。仍修改序文。服安眠藥兩次，約十一時半眠，翌晨七時半醒。

氣管炎加上劇烈失眠症，又加上浮腫病，困頓之甚。

又安下鄉勞動半年，今將滿期，職業問題仍屬渺茫，奈何奈何！

二月三號星期五（十二月十八）

再將《史林雜識》初編序重寫，修改。

臥床，計劃修改序文。李址麟來。康同璧先生來。

聽廣播。服安眠藥兩次，十一時後眠，翌晨七時醒。

不動則妨害睡眠，動則又易使氣管炎加重，如何可以兩全？邇來以服安眠藥太多，自覺形神支離，不堪工作。希望早日春來，容我到公園散步耳。

二月四號星期六（十二月十九）

昌群來。與靜秋同到北京醫院，先就陳西源中醫診，再到內科，由郭敏文女大夫診，并照心象電流圖。到葉聖陶處唁其母喪，并晤至善、至美、伯祥、朱文叔。

臥床，略眠。姚紹華來。看戴禮《尚書譯注》。

聽靜秋傳達吳晗報告。十時半服藥眠，翌晨七時醒。

陳醫謂予內蘊濕熱甚重，郭醫謂予心肺尚無病。

聖陶之母昨晚逝世，年九十六，可謂壽矣。今日立春，人易病，故不能久延也。

報載英國死于流行性感冒者一千七百餘人。

今晨所晤人：胡宜南（胡敦復之女）　許廣平　黃紹竑

二月五號星期日（十二月二十）

三姨自賈汪來。臥床。看李址麟《檀君傳説考》、《箕子朝鮮傳説考》。

章元善來。

聽廣播。服藥兩次，十二時眠，翌晨八時醒。

周身無力，不能工作，苦矣。日前靜秋覺予心臟跳動甚速，昨日按脉，一分鐘跳至九十，因囑予臥。晚間湲兒爲予按脉，居然降至八十矣。

　高龍書于去年四月中以胃疾逝世，三姨在賈汪煤礦之幼兒園工作。

　三姨來，六年不見矣，謂予較前瘦得多了，此當可信也。

二月六號星期一（十二月廿一）

　臥床。看《詩經》。師範大學研究生兩人來，未晤。頤萱嫂來。
　看《周禮正義》等。政協服務科科長劉毓蘭及趙公勤來送春節儀。
　聽廣播。服藥兩次，十二時眠，翌晨七時醒。

二月七號星期二（十二月廿二）

　與靜秋同到北京醫院驗血、透視。遇馮賓符。臥床，看李址麟《秦——漢初遼河和繽水的位置》。
　三姨赴雁秋家。
　與潮兒下跳棋。聽廣播。十一時服藥眠，翌晨七時醒。
　今日透視，知肺部視一九五七年無甚變動，心臟正常，可慰也。

二月八號星期三（十二月廿三）

　臥床，看報。看李址麟《王險城位置》訖。
　寫施嘯岑信，匯校費。看《觀堂集林》及《周禮》。董守義來。
　木蘭送三姨歸。服藥兩次，十一時半眠，翌晨六時醒。
　今日坐床看書，覺兩眼模糊，其又增一病乎？

二月九號星期四（十二月廿四）

　臥床，看《周禮》等書。看房龍《人類的故事》。

與靜秋到北京醫院，就郭敏文大夫診。葛志成、張紀元來送物，未晤。

全家參加政協晚會，予看《秋瑾傳》等書以待，十一時渠等歸。服藥兩次，上午一時眠，七時醒。

乘電車到北京醫院，不但往返出兩次大汗，而且脉搏快速到每分鐘百餘跳。醫言以浮腫故，致心臟衰弱，囑少走動。

二月十號星期五（十二月廿五）

寫葛志成、張紀元信。與堪兒到"春風"理髮。看《空軍英雄張積慧》。

臥床，看《周禮》等書。又安來。

聽廣播民族器樂。服藥兩次，十二時眠，翌晨七時醒。

又安去秋由衛生局派至東郊農場勞動，本月農場遣散人員，渠亦與焉。而靜秋爲減輕負擔，不欲其將戶口遷還，囑其回無錫佑之處住，即在錫找勞動。但現在各城市俱在遣散人口中，恐南行亦無辦法耳。又安爲人疲紙，又無專長，從予十年，迄無進益，蓋其視事太易，爲之又不勤，以爲有人幫助，總有辦法可混，而不知當此新社會中已不許如此耳。

二月十一號星期六（十二月廿六）

整理書物，備大掃除。靜秋偕又安到派出所，商報戶口事。到外室，倚沙發，看沈濂《懷小編》，未畢。

昌群夫人來。吳劍霞來打針。

聽廣播。服藥兩次，十二時眠，翌晨五時醒。

吳劍霞爲宣武區醫院護士，住予家後院。靜秋請其來爲我打維他命 B 針，以予體弱，不可能常到北京醫院打針也。

二月十二號星期日（十二月廿七）

卧床，看《懷小編》畢。看張爾岐《蒿庵閑話》畢。許毓峰自濟南來，談。

尹受來談。

吳劍霞來打針。看《東塾讀書記·春秋》卷。又安來。十二時服藥眠，上午四時半醒。又眠，八時醒。

氣喘稍好，痰吐仍多。

二月十三號星期一（十二月廿八）

卧床，看江永《禮書綱目》。

張舜徽來。姚紹華來。吳劍霞來打針。

聽廣播。服藥兩次，約十二時眠，翌晨六時醒。

今日下午張舜徽來，欲請予審其《清代文集提要》。適湲兒禁堪兒玩火，兩人打架，致客不盡其辭而去，甚可憾也。

二月十四號星期二（十二月廿九）

卧床，看孫詒讓《九旗古義述》及顧廣譽《四禮摧疑》等書。口授洪兒寫辛樹幟信，湲兒寫王振華信。

吳劍霞來打針。木蘭來。

聽廣播。服藥兩次，約十二時半眠，五時醒。又朦朧至八時。

睡眠愈來愈難，當以久睡床，未能出外散步故。

又安報上戶口，仍住吾家，但以爲我編出《孟姜女》一稿爲度。渠年已四十餘，不可能長此無一工作崗位也。

二月十五號星期三（正月初一　辛丑春節）

王伯祥偕其孫女緒芳及章雪村來。金振宇、擎宇來。張覺非來，請其診脉。看《中國青年》記者訪問王觀瀾《以革命堅强意志戰勝疾病》。

唐守正來。姚紹華來。曾憲楷來。李延增來。頤萱嫂偕木蘭來。羅偉之偕其子女來。高瑞蘭來。吳玉年來。卜蕙裳來。胡厚宣來。

傅振倫來。全家到大會堂，予看門。補記日記。上午一時許全家人歸，始服藥就睡，翌晨七時醒。

覺非按予脉，謂有内熱，可服橘紅丸十粒。

偉之來，謂予以年老服藥不能吸收，可打盤尼西林藥針。

振倫來，謂治浮腫病，可服四紅湯，即紅棗、紅豆、紅蘿蔔、紅糖煮湯也。

瑞蘭來，亦謂予瘦得多了。

二月十六號星期四（正月初二）

臥床。方慶瑛來。馮世五來。張德鈞來，爲按脉開方。李址麟來，留飯。魏明經來。

程金造來。看惠士奇《禮説》。吳劍霞來打針。李址麟携洪、湲、堪三兒到北京大學一宿。

聽廣播至十一時，服藥眠，翌晨六時醒。

聞盧芷芬在東北勞動，已逝世，年方壯盛也。

二月十七號星期五（正月初三）

臥床。許毓峰來，爲寫聖陶、陽翰笙信。看張舜徽《廣校讎略》、《積石叢稿》。

殷綏貞來。吳劍霞來打針。

聽廣播。服藥兩次，十一時眠，翌晨六時醒。

剛果合法政府總理盧蒙巴及其政府中若干有力分子爲美、比帝國主義指揮剛果不合法政府冲伯集團所殺害，全世界爲之憤怒。

二月十八號星期六（正月初四）

静秋爲理髮。王姨丈、母來。方慶瑛來送藥。王愛雲來。石慰萱來，未見。陶才百來。到統戰部開會，午餐。

吳劍霞來打針。補三日來日記。臥床，續看《禮説》。

聽廣播。服藥兩次，十一時半眠，翌晨七時醒。

今午同會：范文瀾　楊東蓴　申伯純　徐冰　張執一　史永

今午同飯：除上列諸人外：李維漢　邵力子　包爾漢　張治中　溥儀　杜聿明　陳叔通　龐境塘　王耀武等　共三桌，三十六人。

今日之會，爲統戰部擬將釋放勞改犯溥儀等參加政協文史資料委員會工作，作一會面。予以急需回家打針，先歸。溥儀爲予初見，年雖五十餘，而髮不白，驟觀若一大學生。

二月十九號星期日（正月初五）

吳劍霞來打針。楊東蓴來，同車到政協禮堂開會，聽徐冰、范文瀾、陳毅講話。會畢，午飯。二時，仍乘東蓴車返家。

臥床。民間文藝研究會張文、吳超、王雪明、趙慧娟、陶陽、劉超來。王樹民來。

聽廣播。服藥兩次，十二時眠，翌晨七時醒。

今日同會、同席：周總理　陳副總理　陳叔通　李維漢　徐冰　楊東蓴　范文瀾　呂振羽　齊燕銘　陳雲誥　孫誦昭　孫人和　馬宗霍　翁文灝　王家楨　閻寶航　王伯祥　載濤　溥儀　杜聿明　王耀武　宋希濂　浦熙修　趙式如　申伯純　米暫沈　張述孔　張執一　吳研因　李培基　梁啓雄　容齡　章伯鈞　羅隆基　李祖蔭　翁獨健　陳達　邵循正　邢贊亭　姜克夫　黃紹竑　鄧哲熙　覃異之　吳晋航　周亞衛　羅任一　陳修和　共七桌，每桌十二人。

二月二十號星期一（正月初六）

與靜秋到北京醫院，就曲以蘭、郭敏文兩醫師診。遇劉珺、吳有訓、錢端升、黃琪翔、章乃器。臥床，看凌廷堪《禮經釋例》。

尚愛松來。吳劍霞來打針。

雜翻禮書。九時半服藥眠，十二時半醒。又眠，七時醒。

甚欲起床，而疲軟縈甚，靜秋囑予睡至月底。今日量血壓，爲110/70，低甚矣。晚服 Atarax 丸，頗得佳眠。

昨陳副總理談，美國新總統肯尼迪比艾森哈威爾更爲陰摯。他知道美國力有不及，故在此四年中只作戰爭準備，將海軍空軍集中領導，導彈機構亦合併。等到他準備好了，全世界又不安寧了。

靜秋聞人言，肯尼迪正在讀《毛選》，要用毛主席的戰爭方法，可惜其無群眾耳。

二月廿一號星期二（正月初七）

張雪賓來。葉叔衡先生來。臥床，看孫詒讓《周禮政要》。

吳劍霞來打針。

聽廣播。服藥兩次，十一時半眠，翌晨七時醒。

前日聞東蓴言，中央文史館去年死十二人，今年不及兩月，已死五人。冬春之際，氣候變換，老年人最爲難關。

二月廿二號星期三（正月初八）

臥床。光明日報社記者趙西來談。記筆記三則。

看皮錫瑞《禮記淺説》。看羅偉之所作《王同春》文，未訖。

聽廣播。十時半服藥眠，翌晨二時半醒。又眠，六時半醒。

羅偉之賦閑，予因以《王同春》資料與之，請其代爲整理。今日取觀，空話連篇，前後重複，實不可用，只得自己動手矣。

抗戰前予助手甚多，是以集事，今不能矣！

今晚已成眠，忽驚醒，頸背皆汗，如睡水中，不知是盜汗歟？抑以爐子熱而致然歟？

二月廿三號星期四（正月初九）

將羅偉之所作《王同春》四章閱訖。作一《王同春年表》。看曹元弼《禮經學》。

臥床。看張叙《詩貫》，牛運震《詩志》。王樹民來，送稿。王愛雲來，爲寫申伯純信。

看電影劇本《魯迅》。服藥兩次，十二時眠，翌晨五時半醒。又眠，七時半醒。

今日群兒上學，家中頓靜。

今日起床，萬分疲倦，一動即流汗，一飯亦流汗，如此虛弱，將奈之何？

二月廿四號星期五（正月初十）

將聖陶所鈔辛亥《民立報》詩冊作一題記，寄許毓峰。記筆記四則。

眠一小時。張同慈之子協和自北京醫學院來。吳劍霞來打針。

看《參考消息》。服藥兩次，十一時眠，上午一時醒。又眠，六時醒。

今日午後覺倦，居然得眠一小時，大是難得。如能繼續養成午眠習慣，則善矣。

二月廿五號星期六（正月十一）

翻牛運震《詩志》。記筆記三則，約三千字。

小眠，朦朧一小時。

聽廣播。服藥兩次，十一時後眠，上午三時醒。又眠，七時醒。

二月廿六號星期日（正月十二）

看馮友蘭《論莊子》。師大歷史系研究班學生吉書時來，商講課事。

未成眠。程金造來。看陳僅《詩誦》、吳闓生《詩義會通》等書。吳劍霞來打針。

聽廣播。服藥兩次，十二時眠，翌晨七時醒。

晚間睡眠，越來越難，因是白天鼓不起精神來。不知是爲了病後不活動歟？抑係大腦動脉硬化加劇歟？

聞程君言，中國書店綫裝書已奉令停售，如必須買，須由組織出信。

師大歷史系研究班要我講《尚書》與《史記》。

二月廿七號星期一（正月十三）

記筆記三則，約兩千字，《湯山小記》記訖，即整理目次，寫一題辭。羅偉之來。與靜秋、三姨到南河沿文化俱樂部午餐。遇邵力子、閻寶航、王楓。

頤萱嫂來。

聽廣播。十時半，服藥眠，上午二時半醒。約五時復眠，七時半醒。

靜秋日來痔瘡大發，每下大便，即流若干血，面色極不好看，而又怠于醫療，何其好勇如此！

二月廿八號星期二（正月十四）

與靜秋到北京醫院，就腦系科金靜仁大夫診。遇朱蘊山、吳克堅、何幹之、齊思和。歸，晤蕭風、夏志和。看《觀堂集林》。

朦朧一小時。記筆記二則，千餘字。修改《史林雜識》。

聽廣播。吳劍霞來打針。服藥兩次，十一時半後眠，翌晨五時半醒。

今日驗血壓，爲150/80，雖不爲高，然較之上星期則甚高矣。

一九六一年三月

三月一號星期三（正月十五）

寫林山、陳乃乾信。朱士嘉來，再寫乃乾信。謝友蘭來。修改《史林雜識》文二篇，重寫《小引》一千餘字。

記筆記一則。

晤賀昌群。到北京醫院打針。遇浦化人。静秋爲洗浴。十一時半服藥眠，翌晨五時一刻醒。

金静仁大夫令打冬眠合劑及普魯卡因針，護士在腿上三里穴上注下，此以西藥合于中醫之針灸也，當時覺得酸疼。

三月二號星期四（正月十六）

修改《畿服》篇，訖。頤萱嫂來，留飯。與又安、尹受同到賀次君家，晤其夫人。出至西四"西德威"進午飯。

再至賀家捆書，張文鑄夫人來。晤尹受夫人。四時半，予先出，到燈市口"孔雀"理髪。看《紅旗》中《在學術研究中堅持百家争鳴的方針》一文。

吳劍霞來打針。静秋伴至北京醫院打針。九時半眠，十時半醒。服藥兩次，十二時眠。翌晨七時醒。

前賀次君借去《禹貢半月刊》，索之，謂失去。今日檢其書，則蜀大字本《史記》四函已不存，又明本《吕氏春秋》亦無有。

三月三號星期五（正月十七）

改訖《史林雜識》十四篇。

蕭項平、張北辰來。

潮兒伴至北京醫院打針。九時半服藥眠，翌晨五時醒。

三月四號星期六（正月十八）

改訖《史林雜識》十六篇。

林山來，長談。

由洪兒伴到北京醫院打針。九時半服藥，約十時半眠，翌晨五時醒。

三月五號星期日（正月十九）

將《史林雜識》初編改訖。吳劍霞來打針。

孔繁山來，估書價。

湲兒伴至北京醫院打針。十時服藥眠，上午三時醒，即無寐。

舊書雖少，中國書店批價甚刻，一部五局刻本《宋史》，百冊，初印，只批八元。欲不賣，而家中無處存放，只得拋出。

近數年中，以個人經營書業不多，蕭新祺是其一，時有舊版可意書送來，予以他書易之。今木版書既停售，渠已派至鄉間勞動，聽孔繁山言，回來後亦將禁止其營業矣。

三月六號星期一（正月二十）

重作《史林雜識》序二千言，修改訖，付鈔。

張舜徽來，出示書畫，看其所作《清儒文集別録》。

潮兒伴至北京醫院打針。服藥兩次，十時後眠，翌晨五時後醒。

昨夜睡眠又不好，豈打針又失效與？今日改打三陰焦穴，然九時服藥上床，仍未能眠，十時再吃一次乃入睡。如此夜夜過關，真吃不了！

張舜徽實係一用功人，而世不之知，其注意清代學術，與予同，因以四十五年前所作《清代著述考》交之，不知能由彼代完成否？

三月七號星期二（正月廿一）

寫所中會計室信，請扣工會費。寫林山信，請集孟姜女資料。改昨作序文訖。到帥府園全聚德飯。

羅偉之來，交《王同春》稿訖。登床，未成眠。排《史林雜識》頁碼，訖。

吳劍霞來打針。看《韓非子》。十時服藥眠，翌晨五時半醒。

《史林雜識》初編共三百四十三頁，約十七萬字，雖為筆記，實集中精神之作也。此為予第一次出版著作，以前所出皆編輯成書耳。

今日同席：三姨　舅嫂　又安　堪兒　予與靜秋　（二十四元）

今日為換牙到東安市場，則所有三家已停業，云已合為“東城區口腔衛生服務部”，及至其地，則門已上鎖，蓋亦下鄉勞動矣。只得到北京醫院換之，以五五年王潔泉私人門診所為予所易之牙，已黑得怕人了。

三月八號星期三（正月廿二）

再作序文及《韶》、《職貢》兩篇。李址麟來。

與靜秋同到北京醫院，就郭敏文診。遇錢端升、黃秉維、王歷耕。張紀元來，未晤。頤萱嫂來，留飯。

洪兒伴至北醫打針。十時服藥眠，翌晨五時醒。

今日血壓為130/80，好極了！

三月九號星期四（正月廿三）

校《大誥今譯》之校勘部分。

修改《史林雜識》三篇。章元善來，長談。又同到伯祥處談。

看《清代文集別録》。吳劍霞來打針。服藥兩次，十一時半眠，翌晨五時半醒。

今日爲予病後第一次看朋友，走了些路，又覺得喘和出汗。元善比我固强，但聽覺則尚不如我。

聞江問漁日前在上海逝世，年七十六。

聞伯祥言，載濤善鑑馬，今任國防部馬政司顧問，凡由張家口進口之軍馬皆由其鑑別。溥儀善鑑玉，其在天津時，玉商群趨之，請其鑑別，蓋由宫中玉多，恣其探討也。奕譞乃有此兒孫！

三月十號星期五（正月廿四）

校《大誥》解釋、章句、譯文訖。

校改《史林雜識》。張舜徽來。吳劫君來。頤萱嫂來。

與湲兒到北醫打針，遇葛志成夫婦。十時服藥眠，翌晨五時醒。

吳劫君爲吳闓生之女，邢贊亭之弟婦，由徐冰介紹與我作秘書，今日由申伯純介紹來見。惟其尚在雕刻工廠作統計員，須得組織同意。其妹石君，爲自明之同學。

三月十一號星期六（正月廿五）

到北京醫院配牙。又就金静仁大夫診。寫蕭項平、張北辰信，送《大誥》稿本。改《雜識》兩篇。

與湲、堪兩兒到和平賓館飯。到東安市場買物，遇楊蔭瀏、曹安和、張政烺。將《史林雜識》初編修改訖，并作"内容説明"一小段。寫上海人民出版社信，付寄。

德融侄來。看《韓非子》。爲待諸兒自政協歸，服藥兩次，十一時半眠，翌晨七時半醒。

今日上午向中華書局交出《大誥》，下午向上海人民出版社交出《史林雜識》初編，肩頭一輕。

《雜識》初編共五十四篇，三百四十三頁，十七八萬字。除《漢代的方士與儒生》一小册外，此爲我個人賣力之第一部著作，直一生心血所萃也！

和平賓館本月初開一廣東館，專賣炒麵，今日前往，賣座不多，當係較貴之故，在門口看牌子人却不少也。近年所有館子皆擠，入春後以供應較多，不復發號取牌，故各家又得如前營業，食客亦不緊張矣。

德融告我，德峻于上月在福建逝世，年四十。此人不肯勞動，好發脾氣，自趨絕路，死不足惜。

三月十二號星期日（正月廿六）

整理一九二四年筆記，未畢。申伯純來。

石慰萱來，爲予按脉。理抽屜。

與三姨及四兒到紅星看《洪湖赤衛隊》。十一時服藥眠，翌晨三時醒，遂不寐。

今日精神昏憒，不知何故，氣管炎有復發之勢。

慰萱按予脉，謂無甚外感，只是衰老，予問能活五年否，彼云可，旋云三年無問題。若然，予可以準備矣。

三月十三號星期一（正月廿七）

整理舊筆記四册訖，寫華訓義信寄去。與頤萱嫂、静秋、又安送三姨上十一時半車。遇王藥雨之子及馬女士。

整理一九二二年筆記未訖。

吳劍霞來打針。聽廣播。十時服藥，十一時後成眠。上午五時醒。六時後又朦朧半小時。

日前得蘇聯學者李福親所著《長城的故事》，以予前所發表者爲基礎，而更集若干民間資料以足成之。異邦人且能如此，我輩安得不勉！

三月十四號星期二（正月廿八）

點趙孟軺《蘇州飲食店及園林》稿。寫米暫沉信。審查陳祖良《孫子十三篇語釋》稿，作評。記筆記一則。

到羅偉之處。到政協禮堂，與伯祥、元善、平伯談。并與張絅伯、曹靖華、徐行之等談。五時半飯。七時出。訪張舜徽不遇。

到北京醫院打針。洗浴。看《列女傳》。十二時服藥眠，翌晨六時半醒。

今日所晤人：劉定五　易禮容　何叙父　趙樸初　馮賓符　載濤　于滋潭　吴世鶴　舒宗鎏夫婦　顧均正　蔡方蔭　毛之芬　于學忠　浦化人　黄秉維　王楓　闞瑞梧　于樹德

三月十五號星期三（正月廿九）

看程金造《史記索隱》與《正義》之關係文，摘入筆記，爲三則。陶才百來。王愛雲來，我與静秋、湲兒與之同到和平賓館飯。遇孫照。

寫程金造信，到郵局寄。到文化俱樂部，出席學習會，討論將來要否參加聯合國問題。五時半，與李紫東同回。

勘《侍養録》第二册，未畢。静秋伴至北醫打針，遇浦化人。十時半服藥眠，翌晨六時醒。

今日同會：楊東蓴　李紫東　吴文藻　董守義　孫照　吴研因　吴榮　王嘉璿　張守中　沐紹良

三月十六號星期四（正月三十）

勘《侍養録》第二册訖。尹受作《畿服》四圖訖，審定付寄，寫上海人民出版社信。爲李址麟看稿五十頁。高尚仁來。

與静秋到政協，她開會，予理髮，及改方慶瑛文。五時半，到餐廳進食。小坐，與浦熙修談文史資料事。

與静秋同看川劇院演出《綉繻記》，十時半散。十一時到家。十二時服藥眠。

今日所遇人：陳副總理　金漢鼎　陳叔通　康同璧　楊美貞　馬毅　章乃器　章伯鈞　何遂　馬寅初　李培基　于學忠　浦熙修　康心之　秦德君　李一平　章元善夫人　吕叔湘夫婦　梁漱溟　張奚若夫人　蘇笑天　王澤民夫婦　頤萱　周亞衛夫人　胡宜男　張明養夫婦　溥儀　申伯純　吳榮　程希孟夫婦　朱蘊山　陳建晨　陳慧　楊東蓴　鄒秉文　羅隆基　吳覺農夫婦　陳綿祥　果淑珍　載濤夫婦　李覺　辛志超　陳達夫婦　周太玄夫婦　嚴景耀夫婦

今晚所觀劇：李亞仙——劉卯釗　鄭元和——袁玉堃　鄭北海——李家政　鄭周氏——徐明操　李四——趙又愚　張三——王起冲　宋禄——唐顯和　鴇母——秦淑惠　婢紅碧——田玉蘭　演得細緻，其辭冠諸一節，使予泪下，蓋演員體貼李亞仙之忘我精神，益顯其人格之高偉也。

三月十七號星期五（二月初一）

與浦熙修信，開北大師生在京名單。閱李址麟《檀君傳説考》粗畢，記出其資料，未畢。寫李福親信。

到政協，參加文化衛生組"百家争鳴"座談會，自二時半至五時半。遇周曧成、焦實齋、李平衡、謝家榮。會畢，與伯祥、宋雲彬、李祖蔭同飯。潮、洪兩兒來，又同飯。同到頤萱嫂處，與木蘭談。

到政協禮堂看《智取華山》片。遇浦熙修。與酈平章談。十時半歸，十一時服藥眠，翌晨六時醒。

今日同會：呂振羽　李祖蔭　趙君勱　秦德君　彭鏡秋　盧漢　高履芳　裴文中　鄧廣銘　張政烺　唐蘭　胡厚宣　趙萬里　韓壽萱　向達　金燦然　載濤　吳文藻　費孝通　宋雲彬　王伯祥　沈從文

三月十八號星期六（二月初二）

看李址麟《箕子朝鮮傳説考》訖。寫吳劼君、自珍、郭紹虞、辛樹幟信。寫陳景鑾信。

張舜徽來。冒雨到哲學社會科學部開會，討論百家爭鳴等問題，自二時半至六時一刻。

鈔蘇州喪儀。吳劍霞來打針。十時服藥，約十一時眠，翌晨四時醒。又眠，六時半醒。

今日同會：潘梓年　劉導生　徐炳昶　呂叔湘　丁聲樹　王伯祥　余冠英　陳中平　傅懋勣　陸志韋　侯外廬　金岳霖　唐弢　賀麟　約二十人

黨要貫徹"百家爭鳴"方針，鼓勵人多發表意見，説明政治與學術分開，學術論點即有錯誤，不用以前批判方式。但自有俞平伯《紅樓夢》事件，已養成人們的顧慮，展開爭鳴局面殊不易耳。

三月十九號星期日（二月初三）

寫方慶瑛信。到南河沿文化俱樂部，出席民進生活小組，自九時至十一時。諸兒來，同飯。遇杜任之、李允恪、黃秉維夫婦。

整理《侍養錄》第三册，未畢。與靜秋到康同璧家，晤其母女，長談二小時。記筆記一則。遇魏盛儀。

到北京醫院打針。十時服藥眠。翌晨五時醒。

今日同會：陳慧　王伯祥　董守義　梁純夫

三姨一子一女，子婦與女婿皆黨員，子女又均有工作，本是最快樂的家庭。渠自身在幼兒園服務，亦成工作幹部。顧以玉舜性倔強，母子齟齬，來京訴苦，得靜秋與木蘭等一個月之開導，思想搞通，靜秋且爲振華作長函。頃得振華復信，知三姨到徐，玉舜往接，夜半前往，母子釋嫌矣。

三月二十號星期一（二月初四）

整理《侍養錄》第三册訖。修改李址麟作《秦漢初遼河和淍水的位置》，未畢。記筆記二則。吳劍霞來打針。

到侯外廬處談工作。王嘉璿來，送文件。看三月十一日陳毅副總理"關于國際局勢和中國的外交政策"報告記錄。

到北京醫院打針。服藥兩次，十二時半眠，翌晨六時醒。

陳副總理報告，對中美關係要保持僵局才有利，中國應援助各國民主、民族運動。中國現在工業已達到一九四一年蘇聯工業的階段。

與侯副所長商量，今後要保持正常生活，上午完全工作，下午休息、散步及看報。必須如此，方可推動《尚書》工作，不負黨中央的使命，而身體亦可較好。開會，非極重要者不參加。此事當再與民進楊副主席商之。

三月廿一號星期二（二月初五）

到政協禮堂，聽申伯純傳達周總理關于國際、國內情勢報告，自九時至十二時。到同和居飯。

到西單商場閱書。到政協禮堂俱樂部，與諸同鄉茶叙。五時進飯。飯後又談，至六時半出。

羅偉之來。翻新購書。十時服藥眠，翌晨五時醒。又朦朧一小時許。

今日同叙：王伯祥　周晶成　吳研因　葉聖陶　章元善

今日所遇：葉景莘　王卓然　李儼　胡宜南　胡愈之　陳邦賢　錢伯煊　羅涵先

昨打兩次針，自謂易睡，因減服藥之半，乃仍不得眠，起再服藥。求損反益，可奈何！因知打針可以延長眠時，而丸子藥可以入睡，其作用有異也。

三月廿二號星期三（二月初六）

寫楊東蓴信。將李址麟《遼河和淇水的位置》粗看畢。記筆記二則。山東省委宣傳部陳孝禄、方貽佑、丁志萱母子來，問丁稼民資料。吳劍霞來打針。

到北海看桃花，茗于天王殿西，將方慶瑛《論曹操》文一萬四千字改畢，費三小時，即送至北京市文物工作隊，未遇作者，留條出。

到北京醫院打針。十時服藥眠，翌晨三時醒。又眠，六時半醒。

現在人作文，拼命拉長，一句中形容詞太多，文義又多重複。近看李址麟文如此，方慶瑛文亦如此，固知此爲時下風氣，然實費讀者時間，且不易找到中心思想。予爲兩君改文，亦是苦事。安得毛主席提倡，相率爲乾净、簡練之文乎？

三月廿三號星期四（二月初七）

將李址麟《王險城位置》粗閲訖。理抽屜。寫許毓峰信。

與静秋同到政協禮堂，她開會，予泡茶，鈔《史記·朝鮮列傳》各家注釋，訖。與劉型夫婦談。五時，到餐廳，與王葆真、高君箴、高宛真同桌。

与郭静儀、胡宜南、陳斐君等茗談，請包國寶爲静秋按脉。七時半，看《兄弟的友誼》、捷克片《羅密歐、朱麗葉與黑暗》。十時半歸，十一時半服藥眠。

在禮堂所遇人：曾資生　黃琪翔　周太玄夫婦　周鯁生

三月廿四號星期五 （二月初八）

將《遼河和洈水的位置》復看，并將所據資料鈔出，未畢。吳劍霞來打針。楊東蓴來。

翻《管子》，記筆記十則。到北京醫院，就蔣景文大夫診。與洪兒到王姨丈、母處談。

續翻《管子》，至十册。待静秋歸，十一時服藥，未成眠，再服藥，約十二時眠，翌晨七時醒。

今日量血壓，仍爲 150/80。

在院所遇人：賀貴嚴　張頤　吕振羽

雁秋于今日歸其家，計住右安門者半年餘矣。他喜歡多説話，雖心實無他而易起人疑，所以有此。

今晚下雨，以前對下雨不注意，今則飽嘗旱災之苦，得雨咸額手預慶豐收矣。

三月廿五號星期六 （二月初九）

將《遼河和洈水的位置》復看訖。記筆記三則。

復看《王險城位置》，未畢。記筆記二則。張舜徽來道別。與静秋同到南河沿飯。

與静秋到文聯禮堂看昆曲。十一時半服藥眠，翌晨六時半醒。

今晚所觀劇：北京昆曲研習社第八次彩排：1. 藏舟（漁家樂）　鄔飛霞——袁美成　劉蒜——過亞麗　2.琴挑（玉簪記）

潘必正——許淑春　陳妙常——吳受璩　3. 梳妝（連環記）　呂布——王亨愷　貂蟬——陳穎　董卓——金樹華　4. 思凡（勸善金科）　趙色空——韋梅　5. 借茶（水滸記）　閻婆惜——鄒慧蘭張文遠——王劍侯　演《思凡》之韋梅，平伯之外孫女也。

　　所遇人：一、文化俱樂部：凌其翰　鄺平章　吳廷勘　嚴景耀夫婦　顧均正　二、文聯禮堂：康同璧　章伯鈞夫婦　殷綏貞楊景晨（張奚若夫人）　章元善夫婦　竺可楨夫婦　錢昌照夫婦張治中　宋雲彬　聖陶　伯祥　俞平伯夫婦　齊燕銘　胡宜南

三月廿六號星期日（二月初十）

　　方慶瑛來。訪葉叔衡先生，未遇。到李唐晏處，晤其夫婦，長談。

　　檢《徐文長集》及畫送楊東蓴處，長談約二小時。復看《王險城位置》訖。與兒輩到紅星看《南極洲探險記》電影。

　　待靜秋街道開會，翻《管子》兩冊，記筆記六則。十一時許服藥眠，上午二時醒。又眠，六時三刻醒。

三月廿七號星期一（二月十一）

　　三讀《秦——漢初遼河和浿水的位置》，未畢。記筆記三則。到南河沿飯，遇李君武、唐蘭、趙萬里。吳劍霞來打針。

　　記筆記二則。訪章雪村，未晤。訪錢琢如，亦未晤，留條。遇林山，至其家談。

　　看《曲海總目提要》。洗浴。服藥兩次，十二時後眠，翌晨七時醒。

三月廿八號星期二（二月十二）

　　三讀《遼河與浿水》訖。記筆記二則。

到北海山頂攬翠軒，與諸友人茶叙。四時半下山，到漪瀾堂仿膳餐廳飯。六時半歸，遇趙萬里。

聽廣播。十時半服藥眠，上午二時半醒。又眠，七時醒。

今日同會同飯：葉叔衡（八十一） 王伯祥（七十二） 錢琢如夫婦 章元善（三人均七十） 俞平伯（六十三） 陳乃乾 汪季文（五十八）

三月廿九號星期三（二月十三）

三讀《王險城位置》及《箕子傳説考》均畢。記筆記三則。張北辰來。

記筆記二則。到東單散步，購物。

翻《管子》。到北京醫院打針。十時服藥眠，上午三時醒。又眠，六時醒。

静秋近日極易疲憊，常想睡眠，恍然若大病之將至。屢次囑其赴醫院檢視，輒以"不入耳之言來相勸勉"拒我。但至今日，則自己亦想看病了。

予浮腫，腿甚于面；静秋則面甚于腿。吴諺云："男怕穿靴，女怕帶冠。"豈腫病果有男女之别乎？孩子中惟堪兒未腫，邇來此病甚多，莫測其由來。

三月三十號星期四（二月十四）

覆看《檀君傳説考》一過。記筆記三則。

與静秋同到政協禮堂，她開會，我理髮。泡茶待伯祥，續看《檀君傳説》，伯祥來。孫蓀荃來長談。五時赴食堂，静秋後至。與静秋到雁秋夫婦處談。

與静秋到政協禮堂看屠格涅夫《父與子》電影。服藥兩次，十二時後眠，翌晨七時醒。

今日所晤人：周鯁生夫婦　楚溪春夫婦　易禮容夫婦　陳汲
張知行　薛文淑　楊景晨　胡庶華　雷潔瓊　葉聖陶及其妹、
子、媳　章元善夫婦　王紀元　李俊龍　王季範　吳大琨夫婦

三月卅一號星期五（二月十五）

覆看《檀君傳説考》。記筆記三則，整理《湯山小記》第廿一
册訖。

東蓴車來，同到政協禮堂三樓，與諸同人談北大舊事。五時就
餐。七時歸。遇劉斐。

到北京醫院打針。吳劍霞來打針。十時半服藥眠，上午六時
半醒。

今日同會同飯：徐炳昶　梁漱溟　周炳琳　馮友蘭　楊鍾健
尹贊勳　魏建功　何思源（以上客）　楊東蓴　予　張述孔
（以上主）　爲《文史資料》收集北大歷史，故有此會。

聞陳啓修在四川去世矣，是亦一北大老教授也。

北大教職員中年歲最高者爲朱啓鈐，今年九十，在清末爲譯
學館監督。在清代之學生，尚有葉恭綽、關賡麟，均仕學館，秉
志，預科畢業。

[原件]
　　　稿酬清單
《尚書今譯》　加工稿費　貳佰元整
　　　　　　　　中華書局財務組　1961 年 3 月 31 日

　　　挂號函件收據　1961. 3. 11. 19.
（寄上海人民出版社四編室）

一九六一年四月

四月一號星期六（二月十六）

到北京醫院，就內科女大夫汪向平診，又就腦系科大夫蔣景文診。遇楊鍾健、余冠英。到崇文門買乘車月票。寫方洞信。

記筆記二則。與靜秋同到朝內市場購物，到青海餐廳飯。將李址麟文四篇到東四郵局寄。

翻《管子》訖。看郭沫若《管子集校》。爲靜秋打堪兒，至十一時服藥眠，翌晨五時醒。又眠，七時醒。

今日血壓爲 143/86，腫雖未消，醫云基本上已好，精神方面，亦較有抑制力。

四月二號星期日（二月十七）

訪尹達，未遇，晤其夫人。到胡厚宣處，晤其夫婦及子振宇。到張德鈞處，晤其夫人。到羅偉之處。寫李址麟信。

與靜秋到吉祥戲園，看川劇《荊釵記》，自一時至三時半。遇賀昌群、王芷章，與昌群同歸。整理《淞上讀書記》第五册訖。訪姚紹華，晤其夫人。散步，遇汪靜之。

看魯迅《唐宋傳奇集》。服藥兩次，十一時後眠，翌晨七時醒。

今日所觀劇：錢玉蓮——劉世玉　王十朋——劉又全　錢流形——李家政　錢孫氏——秦淑惠　王母——徐明操　万俟卨——馮文澄　堂候官——趙又愚　周必大——王世澤　王世弘——陳少池　錢載和——熊煥文　錢夫人——魏紫丹　媒婆——曾又珠

邇來上半夜仍難睡，而下半夜睡得極好，但起床後頭暈耳。

厚宣云：日本人新出《世界史大系》一書，中國首插予照片，次插郭沫若先生照片。又有人告予：今年春節，毛主席請八十以上人吃飯，席間謂像顧某這樣的人，現在很少了。聞之益自惕。

四月三號星期一 （二月十八）

編《大誥今譯》之參考書目，再寫上卡片。

到北海，飯于仿膳，茗于雙虹榭。到景山公園散步。

到北京醫院打針。十時服藥眠，上午一時醒。良久，入半睡眠狀態，至七時醒。

傍晚獨游北海，碧桃盛開，婆娑樹下，忽然有憶，成二絕句 * ：

白塔山前花滿衢，獨來徒倚總踟蹰。可能覓取丹青手，寫出迷離尋夢圖？

斜陽照我嘆人遐，宣武城闉望裏遮。默默禱天天莫負，春風爲伊駐年華！

四月四號星期二 （二月十九）

草《大誥今譯》之《前言》二千五百字。光明日報社趙西來索文。

改定政協開會筆錄，寫張述孔信，付寄。到王府井國營茶館與諸同人會，吃咖啡。到葉叔衡先生家茗談。到和平賓館聚餐。與伯祥同歸家，送伯祥到其家，借書。

到北京醫院打針。十時服藥就寢，約十二時眠，翌晨六時半醒。

今日茶叙及同飯：葉叔衡　王伯祥　俞平伯　章元善　汪季文（後二人未飯）

四月五號星期三 （二月二十）

于維權來。將參考書目作者之年及刻書之年注出。寫吳劬君

---

　　* 編按：此則原置本月末，作："四月三日……"，今移回。

信。到北京醫院打針，遇李印泉、楊東蓴、謝家榮。乘東蓴車歸。

就眠一小時許，未成眠。將參考書作説明，成二千字，未畢。静秋大打堪兒。

到東安市場散步。十一時服藥眠，上午三時醒，遂不寐。

静秋今日到馮國寶處診，知腹内有二塊，此爲主病，外則神經衰弱，囑其到醫院檢查。可見她有實病。到同仁醫院檢之，謂是大腸炎，捫之，果有很硬的一段在。渠每易暴怒，倘即此病徵耶？

護士張君勸予上午打針，俾便午睡。予如其言，然僅微瞑耳，實不能睡，而晚間僅眠三小時許。只得仍于夜間往矣。

堪兒頑皮透頂，不注意功課，以是屆入隊年齡，雖申請而不得批准，静秋借事大打一頓，不知其能改否。

四月六號星期四（二月廿一）

記筆記一則。到北京圖書館看陳大猷《書集傳》。遇王利器。回，遇鄭象銑。作陳大猷書説明。

與静秋同到政協禮堂，渠開會，我飲茶，看《大誥今譯》，準備作《凡例》。五時，渠散會，同飯。到雁秋處。到同仁醫院取鑰匙，到東單公園看花。

改中華書局《大誥今譯》出版通訊。到北京醫院打針。服藥兩次，約十一時半眠，上午三時醒。又眠，七時醒。

昨夜眠不佳，今日疲甚，因往北京圖書館閲書，此爲予來京七年中第一次。

今日下午所晤人：李書城　劉斐　陳文彬　俞平伯　孫蓀荃　李覺　劉定五　陳修和　黄雍　易禮容　王楓　黄紹竑　曹靖華　葉篤義　錢昌照　鄒秉文

四月七號星期五（二月廿二）

爲簡朝亮卒年，寫廣東文史館信。將《大誥今譯》稿統看一過，備作《序》與《凡例》。李址麟來，予與靜秋伴之至南河沿午餐。又同到百貨大樓買物。遇罕德蘇倫。

記筆記一則。理書桌。昌群來。

到北京醫院打針。到昌群家看乒乓球賽電視。十一時服藥眠，上午二時半醒。又眠，六時三刻醒。

今日所遇人：熊迪之夫婦　吳覺農　陳建晨　李書城

今日買保健帶二，一套臂，一套腿，云有磁性，可治失眠，價十八元，姑試之。

四月八號星期六（二月廿三）

看賈芝等編《中國民間故事選》。記筆記二則。重作《大誥今譯序》二千言。尚愛松來。林幹來詢匈奴史事。

與靜秋及潮堪兩兒同到乒乓球場，看廿六屆世界錦標賽會，自二時至五時。歸途經東安市場。

到市場聽曲藝。洗浴。十一時半服藥眠，翌晨七時醒。

全世界乒乓球賽，在中國，爲築球場，容十場併打，觀衆容一萬五千人，參加比賽者達三十九國。會場中十分熱烈，鮮見之大場面也。

四月九號星期日（二月廿四）

得上海人民出版社寄還《風雅頌之別》及《韶》二篇，即加修改。張覺非來。譚鎬來。全家到南河沿俱樂部飯。

方洞來，同到政協禮堂參觀，進晚餐。

與方洞到陶然亭公園抱冰堂茶叙。送之回宿舍。待潮兒觀賽球歸，十二時服藥眠，翌晨七時醒。

今日所晤人：林仲易　于學忠　吳文藻及其女宗黎　宋雲彬　李祖蔭　董渭川夫婦　張絅伯　李培基　韓壽萱

堪兒今晚發燒，高 38 度 6。

團體錦標賽，今晚決定：男隊：1. 中國；2. 日本；3. 匈牙利。女隊：1. 日本；2. 中國；3. 羅馬尼亞。一冠軍，一亞軍，大家爲之振奮歡呼。

四月十號星期一（二月廿五）

修改筆記訖，寫上海人民出版社信。草《大誥今譯凡例》訖，約一千字。

到陶然亭公園，吊高君宇、石評梅墓。到慈悲院飲茶，重寫《凡例》。擬《北大文史資料草目》。五時三刻歸。

看《繹史》。到北京醫院打針。十時服少量藥，不得眠。十二時更服重量藥，眠，上午七時醒。

近治西周史，必須讀金文。而予所藏甲、金文書，抗戰中家人存入燕大臨湖軒地窖，盡爲日寇所盜，弄得十分不便。

四月十一號星期二（二月廿六）

到南河沿俱樂部，八時半上車，九時許到頤和園。與伯祥及其女瀋華、宋雲彬、金芝軒夫婦同游，先至諧趣園，再至後山，十一時到聽鸝館進茶及午餐。

十二時許出，到西堤，上三橋，到長廊飲茶。到宜芸館等處。三時半出，三時五十分開車，四時半回南河沿。五時許到家。重鈔《北大文史資料目録》。看《通鑑前編》。

到北京醫院打針。聽廣播。十時服藥眠，上午二時凍醒。良久始入半睡眠狀態。七時醒。

今日同游：章元善夫婦　秦德君　李書城　邵力子　鄒秉文

夫婦　王芸生　章乃器　王葆真　閻寶航　李俊龍　董渭川夫婦　劉斐　黃紹竑　龍雲夫婦　潘光旦　費孝通　謝家榮　黃琪翔夫婦　周太玄夫婦　載濤　張明養夫婦　蒲輔周　李培基　彭鏡秋　沈從文　于樹德　浦化人　董守義夫婦　何魯　史公載　李覺夫婦　盧郁文　薛愚　共一百五十人，四大車。玉蘭已謝，海棠、丁香正茂，連翹、迎春離披。再二星期，牡丹放矣。

四月十二號星期三（二月廿七）

寫陳萬里信。寫楊東蓴信，借予書籍。作《大誥史事集證》未畢。高尚仁來，教站功。

李址麟、罕德蘇倫來。雁秋來。到北京醫院，車中遇謝剛主。到院，就曲以蘭女大夫診。遇劉清揚、黃奎寬。歸，吳孝騫來。理抽屜。寫于思泊、蕭項平、張北辰信。

到北京醫院打針。聽廣播至十一時。失眠，服藥兩次，約十二時半眠。終夜在朦朧中。

今日血壓爲 154/94，較前爲高，脉搏亦較速。我眞不能趕工作。

蘇聯載人飛船上天，首次乘坐者爲加加林上校，經八十餘分，歷美、非二洲，高三百餘公里，安全返陸，此一劃時代之事也。

爲乒乓球賽，孩子們聽廣播，使予亦只得隨之聽，聽得緊張，眠時又遲，遂無法成眠矣。

四月十三號星期四（二月廿八）

臥床半天。看《觀堂集林》及《東壁遺書》。小眠。

搜集《大誥》史料交尹如潛鈔。寫吳采君信，到煤渣胡同郵局寄信。人民日報社陳大可來。

聽廣播。服藥兩次，十一時後眠。翌晨六時半醒。

今日起身後大不舒服，因睡半天。

静秋無晝無夜地作吵，看她真是自走絕路。予于家庭中毫無溫暖之感，此亦使予神經緊張之一因也。

四月十四號星期五（二月廿九）

到政協禮堂，列席常務委員會第十二次會議，自九時至十一時半。看白壽彝《談史學遺產》文。

續搜集資料，交如濬鈔。陳景鑾來。作《大誥》史事提綱。記筆記二則。

與又安到林山、賈芝處，俱未晤。留孟姜女故事稿而出。到北京醫院打針。聽廣播。至十一時半，服藥眠，翌晨六時半醒。

今日同會：陳叔通　郭沫若　包爾漢　沈鈞儒　劉清揚　李德全　許德珩　楊東蓴　張執一　史永　易禮容　張曼筠　劉斐　邵力子　傅作義　劉文輝　朱潔夫　張述孔　楚圖南　蒲輔周　朱蘊山　于蘊之　章伯鈞　張治中　王紹鏊

四月十五號星期六（三月初一）

續寫《大誥史事集證》約四千字。記筆記二則。陶才百來。

吳采君來，寫徐冰信。看姜、尹二人檢出重複書。

到吉祥劇院，看昆曲《霞箋記》。九時三刻歸，寫賈芝信。服藥兩次，十二時眠。翌晨六時半醒。

今晚所觀劇：季玉郎——滿樂民　耶律燕——何金鵬　司書——韓建成　孫教授——虞俊聲　張翠娘——虞俊芳　小喬——翟潔　鴇兒——梁壽萱　有財——趙笠夫　李棟——富德忠　李夫人——王少君　鐵木兒——程增奎　賣糖郎——劉秀華　驢夫——王卷　店家——陶小庭　公主——林萍　駙馬——侯廣有　主考官——叢北桓

四月十六號星期日（三月初二）

寫方洞信。續作《大誥史事集證》。錢琢如來，長談。

到政協禮堂，參加民進常務委員會擴大會議，聽楊東蓴傳達周總理四月三日在人大常委會報告，自二時半到七時十分。

在政協飯。到北京醫院打針，遇王歷耕。十時服藥眠，翌晨五時半醒。

今日同會：王紹鏊　楊東蓴　章廷謙　毛之芬　張紀元　葛志成　吳研因　董守義　嚴景耀夫婦　吳榮　林漢達　謝瑩　徐楚波　梁純夫　陳慧　陳選善　王歷耕　傅彬然　馮賓符　顧均正　余之介　趙樸初　趙濟年等

四月十七號星期一（三月初三）

吳采君來，爲指點工作。續作《史事集證》，第一、八章定稿，第二章未畢。

到羅偉之處。到地安門外理髮，看李亞農《西周與東周》。到北海大眾食堂前飲茶，看民進學習報告。到文淵閣買文具。

到章元善處，未遇，留條。到北京醫院打針。翻鄧之誠《東京夢華錄注》。以不成眠，咳嗽，靜秋與吵，遂遷住後屋。服藥兩次，十一時半眠，翌晨六時醒。

予來京七年，屢求尹達爲予配一助手，迄未見許。何圖今年春節遇到徐冰，他允由政協給我一秘書，自今日起吳采君來工作矣。采君，北江先生之第五女也，甚望其能助我一臂之力。

尹如潛是一有用人，寫字既快且工整，又能整理書籍、屋子、燒飯，成爲我不能缺少的人。又安能力遠不如他，人又疲茶，但整理孟姜女故事多年，他賴在我家，也甚望他能將此事畢工。羅偉之，爲予起文史資料稿。華訓義，爲予鈔筆記。我家六人，加此四人，又一保姆趙姨，開銷浩大，一個月薪到手，十日便罄，此外更無生財之道，只得賣書度日，然書價仍不高，奈何！

四月十八號星期二（三月初四）

灌菜畦。作《大誥史事集證》第二章，未訖。

與靜秋到政協禮堂，聽錢學森、蔡翹、趙九章報告蘇聯發射載人宇宙飛船各問題。在政協飯。

與靜秋到西單劇場聽上海人民評彈團演唱。十一時歸。失眠，服藥兩次，約上午一時眠，六時三刻醒。

今晚所觀評彈：石文磊——毛主席蝶戀花詞　朱雪琴——寶玉探病　孫淑英、沈偉辰——西廂記·鬧簡　徐麗仙——黛玉焚稿　周雲瑞、郭彬卿——珍珠塔·八面觀音　楊振雄、楊振言、張效聲——玉蜻蜓鬧公堂

今日所遇人：吳英　陳建晨　王立芬　程希孟夫婦　胡庶華　孟目的　于滋潭　李德全　徐邁進　金振宇　擎宇　楊蔭瀏　王伯祥　章元善夫婦　周鯁生　徐楚波　張紀元　金芝軒夫婦　彭飭三　陰法魯　李君武

四月十九號星期三（三月初五）

打抽水馬桶。新建設雜志社王慶成來。續作《大誥史事集證》第二章訖。吳石君來。

到錢琢如處。到隆福寺閱市。到文聯，參加民間文學編輯部聯歡大會，自二時半至五時。到科學出版社閱書。到南河沿飯。遇金玉林、陳怡迪、陳援庵、劉乃和。

參加民進傳達宦鄉報告會。到北京醫院打針。洗澡。十二時服藥眠，翌晨七時醒。

今日同會：賈芝　陶鈍　陶建基　王沂暖　秦似　柯蕭代各省區代表共二十餘人　文學研究所召集邊省文教工作者來京商

討少數民族文學史問題，已開會廿餘天。今會畢，民研會爲招待一次。

今日又同會：趙樸初　張紀元　葛志成　左克明　徐楚波　謝瑩　酈平樟　孫照　林漢達　陳選善　章廷謙　王歷耕　顧均正　余之介　吳榮　嚴幼芝　今晚傳達報告，知英國政治、經濟、軍事方面無不衰敗，殖民地失去四分之三，人民對本國無信心，皆存得過且過之思：英帝原是獅子，今成脫牙掉毛之獅矣。

四月二十號星期四（三月初六）

作《大誥史事集證》第三章訖。澆菜。

記筆記一則。到伯祥處還書。馮國寶來。

到和平賓館訪王沂暖，未遇。到北京醫院打針，與林葦談。十一時服藥眠，翌晨六時醒。

美國雇佣軍隊入侵古巴，以古巴行民兵制，在七十二小時內所占各地軍完全擊潰。美帝是紙老虎，朝鮮如此，老撾亦如此，古巴亦如此，噫，可以休矣。

四月廿一號星期五（三月初七）

移後屋工作。作《大誥史事集證》第四章，未畢。與吳采君談。

到北京醫院，就曲以蘭大夫診。遇朱育蓮。與靜秋到雁秋家，與雁秋夫婦同到沙鍋居飯。到政協禮堂候入場。

聽上海評彈。十時半散。十一時半服藥眠，上午四時醒，遂不寐。

今日量血壓，爲 140/90，較前稍好。醫云浮腫尚未盡消。

今日所晤人：孫雲鑄　袁翰青　馮芝生夫人　金克木　葉至善夫人　陳宣昭　顧均正夫婦　馮國寶　樓朗懷　伯祥及子潤華　張紀元　陳文彬

今晚所聞：1. 石文磊——蝶戀花   2. 張效聲——林海雪原·打虎 3. 孫淑英、沈偉辰——昭君出塞（開篇）   4. 朱雪琴、郭彬卿——珍珠塔·下扶梯 5. 石文磊——古巴勝利（小唱） 6. 周雲瑞——晴雯補裘（開篇） 7. 徐麗仙——新木蘭辭（開篇） 8. 楊振雄、楊振言——西廂記·回柬 他們說蘇州話而能使不解蘇語者亦同聲稱好，則其表現技術之高可知。

四月廿二號星期六（三月初八）

看梆子劇《一口劍》本。王沂暖來。記筆記一則。作《大誥史事集證》第四章訖。

臥床二小時，迄未成眠。看楊樹達《積微居小學述林》。輯金文中"東征"資料。澆菜。

到王姨丈處談。看電視。到北京醫院打針。九時服藥眠，翌晨三時三刻醒。

昨夜睡得太少，今日又不舒服。予晚上真不當作文娛活動矣。又今晨四時以出盜汗醒，醒時身上冰冷，亦見予體益虛。護士見予汗多，謂容易感冒。

沂暖來，述及黃奮生在西北民族學院，爲甘省政協委員，五七年鳴放時犯錯誤，分發武威勞動，去年六月以肺氣腫病死于武威，其家已回南京。

四月廿三號星期日（三月初九）

五時起，六時半與靜秋、堪兒到西長安街電信大樓前上民進準備之汽車，出復興門，經石景山、三家店、門頭溝，十一時到潭柘寺，游覽全寺，一時進午餐。

二時至戒壇寺，飲茶。四時回城，經永定河水閘，下車觀之。六時半返家。理書。

聽廣播。九時服藥眠，翌晨四時醒。五時半起。

今日有小雨，下午有大風，故游覽時走路雖多，尚未出汗。路經石景山鋼鐵廠，門頭溝煤礦區，已宛然有鞍山、撫順之規模，可見解放後進步之神速。潭柘寺大白果樹，高十丈外，戒壇寺卧龍、九龍諸松夭喬自在，奇觀也。惜戒壇寺抗戰時爲日軍所據，破爛不堪。

今日同游：嚴幼芝　王寶初　戴克光夫婦及其子　左克明夫婦　陳麟瑞夫婦及其子女　林漢達夫婦　章廷謙　吳榮夫婦及其子　李榮芳夫人　葛志成夫婦及其母　吳研因及其孫　孫照及其孫　徐楚波及其女　吳文藻　鄭效洵夫婦及其兩女　顧均正夫婦　張守平　嚴景耀夫婦　謝瑩　王歷耕及其弟婦、侄　吳廷勘　趙濟年　王嘉璠及其女　徐健竹　龐安民　田文蓮　吳德咸　張蘭玉

四月廿四號星期一 （三月初十）

理物。柯蕭代來。作《大誥史事集證》第五章訖，并將第四章修改一過。

就床，未成眠。點《毛詩譜正義》。記筆記三則。

到北京醫院打針。看連環畫。十時半服藥眠，翌晨五時醒。

尹如濬以病還家。渠易發腸炎之疾。幸翌日即愈。

戒壇寺陰曆六月六日有廟會，寺中所植碑，會衆所立者頗多，足爲妙峰山香會説明。安得抽一日暇前往遍讀之乎？

四月廿五號星期二 （三月十一）

搜集周初金文資料，寫出十四器。寫蕭項平、張北辰信。

到政協禮堂，參加擴大會議，聽商業部胡子嬰副部長關于市場供應問題之報告。在俱樂部進餐。六時半歸。

到米市大街散步。看周嬰《厄林》。十時半服藥眠。上午二時半，溵兒嘔吐，驚醒。再服藥，良久眠，七時半醒。

今日同會及所遇人：嚴希純　李平衡　趙君邁　雷潔瓊　康同璧　王雪瑩　張明養　米暫沉　黃琪翔　載濤　張知行　陳叔通　翁文灝　章元善　呂振羽　姜克夫　陳麟瑞　嚴景耀　周炳林　李培基　林仲易　舒舍予　曾資生

聽胡子嬰報告，知政府一切供應咸有計劃。現在棉花固以歉收而缺乏，亦以工業發達需用棉花而缺乏。全國平均每人每年只能用二尺布，北京二尺五，猶較南方爲高。若其需要，亦可特殊供應，若運動員、東北露天工人、演員，均可分配。糧食雖不能使大家吃飽，但全國在兩年大災中未餓死一人。

四月廿六號星期三（三月十二）

記筆記二則。高尚仁來送藥。作《大誥史事集證》第六章訖。章元善來，爲改挽華南圭詩。

就床，未成眠。到中山公園看花，飲茶，遇尚愛松夫婦。校吳采君鈔稿。到北京醫院打針，遇賈芝。回，遇蘇笑天、劉珺。

馮國寶大夫來診溵兒疾。看王觀國《學林》。十時半服藥眠，翌晨四時半醒。

溵兒半夜疾作，大吐。今日熱高四十度。馮大夫謂不必吃退燒藥，以發燒正是白血球總動員以與疾病戰鬥也。

高尚仁謂四川產米之區，而成都一人只廿二斤，婦女僅十七斤，則予之廿七斤不爲少矣。

章元善謂華南圭前日逝世，年八十六。又云黃炎培近日病，已不能作字。馮國寶謂葉恭綽亦病甚。又謂予所住屋，先前是華南圭的，渠爲建築工程師，故將李鴻藻屋改造。

四月廿七號星期四（三月十三）

作《史事集證》第七節，未訖。

就床，未成眠。訪方洞，未晤，留條。到中山公園看花，在來今雨軒飲茶，看《説文》及呂思勉《中國民族史》。六時半歸。

謝友蘭來。聽靜秋傳達傅連暲報告。十時半服藥眠，上午一時一刻醒。三時半再服藥眠，七時醒。

中山公園近日牡丹、紫藤、木香、櫻花皆大放，北國風光，此爲最盛。兩日往觀，尚未饜也。

予日來多鼻涕，多噴嚏，蓋氣候乍暖還寒，最難將息，而予呼吸器官之病已深，乃一觸即發也。

四月廿八號星期五（三月十四）

作第七節之《徐與淮夷》一段，約二千字。

眠半小時。記筆記四則。續作《楚》，未成。到北京醫院打針，遇張文白、李印泉、熊迪之。

翻《湖海樓叢書》。九時半服藥眠，翌晨六時醒。

昨眠不佳，今日兩足冰冷，甚不舒。

湲兒病愈，仍然拉稀，則寒熱雖退而腸炎未痊也。

四月廿九號星期六（三月十五）

到北京醫院，就蔣景文大夫診。遇徐永瑛。到歷史研究所，聽姜君辰傳達周揚、陸定一報告。與魏明經談。晤呂叔湘、劉桂五、田昌五、徐旭生、胡嘉。十二時半在大風中歸。

就床，未成眠。記筆記二則。就《河北梆子傳統劇目彙集》摘錄《宇宙鋒》本事，未訖。洗浴。

聽無綫電廣播。續翻《湖海樓叢書》。失眠，服藥二次，約十二時眠，翌晨七時醒。

今日量血壓，爲 140/80，視前爲低，當係昨眠較好之故。

周揚報告，略謂前年紅專運動作得過分，既不專，亦未紅好，此後當使業務與政治運動分開，厚今而不薄古。按，此所謂"如扶醉人"也。

今夜失眠，度以風雨未出散步耶？抑未打針耶？若如後者，則予倚賴藥物甚矣。

西伯利亞寒流襲來，狂風猛雨大作，中山公園花事盡矣。

四月三十號星期日 （三月十六）

記筆記二則。王楓來。續作第七節《楚與陸終諸國》訖，《嬴姓國》未訖，約三千字。

謝友蘭來送報。與靜秋到紅星，看《國際廿六屆乒乓球錦標賽》電影上、下集。到北京醫院打針。

吳采君來送稿。讀周濟《詞辨》。十時服藥眠，翌晨三時三刻醒。

[剪報] 1961，4，23 《人民日報·學術動態》
顧頡剛整理《尚書》

中國科學院歷史研究所研究員顧頡剛，正在進行《尚書》的注釋、校勘和今譯等工作。

《尚書》是我國最早的一部歷史書，保存了商、周時代的一些重要記事和文告、講話等等，對研究我國古代歷史很有參考價值。但是，文字古奧，舛訛脫文很多，篇次也有錯亂，因此這部書很難閱讀。并且，其中還有"今文"、"漢古文"和"僞古文"的問題，真的記錄和假托的古史的問題，這些問題也不容易搞清楚。自從清代閻若璩作了《尚書古文疏證》以來，"僞古文"的問題基本上得到了解決，而在“今文”和“漢古文”方面則還要作進一步的探討。在校勘和注釋方面，前人也曾經解決了不少疑難，但是還沒有人把他們的研究成果綜合起來。

最近，顧頡剛已經完成了其中《大誥》篇的整理和今譯工作。《大誥》相傳是周公東征前對諸侯和王朝官吏發表的一篇講話，在《尚書》中是向來被認爲不容易讀懂的。顧頡剛先以《唐石經》作爲底本，把各種古刻（漢、魏石經）和古寫本（敦煌卷子本和日本古寫本）逐一校勘；再選取古今人的注釋，爲之疏通貫串；然後把全文分節標點，譯成現代漢語；最後加上史事的考證和引用書的説明。顧頡剛準備在不久完成的還有《甘誓》、《湯誓》、《牧誓》、《柴誓》和《秦誓》等篇。

一九六一年五月

五月一號星期一（三月十七）

續作《周公東征的勝利和東方民族大遷徙》四千字，本節粗畢，付尹如瀋鈔。

就床，未成眠。晤昌群。

與四兒到天安門觀放花及舞，九時半歸。晤章乃器夫婦及夏康農。十時服藥眠，早四時醒。又眠，五時半醒。

本節凡經五日，成萬餘字，揭出周初民族大遷徙一史實，快甚，亦累甚，耳中嚶嚶作響。俟後日繳稿，亟須休息矣。奄遷常州，已由吳越文化會考出。蒲姑遷蘇州，則予今日方考出，前人未有言之者。

《大誥史事集證》工作，自上月十二日起，已歷二十天，約成四萬字，真不易矣。

今夜與兒輩參加天安門廣場慶祝國際勞動節晚會，來往皆步行，兼以站立一小時半，故眠得甚甜，久所未有也。

五月二號星期二（三月十八）

續作《史事集證》二千餘字付吳、尹兩人鈔。程養和來，詢聞在宥事。

就床，未成眠。續鈔《集證》第八册資料。寫越特金信。到北京醫院打針。回，遇嚴幼芝。

與靜秋游中山公園，看《寶蓮燈》劇。失眠，服藥兩次，約十二時眠，翌晨七時許醒。

靜秋愈憔悴，今日游公園，幾致暈倒，扶之而行。臥後忽然四肢麻木，身上流汗。此皆脾氣不好，凡事焦躁，而又碰到荒年，食品不足，以致浮腫日甚之所致也。爲之奈何？

今晚無意中買到戲票，在公園音樂堂中觀河北青年躍進劇團演《寶蓮燈》，即去年在北載河所見者，飾沉香者爲女子，年十三，武功極優。惜無戲報，不知其名。問之人，謂是“崔衍齡”，亦未知即此三字否？

後從報紙上，知其名爲裴艷玲，其父爲武生，其人勤學苦練，聽黨的話，爲少先隊員。

五月三號星期三（三月十九）

續作《史事集證》第八節二千餘字。程建爲來。

眠一小時。校改《史事集證》鈔件。

翻金榜《禮箋》。十時服藥，約十一時眠。翌晨五時三刻醒。

五月四號星期四（三月二十）

續作《史事集證》二千餘字付鈔。

到政協禮堂，以休息退出。遇周一良。到白塔寺前理髮。到吳采君處，并晤姚子白夫婦。歸，到新華書店閱書。五時歸，續作《集證》。到北京醫院打針。

聽廣播。十時半服藥眠，翌晨五時醒。

五月五號星期五 （三月廿一）

續作《史事集證》中《徐》一部分，約三千餘字。

就床，未成眠。吳半農夫人朱潔來。與洪、湲、堪三兒到南河沿俱樂部飯。雁秋來。

聽廣播。失眠，服藥兩次，約十二時後眠，翌晨七時醒。

今日所遇人：王澤民　康心之　周亞衛夫婦　李蕊　鄒秉文

吃南河沿飯太膩，不能不多飲茶，飲茶多便精神興奮，不思睡了。四人吃飯用十五元餘，一個人總要化近四元，較去年生活高一倍矣。

五月六號星期六 （三月廿二）

到北海慶霄樓，參加科學院哲學社會科學部中心小組學習座談會，自八時半至十二時半。會散，到仿膳飯。

與伯祥、厚宣到雙虹榭，應乃乾邀，觀新鑄字體。遇陶才百。四時半歸，續作《集證》。覺心跳。到北京醫院打針。寫李福親信。

看《涵芬樓秘笈》。十時半服藥眠，翌晨五時醒。

今日同會同飯：潘梓年（主席）　姜君辰　侯外廬　金岳霖賀麟　王伯祥　唐棣華　唐弢　鄭奠　丁聲樹　呂叔湘　胡厚宣馮家昇　張鐵生　謝璉造　聶崇岐　徐炳昶　嚴中平　陸志韋范文瀾

馮家昇君兩年不見予，謂予曰："您瘦得不認識了。"

五月七號星期日（三月廿三　予六十九歲生辰）

修改《集證》。九時半，與静秋及兒輩乘車到動物園，到莫斯科餐廳排隊候餐。雁秋夫婦來。十二時依號入廳，一時餐畢。

游動物園，茗于牡丹亭。五時半歸。續改《集證》。

翻《涵芬樓秘笈》。十時半服藥眠，翌晨四時醒。又眠，六時半醒。

今日因予生日適值星期天，遂約雁秋夫婦同到郊外，嘗莫斯科味，八人共用卅一元許。

五月八號星期一　（三月廿四）

檢查各書，填卷數。將《史事集證》作完，鈔出參考書名及提綱。到北京醫院，就蔣景文大夫診。打針。

就床，未成眠。補記日記四天。將初稿整理一過。到錢琢如處。

到政協禮堂，看《滿江紅》劇。十時五十分出，十一時半到家。十二時服藥眠，翌晨六時五十八醒。

到醫院遇見人：王伯祥及其女瀋華，子湜華　包爾漢　李明揚　周亞衞

今日量血壓，爲 150/90，視前爲高，蓋予近日集中精神作文所致。本文共五萬字，爲近年一巨著矣。

到政協所晤人：胡厚宣　李祖蔭　嚴希純　王寶初

所觀京劇四團演出：岳飛——孫岳　岳夫人——楊秋玲　牛皋——吳鈺璋　秦檜——李嘉林　高宗——馮志孝　王氏——艾美君　老媽媽——王晶華　万俟卨——金立水　周三畏——蕭潤增　胡銓——畢英琦　岳雷——俞大陸

五月九號星期二　（三月廿五）

將《大誥集證》引用書目重勘一過。到中華書局繳稿，晤蕭項

平、張北辰、姚紹華。歸，與靜秋、尹如瀋談賀次君事。

就床，未成眠。到陶然亭公園大悲院，與錢琢如茗談，自三時至五時，到肉市全聚德飯。六時半歸。記筆記一則。

看王樵《尚書日記》。洗浴。十時半服藥眠，翌晨四時一刻醒。

天氣突熱，氣管炎又作，多痰及咳，晨四時本尚能睡，以咳醒。

五月十號星期三 （三月廿六）

整理《寄居錄》第二冊，訖。熊德基來。爲吳采君寫米暫沉信。讀李址麟《穢貉考》，改正其誤字，未畢。

就床，未成眠。侯外廬來。

木蘭來，留宿。翻《涵芬樓秘笈》。十時半服藥眠，十二時醒。再服藥，七時醒。

《光明日報》踵《人民日報》之後，又將我的整理《尚書》工作登出，可見黨之重視此工作，我愈當謹慎矣。

熊、侯兩副所長來，皆爲《辭海》經學部分稿。此稿係周予同所輯，不完備，舉出學派、書籍不够，必須重作，否則日本學者將見笑。所中明日派一人來助作，一星期內要作好。此係中宣部交下之任務。

五月十一號星期四 （三月廿七）

羅世烈來，助編《辭海》經部目。將《穢貉考》粗看第一遍訖。整理《景西雜記》第三冊，未訖。

與靜秋同到政協禮堂，予至休息室飲茶，將李址麟《肅慎考》、《沃沮考》粗看一過。在俱樂部飯。又安送堪兒來，同飯。

在禮堂看《孫悟空》劇電影及本月新聞片。十時半返家。十一時許服藥眠，翌晨六時醒。

今日所遇人：王季範　黃紹竑　陳銘樞　朱潔　康心之　俞平伯夫婦　趙忠堯夫婦　王立芬　李祖蔭　李一平　邢贊亭　包國寶

今晚電影爲"紹劇"，與"越劇"雖出一地，而腔調頗用"京劇"，惟説白則紹興土話耳。飾孫悟空者爲六齡童，飾白骨精者爲筱艷芬。花果山小猴子皆小孩所扮，活潑異常。

五月十二號星期五（三月廿八）

改作《辭海》經學條目，交羅世烈送所長處決定。整理《景西雜記》第三册訖。

迷糊一小時。讀李址麟《三韓考》未畢。静秋病，伴之。羅世烈來。

到雁秋處，與之同到政協禮堂觀劇。十一時許歸。十一時半服藥眠，翌晨六時半醒。

静秋忽然腹痛大作，蓋胃痛也，自云十餘年未發，以湯婆子溫之。市上已無熱水袋，我家所有者已壞，幸有此舊銅器在也。

今日所觀河北省青年躍進劇團演出：1. 雙賣藝：阮小七——張志奎　蕭桂英——何小青　花逢春——張少波　2. 獻杯：田雲山——張淑郁　田夫人——路翠閣　胡鳳蓮——張淑敏　3. 伐子都：子都——張振榮　穎考叔——李金拴　子都馬童——徐章巨　考叔馬童——張躍武　衛南王——王啓飛

所遇人：李平衡　王卓然　張振漢

五月十三號星期六（三月廿九）

到哲學社會科學部開中心小組學習會，討論培養幹部等問題，自九時至十二時。

就床，未成眠。讀李址麟《三韓考》畢，《夫餘考》未畢。記筆記一則。王季康來。

到北京醫院打針。看王鏊《震澤紀聞》。九時半服藥眠，爲人驚醒，良久始得眠，翌晨六時半醒。

今日同會：潘梓年　金岳霖　賀麟　嚴中平　胡厚宣　謝璉造

今晚始打"冬眠合劑"第三療程，九時許頗覺疲倦，喜而就睡，乃爲靜秋高聲喚潮兒及尹如潛冲水壺所驚醒，遂不克眠，和衣倚枕而坐，竟夜在半眠狀態中。予之不能早眠，固有此環境之形格勢禁也。

五月十四號星期日（三月三十）

到熊德基處長談，并見其夫人。到國子監"辟雍"，參觀首都圖書館。

記筆記一則。寫錢琢如信。到中山堂，聽許廣平講"中國婦女代表在日本"、謝冰心講"亞非作家協會在日本召開"、趙樸初及馮賓符講"世界和平理事會在印度召開"之各種聞見，自二時半至六時半。車中遇方柏容、劉毅。

到北京醫院打針。十時服藥眠，上午三時醒，遂不寐，待旦興。

今日同會：除講話人外：王紹鏊　楊東蓴　葛志成　張紀元　雷潔瓊　嚴景耀　徐楚波　吳研因　陳麟瑞　巫寶三　余之介　金芝軒　董守義　吳文藻　王伯祥　顧均正　鄭效洵　王寶初　吳廷勘　孫照　謝瑩　嚴幼芝　毛之芬　吳德咸

五月十五號星期一（四月初一）

五時起，將《夫餘考》閱畢。羅世烈來，讀《辭海》經部，由我寫出意見。李址麟來，商討中朝古代關係。邀之至南河沿俱樂部飯。林幹自呼和浩特來。頤萱嫂來，留飯。

就床，未成眠。與靜秋到中山公園賞芍藥及太平花，茗于來今雨軒，草擬本所第一組幹部《讀書年程》。

昌群來談。服藥兩次，約十一時半眠，翌晨六時半醒。

今日所遇人：陳達夫婦　黃紹竑　黎劭西夫婦　王季範　焦實齋

五月十六號星期二（四月初二）

昌群教拳。重草《讀書年程》，繼改爲《學程》，作表及説明，未畢。看《光明日報》周予同《論王莽改制與經學關係》一文。

到政協禮堂，聽文化部齊燕銘報告三年來文化工作，自三時至六時半。七時，與王歷耕、左克明同飯。八時，到北京醫院打針。

九時半服藥眠。翌晨五時半醒。

今日所晤人：葉景莘　載濤　林耀華　鄭奠　傅樂煥　于學忠　趙啓騄　李明揚　黃芝岡　魏建功　涂允檀　吳昱恒　張知行　費孝通　章乃器　陳文彬　朱啓鈐

五月十七號星期三（四月初三）

昌群教拳。草《我在辛亥革命時期的觀感》二千五百字。略理《瓊東雜記》第二冊。看程恩澤《國策地名考》。雁秋來，留飯。

就床兩小時，約得眠半小時。與靜秋到中山公園，賞太平、月季兩花，并觀金魚。茗于來今雨軒，看李址麟《根據考古資料所看到的朝、中關係》。六時半歸。

到新華書店閲書。到北京醫院打針。十時服藥眠，翌晨四時醒。又眠，五時半醒。

五月十八號星期四（四月初四）

昌群教拳。記筆記一則。續草《辛亥革命觀感》二千餘字。到北京醫院，就蔣景文大夫診。雁秋來，留飯。

與靜秋同到政協禮堂，靜秋開會，予理髮。飲茶，看《辭海》歷史地理部分，與吳研因長談。與靜秋同飯。到雁秋處談。

洗浴。服藥兩次，約十二時眠，翌晨七時醒。

今日所遇人：米暫沈　楊一波　楊崇瑞　楊美貞　周培源夫人王蒂澂

今日量血壓，爲160/100，爲近年未至之高峰，實緣科學院、中華書局、北京大學、政協文史會各種工作所逼，少休息，多煩躁所致。"殺君馬者道旁兒"，予如不能爭取主動者，予真將倒下矣。

五月十九號星期五（四月初五）

續寫《辛亥革命觀感》約二千字。羅世烈來，就其所草《辭海》經學部分爲之潤飾，談。

眠半小時。與靜秋同到美術協會，看江蘇國畫家"山河新貌"展覽會。出，到東安市場買物。

到北京醫院打針。服藥兩次，約十二時眠。翌晨七時醒。

近日工作太亂，心緒不寧，入眠愈難，晨起頭腦昏昏，入夜反而清醒，又重度一九五五年之疾病生涯，口渴且膩，若無津吐者。

五月二十號星期六（四月初六）

到北京展覽館看工業及交通建設展覽會，自八時半至十一時半。到莫斯科餐廳飯。遇查夷平夫婦。

就床，未成眠。翻尚秉和《辛壬春秋》。王錦第來，長談，同到和平賓館喝茶。

七時半與靜秋同到康同璧家，賞太平花。看崑曲《琴挑》。九時半歸。服藥兩次，約十二時眠，翌晨七時醒。

我國工業及交通建設，日異月新，自一九五八年大躍進後不啻翻一番，展覽會今爲末一天，惜不得細觀也。

今晚所晤人：康同璧及其女儀鳳（主）　俞平伯夫婦　易禮容　仇鼇　錢昌照　翁文灝　載濤　章伯鈞夫婦　施今墨夫婦　羅隆基　章乃器夫婦　趙君勱　康老有此雅興，恍若前世事，而平伯有此一班，亦殊不寂寞。

五月廿一號星期日（四月初七）

到南河沿，參加民進生活小組，與陳慧、王伯祥、徐楚波、董守義、梁純夫談，自九時至十一時半。并晤葛志成、張紀元。與伯祥到森隆進餐。

歸，眠三刻鐘。到統戰部，參加雙周座談會，至六時半。在部進餐。

在部看電影《五一節》及《娘子軍》。到北京醫院打針。十時半歸。服藥二次，約十二時眠。翌晨六時半醒。

今日下午同會同飯：李維漢　徐冰　平傑三　于剛　楊東蓴　黃子通　陸平　游國恩　王瑤　吳文藻　謝冰心　費孝通　潘光旦　宋雲彬　周培源　胡愈之　朱光潛　向達

《娘子軍》係海南島共產黨洪長青等組織婦女吳瓊花等與惡霸南霸天及蔣匪軍戰鬥的故事。

予在會中，說出培養接班人之必要，我輩已臨暮年，如不有接班人，有如爐碳之滅，再燃便不易，而友邦則需要甚急，將無以應之。

五月廿二號星期一（四月初八）

補記日記四天。與靜秋同到馮國寶大夫處診，打針。爲政協文

史資料會擬《近百年來中國學人名録》初稿。整理《瓊東雜記》
第二册訖。

眠一小時許。到羅偉之處。到錢琢如處，未晤，留條。看羅振
玉《貞松老人遺稿》。

與静秋、潮兒到青年藝術劇院觀劇。十時許歸。服藥兩次，十
二時後眠，翌晨七時醒。

政協既派吴采君來，不可無工作，而我寫稿爲身體所限，不
克源源供應，因擬《近百年來學人名録》，鈔出其著述名及傳略，
衍予四十年前《清代著述考》之緒餘，則彼不患無鈔件，而我亦
得輕鬆些也。

到馮君實大夫處量血壓，則爲130/84，距北京醫院所量者甚
遠，彼謂或聽器不準確，或予緊張，或醫師大意所致。彼爲予打
睪丸素針。

今晚所遇人：楊景晨　孫照　吴半農夫婦　葛志成　周國華
吴景超　王家楨　資耀華

五月廿三號星期二（四月初九）

身子不舒，散步院中，與昌群談。看舊作《西北考察日記》。

未成眠。到中山公園，與伯祥、錢琢如夫婦、元善、汪季文、
陳乃乾茶叙。四時半，步至森隆聚餐，六時半出。與琢如同到舊書
肆閲書。

與錢琢如夫婦到吉祥戲院觀曲藝。到北京醫院打針。十時半服
藥眠，翌晨六時三刻醒。

昨晚所觀《上海屋檐下》話劇：林志成——石羽（飾）
楊彩玉——路曦　匡復——杜澎　葆珍——寧和　黄家楣——王
春元　桂芬——李筠　黄父——邵華　施小寶——沙野　小天
津——李耀華　趙振宇——江水　趙妻——白凌　阿香——孫小

田　阿牛——馮茁　李陵碑——杜士俊

今晚所觀曲藝（挖掘傳統節目）：曹寶祿、劉淑慧——雙梅花調：湘子上壽　羅榮壽、李桂山——相聲：白事會　馬書麟——京韻大鼓：游武廟　關學曾——北京琴書：鞭打蘆花　予以打針，僅觀至此，其後尚有王世臣、趙玉貴之相聲《批三國》，譚鳳元之單弦《葛巾》，架冬瓜之滑稽大鼓《呂蒙正教學》等。

五月廿四號星期三（四月初十）

看《孔叢子》。與吳采君談。看王錦第論王國維思想文。與靜秋到馮大夫處打針。

就床，稍一朦朧。到羅偉之處送書。到北海，看北京市第四屆書畫扇面展覽會。

與靜秋到中山公園散步。不服藥，至上午一時半未能眠，服藥，六時半醒。

心兢不已，不能握筆，傷感之甚。

五月廿五號星期四（四月十一）

謝剛主來，還書。尚愛松挈其次子明、三子元來，借書。到北京醫院，就金靜仁大夫診。遇張頤、陳育麟、傅彬然、涂允檀。

就床，未成眠。看《近世中國秘史》。翻覽俞樾《春在堂全書》。到王錦第處，又到沈有鼎處，均未遇。

洗浴。服藥兩次，兼進點，約上午一時半眠，六時醒。

今日量血壓，爲 150/96，視十八日所量較低。

五月廿六號星期五（四月十二）

翻閱《春在堂全書》。與靜秋到馮大夫處打針。

未成眠。看《古籍考辨叢刊》予所作序跋。到南小街理髮。

服藥兩次，約十一時半眠，翌晨七時醒。

睡眠之難如此，直使人失却生存之自信力。

翻予所作考辨古籍文字，自謂不錯，而《叢刊》一集出版後竟無反響，何也？或不給我以抨擊，即爲默契乎？

五月廿七號星期六 （四月十三）

到南河沿俱樂部，開學部會，討論培幹問題，自九時至十二時半。在俱樂部飯。與伯祥、平伯同出。

未成眠。中華書局趙誠來。續翻《春在堂全書》。寫譚季龍、陳萬里信。看《辭海》歷史地理三部。

到北京醫院打針。服藥，約十一時眠，翌晨六時半醒。

今日同會同飯：潘梓年　金岳霖　徐炳昶　周信民　胡厚宣
賀麟　嚴中平　侯外廬　謝璉造　聶崇岐　另一組：劉導生
王伯祥　俞平伯　呂叔湘　丁聲樹　傅懋勣　馮家昇　陸志韋等

五月廿八號星期日 （四月十四）

王錦第來，同訪沈有鼎，不晤。到錦第家。同到燈市口冷飲。遇賀麟、賈芝。與靜秋到馮大夫處打針。

未成眠。到人民大會堂江西廳，開會，討論《辭海》中經學各條。自二時半至六時。乘金燦然車歸。

看《右台仙館筆記》。服藥兩次，約十二時半眠，翌晨六時半醒。

今日同會：齊燕銘　金燦然　魏建功　孫人和　馬宗霍　陸宗達　宋雲彬　陳乃乾　趙誠

覽報，悉西北大學副校長岳劼恒逝世，渠前在全國政協，與予同組，年不過五十，體甚健壯，何遽死也？

五月廿九號星期一（四月十五）

陶才百來。到故宮，看紀念古代十大畫家展覽會，并觀陶瓷館，蕭龍友、關瑞梧捐獻古物展覽。

得眠約三刻鐘。到隆福寺市場閱肆，到新華書店、修綆堂閱書，到蟾宮影院看《喬老爺上轎》電影。

王伯元來。看《右台仙館筆記》。服藥兩次，約十二時眠，翌晨七時醒。

今日活動一天，而眠仍不佳，然則將如何而可？一動筆，一着力看書，即覺血往上升，予其真爲廢人矣。

今日所看十大家：晋——顧愷之　唐——李思訓　宋——王詵　米芾　米友仁　李公麟　元——倪瓚　明——王端　徐渭　清——朱耷

五月三十號星期二（四月十六）

到葉叔衡先生處。與静秋到馮大夫處打針。補記日記四天。

到來今雨軒，與諸友人茗談，自二時至四時半。步至森隆飯。與琢如、伯祥同步歸。

到北京醫院打針。竟夕無眠，服藥不效。

同會同飯：惲寶惠（未飯）　葉叔衡（未茶）　王伯祥　錢琢如　陸欽頤　王仲田　陳乃乾夫婦　陳萬里　汪季文　俞平伯

今日打兩次針藥，以爲可得安眠矣，遂不藥而就睡，乃竟不成眠。及血上擁，耳中突突作響，則雖藥亦不濟事矣，只得起坐待曉。

五月卅一號星期三（四月十七）

乘車至東直門，步行至農業展覽館，以閉館，巡行一周。歸，李址麟、罕德蘇倫來，長談，與静秋宴之于森隆。

　　未成眠。到東單修面。到百貨大樓購藥，未成。與蕭風談。
到北京醫院打針。十時服藥眠。翌晨七時醒。

　　　今日各處奔跑，不看書，夜中打針後覺倦，就床竟得安寢，
睡至九小時，兩宵并作一宵眠矣。然醒後總覺頭暈，則服藥之反
應也。

［原件］

　　　　　稿酬清單　　　　　　　　　　　　1961 年 5 月 30 日

顧頡剛同志

乾麵胡同卅一號

　　尚書今譯"大誥"稿費　　　　　　200 元正

　　　　　　　　　　　　　　　　　中華書局財務組（章）

　　　　　稿酬清單　　　　　　　　　　　　1961 年 6 月 24 日

顧頡剛同志

乾麵胡同卅一號

　　史林雜識稿費　　　　　　　　　　500 元正

　　　　　　　　　　　　　　　　　中華書局財務組（章）

一九六一年六月

六月一號星期四（四月十八）

　　到北京醫院，就金靜仁大夫診。遇李明揚、趙啓騄。歸，劉承
璐自牡丹江迎春來。到醫院取藥，到崇文門買月票。與靜秋到馮大
夫處打針。

　　眠約三刻鐘。與靜秋同到政協禮堂，予參加文化組、民族組
會，自二時三刻至五時半。到餐廳飯。飲茶。

與静秋及洪、湲、堪三兒在政協禮堂看《紅色娘子軍》電影。十時歸。十一時許服藥眠，翌晨七時醒。

今日量血壓，爲 140/90，較前降低了。

今日同會：載濤　呂振羽　李祖蔭　張政烺　王伯祥　邵循正　馮家昇　胡厚宣　夏鼐　陳明達　秦德君　韓壽萱

在政協所晤人：馮賓符　關瑞梧　劉光華　薛文淑　林漢達夫婦　朱潔　陳文彬夫婦　王紹鏊夫婦　陳岱孫　米暫沈　周炳琳　劉定五　陳銘樞夫婦　章元善　張紀元　葛志成　楊崇瑞　呂叔湘夫婦

六月二號星期五（四月十九）

記筆記一則。覆看李址麟《穢貊考》。看王錦第《作爲哲學家的王國維》文。王仲田來。王伯元來。與吳采君談。

看李址麟《古朝鮮的國家形成及其社會經濟形態》。王錦第來，同到龍潭湖散步，自四時至六時。

看震鈞《天咫偶聞》。十時半服藥眠，翌晨六時醒。

今日頗覺頭暈，不知何故。

姨甥婿劉承璐到東北墾荒，所産糧食吃不完，身子健壯。又安決定前往。

六月三號星期六（四月二十）

寫上海人民出版社信，改《雜識》二事。記筆記一則。爲北京市書法研究社寫字兩幅，爲王仲田寫字一幅。與静秋同到馮大夫處打針。

未成眠。寫趙孟頫信。周諧度來。學部黨委宣傳部劉鵬來。洗浴。

到東安市場聽連闊如説《三國》。服藥兩次，約上午二時眠，翌晨八時醒。

北京説書技術遠不如蘇州評彈。連闊如頗有名，今日説關雲長温酒斬華雄，而質直枯燥，使人索然興盡。

六月四號星期日（四月廿一）

張覺非來。記筆記一則。編録漢、魏石經之《大誥》部分，付周諮度鈔。

未成眠。到周諮度處送鈔件。到郵局發信。遇汪静之。整理昨所寫字，打印。寫周勗成信。

全家到南河沿飯。十時半服藥眠，上午一時醒。又眠，六時半醒。

今晚所晤人：徐日新　于滋潭　趙萬里　路工　章元善

六月五號星期一（四月廿二）

覆看李址麟《穢貊考》、《肅慎考》。與静秋到馮大夫處打針。

未成眠。到新華書店閲書。到"美白"理髮，遇陳修和。寫自珍信。

王伯元來。與静秋到紅星，看印尼片《查雅布拉納》。十時半歸。十一時服藥眠，翌晨七時醒。

六月六號星期二（四月廿三）

到蕭風處。劉承璐來。覆看李址麟《夫餘考》畢。

到來今雨軒，集會。到同春園，飯。

送王姨丈返家，與姨母、大琬談。十時半服藥眠，上午三時半醒。四時半起。

今日同茶、飯：王碩輔(85)　葉叔衡(81)　王伯祥(72)　陸欽頤(71)　周勗成(71)　章元善(70)　錢琢如夫婦(均70)　陳萬

里(70)　陳乃乾(66)　俞平伯(63)

六月七號星期三（四月廿四）

覆看李址麟《三韓考》，未畢。李址麟、罕德蘇倫來，同出，游景山、故宮，在御花園進食。三時半出，四時歸。

就床休息，未成眠。到葉叔衡處還《臺灣通志》。

倦甚，早眠，上午四時醒。又眠，六時半醒。

今日下午一歸家便思睡，一夜竟睡九小時，久無此酣眠矣。游故宮洵如服催眠劑，惜予不可能天天往游也。

六月八號星期四（四月廿五）

高啓榮來，鈔《擬歷史研究所第一組培幹學程表》，因重草付鈔。與静秋到馮大夫處打針。

到市場購物。歸，看王獻唐《黃縣罝器》。服藥兩次，約上午一時眠。七時醒。

昨夜眠太好，今夜試不服藥，便成失眠，欲少服藥，結果反多服，予不當再存僥幸之心矣。

近日予右下顎一齒作痛，捫之已動搖，咀嚼不便，不知將就得幾時也。

六月九號星期五（四月廿六）

草《學程表》訖，草説明書一千四百字，付高啓榮鈔。

沈有鼎、王錦第來，同到北海大衆食堂，進茶及飯，至五龍亭乘涼長談。八時出。

到政協禮堂觀劇，十一時許出。步至丁字街雇汽車。十二時一刻返家。一時服藥眠，七時醒。

沈、王兩君皆治哲學，予自北大畢業後便專力考據，不復涉及思想問題，今與兩君游，足以糾正予多年不注意思想問題之病。

今晚所遇人：韓壽萱　朱潔　傅懋勣夫婦　吳玉年　浦熙修

今晚所觀劇：1. 花田錯：春蘭——趙燕俠　劉玉燕——趙麗秋　卞濟—徐韻昌　2. 馬義救主：馬義——馬連良　米進圖——茹富華　侯花咀——馬富祿　陶氏——小王玉蓉

六月十號星期六 （四月廿七）

出，遇昌群。到南河沿俱樂部，參加科學院哲學社會科學部中心小組學習會，繼續討論培幹問題，自九時至十二時。會畢聚餐。

與伯祥同到陳乃乾處長談，自一時半至五時半。記日記三天。陶景蓮來。

看沈德潛《杜詩偶評》。服藥三次，約上午一時眠，七時廿分醒。

今日同會同飯：本組：劉斗奎　侯外廬　黎澍　張仲才　賀麟　汪奠基　胡厚宣　謝璉造　聶崇岐　另一組：徐炳昶　王伯祥　傅懋勣　鄭奠　呂叔湘　陸志韋　唐棣華　馮家昇　劉導生　夏鼐

天氣自昨日起突熱，上街如投火中，可畏也。今夜失眠，當是太熱之故。

六月十一號星期日 （四月廿八）

到馮大夫處打針。張覺非來。理書。爲陳乃乾寫扇。

眠半小時。周諮度來。寫吳采君、賀次君、施嘯岑信。整理《景西雜記》第四冊，未畢。

汲水灌畦。十時半服藥眠，上午六時醒。又眠，七時一刻醒。

晚上勞動一小時，便得佳眠，然晨起依然頭暈，何也？或服安眠藥太多所致乎？

牙齦腫脹。

六月十二號星期一（四月廿九）

吳采君來談。續整理《景西雜記》第四册。與靜秋到馮大夫處打針。

整理《大誥》校勘中之古文字。送周諮度處付鈔。未遇，留條。張紀元來。

汲水灌畦。十時半服藥眠，翌晨六時醒。又眠，七時醒。

趙阿姨僅做半天工，晚飯不得不由靜秋作，而靜秋近日身體甚壞，許多人勸其節勞，適馮家昇夫人介紹宜興人錢阿姨來作全工，因將趙阿姨辭退。

政協組織避暑團體，一到廬山，一到海拉爾，予報後者，以可一觀大興安嶺景物也。以七月五日往，八月五日歸。

六月十三號星期二（五月初一）

周諮度來。伯祥來，與同到昌群處。與伯祥、昌群同到國子監，參觀中國書店，晤孫景潤。乃乾來，同觀各室。十一時半出，與伯祥同到大同酒家飯。遇芳信、吳羹梅。

與伯祥同到來今雨軒，會諸友。四時，以起風覺寒，歸穿衣。到大同酒家聚餐。

看《徐文長集》。服藥兩次，約十二時眠。上午三時醒，又眠，七時醒。

今日同會、同席：葉叔衡　惲功甫（77）　王伯祥　陸欽頤　陳萬里　錢琢如夫婦　俞平伯　汪季文（未餐）

密雲不雨，今天比前天凉得多了。

靜秋肝火愈旺，不必生氣事亦生氣。今晚爲衛生間水管漏水，臨睡時潮、湲兩兒説浪費，靜秋即大怒，謂其不向房管處打電話而説風涼話，肝火上升，披衣而起，遂使予亦不能睡，既而爲之按腹，則腹中有僵塊一，蓋彼之怒，病爲之也。

六月十四號星期三（五月初二）

整理漢、魏石經及日本古寫本《大誥》文。與靜秋到馮大夫處打針。

眠半小時許。遇蕭風，與談。到南河沿，參加民進紀念中國共產黨四十生辰，各抒感想會，自二時半至六時。遇馬毅、方白。與李紫東同車歸。

上街散步。洗浴。十時許服藥眠，翌晨五時醒。又眠，六時半醒。

今日同會（第二組）：許廣平　張紀元　吳榮　梁純夫　吳文藻　謝冰心　李紫東　王寶初　謝瑩　彭慶遐　嚴幼芝　董守義　遇：王紹鏊　徐楚波

近日又患大便閟結，甚苦。

得中華書局電話，悉予《史林雜識》一稿，已由上海人民出版社轉至中華。

六月十五號星期四（五月初三）

到北京醫院，就金静仁大夫診。到中華書局，晤蕭項平、姚紹華。訪徐伯昕，未晤。返醫院，取藥。

與靜秋到政協禮堂，她赴學習會，予沏茶，看李址麟《三韓考》、《沃沮考》訖。與靜秋同飯。

看《曲海總目》。十時半服藥眠，翌晨三時醒。又眠，六時半醒。

今日所晤人：陳真如　韓壽萱　廖華　樓朗懷　黃紹竑　彭澤民夫人

今日量血壓，爲130/80，正常矣，故近日頗能睡，然無如上午之疲憊何。

看湲兒所作文，既暢達，又會描寫，又能運用成語，其天分之高非我所及。

六月十六號星期五（五月初四）

到國子監中國書店買書。與靜秋到馮大夫處打針。又同到王府井大街、百貨商店購物。遇陶才百。

朦朧半小時許。頤萱嫂來。王錦第來，同到天壇皇穹宇茗談，六時出。

到文聯禮堂看電影。洗浴。十一時半服藥眠，翌晨六時半醒。

前日到國子監，見架上有黃生《義府》一書，此爲久知而未克見者。日來念念不忘，今晨乃決前往購取，殆可謂爲癡絕乎？

堪兒甚喜勞動，金工、木工、電工，無一不愛玩，而極不喜讀書，語文、算術均平平，且多誤，以此至今不得入少先隊，靜秋爲是常生氣。予謂小孩善變，小學中之頑童未必非中學中之好學生也。

六月十七號星期六（五月初五）

看《文史資料選輯》第十五輯。作《我的思想改造》一文千五百言，爲民進紀念中共建黨四十周年作。寫《義府》題詞。

得眠半小時許。劉鵬來。與潮、湲兩兒到政協禮堂飯。又同到雁秋處，與木蘭談。兩兒留宿，予獨歸。到“美白”理髮。到東安市場閱書。

張覺非來。寫賀次君夫人信。看譯李福親文。十一時服藥眠，上午五時醒。又眠，七時醒。

劉鵬來，述及今日上午劉導生在長安戲院對社會科學各所工作人員作報告，表揚予所作培幹表，謂予對青年關懷。因憶前數年尹達斥我，云："顧先生，請你不要替我們出主意吧！"其態度適相反，何也？

今日所晤人：趙君邁　吳景超　金燦然　劉桂五　黎澍　呂振羽夫婦　米暫沉

六月十八號星期日（五月初六）

到金振宇、擎宇昆季處談。與靜秋到馮大夫處打針。記筆記一則。

未成眠。記筆記二則。與靜秋、堪兒到南河沿飯。遇汪靜之、溫貞芳、陳半丁。

看《曲海總目》。服藥兩次，十二時後眠，翌晨六時半醒。

自今年有高級菜、高級點心、高級糖，供應較好，靜秋爲孩子們身體計，不忍不令食。然一家六人，到菜館進一餐，總須廿餘元，一月四次則百元矣。雞蛋五毛一個，每人日進一個，一天三元，一月則九十元矣。他物稱是，每月吃進肚裏的要三四百元，加上此外開銷，輒須七百餘元。予之工資，不足其半。書籍又不值錢，不得不將先父所傳古物出賣，以資挹注，此甚非我所願，而又無他法張羅，不得不爲者。記此以志予疚。聞各高級菜館中生意漸清，有僅賣二十餘座者，則在工資制度下固不可能度其高級生活也。

六月十九號星期一（五月初七）

看李址麟《先秦時代朝中關係》訖。

朦朧一小時。吳采君來。到王姨丈處，并晤姨母及王儼。

周一良來。看沈德潛《杜詩偶評》。服藥兩次，約上午一時眠，六時半醒。

精神十分疲倦，工作非常勉強，倘以後日即夏至，予背上已負有曆本耶？晚間入眠愈難，如何得了！

六月二十號星期二（五月初八）

記筆記一則。李址麟來。看址麟所作論文之《結論》及《序言》。

未成眠。整理《泣籲循軌室筆記》第二冊。看王錦第《論胡適所謂實驗主義的兩個根本觀念》。到大同酒家，與同人會，六時餐，八時歸。

十時半服藥眠，十二時醒。又服藥眠，三時醒。又眠，六時半醒。

今日又安赴小湯山從事農業勞動，爲時半年。在此數月中，渠已將孟姜女故事資料大致輯錄完全，送至賈芝同志處。

今日同席：王碩輔　王伯祥　錢琢如夫婦　章元善　陳萬里　俞平伯　汪季文　予夫婦　王姨丈在大同酒家買點心，一個皮夾被人偷走了。今日還有這樣的壞人，可爲一嘆。

六月廿一號星期三（五月初九　夏至）

看許念暉《虞洽卿的一生》。與靜秋到馮大夫處打針。吳采君來。寫自珍信。寫周濟平、施嘯岑、于鶴年信。

未成眠。記筆記一則。與靜秋到歷史博物館，以閉館未能入。到天橋百貨公司，又到天壇，茗于皇穹宇外，七時歸。

在院中乘涼。洗浴。十一時服藥，約十二時眠，翌晨七時半醒。

上午打針，下午出游，晚上乘涼，僅乃得眠。然上午總是頭腦昏昏，打不起精神來。然則將如何而可？

六月廿二號星期四（五月初十）

寫政協服務科劉毓蘭、趙公勤信。作《大誥》參考書說明二千五百字。楊東蓴來。

未成眠。寫吳采君信。

乘涼。十時半服藥眠，翌晨六時半醒。

天大熱，欲外出而不敢。晚間雷電大作而雨點甚小，依然悶熱。

予血壓略高（146/80），但不甚高，飯量猶健，而不知爲何，憮憮無氣力，竟難工作。如爲黃梅天氣所致，則尚可望痊，否則真成衰頹矣。

六月廿三號星期五（五月十一）

與靜秋到馮大夫處打針。到北京醫院，就蔣景文大夫診。遇周鯁生、葉叔衡、朱蘊山。看王明《易經和易傳的思想體系問題》。

未成眠。王錦第、沈有鼎來，同到中山公園茗談，五時半，到清真小吃部飯。

與靜秋同到政協禮堂，聽古樂，十時散。十一時半服藥眠，翌晨六時半醒。

今晚"古樂演奏會"演唱節目：廣陵散——管平湖　酒狂——姚丙炎　龍朔操——陳長齡　新疆好——吳景略、陳重　平沙落雁——溥雪齋等　春天來了——王莉、陳銘欣、彭世瑞　快樂的日子——馬聰龍　三五七（笛調）　古怨（姜白石歌曲）陽關三叠（祝鳳喈曲）　大江東去、懷王孫——查阜西

今晚所遇人：康同璧　黃紹竑之妹　葉景莘　易禮容　辛志超　伯祥及其四、六兩女　宋雲彬夫人及其女　申伯純　邵力子朱蘊山　馮友蘭　俞平伯　趙公勤　章乃器夫婦　覃異之　章元善夫婦　徐冰　盧漢

六月廿四號星期六（五月十二）

寫汪季文、陸欽頤、陳萬里、錢琢如信。韻古齋施仁朴來，估瓷器價。

未成眠。到南小街理髮。到伯祥處談，并晤其長、六兩女。徐伯昕來。雁秋來。洗浴。

到北京醫院打針。服藥後約十一時半眠，翌晨七時醒。

五四年由蘇携來之先父所遺瓷器約二十件，初以爲色澤鮮美、刻畫精工，可資雅玩，近來爲高級飯菜所誘，入不敷出，因請陳萬里代爲介紹于韻古齋，期得善價，不料今日施君來，謂皆是近數十年中仿製，僅可售與國際友人，無一可送至博物館者，代價僅八十餘元耳，爲之氣索。

六月廿五號星期日（五月十三）

施仁朴、馬寶齋來。與静秋、潮、堪到革命博物館參觀，自九時至一時。飯于南河沿，二時半與堪兒同歸。

遇錢琢如。本所歷史地理組鄭自燊、吕叔桐來。爲章元善作詩，即寫出。看吳晗《明代民族英雄于謙》。

到北京醫院打針。遇王歷耕、吳羹梅。十一時服藥眠，翌晨六時半醒。

今日所遇人：于滋潭　朱潔　馮友蘭夫婦及其孫　蔣光鼐　金燦然　胡厚宣夫婦　周亞衛夫婦　徐行之父子　張豐胄　吳文藻夫婦　黄雍　陳修和　彭道真　杜君慧　趙紀彬　周鯁生夫婦　浦化人　陳綿祥　金漢鼎　高尚仁

狸子自來供好娛，朝朝行卧與人俱。多情應嘆章翁甚，忍聽聲聲哭狻奴。　疏簾細雨夜深沉，舊事低徊取次尋。料得推恩到微物，正爲一片濟人心。

元善同學在舊社會中從事救濟工作多年，今喪其獅子貓，惆悵無已，蓋同爲仁人之用心也，詩以表之。

六月廿六號星期一 （五月十四）

施仁朴、馬寶山來，出印章示之。吳采君來，談搜集近代學人事。與靜秋到馮大夫處打針。

未成眠。理碑帖。整理《景西雜記》第五冊，未畢。李唐晏來。澆圃。

到北京醫院打針。張覺非來。洗浴。十一時半服藥眠，翌晨四時三刻醒。又朦朧一小時。

北京至廣州，鐵路綫長二三一九公里。北京至海拉爾，長二一三九公里。

六月廿七號星期二 （五月十五）

記筆記兩則。整理《景西雜記》第五冊訖。整理行裝。寫李址麟信。

未成眠。施仁朴來。理書物。到偉之處取稿。到四川飯店會晤同人，聚餐。

九時，與靜秋同歸。服藥兩次，約上午一時半成眠，六時三刻醒。

昨得政協通知，定七月二日晚車行，五日晨到，在車計兩日三夜。靜秋以血液凝固遲，不適于驗肝臟，決同行。家事請頤萱嫂來主持。

今日同會同席：王碩輔夫婦　葉叔衡　王伯祥　錢琢如　陸欽頤夫婦　章元善　陳萬里　陳乃乾　俞平伯　汪季文　予夫婦本定十二人一桌，未通知王姨丈，而姨丈母皆至，無法合席，只得請三位太太到零食部用膳。經此一急，神經又緊張矣，遂不易眠。

六月廿八號星期三 （五月十六）

看李址麟論文，抄撮資料，準備作評語。與靜秋到馮大夫處打針。

未成眠。伴堪兒到馮大夫處上藥裹傷。馬寶山來。爲尹受寫廠橋派出所信。

到北京醫院打針。與員護士談。疲甚，假寐一小時許。十一時後服藥無效，上午一時後吃點心，二時得眠，六時醒。

先父所藏圖章九十一方，今日售與韻古齋，計價三百元。此在昔爲敗家子行爲，而今當社會主義時代，不應自私者也。

六月廿九號星期四（五月十七）

到北京醫院就金静仁大夫診。遇徐行之、周亞衛、錢端升、劉清揚。看中華書局《古籍整理出版情况簡報》。作李址麟《古朝鮮研究》論文審查報告訖，約二千八百字，鈔寫未完。

未成眠。馬寶山來，送款。静秋偕頤萱嫂回。

張覺非來。洗浴。十一時服藥眠，上午一時許醒。約三時半又眠，六時半醒。

量血壓，爲130/80，又低些了。洗浴時，静秋説我胖些了，是不是常吃高級菜所致耶？

六月三十號星期五（五月十八）

寫施嘯岑信。鈔李址麟論文報告訖。寫周一良、李址麟信。

未成眠。王錦第來，長談。定尹如濬暑期工作計劃。北大劉君來。早進晚飯，到人大會堂，參加慶祝中共成立四十周年會。

看音樂舞蹈，至十時三刻散。十一時半歸。洗身。十二時半服藥眠。翌晨六時半醒。

今日慶祝會，毛主席出席，周總理主席，劉主席報告，張治中代何香凝致祝詞。

所晤人：趙慶杰　郭一岑　夏鼐　劉盼遂　闞瑞梧　孟目的　翁文灝　葉景莘　江澤涵　袁翰青　韓壽萱　薛愚　王伯祥　章元善　張明養　梁純夫　吴文藻　向達

　　音樂舞蹈節目：1. 大合唱——祖國萬歲——總政文工團歌舞團等　2. 女高音獨唱——張越男　3. 天鵝湖片段——北京舞蹈學校實驗芭蕾舞劇團　4. 男高音獨唱——賈世駿　5. 女高音獨唱——郭淑珍　6. 民樂合奏——瑤族舞曲、金蛇狂舞——中央廣播民族管弦樂團　7. 女高音獨唱——郭蘭英　8. 舞蹈——葵花向太陽——中央歌舞團等——十六個民族演員參加演出

　　　　　將樓
　　　　章　　　　　（鈐朱印）
　　　　　軍船

　　此爲先父所藏之銅章。先父藏物多購自杭州古董鋪，贋品極多，此章自是仿製。李址麟同志研究中朝古代關係史，楊僕爲其中重要人物，故于其歸國時贈爲紀念。

　　予前二年囑李君轉贈朝鮮科學院兩件，一爲同治元年孔憲彝等爲朝鮮副史□小棠所作之《韓齋雅集圖》墨迹，一爲明刻《朝鮮史略》葉志詵（東卿）校本。予所有之朝鮮資料，盡于此矣。據李君言，明刻《朝鮮史略》，彼國科學院尚未有也。

[原件]
　　　　　北京市文物商店收購商品三聯單

1961 年 6 月 29 日

出讓人：顧頡剛　　住址：東城區乾麵胡同 31 號

　　各種圖章　90 方　300 元整

　　政協到海拉爾休養人員：

　　政協副秘書長：劉孟純夫婦　王克俊夫婦　張曼筠　易禮容夫婦及其三子

人大代表：黄琪翔夫婦及其女　王紹鏊夫婦　陳文彬　孫起孟及其二女　劉清揚及其醫王平安

政協委員：王葆真　施今墨夫婦及其子稚墨又其女　張絅伯夫婦及其孫　李培基　翁文灝　陳達夫婦　周亞衛夫婦　熊慶來夫婦　章元善夫婦　王家楨夫婦　梁漱溟　朱潔夫　侯仁之　黄雍夫婦　章伯鈞夫婦　章乃器及其警衛　李國偉夫婦　謝家榮夫婦　羅任一　黄紹竑　楚溪春夫婦　王復初夫婦及其孫　何思源及其子理路　林仲易　王炎之　楊清源　李伯球　李連捷夫婦

國務院參事：安若定夫婦及其女

政協職工：連以農　史公載　張靜一（醫師）　王楓　任富春　郝一　王經彥

統戰部：孫超　社會主義學院：張堯民　國家經濟計劃委員會副主任：方知遠

姜菊緣(熊慶來夫人)　李淑君(楚溪春夫人)　納德(王復初夫人)　俞欣(易禮容夫人)　姚成(陳達夫人)　郭秀儀(黄琪翔夫人)　張培英(施今墨夫人)　朱華芬(劉孟純夫人)　李國琳(王克俊夫人)　范新梅(安若定夫人)　張紹璣(章元善夫人)　榮慕蘊(李國偉夫人)　程逸波(王紹鏊夫人)　韓平卿(張絅伯夫人)　李明儒(王家楨夫人)　孫昌英、昌華(孫起孟女)　劉連城(周亞衛夫人)　鄭挹梅(黄雍夫人)　李健生(章伯鈞夫人)　吳鏡儂(謝家榮夫人)　王樹端(李連捷夫人)

一九六一年七月

七月一號星期六（五月十九）

疲乏，臥床。理書物。記筆記一則。寫歷史所請假信。

眠半小時。雨中到北海，觀書法篆刻展覽。出，遇秦林舒。到東安市場購物。葉叔衡先生來。木蘭來。理物。

到蕭風處。十時服藥眠，約十二時再服藥，上午五時醒。

昨日甚熱，而會堂放冷氣，甚涼。及會散出，則汽車數千輛塞途，公共汽車已不能行，爲怕小車如流水般擁來，趕緊跑至臺基廠，乘三路換八路而歸，全身如雨淋矣。爲此寒暑劇變，今日大爲疲倦。此後逢到如此大場面，非覓小汽車不可。

静秋自去年浮腫後，身子憊懶不堪，家事又重，責無旁貸，凡買物、燒飯、管理孩子、種菜、養鷄，事必躬親，以是愈爲憔悴。此次下定決心，請頤萱嫂來，代主家政，自己同我到海拉爾休息，以彼地供應之豐富，必可吸收若干滋養，補年來吃苦之損失。

七月二號星期日（五月二十）

理書物。馮世五來。王錦第來。雁秋來。

眠一小時。到新華書店購書。到美白理髮。到美術協會看中央工藝美術學院作品展覽會。到賀昌群處辭行，昌群來談。劉珺來。

九時半雇汽車，尹受送上站。與諸同人談。十一時上車，與熊迪之夫婦同室。約上午一時服藥就睡，然天熱臥汗水中，直至天明方得眠。

得政協電話，海拉爾有寒流侵襲，溫度降至零下，囑多帶衣，因檢絨綫衣及大衣携往。

自北京至海拉爾，鐵道綫長二千一百卅九公里，自海拉爾至滿洲里一百八十六公里，爲中蘇交界地。

七月三號星期一（五月廿一）

五時卅二分到昌黎，六時四十八分到山海關，十時零四分到錦州。下午二時零四分到瀋陽，下車散步。五時半到四平，又下車散步。自是西北行，經洮南等站。看余元盦《内蒙古歷史概要》。

十時服藥眠，十二時醒。又眠，五時醒。

北京到呼倫貝爾車票，軟席爲一百四十元，一人來回爲二百八十元，帶一家眷則五百六十元。加以海拉爾賓館房間，如以一天八元計，則一月爲二百四十元。又政協有許多工作人員，連厨師亦往，則政府所花與每一委員者當千元。

近日予病便閉，上車後以顛簸，更不得下，没奈何服"一輕鬆"丸，先後兩次，每次三丸。

七月四號星期二（五月廿二）

五時四十分，車至富拉爾基，自此改慢車，逢站必停。九時，到碾子山，入内蒙自治區境。中午眠半小時。海拉爾交際處長苗秀實來接。下午二時五十分到博克圖，下車散步，五時三十分到海拉爾，入呼倫貝爾賓館，住二一一號。

十一時服藥眠，上午三時半醒。又眠，六時醒。

黑龍江境内，樹木甚茂，河水清澈見底，大似廣西風景。自入内蒙境，樹木即少，不知是否因土質太薄，抑人力之未盡也？

東北中午仍熱至卅二度，惟早晚則凉爽耳。

入呼倫貝爾賓館，油漆氣與石灰氣俱重，一開熱水管則冲出者皆黄水，蓋此館新建，我輩猶爲第一批客人。

七月五號星期三（五月廿三）

李國偉夫婦來。静秋病，請張静一大夫針。王却塵夫婦來。侯仁之來，同飯，長談。整理衣物。補記日記四天。寫四兒信。到依敏河橋散步。

與仁之談。未成眠。李明儒來。熊迪之夫人來，與之同到元善夫婦處，陳通甫夫婦處。又至迪之處談。整理《遂初室筆記》第二册，未畢。

章元善夫人來。陳通甫夫婦來。十時服藥眠，十一時醒。又眠，一時半醒。又眠，三時半醒。

静秋夙有腸胃炎疾（結腸炎），每發即作劇痛，拉稀。此次旅行，不免受寒，昨夜拉四次，今晨又拉二次，借李國偉夫人之熱水袋溫之，并服藥，終日進食極少，一日夜間拉十一次。聞同人間患此者不少，當爲氣候驟更與車上飲食之不潔所致。

此間牛奶、牛油、牛羊猪肉、鷄蛋供應豐富，與關内大異。然此當爲内蒙人民對我輩之特殊供應，甚可感也。

静秋之病，北京協和醫院已診斷爲結腸炎。

七月六號星期四 （五月廿四）

整理《瓊東雜記》第一册，未畢。侯仁之來。郝一來收飯錢。

眠半小時。劉連城來。王楓來。看郭沫若《中國社會之歷史的發展階段》。呼盟醫院來檢查身體。

到舞廳，看内蒙新聞片及《再生記》故事片。十一時服藥眠，翌晨四時醒。

今日量血壓，爲 130/80，心肺正常。

静秋今日下午無熱，即起洗衣。予看電影歸猶未睡，則看劉主席一長文也。

海拉爾市區内十三萬人，包括郊區則爲十五萬人。此間在九一八事變後爲日人所據，日軍達十萬人，大挖濠溝，以防蘇聯。及四五年蘇軍東進，日軍不敵，死三千餘人，投降。蘇軍亦死一千餘人。

七月七號星期五 （五月廿五）

到何思源處。到施今墨處。到舞廳聽蘇書記報告。静秋溫度轉高，請施今墨大夫來診。呼盟人民醫院院長王問合、内科主任路丁來診。打葡萄糖鹽水針，由院中護士高娃、吳鳳英來照料。四時許，起反應，溫度更高，説囈語。王、路、馮涌大夫來，打退燒針二次，漸平復。

過磅，予體重六十公斤。眠半小時許。看郭沫若《周易的時代背景與精神生産》。交際處副處長苗秀實來。張曼筠來。熊迪之夫婦來。

呼盟醫院劉維常、額爾登兩大夫來診斷。十時半服藥眠，翌晨五時醒。

今日静秋溫度突高至卅九度五，神志不清，眼睛直竪。但中、西兩方醫師皆云是急性腸胃炎，蓋前數日服張静一藥，鏈霉素、合霉素雖對，而分量較輕，不足以除細菌，雖暫得一時之安，而終至突圍而出，有今日之劇變也。檢血結果，白血球稍多，猶爲正常。打葡萄糖針，得反應，驟然發生痙攣現象，以致囈語。打退燒針二次，入夜漸安，熱度未退。呼盟醫院三醫師、兩護士早晚來伴，甚可感謝。

七月八號星期六（五月廿六）

章元善夫婦來。施今墨、稚墨父子來視病。王問合、路丁來視病。王紹鏊來。高娃來。連以農來。張静一來。王錦華及其子來。看郭沫若《詩書時代的社會變革與其思想上的反映》。

眠一小時二十分。到熊迪之處。三時半，與同人乘車參觀海拉爾市容。登西山公園。五時歸。張静一來。張曼筠來。

苗秀實來。施稚墨來。赴宴。侯仁之來。謝家榮夫婦來。打針。看跳舞。十一時服藥眠，上午一時、四時醒。又眠，六時半醒。

今晨静秋退燒，進稀粥一碗，又飲橘子汁。蓋已三日不食矣。惟今日仍瀉六次，不知明日能全愈否。

周游全市，由東徂西，轉一圈子，皆在依敏河兩岸。有東山公園、西山公園，展覽會、圖書館，粗具規模，工廠林立，大抵牧業、林業。沙土可製玻璃。

今日主人：盟委書記：蘇林、張德貴、李興堂　副盟長：馬誠、喬杰林、卓日格圖、阿其拉圖　盟政府部長：張、馬、韓　交際處長：苗秀實　盟政協：德主席、于、舍兩秘書長　海拉爾市長：布和　內蒙自治區副主席：彭斯格（凡十桌）　今晚所食，有扒犴鼻、飛龍絲，爲他處所未有，飛龍爲雉類。據估計，一桌菜大約百五十元。

七月九號星期日（五月廿七）

元善夫人來。鄭挹梅、李明儒、王楓、孫超、吳鏡儂來。施稚墨來診脉，其父今墨又來診，開方。到服務臺接洽買藥。寫四兒信。

朦朧半小時。將舊筆記補加標點，訖兩册。張靜一來。熊迪之夫人來。

與翁詠霓、章元善夫婦、謝家榮同到東山公園散步。小周來打針。十一時服藥眠，上午三時醒。又眠，五時三刻醒。

靜秋今日溫度，口含爲 37.3，腋下爲 36.3。脚凉，手心熱。仍拉稀，次數減少。據施大夫言，此餘波未盡，明日可愈。至胃納不佳，則是服鏈黴素與合黴素之副作用也。

呼盟人口一百九十六萬，其中百分之十五爲蒙古族，餘皆漢族也。此可推見當地工農業之發達。

七月十號星期一（五月廿八）

到仁之處視疾。到翁詠霓處，送樹幟《禹貢新解》。到舞廳，聽呼盟黨委書記蘇林繼續報告呼盟情況，又聽海拉爾市市長布倫報告，自九時至十二時。

朦朧半小時。到陳文彬處，送《大誥》稿。記筆記三則。整理舊筆記標點一册。張靜一來。

　　元善夫人來。到仁之處談。到舞廳觀《秋江》劇。服藥後約十一時半眠，上午三時醒。又眠，六時醒。

　　日來悉發燒及拉稀者甚多，據云有二十餘人，占同人三分之一，孫起孟、張曼筠、侯仁之，皆是也。

　　呼倫池，俗名達賚湖，出魚，有重至百餘斤者。

　　此間民族有八，除漢、蒙外，有鄂倫春、達斡爾、鄂溫克、亞可特、索倫、藏（喇嘛）、回、朝鮮、蘇僑等。

七月十一號星期二（五月廿九）

　　到仁之處談。整理舊筆記標點兩冊。看郭沫若《卜辭中之古代社會》。黃琪翔夫婦及其女、史公載來。到張曼筠處視疾。

　　未成眠。何思源來。到陽臺看放土火箭。到迪之處談。

　　仁之來。打針。李明儒、鄭挹梅、劉連城來。十時服藥眠，上午三時醒。又眠，六時醒。

　　同人六十餘，來此後已有半數拉稀，其故：一、食物油膩，與北京清淡不同。二、食物不潔，此間蒼蠅太多（今廚房已裝紗窗）。三、水土不服，此間水太寒硬。四、氣候突凉，不能適應。

　　據王楓統計，病者以女同志最多，男同志六十以上者最少病。思之果然，王葆真、施今墨皆八十以上人，張綱伯、李培基、王紹鏊、翁文灝、王復初皆七十以上人，章元善、熊慶來、林仲易、何思源、陳達、黃琪翔、李國偉、謝家榮、黃紹竑、楚溪春、黃雍、王家楨，皆六十以上人，未聞其病也。予亦幸免。

七月十二號星期三（五月三十）

　　晤劉清揚、李連捷。理髮，遇交際處長珠儒木圖。看郭沫若《周金中的社會史觀》、《追論及補遺》。《中國古代社會研究》初讀訖。元善夫人來。迪之夫人、通甫夫人來。寫潮兒、李耀文信。

眠一小時。翁詠霓來。元善來。思源來。與靜秋到施稚墨處診。到張綱伯處。

與靜秋到李國偉、周亞衛、黃雍、熊迪之、張曼筠、王却塵各家。看毛主席《湖南農民運動考察報告》。熱不成眠，服藥兩次，約十二時半眠，翌晨五時醒。又眠，七時醒。

靜秋今午始下樓吃飯，惟仍疲倦多汗。據稚墨言，脉象尚好。

予近日又患便秘，想以食羊肉較多之故。

郭氏此書，予尚在抗戰前所購，而迄未細讀。今當休養，乃以一星期之力匆匆初讀一過，知其勝義連翩，能以馬克思主義結合中國歷史，異于他人之生搬硬套。尚當細讀數過，使予對于唯物史觀確有深入之瞭解。

七月十三號星期四（六月初一）

史公載來，爲寫"醫務室"字。八時半，乘汽車東北行七十里，至謝爾塔拉國營農牧場，由總廠長都仍尼瑪等招待，參觀牛群。

下午一時飯。參觀馬、羊群，四時半歸。靜秋又病，爲至張靜一、史公載處接洽。張靜一來。孫超、史公載來。元善來。

侯仁之來。王却塵夫婦來。打針。看于鶴年譯《儀式與藝術》。十時半服藥眠，上午一時半醒。又眠，五時醒。

謝爾塔拉者，蒙古語廣闊草原也。其地當海拉爾河之陽，水草鮮美，牲畜茁壯。晤：總廠長——都仍尼瑪　分廠長——王雲波　分廠書記——白萬海等。呼盟書記蘇林亦同往。該場經營三年，得牛二九一〇頭，馬三三四頭，羊二六〇〇頭，豬八四〇頭，鷄、鴨、鵝萬餘隻，已掌握規律，使其一代比一代强。全場分五分廠，職工二六〇〇人，予等參觀者一分廠也。

靜秋今日又有熱五分，拉六次，蓋彼至食堂，見牛奶多，便進兩杯，患不消化也。予頗憤，欲送之至醫院，而彼不願。在此大好休息環境中，如不能將身體養好，則一返北京更無望其健康矣。晚服施大夫藥方。

七月十四號星期五（六月初二）

與靜秋到郭秀儀、王家楨夫婦、謝家榮夫婦處談。寫潮兒、尹如潛信。整理舊筆記標點一冊。

眠半小時許。到呼盟展覽會參觀，自三時至六時。到王却塵處。

陳淑坤來打針。以靜秋欲早眠，遂就床，然反至失眠，服藥兩次，約上午一時眠，七時半醒。

看展覽館後，知呼盟不第森林、畜牧擁有廣大資源，而農、漁、工業亦迅速開展，前途必然燦爛。呼盟之森林資源，占全國百分之二十。礦産亦多。

靜秋大便送呼盟醫院檢查，無潛血反應，無蟲卵，偶見白血球，未見其他異物，故猶定爲常規。其所以偶見白血球者，足以證其炎尚未止也。

七月十五號星期六（六月初三）

到海拉爾市區散步，至百貨商店及新華書店參觀，冒雨歸。孫超來。整理舊筆記標點一冊。

仁之來。眠一小時。寫尹如潛、施嘯岑、馮國寶信。寫山東省歷史學會、歷史教學編輯部及誠安信。到楚溪春處。遇章伯鈞夫婦，談。楚溪春來。

張紹箕、張曼筠來，長談。苗秀實來。看跳舞。十二時服藥眠，上午四時半醒。

靜秋今日拉三次，熱度自三十六度八至三十七度四，較前爲好。腹中亦覺飢餓，惟仍吃粥。今日寫信致馮大夫，請其寄金徽素、炭片，維他命 B_{12} 針等。

予以靜秋病，來此後足迹未嘗入市。今日始上街，適逢大雨，衣褲襪均濕矣。此間雖有公共汽車，而班次甚少，否則不至是也。

今晚吃手抓羊肉三塊，作一暢噉，亦溫廿餘年前之舊夢。

七月十六號星期日（六月初四）

李明儒來。仁之來。王復初來，商量拳術名詞。整理舊筆記目錄一册。到章元善處，取其《樂觀室詩課》回。

與翁詠霓到橋頭堤上散步。眠一小時。續定舊筆記目錄兩册。苗秀實來。上街買物，遇張曼筠、林仲易。記筆記一則。

到閱報室，與元善談。熊太太來，長談。十時半服藥眠，上午三時半醒。又眠，五時半醒。

靜秋今日上午有低溫，下午醒來便無之，飯量亦較進，除麵包、稀飯外并吃鷄蛋，足徵大有起色。日來同人中無新病號，殆對于此間之水土、寒溫已習而安之。

聞北京日間溫度爲卅八，晚間溫度爲廿四，視此間白天最高溫度爲廿五，晚間最低溫度爲十一者大異。北京十四日下過一次暴雨，僅一刻鐘而停。

七月十七號星期一（六月初五）

看《程硯秋文集》。記筆記一則。續定舊筆記目錄兩册。吳鏡儂來。王却塵夫婦來。到醫務室取藥。到王克俊室談。

看報，未成眠。與靜秋下棋。章元善來。張綑伯來。到王却塵室洗浴。

打針。到舞廳會晤呼盟第一書記李振華。王楓來，長談二小時。服藥二次，約十二時眠，翌晨七時醒。

靜秋昨日已覺餓，而今日晨、午吃鷄蛋二，腹中又不舒服。熱度朝爲三十六度五，午爲三十七度一，晚又退至三十六度八。

其不能吃牛奶與鷄蛋，直與陳寅恪無異。

今日大雨，而氣温不降，聞此後常雨矣。

予午飯後閱報，讀《人民日報》社論《只有一個中國，没有兩個中國》，精神一振奮，遂不能午睡。晚間王楓來談，欲爲静秋解除苦悶，甚輕鬆也，惟時間過長，使我抑制神經不起作用，又成失眠之局。予夫婦各有一無法痊可的病，可奈何哉！

七月十八號星期二（六月初六）

續定舊筆記目録一册。仁之來。元善來。

眠一小時半。到海拉爾乳品廠參觀，自三時至四時半。寫四兒信。與静秋下棋。

打針。與静秋到舞廳，看《暴風驟雨》電影。十一時服藥眠，上午一時醒。又眠，五時醒。

今日爲陰曆六月六日，我父九十二歲陰誕，逝世廿三年矣。

得湲兒信，文筆流利，情意暢達，不誤一字，不落一字，甚爲可喜。

静秋今日下午無熱矣。

乳品廠四九年創辦，初只職工九人，出品一噸半。今完全機械化，職工五百，日出四十噸成品。所出爲奶油、糖、醬油、餅乾、冰棍、藥物，年産成品八，四〇〇噸。

七月十九號星期三（六月初七）

記筆記一則。到林仲易處談。續定舊筆記目録二册，作識語。與静秋到劉清揚處，并晤王大夫。

眠三刻鐘。續定舊筆記目録三册。與静秋下樓看跳舞、飲咖啡。與静秋到醫務室取藥。

與静秋到橋頭散步，郭秀儀、鄭挹梅伴。十時服藥眠，十一時醒，再服藥，上午三時醒。又眠，六時醒。

今日靜秋第一次邁出大門，得見賓館全貌，并見伊敏河橋。

賀貴嚴（耀祖）于本月十七日逝世，年七十二。予初至蘭州時，渠爲西北綏靖主任。

七月二十號星期四（六月初八）

續定舊筆記目録一册，帶來之十二册工作完畢。與靜秋到游藝室下棋、打牌。

眠半小時。看《辭海》經學史各條，爲批注，未畢。靜秋又病，請王平安大夫診。予亦瀉一次，服藥。到王却塵處。劉清揚來。與張絅伯談。到醫務室，向陳淑坤取藥。

張靜一大夫來。打針。苗秀實來，同下樓，看《玉堂春》劇，未畢，歸。服藥兩次，約十二時眠，翌晨七時醒。

靜秋下樓吃飯兩次，又病了。實在她腸胃太壞，受不得一點寒，吃不得一點油膩，而海拉爾地方，一下雨就寒，賓館之菜又太好，放在面前不忍不吃。豈但靜秋會病，即予自謂胃好，而近日亦吃頓，食欲不振，今日拉了一次，有一分熱。靜秋則有五分熱。

海拉爾京劇團今日演全本《玉堂春》，飾蘇三者未詳爲誰，一氣唱到底，甚不易。

後知其人名林雪梅，學于杜韻芳之父。杜韻芳者，此間名演員，見于街上戲報者也。

携來之十二册舊筆記，自一九二〇年起，到一九三〇年止，約費八天時間，整理一過，此三四十年前之思想，重温一過，亦殊有味也。

七月廿一號星期五（六月初九）

與鄭挹梅談。張紹璣來。李國偉夫人來。王楓來。元善來。陳逸波來。鄭挹梅來。張培英來。王却塵來。校改《辭海》經學史部門訖，即寫上海中華書局信寄去。記筆記一則。

未成眠。寫華訓義信，將舊筆記寄鈔。校改《辭海》哲學部門訖，續看歷史地理部門五分之一。張靜一來。王平安來。何思源來。

到西大街、北大街、東大街散步。回，與熊迪之夫婦談。看連環畫二册。九時半服藥眠，翌晨五時半醒。

靜秋今日泄三次，熱高三十七度五。

七月廿二號星期六（六月初十）

校《辭海》歷史地理部門。張培英來。張曼筠來。侯仁之來。史公載來。

眠一小時。記筆記一則。王平安來。張靜一來。元善夫婦來。何思源來。

與李培基、章乃器、熊迪之談。到中央大街、烈士塔、賽球場等處散步。十時服藥眠，翌晨四時醒。又眠，六時醒。

靜秋自去年十一月起浮腫，多方醫治，浮腫漸消，而其遺後症為肝臟腫大，時自慮為肝炎。神經衰弱愈來愈劇，服予藥竟不效。睡眠既少，營養又虧，勞動量又增加，譬如人家，負債日多，收入日少，將何以支持，故前數月常説"我要垮了"。及此次旅行，在車中驟食葷腥六頓，遂至不任，到海拉爾又一涼，所謂外因引起内因也，非一朝一夕之故矣。

七月廿三號星期日（六月十一）

八時出發，赴南郊七十里外之鄂温克自治旗錫泥河生產隊參觀，盟公署卓利格圖同行。入一蒙古包，進酥油、麵包。出，看套馬。復入包，進手抓羊内及麵條。

將觀賽馬及摔跤，以天雨不果。四時一刻歸。車中以顛致磕睡。李明儒來。侯仁之來。

郝一來。看連環畫三冊。十時服藥眠，翌晨三時醒。又朦朧至六時。

鄂溫克自治旗不盡爲鄂溫克人，而以鄂溫克人爲多。此旗在解放時只有六千人，牲畜三萬頭。今則有二萬餘人，牲畜二十萬頭。分五公社。本大隊有五生產隊，前只有牲一萬頭，今有十一萬頭。除公社所有外，尚許自有。予所入一家，爲公社養牛十四頭，而自蓄八頭，以此家給人足，蒙古包中有收音機、縫紉機、時鐘、熱水瓶、皮箱等現代化之享受。

七月廿四號星期一（六月十二）

張曼筠來。與王復初、張綱伯談。呼盟文教局烏雲達抒來。到會客室，聽侯仁之講北京歷史，自九時至十一時半。到張靜一處，爲靜秋取藥。晤苗秀實，請延醫。

眠一小時。爲元善補足七律一首，即到元善夫婦處談。記筆記一則。呼盟醫院馮涌大夫、盟政協張淑懿來。張培英來。看《辭海》歷史地理部門。陳淑坤來打針。翁詠霓、安若定來。吳鏡儂來。

與陳文彬同到舞廳看《洪湖赤衛隊》電影。十時四十分服藥眠，二時半醒。

靜秋每日仍拉三、四次，一進食腹中即作響。熱度早晚均不高，至中午則高三分。不得已，又延呼盟醫院馮大夫診治，據云係腸炎，給鹽酸四圜素、葡萄糖（每支二十毫升）、溴劑等藥，小陳爲打靜脉針，不免緊張。

七月廿五號星期二（六月十三）

爲靜秋病，五時叩張靜一門。馮涌大夫來診。苗秀實來。與史公載談。仁之來。元善來。看金毓黻《東北通史》，鈔出其重要資料。施今墨大夫來診靜秋疾。翁文灝、安若定來。

眠一小時半。陳文彬來。爲安若定改詩。小陳來打針。李明儒來。與靜秋同到游藝室，與鄭挹梅談。又到舞廳看跳舞。

伴靜秋到舞廳觀《穆桂英掛帥》劇，未畢，歸。十時服藥眠，翌晨五時醒。

靜秋于昨夜十二時忽然心跳，脉搏至百二十，兩服安眠藥無效。挨至今日上午二時半我醒，與談話，脉搏漸減。不知是打針反應與？抑服藥反應與？

馮大夫斷靜秋病爲過敏性結腸炎，來源于神經衰弱。此言可信，靜秋一切行動均緊張也。馮大夫囑其作氣功，每日三次，一次半小時。

同人組織專題演講，先由仁之講北京史開始，而令予講東北史，予對東北固曾注意，然尚未有系統之認識，因此必須準備數天，其他工作只得擱起矣。

牙克石"大興安嶺京劇團"爲我們來演劇，其飾穆桂英者名崔九如，梅蘭芳之弟子，呼盟政協委員。

七月廿六號星期三（六月十四）

記筆記三則。寫四兒信。楚溪春夫人來。易禮容等自北京來。到會議室，聽翁文灝講地質，自九時至十時三刻。備講稿。

未成眠。與靜秋下棋。二時半，與同人偕出，參觀皮革廠及肉類聯合加工廠，五時半歸。打針。

與靜秋、思源、楊清源打牌。與靜秋下棋。十時服藥眠，翌晨四時醒。

皮革廠出皮大衣、皮茄克、皮鞋、皮球、布鞋等。肉類加工廠以牛羊肉供銷各地，冷藏可二三年，以九至十二月爲屠宰旺月，除食用外，骨角毛羽無不在綜合利用之列，凡可製藥者送上海信誼藥廠製造，角送蘇州製梳箆等物。

靜秋今日大佳，上下午外出游覽，熱全退。

七月廿七號星期四（六月十五）

寫四兒信。盟文教局烏雲達賚來。與靜秋及同人到南屯，由女旗長額爾登科導觀西屯三道街蒙民定居點，再至巴音套海第二生產大隊，進蒙古包，并觀套馬。十二時歸。

眠半小時。準備講稿，輯資料。侯仁之來長談。看連環畫四冊。

與靜秋到大門散步。到游藝室看打牌。予到元善處。服藥後約十一時眠，翌晨五時醒。

今日同游：施今墨夫婦及其子　安若定　楊清源　李連捷夫婦　孫起孟長女　周亞衛夫婦　熊慶來夫婦　任富春　苗秀實所組織之人皆上次游草地時未去者。予以伴靜秋，得再往。

鄂溫克女旗長額爾登科爲達呼爾旗人，年約四十，曾居北京，爲廣播大廈翻譯員，燙髮，戴眼鏡，穿制服，儼然漢人也。

巴音套海第二生產大隊，有牛、馬、羊六千三百卅三頭，平均每戶得五十六頭。隊內有蒙、達、漢、朝、回五族，一半已定居，外觀雖土屋，入其室則內部全用木材構成。有不奉佛而奉毛主席像者。

七月廿八號星期五（六月十六）

記筆記二則。續聽侯仁之講北京城歷史及將來之容貌，自九時至十二時。

未成眠。看金毓黻《東北通史》，搜集講材。陪靜秋至餐廳飲咖啡。打針。

與靜秋到大門外散步。到舞廳聽曲藝，自九時至十一時一刻。

十一時三刻服藥眠，翌晨六時醒。

静秋已三日無熱度，昨日尚拉三次，今日以下樓聽仁之講，生活轉變，僅拉一次，看來泄瀉亦將好矣。惟瘦得厲害，至無髀肉，成爲皮包骨之人，殊可憐耳。

今晚所聽曲藝：好力寶（蒙古）——頌北京　評詞——甘羅　西河大鼓——李逵奪魚　清唱京劇——霍小玉、貴妃醉酒　二人轉——楊八姐游春

七月廿九號星期六（六月十七）

續看《東北通史》，搜集資料。王家楨夫婦來。

未成眠。王却塵來。與静秋到餐廳進咖啡牛乳，到小賣部買物。打針。

與何思源父子、張淑懿、萬桂華乘汽車入市，觀漢人書館二處，蒙人書館一處。與静秋同到舞場。十時半服藥眠，翌晨五時半醒。

静秋今晚開始下樓晚餐，極謹慎地吃。

七月三十號星期日（六月十八）

續看《東北通史》及《中國疆域沿革史》，集講材。與静秋到章伯鈞夫婦處談。到施今墨大夫處，爲静秋開丸方。

一朦朧即醒。與王家楨夫婦、鄭挹梅同進咖啡，静秋俱。晤施今墨長女。

晤易禮容夫婦。與静秋到橋上散步，遇仁之，同歸。九時半服藥眠，翌晨三時醒。

在海拉爾，不但牛肉、羊肉、牛乳、牛油供應多，且魚亦不少，我輩吃得大鯽魚，鮮美甚；又吃到蹄胖、四喜肉，大有家鄉風味。此行口福太好了。然海市供應亦緊張，我輩真特殊人物矣。

七月卅一號星期一（六月十九）

三時半起，編東北民族史年表訖。到會議室爲同人講東北民族史簡況，自九時至十一時半。

未成眠。寫四兒信。記筆記一則。元善來談。與静秋到餐廳進咖啡，又同到仁之處談。寫烏雲達賚信，爲徵曲藝事。與李培基、王家楨夫婦到堤上散步。晤老舍、聖陶、曹禺、梁思成、徐平羽、謝稚柳。

與静秋到元善處、却塵處談。却塵來。十時取藥眠，翌晨四時一刻醒。

今日天悶熱，而予又易緊張，講了兩小時半，内衣兩件俱濕透矣。東北史非我所習，抱佛脚數日，依然未能消化，甚以爲慚。俟他日充實、提高，再爲同人講此。

作家協會今日有二十人來此，賓館盡滿矣。此一團體之名義爲文化代表團，將至呼倫池、呼和浩特等處，除文學界外，尚有歌、舞、攝影者參加。

[原件]

海拉爾、滿洲里等處地圖（下略）

六一年七月十八日，侯仁之同志繪贈。

自到海拉爾，除侍静秋疾外，計作：1. 整理舊筆記十二册。2. 讀郭沫若《中國古代社會研究》訖。3. 審核《辭海》經學史、哲學、歷史地理稿約廿萬字。4. 準備"東北民族史"講稿。

參觀處：1. 工業：一、乳品廠。二、皮革廠。三、肉類加工廠。2. 牧業：一、謝爾塔拉國營農牧場。二、鄂温克自治旗錫泥河生産隊。三、巴音套海第二生産大隊。3. 其他：一、蒙民定居點。二、蒙、漢曲藝。三、呼盟生産展覽會。四、圖書館。五、東山公園。六、西山公園。七、呼盟民間歌舞團之表演與座談。

一九六一年八月

八月一號星期二（六月二十）

到三樓訪聖陶等，并晤吳組湘、林風眠。續勘《辭海》歷史地理部門。聽李連捷報告呼盟之土壤、氣候及種植諸問題，自九時至十一時三刻。

眠一小時。理髮。與靜秋、却塵夫婦同飲咖啡。聖陶來。

與靜秋到職工俱樂部看歌舞。十時歸。服藥兩次，十一時眠，翌晨五時醒。又眠，七時醒。

今晚呼盟民間歌舞團表演：1. 民間樂——春到草原　2. 耕耘舞（八人）　3. 男聲小合唱（十人）：一、到草原去　二、獵人之歌　4. 合作舞（六女、六男）　5. 女聲獨唱：一、歌唱人民公社　二、草原晨曦　三、毛主席像太陽　6. 達呼爾族舞蹈（十女）　7. 馬頭琴獨奏（二人）　8. 慶豐收舞蹈（六男、六女）　9. 打草合唱（一男、一女）　10. 達呼爾歌　11. 蒙漢人民建草原（歌）　12. 小提琴獨奏　13. 女聲合唱（七女）：一、牧業社農田　二、諾門達來　14. 牧人舞（五男，表示騎馬放牧）　15. 表演唱：支援農業　16. 女聲獨唱：雄鷹　17. 夷族舞蹈：快樂的歌聲（五男、五女，播種）　18. 男女二重唱（藏式）：毛主席派人來　19. 布利亞特舞蹈：王子娶公主（九女、十一男）　此種歌舞，皆雄壯、熱烈、健康、勇猛，足以表見內蒙區人民之强壯的生命力與大躍進之精神，將來社會主義之建設有賴于此間群衆者正多也。

八月二號星期三（六月廿一）

同人集會，討論致呼盟黨政界謝函及交際處服務同人謝函各一通，并互述此行感想，自九時至十一時三刻。劉孟純主席。

眠一小時。與静秋上街，到百貨商店及中藥公司購物，乘馬車歸。予獨到海拉爾浴池，洗澡、擦背、扦脚。

與静秋到大門外散步。回，與元善談。十一時服藥眠，翌晨四時醒。良久又眠，六時三刻醒。

八月三號星期四（六月廿二）

烏雲達賚來。到李連捷夫婦處，長談二小時。到聖陶處，談一小時。

未成眠。爲安若定改詩，即往面談。爲婦女組作謝詞快板。與元善同到圖書館，藏書室門閉，退出。到元善處談。侯仁之來。王却塵來。李明儒來。

烏雲達賚偕郭純、張運清、王敏來，談呼盟歌舞，自八時至十時。十時半服藥眠，上午二時醒，至五時又眠，六時半醒。

静秋今日始拉屎成條，敢進牛奶矣。

海拉爾市呼盟民族歌舞團中作曲、指揮三君來，講本盟中九個民族的文藝活動，予偕何思源、陳文彬二君同與討論，惜太匆匆耳。

今日熱甚，中夜却凉，喉頭覺有發炎狀，即服感冒丸。于以知草地旅行之不易。

再磅各人體重，增一、二公斤者甚多，予亦預焉。元善增四斤，其夫人增三斤半，可謂明效。任富春長至五公斤，爲特例。惟熊迪之未長，且略減。

八月四號星期五（六月廿三）

元善來。李明儒來。到李伯球處借《詩刊》。文化代表團下午到滿洲里，與之握别。

未成眠。三時，到舞廳開會，討論此行觀感，及當地應改進事項，至七時散。

受餐。九時，賓主合開聯歡會，至十一時予等先散。十二時服藥眠，翌晨七時醒。

今日下午及晚同會同席：（客）全體休養員　　（主）內蒙人委副主席兼統戰部長朋斯克　盟委書記兼副盟長蘇林　候補書記李興堂　副盟長鋭軍　海拉爾市委第一書記潘生輝　市委書記兼市長布倫　組織部長馬崇道　盟政協副主席德春　市政協副主席于家田　盟直屬機關黨委副書記謝民　盟委統戰部副部長宋一

今晚靜秋參加"二千歲大合唱"，歌頌社會主義好；又參加感謝呼盟、海市招待之快板，其詞予所草也。

八月五號星期六（六月廿四）

九時進食。到施大夫等處辭行。十時許上站。十一時四十五分開車。一時進食。與劉孟純夫婦同室。

王楓、侯仁之、鄭挹梅等來談。看仁之所作《歷史小叢書——徐霞客》。與章乃器談。

十時服藥眠，翌晨五時半醒。

留海拉爾者：施今墨一家　劉清揚、王平安　章伯鈞夫婦及其二女　孫起孟　易禮容夫婦及其三子

乃器前謂予用口呼吸，為工作過度之一種表現，今日又述予講東北民族史時，感到氣之不足。予工作時自己覺得胸前氣悶，蓋即王充所云氣竭于思慮也。此後當注意氣功。

八月六號星期日（六月廿五）

九時三刻到哈爾濱，受黨政負責人招待，游覽全市，到中蘇友誼宮休息，入西樓洗澡。還至正樓飯。

上汽船，游松花江，觀五七年增高之堤。上岸，游水上俱樂部，返至友誼宮冷飲。四時五十分上車。劉連城吐瀉，翌晨愈。

十時服藥眠，翌晨五時醒。

今日招待主人：黑省統戰部部長張瑞麟、副部長楊子榮　副省長杜光預　交通廳長、民革主委黃方剛　市統戰部副部長彭克（女）　省政協副主席劉珮芝　副市長張柏岩　省政協秘書趙印航、車泰勛、郭春華　市政協秘書長仲秋、王肇治

食松花江白魚，肥甚。哈爾濱道裏低于江岸，一九五七年江水大漲，急動員群眾增高堤岸，長七十華里，自此無汛患矣。

八月七號星期一 （六月廿六）

在車與翁詠霓等談。到苗秀實處談。九時到北戴河，吳茂蓀來接王楓。一時至天津，元善下車視母。

下午三時一刻到京，徐伯昕、葛志成、吳榮及潮兒等四人、尹如滽來接，乘民進汽車歸。與雁秋夫婦、木蘭等談。

洗浴。十時服藥眠，上午三時大雨，醒。至天明時復一朦朧。

昨蘇聯發射第二艘載人宇宙飛船“東方二號”，駕駛員季托夫少校。在廿五個多小時内飛繞地球十七圈多，計七十多萬公里，等于地球到月球行程之兩倍。蘇聯科學技術如此先進，而美國總統肯尼迪乃喧嚷戰爭，毋乃不自量乎？

北京菜蔬供應緊張甚，我輩由海拉爾來，真是“由奢入儉難”矣。

八月八號星期二 （六月廿七）

班書閣自山西大學來，長談。光明日報館派詹銘新來訪問，長談。到馮國寶大夫處診。與馮大夫同歸家，視靜秋病。遇賀昌群、蕭風。道遇馮賓符。

未成眠。看報。補記日記四天。民間文藝編輯部吳超來，長談。

看李六如《六十年來的變遷》。服藥兩次，約十一時半眠，翌晨五時半醒。

咳嗽較劇，馮醫斷爲喉頭炎。量血壓，爲 138/87，甚好。

下午大雨，氣候與海拉爾差同矣。大約因此之故，静秋晚間又拉。

今日予談話太多，遂致影響睡眠。

梅蘭芳于今晨以冠狀動脉梗塞症逝世于阜外醫院，静秋聞之大爲悼嘆。予于一九一三年始見彼于天樂茶園，演《樊江關》等劇，妙態動人，距今垂五十年矣。彼以一八九四年生，小予一歲。

八月九號星期三（六月廿八）

校改《辭海》經學史部門，發去一函。詹銘新偕光明日報攝影組羅明揚、彭璋慶來，爲予攝工作相片。

雁秋來。到紅星影院，看《勐壠沙》片。到政協禮堂購物。看中華書局提《大誥》文意見兩過。進食。到四樓遠望。

民進同人來，開會，論蘇聯飛船。九時，予先歸。服藥，約十一時半眠，翌晨七時醒。

今晚同會：王紹鏊　馮賓符　葛志成　梁純夫　嚴幼芝　孫照　李紫東　雷潔瓊　嚴景耀　吳榮　毛之芬　吳研因　章廷謙　徐緯　吳廷勘

今日在政協禮堂所遇：浦化人　金漢鼎父女　陳修和　覃異之　羅隆基　王卓然　張絅伯　趙慶杰　尹贊勳　廖華

諸友人見予，均謂予氣色好，知海拉爾休養一月實能促進健康。

八月十號星期四（六月廿九）

吳采君來。李址麟、白瑢基來，長談。光明日報社送《訪問記》稿來，即爲修改，未畢。

到昌群處，晤其長子齡萱。到北京醫院檢查身體，歷眼、耳、鼻、咽喉、牙、內、外、皮膚、抽血、心象電流圖、X 光各科，自二時至五時一刻。乘三輪車歸，繼續修改訖，寫詹銘新信。馮國寶大夫來。張覺非來。

詹銘新來，取稿。十時半服藥眠，翌晨五時一刻醒。

今日在醫院所晤人：錢寶琮　楊向奎　吳仲超　黃琪翔　郭寶鈞　楊鍾健　嚴濟慈　董守義　周太玄

靜秋在海拉爾已愈矣，及回北京，仍有一兩分熱，一天一兩次瀉，雖馮大夫日日來打針，尚未霍然，何也？渠因與兒輩同房，不能早眠，請尹受在後屋騰出地方置榻。書籍搬移，大是費事。

八月十一號星期五（七月初一）

歷史研究編輯部胡柏立來索稿。到紅星，看《星火燎原》電影。朱潔來。

眠半小時。雁秋來。續看《辭海》經學史稿。徐伯昕來，同乘汽車到南河沿，詳談民進團結、改造會中同志方法。葛志成後至，同討論。

徐、葛二君邀飯，八時許歸。遇嚴景耀夫婦。失眠，服藥兩次，上午一時半眠。七時半醒。

與伯昕、志成談論四小時，予不能多說話，但人既少，不得不說，神經興奮，遂不能眠。予之不能作社會活動有如是者！談論大意，予謂學習形式太過呆板、嚴肅，反成與會者一種負擔，且不敢說真心話；應循循善誘，因人制宜，儘量發揮各人所長，又常組織游覽，使各人相見可以無話不談，且從游覽之中結合黨之各種政策，潛移默化，得到真實的改造。

八月十二號星期六（七月初二）

到北京醫院，就蔣景文大夫診。遇黃季寬。看《紅旗》劉際啓等《學術問題》一文。康同璧偕其女羅儀鳳來。

眠半小時。人民文學出版社群衆創作組張嵐瑛來。卜蕙蓀來。賀昌群來。馮大夫來。

伴堪兒到協和醫院，遇金振宇夫婦及竹林。看劉節《古史考存》。失眠，服藥三次，約十二時半眠，翌晨八時醒。

今日量血壓，爲120/78，何其低也？

陳嘉庚先生今日在京逝世，年八十八。渠有高度愛國心，在廈門不爲豪富，而能辦大學、中學，實幹苦幹，真可佩也。

堪兒今日到游泳池，俯衝過猛，齒碰池底，裂其唇。即伴至協和醫院，爲之縫合，并打盤尼西林針。直至晚九時始進晚餐。此兒真滿身瘡痍矣。

八月十三號星期日（七月初三）

遲起。張祚延來，爲靜秋針灸，并爲予診、針。雁秋來。與祚延同飯。

與洪、湲、堪三兒應木蘭約，到大觀樓看立體電影《黃浦江畔》、《青春的旋律》、《歡樂的童年》三片。伴三兒冷飲。一時半出，四時歸。眠一小時。馮大夫來爲靜秋打針。

看胡玉縉《許廎學林》。十時服藥眠，翌晨四時醒。又眠，八時醒。

昨夜服安眠藥較多，今日十分疲倦，一闔眼即做夢。上午對客，下午看電影皆然，歸後得一佳眠，此夙者所未有也。

予今日第一次看立體電影，若銀幕上人跳至面前者。

張祚延診予脉，謂心、肝、腎均無病，强于靜秋者甚多。此次由内蒙歸來，見者皆説予氣色好，安得分一些健康與靜秋耶？

八月十四號星期一（七月初四）

記筆記二則。將《辭海》經學史部門來稿校訖，即發函。

眠半小時。校《辭海》歷史地理部門，又發一函。胸悶，看《許廎學林》。馮大夫來，爲靜秋打針。

與潮兒到民族宮，看《八一風暴》話劇。十一時半歸，洗身。十二時眠，翌晨七時醒。

靜秋昨日一天未下便，以爲可愈矣，而今晨又拉稀。

今晚所遇人：陳達夫婦　載濤　李伯球夫婦　謝家榮夫婦　陳文彬及其女　史公載　吳研因

今晚所觀劇：中國人民解放軍總政治部文藝工作團話劇團演出：方大來（黨代表）——王可　杜震山（師長）——梁玉儒　陳佑民（副師長）——李維新　魏其元（敵衛戍司令）——馮光輝　周玉蓮（司令部秘書）——林默予　顧仲君（南京特派員）——鄭重　趙夢（警衛連副連長）——劉一民　張敏（南昌公安局督察長）——黃凱

八月十五號星期二（七月初五）

民間文藝編輯部吳超來，予口述呼盟經濟生活及民間文藝，彼筆錄，十一時三刻畢。寫陳文彬信。

到“春風”理髮。到儲蓄部存款。到隆福寺閱書。朦朧半小時許。鈔程硯秋《論寶娥》文入筆記。劉光華、陳宣昭來。看于省吾《殷契駢枝》。

到侯外廬處送紙煙。到伯祥處談。張祚延來爲予夫婦打針。服藥兩次，約十二時眠，翌晨八時起。

今日上午大便極難，似欲脫肛然。尹受送來果子露潤腸片，服二丸，僅乃得下。

歸來一星期，諸事駢集，心中歷亂，遠不如海拉爾之安靜。

本欲到青島一個月，以靜秋病，北京近亦不酷熱，作罷矣。

八月十六號星期三（七月初六）

蕭項平來。尚愛松來。張紹璣來。吳超來，爲修改其代寫之《歌海一瞥》。

與愛松及堪兒到南河沿，以修理爐竈退出，歷東安市場數家，最後至森隆，遇王姨丈一家，同飯。與愛松等冷飲。遇楊向奎。遇程希孟夫婦及其女、外孫女。就床，未成眠。校改《辭海》歷史地理稿。馮大夫來，爲靜秋打針。

看《參考消息》。十時半服藥眠，翌晨七時醒。

今午同飯：王姨丈夫婦　　大玫　　大琪兩兒　　大瑛長女　　尚愛松　　堪兒（大玫付鈔）　　近日供應又較緊張，飯館頗爲擁擠。

靜秋依然每日拉稀三次，奈何！

項平囑我勿爲《辭海》工作，自下星期一起，派孟默聞來助我整理《尚書》。聞中華書局行將遷至阜成門外農業大學舊址，予頗願到彼處工作，可以屏絕人事。

項平又云：中華除出版我的《尚書今譯》和《史林雜識》外，又受領導指示，要出版我的文集。我真感激黨對我的關懷，甚願身體健好，有以副黨之期望也。

八月十七號星期四（七月初七）

湯茂如來，論《易經》。王哲卿來送書。王姨母來，贈物。看劉禺生《世載堂雜憶》，湯志鈞《戊戌變法人物傳略》。木蘭來，留飯。

與靜秋、頤萱嫂、木蘭打牌。馮大夫來，爲靜秋打針。

頤萱嫂及木蘭同返家。十一時服藥眠，上午四時醒。又眠，七時醒。

静秋服協和醫院所給黄連素，腹疾較愈。予近日略有泄瀉，
豈以冷飲故耶？

八月十八號星期五（七月初八）

楊東蓴來。鈔審查李址麟文報告入筆記，續録朱師轍《緯書釋
名序》，未畢。

與静秋及兒輩玩牌。到李鐵拐斜街新雅餐廳，開民進中委會，
討論下年進行事項，自四時至七時。聚餐。九時半歸。

張祚延來，爲静秋針灸，爲予針。服藥，約十一時半眠。上午
四時醒。又眠，七時醒。

今日下午同會同席：王紹鏊　楊東蓴　徐伯昕　馮賓符　葛
志成　吳研因　雷潔瓊　嚴景耀　梁純夫　董守義　王歷耕　吳
榮　徐緯　王嘉璿　新雅爲江西菜館。

静秋病中無聊，欲打牌，而打牌必須四人，念此事今已不作
賭錢，僅爲游藝，以是各休養機關均置牌備玩，因教兒輩爲之，
三女兒對此頗有興。

八月十九號星期六（七月初九）

鈔朱師轍文入筆記訖。看《世載堂雜憶》訖。

眠一小時。與静秋及兒輩打牌。馮大夫來爲静秋打針。

又打牌。十時半服藥眠，翌晨四時醒。又眠，七時醒。

八月二十號星期日（七月初十）

張覺非來。王錦第來，長談。遇吳瑞燕、金擎宇。全家到南河
沿文化俱樂部午餐，十時半行，一時半歸。

未成眠。雁秋來。與雁秋、静秋、潮、洪打牌。馮大夫來爲静
秋打針。

與堪兒到政協禮堂屋頂，聽中央民族樂團演奏，自八時至十時。十一時歸。洗身。十二時服藥眠，翌晨六時醒。

今午所晤人：王歷耕　張絅伯　俞平伯　陳麟瑞　吳半農

今晚所晤人：史公載　王炎之　王維彥　張述孔

八月廿一號星期一（七月十一）

寫孟默聞、姜又安信。到人民大會堂，聽聶榮臻副總理爲科技人員作大報告，張勁夫主席，自九時至十二時半。

與伯祥、陸志韋、陳友琴同到南河沿飯，伯祥付鈔。歸，與潮兒打牌。大雨，助靜秋收新洗衣。記筆記一則。馮大夫來，爲靜秋打針。

與靜秋及潮、湲打牌。失眠，服藥三次，約上午一時眠，七時半醒。

今日所晤人：王伯祥　胡厚宣　張爲申　桂挹清　朱務善　聶崇岐　俞平伯　陸志韋　陳友琴　于滋潭　劉及辰　葉企孫　丁聲樹夫婦　熊慶來　高志辛　賀麟　容肇祖　李連捷　郭寶鈞

今日聶副總理報告，堅決貫徹百家爭鳴問題，不扣帽子，不抓辮子，不打棍子，要科學工作者儘量發揮潛力，從此學術研究可上正常軌道，中國科學可與外國競爭，其可喜爲何如也！

八月廿二號星期二（七月十二）

孟默聞來，長談《尚書》工作，歷三小時許。

眠一小時許。中華書局派汽車來，與魏文敏同到國子監中國書店閱書，晤裴子英，遇謝剛主。歸，看新購羅振玉校陸機《毛詩鳥獸疏》等。馮大夫來，爲靜秋打針。

看《世載堂雜憶》。十時半服藥眠，翌晨六時半醒。

自今日起，孟默聞同志來助理予修改《大誥今譯》，務使此

書必可于九月發稿，本年出版。他頗通小學，使我在文字、訓詁
方面得一有力助手，可喜也。

昨聞元胎云：容希白夫人逝世，年七十。

八月廿三號星期三（七月十三）

孟默聞來。修改《大誥今譯》。吳采君來。沙應若來，長談，
伴之至昌群家，又到汪靜之家。

與潮、湲、靜秋打牌。記筆記四則。到王姨丈處送食物，未
遇。在南小街"銀城"理髮。歸，晤載輿所介紹之保姆張姓。馮大
夫來爲靜秋打針。

張祚延來，爲靜秋針灸，又爲予扎針。十一時眠，翌晨六時醒。

程仰之夫人沙應若自南京來，仰之之《中國神話史》稿在予
處，前數年因"厚今薄古"之風，出版社不敢付印，今風氣已
變，爲之修改介紹出版，與丁山稿同爲予責。

家中無保姆臥室，爲予家無法用保姆之主要原因。九月初開
學，三女勢不能更助其母操作，將奈之何？

八月廿四號星期四（七月十四）

寫北京醫院信取藥。到人民革命軍事博物館，遇徐緯、李念
武，參觀兵器館及第三次國內革命戰爭館，十二時半出。到玉淵潭
公園一觀。

歸，三時始進餐。張覺非來。就睡，朦朧一小時。李伯球夫
婦來。

與全家同到紅星，看香港片《可憐天下父母心》。十時半服藥
眠，翌晨六時醒。

今日參觀，固然館大，然予竟覺非常累，逢凳即坐，此似爲
前所未有，予果衰耶？

香港片描寫舊社會中貧富之懸殊，職業之不穩定，甚真切。中小學生見此片，多流泪。四兒皆然，湲哭最甚。彼輩問予哭否，予曰："我身經此種苦痛已多，故視若尋常耳。"

八月廿五號星期五（七月十五）

孟默聞來，與同整理《大誥》稿。

未成眠。續理《大誥》稿，仍未訖。洗浴。

到文聯大樓，聽天津曲藝。九時三刻歸。十時半眠，翌晨五時半醒。

今晚所聞：京音大鼓——擊鼓罵曹　三弦——杜十娘　相聲——當行論　西河大鼓——調寇（即夜審潘洪之前段）　休息時即歸，以静秋囑也。

《大誥》一稿，自謂甚細心，經中華書局仔細審核之下，提出若干問題，予就其應改者改之，而自己看出之不妥處又有一些，甚矣寫文之難也。

八月廿六號星期六（七月十六）

五時半起，修改《大誥》注釋及譯文。孟默聞來。九時，侯外廬車來，與同到南河沿，開哲學社會科學部中心小組會，討論培養青年等問題。十二時就餐。與鄭友揆同出，到沙灘別。

未成眠。鈔寫《大誥》研究參考用書卡片，并分類。理物。寫自珍信。

看兒輩打牌。張祚延來，爲予夫婦針灸。失眠，上午一時後再服藥得眠，六時半醒。

今日同會：潘梓年　劉導生　侯外廬　張鐵生　劉斗奎　汪奠基　賀麟　聶崇岐　馮家昇　鄭友揆　張之毅　謝璉造

今晚失眠，未詳其故，看廿一日日記，亦以夜間打牌失眠，

則予晚飯後不能集中注意力得一證明。最好是散步,惜附近無處
走耳。

八月廿七號星期日（七月十七）

寫又曾信。容元胎來。陳慧來。沙應若來,同到南河沿飯。一
時歸。

眠一小時許。疲甚,看《世載堂雜憶》。保姆張雪瑞來。

到新華書店閱書。十時服藥眠。翌晨七時醒。

今午同席:沙應若（客）　　全家六人　　共卅三元

所遇人:史公載　　吳半農　　鄭友揆　　涂長望夫人

載興輾轉介紹之保姆張雪瑞來,上海人,年四十歲,前在蘇
聯醫院工作,曾在高中讀書,講定工資月卅六元。予苦勸静秋,
萬不可對她發脾氣,以家中有此一人,静秋方能安心養病也。與
三女同室宿。

八月廿八號星期一（七月十八）

孟默聞來。整理《大誥》參考書目。王姨母來。民間文藝會研
究部劉錫誠、牟鍾秀來。張覺非來。寫謝剛主信。

未成眠。作參考書說明一千五百字。覺非來。寫開孫、又安信。

德融侄來,長談。看馮承鈞西域史論文。十時半服藥眠,翌晨
五時半醒。

今日湲兒發燒。静秋咳嗽。

近聞市中搶風、偷風甚盛,蓋供應既少,無法解決肚子問題
也。在電車中,尤須注意皮夾被掏,以糧票在其中也。許多人一
天到晚排隊。鄉間農民則以兩年來荒年之苦,生產作物不願外
流。今日城市誠不及農村矣。

八月廿九號星期二（七月十九）

孟默聞來。于思泊來，長談。記筆記二則。

未成眠。與洪、堪兩兒到雁秋夫婦處，到政協禮堂，買物，到屋頂花園遠眺，進晚餐。六時半歸。

看薛尚功《鐘鼎款識》。張祚延來，爲予夫婦針灸。服藥兩次，約上午一時眠，七時醒。

湲兒今日熱高至卅九度五，静秋與之同到協和醫院診，因之静秋又累壞了。她服黃連素本有效，現在又覺漸漸不濟事了，奈何！

今日所晤人：李俊龍　陳文彬　張絅伯　周太玄夫婦　陳公培　章元善　余之介夫婦　王葆真　曾資生　廖華　游國恩　向達

八月三十號星期三（七月二十）

張紀元來，長談。中國新聞社派黃桂昌來。譚季龍自上海來，同往南河沿飯，長談。

潮、堪兩兒來，同到政協禮堂買物、理髮、晚餐。與同到雁秋夫婦處，并晤木蘭。七時，與堪兒同歸。

洗浴。聽相聲廣播。服藥兩次，約十一時半眠，翌晨七時醒。

上午所晤人：張知行　唐蘭　李明儒　曾世英　王錫光　劉契園

下午所晤人：李俊龍　徐行之　吳研因　巫寶三　謝立林　梁漱溟　王葆真　羅任一　張祚延　馮賓符　張紀元　毛之芬　高君珊　高宛真

八月卅一號星期四（七月廿一）

孟默聞來。看前所作《尚書今譯》序文，準備修改。又計劃編一"專件附錄"。

未成眠。鈔《王莽大誥》，作注，未畢。以胸悶，到尚愛松處，留飯，見其夫人及其妹，又三子剛、明、元。

在愛松處看《故宮名畫三百種》及陳仁濤《藏畫集》。九時歸，誦芬弟自瀋陽來，留宿。十時服藥眠，十二時醒。又服藥，眠，六時醒。

予胸悶作痛，有時幾喘不出氣來，不知是否冠狀動脉硬化所致，明日當到醫院一問檢查結果。如其是者，則予將與梅蘭芳同其歸宿矣。

誦芬弟有人爲之作媒，係江澤涵之妹，在瀋陽醫院當大夫，人地均相宜也。

[剪報] 1961.8.12《光明日報·訪問記》

讀書　行路　求學問——訪史學家顧頡剛

本報記者　詹銘新

史學家顧頡剛這幾天剛從内蒙古海拉爾避暑后回到北京。他在草原上度過了一個凉爽的夏天，并且訪問了草原上的牧民，在蒙古包里作客，又增添了見識。

近年來，他大部分的力量用在《尚書》整理工作。今年上半年，他完成了《大誥》的整理和今譯。這篇是周公東征前對諸侯和王朝官吏發表的講話，史官筆録下來，用的是周初陝西方言，和春秋以後，以齊、魯爲主的東方語法不同，還有不少的假借字，向來被認爲是很難讀懂的一篇。他把《唐石經》作爲底本，用各種古刻本和古寫本逐一校勘，再選取兩千多年來的注釋，爲之疏通貫串，然后全文分節標點，譯成現代語體文，又加上史事的考證和引用書的説明，共約十萬字左右。現在還在和專家們討論之中，準備再作修改。

他一直從事《尚書》研究。《尚書》有"今文"、"漢古文"和"僞古文"的分別。從宋到清,已將"僞古文"判決,"漢古文"早已失傳,所以剩下來的只有"今文"二十八篇。顧頡剛認爲"今文"中也有和"僞古文"類似的,例如《堯典》、《皋陶謨》,充滿了儒家的倫理思想,決不是周以前所能有的,《禹貢》的疆域和戰國末年各國開拓的新區域相應,也絕對不是夏代的地理記載。因此他想作一回徹底的批判,使這二十八篇文字,各各回復它的實際寫作年代。至于《六經》問題,他認爲這些書既不是孔子做的,也不是儒家所專有的經典,而是古代的史官、樂官、禮官、卜官們的綜合記錄。爲了要了解戰國以前的歷史,爲了要認識中國文化的中心,都非在這方面刻苦用功不可,因爲這一方面給歷代統治階級搞得太迷糊了,比了解研究保存原來面目的金文、甲骨文,要困難得多。

在書桌旁邊的書架裏,他揀出了幾冊綫裝的筆記本,他說,在讀書、看戲、與友人交談、出外旅行時,常把心得記錄下來。這次去海拉爾避暑,他記下了在草原上的所見所聞,以及他和同行的全國政協委員侯仁之(地質地理學家)、全國人民代表大會代表陳文彬(語言學家)等,一起探討學術問題的談話。他有時在筆記中,反復研究一個學術問題。比如爲了研究中國民族史,在筆記本裏,記述了從漢代以來早已忘記了的上古的一個氏族——"鳥夷"的探討經過,他從經書、史書、金文、甲骨文等資料中,搜集到有關"鳥夷"的許多證據,知道在黃海、渤海兩岸,都流行着卵生神話,說"鳥夷"的統治階級的祖先,有的是婦人吞鳥卵而生;有的是吸了像卵一般的氣而生;有的生下來是一個卵，卵破而兒出；有的把鳥卵化爲朱果，説是吞果而生；有的以鳥名族；有的以鳥名人，或鳥身人言；有的以鳥名官……種種類似的神話，都表現了東方民族特有的色彩，説明那裏的民族是用鳥作圖騰的。他每次接觸到這方面的新資料時，就録入筆記，把資料積累起來，然后提出新問題。

從前，他和朋友們曾編過《古史辨》，對上古史提出了一些問題，但每一問題都很複雜，所以不能徹底解决。他認爲解决古代史的種種疑難問題，依靠一兩個人的微薄力量是不可能達到目的的，必須運用集體力量，進行長期的工作。他又認爲研究古代史，不是鑽進故紙堆，更不是崇拜聖賢，厚古薄今，和現代文化站在對立的地位，而是在求知上要認識古代的真面目，看清整個歷史的環節；在致用上，要批判地接受，汰劣存優，使遺産爲現代人服務。

經學研究是個艱難的課題，歷代統治階級都按照自己的需要，竄改原文或歪曲解釋，直到符合他們的願望爲止，這就爲古籍的研究工作帶來了很大的困難，往往一字一句，各個版本和各個朝代、各個學派的注解，都彼此矛盾，不知怎樣着手才好。顧頡剛認爲，必須充分掌握資料，以求從百僞裏挑取一真。他經常注意地下發掘出來的新材料，更重要的是注意現代少數民族地區的生活。他認爲古代的社會現象雖然消失了，但在有些少數民族生活中還存在着，因此他走了很多地方，游覽訪問，觀看文物、遺迹，還特別留心當地風俗。例如他在廣西僮族地區，看到了"歌墟"中男女求偶的情形，認識了《詩經》中的許多情詩的由來。在內蒙地區訪問了打獵情形，知道他們只有冬間行獵，因爲不但要吃野獸的肉，還要用它的皮毛，而鳥獸的皮毛，只有冬間才細密濃厚，由此知道了《左傳》中說的“四時田”，《穀梁傳》說的“三時田”，都是儒者爲王侯們裝點門面的虛文，而《夏小正》裏記的“十有一月，王狩，陳筋革”，則是正確的歷史記載。在蒙、藏地區婦女們的頭髮，散披在肩上，一般人的外衣雖有右袖，却永遠不穿，爲的是勞動時的方便，因此想到《論語》中的“被髮、左衽”四字的真情實況。這樣，在游覽訪問中，對證和解決了一些古書上的疑難問題。這次他在海拉爾進蒙古包作客，看到裏邊的天窗，又使他聯想起古時漢人住屋裏的“中霤”。他認爲，求學問是應該“讀萬卷書，行萬里路”，學問是在書裏，但更重要的是在實際生活裏。他對青年人和一些朋友，也常常説：對古書研究了幾十年，還是懂得不多，因爲一個人縱讀萬卷書，還是讀不完世上所有的書，一個人縱行萬里路，但天下的路是走不完的。學問到處都有，只怕人不去看，不去想，世界上處處有好材料，只怕人不去捉住它。我們必須有了一個目的，才能到處發現有價值的材料。

顧頡剛在從事《尚書》的整理和今譯工作。（照片＊）

本報記者　羅明揚攝

一九六一年九月

九月一號星期五（七月廿二）

孟默聞來。整理《王莽大誥》注文半篇。于思泊來。到北京醫院就金靜仁大夫診，又就沈瑾大夫診。遇侯仁之、黄芝岡、朱文

＊　編按：照片模糊，從略。

叔、程希孟。

得眠約一刻鐘。與潮兒打牌。

到文聯禮堂看電影。歸，殷孟倫、尚愛松偕其三子來，談至十時去。服藥兩次，約上午一時半眠，六時醒。

今日就診，甚不好：1. 血壓爲170/90，上壓突高。2. 經上月十日檢查，知爲初期冠狀動脉硬化，故胸易悶，喘不出氣。3. 慢性氣管炎。4. 血管硬化。5. 糖尿病。醫囑勿勞，如何其可也！

今晚所觀電影：1. 世界見聞（八、九號）　2. 摩洛哥風景　3. 馬里散記　4. 漫游加納　5. 幾内亞　自2至5皆非洲記録片也。

九月二號星期六 （七月廿三）

整理《王莽大誥》訖，約四千餘字。與静秋到馮大夫處打針。李址麟、罕德蘇倫來。

得眠十餘分鐘。記筆記一則。

看《困學紀聞》。服藥兩次，約十二時眠，翌晨七時醒。

湲兒熱退，而静秋又感冒發燒，熱高卅八度四分。予亦甚不舒服，恐亦要發燒。一家多病人，奈何！

今日馮大夫爲予量血壓，左臂爲144/90，右臂爲138/86，他説昨天北京醫院量錯了。然使果如其言，何以此數日如此不易入眠耶？

朝鮮勞動黨中央以予助李址麟作論文，贈予以人參一盒，此甚可紀念。

九月三號星期日 （七月廿四）

羅偉之來。到馮大夫處打針，偕之歸家，視静秋病。看陳毅副總理告本届大專畢業生詞。

到張政烺處。未成眠。記筆記二則。看楊樹達《積微居金文說》。寫王哲卿信。到崇文門買汽車月票。到人民大學訪殷孟倫，未遇，晤趙澧。

與四兒打牌。服藥後約至十一時成眠，翌晨六時半醒。

今日靜秋熱仍高三十八度五。

九月四號星期一（七月廿五）

于思泊來。孟默聞來。改《大誥史事集證》稿。寫蕭項平信。

未成眠。再修改《史事集證》。記筆記一則。看蘇聯航行員季托夫《宇宙中的七十萬里》。

到東安市場閱書。歸，看劉侗《帝京景物略》等。服藥，約十一時半眠，上午四時醒。又眠，六時三刻醒。

今日寫字，手顫甚，心亦慌，恍若末日之將至者，此必與心臟軟弱有關，不慮一衰至此。

教授偷老玉米，紅領巾爬牆偷棗，此皆近日新鮮事也。保姆管做飯，又安得不偷米乎！以此故，靜秋神經越來越緊張。然"只有千回偷，沒有千回防"，將奈之何？

九月五號星期二（七月廿六）

孟默聞來。修改《史事集證》訖。重作序文一千字餘。

未成眠。看陸游《老學庵筆記》。校改《王莽大誥校注》訖。王哲卿來送書。看《中國叢書綜錄》第二冊。

趙光來，爲予夫婦按摩。服藥，約十一時半眠，翌晨六時半醒。

靜秋熱退，而又拉三次。

晚間按摩，固亦覺倦，但仍須服藥方得眠，冤哉！趙光，中醫研究院按摩大夫也，以張覺非介紹，爲予夫婦作長期按摩，爲被動的運動。

《莽誥校注》，共約六千字，亦歸後一收獲。

九月六號星期三（七月廿七）

孟默聞來。于思泊來，長談三小時。吳采君來。續作序文二千餘字。

未成眠，看《人民畫報》。

與堪兒到南河沿飯。到東安市場。歸，趙光按摩。服藥，約十一時眠，上午二時醒。

今日所晤人：朱潔　唐蘭　陳劭先夫婦　張政烺　陰法魯　李聖章　王歷耕

爲堪兒購物，由南河沿走至市場，再走至家，計不過四里耳，而汗出如瀋，重衣濕透，何其衰也？

今晚按摩後將安眠藥試減一半，則中宵而醒，更不成眠。予之受制于藥物者如此！

九月七號星期四（七月廿八）

續作《尚書今譯》序文三千餘字。孟默聞來。到馮大夫處打針，長談。

得眠約十餘分鐘。誦芬弟自鄉回。頤萱嫂來，留飯。孟默聞來。到張祚延處送謝儀，未遇，留條，見其二子長庚、長啓。

趙光來按摩，覺倦，朦朧至十一時。失眠，服藥兩次，約上午一時、六時許醒。

馮大夫爲我驗尿，昨晚者無色，以上館子多吃副食也；今晨者變黃，以多進主食也。即此可知予實有輕性糖尿病，但如吃得好些，亦可不發。

自本月起，堪兒糧食加兩斤，糧票一寬。

按摩確可使人倦而思睡，但仍不能使我入眠。及朦朧而醒，又不能入眠矣。長夜清醒，其事太苦，奈何奈何！

今日靜秋檢理衣服，知失去幾件，多方研究，蓋錢品珍之所竊也，爲之大哭。渠易悲感，以今日布票之緊，製衣實太不易。

九月八號星期五（七月廿九）

孟默聞來。續作《尚書今譯》序文約二千五百字。寫北京醫院信。開未刊著述名單。

服藥，得眠一小時。到東單理髮館理髮。看陸游《老學庵筆記》。

服藥後請趙光按摩，九時得眠。上午三時醒。又眠，六時醒。

静秋昨日大怒，今日上午又到中山公園參加民進小組學習，下午又發燒矣，熱高三十八度二。此之謂不度德，不量力。

予懲前數晚之失，今日臨按摩時先服安眠藥，居然摩畢即眠，得九小時之安眠。此後當照此爲之，惟藥量可逐漸減低耳。

九月九號星期六（七月三十）

與誦芬談。鈔未刊著述與整理古籍專家名單。到南河沿，出席學部學習小組，自九時至十二時，會畢同飯。

與尹受同理書十二箱。又安自西山回。到馮大夫處打針，并驗尿。

趙光來按摩。服藥兩次，約十一時眠，翌晨六時醒。

今日同會：潘梓年　徐炳昶　王伯祥　汪奠基　俞平伯　夏鼐（作銘）　在會中予舉此數十年中之大著作未付印者，請學部注意。

今日驗尿，予確有糖，而且不輕。馮大夫因謂余血壓、心臟之病并不重，惟糖尿則必須注意，囑予後日即到北京醫院診治。噫，予無相如之才，乃有文園之疾乎！

九月十號星期日（八月初一）

爲又安寫劉錫城等信。到于思泊處，未晤。到殷綏貞處談，并晤牛眉（松雲）。再訪思泊，仍不晤。到文懷沙處談，并晤印會河、陳翰新（秦似夫人）。請印會河診，開方。

未成眠。理書。誦芬弟來，渠返瀋陽。到政協禮堂，待三兒至，同飯。游地下室，觀打地球。同到雁秋夫婦處，并晤木蘭。

趙光來按摩。看《老學庵筆記》。十時，服藥眠，上午四時醒。又眠，六時半醒。

今日所晤人：陳公培　張豐冑　吳文藻夫婦　王家楨夫婦楊美貞　董渭川　喻宜萱

數日來，静秋熱均卅八度二。又爲保姆屢生氣。

保姆張雪瑞來此半月，不獨偷米，亦偷紙煙。又與外邀男子有瓜葛，電話不絶，亦時來訪，如此花描，實不適于爲我家傭，故于今日辭去。此後只得自己辛苦些，不敢輕言用人了。

九月十一號星期一（八月初二）

孟默聞來。理書。到北京醫院，就女大夫沈瑾診。驗小便。遇劉連城、黄炎培。歸家，晤户籍警趙景惠。到馮大夫處打針。看《積微居金文説》。

看張默生《異行傳》。爲又安寫張嵐瑛信。寫侯仁之信。理書。雁秋夫婦來，同飯。

趙光來按摩。看《老學庵筆記》訖。服藥兩次，約十一時眠，翌晨六時半醒。

今日驗尿，有輕量糖質，沈大夫出一證明，本月得補助蔬菜卅斤。驗血壓，北京醫院爲 160/84，馮大夫處爲 130/70，何不同至此？

静秋今日到協和醫院，就邵大夫診，謂是官能症，須静養。昨張覺非勸其到平谷縣與其女同住，彼處供應較豐，又可避免家中之氣，渠頗心動。

九月十二號星期二 （八月初三）

孟默聞來。編吳闓生《吉金文録》、于省吾《吉金文選》目録，未畢。到謝剛主處取回《桐橋倚櫂録》。

與靜秋、尹受談賀次君事。到北海山頂與同人茶叙，四時，到莫斯科餐廳飯。

趙光來按摩。失眠，服藥兩次，約上午一時眠，七時醒。

今日茶叙者：王伯祥　章元善　俞平伯　汪季文　陳乃乾　夏慧遠　同飯者：伯祥　乃乾　平伯

今夜失眠，倘以晚餐飲咖啡故乎？

九月十三號星期三 （八月初四）

孟默聞來。編于省吾《吉金文選》目訖，鈔金文著録（有關《大誥》者）入卡片，未畢。看《文史資料選集》第十七集。謝剛主來。到馮大夫處打針。雁秋來，同飯。

朦朧一小時。到燈市口"孔雀"修面。續鈔卡片。四時到南河沿，遇楊崇瑞、王澤民、季羡林。

宴思泊等，談至八時歸。趙光來按摩。服藥，十一時眠。翌晨五時醒，又朦朧一小時。

今日爲潮兒足十五歲之生日，吃麵。

今晚同飯：于思泊　張苑峰（以上客）　唐蘭　予（以上主）廿一元

昨夜眠不佳，今日十分疲乏。

九月十四號星期四 （八月初五）

孟默聞來。科學院黨委宣傳部張其考來，記録上星期六予在學部學習會所談之未刊著作。看《兩周金文辭大系圖録》，補入卡片。

未成眠。記筆記二則。理書。

看宋犖《江左十五子詩選》。趙光來按摩。服藥無效，約上午一時眠，六時半醒。

予前爲歷史所青年同志所開之必讀、參考書目，聞中央宣傳部甚注意。此次所開之遺著與老年學者之未刊著作，度亦可得相當之反響，則一班苦學者爲不枉矣。

近來報刊多提倡寫字，我家三女皆扁筆，獨堪兒爲渾筆，可寫好字，惜其不肯用功耳。又近來鼓勵青年讀文言文，本屆大學入學考試只取應考者百分之二十七，其譯文言文幾全場無一佳卷，"烏知"多譯爲"烏鴉知道"，以是中學將多課文言，然以語四兒，俱不喜也。

九月十五號星期五（八月初六）

孟默聞來。到北京醫院掛號。到新華書店閱書。又到醫院，就女大夫曲以蘭診，并取印會河所開藥。遇何魯。看胡道靜《沈括和夢溪筆談》。

就眠，得小睡。續看《文史資料》十七輯。與孟默聞談。馮大夫來打針。

到文聯禮堂，看《萬木春》電影。服藥兩次，約十一時半眠，翌晨六時半醒。

今日量血壓，爲 145/90，下字較高。自今日起，增打睾丸素針。

今日不知何故，竟拉肚三次，服黃連素。

九月十六號星期六（八月初七）

孟默聞來。看郭沫若《兩周金文辭大系考釋》及曾運乾《尚書正讀》，修改予前作。

鈔《毛詩文王篇正義》，未畢。與孟默聞長談。

張覺非來。趙光來按摩。服藥兩次,約十二時半眠,翌晨七時醒。

曾運乾《尚書正讀》一書,楊樹達極推重之,爲之作序,然及身未刊行,欲讀不得。今乃由蕭項平君借來,湖南大學講義本也,甚有創見,快甚。

今日仍拉稀三次,更服消炎片。

九月十七號星期日 (八月初八)

于思泊來。與静秋到馮大夫處打針。錢琢如夫婦來。傅學苓來。張苑峰來。

與全家及琢如夫婦到南河沿飯。又同到元善夫婦處談。續鈔《毛詩正義·文王》篇訖。張覺非來。

到東安市場散步,買藥。趙光來按摩。静秋來同榻,予更不能眠,直至上午一時半,服藥兩次後方入睡。七時醒。

今日所晤:周亞衛夫婦　王家楨夫婦　楊蔭瀏　曹安和　張絅伯　姚紹華　董渭川夫婦　李覺

予失眠之疾越來越頑固,無論用什麼方法——西藥、中藥、按摩、眠前吃點心——均已無效,大有支持不下的危險,而《尚書》工作又不能不挺下去,其痛苦爲何如哉!

九月十八號星期一 (八月初九)

孟默聞來。爲又安寫王錦第信。寫北京醫院腦系科信,請打冬眠靈針。臥床,看岳珂《桯史》訖。

得眠一刻。

到北京醫院打針。九時半服藥眠,翌晨四時醒。又眠,六時醒。

一星期來,入睡愈難,長夜耿耿,至于焦躁。白天則兩眼澀不能張,工作又不能不作,直有生不如死之感。今日臥床,晚又打冬眠靈針，又服 Seconal 兩丸，乃得一佳眠，然而此何可長也！

今日大便已正常。

九月十九號星期二（八月初十）

與靜秋到馮大夫處打針，遇陶祝年。到東單理髮館剃頭，遇周諧度。到東四南大街儲蓄所取款，遇李國偉夫婦。

未成眠。修改張其考所記錄予在學部學習之發言。與靜秋同到六必居買醃香椿，又到內聯陞買鞋。到新雅聚餐。

七時半出，與靜秋同歸。到北京醫院打針。服藥兩次，約上午一時眠，八時半醒。

今日同席：章元善、元美、元群兄弟　錢琢如夫婦　汪季文　王伯祥　俞平伯　予夫婦　七十元　江西菜太油膩，予與靜秋皆不喜，而他人顧譽之，蓋以近來食物太清淡也。

昨眠甚佳，今夕又不好，蓋晚間一活動神經即不能平靜也。身嬰痼疾，一切難辦，將如之何！今日報紙載某君以大腦動脉硬化而死，予殆將步其後塵乎？

九月二十號星期三（八月十一）

常惠來。吳超來，訪問孟姜女研究。張其考來，再補記錄稿。

得眠一小時。到政協禮堂，買物，洗澡，晚餐。看《詁經精舍文集》。到雁秋處送戲票。

回禮堂，看陝西阿宮碗碗腔演出團演《兵火緣》。到北京醫院打針。九時半歸，服藥。十時半眠。翌晨六時半醒。

今日所晤人：李伯球夫婦　陳文彬　胡宜男　喻培厚　廖華　黃雍夫婦　王楓　羅任一　謝冰心　李培基　于益之　楊蔭瀏　曹安和　趙君邁　李奇中夫婦　盧郁文

今晚所觀劇：蔣世隆——劉雲　王瑞蘭——王玲　蔣瑞

蓮——劉淑琴

九月廿一號星期四（八月十二）

將周初年代各家説立表，尚未盡。與靜秋到馮大夫處打針。

未成眠。與靜秋嬉。與靜秋到南河沿，待兒輩來同飯。

到百貨大樓購刀片。到北京醫院打針。歸，趙光來按摩。十時半服藥眠，上午三時醒。後在半眠狀態中。

今日所晤人：徐緯　焦實齋　侯仁之夫婦及其子凡興　王葆真　張曼筠　唐蘭　李伯球夫婦

九月廿二號星期五（八月十三）

孟默聞來。將《大誥》校勘、解釋、章句、翻譯仔細磨勘一過。王哲卿來。吳石君、采君來，贈物。

未成眠。

看郭沫若《兩周金文辭考釋》。趙光來按摩。服藥二次，約十二時半眠，翌晨七時醒。

予前草《大誥今譯》時，未見郭沫若改定之《兩周金文辭大系考釋》，又未見曾運乾之《尚書正讀》，楊樹達之《積微居金文説》，今皆得見，遂大事修改。洵乎新書之不可不廣收也。予幸生于吳清卿、孫仲容、王靜安之後，又幸得與楊遇夫、郭沫若、于思泊并世，遂得廣攬各家，成其獨斷，豈非一大幸事耶！

九月廿三號星期六（八月十四）

孟默聞來。于思泊、張苑峰來。李址麟來，贈書。續改《大誥》篇校勘及解釋。與靜秋到馮大夫處打針。

得眠約一小時。與默聞談。

到北京醫院打針。趙光來按摩。服藥，約十時半眠。上午二時醒。此後在半眠狀態中。

　　靜秋以原住室有北窗，冬間冷，易致病，故定計遷至中間。然中間本書庫，一移動間費大勞力，故擬請中國書店人相助。

　　朝鮮古史《三國史記》、《三國遺事》二種，予久思讀而未得見。今日址麟惠贈，大快。

九月廿四號星期日（八月十五　中秋）

　　王錦第來，長談。寫張又曾信。寫印刷技術研究所李劍飛信。蘇聯劉克甫爲越特金來贈物。

　　未成眠。翻楊樹達《積微居金文說》未畢。與靜秋到莫斯科餐廳，邀雁秋夫婦及四兒來同飯。遇孫照。

　　到政協禮堂屋頂，參加賞月會。九時出，到雁秋處。十一時半服藥眠，上午二時醒。又服藥，七時半醒。

　　今日忽覺手顫甚，竟難作字，老態如此，如何工作？

　　今日同飯：全家　雁秋夫婦　四十元

　　今晚文娛：古樂　大鼓　相聲

　　今日所晤人：馬寅初　王楓　趙君邁　劉清揚　覃異之　李覺　傅學文　巨贊　吳晗　溥儀弟兄

　　越特金托劉克甫帶來蘇聯之玩具、糖果，此甚可感。

九月廿五號星期一（八月十六）

　　中國書店王哲卿等來理書，遷書箱。孟默聞來。與靜秋到馮大夫處打針。到王府井換眼鏡框。寫陸欽頤、陳萬里信。

　　未成眠。略理書。與默聞談。翻《積微居金文說》畢。寫侯仁之信。

　　到“大明”取眼鏡。到北京醫院打針。張覺非來。趙光來按摩。十時半服藥眠，五時醒。又眠，七時醒。

手顫愈甚，書不成字。理書則汗流浹背。棟折榱崩，其兆已見。然此時正當發揮潛力，為社會主義建設任奠基工作，如之何能辭世也！

默聞能刻印，因檢出壽山石三方，請刻先祖、先父及予藏書圖記，以資識別，亦為百年收藏之紀念，縱不能終保，亦以告後之人，知我三世積累之辛苦也。

九月廿六號星期二（八月十七）

孟默聞來。中國書店裴小香來，同理書，叢書部理訖。

未成眠。與孟默聞談刻印。將日本《尚書正義》定本過錄《大誥》經文校勘記。雁秋夫婦來。

與靜秋到大柵欄買物，到新雅餐。八時半歸。張覺非來。趙光來按摩。服藥後約十一時半眠，翌晨六時半醒。

今晚同席：王伯祥　周昉成　陸欽頤　陳萬里　章元善　葉聖陶　陳乃乾　俞平伯　夏慧遠　汪季文　葉至善　九十元

伯祥、靜秋皆謂今晚之菜，不如十九日之好，蓋飯館不願多做生意，故"初則告，再三瀆"如此。

九月廿七號星期三（八月十八）

理書。到北京醫院，就王新德大夫診。遇邵力子、周亞衛。與靜秋到馮大夫處打針。

到南河沿俱樂部，與政協同人乘車到廣安門外，參觀八一電影製片廠，并觀電影。五時半歸。

張覺非來。趙健來。趙光來按摩。服藥兩次，至十二時半眠，終宵在半醒狀態下。

今日同游：季方　千家駒　胡庶華　王家楨　王伯祥　俞平伯　丁聲樹　章廷謙　饒毓泰　孫雲鑄　楊美貞　林仲易　楚溪

春　李連捷　何思源　張明養　梁純夫

八一製片廠開辦十年，工作人員約二千，年產長片七部，每片工序至二百餘，花錢數十萬至百餘萬。予因嘆文娛工作細緻如此，研究機關乃遠不逮，何視研究工作之輕易也？

九月廿八號星期四 （八月十九）

理書。看姚惜抱全集。與默聞談。

未成眠。繼續理書。

趙光來按摩。服藥兩次，約十一時半眠，翌晨七時醒。

今日將《大誥》校勘、解釋、翻譯三部分整理，交默聞帶至中華書局付排。其考證部分，則默聞正在校勘中，而予以書籍搬遷，只得停工數日矣。

九月廿九號星期五 （八月二十）

理髮。與靜秋到馮大夫處打針。北大歷史系助教劉志述來，飯後同乘車到北大。

二時，出席李址麟考試辨論會，予作報告。五時許散會。址麟邀至其宿舍，又到留學生飯堂飯。

七時歸。趙光來按摩。服藥兩次，約十二時眠，翌晨七時半醒。

今日同會：翦伯贊　周一良　鄧廣銘　田餘慶　夏自強（以上北大教授）　李址麟　金錫春（朝鮮大使館文化秘書）　李住鳳（留學生、翻譯）

今日名爲考試，不過形式，故一良先告予，不要批評其缺點，以國際友好關係，必須通過也。址麟此次歸去，即爲朝鮮科學院古朝鮮史研究室主任。彼擬請予與翦伯贊明夏到平壤避暑，但此事須通過組織，予不能自由允許也。

九月三十號星期六（八月廿一）

終日理書。中國書店裴小香來助理書。

到北京醫院打針。趙光來按摩。服藥，十時眠，翌晨七時醒。

今夜既打針，又按摩，又服藥，居然得一夜安眠，然詎可常耶！

原置書式：

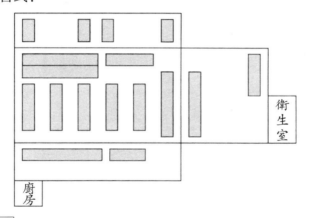

吳縣顧氏純
熙堂書庫（鈐朱印）

此係孟默聞君代托羅福頤君所刻者

一九六一年十月

十月一號星期日（八月廿二）

擬赴天安門觀禮，到遂安伯胡同搭車，則車已開，遂歸。與靜秋到馮大夫處打針。終日理書。

約眠一小時。

與洪、湲、堪及崔藝新到天安門觀煙火及歌舞。十時歸。十一時服藥眠。

今晚所晤人：巨贊　趙樸初　蕭三　王克俊　趙啓騄　章乃器　黃秉維一家　趙忠堯夫婦　翁獨健　閻寶航

往年觀禮，予乘歷史所小汽車行，今年以節約，小汽車未發通行證，囑到南小街乘大汽車往。而予以病失眠，甚難早起，八時半前往，則車已開出矣。

十月二號星期一 （八月廿三）

終日理書。

未成眠。看《近代史資料》。

趙光來按摩。十時半服藥眠，上午三時醒。良久又眠，七時醒。

十月三號星期二 （八月廿四）

繼續理書。李址麟來，贈書，加題記。與靜秋到馮大夫處打針。

贈伯祥《甪直保聖寺塑像》冊，作題記。殷綏貞來。與四兒到紅星看《小小英雄》片。

張覺非來。趙光來按摩。十時半服藥眠，上午四時醒。

贈址麟書：吳任臣：山海經廣注　畢沅：山海經新校正　郝懿行：山海經箋疏　汪紱：山海經存　張□□刻，劉喜海著：海東金石苑　鮑子年刻：海東金石苑　予著：三皇考、秦漢方士與儒生

址麟云：朝鮮史學家多人均以爲予已老耄，或已去世，及至知予在中國科學院，且爲址麟之導師，則大歡躍。蓋予出名太早，故至今四十年，他人以我爲八十老人也。

十月四號星期三（八月廿五）

終日理書。趙健來。吳超來。

未成眠。看姚鼐《九經說》。

到北京醫院打針。爲洪兒赴少年宮活動，失眠，服藥兩次。約十一時半眠，翌晨七時醒。

今晚打冬眠合劑後，甚思眠矣，乃以洪兒應景山少年宮招往歌舞，既未帶錢，又未帶鑰匙，深夜不歸，遂不能睡。予之睡眠不能爭取主動如此。

趙健來，謂歷史研究所本有一百七八十人，此次下放一半，僅存八九十人矣。按此年荒歉，黨竭力疏散都市人口至農村勞動，故北京本已有七百萬人，今只存四百萬矣。

十月五號星期四（八月廿六）

裴小香來。終日理書。到伯祥處送章式之先生保墓函，并晤其三子湜華。與靜秋到馮大夫處打針。民研會牟鍾秀來。徐伯昕、王嘉璿來。

未成眠。理平裝書上架。與默聞談。

趙光來按摩。服藥兩次，約十一時半眠，翌晨七時醒。

平裝書最零星，尤易破爛，抗戰中出版物最甚，然此正我族在生死關頭所作之掙扎也，圖書館未必有而我更有之，其爲寶貴何如，但靜秋則甚厭之，欲棄去者屢矣。即此可知近代文獻最難保存，以其外貌不足重也。

十月六號星期五（八月廿七）

民進李佑民、李連和來搬移傢具一天。到北京醫院，就王新德大夫診腦系科，又就蔣國彥大夫診內科。晤史永、盧郁文。

未成眠。補記近日日記。羅偉之來。草內蒙領導人謝函，并爲民研會徵稿。作址麟文序，未畢。

到文聯，看《劉三姐》電影。九時，到北京醫院打針。十時半服藥眠，翌晨五時醒。

今日量血壓，爲 130/80，甚理想，然何以難睡乃爾？

靜秋屢打電話，請歷史研究所人事科派人相助搬物，僅來一次，即不肯來。昨伯昕見訪，知其事，故今日派民進兩人來助。

十月七號星期六（八月廿八）

理物。車來，九時半到頤和園，上船，游西堤。十二時，到聽鸝館飯，攝影。二時，離園。

三時到家，小眠。與靜秋爲整書吵架。到馮大夫處打針。到文淵閣買筆。康同璧偕其女羅儀鳳來。

到東安市場購物。張覺非來。趙光來按摩。又與靜秋吵。失眠，服藥三次，約十二時半入睡，翌晨七時醒。

今日同游同席：常維鈞　江紹原　容元胎　魏建功　楊成志　賈芝　孫劍冰　阮艾芹　劉超　吳超　牟鍾秀　陶建基　吉星　楊亮才　劉錫誠　民間文藝會要把五四運動前後之民間文藝之搜集及整理工作作一總結，故有今日之聚。

靜秋以我不肯多賣書，每來一客即將我數說一頓，予實難忍受，遂屢吵鬧。

十月八號星期日（八月廿九）

爲李址麟《古朝鮮研究》作序，改訖重謄，凡三千言。堪兒老師安靜貞來。

洗浴。

到西單商場閱書。到北京醫院打針。趙光來按摩。八時半入眠，上午二時半醒。拂曉又入眠。

址麟明日歸國，序文必當于今日作畢，故竭全力爲之，居然作成，自喜尚能工作也。

静秋弱不禁風，一動即累，臉色愈不好看，而保姆停用後家事實繁，又不能不作，將奈何！

十月九號星期一（八月三十）

到車站送李址麟，十時車行，尹澤天以車送歸。皇甫通來。到馮大夫處打針。遇吳瑞燕及其孫。到南河沿赴宴。遇趙樸初。

到王却老家賞大荔花。到前門飯店汪旭初室談。四時歸。看鄭逢源《丘虛通徵》。

到人民大會堂，參加辛亥革命五十周年紀念會，九時半歸。十時許服藥眠，上午三時醒。

今晨在車站所遇：李柱鳳　劉志述　尹澤天等

今午同席：汪旭初　邵力子夫婦　王紹鏊　王昆侖（以上客）　吳研因（主）

今晚所遇：吳廷邁　章元善　王伯祥　俞平伯　張明養　胡庶華　覃異之　資耀華　裴文中　尹達　侯外廬　熊德基　林仲易　今晚作報告者：周總理　董副主席　何香凝（熊克武代）

十月十號星期二（九月初一）

孟默聞來。王錦第來。牟鍾秀來。寫又安信。吳采君來。王姨丈、母來。薛文淑來。

眠一小時。以印度烈士池故事與杜子春故事比較，作筆記一條，約三千字。雁秋夫婦來，留飯，頤萱嫂留宿。

到東單廣場，看中國雜技團表演，遇董守義，九時許歸。服藥兩次，約十二時眠，翌晨七時醒。

《大唐西域記》尚係一九五三年七月中點讀，久欲鈔出其中與中國相關之故事，終以不得暇而止。今以民間文藝會邀予作報告，乃得抽忙爲之。

十月十一號星期三（九月初二）

孟默聞來。記筆記二則，約三千六百字（《大唐西域記》）。周國華來。中國書店來捆書。打針。

眠一小時。俞旦初來。

在附近散步。趙光來按摩。十時半服藥眠，上午三時一刻醒。又眠，六時醒。

此次讓出之書，皆爲複本。

余元盦于今日以尿塞病逝世，年未及五十。聞前在運動中，曾跳墻圖自殺，以此致疾。研究蒙古史者少一人矣。

十月十二號星期四（九月初三）

記筆記二則，約一千六百字。孟默聞來。中國書店來取書去。到“春風”理髮。朱潔來。雁秋來，留飯。

理書。到文聯禮堂，看舞劇《小刀會》電影。到政協禮堂，與靜秋同買物，吃茶，吃飯。看《關于當前文學藝術工作的意見》十條。

在政協看《秋瑾傳》京劇。十時半歸。十一時許服藥眠，翌晨六時醒。

今日所晤人：陳選善　王雪瑩　顧均正夫婦　蔡方蔭夫婦　朱華芬　王愛雲　林永鎮　宋雲彬夫婦及其女　呂叔湘夫婦　朱務善　王楓　康同璧母女　張紀元　盛彤笙　連以農　高君箴　徐行之　李奇中　張知行　凌其峻　章元善夫婦　張執一　秦德君　徐邁進　李燕　吳大琨

今晚所觀劇：秋瑾——張君秋　王延鈞——劉雪濤　紹興知

縣——慈少泉　阮財富——耿世華　徐錫麟——譚元壽　吳芝瑛——李淑玉　程毅——馬長禮　蔣紀（偵探）——鈕榮亮　貴福——郝慶海

　　靜秋今日下午二時即到政協禮堂，飯已賣完，只得光麵兩碗，求食之難可見。

十月十三號星期五（九月初四）

　　孟默聞來。趙健來。侯外廬、賀昌群來。準備下午報告大綱。

　　記阿耨達山千餘字，未畢。三時，文聯派車來，與又安同到文聯俱樂部，爲民間文藝會諸同人報告 "我對民間文藝的諸種工作"，自三時半至五時半。

　　賈芝、吉星邀至萃華樓飯，與賈芝同步歸。趙光來按摩。張覺非來。失眠，服藥兩次，約十二時後眠，翌晨七時醒。

　　今日同會：賈芝　吉星　劉超　吳超　牟鍾秀　阮艾芹　陶建基　劉錫誠　楊亮才　常惠　楊成志　周汝誠　陳慧　姜又安　章輝　文聯同人　市文聯同人　北大同人　共四十餘人　予自陳五十年來，在戲劇、曲藝中所得之知識，及在歌謠、風俗、故事方面之研究。

　　予多説話即感興奮，今日下午作報告，異于在海拉爾之上午報告，故晚間雖經按摩、服藥，終不成眠，且胸脅作痛。不得已起服多量之藥，乃得合眼，予之不適于作社會活動如此。

十月十四號星期六（九月初五）

　　中國書店收購科白廷智來。孟默聞來，商排樣。與靜秋到馮大夫處打針。續記阿耨達山發源之水一千六百字，尚未畢。

　　眠一小時半。

　　待靜秋看舞蹈歸，看吳增祺《舊小説》。十一時服藥眠，上午一時半醒。又眠，七時醒。

此次售出書，得三百〇四元三角，又誦芬弟書十三元二角六分。

靜秋有一不成材之族叔張岐潤前日到京來訪，雁秋急拉之至派出所，所中不能收容，囑集資買車票送還徐州，靜秋出十五元，雁秋出二元，并破棉衣一套，急遣之去。

以昨日多服藥，今日疲倦無力。然午後竟得佳眠。

十月十五號星期日（九月初六）

理書。馮世五來。德靜婕來。

到吉祥戲院看"北昆"演劇，自一時至四時。到東安市場購物。理物、書。

看章巽《古代海上交通》。趙光來按摩。爲待又安、尹受吃宵夜，服藥兩次，約十二時眠，翌晨七時醒。

今日所觀劇：一、激孟良（吳天塔）：孟良——程增魁　楊延昭——陶小庭　二、贈劍聯姻：百花公主——虞俊芳　江六雲——叢兆桓　江花佑——林萍　三、盜仙草：白素貞——張竹華　仙童——滿樂民等　四、昭君出塞：王昭君——李淑君　王龍——韓建成　馬童——侯長治

前次到吉祥看昆劇，池座雖滿而樓上空無一人，今日則樓上亦上五六成坐，可見群衆對昆曲已有好感。此保定昆劇團奮鬥五十年之功也。

十月十六號星期一（九月初七）

孟默聞來。記阿耨達山六水訖，共約三千五百字。到馮大夫處打針。吳采君來。記筆記一則。

未成眠。《文匯報》記者單也來。記筆記三則。理書。

在附近散步。看楊世驥《文苑談往》。趙光來按摩。服藥，約十一時眠，翌晨五時醒。

前日黨與國務院聯合指示，農村應大力支援城市。自兩年災荒以來，農村固苦，而城市之主食副食俱由農村來，今年收成雖較好，而農民懲于兩年之餓，依然不供給城市，市民皆面有菜色，許多不道德之行爲由此而生，故中共亟予糾正也。

所蓄白鷄三天不下蛋，靜秋詫而覘之，則所下蛋自己吃了。即此可知近日食物之緊，直使家禽親食其子。至猫兒之鳴鳴向人索食，或突跳至桌上與人搶食，不待言已。聞毛主席嚴格守本人定量，爲之振奮。有此偉大領袖，人民之所以餓而無怨也。

十月十七號星期二（九月初八）

孟默聞來。寫王新德大夫信。寫尹達信，借書。重作《武王的死及其年歲和紀元》約四千言，未畢。潮兒老師劉萬敏來。

未成眠。趙光來按摩，付錢。與靜秋到森隆赴宴。頤宣嫂來，留宿。

到市場購物。張覺非來。服藥，約十一時眠，翌晨五時醒。

保姆馮李氏來，渠家住禄米倉西龍鳳口甲四號，早來晚歸。自辭去張雪瑞後，家中無保姆已卅五天，靜秋累極，故用此人，甚望其能好好工作也。

今晚同席：吳研因（七十七）　王伯祥　章元善　俞平伯倪農祥　鄭繡　汪季文　夏慧遠　葉聖陶　予夫婦　十一人，六十七元。

十月十八號星期三（九月初九）

孟默聞來。于思泊來。續作《武王年代》三千餘言，略訖。與靜秋到馮大夫處打針，并驗尿。吳采君來。

未成眠。趙光來按摩。

與靜秋到隆福寺市場購物。八時四十分，到蟾宮看《關漢卿》電影，十時五十分散。服藥，十一時半眠，翌晨六時半醒。

宿聞田漢編《關漢卿》劇，又聞馬師曾、紅綫女以之改爲粵劇，而皆未見。今日到馮大夫處，渠言馬等又改爲電影，且言其善，因于今晚往觀。紅綫女容貌既美，唱作兼工，誠全國第一等藝人也。馬師曾豪情俠氣，表演亦真。

馮君實醫師謂予尿有糖，非糖尿病，聞此一慰。

十月十九號星期四（九月初十）

讀新城新藏《周初之年代》，未畢。改作昨作數頁。看馬衡《漢石經集存》。

趙光來按摩。理書。

看鄧之誠《桑園讀書記》。失眠，服藥兩次，十二時半眠，翌晨七時醒。

今天整日讀書，晚間未外出，是以失眠疾又作。此後當注意。

馮李氏來做了兩天，今日即托病不來矣。

近日理書，發現許多平裝書失去，此必內盜所爲。蓋生計困難，有不得不以竊自活者，而我則"多藏厚亡"矣。

十月二十號星期五（九月十一）

于思泊來，爲查江西瀘水。渠後日返吉林。與靜秋到馮大夫處打針。讀新城新藏《周初之年代》畢，《戰國秦漢之曆法》未畢。

到"東單"理髮。孟默聞來。趙光來按摩。

與靜秋到莫斯科餐廳，以食盡退出。到同和居飯。八時半歸。十時服藥眠，翌晨四時半醒。又眠，六時半醒。

秋風秋雨，颯颯愁人。予與靜秋乃遠至西郊覓食，可謂豪興。"雪夜訪戴"，不是過矣。

《大誥》校勘、解釋、考證各部門已經孟先生核對原書訖，此後即是我的修改工作了。

十月廿一號星期六（九月十二）

到統戰部，開座談會，討論書法問題，自上午九時至十二時半。在部內飯。一時許，與伯昕同車歸。

與雁秋談。未成眠。趙大夫來按摩。續讀新城氏書數頁。與默聞談。雁秋夫婦同歸。

洗浴。看石聲漢《齊民要術》書。服藥兩次，十二時後眠，翌晨四時醒。

今日同會同飯：薛子正（主席）　張執一（後至）　章士釗（先去）　陳半丁　溥雪齋　蔣兆和　馬晉　劉子章（京市文化局副局長）　邵宇（人民美術出版社副社長）　連統戰部幹部共兩桌。

今日覽《參考消息》，悉蘇共本次大會中，赫魯曉夫指出伏羅希洛夫及朱可夫元帥之反黨，及其對斯大林之思想延續，并開除黨員廿萬人，此爲蘇聯之又一次政變。政治無情，我輩在局外者有莫測高深之感。

十月廿二號星期日（九月十三）

寫越特金信。十時，到南河沿，爲排隊定座，直至下午一時半始飯訖。

到聖陶處，并晤至善。乘聖陶車歸。趙大夫來按摩。張覺非來。黃永漢自滬來。記筆記一則。翻《韓詩外傳》。

與靜秋、堪兒到紅星看《黃河巨變》。到北京醫院打針。十時服藥眠，翌晨七時醒。

今日所晤人：黃秉維一家五人　傅學文　王葆真　王卓然

張綱伯　姚成

聞蘇聯以政變故，郵件不通。潮兒促我寫越特金函，不審何時得達。

黃永漢在上海掌福建省之貿易事，常至他地，爲言市場供應以上海做得最好，北京次之，若外縣則大不然，例如蔬菜一碟，北京賣一角，益都則賣八角矣。《農業六十條綱要》頒布後，農民工作情緒較高，重養豬鷄，明年可望城市供應之改善。又謂城市與農村物價比例，有高至二十倍者。

十月廿三號星期一（九月十四）

翻《韓詩外傳》訖。寫尹達信。點讀新城新藏《戰國秦漢之曆法》訖。記筆記一則。雁秋來，留飯。

默聞來談。趙光來按摩。張覺非來。重勘《大誥》文字校勘及解釋，未畢。

看朝鮮《三國史記》、《三國遺事》。在近處散步。服藥兩次，約十二時半眠，翌晨七時醒。

《大誥》一書，中華書局仍擬發至上海排，以彼處排字工及校對員之技術均高于北京也。

十月廿四號星期二（九月十五）

續閱《大誥》校勘及解釋，粗畢。編《尚書大誥譯證》目錄。雁秋來，助裝爐，留飯。

馮李氏來。再閱校勘及解釋，未畢。趙大夫來按摩。到朝內市場找尹受，未遇。

聽堪兒講《萬水千山》。到北京醫院打針。十時服藥眠，上午三時醒。又眠，六時醒。

近日白菜上市，其葉子之新落者，不按購物證可買三十斤，故雁秋、尹受皆往購取。以買者太多，一排隊就費半天功夫。

在北京醫院遇一工人，年三十，渠告我，本爲一胖子，近年以浮腫，時時停工，遂致瘦削，深望今年收成好，可復健也。

今日馮李氏來，允隔日一來，靜秋喜甚，得一輕負擔矣。

十月廿五號星期三（九月十六）

續覽《大誥》之校勘、解釋、章句、譯文，修改訖。又覽《王莽大誥校注》，亦改一過。與靜秋到馮大夫處打針。雁秋來，留飯。

看《安徽叢書》。趙大夫來按摩。

到東安市場買餅乾等。看《越縵堂讀書記》。十時服藥，約十二時眠，翌晨五時醒。

《大誥》一稿，不知看了幾遍，但每看一遍即見有應改之處，可知定稿之難與研究文字之必有漏。將來印出，大家提意見，庶乎可以不漏不誤矣。

蘇聯與阿爾巴尼亞鬧矛盾，彼此相詆甚劇。周總理説，在美帝國主義面前鬧不團結，是爲親者所痛，爲仇者所快。不知赫魯曉夫爲什麼不像我們的毛主席一樣？

十月廿六號星期四（九月十七）

覆看《王莽大誥校注》訖。改《大誥史事集證一三監》，未訖。十二時赴政協禮堂。與元善談。

靜秋來，與同購物。靜秋出席婦女組陶成報告會，予沏茶，閱《三國遺事》百五十葉，鈔出卵生故事。五時後，到食堂進飯。晤何叙甫，長談。

七時，與靜秋同歸。到北京醫院打針。張覺非來。十時服藥眠，上午四時醒。良久又眠，六時半醒。

政協禮堂俱樂部，下午二時開門，然開門而往則晚飯已賣完，知入後門之多也。今日爲欲與静秋同飯，予提早進午飯，十二時四十分入政協後門，由禮堂幕後上三樓，幸得排第三，并買一號、二號飯各一。元善繼至，排第四，待一小時許，始取得飯票，蓋得食如此其難也！

今日所晤人：元善夫婦　叙父夫婦及子世榮　江澤涵　王家楨夫婦　劉光華　陳宣昭　陳建晨　程逸波　嚴景耀夫婦　張曼筠　史公載　林仲易　郭秀儀　陳銘樞　黄紹竑　陳文彬　王立芬　朱潔　王雪瑩

晚得德輝函，知已摘右派帽，仍在青浦農場，以幹部身分勞動。

十月廿七號星期五（九月十八）

寫醫院取藥條。孟默聞來，談。改《史事集證——三監》仍未訖。到馮大夫處打針。梁措成自淮南市來。雁秋來，留飯。

趙大夫來按摩。馮大夫來還報。

看《越縵堂讀書記》。服藥兩次，約上午一時眠，翌晨七時醒。

今日大風，夜間不能出門，看李慈銘書，越看越有興趣，十一時上床後竟不能眠。我實在已不許終日工作，然工作逼得甚緊，將奈何！

十月廿八號星期六（九月十九）

改《史事集證・三監》略訖。雁秋來，留飯。到南河沿飯。

眠二小時。趙大夫來按摩。

到北京醫院打針，遇王歷耕。看《希臘神話 ABC》。十時服藥眠，上午二時醒。又眠，六時半醒。

今午所晤人：朱潔　吴大琨　張絅伯　俞爕丞　周亞衛

十月廿九號星期日（九月二十）

雁秋來，寫買物條。記筆記三則，《辛丑秋日雜鈔》冊竟。續改《史事集證·三監》，仍未訖。

與趙大夫、靜秋、潮、湲到大華，看梅蘭芳《洛神》電影。按摩。頤萱嫂來。

看《文選·洛神賦》等篇。十時服藥眠，上午四時醒。又眠，六時醒。

爲紀念梅蘭芳，將其所攝影片連續上演，惜所攝者僅《洛神》、《游園驚夢》、《宇宙鋒》等數劇，不滿人意。《洛神》一劇，係據曹植一賦敷衍而成，生搬硬湊，情節不見佳。予少時見其所演《樊江關》絕佳，惜未攝也。

十月三十號星期一（九月廿一）

與靜秋到南河沿，繳糧票及餐費，九時上大車，十時三刻到香山，與伯祥等步至雙清別墅，坐談。以靜秋不能上山，到香山飯店，與同人談。十二時進餐。

飯後與靜秋到買賣街四十五號訪黃銘彝夫婦，談賃屋事。回至香山門口服務社飲茶，與秦德君、李祖蔭等談。四時返，五時半到南河沿。頤萱嫂去。

在南河沿飯。遇王澤民。看《希臘神話》。趙大夫來按摩。服藥，約十一時後眠，上午四時醒。又眠，五時半醒。

今日同游*：謝南光夫婦（夫人爲嚴恩紋姊妹）　李俊龍夫婦　王伯祥及其長、六兩女　查阜西夫婦　張絅伯　秦德君　張陶然　張成蓮（郭則沉夫人）　張振漢夫婦及其子　張雲川　葉景莘　顧均正夫婦　李明揚夫婦　趙啓騄　王立芬及其母　康同

---

*　編按：此則原置月底，作"卅日同游香山者：……"，今移回。

璧及其女　章乃器夫婦　王楓　楊鍾健夫婦　高君箴　吳仲咸
林漢達夫婦　李培基　謝家榮夫婦　吳世鶴夫婦　楊崇瑞　辛志
超　章元善夫婦　何魯　王炎之　羅任一夫婦　李伯球夫婦　楊
一波　陳叔通及其女慧　王復初夫婦　何思源及其兩孫　黃琪翔
夫婦　劉文輝夫婦　王葆真　陳達夫婦　李國偉夫婦　李明儒
黃雍夫婦　黃紹竑　史公載　李祖蔭夫婦　載濤夫婦　李蒸　康
心之夫婦　吳文藻　潘光旦　費孝通夫婦　仇鰲　果淑英　浦熙
修　吳晉航　陳銘樞夫婦　呂叔湘夫婦　于永滋　董渭川夫婦
千家駒　傅學文　李覺夫婦　資耀華　楊公庶夫婦　朱潔　周勗
成　凌其峻　凌其翰　沈從文及其女　錢端升　董竹君及其二女
王芸生　曹谷冰　浦化人夫婦　常任俠　顧映秋　共三百人左
右，予所識者僅三分之一強耳。

　　以靜秋走不動，今日予亦未走多路。覺非介紹靜秋買賣街四
十六號屋，以房東閔氏屋門鎖，未得入。擬明年春暖時，靜秋往
靜養。彼處供應較城中爲豐，惟煮飯及移遷傢具爲不便耳。今日
晴好，實爲游覽佳日。

　　蘇聯共產黨二十二次大會，赫魯曉夫譴責阿爾巴尼亞甚劇，
然此爲蘇共大會，何以要管阿共，不可解也。又要把斯大林棺遷
出紅場，因此許多人批評，赫魯曉夫肝火太旺，齊桓公葵丘之
會，一矜而叛者九國，領導國家固未易爲也。

十月卅一號星期二（九月廿二）

　　修改《三監》一章訖。

　　到蟾宮買票。羅偉之來，索衣。與靜秋到蟾宮，看梅蘭芳、俞
振飛、言慧珠合演《游園驚夢》電影。

　　到東來順赴宴，八時歸。趙大夫來按摩。失眠，服藥兩次，約
上午二時眠，七時醒。

修改《三監》一章，費時至五天。本來對于管、蔡、霍説及霍叔爲副監説尚有猶豫，今則決定棄去，絕對維持武庚、管、蔡之説矣。不是埋頭鑽研，不能有此決定。甚矣研究工作之必須屏絕人事，專心壹志也。

今晚同席：葉叔衡　吳研因　錢琢如　陳萬里　王伯祥　俞平伯　夏慧遠　夏滿子　葉聖陶　陳乃乾　汪季文　章元善　予夫婦　十四人，一百卅九元。今日之菜，悉去骨雜，入口即化，同人詫爲自有聚餐以來所未有。惟吃得太飽，又使予不能眠了。

一九六一年十一月

十一月一號星期三（九月廿三）

再將《三監》一章統修飾一過，約得九千五百字。看《史事集證》三、四、五、六章訖。

眠一小時許。看陳旭麓《論宋教仁》訖。

爲洪兒寫課堂標語。趙大夫來按摩。十時服藥，十二時後眠，翌晨六時醒。

靜秋就協和醫院邵大夫診，先説她肝臟腫大了些，旋又説并未腫大，不知究竟是怎麼一回事。然一動即累，精神興趣大不如前，知其必有病也。

十一月二號星期四（九月廿四）

改《集證》第七章《周公東征》未畢。再將《三監》一章看一遍。

到政協禮堂，買飯票、洗浴、理髮。看《三國遺事》。與靜秋同飯。與王季範、李伯球長談。

參加笑話會，九時出。到北京醫院打針。十時半歸。服藥，約十二時眠，上午三時醒。又眠，六時醒。

今日所遇人：包國寶夫人　吳大琨　趙忠堯夫婦　王季範（年七十八）　閻寶航　李伯球　吳文藻　章廷謙　章伯鈞　羅隆基　黃紹竑　章乃器　邵力子　王雪瑩　于滋潭　吳研因　胡庶華　張慶

今晚所聽節目：侯寶林、郭啓儒相聲：相面　吳大琨、胡庶華、陳銘樞、白鳳鳴、閻寶航、蔡方蔭、侯寶林：笑話　某女演員京音大鼓：連環計　聞政協中每星期均有小型笑話會，至大型的則此係第二次。此事由侯寶林主持。

十一月三號星期五（九月廿五）

續改《集證》第七章，仍未畢。

與靜秋到大華，看《梅蘭芳舞臺藝術（霸王別姬、貴妃醉酒)》片。到崇文門買月票。

翻看舊筆記。趙大夫來按摩。張覺非來。服藥，約十二時後眠，六時醒。

近日尚不酷冷，而予之氣管支炎已發，總覺得有吐不完的痰。

予睡眠既不佳，工作量又重，因此兩眼酸澀，紅絲纏附。擬工作告一段落後，到香山住數日。

十一月四號星期六（九月廿六）

寫政協信，爲買煤事。到北京飯店，出席學部中心學習小組，討論蘇聯近日措施問題，自九時至十二時。會畢同飯。與筱珊同出。

歸，修改《集證》第七章。楚存海自成都來，長談。同到北京劇場，看《達吉和她的父親》電影。與昌群遇，談。

趙大夫來按摩。到北京醫院打針。十時服藥眠，上午一時半醒。又睡，五時半醒。

今日同會同席：潘梓年　劉導生　姜君辰　劉立夫　金岳霖　汪奠基　熊德基　王伯祥　俞平伯　翁獨健　吕叔湘　鄭奠　丁聲樹　張友漁　張鐵生　聶崇岐　謝璉造　嚴中平　陸志韋　徐炳昶　傅懋勣　李儼　馮家昇

會中譴責赫魯曉夫違反馬列主義，使社會主義陣營破裂，有利于帝國主義，亞洲則老撾又打起來，泰國、南越侵柬埔寨，非洲則剛果已爲美國所操縱，拉丁美洲則古巴成爲美帝打擊目標，東風不能壓倒西風了。

十一月五號星期日（九月廿七）

雁秋來。馮世五來。將《集證》七、八兩章復看一遍，加以修改。到燈市口買大餅。

寫潘光旦、趙肖甫信。楚存海來，贈物，辭行。錢琢如來。

馮家昇夫人來。趙大夫來按摩。翻舊筆記。十一時半服藥眠，翌晨六時醒。

存海言，四川今年既有水災，又有旱災，壯年男女月僅二十三斤糧，天災之困人如此。

今日李勤不來，尹受下鄉，小兒出游，靜秋又走不動，只得由予出去買飯。初意向時所見之燒餅鋪必可買也，孰意昔所見者皆已關門，只得到燈市口食堂買大餅而歸，于此可見得食之不易。

十一月六號星期一（九月廿八）

到民族飯店，訪蘇聯李福親君，長談。十一時許，家昇夫婦來，即同至西長安街全聚德吃烤鴨。一時半歸。

續看《集證》第七、八章一過。孟默聞來，長談。中國書店白廷智來。

趙大夫來按摩。到北京醫院打針。與靜秋等論時事。服藥兩次，約十二時眠，翌晨六時醒。

今晚打冬眠合劑針，本可眠，而歸後與靜秋、湲兒等論赫魯曉夫，又興奮了起來，逼得服藥兩次。此君鹵莽，濫用權力，遂至全世界人不安如此。

今晚之霧甚濃，宛然成都矣。地上潮濕，如下雨者。

李福親年才三十，而中文程度甚高，見聞又廣，寫作亦多，真是我輩之畏友也。告予，孟姜女研究，不獨中國、蘇聯人做了，即日本、意大利亦在做，想不到她竟成一世界性人物。

今日四人吃飯，花費卅二元，予與家昇二人分之。

十一月七號星期二 （九月廿九）

到政協禮堂，參加文史資料委員會大會，商討資料工作，自九時至十二時。遇警予。乘東尊汽車歸。

蕭風來談。續看《集證》第七章，未畢。羅偉之及其子來。

商錫永偕其助教曾憲通、王子超來，長談。趙大夫來按摩。看《希臘神話》。服藥兩次，約上午一時眠，七時醒。

今日同會：范文瀾　申伯純　楊東尊　王世英　葉景莘　王家楨　閻寶航　李培基　載濤　焦實齋　羅任一　章伯鈞　羅隆基　王伯祥　何幹之　陳修和　廖華　劉斐　浦熙修　劉大年　金燦然　姜立夫　溥儀　米暫沈　張述孔　王耀武　向達　資耀華　覃異之　鄧哲熙　周亞衛　李祖蔭　陳達　黃紹竑　翁獨健

今晚睡不好，係夜中多談話之故。然遠客來京，非宵分不能自由訪友，將奈之何。聞岑仲勉先生已于上月七日逝世，年七十七，可悼也。又聞商衍瀛先生于今春逝世，年九十，錫永之伯父也。

文史資料會辦了兩年，收到兩千五百萬字，社會人士之肯寫可知，而稿費只發出四萬五千元，則主其事者之吝嗇刻薄又可知。

趙孟頫之稿僅兩元一千字，叫我如何去徵稿！此真不識大體者也。

十一月八號星期三（十月初一）

寫北京醫院腦系科大夫信。將《集證》第七章統整一過，略畢。眠一小時半。楊伯峻、孟晦聞來，長談。

趙大夫來按摩。到北京醫院打針。十時半服藥眠，上午一時醒。又眠，五時半醒。

楊伯峻與孫人和同整理《左傳》，先作長編，亦準備分册出版。

《集證》第七章爲周公東征與東方民族大遷徙，今日整訖，凡二萬五千字。

十一月九號星期四（十月初二）

寫俞平伯、陸軼程、陳萬里、談警予信。將《集證》第三章整理，增作兩千餘字。孟默聞來，商排樣。雁秋來，同飯。

趙大夫來按摩。看黃石《神話研究》。十時半服藥眠，翌晨五時半醒。

《大誥譯證》雖由上海排，先在北京排出一樣子，因得將字體分別決定，務使何類文字一望即知。

静秋今日到黃土岡參觀中匈友好人民公社，知公社已照六十條辦理，"一評二調"全部推翻，農民有甚多之私有財産，此激起其積極性之有效方法也。

十一月十號星期五（十月初三）

增作第三章《周公稱王》三千餘字。與静秋到馮大夫處打針。吳采君來。

雁秋來。趙大夫來按摩。

到文聯禮堂，聽四川相書，自七時半至九時半。十時半服藥眠，翌晨五時半醒。

今晚節目：（一）四川相書：1. 雙靈牌　2. 寫對殺豬（以上曾小昆演）　3. 當馬褂　4. 騙總爺（以上羅俊林演）　（二）口技：兩目　（三）三弦拉戲：一目（以上北京曲藝團演，未詳演員）

四川相書，演者入一小幕中，作男、女、老、少、醉、哭及鳥、獸等種種不同聲音，有似《聊齋》所記口技，此在予尚是第一次見到，以不解四川方言，失去許多笑料。

十一月十一號星期六 （十月初四）

將第三章再改一過，竣事，計一萬三千餘字，較原作加倍不止。

沈有鼎來。歷史小叢書社張習孔來。

到吉祥劇院觀《荊釵記》劇，十時一刻散。失眠，服藥兩次，上午一時後眠，八時半醒。

今晚所觀北昆劇院學員班演出：錢玉蓮——張毓雯、洪雪飛　錢流形——富德忠　後母姚氏——秦肖玉　王十朋——許鳳山、馬玉森　王母——林瑞康　孫半州——韓建成　媒婆——劉徵祥　萬俟卨——姜茂賢　堂候官——張敦義　錢載和——張兆基　錢夫人——顧鳳莉　王世宏——李文琪　周弼——馬德華　梅香——喬燕和　李成——張增群　承局——劉國慶　此皆昆曲之新生力量也。予看此和平中正之戲，散戲亦不遲，而仍激發失眠症，將奈之何！

十一月十二號星期日 （十月初五）

九時起床。與靜秋到馮大夫處打針。再將第三章從頭看過，并加增損，整理訖。

雁秋來，留飯。

看《漢書·地理志》。趙大夫來按摩。十時半服藥眠，上午三時醒，良久又眠，七時醒。

近日予忽患便秘，糞在肛門而不得下，不知是否生火爐之故。然柿子潤腸，予日日食之，何無效也？静秋大便有血，恐痔瘡復發。

《集證》第三章費四日之力，重作一過，自覺無懈可擊矣。欲作研究文字，時間與精力不能缺一。予幸以年齡故，社會關係逐漸減少，而寫作之力尚不低落，此正我結果實之時代，不可輕縱也。

十一月十三號星期一（十月初六）

整理《集證》第四、五、六章訖，第七章未畢，重作一千五百字。與静秋到和平賓館飯，遇沈有鼎。

趙大夫來按摩。看《韓昌黎集》。失眠，兩次服藥，約十二時眠，翌晨六時半醒。

今日失眠，不知其故，要是工作太集中注意力之故耶？

近日物價日高，所以然之故，物資供應缺乏，有力者紛紛出高價搶購，一也。自有高級菜、高級點心、高級糖果之後，農產物向之看齊，農產品價既高，工業成品價亦不得不隨之提高，二也。予每月工資三百四十五元，在同人中爲高薪，而一經取到，十日便了，每月恒須七八百元，蓋房租、水、電一月須八十元，尹受、李勤工資一月須百元，鷄蛋一月須百餘元，伙食一月須二百餘元，加上吃館子、酬應、煤炭、報刊、醫藥，一月至少七百元，竟有舊社會中過關之苦。

十一月十四號星期二（十月初七）

續改《集證》第七章，增作千餘字，未畢。

到王却塵夫婦處還書。到莫斯科餐廳，聚餐、談，七時半歸。

看黃石《神話研究》。十時服藥後在半眠狀態中，上午一時再服藥乃得眠，八時醒。

今日同席：吳研因　陸欽頤　錢寶琮夫婦　章元善

十一月十五號星期三（十月初八）

續改《集證》第七章，未訖。羅偉之子女來，即寫復信。章元善來，借《劍南詩》。又安自鄉來。

到政協俱樂部理髮、洗澡、購物、進晚餐。

看吳研因《鳳吹》。趙大夫來按摩。張覺非來，爲按脉。服藥，約十一時半眠，上午三時醒。又眠，七時醒。

張覺非按予脉，謂内臟俱無病，心脉强于静秋。

潮兒參加女十二中數學競賽，與賽者二百餘人，在一小時内作代數題四十道，渠無一誤，得第一。"敏而好學"，于此見之。

今日所晤人：侯仁之夫婦　趙君勱　關瑞梧　莊明遠　劉連城

十一月十六號星期四（十月初九）

寫北京醫院内科、腦系科、中醫科信。寫馮家昇信。修改《集證》第七、八章，訖。約添千餘字。孟默聞來。寫蕭項平信乞貸。與静秋到馮大夫處打針。

蕭風來。

趙大夫來按摩。看黃石《神話研究》。待静秋政協看戲歸，失眠，服藥兩次，上午一時後方得眠，四時半醒。五時後又眠，七時醒。

日來《尚書》工作緊張極矣，睡眠愈難，職此之故。俟交卷後非作一休息不可。

看湲兒日記，她的文筆真靈活，予自嘆不如也。渠性傲，將來作事不適合，倘能爲一自由職業之作家乎？

洪兒亦不蠢，惟粗枝大葉，不能如潮、湲之集中精神，故功課有五分，亦有二、三分，將來合做一幹部，以其較肯爲人民服務也。

堪兒頑劣，功課全不用心，只在勞動上有興趣，將來倘能作一好工人。

十一月十七號星期五（十月初十）

寫《假定漢石經尚書大誥篇碑圖》，易稿一次，并作跋文。

就床，未成眠。光明日報社丘挺來訪問。再將《集證》七、八兩章復看一過。雁秋來。

到文聯，看《阿拉亞》（委內瑞拉片）、《像你這樣的人》（捷克片）。出，晤林山、常任俠。十時歸。服藥，十一時半眠，上午三時醒。又眠，七時半醒。

日來兩次拉稀，倘以多吃菜蔬故乎？

予自本月起，月增糧食一斤，膽大不少。然此限于幹部，居民不能加也。昨北京醫院出一條，許予吃牛奶每天半磅，今日靜秋到商業機構接洽，知供應仍緊張，須有空額方能補。

今天上午中國新聞社來電話索文，下午光明日報社又來人屬作"孔子"文，黨一提倡研究，我又成了一個引人注目的人了。可是我哪有時間可以自由支配！

十一月十八號星期六（十月十一）

九時，到民族文化宮禮堂，參加學部中心小組學習會，討論蘇聯——阿爾巴尼亞問題，聽潘梓年講話，分組談。十二時半，同飯。

到琉璃廠榮寶齋、富晉書社閱市。到南河沿俱樂部，出席生活小組，談生活及蘇——阿問題，自二時至五時。在俱樂部飯。

待車一小時方得歸。看林泰輔《周公》。趙大夫來按摩。服藥，十一時眠，翌晨七時醒。

今日上午同會同席：潘梓年　金岳霖　徐炳昶　夏鼐　汪奠基　嚴中平　呂叔湘　王伯祥　余冠英　馮家昇　翁獨健　丁聲樹　張友漁　陸志韋　傅懋勣　鄭奠　聶崇岐　張鐵生　謝璉造

今日下午同會：陳慧　徐楚波　董守義　梁純夫

今日所遇人：張絅伯　李培基　陳萬里　巫寶三　王愛雲

自霍查報告出，阿爾巴尼亞愈顯其理直氣壯。靜秋讀之，三日乃畢，以其文長四萬餘字也。

十一月十九號星期日（十月十二）

看《參考消息》。看《辛亥革命回憶錄》第一冊。王錦第來。

與靜秋到康同璧處，并晤羅儀鳳、張滄江。又同到錢琢如夫婦處。續看《回憶錄》。

趙大夫來按摩。張覺非來。服藥，十一時眠，上午四時醒。又眠，七時醒。

自昨日起，聽覺非言，每日服人參歸脾丸一二丸。倘能以中藥代西藥，則大善矣。

十一月二十號星期一（十月十三）

將《集證》第七、八章再勘一過，略事修改。與靜秋到馮大夫處打針。看林泰輔《周公》。

孟默聞來，長談三小時，天黑去。

看《辛亥革命回憶錄》。趙大夫來按摩。失眠，服藥兩次，上午一時後眠，七時醒。

默聞，中華書局派來督促我工作者也，乃來後專事閑談，反妨礙我之工作，何耶？

今晚失眠，想少吃藥其一因，爲堪兒在校狎侮師長，湲兒轉達師言，亦一因也。吃晚飯後，不但不能用心，即興奮亦必不能任如此。

十一月廿一號星期二（十月十四）

作《殷周之際紀年異同表》，大體完成。

看《辛亥革命回憶錄》。趙大夫來按摩。十時半服藥眠，翌晨六時醒。

今晨檢得汪曰楨《疑年表》，解決了"超辰"問題，因即作《殷周之際紀年表》，大體妥帖，慰甚。

静秋出席政協婦女組會，述陳汲新由蘇聯歸，言中國人在蘇聯者上館子頗受冷遇，《人民日報》亦不陳列于公共場所，可恨。

十一月廿二號星期三（十月十五）

修改昨作表，訖。點讀《漢書補注·律曆志》。王姨母來，送蛋。與静秋到馮大夫處打針。

與静秋到西苑大旅社飯，遇梅汝璈。出，予至政協禮堂，看《參考消息》。

聽四川相書，自七時十五分至九時。十時歸，服藥，十二時後眠，上午四時醒。良久，入半眠狀態，七時醒。

今晚所聽相書：1. 騙總爺——羅俊林　2. 打麵缸——曾小昆 3. 人之初——羅俊林　4. 雙靈牌——曾小昆　5. 賞雪——羅俊林

所遇人：盧漢　徐伯昕　傅彬然　劉王立明　羅隆基　浦化人

王姨母盛誇西苑大旅社菜，因往試之，味殊不佳，亦不及莫斯科餐廳之豐富實惠。

　　得徵蘭之姨母祝范氏信，云渠已八十八，向賴胡遠香接濟，而遠香于今春逝世，向予求助。予三娶，聯襟凡九人，今存者惟姜修卿一人，可見長壽之難。

十一月廿三號星期四（十月十六）

　　修改《集證》第二章《武王年代》，未畢。孟默聞來，論注音事，即去。代元善題顧鶴逸畫冊。

　　到偉之處送書。到元善處送畫冊。寫中國新聞社、歷史研究社、自珍信，寫郭紹虞信。

　　與靜秋同到紅星，看新鳳霞《劉巧兒》電影。服藥後，十二時後眠，翌晨七時醒。

　　予一九五四年入京時，與新鳳霞、言慧珠同車，慧珠演劇已看過，而鳳霞劇則今日始見，表情恰到好處，惟評劇聲調太簡單耳。《劉巧兒》一劇，蓋解放後尚未土改，而已布婚姻法，故編演此劇以示農民，示婚當自主，勿貪財嫁地主也。

　　顧培懋，號言是，燕大研究院畢業，爲顧羹梅之侄，居蘇州，一九五五年雙目失明，無以爲生，今日得紹虞信，請我簽名介紹入江蘇文史館，因應之。渠年方五十一，而已罹此痼疾，爲之一嘆。

十一月廿四號星期五（十月十七）

　　修改《集證》第二章，仍未畢。俞旦初來，借《史記》。與靜秋到馮大夫處打針。

　　蕭風來。雁秋來，留飯。到郵局寄信。

　　趙大夫來按摩。張覺非來。十時半服藥眠，翌晨五時半醒。

　　昨夜二時靜秋又發病，與七月廿四晚情狀同，質之覺非，謂是神經與腸胃俱弱所致，應服參苓白朮丸。

糧食在每月二十五日前十分緊張，全家約缺十斤，各方節省，到今日度過難關矣。我家養貓一，雞四，故各人不得不省下糧食給它們吃也。養貓為防鼠嚙書，養雞為產蛋供食，皆不能缺，奈何！

十一月廿五號星期六（十月十八）

續改《集證》第二章，仍未訖。曾憲楷來。

覺倦，眠半小時。頤萱嫂來，代製寒衣。

與頤萱嫂同到文聯看昆戲。十時半歸。與木蘭談。服藥，十二時後眠，翌晨七時醒。

今晚所觀劇：一、春香鬧學：春香——袁秀成　陳最良——杜廉（女）　杜麗娘——袁美成　二、金不換中守歲、侍酒：姚英——王劍侯　茶童——蔡元元　管宅主人——邵懷民　管娘子——陳穎　三、思凡：趙色空——韋梅　四、占花魁中受吐：王九媽——張允和　丫環——吳藝　秦鍾——袁敏宣（女）　莘瑤琴——周銓庵　末一齣佳絕，第二折亦好。

所遇人：平伯夫婦　乃乾夫婦　聖陶父子

十一月廿六號星期日（十月十九）

將《集證》第二章改寫訖。張政烺來打電話。孟默聞來送稿費三百元。

未成眠。木蘭返校。將《集證》第二章再看一遍，增入千字。錢琢如來。

看何遂《辛亥革命親歷紀實》。趙大夫來按摩。失眠，服藥二次，上午二時後眠，七時半醒。

今日最艱難之《集證》第二章作完矣，計一萬三千字，是為予粗淺了解曆法問題之始。

　　侯外廬打電話來，謂北京大學有幾個研究生要以我爲導師，囑我斟酌。李址麟方去，又有人要來，教我如何應付。我現在自己事情已忙得不了，何能爲他人研究分去精神乎！

十一月廿七號星期一（十月二十）

　　寫北京醫院神經科、中醫科信。再將《集證》第二章及《殷周之際紀年異同表》修改，訖。李光信遣其子緯全來送物。

　　陳萬里來，長談。寫李光信函。

　　到錢琢如處送稿。趙大夫來按摩。張覺非來。十一時服藥眠，翌晨六時醒。

　　郝壽臣于昨日以心肌梗塞症逝世，年七十六，此我民國初年常見之净角也。渠學黃三（潤甫），得其神理，演架子花臉，表演極有力量，至今猶有極深刻之印象。

　　《集證》第二章及表算完工了，但"三統曆"中還有問題，需改。送琢如處審查後當再加潤飾。

十一月廿八號星期二（十月廿一）

　　將《大誥譯證》中所用金石文字鈔出，未畢。

　　與静秋到政協禮堂，車中遇王楓。爲静秋買飯票，理髮，洗澡。與周新民、宋雲彬、曹靖華等談。

　　到西苑大旅社，未遇人，退歸。七時半始飯。趙大夫來按摩。十一時服藥眠，翌晨六時醒。

　　今日本爲吳語同人會期，予以就浴故，到時已六時一刻，伯祥、乃乾、季文均已飯畢行，原發起人陸欽頤竟未到，元善則赴遵化調查未到。西苑大旅社固非聚餐之理想地也。

十一月廿九號星期三（十月廿二）

　　將《大誥譯證》所用金石文字鈔畢。重改校注。孟默聞來，
長談。

　　陳乃乾來，長談。徐伯昕來，長談時事。

　　翻《式訓堂叢書》二集。趙大夫來按摩。失眠，服藥三次，上
午一時半眠，七時醒。

　　今晚失眠，以來客皆長談，睡前又與靜秋論國際問題，精神
緊張之故。予可多看書，多寫字，而絕不能多講話，有如此者。
又予今日未出外走動，亦是一因。

　　以顧禄《清嘉録》、《桐橋倚櫂録》、蔡雲《吳歈百絕》三書
交乃乾，希望中華書局能印出。

　　乃乾告我，高教部列大學文史系參考書有陳垣、顧頡剛論文
集，故我應早將文集編出，然此事今年已不能爲矣。

十一月三十號星期四（十月廿三）

　　將"雲窗叢刻"本《大誥》文補作校勘記，增入本篇甲章。
到和平賓館午餐。

　　看錢塘《漑亭述古録》。到南河沿，開民進發展組織討論會，
自二時半至五時半。遇王毓銓。在南河沿飯。車中遇王大玫。

　　趙大夫來打針。看《參考消息》。十時半服藥眠，翌晨五時醒。

　　今日同會：徐楚波　葛志成　余之介　王歷耕　林漢達　董
守義　謝瑩　王寶初　章廷謙　鄭芳龍　龐安民　自反右整風以
後，民進未嘗收新會員，今起又將發展，因擬向江西、福建、安
徽等省進行。

　　今晚所遇人：王伯祥　譚惕吾　孫照　徐邁進　翁獨健　章
廷謙之女

一九六一年十二月

十二月一號星期五（十月廿四）

鈔《大誥譯證》所用金文，未訖。

眠二小時。錢琢如來，論古曆法。王樹民來。吳石君、采君來。

看《人民日報》及《參考消息》。趙大夫來按摩。十時半服藥眠，上午二時醒。五時又眠，七時醒。

今午靜秋斟葡萄酒一小杯飲予，使予面大赤，筋突起，倦而思眠，就床竟得眠二小時，此破天荒事也。飲酒可得眠，伯祥時爲予道之，然恐血壓高，不敢試耳。

從今日起，予得飲牛乳，每日半磅。

十二月二號星期六（十月廿五）

張鐵生車來，同往政協禮堂，開學部中心小組學習會，自九時至十二時半。同飯。

看傅斯年《夷夏東西說》及丁聲樹《論不、弗》。與靜秋同到王姨丈、母處贈物。頤萱嫂爲兒輩製衣訖，歸其家。

金竹安自上海來，談。趙大夫來按摩。十時半服藥眠，上午二時醒。服藥又眠，六時醒。

今日同會同席：潘梓年　李儼　聶崇岐　丁名楠　謝璉造金岳霖　汪奠基　賀麟　夏鼐　徐炳昶　嚴中平　馮家昇　傅懋勣　予（以上一組）　張友漁　周新民　張鐵生　呂叔湘　丁聲樹　陸志韋　鄭奠　王伯祥　唐棣華　俞平伯　余冠英　翁獨健（以上又一組）

聞赫魯曉夫本爲托羅斯基派積極分子，自托派失勢，乃依附卡岡諾維奇。卡爲烏克蘭共和國主席，渠以獻媚故，得爲烏黨書記。卡率往見斯大林、莫洛托夫，渠又以唱烏歌、跳烏舞取得斯、莫歡心。莫爲莫斯科市長，渠爲市委書記，自此步步高升，乃爲黨之第一書記，舉昔所依附者而盡去之。此等巧言令色而又陰險之人，竟騙得社會主義陣營領導地位，以殘害世界，《易》所謂"小人而乘君子之器"者也，直當以宋之高俅、童貫、蔡京輩視之，而其所破壞者比北宋一朝天下爲尤大，可勝痛恨！

十二月三號星期日（十月廿六）

讀錢寶琮《論二十八宿之來歷》。看報。寫林石廬信。

與靜秋、堪兒同游北海公園，乘船達西岸，堪兒作諸運動。四時半，到雁秋處，賀其生日，留飯。

看黃石《神話研究》。十時服藥眠，上午一時醒。又服藥眠，五時醒。又眠，七時醒。

明日爲雁秋六十七生日，前日爲洪兒十四歲生日，因到張家合過。我家六人，彼家三人，各湊蔬菜，吃炸醬麵。

十二月四號星期一（十月廿七）

點讀董增齡《國語正義》中伶州鳩言武王克商事一章，并鈔出原文及韋解。

雁秋來，留飯。再讀錢寶琮文。

趙大夫來按摩。張覺非來。十一時服藥眠，上午四時醒。五時許又眠，六時廿分醒。

十二月五號星期二（十月廿八）

寫趙肖甫信。重作《集證》第二章三千餘字。看曹綏之、曹嘉蔭所寫《中國社會黨興滅簡記》。

看《式訓堂叢書》。趙大夫來按摩。十一時服藥眠，上午四時醒。五時後又矇矓一小時。

十二月六號星期三（十月廿九）

將《逸周書》周初資料補入《集證》第二章，約書三千字。吳超來。

雁秋來，留飯。農業出版社凌珊如、朱洪濤來談編輯事。

與靜秋、尹受到政協禮堂，看北京曲藝團演出《啼笑因緣》，自七時半至十時半。十二時服藥眠，翌晨五時醒。

今日所觀劇：沈鳳喜——魏喜奎　沈母——郭小霞　沈三弦——佟大方　樊家樹——馮宇康　孫二虎——尹福來　關壽峰——顧榮甫　關秀姑——孫硯琴　劉將軍——李寶岩　黃副官——趙俊良　每角皆妙肖，得其神似。

所遇人：邵力子夫婦　趙鳴岐夫婦　郭淑儀　史公載　周國華　康同璧　雁秋夫婦

靜秋今日下午有微熱，以張恨水《啼笑因緣》小說當她上學時每日在《世界日報》上讀到，故不肯不觀，服阿斯匹靈藥片以往。

十二月七號星期四（十月三十）

寫北京醫院內科、腦系科信。將《逸周書》、《易緯》資料編入第二章，約寫二千餘字。看本日《人民日報》社論《尼赫魯策動的印度反華運動的真相》。

歷史研究編輯部胡柏立來，取稿去。王姨丈、母來，贈鱉及蘑菇。

與靜秋到首都劇場看《桃花扇》話劇，自七時至十時一刻。晤雁秋夫婦。十一時服藥眠，翌晨六時醒。

今日所觀劇：侯朝宗——石維堅、王成德　李香君——鄭振

瑤、沈嫻秋　楊文聰——耿震、張家聲　阮大鋮——李丁、雷恪
生　鄭妥娘——澹臺仁慧、鄭利鋒　寇白門——席景彥　卞玉
京——許還河　李貞麗——張雲芳　柳敬亭——艾長緒、夏鈞寅
蘇昆生——張守緒、趙德成　陳定生——王懷文　吳次尾——楊
宗鏡、王成德　馬士英——宋戈、楊宗鏡　小紅——陳力、沈玲
凡書兩名者，未知今日演員爲誰也。

今日所觀，不及昨晚之緊張，于以知歷史劇之不如故事劇之
感人。

静秋今晨到阜外醫院覆診，知膽固醇高至三百九十一·五，
心臟動脉亦有擴大現象，加上腸胃不接受營養，故易病。奈何？

十二月八號星期五（十一月初一）

看本日《人民日報》觀察家《肯尼迪的如意算盤》一文。看
《續漢書·律曆志》。

略一迷糊，修改第二章文字及《殷周之際紀年異同表》。

看蕭道管《列女傳集注》。趙大夫來按摩。十時服藥眠，上午
一時半醒。又眠，六時醒。

兩晚看戲，今晨起床，便覺左目發炎，酸澀難張，洵樂不可
極也。

讀報有感

求和忍逆東風勢，爭界爲贏竊國圖。試問荒唐兩赫魯，能將
隻手障天無？

十二月九號星期六（十一月初二）

重鈔《漢書·律曆志》文入第二章，并修改《國語》伶州鳩
語按語。看林春溥《竹柏山房十五種》。中國書店魏廣洲來。與静
秋到馮大夫處打針。

到南河沿，開會，討論民進發展社員事，自二時半至五時三刻。静秋來，同進飯。

看吴英《經句説》。十一時，服藥眠，上午四時醒。五時又眠，七時醒。

　　今日同會：葛志成　徐楚波　余之介　謝瑩　王歴耕　林漢達　王寶初　鄭芳龍　龐安民

十二月十號星期日（十一月初三）

童教英自濟南來。看《人民日報》觀察家評論《駁史蒂文森》。鈔《孔子家語》中文入第二章，并作按語。

到吉祥劇院，看北昆演出，自一時至三時半。遇李學勤夫婦及其子緖雲。

與童教英談。趙大夫來按摩。十時服藥眠，上午二時醒。良久又眠，六時半醒。

　　今日所觀劇：一、扈家莊：扈三娘——張竹林　王英——王卷林冲——白士林　二、醉皂（紅梨記）：皂隸——韓建成　趙汝舟——宋鐵錚　三、寫狀（販馬記）：李桂枝——虞俊芳　趙寵——虞俊聲　四、華容道：關羽——侯永奎　周倉——程增奎　關平——侯少奎　曹操——陶小庭　夏侯惇——何金鵬　馬童——侯長治

童教英自濟南到西安訪其姊教寧，道出北京，小留四日，宿予家。

十二月十一號星期一（十一月初四）

整理《逸周書·世俘》，寫數百字。牟鍾秀來。與静秋到馮大夫處打針，并驗尿。雁秋來，同飯。

胡柏立來。孟黙聞來。

到南河沿，與静秋、教英同飯。與諸兒看照片簿。待静秋觀劇

歸。服藥兩次，十二時後眠，上午四時醒。又眠，七時醒。

今日驗予尿，無糖。

今晚所遇人：王愛雲　馬毅　劉連城　胡庶華　吳德咸　查阜西

十二月十二號星期二（十一月初五）

整理《逸周書·世俘》，寫千餘字。

到巷口理髮。看《參考消息》。翻《白虎通》。

趙大夫來按摩。看程樹德《論語集釋》。十時半服藥眠，上午三時醒。又眠，六時半醒。

今日大風突寒，予與湲兒均咳嗽矣。

十二月十三號星期三（十一月初六）

將各家對《世俘》曆法統排一過，讀王國維《生霸死霸考》，亦爲排列，與靜秋到馮大夫處打針。

雁秋來，留飯。

看新城新藏《東洋天文學史大綱》訖。趙大夫來按摩。十時半服藥眠，上午一時半醒。又眠，六時醒。

十二月十四號星期四（十一月初七）

陳芸來，接童教英上車站。整理《世俘》篇，并作校釋，未畢。

鈔王國維《生霸死霸考》未畢。雁秋來，留飯。

趙大夫來按摩。檢複本書備售。十一時服藥眠，一時半醒。又眠，六時半醒。

今日靜秋到阜外醫院，問檢查結果，知膽固醇爲三百五十，肝臟仍大一指，醫囑下星期一再去檢查。聞趙大夫言，爲了營養不良，近日此種病患者甚多。

童教英來京逗留四天，除第一天外，皆大風奇寒，而渠又逛頤和園，飽喝西北風。

家用乏絕，不得不理出一批書求售矣。現在予工資收入，付一家六人吃飯尚不足，奈何！

十二月十五號星期五（十一月初八）

寫白廷智、魏廣洲信。看關于撤離外交人員的蘇方三個通知和阿爾巴尼亞兩個照會。重鈔《世俘》文入第二章，并作按語。將第二章重整一過，未畢。與静秋到馮大夫處打針。

看《參考消息》。

張覺非來。趙大夫來按摩。十時半服藥眠，翌晨四時半醒。良久又眠，七時醒。

本月九日，赫魯曉夫召回蘇聯駐地拉那大使館人員并要求阿爾巴尼亞大使館人員離開莫斯科，他對資本主義國家如此親近，而對堅持馬克思主義之國家如此狠毒，此直暴君賊臣之行爲，而可領導社會主義陣營耶！

赫氏今日如此對待阿爾巴尼亞，明日亦可如此對待中國，彼時美國就會聯合日本、印度、南朝鮮等僕從國家，結合蔣匪帮，進攻中國大陸，固然這輩烏合之衆必不能取勝，而我輩必須有此思想準備以應付此艱難之局面也。

十二月十六號星期六（十一月初九）

看阿爾巴尼亞《人民之聲報》社論《社會主義國家之間關係上史無前例的行爲》。寫北京醫院内科、腦系科取藥信。續修改第二章，訖四十頁。中國書店來取書。

又安從鄉來，留宿。

王伯元來。趙大夫來按摩。十時半服藥眠，上午四時醒。又眠，七時醒。

　　讀今日《人民日報》所載阿爾巴尼亞社論，乃知赫魯曉夫所以如此打擊阿國，其真正原因在于前年在八十一個共産黨和工人黨莫斯科會議中，阿勞動黨公開批評赫氏的機會主義觀點和反馬克思主義行動之故。讀此憤慨，赫氏尚配爲共産黨員乎！尹達，其一流人也，而爲予之直接領導，予其能不爲阿爾巴尼亞乎！

　　昨夜湲兒發燒，氣甚促，故今日不令到校。此兒體弱，偏要學游泳，到今大冷天，（下缺）

十二月十七號星期日（十一月初十）

　　到南河沿，參加民進小組組織生活，自九時到十一時半。即在文化俱樂部飯。

　　續修改第二章，重作約千餘字。訖十頁。與静秋到馮大夫處打針。

　　看《文史資料》第二十册。趙大夫來按摩。洗澡。十二時服藥眠，翌晨七時醒。

　　今日同會：陳慧　徐伯昕　徐楚波　王伯祥

　　所遇人：王復初夫婦　陳達夫婦　鄧哲熙　蔡方蔭

　　赫魯曉夫，吾國人爲之加上一帽子曰"大修正主義者"，或曰"馬克思主義之叛徒"。然今日我國之頭號敵人爲美帝，其次爲赫魯曉夫集團，又其次爲尼赫魯反動統治者。

十二月十八號星期一（十一月十一）

　　到華僑大厦，參加學部中心小組學習，討論赫魯曉夫等問題，自九時至十二時。在大同餐廳聚餐。

　　龍泉寺養禽場書記王振榮來。金振宇夫人、擎宇夫人來，贈物。童丕繩偕徐鴻修、丁冠之來，與丕繩長談。孟默聞來。

與丕繩商《尚書》問題。九時去。趙大夫來按摩。十時服藥眠，上午三時醒。又眠，六時醒。

今日同會：潘梓年　張鐵生　陸志韋　王伯祥　丁聲樹　周新民　俞平伯　賀麟　胡厚宣　鄭奠　唐棣華　余冠英　予（以上一組）　張友漁　夏鼐　徐炳昶　聶崇岐　丁名楠　翁獨健　馮家昇　李儼　傅懋勣　嚴中平（以上又一組）

丕繩研究磁器史，自山東大學來京搜集資料，有助教徐鴻修同行，而不先接洽住宿處，逕投歷史研究所，以爲必可宿，至則三位所長皆在高級黨校學習，連楊向奎亦去，無人爲之覓居地，大窘，只得到八樓與山東舊學生同榻。丕繩固不解事，山大當局乃亦不解事乎？

十二月十九號星期二（十一月十二）

續修改第二章，畢三十四頁。與静秋到馮大夫處打針。

白廷智來。雁秋來，留飯。

趙大夫來按摩。九時半服藥眠，上午四時醒。良久又眠，六時半醒。

聞金日成此次赴莫斯科出席蘇共廿二次大會時，赫魯曉夫向之索取抗美時借款，金氏無奈，返國時經北京，向毛主席道之，毛主席慨允由中國負擔。從蘇聯向朝鮮如此壓迫，即可知其向中國之壓迫，當時所謂“無私的援助”其謂之何？

印度尼赫魯高張反華旗幟，而蘇聯主席勃烈日涅夫竟到印度訪問，則蘇印殆將聯合反華矣。此真所謂途窮日暮，倒行而逆施也。

今日世界巨頭肯尼迪、赫魯曉夫、尼赫魯三人之反動，殆與廿餘年前希特勒、墨索里尼、東條英機無殊，然而彼三人之下場如何？“殷鑑不遠，在夏后之世”，何不一鑑耶？

十二月二十號星期三（十一月十三）

中國書店李新乾來。重寫《大衍曆議》，增寫《僞古文尚書》入第二章，并修改十餘頁。

金蕾蕾來，送菜。師大胥筱汀來。雁秋來，留飯。

看姚文田《邃雅堂學古録》。趙大夫來按摩。十時半服藥眠，上午五時醒。六時後復朦朧。

十二月廿一號星期四（十一月十四）

又安還鄉。補王鳴盛、雷浚辨"魄"文入第二章，并修改前後文字。到馮大夫處打針。

静秋偕陳綿祥、過永馥、潘清如來。到門口守陽泉煤。

張覺非來。趙大夫來打針。十一時服藥眠，翌晨五時醒。

政協送陽泉煤三噸來，中有石頭數百斤，可見商業方面尚有不道德行爲，一如舊社會中以石子打碎，攙入米中也。

湲兒傷風咳嗽已歷一星期，迄未痊可，而渠堅欲于明日上學，父母禁之皆不聽。堪兒寫字頗有進境。

十二月廿二號星期五（十一月十五）

重作《大衍曆議》按語，修改第二章訖。堪兒爲兔齧傷，出血多，由静秋伴至協和醫院，打破傷風針。接洽下午汽車。

文學研究所車來（司機趙姓），到馬尾溝北京市黨校，參加北京市歷史學會一九六一年年會，自二時至五時，聽吳晗、黎澍報告。出，參觀利瑪竇、南懷仁、湯若望墓。到四川飯店飯。六時，乘原車歸。

看《説苑》。張德鈞來。趙大夫來按摩。待静秋看周信芳戲歸，十二時服藥眠，翌晨六時醒。

《大誥史事考證》第二章《周初年代》第三次改稿今日完

成,計自十一月廿一日起,迄今一個月矣。字數約三萬六千,連同初稿、二稿計之,將兩個月。以予之不通曆法,必更請專家審查,方可放心發表。

今日同會同席:陳垣 范文瀾 吳晗 邵循正 黎澍 翁獨健 金燦然 鄧廣銘 鄭天挺 朱慶永 夏鼐 胥筱汀 翦伯贊 吳于廑 參加者:北京市各高等院校歷史系師生、中學歷史教師和有關史學工作者共約一千二百人。晚飯四桌。

十二月廿三號星期六（十一月十六）

白廷智來。將第二章整改一過,未畢。

雁秋來,留飯。孟默聞來,長談。

趙大夫來按摩。看《參考消息》及《方望溪集》。服藥兩次,十二時眠,翌晨七時醒。

十二月廿四號星期日（十一月十七）

將第二章整改,未訖。改《殷周之際紀年異同表》。童丕繩來,觀予所作文。

胡厚宣來。寫李址麟信。金振宇、擎宇來。與靜秋、丕繩、厚宣到和平賓館進餐,再回家談。

送丕繩上電車站。趙大夫來按摩。服藥兩次,十一時後眠,翌晨六時醒。

丕繩、厚宣來看予稿,提出意見數條,使予得益,知研究工作,一個人必有想不到處,需要大家提意見,方可看得全面也。

予詢丕繩:“我所受之影響孰為最:鄭樵、朱熹、閻若璩、姚際恒、崔述、康有為、胡適?”丕繩答曰:“康有為。”予亦首肯,蓋少年時代讀夏曾佑書,青年時代上崔適課,壯年時代交錢玄同,三人皆宣傳康學者也。至胡適,僅進化論之一點皮毛耳。

史久芸逝世，年六十四。

十二月廿五號星期一（十一月十八）

接研因定菜電話，即與伯祥、元善通話，并寫萬里、軼程信。出寄信，遇羅偉之。將第二章改訖，即寫曾次亮信。

與靜秋到馮大夫處打針。送稿到孟默聞處。到來今雨軒，開會商討發展組織問題。

在來今雨軒飯。八時歸。趙大夫按摩。覺非來。十時服藥眠，十二時半醒。又服藥，四時半醒，朦朧至七時。

今日同會同席：徐楚波　葛志成　董守義　林漢達　王歷耕　章廷謙　謝瑩　王寶初　余之介　龐安民　鄭芳龍

湲兒感冒未愈，堪兒之疾又作，熱高三十七度九。北京每屆冬季，此症最多。今日之會，楚波亦扶病而來。

今日將第二章稿送出，肩負一輕，特恐曾君審查後又不免修改耳。

十二月廿六號星期二（十一月十九）

理書出售。依丕繩、默聞建議，修改第七章。

上海辭海編輯所楊祖希來談審查事。程金造來。馮君實來。寫苗秀實信。

到"大同"赴宴。趙大夫來按摩。服藥兩次，十二時後眠，五時半醒。

本月廿日收到中國書店書價三百十九元，到今一星期，爲了買物（鷄蛋每個六角）、醫病、請客、定報、寄錢（三姨處四十元），到今天已用完了，不得不再賣書，錢不經花，使人驚駭。

今晚同席：吳研因　章元善　王伯祥　夏慧遠　陳乃乾　俞平伯　葉聖陶、至善父子　汪季文　陸欽頤　錢寶琮自廿二日待靜秋看戲歸，予睡眠又感困難，非服劇藥便不成眠矣。

十二月廿七號星期三（十一月二十）

發人大秘書處信。續改第七章，訖。白廷智來。馮大夫來，爲堪兒及予夫婦打針。雁秋來，留飯。

白廷智來，定書價。

趙大夫來按摩。十時服藥眠，翌晨四時醒。又眠，七時醒。

今日售出書，得價一百五十九元。汲古閣《十七史》，阮刻《十三經注疏》，以有闕，每册僅一、二角耳。

十二月廿八號星期四（十一月廿一）

寫厚宣信，借書。修改《考證》第一章，訖。馮大夫來，爲堪兒打針。

胡柏立來。到東單理髮館剃頭，翻《淮南子》。童丕繩、徐鴻修來道別，長談。頤萱嫂來，留宿。

修改四、五、六章。服藥兩次，十二時眠，翌晨六時半醒。

十二月廿九號星期五（十一月廿二）

到政協，開文史資料委員出外參觀會。乘元善車歸。到馮大夫處打針。周國華來。理抽屜。寫北京醫院腦系科、内科信。

到學部，出席中華書局《辭海》編纂討論會，自三時至五時半。與厚宣步歸。

趙大夫來按摩。服藥兩次，十二時眠。翌晨六時醒。

今日上午同會：申伯純　米暫沉　翁文灝　閻寶航　黃紹竑　王伯祥　陳達　資耀華　章元善　浦熙修　陳修和　王家楨　吳研因　李培基　羅任一　覃異之　姜立夫　張述孔　焦實齋

今日下午同會：潘梓年　杭莘　金岳霖　賀昌群　賀麟　汪
奠基　王明　丁名楠　胡厚宣　尹達

尹達一見予，即言無人可來助予工作，門關得如此緊，可
哂也！

十二月三十號星期六 （十一月廿三）

白廷智來。到學部，參加中心學習組，討論國際問題。十一時
許，上汽車，到四川飯店，同飯。

乘文學研究所車到人民大會堂，參加人代、政協廣東組參觀訪
問會議，五時散。同侯仁之。冒大雪歸。

覺體不爽，即臥。十時服藥眠，晨四時醒。

今日上午同會、同席：潘梓年　劉導生　金岳霖　呂叔湘
徐炳昶　劉大年　何其芳　唐棣華　余冠英　尹達　劉斗魁　黎
澍　范文瀾　王伯祥　俞平伯　汪奠基　唐弢　胡厚宣　聶崇岐
丁名楠　丁聲樹　鄭奠　周新民　馮家昇　李儼　張友漁　張鐵
生　陸志韋　傅懋勣　謝璉造

今日下午同會：周鯁生　涂允檀　嚴景耀　雷潔瓊　林漢達
張明養　黃仕卿　黃藥眠　趙啓騄　李明揚　吳研因　梁純夫　陳
修和　管易文　史良　陸殿棟　王家楨　唐棣華　唐弢　焦實齋
舒宗鎏　江澤涵　朱光潛　陳叔通　胡子昂　李培基　侯鏡如

十二月卅一號星期日 （十一月廿四）

白廷智來。臥床，看《聊齋志異》。雁秋來，留飯。

木蘭來。

張協和來。十一時服藥眠，翌晨四時醒。又眠，六時醒。

昨晚有熱，卅七度三，今日升至卅八度。予自今春病後久未
發燒矣。予咳已多日，而廿九、卅兩天連開四會，實爲病作之直

接原因。然在北京，何可不出席也！

　　予在北京，冬間氣管炎必發，但恒在冬至後發，歷試不爽。今年參觀，予所以定廣東省者以此，然尚未及期而已病倒。下年十二月初勢應南行以避之。此次赴粵，當到從化一觀療養院，如其善也，則每冬均可前往，爲工作計，不得不然也。

　　予病主要有三，一大腦動脈硬化，此係睡眠愈來愈難之主因；一冠狀動脈硬化，此係不能多講話之主因；一氣管支炎，此爲予冬間不適于居住北方之主因。此皆甚感痛苦者。若血管硬化及糖尿病，則無痛苦感覺，任之可也。

[剪報] 1961，11，26《光明日報》

　　讀《桐橋倚櫂錄》，注《紅樓夢》第六十七回數條　　平伯

頡兄教正　　　弟平呈草　　　　（下略）

一九六二年

一九六二年一月六日，與政協同人到廣東參觀，至廣州、湛江、海口、那大、通什、榆林港、天涯海角、興隆、茂名、陽江、開平、新會、從化。二月二日，到從化休養，三月十四日回廣州，十八日返京。在從化時續理《大誥考證》及《世俘》。

三月廿三日起，開政協大會（擴大）。廿七日予在小組會上述尹達事。十一日，諸友爲予祝七十壽。四月十八日閉幕。會後民進續開會五天。

四月三十日，近代史研究所派人來，鈔予《大誥今譯摘要》。

五月，改《史林雜識》初編校樣。

五月廿二日，爲政協文史資料會作《中國社會黨和陳翼龍之死》，廿八日改訖。

六月，校改《我在民間文藝的園地裏》。

廿三日，作《武王克殷月日異説表》。

是月，以蔣匪幫欲反攻大陸，屢次開會討論。

是月，修改《世俘校釋》及《大誥今譯摘要》。

七月十四日，張木蘭内侄女與陸啓鏗結婚。

七月廿三日，應政協邀，與洪、湲、堪三兒同到大連度夏。八月廿五日返京，旅中看金文諸書。潮、湲兩兒俱入女附中。

卅一日，黎澍來言，調劉起釪來京，助予整理《尚書》，已成事實。

九月十九日，歷史所開出版叢書及叢刊會，列予爲委員。

十月十五日，《世俘校注》定稿。

十月十一日，誠安弟逝世。

是月，予到中華書局辦公。請地圖出版社爲《史林雜識》作地圖。校《史林雜識》初編訖。十一月十五日後，以寒未去。

十一月，靜秋病，予遂未與政協同人外出參觀。十二月，日壇醫院檢查非癌，心始安。

是月，中、印開戰，印度大敗。

十二月，作《我所知道的蔡元培》，未畢。

十二月廿六日起，民進開五屆三中全會。迄一月十八日予病，遂未終會。

[剪報] 1962，2，4，廣州《南方日報·千字文》

談"堅持"　　　　　　　方南

陳文英三試"澄秋"的故事給了我們這樣的啓示：進行農業技術改革一定要有一種韌性，一種堅持精神，甚麼是堅持精神？就是列寧所說的"有耐心，能堅持，有決心，有決斷，善于反復試驗、反復改進，不達目的決不罷休"的精神；就是魯迅先生所說的"糾纏如毒蛇，執着如怨鬼"的精神。

古今中外的情形幾乎都是這樣：凡是在科學研究和技術革新方面有所成就的人，莫不經過艱辛的勞動，克服重重困難、障礙，而後才得到成功的。醫治梅毒的特效藥"606"就是經過六百零五次的試驗失敗，到六百零六次才獲得成功的。上海滬光科學儀器廠青年工人王林鶴創造的萬伏高壓電橋，也經過三百七十一次試驗。不難想見，在這六百零六次和三百七十一次的試驗過程中，曾碰到過多少困難；倘使稍有畏難情緒，在第一次試驗失敗便灰了心，甚至在試驗到六百零五次、三百七十次時便撒手拉倒，也會"功虧一簣"，沒有"606"這種特效藥和萬伏高壓電橋這種新產品的誕生。"在科學上面是沒有平坦的大路可走的，只有那在崎嶇小路的攀登上不畏勞苦的人，有希望到達光輝的頂點。"馬克思這句名言，端的是一個顛撲不破的真理。

堅持當然跟信心有很大關係。爲什麼有些人在試驗和推廣技術改革時，碰了一下釘子便認爲"此路不通"，半途而廢，甚至把一些已行之有效的先進生產措施和技術改革也否定了？原因之一就是他們對這些措施和改革的成敗估計不正確，分不清成績和缺點哪個是主流，看不出試驗推廣的結果是前進了還是後退了，因而缺乏和失去了堅持下去的信心。記得中國登山隊的三名隊員登上世界最高峰——海拔八千八百八十二米的珠穆朗瑪峰時，是經過三次適應性行軍的。即在登上頂峰之前，每次攀登到一定高度，又折回大本營休息幾天，然後繼續攀登，如此反復凡三，最後才登上了光輝的頂點。當他們折回大本營時，你道他們是前進了還是後退了？我說是前進了。因爲他們探明了道路，積累了經驗，提高了本領，爲下次攀上更高度作好了準備。肯定這點是很重要的，看不到這點，就會失去前進的信心。陳文英在試驗"澄秋"良種遭到第二次失敗的時候，她所以敢于堅持作第三次試驗，正是黨支部書記向她指出了這一點，使她提高了信心。

堅持當然不是上次失敗的簡單重復，這裏需要"善于反復試驗、反復改進"，也就是善于總結上次經驗，吸取上次教訓，不斷鑽研，不斷提高。所謂“吃一塹，長一智”，就是這個道理。今天許多地區在推廣技術改革方面已不是開步走摸索道路的問題，而是如何在已有的基礎上繼續前進的問題。因爲經過幾年來的試驗推廣，許多先進措施和技術改革，已由實踐證明是行之有效，只要我們能以求實的精神，好好總結經驗，吸取教訓，使其更符合于客觀實際，更好地做到因地制宜，是完全可以奏增産之效的。這裏關鍵的問題就在于我們的幹部敢不敢于堅持，善不善于堅持。當然爲了將來進一步開展農業技術改革，爭取將來有更大的增産，現在也需要對各項技術問題進行試驗，探求新的增産訣竅，這就更加需要有堅持精神了。

堅持精神是可貴的，它包括了勇氣、毅力和智謀。

一九六二、一、廿三，參觀茂名油頁岩礦作

昨自青年運河來，滿目奇觀呼壯哉。忽瞻土石積圓郭，群訝何物費疑猜。今朝游得露天礦，翻騰岡阜聲崩雷。機械化與電氣化，陵谷變遷倏成堆。車如巨人屹然立，轉移大石若傾杯。一勺八噸三十秒，六千噸石一日灰。地不愛寶獻頁岩，油蠟粉膠任取材。方爐創造圓爐因，蒸餾裂化震耳厔。其中原油最貴重，全國車艇賴之開。更建加工、機修廠，十萬雄師拱將臺。毋綫棧橋光燦爛，新型城市貌瑋瑰。駿馬絕塵奔長途，展蹄躍進首不回。社會主義建設中，選舉模範比先推。吁嗟乎，茂名本是神仙窟，此事神仙應嘆拙。若教潘師還世間，彼也樂爲馬前卒。

此詩甚粗，但頗有氣勢。水產部副部長楊扶青見之，謂有教育意義。

一九六二年一月

一月一號星期一（十一月廿五）

卧床，看《聊齋》。鄭本詔來。王錦第來。姚紹華來。張覺非來。張毓芳偕其夫馬迪章來。歷史所林乃燊、謝濟、王貴民來。

十一時服藥眠，翌晨四時醒。又眠，六時醒。

服退燒藥後，熱卅七度五。

歷史所三研究生來，爲言予之辦公室已遷至二樓樓上南向之屋，在厚宣辦公室間壁。如此則既向陽，又有地板，不致犯寒致病矣。

一月二號星期二（十一月廿六）

卧床，看《聊齋》。雁秋來，留飯。

趙光濤、陳璞如來。潘光旦來。看光旦所著《徐戎與畲民》文。

十時服藥眠，翌晨五時醒。

服退燒藥後熱稍低，但仍未降至卅七度。

得元善電話，知陳調甫于上月廿七日在津逝世，年七十三，此中學老同學，政協同人也。

一月三號星期三（十一月廿七）

卧床，看《聊齋》。

王伯祥來。顧綴英來。

十時服藥眠，翌晨五時醒。

今日上午卅七度，下午卅七度三，仍未盡也。

一月四號星期四（十一月廿八）

起床，看《聊齋》。寫金燦然信。

黃秉維來。補記日記六天。

趙大夫來按摩。十時服藥眠，翌晨五時醒。

今日溫度已降至卅六度六，熱退淨矣，但起身後毫無氣力，不克工作耳。

靜秋臉腫又十餘日矣。今日購得水解蛋白粉服之，甚望其有效也。

一月五號星期五（十一月廿九）

將各室翻亂書略事整理，各歸其所。雁秋來，留飯。

就床，未成眠。頤萱嫂歸其家。

三姨自徐州賈汪來，留宿。趙大夫來按摩。十一時服藥眠，翌晨四時醒。

三姨以玉華在川，行將生子，自徐州往，先到京住數日。

一月六號星期六（十二月初一）

整理行裝。寫于鶴年、錢琢如、華訓義、侯外廬、又安信。雁秋夫婦來，留飯。

就床，未成眠。趙健來。木蘭來。

八時，民進車來，與景耀夫婦同上站。又安來送。九時半開車，十時半服藥眠，終夜時睡時醒。

車中同室：錢端升　凌其翰　于滋潭

其他同行人：梁漱溟夫婦　嚴景耀夫婦　周鯁生　涂允檀　唐弢　唐棣華　陶淑範　黃藥眠　王子野　邱及　吳桓興　蔡翹　吳研因　林礪儒　張楚琨　吳秀峰　張德尊　麥元章　戴愛蓮

予熱雖退而氣管支炎迄未愈，咳嗽多痰，畏寒，靜秋重托潔瓊照顧，潔瓊又以滋潭與予同室，托其注意。

一月七號星期日（十二月初二）

終日在車，看《越縵堂讀書記》，與諸同人談話。

得眠一小時。

服藥兩次，約十二時眠。上午三時醒，遂待旦。

今晨渡黃河，晚渡長江，兩過大橋，天塹化通途，不亦快哉！

一月八號星期一（十二月初三）

終日在車，看《越縵堂讀書記》，與諸同人談話。

闔眼片刻。與車長、乘務員、炊事員、服務員等合開一會留別。

十時半抵廣州，到羊城賓館，宿六四五號，與研因同室。十二時服藥眠，上午三時醒，遂耿耿達曉。

今日自株洲而南，皆前所未行。入郴縣，至坪石、韶關，車在騎田嶺中行，水隨峰轉，車隨水轉，日光倏忽向背，真有"乍陰乍陽"之觀，滿山竹木，水色碧綠，與廣西所見同，美觀也。坪石站上，雙壁峻立，如立危牆下。

自京至廣州，凡二千三百二十四公里。予今日始得一以貫之。

一月九號星期二（十二月初四）

理物。七時三刻上飯堂，遇陳叔通先生及前日到粵諸人。嚴景耀夫婦來。梁純夫來。范春來。發靜秋電報。補記日記四天。滋潭來，又訪諸其室。寫靜秋信。到小賣部。

與滋潭同散步。張明養來。寫李延甫、周達甫、卓啓俊信。研因之女增荑來。到醫療室，檢查身體。五時，出，參觀紅花崗廣州起義烈士陵園。

到西廳，受廣東民進分會同人宴。到東樂戲院，看粵劇三團演《玉簪記》。十一時服藥眠，上午三時醒。又眠，六時醒。

以兩日來皆僅眠三小時，體疲弱無力，加以四十九小時火車生活，更覺搖搖不能自主。噫，予殆力竭矣乎？檢查身體，云血壓較高，因服 Yeast 及 Nicotimic。

今晚同席：研因　景耀　潔瓊　明養　漢達　純夫　予（以上客）　陳秋安　李燮華　廖東靈　黃偉勝　盧元序　范興登　陳鴻楷　陳國勳（以上主）

一月十號星期三（十二月初五）

到景耀處。到七樓開會，分別決定參觀道路。十時出，參觀中國出口商品陳列館，匆匆一走，十二時歸。遇邵力子夫婦。

得眠一小時。看研因《鳳吹續集》。到八樓中廳，聽廣東副省長林李明報告本省概況，又排定到海南島日期，自三時至六時半。遇鄺雲鶴、李奇中、華羅庚。

到迎賓館，看《巴山紅浪》電影。到滋潭室取地圖。十一時服藥眠，上午二時醒。又眠，六時醒。

昨夜得佳眠，今晨即有精神，走路亦較硬撐矣。

今日聽報告，知人大、政協及國務院參事之來粵者共一百六十九人，其中決定到海南島參觀者達六十九人，海南食宿尚無問題，惟交通工具（汽車）則不敷供應，只得分四批，或先至榆林港，或由陸路往，使不同時使用車輛，然後可也。

一月十一號星期四（十二月初六）

王達仁來。季方來。九時，與同人出，登車上越秀山，至鎮海樓，觀廣東博物館。下山，到番禺學宮，觀毛澤東同志主辦之農民運動講習所原址。又到黃花崗，瞻七十二烈士墓。又到廣東動物園，觀魚及蛇。十二時歸。

眠四十分鐘。寫靜秋信。二時半出，到陳氏書院，觀廣東民間藝術陳列館，爲題詞。出，到六榕寺，觀六祖銅像及東坡石刻。到科學館參觀，又到中山紀念堂。五時半歸。到邵力子夫婦處談。

記筆記一則。到張明養、吳半農處談。與明養、半農、純夫、漢達同到永漢路閱市購物。十時半服藥眠，上午三時三刻醒。良久又朦朧，六時醒。

廣州攤販頗多，夫妻店亦多，爲一無形之自由市場，此北京已久絕迹者也。廣州店鋪晚間九時關門，故夜中游人多，一若星期日之王府井。小吃館到處皆是，醫囑勿往，以肝炎頗盛行也。

一月十二號星期五（十二月初七）

記筆記一則。理行裝，分別携留。到保健室取藥。下樓理髮。買郵票。與研因同到周鯁生處問疾。晤李明揚翁婿。十一時半飯。

十二時廿分上汽車，轉飛機站。一時上飛機，三時到湛江，下機休息十分鐘。復上車，四時到海口，蕭書記來接，入招待所。與蕭書記談。寫靜秋片。

上街閱市。返招待所，開會，聽蕭書記擬定參觀日程。服藥三次，約十一時半眠，翌晨三時醒，即起。

今日同行者：涂允檀　張絅伯　吳研因　吳桓興　倪徵燠　王子野　唐弢　唐棣華　于滋潭　陶淑範　梁純夫　錢端升　凌其翰　嚴景耀　張楚琨　吳秀峰　王越　徐萌山　張德尊　麥仲章

飛機在海面行，在我生中還是第一次。

今日所晤人：蕭煥輝（書記）　周錚（專署副主任）　王國雄（副市長）　潘秘書長

今日到海口，即飲一杯濃濃的咖啡，晚間開會又飲濃茶，所以失眠。海南名產，只得不嘗矣。

一月十三號星期六（十二月初八）

記筆記一則。寫李光信函。理行裝。七時一刻飯。八時登車出發，周錚同行。九時五十分到福山，小息。十時又行，十一時半到那大鎮，入招待所，縣長陳仁吉來接，同飯。

就床，未成眠。寫静秋片。到華南熱帶作物學院聽院長何康報告，參觀植物園，茶叙而别。

晚飯後聽陳縣長報告。九時半服藥眠，上午四時醒。以無燈，又眠，六時半醒。

到海南島後，到處請喝咖啡，既香且甘，不忍不飲，然飲則興奮難眠，此殆近于"拚死吃河豚"者。

昨日及今日同行者：吴桂榮（廣東林業廳）　王海峰（省委統戰部）　林尤灼（海南交際處）　周錚（海南專署）

何康爲叙父之子，研究熱帶植物，不辭勞苦，建院校于那大，與諸師生協力創業，與古人之"篳路藍縷以啓山林"者同。以此間氣候、土壤之有利條件，種植橡膠、油棕、劍麻等經濟作物，爲國家開發絶大利源，可敬也！

一月十四號星期日 （十二月初九）

七時一刻飯。八時一刻行。上山，至松濤，渡水，十一時至瓊中縣營根鎮，飲咖啡。縣長來。十二時又行，三時半到通什，入招待所，住五號。四時進飯。五時出，觀市容。六時許歸，座談。八時半飯。聽黨委書記陳理文（黎族）、紅旗公社社長陳立大報告。寫静秋片。

與王越長談。失眠，服藥兩次，十二時眠，上午五時醒。又眠，七時醒。

今日凡行一百八十公里。以所行皆山道，車開不易，累出事故，致行七小時方到。

聞周錚言，那大西之石碌鐵礦含鐵量最高，可徑煉鋼。今已有鐵路通海港，以利運輸，凡最純之礦石運武鋼冶煉，次則售與兄弟國家，環島鐵路已在建築，兩年後可成。

黎族居山下，近水，故種水稻。苗族居山上，攀越樹如猿猱，食盡則遷，故無恒居。全島黎族有四十一萬人，苗族則僅兩萬七千。苗族向日受漢、黎兩族之雙重壓迫，解放後雖爲建屋，而疑慮重重，竟捨之而去。又解放後政府雖爲黎族造新文字，而人民不感興趣，故其學校皆讀漢文教科。

一月十五號星期一（十二月初十）

七時一刻飯。八時出，到番茅，參觀紅旗人民公社及藤器工場。回，參觀廣東民族學院。十時上車，十二時廿分到榆林港，入招待所。崖縣縣長廖樹金來。遇柯靈、華羅庚、吳晋航等。

飯後休息，擦身易衣，整理物件，看《清一統志》，寫靜秋片。三時出，到三亞，觀漁業公司，買貝殼。到百貨公司，買物。到小東海，望海，檢珊瑚。六時歸。

感不適。吳桂榮、吳非敏、陳玉英、鍾醫生、張德尊、麥仲章來。九時服藥眠，翌晨五時醒。

天氣愈行愈熱，幸榆林港濱海，涼颼不斷相吹耳。窗外椰樹成林，頗可愛玩。

榆林招待所名曰“椰莊”，聞本爲富翁某之私人別墅。

今晚歸來，覺身體疲困，量熱度，得三十七度二，遂早息。蓋一星期來過于緊張所致也。

一月十六號星期二（十二月十一）

吳兆敏等來量溫度。八時半出，到“天涯海角”望海。到過嶺，入天涯人民公社，聽報告。出，到黑土，觀黎族村落。回，觀養玳瑁場。

看《越縵堂讀書記》。記筆記一則。寫靜秋信。三時半出，參觀椰子加工廠，飲椰汁。五時，到椰莊農場，參觀黎民家庭，與場長王仁、副場長黎玉山談。到招待所小賣部買物。

綱伯、黴噢、滋潭等來談。開會，討論行程，并述感想。打針。十一時服藥眠。翌晨四時醒。

昨夜服藥後，出了一身汗，今晨量熱度，爲三十六度四，已無燒矣。

到天涯公社，請飲椰汁，兼進椰肉，殊爲可口。聞椰子性寒，不可多服。

天涯公社，黎族八千餘人，漢族一千餘人，兩族諧和，可喜也。

昨鍾醫生爲予診，謂予內臟正常，惟冠狀動脉硬化。今晚開會，予説話較多，即覺胸間作痛，上床後久不能眠，蓋即此病所致也。梅蘭芳之突然逝世，即因此病之惡化。

一月十七號星期三（十二月十二）

四時起，修面。理物。餐後與研因到海濱散步。吳非敏來量溫度。九時上車，假寐片刻。十一時廿分到陵水縣，小息，入椰林食廳飲咖啡。下午一時到萬寧縣興隆，入招待所，晤華僑農場場長詹力之、黨委書記張奮。聽詹場長報告。

二時飯，入七號室，整理物件，寫靜秋片。與林尤灼同觀花。萬寧縣長葉虎來。四時出，參觀華僑農場之咖啡、可可、胡椒、馬尼拉麻等種植場。

洗浴。打針。服藥兩次，十時眠，翌晨三時半醒。

農場室中有寒暑表，視之，今日溫度爲攝氏廿三度，即華氏七十四度。今日雨後，熱較低，前數日當在華氏八十度上矣。

聽詹場長報告，知此間于一九五一年初創辦時，瘧蚊有廿餘種，其最惡性之一種嚙人後，其人在數天内即死亡。來時七百餘人，無人不犯瘧，其中十餘人致死。此即昔人所謂瘴癘也。幸中央派人滅蚊，其最惡性之一種已絶迹。

此間温泉熱度甚高，與東北湯崗子同。

一月十八號星期四（十二月十三）

四時起，看《越縵堂讀書記》。晤楊榮。詹力之導觀花木。八時半上車，十一時到瓊海縣嘉積鎮，聽縣長何子觀報告，游市街。遇巴金、方令孺、楊湯城。

一時開車，四時到海口，入第一招待所，住十二號棟，陶、于、唐三女同志來。五時開會，述此行觀感。七時飯。與蕭書記談。

到海口劇場看瓊劇《狗銜金釵》。先歸，李春容來打針。服藥兩次，十二時後眠，翌晨五時半醒。

終日雨，氣候驟涼，温度降至攝氏十六度，即華氏六十二度。此間人云：是爲海南最冷天，而我輩乃適值之。予急添衣，腸炎已作，四時一次，十時一次，白而粘，大懼成痢，急索藥服之。老年人對寒暑無抵抗力如此。

瓊劇較粵劇腔調較爲柔和。

于滋潭同志昨日在華僑農場滑倒，股略受傷。

一月十九號星期五（十二月十四）

七時起，晤楊扶青。九時，到會議室，同人續述觀感，蕭焕輝書記報告海南近況。十一時半散會。飯後瓊劇團演員吳紅梅、愛花等來訪。

王國雄市長導游海口市罐頭廠，進咖啡、椰醬、菠蘿、荔枝等物。三時，上飛機站，遇明養、焦實齋、漢達。陳修和、李培基等人自湛江來。四時，啓航。四時廿五分達湛江。黎江、劉耀來迎，入招待所，寓二三九室。五時半聽專員黎江報告。六時半飯，遇葛志成、徐楚波、董守義等。

　　看《再生記》電影。高仰之來。鍾瓊環、吳桂榮來。十時服藥眠，上午一時醒。又眠，五時半醒。

　　今日同人未至湛江者：吳研因　張絅伯　吳秀峰（此三人今日飛廣州）　王越（此一人明日飛廣州）

　　湛江市三分區：霞山（法帝號西營）六萬人，赤坎八萬人，爲城區；麻斜（法帝號東營）二萬人，爲郊區。

　　湛江天氣乃冷，不能脫大衣，蓋又一寒流襲擊也。

　　今日幾路會師，有自廣西來者，有自廣州來者，有自海南來者，朋輩之多，不勝其記。惜湛江專員王偉同志已改任廣州農墾廳副廳長，未得晤也。又聞郭沫若院長在榆林港，去時未及知也。

　　此次到海南，予與涂允檀、吳研因坐小車，司機爲廣州愛群車隊之李海祥。今日與之別，云七日來行一千餘公里矣。

一月二十號星期六（十二月十五）

　　廣州市副市長羅培元來。湛江市副市長劉耀伴游，先至港務局聽報告，觀碼頭，繼至普仔，聽湛江鹽場林君報告，觀東北大堤，十一時一刻歸。到涂允檀、楊扶青、高士其處。

　　到羅培元處。寫靜秋信。二時出，游湖光岩，入楞嚴寺，與張振漢同飲茶。到湖光農場，聽場長花進有報告，參觀養鷄場、養牛場。返，觀市容。五時三刻歸舍，視于滋潭疾。

　　赴地委宴。到湛江大戲院觀少年演出隊演粵劇，十時半先歸。廖華來談詩。十二時服藥眠。翌晨七時醒。

　　今日日出，天又轉暖，不穿大衣矣。

　　法國人强租廣州灣，歷四十餘年，而毫無建設。解放後，建新城市，以無舊址阻礙，故處處是新構，花木蔥蘢，海濤澎湃，真可喚作“花園城”也。

今晚同席：參觀團凡三組（客）　謝永寬（地委書記）　賈奎（市委書記）　王友林（市委書記兼市長）　黎江（湛江專署副專員）　劉耀（副市長）（以上主）　凡七桌，一桌九人，吃狗肉。

今晚所觀劇爲地委特爲我輩安排者，此間訓練一批演員，年在十一二至十六七，稱"少年演出隊"。今晚宴畢已八時，到戲院已八時半，方開戲。凡演三齣：1. 刺梁冀；2. 盤夫；3. 放裴（紅梅閣）。十時半，第二齣訖，予先歸。聞第三齣演得更好。此輩青年藝術表演大有前途。

一月廿一號星期日（十二月十六）

張楚琨來道別。到志成、楚波處握別。八時半，出，到海濤人民公社之陳鐵大隊訪問，大吃花生，參觀廚房、食堂，十一時歸。記筆記一則。

與錢端升、張德尊、羅學浩到海濱公園、法國碼頭，上市購物。歸，覺倦，眠半小時。二時半出，到赤坎，游西山公園，參觀湛江博物館，晤陳佩馨，聽館長黃琳吉報告。予題字。出，觀赤坎市容，買物。歸，游海濱公園。

與王子野、嚴景耀、唐棣華步月。回，看《猛壠沙》電影。服藥兩次，約十一時半眠，翌晨四時醒。

法帝統治廣州灣時代，其據點有三：赤坎、東營、西營。今惟赤坎仍舊名，西營改霞山，東營改麻斜。赤坎向爲烟、賭、娼集中區，今舊污盡滌矣。霞山海濱公園，碧海綠樹相掩映，爲湛江風景最勝處，青島不如也。此間植樹至多，大道旁均四列，真是花園城市，爲之留連不忍去。

陳佩馨，王興瑞之夫人，興瑞執教湛江師範學院，渠遂至此間博物館工作。博物館中有抗法運動一陳列室，所列皆昔所未知。

一月廿二號星期一（十二月十七）

五時起，理物。記筆記一則。寫靜秋信。八時半起行，十時經廉江，十一時到河脣，入青年運河管理局，聽副局長盧其茂報告，參觀小壩發電站、渠首船閘等處。在局飯。

作詩，寫一中堂。一時半出，參觀大壩，上青年亭，望水庫及九洲江。二時許，返廉江，三時一刻到化州，稍息。五時一刻到茂名市，入茂名飯店，落宿二〇六號室。到滋潭處送筆記。

洗浴。李順澤市長邀至舞廳。服務員潘步林導觀市街。十時半服藥眠，翌晨五時醒。

青年運河鋤聲起，九洲江中孽龍死。已縱洪濤入大庫，留得江身才瀰瀰。幹支毛渠列長澮，雷州半島普沾漑。飛槽千尺入穹蒼，疑是銀河來天外。明年重莅乘輕舟，開襟倚棹唱中流。一歌領導方針確，再頌人民幹勁優。人定勝天眼前事，旱澇盡伏任所求。

予久不作詩，連韻脚也不記。今日承運河管理局及參觀同人囑托，在半小時内勉强湊成一詩，實不成句，且未必叶韻也。

一月廿三號星期二（十二月十八）

到羅培元處閱詩。到滋潭處談。八時，聽李順澤副市長報告。八時半出，到油公司，聽劉工程師報告。參觀油頁岩礦，觀刨車。十一時，到頁岩油廠，聽主任簡堅報告，參觀煉油廠，十二時半歸。醫生李樹仁來。

到新華書店閱書。作茂名市頌詩二百字。到涂允檀處談。三時出，到機械電器聯合修理廠，聽廠長王輝報告，參觀車間。又到建築工程部第四工程局一司加工總廠，聽總工程師陸文照報告，參觀全廠。歸，修改所作詩。

應此間領導之宴。到紅旗俱樂部，觀廣州市粵劇一團演出《鴛鶯樓》，十時半散。上四樓，觀母綫棧橋。服藥兩次，約十二時眠，翌晨五時半醒。

今晚同席：本組同人暨工作員（客）　茂名副市長李順澤石油部茂名油公司主任郭慶祥　建築工程部第四工程局局長張孟雲（以上主）

今日所觀粵劇，是爲此行所見之最佳者，一絲不懈。惜無戲單，無由知演員之名耳。

今日爲茂名市作一篇七古，膽子更大于昨。予作詩如榨油，不榨不出，思之失笑。然毫無含蘊，直是"順口溜"耳。

茂名舊爲高州府附郭縣，今之茂名則以石油礦之開發而建立之新型城市，舊茂名則今之高州縣也。

一月廿四號星期三（十二月十九）

更將昨作詩修改一過，即寫綢幅。八時半出發，十時到電白，入電城飯店飲水。遇廣市粵劇一團諸演員。十時半車開，十一時三刻到陽江，上山，入招待所，晤孫縣長等，同飯。

寫靜秋片。二時出，到崗列大隊，聽何宣聲隊長報告，參觀母豬城。到季芙小刀廠，聽葉秀元廠長報告，參觀車間。到漆器工藝廠，聽書記劉啓報告，并晤廠長沙四，觀全廠，予題詞。到中山公園，巡行一周。

到凌其翰、倪徵燠處談。到人民禮堂，看武漢市雜技團演出。觀建築。十一時服藥眠，翌晨五時醒。

昨觀劇，極賞嘆演藝之佳，顧不能知演員姓名，今日乃于無意中得之電白，可喜也。演武松者爲盧啓光，蔣門神爲朱少秋，施恩爲陳少棠，賽西施爲陳少珍，玉蘭爲小木蘭。昨未演出者尚有呂雁聲（小生），衞少芳等。

今日同席：陽江縣副縣長孫聚源　縣人委辦公室主任唐起

榮、副主任梁崇文

　　爲漆器工藝廠題詞：賞鑑實用，各有攸宜。争奇鬥艷，光怪陸離。勞動人民之智慧，祖國文化之紅旗。

　　允檀、滋潭病泄瀉，當是陽江肴饌太好之故。此行口味，以此間爲第一，以近海多魚蝦也。

一月廿五號星期四 （十二月二十）

　　八時廿分出發，經恩平縣，十時到開平縣，入華僑大廈休息，縣長梁福生來，談開平情況。十時三刻上車，十二時半到新會縣，先至華僑大廈，繼至圭峰賓館，縣委書記曾發來。予住二〇五號室。

　　寫静秋片。上山散步。看關于陳白沙碑文。到舊文廟。二時半出，到圭峰山勞動大學，聽主任温寧報告，參觀示範農場。又到葵類工藝廠，聽書記馮保報告。出，到小鳥天堂，蕩舟。六時歸，到滋潭室小坐。返室，楊扶青、唐弢來。

　　閲報，與純夫談。看《濟公鬥蟋蟀》、《向海洋》兩片。服藥兩次，十二時眠，翌晨五時半醒。

　　新會多小河，與蘇州之“人家盡枕流”者極似。水量充沛，故生產豐富。聞純夫言，新會、臺山、開平、恩平爲“四邑”，多美國華僑，入美境，能説四邑話者，僑民歡迎之如親人。以僑匯多，故地方富，而生產則推新會爲最。純夫，臺山人也。

　　吾十世叔祖迁客公，名嗣協，宰新會，刻《陳白沙集》、《玉臺新刻》等書，而卒于是。惜不知舊日縣署所在。今日所居招待所，即白沙祠也。梁任公之家，離城八公里，今爲茶坑公社。

一月廿六號星期五 （十二月廿一）

　　八時半出發，新會縣委辦公廳主任容仲夫導觀環城公社天禄大隊，聽主任林永誥報告。十時到江門市，入甘蔗化工廠，聽廠長陳樹昌報告，參觀製糖、造紙、酵母三車間。市長黎漢韜來，同到蓬江招待所午餐，并晤市人委辦公室主任温平。

一時半出發，二時半過九江渡，三時半登陸，經順德縣。又過龍江渡、石灣渡，到佛山市石灣鎮，參觀美術陶駧廠。到佛山市，參觀民間藝術研究社，晤社長林君選。到祖廟公園，參觀紫霄宫，羅培元負病導。六時三刻，回廣州，宿羊城飯店七〇三號，與允檀同室。遇陳鶴琴等。

到張德尊室。到唐弢、王子野室。楊扶青來。鄒秉文來。滋潭來。研因來。十時服藥眠，上午三時醒。又眠，六時半醒。

由湛江至茂名，經青年運河，二百一十公里。由茂名至陽江，一百六十四公里。由陽江至新會，一百七十六公里。由新會至廣州，一百一十公里。五日之間，凡行六百六十公里。駕車者，羅宋臣、葉國良也。

三次渡河，費去一小時半，已屬優先，不知何時可建大橋。

江門舊有“小澳門”之稱，爲烟、賭、娼之窟穴。今日所到之蓬江招待所，巍巍高高八層，即昔日藏垢納污之地也。今則已變爲生産城市，工廠七十餘家矣。

佛山手工藝卓絶，今日所至之祖廟（玄武）實爲舊日民間藝術所薈萃，其雕刻三元里抗英故事，英人伏地求和，而我將帥士卒悉穿明代服裝，聞其中尚有“大明江山”一扁，可見廣東工人抗洋抗清之革命精神，與湛江博物館所見之“托梁”雕刻法帝醜態者同。

一月廿七號星期六（十二月廿二）

省統戰部部長張泊泉招集本組同人在八樓開會，各述參觀後之意見，自九時至十二時半。遇陳真如等。并晤省人委副秘書長朱明達。

到李伯球夫婦處。寫静秋、堪兒信。三時，與本組同人上車，四時五十分，到達從化溫泉，住河濱大樓二〇一號。晤草明、張奚若、戴愛蓮。卓長能同行。

晤梁思成、范長江、林礪儒。到黄藥眠處。到景耀夫婦處。到大會堂，看跳舞。先出，洗浴。十時服藥眠，三時醒。又眠，五時醒。

潔瓊自東江來，見予，云："胖些了！"可見予此行收獲。年來畏寒殊甚，若得每冬到閩粵，當可使予復健。

從化溫泉熱度不及海南島之興隆，惟較之北京小湯山，則已勝之。

從化在廣州東北，其溫泉距廣州市八十六公里。其地始開于陳濟棠，爲其私人享樂之地。解放後始布置爲一游覽區，新構林立矣。

一月廿八號星期日（十二月廿三）

五時起，寫靜秋及三女信。七時，與允檀及景耀夫婦散步一小時。九時上車，赴良口，欲參觀流溪河水電站，爲守兵所阻，退歸，十二時達羊城賓館。遇陳序經、周炳琳等。

到市理髮，行至光復北路始得位。循盤福路歸。到黃琪翔夫婦處，并晤黃和春。回室，周鯁生來。王達仁、錢端升來。理物。到陳真如處，并晤尹時中。到鄒秉文處，并晤其子、媳、孫。琪翔來。遇陳邃衡。記筆記一則。

吳桂榮攜其侄女來。王海峰來。到陶淑範、梁純夫、徐楚波、葛志成等處談。淑範、子野、唐弢、秉文等來。醫生來送藥。十時半服藥眠，翌晨四時三刻醒。

今日已至流溪河水電站矣，而此地保密，省方未與該站接洽，守兵堅不許進，欲打電話與省方，而適值星期，辦公室無人，只得退歸，然一望間石壁森然，流水萬壑，已見奇觀。聞電站築岩穴中，不畏轟炸。又聞此站電力足供廣州全市之用，惟電綫缺乏，猶有餘力未盡耳。

　　午後行廣州市核心地帶，覺其不潔净猶昔，想見舊城市改造之不易。

　　吳桂榮携其六歲侄女露青來，能説廣州、客家、北京三種話，可愛之至。

一月廿九號星期一（十二月廿四）

　　五時，理物裝一籃，托王子野帶京。下樓送研因、琪翔等行。寫静秋信。遇黄振勛、林安娣。與董守義散步。八時半上車，九時半到黄埔。到海員俱樂部、國防檢查站。至港口，黄埔港務局調度室主任賴通報告概况。上"中華、廣州"輪，政委王世新、船長楊懋修引導參觀。十二時歸。

　　晤陳真如夫婦、白楊。到志成、滋潭室問疾。與志成等到永漢南路民進廣州市委會，出席談話會，自三時至六時。

　　與楚波、白楊等游文化公園，主任楊和明引導觀。九時半回。遇羅培元。打針。十時服藥眠，翌晨四時醒。

　　今日上午同參觀：涂允檀　錢端升　嚴景耀　張振漢　李恩業　盧成　馬大猷　吳桂榮　張德尊　蔡翹

　　自石牌至黄埔，公路上種木麻黄樹，枝葉如松而離披，下若兩列，上則合擁，如張碧幕，聞其樹不畏旱潦，易生長，最適于造林蔭道，不知其能推廣至他處否？

　　今日下午同會：葛志成　梁純夫　徐楚波　嚴景耀　雷潔瓊予（以上客）　李燮華（主席）　陳秋安　張瑞權　陳國勳　陳鴻楷　范興登　廖奉靈　黄偉勝　盧元序　李卓妮

　　今晚同游：徐楚波　董守義　張岩　白楊　廖華　李憲周

一月三十號星期二（十二月廿五）

寫静秋信。到永漢路百貨公司購物。到新華書店及古籍書店閱書。十一時半歸。遇余湛邦。

二時半出，過珠江，到廣州造紙廠參觀，聽廠長周林度、秘書吳影期報告。五時回。到志成、楚波、守義處談。吳桂榮來。

張德尊來。到一層食堂參觀。到滋潭處談。孟瑞芝來。打針。九時半服藥眠，翌晨三時三刻醒。

今日同參觀：蔡翹　于滋潭　馬大猷　李恩業　麥仲章　吳桂榮

一月卅一號星期三（十二月廿六）

送允檀、滋潭等行。寫静秋信，并發電。容希白來。九時半，與楚波等參觀中國出口商品展覽會。十一時半歸。

陳國勳、范興登來，同到西關泮溪酒家，應民進同人宴，吃點心。三時歸。倦甚，倚床小息。四時半，與志成、楚波同到永漢路閱市，六時半歸。晤楊扶青、黃鼎臣。

到廖華處閱詩，長談。李梨來視疾、送藥、打針。服藥兩次，十一時半眠，上午三時半醒。

近日寒暖無定，常在攝氏七度至十七度間，又有北風，大衣忽穿忽脫，因此予喉頭又腫，咳嗽痰吐又作矣。

今日上午同參觀：徐楚波　董守義　張岩　馬大猷　李恩業　邵臨　李憲周

今午同席：葛志成　徐楚波　董守義　予（以上客）　陳秋安　張瑞權　陳國勳　陳鴻楷　廖奉靈　范興登　盧元序　李燮華　今日午餐，名爲點心，實較吃飯尤飽，以點心花樣多，主人勸客勤，雖欲停箸不食，不可得也。

李梨來量血壓，爲 140/80，不高。

廣東行記

一月六日晚上車。

八日晚到廣州，宿羊城賓館。

九日，游紅花崗廣州起義烈士陵園。赴民進分會宴。觀粵劇《玉簪記》。

十日，觀中國出口商品陳列館。聽副省長林李明報告。觀《巴山紅浪》電影。

十一日，觀廣東博物館，毛澤東同志主辦農民運動講習所原址，黃花崗七十二烈士墓，廣東動物園，廣東民間藝術陳列館，六榕寺，科學館，中山紀念堂。夜游市街。

（廣州［8—11］）

十二日，乘飛機至海口市，宿第三招待所。

十三日，至那大，游華南熱帶作物學院及其植物園。

十四日，到通什，宿保亭縣黎族苗族自治州招待所。

十五日，參觀番茅紅旗人民公社及其藤器工場。到榆林港，宿椰莊招待所。游三亞漁業公司。回，觀小東海。

十六日，游天涯海角，訪問天涯人民公社，到黑土村觀黎族生活。回，觀玳瑁池。又觀椰子加工廠，椰莊農場。

十七日，到萬寧縣興隆鎮，參觀華僑農場。

十八日，到瓊海縣嘉積鎮，飯。回海口，述觀感。看瓊劇《狗銜金釵》。

十九日，續述觀感。聽蕭煥輝報告海南情況。參觀海口罐頭廠。下午抵湛江市，聽黎江報告。看電影《再生記》。

（海南島：中路去，東路歸。海口［12］，那大［13］，通什［14—15］，榆林、三亞［15—16］，興隆［17］，嘉積［18］，海口［18—19］）

二十日，觀港務局碼頭及東北大堤，游湖光岩、楞嚴寺。訪問湖光農場，觀少年演出隊《刺梁》、《盤夫》兩齣。

廿一日，訪問陳鐵大隊。游西山公園、海濱公園、赤坎市街。

參觀湛江博物館。看電影《猛壠沙》。

（湛江［19—21］）

廿二日，到河脣，觀青年運河及水庫，上青年亭。到茂名市，觀舞。

（河脣［22］）

廿三日，到油公司，參觀油頁岩礦及頁岩油廠，又觀機械電器聯合修理廠。建築工程部第四工程局加工總廠。夜，觀廣州市粵劇一團演《鴛鴦樓》。

（茂名［22—23］）

廿四日，到陽江縣，參觀崗列大隊母猪城、季芙小刀廠、漆器工藝廠。夜，觀武漢市雜技團。

（陽江［24］）

廿五日，到開平縣，息華僑大廈。到新會縣，宿圭峰招待所。參觀勞動大學示範農場、葵類工藝廠、游"小鳥天堂"。夜，觀《濟公鬥蟋蟀》、《向海洋》兩片。

（開平［25］）

廿六日，參觀新會環城公社天禄大隊。到江門市，參觀甘蔗化工廠，入蓬江招待所飯。下午，歷九江、龍江、石灣三渡，參觀佛山市美術陶甓廠、民間藝術研究社、祖廟公園。夜，返廣州市羊城賓館。

（新會［25—26］，江門［26］，佛山［26］，廣州［26—27］）

廿七日，出席省統戰部召集之談話會。下午到從化，宿湖濱大樓。夜，觀舞，浴溫泉。

廿八日，欲至流溪河水電站，未遂。返廣州，散步市街。

（從化［27—28］）

廿九日，參觀黃埔港。出席民進廣州市委會談話會。

（黃埔［29］）

三十日，閱市。參觀廣州造紙廠。

卅一日，重觀中國出口商品展覽會。到泮溪酒家應民進宴。閱市。

二月二日，到中山大學，會晤舊友。到泮溪酒家應中大同人宴。

四日，到華南師範學院，訪李鏡池。到東山，憑吊故居。看花市。觀紹興戲《三打白骨精》電影。

五日，觀上海青年京劇團演四劇。

六日，到流花湖散步。

七日，到文化公園參觀迎春會展出。到文明路參觀廣東博物館及魯迅紀念館。

八日，到從化溫泉，住湖濱大樓。看廣東軍區戰士雜技團表演。

九日，參觀流溪河發電站。

十日，到頭甲山，游下、中、上三瀑布。（香粉瀑、飛虹瀑、百丈瀑）

二十日，登西山。

廿一日，又登西山。

廿七日，重游瀑布。

三月二日，登東山。

八日，到河東療養院俱樂部，看乒乓賽。

九日，到從化縣城趕集。

（從化〔2.8—3.14〕）

自二月八日到從化溫泉，至三月十四日離去，文娛活動如下：

廣東軍區雜技團表演（2、8）

國產片十三：1. 達吉和她的父親(2.21)　2. 徐秋影案件(2.15)
　3. 廣州風光(2.18)　4. 歡天喜地(2.21)　5. 狩獵(2.22)
　6. 傷疤的故事(2.22)　7. 珊瑚島(2.25)　8. 以革命的名義
　(2.28)　9. 車床的喜悅(3.4)　10. 孫悟空三打白骨精(3.4)

11. 媽媽要我出嫁(3.7)　 12. 三八綫上(3.10)　 13. 海鷹(3.10)

香港片六：1. 笑笑笑(2.23)　 2. 金絲雀(2.25)　 3. 華燈初上(2.26)

　4. 不知道的父親(3.6)　 5. 少年游(3.12)　 6. 小舞娘(3.13)

蘇聯片二：1. 白夜（2.13）　　 2. 小狗（2.25）

墨西哥片一：1. 命根子（2.18）

　共二十二片

三月十四日，午返廣州，住羊城賓館，晚游文化公園。

十五日，到中山大學。

十六日，上午至文德路古籍書店，下午上車。

十八日，下午返京。

此行共歷七十二天，除往返六天外，計參觀三十一天，休養卅五天。

[剪報] 1962，2，26《羊城晚報》

簡單·不簡單　　　　　　　　　　向　彦

深夜仰望長空，一片漆黑，平淡無奇。但當你仔細考察一番之後，便會發現，大氣層裏，閃爍着無數星星，它們不但有自己的方位，還有着自己運行的軌道；不注意，就會往往被我們忽略了。

的確，對于那些變化多端的現象，如果不去仔細觀察、思索、深究，乍一看去，以爲平淡無奇，便很容易將它簡單化。

其實，有些事情看來貌似平淡，很簡單，實際上却偏偏不那么簡單。正如漆黑的天空往往隱藏着複雜多端的星星一樣，簡單的事情往往伴隨着複雜的內容。能够用肉眼感知的東西尚且易于被人簡單化，那些要經過反復實踐和思考才能捕捉到的東西，就更加容易被人簡單化了。

在古代的外國，有多少術士曾企圖從普通的金屬中煉出金子來。他們看見金子是黃色的，以爲只要煉出黃色的金屬，便是金子了。他們想：先變顏色，次變硬度，最後變比重，這不就行了？于是，偶然把四分紅銅和一分白錫一起熔解，得出一種黃色的金屬，就謝天謝地。實際上，變來變去，他們得到的還是一種普通金屬——黃銅。他們没有想到，由普通金屬變成一種稀有金屬，這是一個非常複雜的命題。

這是説的古人。我們呢，總該比前人更聰明，看問題更全面了罷？可也不盡然。

數學上的“零”是够簡單的了。我們曾經固執地把它看作是不代表任何内容的符號。但是，倘若我們不停留在一般的認識上，而往更深的思考領域邁進一步，想得更複雜些的話，就可以發現，“零”其實是具有十分豐富的内容的：一，它是任何定量的否定；二，它是正數與負數之間的界限。恩格斯在《自然辯證法》中指出：“零”是能够既不是正數又不是負數的唯一真正的“中性數”。“零不只是一個非常確定的數，而且它本身比其他一切被它所限定的數都更重要。事實上，零比其他一切數都有着更豐富的内容”。你看，這個常常被人認爲是空洞的東西，在恩格斯眼裏，却透過它與其他數字的錯綜複雜的關係，揭示了多麽深刻的内容啊！

把事情看得簡單化的人，容易否定一切，也容易肯定一切。其實質是一樣的。這是因爲，他們只抓住事物的表象，抓不到事物的内在本質；只看到事物的一面，看不到事物的另一面；只了解事物的本身，不了解這一事物與其他事物千絲萬縷的聯繫；或者，只知道事物的現狀，不知道事物的過去和將來；等等。總之，站得遠遠的瞟一眼，就忙于下結論，作判斷。以爲不過爾爾，簡單得很。這樣怎能正確的認識事物呢？

在現實生活中，事情不是僵死的，而是活生生的：簡單的事情裏面往往伴隨着不簡單的因素；不簡單的事情裏，也往往伴隨着簡單因素。一個事物，從一個方面、一個角度看來是簡單的；而從另一方面、另一角度來看，又是不簡單的。這是說的事物本身。事物之間也是如此：一事物對甲來說是簡單的，而對乙來說却是複雜的；同一事物，今天看起來是簡單的，但是明天，也許就複雜化起來；如此等等。我們固然不能把事物簡單化，也不能隨意把它複雜化。我們考察事物，應當善于找出它的簡單方面與不簡單方面，抓住它的本質，全面的認識它，從而使我們在實踐中有所依據。

如果只看到事物的一面，而看不到它的更多方面，或者根本不去考慮事實，那就肯定不能得出全面的科學的結論。我們常說：主觀主義害死人。用主觀片面的思想來指導實踐，處理問題，是沒有不出亂子的。

事物常常具有出乎人們預料之外的複雜性。事物都有着矛盾的多樣性。恩格斯曾經嘲笑過那些把一切絕對化、簡單化的人，他們以爲"是則是，否則否，除此以外即是鬼話。"說他們是思維于絕對不能相容的對立之中。爲什么？"因爲它只看到個別的事物，而看不見它們相互的聯繫；只看到它們存在，而看不見它們的産生和消滅；只看到它們的静止狀態，而忘記了它們的運動；只見樹木而不見森林。"毛主席在《學習與時局》這篇文章裏也指出過，那些愛作簡單結論的人，是由于缺乏分析的頭腦，對事物不願作反復深入研究的緣故。

這裏，我們應該得到很好的啓示。克服簡單化的奧妙不在別的，而在于思想方法對頭，在于從實際出發，嚴格地按照客觀辯證法，全面地、歷史地看問題。這樣看來，事情似乎又簡單起來了：只消全面地、歷史的看問題就得了。

其實，要學會這些還需要一個過程，這不僅包括態度和方法問題，而且包括立場和世界觀問題。

這樣說來，事情既是簡單的，又是不簡單的。

一九六二年二月

二月一號星期四（十二月廿七）

送志成、楚波等行。寫靜秋信。楊扶青來，到扶青室談。鄺嘉濂來。疲乏臥床，馬國權來。

未成眠。鄺嘉濂導至廣州市委統戰部，晤副部長崔杰，辦公室主任李強。出，到羅培元處問疾。歸。遇巴金、方令孺、楊湯城。

到巴金處，并晤董聿茂。打針。服藥兩次，約十二時眠，翌晨七時半醒。

一路勞累，越醒越早，今晚多進藥物，期于早眠，而仍不能睡，惟將醒時推遲，可改早醒習慣耳。

昨與志成等上街，未穿大衣，適逢起風，歸時頗寒，氣管支炎又作矣。

已勞頓廿五天矣，今日之疲倦，正是勞頓後之必然現象，可無怪也。

二月二號星期五（十二月廿八）

到馬大猷處。遇李緙卿。乘車到中山大學，于招待所中見陳序經、冼玉清、容希白、商錫永、劉子植、梁方仲、梁釗韜、李錦全等。出，到許崇清處，到錫永家，見其尊人藻亭先生，到子植家、方仲家。抵希白家，并晤容琨夫婦。在希白家飯。

就床，未成眠，看《參考消息》。譚彼岸來。李錦全來。董家遵、戴裔煊來。子植、方仲、錫永來，同看戴進長卷，并希白所摹名迹。五時半，搭許崇清車進城。

到泮溪酒家赴宴。梁釗韜送歸。李梨來打針。服藥兩次，約十二時眠，翌晨五時醒。又眠，七時半醒。

今晚同席：予（客）　容庚　商承祚　劉節　梁方仲　戴裔煊　梁釗韜　董家遵（以上主）

問王光煒，希白曰：“死矣。渠曾爲文昌縣長，解放後隱瞞身分，但終于查出，勞動改造，力不勝而死。其妻曾爲錫永家保姆，故知之。”此三十年前北大研究所國學門同事，主整理明清檔案者也。

二月三號星期六（十二月廿九）

李緝卿來。看鄧爾雅《綠綺園詩集》。寫四兒及尹受信。到小賣部購物。遇從化休養回來度春節諸人。

晤馬彥祥。到邵力子先生處小坐。邵臨來談游觀計劃。就床，未成眠。寫祝氏內姨母、誠安、自明、自珍、歷史教學編輯部、孟默聞信。到方令孺處。

到周瘦鵑處，并晤俞敏。王國秀來。邵力子、劉仲容來，同到葉盛章、盛蘭處。十一時服藥眠，翌晨四時一刻醒。

寫德輝信，賀其脫帽，并望其努力深入，略云：“汝早歲席豐履厚，看事太易，未能深入，因之走不上研究途徑。現在在黨的教育下，懂得一切事無論大小，都須踏實地做，惟有努力學習方能自己創造。汝在祖父教育下，讀過《四書》、《詩經》、《左傳》，即此根基已爲今日之青年所不易有，倘能刻意温習，并看近人論文以知其問題所在，讀馬克思主義經典著作以確定其工作方法，則十年後必可成一人材，以致力于祖國社會主義之建設也。"不知渠能聽我言否？苟其不能，則終身無望矣。

二月四號星期日（十二月三十　立春）

寫四兒長信。邵臨來，送上車。到華南師範學院，訪李鏡池，并晤其夫人及少子李念華。由李夫人伴至吳三立家，未晤，留條。出，到東山，寄祝姨母錢。訪啓明三馬路舊居。十一時半歸。遇康同璧及其女羅儀鳳。

與賓館中同人到教育路、西湖路看"花市"，與馬大猷同車歸。寫劉起釪、王興城（費耀普）、顧誦芬信。梁思永、馬彥祥來。

上八樓赴宴。遇范長江夫婦。到交際處，看《三打白骨精》電影。打針。服藥兩次，約十一時半眠，翌晨五時半醒。

今日不知何故，忽然便閉。

三十三年前舊居之啓明三馬路，今日重臨，緬懷履安行迹，不勝淒愴，不審靈岩墓中人猶有知否？

今晚同席：張治中夫婦　劉斐及其子　邵力子夫婦　胡厥文夫婦　林礪儒　梁思成　林安娣　周瘦鵑　戴愛蓮　康同璧母女方令孺　馬大猷　劉仲容　譚真　王國秀　王淑真　湯蒂因　巴金夫婦及其子女　黃藥眠　華鳳翔夫婦　楊湯城……（以上客）副省長李嘉人、羅範群　省委統戰部長張泊泉　省政協副主席張酪村　廣州副市長羅培元、張瑞權　省交際處處長蘇瑞光　省人委副秘書長朱明達……（以上主）　凡七桌

二月五號星期一（正月初一　壬寅春節）

到康同璧處。李梨來。葉盛章、盛蘭來。劉斐來，即至其室。

邵臨來。康同璧母女及張滄江來。與梁思成、華羅庚同到林礦儒處。到戴愛蓮處。劉仲容來。到仲容及馬大猷處。

瞌睡約一小時。張治中、邵力子來。葉盛章兄弟及于連泉來。到張治中處，并晤傅宜生夫婦。張泊泉、楊康華副省長來。遇余湛邦。方令孺來。記筆記七則。

到迎賓館，觀上海青年京劇團演出，自八時至十一時三刻。遇周揚、沈雁冰、謝冰心、朱惠方。服藥兩次，上午一時眠，七時醒。

今晚所觀劇：一、三戰張月娥，齊淑芳等演　二、貴妃醉酒，言慧珠等演　三、櫃中緣，演員未詳　四、太白醉寫，俞振飛等演　此班優秀演員尚有王芝泉、李永德、李炳淑、孫花滿、梁斌、梁文漪、楊春霞等。

俞振飛年六十，言慧珠年四十四，其所培養之新生力量已甚可觀。

范長江傳達周揚意，可由中央向各省調用人員，助成予《尚書》工作，盛意可感，然恐尹達聞之，將斥予越級上訴耳。

二月六號星期二（正月初二）

李緒卿來。朱惠方來。羅培元來。寫魏瑞甫、馬國權、朱士嘉信。記筆記一則。

瞌睡一小時。到華羅庚處問疾。到朱惠方處談。范長江來。吳三立來，長談。打針。遇陳雲章。與王國秀談。

獨至流花湖散步一小時。傅宜生來，同到葉盛章、馬彥祥室。到丁果仙室。十時服藥眠，上午四時醒。又眠，六時半醒。

天甚暖，故覺倦。不緊張，又散步，故能睡。此甚可喜，惟氣管炎尚未愈耳。

二月七號星期三（正月初三）

寫静秋信。遇董爽秋。乘院車到迎賓館，訪傅宜生夫婦，遇之。訪范長江，未晤，留條。到民進，訪范興登。到文化公園，訪程枕霞。由李緝卿導游園内國防器材館、春花館、文藝展覽館等。返枕霞處飯。

別枕霞，由李緝卿伴至文明路中山大學舊址參觀廣東博物館及魯迅紀念館。歸，瞌睡半小時。記筆記四則。到梁思成處。理行裝。

梁明、廖惠瓊伴至南方戲院，看湖北省話劇團演出。十時半歸。打針。十一時一刻服藥眠，翌晨四時半醒。

公園之盆景，大勝花市，然大多數由上海來。

文化公園能以文娛與文化、教育相結合，全園分三部：一園林，二展覽，三文娛，真百花齊放也。前昨兩日均十萬人游園，門票收入，能自給自足。此爲他處所未有者。

今午同席：容希白　周振光（文化公園主任）　予（以上客）　程枕霞　李緝卿　趙子蘭（以上主）

今晚所觀《同志，你走錯了路！》劇：（一）八路軍方面：李東平（支隊司令員）——李明杰　吳志克（某部聯絡部長）——王學竣　潘輝（支隊政治部主任）——梅榮清　胡勝（支隊警衛連長）——周世珍　（二）人民方面：自衛隊長（山河鎮農民）——王志義　（三）國民黨方面：趙友臣（某縱隊司令）——梁家琛　陳之德（縱隊參謀長）——嚴欣森　王仲華（旅長反正）——馬少奎　劉覺民（政訓處主任）——孔繁林　此劇寫對敵人無條件妥協，必然招致同志們極大損失，恨不能令赫魯曉夫一觀也。

今日竟熱至攝氏 25 度，覺得不耐矣。

二月八號星期四（正月初四）

算飯賬。理物訖。記筆記一則。到梁思成處。九時上汽車，十時五十分到從化温泉，仍住湖濱大樓二〇一號室。理物。遇蕭三。

未成眠。獨出，到河東閱市。回，又到松園散步。洗浴。記筆記一則。遇溫泉處長王金田及服務員鍾容昌。

到禮堂，觀廣東軍區戰士雜技團表演。遇侯寶璋夫婦及其次子健存、包爾漢、史良夫婦。十一時服藥眠，上午四時醒。又眠，七時半醒。

休養所在流溪河兩岸，予所居在河東，以爲是河濱大樓，及詢之服務員則知其爲"湖濱"，蓋此間實用人工開寬，使之成爲湖狀，因定此名也。

二月九號星期五（正月初五）

小陳來打針。到侯寶璋夫婦處談二小時，并觀其所藏陳白沙、王伯穀、呂留良等手迹。晤王匡、鄺健廉（紅綫女）。到保健室，就彭大夫診。王立志送静秋所寄錢。

到馬大猷處，又同到戴愛蓮處。三時上車，到流溪河發電站，由主任邵宏基報告，并導觀山洞内中央控制室及水庫。五時半歸。

到劉斐處。李瑞霞來送藥。與方令孺到蕭三處談，復到梅園散步。十時服藥眠，上午四時醒。又眠，五時半醒。

今日檢查，知患肺氣腫，此所以痰咳不痊也。又量血壓，爲155/98，亦較前爲高。

昨夜看雜技，頗多笑劇，而一發笑即吐一口痰，手帕盡濕矣。

今日同參觀：蕭三　巴金及其夫人蕭珊、女小林、子小棠
戴愛蓮　馬大猷　朱伯申

此間群山皆石質，故發電站開山爲洞，長百丈，而置控制室于内，萬一有戰事起，亦不虞敵人破壞也。此間所發電足敷廣州全市之用。

二月十號星期六（正月初六）

　　九時，與馬大猷同出，先至下瀑布（香粉泉），更至中瀑布（飛虹泉），又至上瀑布（百丈泉，一作白龍泉）。十二時半歸。

　　洗浴。打針。寫靜秋及四兒信。出寄信，并購物，遇馬彥祥。理稿件。邵力子先生來。蕭三來。梁思成來。同至思成處。

　　洗浴。與劉爲章夫婦散步。到侯寶璋夫婦處。九時半服藥，上午二時醒。又眠，四時半醒。

　　今日與馬君同行山道約二十里，兩腿尚有力，只是出汗太多，重衫盡濕，爲不耐耳。身體虛弱，阻予游興，可惱也。

　　百丈泉有某氏刻東坡詩"百丈飛濤瀉漏天"，殊可味。

　　覽報，悉北京最高溫度爲攝氏六度，最低爲零下四度，而此間之最高溫度爲二十六度，最低爲十七度，相距如此。惟天氣預報十六日至二十日又有寒流南下耳。

　　寄四兒

　　紫荆香氣似辛夷，枝葉重重壓帽欹。拾取殘英寄兒女，四千里外阿翁思。

二月十一號星期日（正月初七）

　　寫詩贈劉爲章。打針。草《大誥》校勘部分參考書目訖。寫胡厚宣信。

　　眠一小時許。看胡厚宣《釋丝用丝御》文，補解釋中"卜用"一條。寫金燦然、蕭項平、張北辰三人信。到張文白、邵力子處談。

　　到禮堂，看《達吉和她的父親》電影。遇吳玉章、史良、包爾漢等。洗浴。十時半服藥眠，上午三時半醒。朦朧達旦。

　　廣東第一書記陶鑄、省長陳郁自北京開會歸，説人代、政協大會要延期，定三月十五日報到，則予可在此多住幾天矣。

　　今晚所看電影，爲大凉山彝族奴隸主壓迫人民之故事，搶劫人家女兒而加以鞭撻轉賣，幸得解放，父女重逢。

二月十二號星期一（正月初八）

小陳來量血壓。草《大誥》解釋部分參考書目訖。華南區幹部療養院醫師譚新洪、彭修榮來診。晤劉仲容夫婦。

未成眠。草《大誥譯證》簡目。到河東散步。侯寶璋、華羅庚、梁思成、戴愛蓮、馬大猷來。點林春溥《武王克殷日記》，未畢。

與愛蓮、大猷到河東丁姓處，遇王偉。洗浴。十時服藥眠，翌晨四時一刻醒。

今早血壓爲148/84，較九日所量爲低，惟彭大夫來量，又轉爲150/90，不知何以有此倏忽變化也？晚間小陳又來量，則爲128/78，疑兩人所用表不同，且表本身有問題，所以會得忽起忽落如此。

護士陳潔華，每晨七時來爲我量血壓，可感也！

二月十三號星期二（正月初九）

七時，陳潔華來抽血。點林春溥《武王克殷日記》、《滅國五十考》訖。理髮。到王偉處。廣東省委統戰部譚天度、張泊泉兩部長及王海峰科長來訪問。寫省人委辦公室信。

未成眠。送華羅庚、戴愛蓮到廣州。記筆記四則。劉爲章偕陶鑄來。草與范長江函，未畢。馬大猷來。晤屈武。

與大猷到禮堂，看蘇聯片《白夜》，自八時半至十時。洗澡。服藥兩次，十二時眠，翌晨六時醒。

看陀也妥夫斯基少年作《白夜》影片

四度相逢月上時，未能厮守便長離。多情自古成多恨，老泪空令對影垂。

此十九世紀之作品，于今日未有教育義意也。

今日王科長來，知靜秋所寄之糧票挂號信已到多日，存人委會辦公室，而彼不帶來，殊拂人意。

二月十四號星期三（正月初十）

將孔廣森、莊述祖、潘振、陳逢衡、朱右曾、孫詒讓、劉師培對于《世俘》之校釋統點一過。記筆記四則。打針。

眠一小時。送梁思成、馬大猷回廣州。戴愛蓮、岑映萍自廣州來。寫靜秋、孟默聞信。到侯寶璋處，看書畫。

健存送清代名人書札三冊來，即覽。洗浴。十時服藥眠，上午一時醒。又眠，六時醒。

寶璋好藏書畫，年來在港，又多新獲。陳白沙草書詩稿兩卷，得自鄧爾雅之後人。又雁宕山圖兩卷，一爲宋人作，一爲清人作，宋人所作極似夏珪，狀景極奇，飽我眼福。

二月十五號星期四（正月十一）

記筆記四則。整理考證中《周公攝政稱王》一章，并加入錢塘《周公攝政稱王考》，未畢。

眠一小時。記筆記二則。由陳潔華陪至河東理療室，謝崇偉爲照心象圖。買物。遇葉盛章。遇寶璋一家。

到林礪儒處談，與同到禮堂，看《徐秋影案件》，遇張奚若。洗浴。十時半服藥眠，翌晨五時半醒。

此間量心電圖，比北京仔細，據檢查，運動前與運動後尚無顯著差異，惟心臟有轉位現象。質之寶璋，知是伏案工作後所常有事，特須加注意耳。

前日刮風，昨日下雨，今日特凉，予又不免小咳。廣東平均溫度固高，但時有北方冷空氣侵襲，須加意易衣也。

二月十六號星期五（正月十二）

修改《周公執政稱王》一章略訖，全文約一萬六千字。看周予同、湯志鈞《經學與經學史》文摘要。

　　未成眠。看《南方日報》與《羊城晚報》。與蕭三、岑映萍到河東散步，遇葉盛章夫婦及葉盛蘭。

　　到劉爲章處談。到侯寶璋處談，看書畫，并晤其女慧存。歸，看其所作《楊梅瘡考》。洗浴。服藥三次，十二時後眠，翌晨七時醒。

　　今日血壓不高（137/78），下午又未工作，前數日眠又好，遂欲減少藥物，服 Luminal 二小丸及眠爾通三丸眠，輾轉不得睡。至十一時，又服 Amital 丸 0.2 一丸，仍不得眠。至十二時，遂只得飲 Chlonal Agdrate 矣。此我輕敵之過也。

　　林礪儒云："廣東春天天氣，一吹南風就暖，一吹北風就寒。"信然。今日日中甚暖，而晚間却甚凉，真須早晚易衣也。

　　在寶璋處看莊同生竹石長卷，非常有魄力。又見祁豸佳書詩卷，亦好。

二月十七號星期六（正月十三）

　　整理《三監人物及其疆地》一章，作一目録。王偉來談。譚新洪、彭修榮兩醫師來診。與劉仲容夫人張敏華大夫談。

　　眠一小時。寫洪兒信。與蕭三、岑映萍、董純才、鄒佩珠到河東農村散步。歸，遇康同璧及其女儀鳳、張滄江、曾和義、柯靈。到戴愛蓮處吃木瓜，并晤李可染夫婦。遇沈衡山先生。

　　康同璧母女來，長談。劉爲章來。到張滄江處談。洗浴。服藥兩次，十一時半眠，翌晨六時醒。

　　此間農村多蓋新式屋宇，可見其富。

　　今晚仍不得佳眠，乃以昨晚睡不好之故，牽連而及者也。

二月十八號星期日（正月十四）

　　爲糧票事，寫廣東省人委統戰部辦公室信，托曾和義帶去。整理《東土的新封國》一章訖，作目錄。

眠兩小時半。整理《考證》四、五、六章，未訖。與蕭三、戴愛蓮、岑映萍到李可染夫婦、酈明夫婦、張奚若處談。遇沈譜。

到禮堂，看電影。洗浴。十時半服藥眠，四時醒。又眠，六時醒。

今晚所看電影：一、廣州風光，二、墨西哥片《命根子》：1. 母牛　2. 獨眼龍　3. 人面獸心　大抵都寫印第安人被白種人欺侮之狀，然印第安人文化雖不高而卻有骨氣，敢于反抗。

接静秋信，悉民進北京市委會開第三次代表大會，渠亦被邀，連開三天，遂至失眠，甚至通夜不睡。予夫婦都不能過緊張生活，即此可見。

湲兒寄來毛筆字，甚穩健。

二月十九號星期一 （正月十五）

與愛蓮到理療室，遇王偉。整理《考證》四、五、六章訖，又鈔出第七章目錄。晤俞振飛、言慧珠及其子。

眠一小時。到林礪儒處送別。張滄江來。與劉斐同到竹莊附近散步。

與劉仲容夫婦上四樓看月。下，到其室談。與康同璧母女、張滄江步月。洗浴。九時半服藥眠，上午三時醒。良久，朦朧達曉。

二月二十號星期二 （正月十六）

看潘光旦《從徐戎到畬族》一文，節要錄入《考證》第七節，得二千餘字。晤何叔父夫婦。

未成眠。寫静秋、湲兒信。酈明來。到何叔父處。與劉斐、蕭三、朱文英、郭翼清及其女程熙登山，俯觀翠溪上游。予獨到包爾漢處。又到葉盛蘭處，并晤李少春。

　　到叙父處送書。到劉斐處。張奚若來，同到戴愛蓮處談，又同上四樓望月，又到予室談戲，九時三刻去。洗浴。服藥兩次，十一時半眠，上午四時半醒，朦朧達曉。

　　張奚若先生談鋒極健，喜觀京劇，今日談梅蘭芳、楊小樓兩人優點極中肯，謂兩人均能體會劇情，描寫劇中人物心理，故兩人死，若干古人亦隨之死矣。

二月廿一號星期三（正月十七）

　　將《考證》第七章作提要，訖。包爾漢來。晤方鼎英、董爽秋。

　　眠半小時，爲電話驚醒。接廣州人委會辦公室電話。三時，與劉爲章、羅儀鳳、張滄江同上山頭。下，到邵力子先生處談。到劉仲容夫婦處。寫靜秋信。葉盛章夫婦、葉盛蘭夫婦、李少春來。

　　看電影《歡天喜地》（雜技團）。洗浴。服藥兩次，十一時眠，上午一時半醒。又服藥，七時醒。

　　近日睡眠又壞，不詳其故。我現在確已勞逸結合，而此病仍苦苦纏繞不休，何也？

二月廿二號星期四（正月十八）

　　整理《考證》第七章，補撰按語，未畢。劉斐偕程潛夫人郭翼清、其女程熙、其友朱文英來。譚新洪、彭修榮兩醫師來診。

　　眠一小時。整理《考證》，寫一千字。劉斐來，同到河東，至中四號訪馬彥祥夫婦。又至一號訪李達先生。回，至朱文英、程熙處談。

　　與戴愛蓮同看電影《狩獵》及《傷疤的故事》。洗浴。服藥，約十一時眠，翌晨五時醒。

　　醫師勸我勿爬山，以免心臟增加負擔，當從之。

　　李達先生教我靜坐十六字訣：“心神安定，呼吸平和，目視鼻準，意守丹田。"

二月廿三號星期五（正月十九）

整理《考證》第七章，略訖。晤陳雲章。到何叙父處，并晤張文白夫婦。

眠一小時許。到理療樓作電療，遇李達夫婦、鄺明、聶國清等。重寫《譯證總目》。

到侯寶璋處談。到禮堂，看香港片《笑笑笑》。洗浴。服藥兩次，十二時半眠，五時半醒。又眠，七時醒。

今日將《大誥史事考證》第七章《周公東征的勝利和東方民族大遷徙》改定，約三萬五千字，約略與第二章《周初年代》分量相等。

《大誥》之校、注、考證修改十一天矣，尚有若干問題，苦于無書，只得歸後再改。

二月廿四號星期六（正月二十）

陳雲章來，看予所撰稿。將稿送何叙父處。到河東作蠟、電療。作《世俘校注》初稿二千字。到叙父處，并晤馬彥祥。

未成眠。到陳雲章處長談。與邵力子、劉斐、岑映萍及其母、兄岑清源、石曼泉到河東散步。與劉斐到程潛夫人處，又至何叙父處看畫。侯寶璋父女來。

與劉斐到岑映萍處。康同璧來，長談。散步。洗浴。十一時服藥眠，上午三時醒。又眠，七時醒。

今夜始聞雷，天欲雨者久矣。

陳雲章君謂在長沙作教授，供應缺乏，衣履不全，猜想北京朋輩當較好，今日一談，乃知正是相同。予謂"有福同享，有難同當"，國家連遭荒歉，我輩享受自當低落，此正共產黨服人心之措施，人民雖苦而不怨者也。

二月廿五號星期日（正月廿一）

陳雲章來。陳潔華來打針。黃秉維來。到秉維處。送科學院同人上車。與岑映萍一家人同到河東散步。訪王偉未晤。訪李達遇之。到溫泉茶室進赤豆湯。與朱物華談。馬大猷來，與同到戴愛蓮處。

眠一小時。任美鍔來，伴之至竹莊及河東散步。三時半，送之上車。鈔莊述祖寫定本《世俘》。

與葉盛章等同觀《小狗》（蘇聯片）、《珊瑚島》（國產片）、《金絲雀》（香港片）電影，十時一刻散。十一時服藥眠，上午三時半醒。又眠，七時醒。

政府集自然科學專家四百人于羊城賓館，開科學規劃會議，今日放假，昨晚九時半科學院同人來，今早十時回廣州。今日上午十一時高教界同人來，下午三時半去。皆匆匆一覽從化景色而別。

今日所晤廣州來人中之相識者：黃秉維　馬大猷　王大珩　嚴濟慈　斯行健　左恭　蔡翹　朱物華　任美鍔　尹贊勳

欲趕作《世俘校注》，以客多不就。至下午四時後客散，急爲之，然以緊張故，覺心頭絞痛。以後無論如何，總當從容工作。

二月廿六號星期一（正月廿二）

理髮。冒雨到河東理療。作《武王克殷日曆各家異説表》，未畢。到叔父處。

眠一小時許。叔父來。劉爲章來。與叔父、爲章同出散步，遇侯寶璋父女，即同至其室，觀《名人書翰集》。到陳雲章處，長談。

看香港片《華燈初上》。洗浴。十時半服藥眠，上午五時醒。

昨日一雨，今日溫度減至攝氏表二十度。

香港片足以使人認識舊社會之黑暗，國產片則足以使人認識新社會之光明，實相輔相成，不可偏廢。

　　聞人代政協大會定三月十二日報到，十五日開會，如是則予等又須早歸數日。予工作計劃完成不了，奈何！

二月廿七號星期二（正月廿三）

　　寫錢琢如、静秋信。打針。冒雨到河東電療。上街購物，與張滄江同歸。草《武王克殷日曆異説表》略訖。記筆記一則。

　　與劉斐、俞振飛夫婦及其子卿卿、保姆、張滄江、張放、朱之海同游三瀑，自二時半至六時半，冒小雨歸。遇馬思聰夫婦及吕驥。

　　到吕驥夫婦處，并晤曹藍。與劉仲容同到戴愛蓮處談。洗浴。劉斐來。十時半服藥眠，上午五時醒。又眠，七時醒。

　　近日睡眠較佳，血壓爲 130/84，豈電療之效耶？

　　連日陰雨，天氣較寒，故今日登山未多出汗，與十日之游迥乎不侔。

二月廿八號星期三（正月廿四）

　　陳雲章來。到叙父處。到河東，以無電，退回。續草《世俘校注》，未訖。

　　未成眠。寫静秋信。陳雲章來。劉爲章來。與同出，到河東荔枝林中散步。回河西，遇老舍、封鳳子，與同到翠溪大樓談，遇葉盛章等。出，到侯寶璋處。歸，葉國琛大夫來診脉。

　　到陳雲章、馬思聰處，送其上車返廣州。到禮堂，與蕭三、朱文英等同看國産片《以革命的名義》，自八時至十時。十一時服藥眠，翌晨七時醒。

　　血壓爲 128/74，大低，是爲眠得好之結果，而所以眠得好者由于登山勞頓。予前在北京醫院照心象電流圖，勞動前後有異。來從化後，醫又勸予勿登山，使心臟增加負擔，此事與上得結果適衝突，然則將如何而可？

　　葉國琛大夫診予脉，謂"陰虛陽亢，水不濟火，陰不維陽，陰陽不平調，木火不寧，心神失養"。此爲我數十年宿疾，此種生理實支配予一生心理，故處處性急緊張，陷于失眠、胸悶之苦境。或者見予臉紅，贊爲"鶴髮童顏"，不知此正爲"陰虛陽亢"之表象也。

　　叙父讀予《考證》，謂"徐"、"嬴"二段寫得最好，此君畢竟是能讀書者。渠又謂大量材料賴我穿起，予因此思及工作之四步驟：1．提出問題；2．搜集資料；3．組織資料；4．解決問題。此四步必須兼爲，始竟其事。予一生如癡如呆，端爲此也。

[剪報] 1962，2，8《羊城晚報》

看話劇《同志，你走錯了路》　　　　李　門

　　（下略）

　　題何叙父新作海南草木狀

　　邈矣嵇含草木狀，只留文字不傳真。畫師北地冰霜裏，偏學江南寫早春。

　　何公豪氣紙端出，恰似珠崖怒發花。冬日陸離噴萬艷，于今藝苑茁新芽。

一九六二年三月

三月一號星期四（正月廿五）

　　到程頌雲夫人、朱文英處話別。打針。到俞振飛、言慧珠處話別。何叙父來，長談。又同至康同璧處長談。草《世俘校釋》略訖，約六千字。

未成眠。吕驥來。劉斐偕李達來。與康同璧到劉斐處。始服中藥。

與蕭三到叙父室中觀畫，繼康同璧母女來，長談。服藥兩次，十一時後眠，翌晨六時三刻醒。

今日狂風大雨，同人不能作户外活動，相率串門談話。予以談話及聽人談故，又致精神緊張，重服藥方眠，真苦事也！

三月二號星期五（正月廿六）

到河東作電療。到郵電局發静秋電。將盧文弨校定《世俘》校予所作《校釋》訖。算糧票賬，到食堂付票。

眠一小時。記筆記一則。與劉爲章、羅儀鳳、張滄江同登東山。下，到李達夫婦處談。

蕭三邀至其室，進木瓜，同座爲劉爲章、岑映萍、吕驥，長談。服藥兩次。十二時後眠，上午五時醒。又眠，七時醒。

今日付去糧票十八斤半，算至上月底至。飯堂交予簽字，飯費爲五十二元，囑到廣州交際處再説，不知予應實付若干。

今日日麗風和，又是陽春景象，計陰霾者六日矣。

三月三號星期六（正月廿七）

電療。到橋頭，遇叙父夫婦，并晤李承昆夫婦。將陳逢衡補注校予所作《校釋》訖。打針。到叙父處，并遇酈明及其子京生。寫静秋信。

眠一小時。送吕驥、曹藍、岑映萍赴廣州。偕劉爲章、劉仲容到于連泉、葉盛章、盛蘭處長談。訪包爾漢，未晤。校《經學卮言》入《校釋》。

與爲章、仲容、蕭三、同璧母女到叙父處觀畫，并講笑話。十時服藥眠，上午四時半醒。又眠，六時半醒。

得靜秋寄來糧票十六斤，用航空平信寄，以特挂要十天以上，恐予離從化，又費周折也。

叔父爲予繪《湖樓纂史圖》一幅，題詞末句云："盡搜舊史入新材。"

三月四號星期日 （正月廿八）

記筆記二則。遇孫雲鑄。發靜秋電。買物。與同璧到叔父處。寫廣東交際處信定車票，交王金田轉。將孫詒讓《斠補》、劉師培《補正》二書校予所作《校釋》訖。晤周培元。晤何叔父長子世庸夫婦、三子何康夫婦。

眠一小時。看報。記筆記一則。爲章來，與同至包爾漢處談。又到河東看木棉花。回，送周培元行。到戴愛蓮處，看新掘得之盆景。

遇竺可楨、吳有訓。看《車床的喜悦》、《孫悟空三打白骨精》電影。洗浴。十一時服藥眠，上午四時醒。天明又眠，七時醒。

《三打白骨精》一片，已看三次矣，唐僧敵友不分，以至逐走孫悟空，師徒三人俱爲妖怪所捉，幾乎俱斃。故凡對敵人之温情即爲對同志之殘酷。此劇真有教育意義也。

予自思，予以愛才，常重才而輕德，結果受人反噬，自陷失敗。故欲如唐僧之"慈悲爲本"，惟有束手就縛耳。予在社會活動數十年，所以尚不至被人攻擊而跌倒者，只緣平生未作惡，雖極口詈我者總舉不出實證來耳。

三月五號星期一 （正月廿九）

草表揚陳潔華信稿。電療，遇鄺明夫婦、李承昆夫婦。打針。將朱右曾《集訓》校予所作《校釋》訖。譚新洪、彭修榮兩醫師來診。

朦朧半小時。爲護士陳潔華寫表揚大字報，分請劉斐、劉仲容、康同璧、羅儀鳳、何叙父等簽名。四時半，與康同璧母女、劉爲章沿流溪北行，六時歸。

與同璧母女、蕭三、爲章同到叙父處閑談。洗浴。十時半服藥眠，上午三時半醒。良久又寐，七時醒。

此間不少服務員，却少實心實意負起責任來者，只有護士陳潔華，工作嚴肅認真，不多説一句話，不少做一件事，且視他人之事如己事，此所以值得表揚也。

緬甸政變，奈温將軍將總統吳温貌、總理吳努及重要當政人物盡于夜半拘囚，組織軍人内閣，此爲亞洲一重要變化，不知前途吉凶如何。

三月六號星期二（二月初一）

記筆記二則。電療。將孔廣森、林春溥所定武王克殷日期列爲一表。

未成眠。三時，送劉爲章返廣州。到理療室再作心象電流圖。遇蕭三。將劉歆、劉師培所定克殷日期另列一表。

關立人、吕健健來同桌飯。看香港片《不知道的父親》。散步。十時服藥眠，翌晨五時醒。

三月七號星期三（二月初二）

將朱右曾、孫詒讓兩家説附入劉表。電療。打針。作《逸周書·克殷、世俘比較表》訖。

何叙父來。上街購物。到理髮室修面。寫趙廣順、静秋信。點各家《克殷》篇注。

到叙父處。與同璧母女看長春片《媽媽要我出嫁》。散步。寫詩送叙父處。十時半服藥眠，上午二時半醒。天將明又眠，七時醒。

覽報，悉廣州惠愛東路醫生謝啓瑞能以針灸結合電針治療聾啞病患者，療效甚高，達百分之九十八。因將報剪寄廣順，希與自明同往一試，并用其法以治療貴陽之同病者。

題叙父湖樓雅集圖

漫説神山遠，蓬萊在我旁。瓊樓波上下，翠嶺態陰陽。初日縈荔樹，斜暉戀竹莊。流溪真個好，春晝一何長。

荔是去聲字，應改棉，即木棉花也。與荔枝樹同在河東。

三月八號星期四（二月初三　三八婦女節）

電療，遇趙君陶。葉國琛大夫來診。改《克殷》誤字。補"遷殷民"資料，未畢。略草《大誥今譯摘要》。

眠一小時。劉仲容來，同到河東俱樂部，觀戴愛蓮等打乒乓球。遇侯寶璋父女，到其室長談。

散步。洗浴。看《容齋隨筆》。十時服藥眠，上午一時三刻醒。又眠，三時三刻醒，遂不寐。

葉醫生謂予氣弱、腎虧。

昨日有小雨，今日有大雨，氣候又較寒，予布鞋又踏濕矣。

《世俘》一篇，工作已十五天，才有頭緒。

寶璋到廣州，參加科學計劃會議，聽周總理、陳副總理兩報告，言："中國科學家如此少，你們都是國家的寶貝了。解放以後，許多領導幹部不能體會黨意，只要改造別人而不想改造自己，造成'閻王好見，小鬼難當'的情況，妨害了國家的建設。所以這次開會，主要是鳴放，大家暢所欲言，不要像前數年的樣子，或閉口不言，或只説好聽的話。"按政府如此開誠，知識分子自可安心發揮所長，以裨于建設社會主義。不知如尹達者流，聽之動心否也？

三月九號星期五（二月初四）

記筆記二則。九時上汽車，行三十三公里，到從化縣城，民警黃華勝導入公安局小坐，看木棉，出行市街，購物。十一時上車，十一時廿分回溫泉。算賬。

爲叔父所畫《海南草木狀》題二絕。打針。送蕭三、董純才赴廣州。補鈔《多方》入《考證》。記筆記一則。到叔父處題詩。

與劉仲容到關立人處談。康同璧來。獨出，散步一小時。十時服藥眠，翌晨五時醒。

從化趁集爲陰曆四、九兩日，予等將行，因往一觀，小汽車分兩批，予與康家三人同車，劉仲容、戴愛蓮、王金田、鍾容昌一車。居然在肆中買到蝦米、麻菇等物，又在攤上買得生薑，足開靜秋笑顏也。

三月十號星期六（二月初五）

記筆記兩則。與戴愛蓮、關立人同到理療室，予理療。出，遇酈明夫人、包爾漢、李承昆。遇熊佛西、焦菊隱。改訂《大誥譯證》稿。將《考證》分章節訖。

未成眠。記筆記一則。到叔父處談。

熊佛西、焦菊隱來談。與康同璧母女看《三八綫上》、《海鷹》兩片。十時半散。十一時服藥眠，翌晨五時醒。

今晨量血壓，爲 142/80，較前數日高出十度。然昨夜實得佳眠，何以致此？蓋天未明即起寫筆記，寫得痛快高興，遂致上升耳。

佛西告予，任叔永先生鴻雋已于去年逝世，年七十三。任先生爲首創科學社者，提倡學術甚有功，而北京報上竟一字未載，太冷淡矣。

三月十一號星期日 （二月初六）

記筆記兩則。小陳來打針。譚新洪、彭修榮兩醫師來診。修訂《考證》，作本篇所引甲骨、金、石文目錄，訖。劉仲容來談。遇吳聞、柯靈。

未成眠。服務員莊鳳鑾來談。寫購物條。到焦菊隱、熊佛西處。到王偉處話別，并晤郭大同。回，遇康同璧、張滄江。

叙父來談，還書。與叙父到康同璧處長談，又到劉仲容處談。十時半服藥眠，翌晨四時醒。

昨日遲眠而竟得睡六小時，其服中藥之效耶?

譚、彭兩醫俱謂我心臟尚好，惟肺部有異，蓋氣管支炎雖以入粤而暫痊，然病根仍伏也。葉醫謂予氣短，亦事實。

三月十二號星期一 （二月初七）

晤王金田。電療。記筆記四則。戴愛蓮邀馬彥祥來，傳達周總理、陳副總理在廣州科學、戲劇會上之兩報告，何叙父、劉仲容同聽。

未成眠。剪報，未畢。理髮。寫《粤游雜記》目。

與叙父同觀港片《少年游》，遇包爾漢、李可染夫婦。洗浴。服藥兩次，十一時後眠，翌晨六時半醒。

得靜秋信，知其十餘日來病失眠及腸胃不舒，一身無力，四肢酸軟，神經衰弱至極度，不知其究因何故而成斯病? 又知四兒均好，潮兒本學期任班主席，生活學習都甚緊張。

今晚不易入眠，殆以洗浴之故，浴後神經易興奮。在京時亦有此經驗。

廣州《羊城晚報》編輯方法甚好，組稿亦多方面，新雋可喜。今既將離，不忍將閱過者便棄去，因擇尤剪下，以便保存。

三月十三號星期二（二月初八）

　　記筆記四則。與戴愛蓮同到理療樓，予就張受安護士作電療。歸，陳潔華來打針。剪報。

　　服藥，眠一小時。剪報，訖。康同璧來。小陳來，算藥、療賬。到侯寶璋處還書。

　　王偉來，同至叙父處，并晤王子良。看港片《小舞娘》。十時服藥眠，上午二時醒。又眠，六時醒。

　　予糧票計至十六日登車，不足兩天，向戴愛蓮借兩斤。醫藥費今日結清，爲六十五元六角，予袋中僅存三十餘元，恐到廣州後要算飯費，與何叙父説了，他允借與。"出門人全靠朋友"，此語不虛也。

三月十四號星期三（二月初九）

　　理物。陳潔華來，量血壓。關立人來，話別。到叙父處。李可染夫婦來，鄺明夫婦來，葉盛章夫婦、盛蘭夫人、于連泉夫人來。彭修榮來。葉國琛來。王金田來，捆箱。十一時半上車，下午一時廿分到羊城賓館。落宿六七五號室。二時半進午飯。

　　理物。將兩月來家中來信覆看一過。爲容希白題其所臨沈石田《苕溪碧浪圖》，作五古一首。莊世平來。劉仲容來。叙父來。寫馬國權信。到叙父處，晤其次媳繆希霞。

　　曾和義來，伴同璧母女與予游南方大厦、文化公園，九時許歸。劉仲容來。十時半，服藥兩次眠，翌晨四時半醒。

　　今日同行：康同璧及女儀鳳　何叙父夫婦　戴愛蓮　張滄江　曾和義

三月十五號星期四（二月初十）

　　記筆記一則。整理《粵游雜記》冊訖。發静秋電。遇孫雲鑄、

邵良礎、侯寶璋父女。九時，與何叙父同車到中山大學，至容希白
家，陳宇民來，伴叙父至錫永家，先歸。予在希白家飯，方仲偕。
商錫永、梁方仲、梁釗韜、董家遵來，談《尚書譯證》事。

　　眠半小時。請希白斠酌《尚書譯證》中所用商周彝器名及其内
容。與希白同至冼玉清處赴宴。

　　飯後與子植談《譯證》事。九時，希白、子植送予回城，至永
漢路別。仲容來。洗浴。服藥兩次，約十二時眠，翌晨七時醒。

　　今午同席：予　梁方仲（客）　　希白及其子琨夫婦（主）

　　今晚同席：予　希白　方仲　劉子植（客）　　冼玉清（主）

　　彝器之名，各人各寫，頗不統一，今得希白指點，凡異名同
物者悉爲注出。又各家用作史料，頗有以意出入之處，予引用第
二手材料，亦多矛盾，得希白指點，刪去其未合者若干。凡此皆
可見第一手資料之貴重，而惟專心致志如希白者乃能整理。

三月十六號星期五（二月十一）

　　到劉仲容處。遇雷沛鴻、梁師成。到文明路舊中山大學南軒訪
方孝岳，與談《尚書》問題。出，修面。到文德路古香齋閱書。又
到永漢路古籍書店，到一一二號訪毛漢章不遇，閱書。歸，晤岑
映萍。

　　岑映萍來，助予整理行李。與服務員算糧票。三時，與同人上
站。張泊泉、朱明達等來送行。三時五十五分車開。八時〇八分到
韶關。

　　不服藥，不成眠。十二時廿三分到郴州，服藥眠，翌晨七時醒。

　　方孝岳君年六十六，而胃病頗重，行動不便。以予相較，予
健多矣。

　　古籍書店舊書，每被鄉民買去裹烟捲，故店中存留甚少，別
闢一内部售賣室于永漢路一一二號。予賴孝岳指導，乃得往覽。

此次同車所晤人：林鏘雲（廣東副省長）　羅明燏（華南工學院院長）　李沛文（華南農學院副院長）　王越（暨南大學副校長）陳鴻楷　張鳳南（興隆華僑農場）　麥蘊瑜（廣東水利電力學院院長）　麥任（廣州市政協）　梅日新（廣州市民政局局長）　梁毅文（廣州第二醫院副院長）　莊世平（香港中國銀行）　鄭□□（香港中國銀行總經理）　費彝民（香港大公報館經理）　王丕振（廣東省人委辦公廳）　秦牧（廣東作家協會主席）　李祝朝（華僑投資公司）　黃復康（同上）　李達潮（廣州市政協）　羅培元（廣州市統戰部長）　梁思成　戴愛蓮　康同璧　羅儀鳳　張滄江　岑映萍　柳士英（湖南大學副校長）　周世釗（湖南省人委）　董爽秋蕭三　何炳麟夫婦（衡山中學）　陳雲章　方鼎英　許崇清（中山大學校長）　陳序經（同上，副校長）　焦菊隱　何遂夫婦　黃新彥　曲仲湘（雲大教授）　侯寶璋夫婦及子健存　張酪村（廣東省政協主席）　邵良礎（連江瑤族）　雷沛鴻　鄺健廉（演員紅綫女）

三月十七號星期六（二月十二）

六時四十分到株洲。八時廿七分到長沙，湖南代表、委員及列席人員車四節與我車銜接同行。十一時到岳陽。下午三時卅九分到武昌。四時卅三分到漢口。九時十六分到信陽。上午二時四十三分到鄭州。

眠半小時許。

九時服藥眠，到鄭州時醒。又眠，六時醒。

廣州出發時，軟席臥車七節，行李車一節，餐車一節。到長沙後，又接臥車三節，餐車一節。以同行認識者多，故終日在談話中。

三月十八號星期日（二月十三）

六時〇二分到安陽。七時〇八分到邯鄲。九時五十四分到石家莊。十一時五十五分到保定，下午二時廿五分到北京。静秋偕洪、堪兩兒來接，乘人大車歸。遇林其煌夫婦、李覺、羅隆基。

理物。雁秋夫婦來談，留飯。

趙光來按摩。與静秋談。十二時，服藥兩次眠，翌晨六時醒。

歸後，人見我者皆謂予比未去時胖些，亦白些。此休養之功也。静秋無力，失眠，腸胃亦失調，時作瀉。眠食兩劣，爲之焦急。

三月十九號星期一（二月十四）

到前門飯店，報到。遇蕭三。樹幟夫婦及史筱蘇來，同到民族飯店午餐，静秋、湲兒偕。遇張楚琨、劉毓蘭、喻宜萱。

三時，自民族飯店歸。就床，未成眠。理書。到昌群處。黃秉維來，送豆粉。補記日記三天。

與静秋到政協禮堂觀劇，自七時半至十時半。十一時半服藥眠，上午三時半醒。天將明又睡，六時半醒。

今晚所觀劇（武漢市京劇團演出）：1. 頂磚（未詳演者）2. 走麥城　關羽——高盛麟　關平——倪海天　周倉——陳鴻鈞　馬童——楊正義　吕蒙——劉永利　徐晃——朱寶康　曹仁——吳正漢　華陀——馬盛龍　高盛麟爲楊小樓派武生，兹演紅生，亦有王洪壽之風。其父爲高慶奎，學劉鴻昇唱三斬一探。其祖高四保，專工丑旦，余曾見其《賣豆腐》等劇。盛麟獨肩大軸，洵可謂"强爺勝祖"矣。此劇寫關羽驕傲取敗，描摹甚工。

今晚所遇人：吳有訓夫婦　梅汝璈　李伯球夫婦　陳毅　邵力子夫婦　王芸生　李維漢　張治中　劉斐　覃異之　關瑞梧　徐伯昕　馮賓符　梁純夫　嚴景耀夫婦　馮友蘭　江澤涵　唐鉞

三月二十號星期二 （二月十五）

到北京醫院，就曲以蘭大夫診。看李儼著《中國古代數學史話》。遇楊扶青、唐棣華、楊成志、楊東蓴。

理信札。到孟默聞處。到王姨丈處，并晤大琪、王儼，進點，將《殷周之際年曆異説表》請正。

到文聯禮堂，看電影。遇陶建基。九時半歸。十一時服藥眠，翌晨七時醒。

兩夜來静秋服予安眠藥 Amital 0.2 丸，今日幾睡一天，飯亦少吃一頓。

今日量血壓，爲 160/90，雖不甚高，而較在從化則頗高矣，一歸來生活即動蕩，將奈之何！

今晚所看電影：1. 赤道上的城市（利米亞獨立）　捷克片
2. 周信芳的舞臺藝術：一、徐策跑城　二、下書殺惜

三月廿一號星期三 （二月十六）

理書。徐中舒、賀昌群來。吳超來。章元善來。葉聖陶、賀昌群來。

眠一小時。中國新聞社張基綿來。張紀元來。到"春風"理髮。

七時，到民族宮舞廳，參加民進茶話會。九時散，與顧均正等同車歸。失眠，服藥兩次，十一時半後眠，翌晨六時半醒。

今晚同會：許廣平　王紹鏊　楊東蓴　周建人　車向忱　徐伯昕　葛志成　張紀元　何炳麟夫婦　陳秋安　周世釗　楊石先　金兆梓　李平心　陳鴻楷　徐楚波　張景寧　謝冰心　吳文藻　雷潔瓊　嚴景耀　張明養　顧均正　梁純夫　王伯祥　傅彬然　陳慧　吳榮　林漢達　董守義　潘承孝　趙樸初　李霽野　吳貽芳　吳若安　陳禮節　吳研因　柯靈　馮少山　陳麟瑞　方明　宋君復　許崇清　鄭建宣　嚴獨鶴　鄭曉滄　周瘦鵑　李祥生

周煦良　曹鴻翥　蔡鎦生　古楳　王幸生　邱宗岳　余文光　陳
秀夫　杜仁懿

三月廿二號星期四（二月十七）

修改民間文藝研究會講演詞，未畢。陳雲章來。林幹來。農業
出版社王文靖來。馮君實來。

眠二小時。與靜秋同到隆福寺人民市場，修補衣服。

張苑峰、傅學苓來。趙光來按摩。木蘭來，留宿。看政協本屆
列席人員名單。十一時服藥眠，翌晨五時半醒。天明後復眠，七時
半醒。

昨天説了一天的話，精神又緊張，以致又不成眠，服了0.4
的安眠藥與四片眠爾通。予真不能從事社會活動！

畫家胡佩衡于十六日逝世，年七十一。

潮兒太用功，不肯輕費一分鐘，即到公園亦必携書，今日檢
查身體，血壓爲140/90，與予竟差不多，而年齡相差甚遠，少年
即有此病，奈何！

三月廿三號星期五（二月十八）

續改講演稿，仍未畢。十時，胡厚宣乘車來，到政協禮堂開民
進小組會，選出正副組長，漫談。即在禮堂飯。遇元善、建功、金
克木、陳文彬等。

與陳慧等同車歸。寫大會交通組信。未成眠。裴小香來。到人
大會堂，出席全國政協三屆三次開幕會，自四時迄五時一刻。到政
協飯。六時，乘民進車歸。遇白薇、于滋潭、周揚、梁思成、任芝
銘、向達、張奚若、沈尹默、周培元、王个簃。

雁秋來。靜秋責湲兒。十時服藥眠，翌晨六時醒。

今日同會：徐伯昕　陳禮節　方明　陳麟瑞（以上正副組

長）　王紹鏊　楊東蓴　葛志成　張紀元　徐楚波　梁純夫　潘
承孝　李霽野　柯靈　吳研因　陳慧　周建人　馮少山　宋君復
李平心　記録：安佩莘　張蔚然

　　大會我所乘車，本由科學院調配。靜秋累次打電話與研究
所，輒云：無問題，屆時自來接不誤。今日九時，仍無消息，再
打電話去，乃知已送尹達到前門飯店開會。所中只有一輛小汽
車，自屬難于分配數處小組會，但何以早不籌畫，或説出困難，
囑我自向大會接洽，乃至臨時以空言搪塞也？即此可知歷史所辦
事之無能。我欲搭乘民進小車，而老溫以已滿四人不願。幸經民
進與大會交通組聯繫，得與李伯球、張聯棻同車。民進何其溫
暖，歷史所何其冷酷？

　　湲兒晚七時方由校歸，靜秋打兩次電話至史家胡同小學，而
號房工友言其已出，正在生氣，而湲兒歸，出言不遜，遂大怒，
後聞彼在校寫壁報也。

三月廿四號星期六（二月十九）

　　民族飯店七十號車司機左寶蘭來，到李伯球處，晤其夫婦，與
伯球同到政協禮堂，出席小組會議，討論政協工作。自九時至十二
時。飯後歸。

　　未成眠。與靜秋到張政烺處，吊其母喪，遇熊德基等。三時，
到政協禮堂，續談政協工作，并讀農業綱要六十條。六時訖。飯。
遇吳大琨、史念海、王大珩夫婦、丁是娥、熊佛西、張爲申、《光
明日報》記者詹銘新、張慕勛、張忠孝、徐永潤及樹幟子、媳、
女、婿。

　　到民族飯店，訪樹幟、中舒、平心，與一家人同歸。趙光來按
摩。失眠，服藥兩次，約十一時半眠，翌晨六時醒。

　　今日同會：徐伯昕　方明　王紹鏊　葛志成　張紀元　徐楚

波　陳禮節　陳麟瑞　梁純夫　吳研因　宋君復　陳慧　李平心　潘承孝　下午之會，王、李二君未到。

三月廿五號星期日（二月二十）

送張苑峰母棺出門，晤楊向奎。王姨丈來，談周初曆法。張基綿來，爲改所作訪問記。雁秋來，留飯。

未成眠。記筆記一則。修改民研會講演稿，仍未畢。伯球車來，與同到政協飯。遇林仲易、劉盼遂、胡厚宣、李文宜、陸殿棟夫婦。

在政協禮堂觀劇，自七時一刻至十時一刻。與張聯棻、李伯球同車歸。十一時服藥眠，翌晨六時醒。

昨小組人少，予發言較多，遂覺精神奮發，逢人多言，雖經按摩與服 0.2 之藥，終不能睡矣。即此可見予非社會活動人才，只配過隱居生活耳。

今晚所觀劇：中國戲曲學校實驗京劇團演出：1. 賣水：梅英——劉長瑜。黃桂英——柯茵嬰　李彥貴——蕭潤德　2. 赤桑鎮：吳妙貞——王夢雲°°　包拯——李長春　3. 悅來店：何玉鳳——劉秀榮　安驥——張春孝　4. 界牌關：羅通——錢浩梁。羅章——孫洪勛　蘇寶童——許德福　王伯超——唐鐵林

三月廿六號星期一（二月廿一）

記筆記一則。車來，到張聯棻（子馥）處，同往政協禮堂，出席小組會，自九時至十二時。討論《高等學校暫行工作條例》，未畢。遇譚惕吾、孫蓀荃、邵恒秋、陳建晨、胡愈之、王大珩。

到三樓，看尹受所鈔予一九五四年到京後所記筆記目錄，略訖。下樓，自看《高等學校條例》，未畢。與楚波、陳慧、純夫、君復、麟瑞等談。飯後到民族飯店。

訪汪旭初、潘慎明、方國瑜、曲仲湘。到十一樓，聽楊石先、

周煦良、陳鴻楷傳達廣州科學會議中周總理、陳副總理所作報告，自七時至八時半。九時歸。十一時，服藥兩次眠。

今日上午同會：略如廿四日會，王却塵未到。

今晚同會：除上列外，有：車向忱　許廣平　吳貽芳　吳若安　王幸生　董守義　馮賓符　金兆梓　謝冰心夫婦　何炳麟　雷潔瓊夫婦　趙樸初　顧均正　林漢達

傳達兩總理報告，知我輩已脫"資產階級"之帽，而將加"無產階級"之冕。數年來所受歧視當可隨以解除矣。

三月廿七號星期二（二月廿二）

列席小組會，繼續討論《高等學校工作條例》六十條，訖，自九時至十二時。遇翁文灝、朱蘊山、許德珩、朱潔夫等。

歸家。到"東單"修面。未成眠。三時到人民大會堂，參加二屆人大第三次會議開幕式，聽周總理報告"國際形勢和我國對外政策"，自四時至五時半。到政協飯。遇程玉振、陳中凡、潘振亞、葉恭綽、李根源、章伯鈞。

到小賣部買物。歸。張覺非來。趙光來按摩。服藥兩次，約十一時半眠，翌晨五時半醒。

今日小組會中，予將歷史研究所行政職工和總務工作之積弊一為暢言。蓋尹達負領導之責而實不能領導，職工又多轉業工人，固有榮譽歷史，但對于研究工作茫然不解，又不學習業務，遂至全所工作陷于癱瘓狀態，此次予乘車不得其一端也。

民進一組開會太勤，予又響應周總理號召，發言過多，精神日益緊張，睡眠愈難，致服 0.3 藥及眠爾通五片方得眠，想見予之血壓必又高矣。

三月廿八號星期三（二月廿三）

　　與尹受談賀次君事。裴小香來。到政協禮堂，參加民進小組會議，討論周總理昨日報告，自九時至十二時。到醫療室檢血壓。

　　遇張知行、王昆侖、吳景超、熊慶來夫婦。飯後到三樓，看予在滬筆記目錄，未畢。呂叔湘來談。與方明談。三時，到人大會堂，聽周總理報告"國內形勢和我們的任務"，自三時半至六時半。平心邀至民族飯店飯。遇王國秀及其子孫亦冲、媳倪加寧、曹鴻翥、薛篤弼、熊佛西、王个簃、周谷城、劉大杰、平心子李前偉、金子敦子金永祚、媳張志敏及孫、女孫。

　　到平心室談。訪王大珩夫婦，未遇。訪金兆梓，并遇薛篤弼。十時歸。十一時服多量藥眠，翌晨五時半醒。

　　今日檢血壓，高至175/92，上壓突高，是開會緊張所致也。

　　爲予昨日發言，情緒太激動，平心特邀予晚間談話，予告以此非一朝一夕之故，自一九五四年來北京，到京八年，歷史所如此不能相容，而在現在制度下又無法轉職，苦悶已極，遂致有觸即發如此。

　　聞熊迪之言，胡小石（光暐）在南京去世，年約八十。

三月廿九號星期四（二月廿四）

　　致政協禮堂，出席小組會，討論昨日周總理報告，量血壓，九時往，十二時飯，下午一時歸。晤魏建功、金克木、翁獨健、向達、唐蘭。

　　眠一小時許。續改民研會講演稿，仍未畢。

　　趙光來按摩。看《中國婦女》。失眠，服藥三次，至上午一時後始入眠，六時半醒。

　　今日量血壓，爲182/105，突破紀錄，不得不休息矣。因請假一天半。

　　爲血壓之高，入眠更難，苦甚。

三月三十號星期五（二月廿五）

到北京醫院，就鄒進大夫診，照心象電流圖。遇馮賓符、徐永瑛、鄭石君、趙萬里、方鼎英、趙慶杰等。雁秋來，留飯。

眠一小時。楊東尊派人來借書，即作復。將去年十月在民研會之講演稿改畢，即送會，遇楊亮才、阮艾芹、劉錫誠。

與堪兒到"紅星"，看電影《肯尼迪的真面目》。張覺非來。趙光來按摩。十時半服藥眠，翌晨六時醒。

爲改民研會講演稿，費時三天餘，計一萬五千餘字，爲予數十年來注意民間文藝之一總結，殊快意。

北京醫院量予血壓，僅爲 150/82，疑兩表必有一不準者。

三月卅一號星期六（二月廿六）

出席民進小組，討論周總理報告"國內形勢"，自九時至十二時。與潘承孝同游地下室。

遇劉孟純、王葆真、莊明遠、尹贊勳、易禮容、梁漱溟、于永滋、王雪瑩、曹孟君、谷春帆、吳覺農、張畢來、陳岱孫、石筱山。到三樓休息，與周炳琳等談。洗浴。續開會，討論周總理報告"國內形勢與我們的任務"，自三時至五時半。與陳禮節同游三樓。與平心同到民族飯店。

史筱蘇邀予全家進食。到王大珩夫婦處，并晤王大玫、顧以雯。到樹幟夫婦處，并晤其子、女、婿及王毓瑚。到筱蘇處談，九時半歸。服藥兩次，十一時後眠。

今日在政協禮堂量血壓，爲 170/95，較廿九日所量爲低，用知北京醫院之表不準。

今日始知徐水縣在大躍進時十分誇耀，參觀者數十萬人，報紙上大量登載，全出縣委書記之迎合上意，布置一套共產主義之形式以欺人，因此自高級領導以至老百姓無不受其欺者。及事態揭出，黨中查辦，此書記不獨浮夸，且貪污腐化，遂受刑事處分。天下無不拆穿之謊言，于茲益信。

　　題容希白摹沈石田苕溪碧浪圖

　　　　我與希白友，倏忽四十年。但稔耽鐘鼎，偉著金文編。今我蒞東粵，相見俱華顛。君出畫一卷，手臨沈石田。能者無不能，六法何其妍。君畫慎自閟，含豪輒棄捐。吾輩狎習者，曾不贈一箋。倭寇凌大陸，閉門心憂煎。姑以此遣日，放懷陰霾天。賈客送圖來，碧波逝苕川。沈公絕俗士，一生枕石眠。平揖對公卿，築居遠市廛。淵明詩中境，悉取寫林泉。吳下名作家，曠達莫之先。君喜覯劇迹，欲得無萬錢。便竭一夕力，摹出此潺湲。我亦家水國，少壯謀粥饘。離別兩洞庭，酷念但自憐。開圖睹茲景，三復致拳拳。今日太湖畔，草色正芊芊。何當聯袂去，躍上漁翁船。一作畫裏人，嘯傲追前賢。

　　四月九日，在中山公園與樹幟談，渠以陸放翁詩一首勉予，詩云：

　　九月九日柿葉紅，閉門學書人笑翁。世間誰許一錢值，窗下自用十年功。老藤纏松飽霜雪，瘦蛟出海挐虛空。即今譏評何足道，五百年後言自公。

予云：“我爲自信力最強之人，當前數年各種批評運動盛行時，我的一道已爲社會上公認爲無用之物，但我堅決信其必需，信其爲社會主義建設之一部分工作，我之讀書與記筆記如故也，但不屑與時賢爭勝，不願多發表耳。”

　　談到以前之事，予云："我不能受氣，故傅斯年欲壓迫我，我即離中央研究院而至燕大。"樹幟云："當我在德留學時，與傅常見面，彼極口稱道你。故我雖未認識你，即已心儀。其後你和孟真鬧翻，我常勸孟真：'羅常培是小人，你何苦聽他的話而與頡剛翻臉？'孟真是一個種族成見甚深之人，羅爲滿族，彼本不滿，又說他學問不好，不會寫文章，獨至對你則聽羅的小話，他回答我的是'頡剛使我太下不去'。"予云："予性急躁、鯁直，不能受人壓迫，一受迫即不避尊貴人，少年在家與繼母即如是，長而涉世亦然，與潘家洵、張維華之絶交，即以其有意侮我也。孟真與我鬧翻，固由予性，所謂'直道而事人，焉往而不三黜'。但趙元任、李方桂等性情不與我同，而亦爲羅常培妒賢嫉能，一一讒譖之以去，使其不爲祖國服務而爲美國服務，則孟真之好聽小話，其根性然矣。所以然者，彼想作霸王，務使天下英雄盡向我低頭，然而英雄決不低頭，低頭者乃小人，則孟真遂認小人爲同黨矣。不料天下事，成功爲失敗之母，失敗亦爲成功之母。當孟真縱橫捭闔，挾朱家驊、胡適、王世杰之力以自重，巍然爲一學閥之時，豈慮其將局促於臺灣小朝廷以死乎！我之與彼分裂，使我不受其牽掣而墮爲反革命分子，今日猶得努力崗位工作，爲新中國建設之一員，何其幸也！然羅常培小人，當我出版通俗讀物時，彼四處張揚，詆我爲共產黨，及至全國解放，彼即緊靠了黨，詆我爲國民黨，以至八年來予受人歧視，不給予助理員，不給予徒弟，使我在工作上成爲孤立之一人，則羅常培雖死，其影響猶存也。"

一九六二年四月

四月一號星期日（二月廿七）

　　將沈玶卿《黃河紀行》中一段寫壺口、龍門文字録入筆記。吴大琨來，簽名于其圖書館提案。與潮兒到馮君實大夫處量血壓。

理髮。李伯球夫婦來。起"文史專案人員名單"稿。

在政協禮堂飯後，看劇，自七時一刻至十時半。晤魏建功、游國恩、陳文彬、陳半丁、李平衡、譚惕吾、徐行之、李一平、張知行、仇亦山、吳研因、資耀華、季羨林、金岳霖、羅任一、張執一。十一時歸，服藥眠，翌晨六時半醒。

今晨忽然西北風大作，降雨及雪，此與春麥殊不利也。

今晚京劇晚會：中國京劇院一團演出《桃花村》，即《花田錯》改編：劉德明——張盛利　劉夫人——李金泉　劉玉燕——張雯英　春蘭——杜近芳°°　劉榮——孫盛武°　卜濟——李金鴻°　李忠——董德義　周通——李幼春°　店家——周元伯　公差——羅世保、駱洪年　魯智深——袁世海°°

四月二號星期一（二月廿八）

到政協禮堂，續開小組會，討論周總理報告，予發言兩小時半。飯後歸。涂允檀來，取物。

到政協禮堂續開小組會，予又發言半小時。五時半，予先退，早就餐，與張聯棻、李伯球趕先到民族宮禮堂，先占座位聽劇。晤黃琪翔、楊清源、翁文灝、譚惕吾、劉瑤章、林仲易、胡厚宣、周信民、吳景超。

看西藏話劇。九時，休息，予與張老先歸。服藥兩次，約十一時半眠，翌晨五時醒。

予今日發言，將我所受教育、所處社會、所研學問及尹達對我態度詳析言之，爲予從未有過之事，雖交心運動時亦不至是也。

今晚上海戲劇學院藏族班畢業彙報演出《文成公主》：文成公主——強巴　松贊干布——洛桑次仁　唐太宗——大次仁多吉　禄東贊——旺堆　恭頓——小次仁多吉　柳夫人（寶雲）——彭

佩　老大娘——鄭明香　李道宗——索南繞登　侯君集——多吉
弘化公主——熊美珍　達娃——白准　瓊寶堅桑贊——强巴洛珠
俄梅勒贊——次成

四月三號星期二（二月廿九）

在家寫提案，爲中小學教師進修及文化幹部進修事，約三千字。
王慧穎來，爲静秋入院檢查事。十一時半車來，到政協禮堂飯。

到三樓書畫室，鈔提案，略竟。出席小組，討論黨員與民主黨
派、知識分子之關係。遇季方、周鯁生、薛愚、梁漱溟、建功等。
與陳禮節到小賣部買物。

飯後到民族飯店，先訪樹幟夫婦，再到平心處長談。遇張西洛、
馬巽伯、鄭石君。九時歸。十時三刻服藥眠，翌晨四時三刻醒。

四月四號星期三（二月三十）

九時到政協禮堂，量血壓，參加小組會約半小時，請假，到餐
廳修改昨作提案訖，交與秘書，再參加小組會。

遇呂叔湘、陳家驊、江澤涵。飯後上三樓，入書畫室，寫《建
置中國文化專科學校，選幼童讀書，培養爲研究幹部，以便與世界
各國漢學家研究競賽案》，約二千字。四時出，到大水車胡同十一
號，遇侯建存，參觀全屋。五時還禮堂，將提案再修正一過，交與
秘書。再參加小組會半小時。到小賣部買物，遇章伯鈞。

與伯球同到新僑飯店，遇陳竹影。予到陳雲章處，并晤方鼎
英。又到譚戒甫、董爽秋、羅培元處談。訪侯寶璋夫婦，并晤其長
子助存。遇許崇清、劉思慕、劉多荃。九時歸。趙光來按摩。服
藥，約十一時眠，翌晨四時三刻醒。

今日量血壓，爲150/95，下壓患高，或以兩日來作提案緊張
耶？予所提兩案，一屬普及，一屬提高，甚望政府不恝然置之，

如予以前兩提擴建北京圖書館案而終不用也。擴建圖書館，爲臻于現代農業、現代工業、現代科學文化之主要源泉，吳大琨已提一案，予附署。

靜秋腸胃不好，進食少而下便多，甚欲到協和醫院住院數日，作一精密之檢查。今日托寶璋代爲謀之，渠允于大會閉幕後托協和內科主任張孝騫謀之，以求得一病床，在今日亦非易事也。

四月五號星期四（三月初一）

九時到政協禮堂，將提案代簽名事通知康同璧、王伯祥、辛樹幟。讀文件，與陳麟瑞、方明談。閱《國家科學技術委員會黨組、中國科學院黨組關于自然科學研究機構當前工作的十四條意見》。

飯後上三樓泡茶，看吳昌碩畫册、陳白沙書卷，與趙萬里長談，晤江澤涵、周培源。與梁純夫、許廣平、楊東蓴談。三時，開小組會，討論周總理報告中之國際形勢、中蘇關係，六時散。

六時四十分歸。看報。趙光來按摩。十時半服藥眠，翌晨五時三刻醒。

大家討論，赫魯曉夫爲修正主義者，亦爲機會主義者，在聯共二十二次大會中排斥阿爾巴尼亞，即殺鷄給猴子看，欲嚇倒中國，然而中國既未嚇倒，阿爾巴尼亞亦不屈服，而彼所刻意交歡之美國則仍不能妥協，在西柏林問題上，在裁軍會議上，均有進無退，赫魯曉夫既兩面碰釘子，爲保存其利益計，只有示意其衛星國家波蘭、捷克之屬與阿爾巴尼亞妥協，對于中國問題亦不得不轉圜。中、蘇友好既有多年歷史，兩國人民本來團結，不能爲野心家一旦破壞，則東風自必繼續壓倒西風無疑也。

美國要南斯拉夫投入其懷抱，以其國小，可以聽凭指揮，若娶妾然也。蘇聯爲大國，科學程度又高，非美國所能馴服，故儘管赫魯曉夫獻媚而不收。

四月六號星期五（三月初二）

寫在粵所作詩贈伯球。看簡又文《太平天國典制通考》。十一時，車來，到政協禮堂飯。

草提案二千字，未畢。修面。與陳麟瑞談。晤周培源、饒毓泰、王紹鏊等。三時，出席小組會，繼續討論周總理報告國內形勢部分，五時半散。六時半歸。

雁秋來，留飯。趙光來按摩。服藥兩次，約十一時一刻眠，翌晨六時醒。

四月七號星期六（三月初三）

記筆記一則。草《爭取流亡國外知識分子歸國，須擴大統戰工作案》訖，得三千餘字。張覺非來。雁秋來。十一時許車來，即到政協禮堂飯。

草《黨員當與非黨員交朋友案》，約五百字，訖。洗浴，擦背。三時，參加小組，五時四十分散。遇張執一。遇吳文藻、戴愛蓮、丁寧、華羅庚、陳叔通、周太玄。

到前門飯店訪周谷城，談一小時。遇潘震亞、白楊、方令孺。歸，趙光來按摩。木蘭來，留宿，談其婚事。十一時服藥眠，翌晨五時醒。又眠，六時半醒。

予爲簡又文著書事，寫應爭取流亡國外知識分子歸國案，而今日小組接到北京關函，謂此書引用帝國主義傳教士之言論，并稱蔣匪爲“總統蔣公”，又于緒論中反對馬克思主義，故没收，今以接得政協來函，復與歷史研究所商量，以顧某爲研究歷史者，可以發還，故即照辦。予以既有此函，即不便再據簡書爲爭取理由，故連黨員友非黨員一案亦一併不發，免得惹事。

此次之會，一再要與會者説話，“知無不言，言無不盡”，“言者無罪，聞者足誡”，已成口號化。予以數年中所聞見諸不合理之事實闇切言之，無復顧忌，梁純夫遂言予把黨一棍子打死，不承認黨之成績，并否定三面紅旗，直欲將予一棍子打死，而予豈有此意哉！予不過言多快好省之矛盾必須統一，而文教工作之多快好省十分複雜，與工農業不同，領導之把握更難而已。即此可知今日尚不容直言也。

四月八號星期日（三月初四）

歐陽纓來。静秋偕木蘭、洪兒到中關村訪陸啓鏗。予偕潮、湲、堪三兒到民族飯店訪李平心，并晤曹鴻翯、吳大琨夫婦，同飯，三兒先歸。遇汪旭初、何叙父、林超、廖華。

與平心同到劉大杰處，又到史念海處，并晤王毓瑚、孫承烈。與平心同到醫療室取藥。與毓瑚同出。予到西單商場閱書。車來，到政協禮堂進餐，占座。遇吳研因、巨贊、郭一岑、譚戒甫、胡厚宣、趙萬里、余冠英、黃雍、平杰三、張知行等。

觀劇，自七時一刻至十時一刻。遇江平、仇鼇、葉景莘、安若定、侯寶璋、晁存。歸，約十一時半服藥眠，翌晨五時醒。又眠，六時半醒。

今晚所觀劇（武漢市京劇團、北京京劇團演出）　一、英雄義：史文恭——高盛麟　盧俊義——倪海天　武松——楊正義　林冲——陳少峰　燕青——張連生　二、清官册（金牌調寇、夜審潘洪）：寇準——（前）張克讓　（後）馬連良　潘洪——裘盛戎　馬牌子——慈少泉　趙德芳——馬盛龍

四月九號星期一（三月初五）

得樹幟電話，即到中山公園來今雨軒茗談，并游蘭室及花塢。十一時半出，到民族飯店。遇陶才百、費彝民、陳麟瑞、張之江。

上樓與樹幟賡談。出，遇周瘦鵑夫婦。予到西單商場閱書。

歸，記筆記一則。記上午所談于日記中。到侯外廬處，未晤，見其女印初。到伯祥處談。雁秋來，留飯。

到市場閱書。趙光來按摩。十時半服藥眠，翌晨三時三刻醒。又眠，六時醒。

今日本開大會，以開最高國務會議，停會一天。所以開此會者，以小組發言結束，各小組均作彙報，故將提出問題作綜結也。

龍井茶葉，本六角四分一兩，近日忽漲價至二元八角，逾四倍。此于予爲大打擊。予不嗜烟酒，惟以茶提精神，今并此而不能得矣。聞茶葉所以少者，由于去年采茶，將嫩葉完全摘去之故。只知今日，不知明日，可爲追求產量以標榜"大躍進"者作一針砭。

四月十號星期二（三月初六）

九時，到懷仁堂，聽許德珩、丁西林、陶述曾、千家駒、稅西恒等發言。遇周瘦鵑等。與研因、元善商宴汪旭初事。十二時散會，到政協禮堂飯。

與潘光旦談氏族問題。三時，到懷仁堂，聽鄭建宣、王大珩、馬大猷、茅以新、翁文灝、鄭作新等發言。遇馬松亭、于滋潭、史念海等。六時半散會，到政協禮堂飯。

到東安市場閱書。趙光來按摩。姜又安來，留宿。木蘭來，談婚事，留宿。十一時服藥眠，翌晨五時半醒。

今日開大會，而上午報告列席者毋本敏逝世，下午又報告委員馬錫五死。馬久病胃癌，而毋則前日游十三陵得病歸，當夜即死，聞爲敗血症。人命無常，不勝嘆惋。聞此二年中，人代死四十人，政協死五十人。若胡蘭生，與予同住乾麵胡同，同游徐水，而此次開會名單上已加黑框，詢其同事浦化人，乃知其以去年秋冬間逝世，里閈同而生死杳不知，其隔閡爲何如也！

四月十一號星期三（三月初七）

九時到懷仁堂，聽王遵明、黃振勛、陳立、羅宗洛、王玉坤、應雲衛等發言。遇古楳、張靜廬等。十二時，到政協禮堂飯。遇王楓、蒲輔周、錢伯煊、陳邦賢、聞家駟。

寫提案組信。與王楓長談。遇馮賓符。三時到懷仁堂，聽鄭鶴琴、蘇延賓、姜妙香、鄭辟疆等發言。遇周揚、錢端升、陸秀、王國秀、江仁壽、法尊。六時半，到民族飯店，在樹幟處集合，到第三餐廳飯。

諸友邀至十一層樓飲酒。遇陳選善、宋雲彬。九時歸。服藥兩次，十一時許眠，翌晨五時醒。又眠，七時醒。

今晚同席：予夫婦及四兒（客）　辛樹幟夫婦　徐中舒　董爽秋　李平心　史念海　胡厚宣（以上主）　諸友爲予今年七十，特舉此宴，以爲紀念，受之甚不安也。

伯球傳予治氣管炎一方，爲買生薑十斤，曬乾磨末，散入棉背心中。此方甚簡便，可一試。

予以靜秋病狀告蒲輔周大夫，渠謂現在此病，第一不可生氣，氣愈大則病益加，然靜秋少年時即愛生氣，今當供應缺少，勞動力稀乏，不如心事太多，如之何可以安寧！

四月十二號星期四（三月初八）

政協工作人員送予提案原稿來，即在排樣上修改訖。到東安市場買書。遇史筱蘇。歸，看黃承吉《夢陔堂文集》。教堪兒寫字。雁秋來，留飯。

記筆記一則。三時到懷仁堂聽何玉興、張振凱、胡沛泉、侯策名、申伯純等發言。遇李四光、呂振羽、唐鉞等。到政協禮堂購物、吃飯。

趙光來按摩。十時三刻服藥眠，上午一時半醒。良久又眠，六時半醒。

昨羅宗洛發言，將青年狂妄求速成，與老科學家不能團結情狀，儘量揭出，陳毅副總理站起，說："羅委員說得很好，這都是我們沒做好的責任。"今日主席團中本無陳名，而陳仍來聽發言，可見其深切注意民瘼，可敬也。

昨鄭辟疆發言，謂江蘇桑樹大量砍伐，如何養蠶。以江蘇絲織業之發達，桑樹爲工業命根，而仍以"大辦農業"之故，忍心砍之，此非瘋狂而何！聞伯祥言，其小組中有一農民云："我心裏也知道這樣做是不對的，但不這樣做就得挨批評，所以我只得瞎指揮。"悲夫！辟疆爲滸關蠶桑學校校長數十年，費達生之夫也。

四月十三號星期五（三月初九）

九時，到懷仁堂，聽鄧初民、王越、皮漱石、吳世鶴、辛樹幟、溥儀、楊世興、馬海如等發言。遇熊慶來、張景寧、周瘦鵑、陳望道等。到政協禮堂飯。遇張絅伯。

到三樓看文件。到懷仁堂，聽鍾惠瀾、陳宗鼎、李平心、過祖源、瞿季華、王卓然、伍培英、曹鍾梁、吳紹騤、孫增榮等發言。遇侯仁之、劉孟純、丁西林、易禮容、葉至善、江紹原、陳達邦、金芝軒等。

寫王大玫信。到西長安街全聚德，公宴汪旭初。乘聖陶車歸。十一時，服藥兩次眠，翌晨五時半醒。

今晚同席：汪旭初（客）　吳研因　王伯祥　章元善　葉聖陶　予（主）　共四十五元　聞旭初言，今年短短數月，而書家楊仲子、胡小石，畫家陳之佛、胡佩衡均逝世。

今日溥儀發言，說到"總而言之，過去的壞東西溥儀是已經死去了，現在是黨培養的屬于人民的新生的溥儀"時，予首先鼓掌，全場和之，使其感情更激動，說到"溥儀決不辜負黨和人民的期望"時竟是忍住哭聲而吐出的字句了。全場感動，說到"我一定和各位一道爲……維護世界和平而奮鬥到底"時又一次大鼓掌。

四月十四號星期六（三月初十）

九時，到懷仁堂，聽拉希達、袁隨善、毋本敏（其女毋立雲代讀）、魏喜奎、粟宗崧、黃玉成、周志俊等發言。遇豐子愷、馬正興、包爾漢、林仲易、翁獨健、王炎之、金岳霖等。

歸家，整理人代、政協書面發言稿，自三時至六時半，略訖。看《光明日報》吳世昌《脂硯齋是誰》。雁秋來，留飯。

到文聯禮堂，看昆曲，自七時半至十時半。劇場所遇人：載濤夫婦、周建人夫婦、錢寶琮、元胎、葉景莘、元善、平伯夫婦、陳慧、乃乾夫婦、雷潔瓊夫婦、王維庭、俞振飛夫婦。十一時半服藥眠，翌晨五時三刻醒。

此次大會本不預備發言，而與會人士憋不住氣，要求發言者甚眾，不得不開放，而一經開放，遂連續至五天。就感情言，則羅宗洛、姜妙香、魏喜奎及溥儀四人爲最激動，言者聲泪俱下，聽者亦幾陪之滴泪，爲前屆所未有。

今日大暖，靜秋脫去棉衣，乃又受寒，立刻拉稀，渠腸胃如此，真使我擔憂。

今晚所觀劇（北京昆曲研習社第十次彩排晚會）：一、思凡、下山：趙色空——貝聿城、韋梅　本無——蔡元元　二、小宴（長生殿）：唐明皇——許淑春　楊貴妃——吳受璩　三、喬醋（金雀記）：潘岳——袁敏宣　井文鸞——鄒慧蘭　彩鶴（僕）——張允和

四月十五號星期日（三月十一）

将书面发言分类归并，讫。草政协主席函，论发言提案如何发生效力，约一千五百字。

钞上午所作函，未讫。二时三刻，车来，与堪儿同上，到怀仁堂摄影。遇陈毅副总理、康生、季羡林等。四时到新侨饭店，访董爽秋夫妇、方鼎英、陈云章，并晤谭戒甫、康同璧母女。遇鄺云鹤。在新侨饭店与堪儿同进餐，待车。晤吕振羽、郑洞国、熊庆来等。

六时半，到工人体育馆，看中国杂技团马戏队表演，自七时一刻至九时半。遇马宗霍、陈序经夫妇等。十一时服药眠，翌晨四时三刻醒。

今晚所观节目：一、爬杆（魏玉清等六人） 二、晃板（张华等三人） 三、驯猴羊（孙振学） 四、叠椅倒立（金淑勤） 五、空中体操（杜淑芬） 六、柔软体操（陈森本、索阿贵） 七、驯狗（金志勤） 八、蹦床飞人（王国力等五人） 九、滑稽软钢丝（张国琛） 十、口技（金业勤、张华） 十一、驯熊（程幼林）十二、空中飞人（程少林、韩培生）

今日胡厚宣告我：历史所要我定指导研究生名额及学科。当告以最多三人，最少一人。

四月十六號星期一 （三月十二）

看报。记笔记二则。续草致政协主席函，并钞清，未毕。

到人大会堂，听陈毅副总理谈外交，周恩来总理谈内政，并参加人代大会闭幕典礼，自三时迄六时。到政协礼堂饭。

看《梅妃》剧，自七时半至十时半。与静秋及伯球夫妇同车归。十二时服药眠，翌晨六时醒。

今晚所观剧（北京京剧团演出）：梅妃——李世济 唐明皇——谭元寿 高力士——慈少泉 嫣红——关小燕 汉王——蒋元荣 岐王——金振铭 此剧为罗瘿公所编，程艳秋所演，予前聞之而未之見。程氏既没，其女弟子李世濟傳之。李唱工甚妙，惜身段差耳。譚元壽爲譚鑫培之曾孫，其父富英，其祖小培，予并見之，一生而接其四世，歲月之遷流可驚也！此四世中，自應推鑫培第一，而元壽次之，小培則下駟也。

今日所遇人：董必武　李維漢　郭沫若　朱蘊山　邵力子　陳叔通　于滋潭　王雪瑩　譚惕吾　李培基

四月十七號星期二（三月十三）

九時，到人民大會堂，聽胡先驌、喬啓明及陳毅發言。十二時散，到政協禮堂飯。與吳曉邦談。

飲茶。看報。理髮。三時，開小組會，討論周總理、陳副總理發言，并通過決議案。晚飯後出，到民族飯店。看杜甫誕生千二百五十周年紀念會陳列品，買書。

到史念海處。到樹幟夫婦處，并晤仲勤夫婦。到平心處，并晤伯昕、曹鴻勛。與平心到沈飂民先生處，并晤其夫人及媳郝學荘、傅煥光夫婦。九時一刻歸。十時一刻服藥眠，翌晨五時一刻醒。

昨日周總理談知識分子受委屈，以魯迅爲例，當年左傾作家多集矢于彼，國民黨又力擠之，在左右夾攻之下，乃讀馬列主義書籍，巍然爲革命作家。今日陳副總理談此問題，又以毛主席爲例，云在瑞金時，受左傾分子之排擠，撤除其黨政職務，幾至開除黨籍，然長征至遵義後遂爲黨魁。故共産黨員無不親受戴帽子、揪辮子、打棍子者，知識分子正不必以此自怯。至誠之言，聞者無不感動。聞陳副總理在收編各地游擊隊爲新四軍時，曾在一處被誤會爲投降主義，將其捆縛，禁閉四天四夜，卒經說服釋出，而此一團受編之後，卒爲最勇銳之勁旅，故誤會在所恒有，受挫不必灰心也。

四月十八號星期三（三月十四）

整理文件。方國瑜、徐中舒來。沈尟民先生偕其七子媳郝學荘來。賀昌群來。記筆記一則。雁秋來，留飯。

二時半，車來，到政協禮堂，續討論"會議決議"的修正稿。三時半，乘伯昕車到人民大會堂，參加政協大會閉幕禮，聽周總理報告。六時散，到民族飯店，訪樹幟，與其父子同飯。遇張銓、馬大猷、張子高、張奚若等。

與樹幟同訪沈尹默先生，又到陳中凡處、史念海處，并晤其弟念江。八時半，與靜秋同歸。趙光來按摩。十時半服藥眠，翌晨五時半醒。

今日覽報，駭悉聶崇岐于昨日因病逝世，是尚未及六十之人，且素未聞其有病，不審何以死去之早也？崇岐號筱珊，薊縣人，燕大一九二九年歷史系畢業，引得編纂爲所主持。平生精熟宋史及歷代官制，他方面之常識亦頗豐富，惟不善作文耳。予與彼最後一次見面，爲今年一月三十日。人命危淺，爲之一嘆！

四月十九號星期四（三月十五）

伯祥來。昌群來。與伯祥同到嘉興寺，吊聶崇岐君之喪。遇劉導生、劉大年、尹達、夏鼐、陸志韋、陳乃乾、呂叔湘、黎澍、邵循正、翁獨健等。十時半，乘尹達車歸。記筆記一則。

民進車來，再接伯祥、陳慧、柯靈，同到政協禮堂，參與民進中常會擴大的第二十八次會議，自三時至六時。到民族飯店進晚餐。

與伯祥、柯靈同到金子敦處談。遇陸秀、呂斯百、鮮英。歸，趙光來按摩。以胸膈作痛，服藥兩次，十一時入眠，翌晨四時半醒。

今日吊聶君，始知其十六日尚在北大上課，晚間又課其子，中夜而病，病兩小時而死。又聞其春節入城，曾經暈倒，顧不注意，未經醫療。又聞其每日作體育鍛煉，現在煤肆送煤，貪圖快速，不入人家，堆在門口，渠不憚勞，將三千斤煤塊自運入室，而不知病心臟者之不宜作重勞動也。

今日同會：一、出席：王紹鰲　許廣平　車向忱　周建人　方明　嚴景耀　吳研因　吳若安　吳貽芳　陳禮節　陳秋安　林漢達　金芝軒　趙樸初　柯靈　徐伯昕　徐楚波　許崇清　梁純夫　張明養　張紀元　葛志成　馮賓符　雷潔瓊　謝冰心　二、列席：王伯祥　王幸生　吳文藻　吳榮　古楳　余之介　陳選善　陳鴻楷　陳麟瑞　周煦良　曹鴻翥　章廷謙　張景寧　董守義　陳慧　金兆梓　潘承孝　顧均正　予

四月二十號星期五（三月十六）

到中宣部，參加討論發展社會科學及哲學水平之談話。自九時至十二時四十分，周揚主席。

到南河沿文化俱樂部，參加民進第四小組會，討論中小學教師之聯繫及本會刊物等問題，自三時迄六時。到民族飯店進餐。

到新僑飯店，訪王越，并晤譚戒甫。到董爽秋夫婦處，并晤方伯千、柳士英、陳雲章。九時歸。趙光來按摩。十時眠，翌晨四時半醒。

今日同會：周揚　潘梓年　劉導生　姜君辰　沈尹默　周谷城　陳望道　李平心　金兆梓　徐中舒　方國瑜　王亞南　陳序經　陳鶴琴　王越　譚戒甫　胡厚宣　嵇文甫　翁獨健　劉大杰　共三十餘人

四月廿一號星期六（三月十七）

到前門飯店，參加民進第四小組會，討論本會成員組織、教育問題，自九時至十二時。飯後與吳榮同車歸。

潮兒班主任劉萬敏來。王越來，參觀藏書及稿件。吳榮來，與

同車到前門飯店，討論本會本年工作要點。自三時迄六時。飯後到琉璃廠榮寶齋、來薰閣。

到秦警予處，長談，并晤黃季寬。十時歸。十一時許服藥眠，翌晨四時三刻醒。

今日同會：嚴景耀　謝冰心　楊東蓴　張紀元　余之介　張明養　董守義　巫寶三　章廷謙　徐楚波

予昨日在會，提議改進會刊，使成員喜聞樂見，而不爲公文記錄之乾燥無味所阻擋，得與會同人之贊同。今日又提議會中當設置小學教育委員會、中學教育委員會，着力搜集中小學之問題而予以解決，將來尚可分年級、分學科設立各種委員會，以充實提高教師程度，亦爲會中同人所贊同。惟此等事均須有人專力研究，不易得理想人選耳。

四月廿二號星期日（三月十八）

車來，與顧均正等到政協禮堂第二會議室，表決各案、聽柯靈傳達陳毅副總理在廣州戲劇創作家會議上之報告，歷三小時，十二時半返前門飯店飯。到警予處取物。

與吳榮、曹鴻燾到琉璃廠寶古堂、榮寶齋觀書畫，到來薰閣觀書，晤孔繁山。三時，到前門飯店續開小組會，討論各案，五時半散。

到政協禮堂觀《鳳還巢》劇。與錢鍾書、文懷沙談。十一時散。十二時服藥眠，翌晨五時半醒。

今晚所觀劇：程浦——張盛利　程夫人——李金泉　程雪艷——羅世保　程雪娥——言慧珠　朱煥然——孫盛武　穆居易——俞振飛　周公公——袁世海　洪功（元帥）——曹韻清各角無一不佳，予四十年前觀譚鑫培、陳德霖等合演《雁門關》後，惟此可以繼響。　又《夜戰馬超》劇：馬超——鈕鳳華　張飛——李宜春　言慧珠爲梅蘭芳弟子，其唱調、説白、做工無一不似，無論張眼看，閉眼聽，都形似、神似，蘭芳爲不死矣。聞慧珠父菊朋，本蒙古人，以票房有"言"字，遂以言爲姓，子女承之，其漢化程度至此，妙哉！

四月廿三號星期一（三月十九）

車來，到張志公處，又接柯靈夫婦，到前門飯店會齊後，上大車，八時三刻出發，九時三刻到香山。予等到碧雲寺，直上塔座，并游水竹院。十二時到香山飯店飯。到見心齋、昭廟。

下午二時半到臥佛寺，匆匆一觀，即到頤和園，進樂壽堂看海棠、玉蘭。茗于排雲殿西。五時三刻，抵前門飯店，進晚餐。爲陳鴻楷寫范煙橋介紹信。爲古楳寫來薰閣購書介紹信。

七時歸，憊臥。趙光來按摩。服藥兩次，十一時半眠，翌晨四時三刻醒。

今日同游：陳禮節及其女智周　林漢達　徐楚波　陳秉立鄭芳龍　老溫（司機）　方明　以上碧雲寺　雷潔瓊　嚴景耀潘承孝　王幸生　陳鴻楷　以上見心齋　趙樸初　徐伯昕　柯靈夫婦　吳廷勘　龐安民　以上臥佛寺　謝冰心　吳文藻　許廣平楊石先　車向忱　葛志成　吳貽芳　吳若安　吳榮　吳研因梁純夫　巫寶三　張志公　以上頤和園

四月廿四號星期二（三月二十）

臥床，看馬其昶《抱潤軒文集》，朱一新《京師坊巷志稿》，略訖。北京出版社金光群、趙犖來，贈書。吳采君來。

趙光來按摩。十時半服藥眠，翌晨五時半醒。

自三月十八日歸後無一日閒，開會坐久，髀肉大痛，蓋體已瘦，骨撐皮也。今日臥一天，絲毫無力。又以氣候寒燠屢更，犯感冒。今晨忽腹瀉，衝入褲中，急服黃連素。此後在長期會議中，當謀半日之息，否則體已不任矣。

四月廿五號星期三 （三月廿一）

起床。朱葆初來，贈物。林劍華來，商編“鄭樵”書事。看清聖祖《幾暇格物編》訖。雁秋來，留飯。晚飯後去。

眠一小時。到“春風”理髮。爲書法研究會寫字二幅。補記日記三天。爲王伯元寫字一幅。

朱亞昭來，爲華訓義贈物。趙光來按摩。十時半服藥眠，四時醒。朦朧至五時半。

予近來手顫，寫字自覺不如從前，而北京每次開書法展覽，必邀予寫，甚自慚也！

四月廿六號星期四 （三月廿二）

到北京醫院，赴耳鼻喉科診。又至內科，就鄒進大夫診。到透視室，由劉明遠檢查。遇伯祥及其女潯華、許廣平、周建人、胡愈之。茹竹亭先生（欲立）、米暫亭來，談《史記》版本。

到政協禮堂俱樂部洗浴。出飲茶，遇程希孟、葉企孫、陶淑範、廖華、秦德君、王遵明等。四時半，靜秋來，同到侯寶璋夫婦處談，并晤其子助存、健存。六時一刻出。雁秋夫婦來，留飯，頤萱嫂留宿。

看《古今小説》。張覺非來。趙光來按摩。服藥兩次，上午一時眠。六時半醒。

予上次作心電圖，知左心室電壓高。今日透視，結果爲兩肺未見明顯實質病變，心臟大小正常，主動脉稍屈曲，兩膈平滑，運動自如，則病尚不深。檢血壓，今日只 110/70，從來無此低，然近日甚難入眠，何耶？

堪兒本極頑皮，近日忽耽看書，閱《風雪兒女》既畢，又閱《林海雪原》。兩書皆長篇小說，能有耐性看，可見其精神已漸能集中矣。

静秋爲欲住醫院檢查，今日到侯大夫處，請其介紹協和醫院或中蘇友誼醫院，以床位緊張，不知能成事否？

四月廿七號星期五（三月廿三　予七十生日）

歷史所杜武合來。作林石廬《篋書賸影録》序訖，約一千字。梁濟川來，留飯。雁秋來，留飯。晚飯後偕頤萱同去。

眠一小時。蕭項平來，長談。同到張苑峰處。

看《古今小説》。趙光來按摩。十時半服藥，約十一時半眠，翌晨五時三刻醒。

會後休息三日矣，至今日疲勞猶不解，久坐股猶作痛。老態逼人，奈何！

保姆李勤，來我家工作半年，甚得力，前日去後竟不來，詢之其家則到天津女兒處去矣。從此不知更向何處找人。

今午同席：梁濟川　張雁秋夫婦　尹如潜（以上客）　予夫婦暨四兒（主）　今日家宴，拼拼湊湊，算吃了一頓，甚煩静秋張羅也。

四月廿八號星期六（三月廿四）

胡柏立來。鈔昨作序訖，寫林石廬信。孟默聞來，長談。與静秋到雁秋處飯，與陸啓鏗談。

三時返家。記筆記兩則。與潮、洪、堪三兒到雁秋處，與啓鏗同飯，并晤王若葉。遇王雪瑩。

與雁秋夫婦及静秋同到人民劇場看戲。十時半散，十一時許歸。服藥，約十二時半眠，六時醒。

女四中教員王若葉爲木蘭介紹數學研究所助理研究員陸啓鏗爲友，約下月可成婚，故今日邀一見。陸君，廣東順德人，中山大學畢業，今在函數論研究室工作，即熊迪之所主也。惜其人自幼患小兒麻痹症，兩足皆不良于行耳。

今晚所觀劇：北京京劇團第一團演群英會、借東風、華容道：曹操——袁世海　周瑜——李金鴻　魯肅——前馮志孝、後張盛利　諸葛亮——前曹韻清、後馮志孝　蔣幹——孫盛武　黃蓋——婁振奎　趙雲——鈕鳳華　關羽——曹韻清　袁世海摹繪曹操，極有力量，餘亦不弱，惟曹韻清演關羽則婢作夫人耳。

四月廿九號星期日 （三月廿五）

寫賀越特金五一節片。看《文史資料選輯》第二十四、二十五兩輯，未畢。與靜秋到馮君實大夫處打針。

眠一小時。改《史林雜識》一篇。與潮兒到紅星，看《詩人杜甫》電影。

趙光來按摩。翻《春秋繁露》。失眠，服藥兩次，約上午一時眠，六時半醒。

爲昨日看戲遲眠，今日百不舒服，頭腦昏昏，不得已取《文史資料》覽之。如此不用心，晚間仍不能睡，服劇藥乃強眠，苦哉苦哉！以後晚上文娛活動只得少參加矣。

讀聶崇岐《簡述哈佛燕京學社》一文，知此社經費來源爲美國鋁業公司主人赫爾（Charl Martin Hall 1863—1914）之一部分遺產，赫爾爲用電解方法提煉鋁之發明人，當其在歐伯林大學肄業時，即爲此作試驗，急邃不能成功，爲國人所鄙視，獨中國留學生兩人予以鼓勵。至一八八六年，終于有成，使彼感到中國文化之富于人性，故在其遺囑中提出財產一部分，作中、美各選一大學，聯合組織一機構，以研究中國文化。中國方面，本被選爲北大，而司徒雷登捷足先登，遂定爲燕大。此即予抗戰前托迹八年之所也。

四月三十號星期一 （三月廿六）

胡柏立偕王道生來，鈔予《大誥今譯》稿。修改《大誥考證》第二章，未畢。

眠一小時。看《古今小說》，記筆記一則。與靜秋同到王姨丈、姨母處，并晤大琪表弟夫婦。遇容元胎。

到竹竿巷，晤金擎宇夫人及其子竹君。趙光來按摩。十時半服藥眠，十二時半醒。又眠，五時三刻醒。

予之生日，自明、自珍已忘之，而毓蘊則記得，日前寄來采芝齋糖果四盒。誠安亦記得，托緯宇帶來筆二枝，墨二錠。

[原件]

華南幹部療養院門診收費收據　　　　幹療第 0181 號

姓名　顧頡剛

項目

檢驗費	3.40
中藥費	2.25
藥品費	53.08
電療費	5.00
注射費	1.90
合　計	63.63

財務負責人　　　　（章）

62 年 3 月 13 日

從化療養院對我說，拿這張收據到北京，可以報銷。而到北京後，保健局却不讓報，因爲我進院時没有預先得到保健局的同意。貼在這兒，做個紀念。

［科學出版社來信］

顧頡剛先生：

近悉你寫的《尚書今譯》已完成了二部分，《史記三家注集校》也已陸續定稿，即將由中華書局出書；我們對此感到十分高興。

《尚書今譯》的約稿關係在1956年轉來我社，當時我社曾墊還給上海人民出版社預付稿費1,100元。《史記三家注集校》約稿時，我社亦曾預付稿費2,000元。現此兩稿既已由中華接受，所有預付稿費關係，亦當由中華一併處理，撥還我社已付款項，以清手續。現在特先徵求你的意見，以便與中華聯繫。即請

惠復。　　此致

敬禮

第四編輯室（科學出版社編輯部第四編輯室章）

1962. 4. 20

一九六二年五月

五月一號星期二（三月廿七）

家務勞動。記筆記二則。修改《史林雜識》文六篇。與静秋及洪兒到馮大夫處打針。

陳慧來。眠一小時。金振宇、緯宇、擎宇來。記筆記一則。

與湲、堪兩兒及崔藝新、徐小融到天安門觀禮臺，看歌舞及花炮。七時往，十時歸。十時半服藥眠，翌晨五時三刻醒。

洪兒月經已來兩星期，迄未止。今日到馮大夫處打止血針。潮兒以用功過度，犯頭暈，四肢無力。此兩兒剛離兒童時期，已

患大人之病，奈何！

五月二號星期三（三月廿八）

修改《史林雜識》文八篇。王錦第來，長談。

未成眠。與靜秋、堪兒到中山公園，賞牡丹，五時往，七時歸。遇馮世五夫婦。

昌群來。看《古今小說》。十時服藥眠，翌晨五時半醒。

所中爲討論孔子問題，開會四日，曾來通知。然予近日，勞于修改《史林雜識》，以項平來言，中華書局本季度只發得一種稿，此書必須趕也。又歷史研究編輯部爲欲將《大誥今譯》節本刊入，胡柏立多次來接洽，又派王道生來鈔寫，亦不得自行節錄，予安暇赴會哉？然此次不去，青年們必謂我"倚老賣老"，領導上恐亦謂"有意不合作"矣。俟得暇，當往説清。

五月三號星期四（三月廿九）

修改《雜識》文三篇。林劍華來。王道生來，鈔文。孟默聞來，取去文十七篇。與靜秋、洪兒到馮大夫處打針。

金緯宇來，同到陶然亭公園，茗于慈悲院，二時半往，六時歸。續看文二篇。雁秋來，留飯。

趙光來按摩。十時半服藥眠，上午三時半醒。又眠，六時半醒。

爲了工作，必求佳眠，而爲求佳眠，下午及晚上不得不鬆動一下。以今日大家事忙，孰得游伴？適緯宇來京，因拉作游侶，今夜得眠幾八小時矣。

五月四號星期五（四月初一　五四運動四十三周年）

王道生來，鈔文。修改《雜識》文七篇。

未成眠。續改《雜識》文二篇。到東單理髮館剃頭。寫《大誥校勘簡録》七百字。

　　與堪兒同到紅星，看《曲阜》、《泰山》兩電影。趙光來按摩。十時服藥眠，翌晨三時三刻醒。

　　今日理髮，自顧鏡中，覺容顏瘦削多矣。老而瘦，佳事也。惟以瘦故，致上月開會，坐痛屁股（以左股爲甚），迄今不愈，是感苦痛耳。

　　昨日静秋伴潮、洪兩兒到協和醫院診，今日再伴洪兒往診，既勞累，又在候診室受寒，今日下午又泄瀉。脾胃如此，不堪設想。一家之中，病人太多，而保姆又急遽不能請到，真急死人！

五月五號星期六 （四月初二）

　　續寫《大誥校勘》三百字，付王道生鈔。修改《雜識》文八篇。

　　看《古今小説》。未成眠。到中山公園，與緯宇同飲茶，談，四時，振宇、擎宇來，同照相，看蘭花、牡丹。遇傅學文。歸，修改《雜識》文二篇。

　　請馮大夫來診静秋疾。趙光來按摩。雁秋來，留宿。十時半服藥眠，翌晨四時三刻醒。

　　静秋今午爲堪兒將鐵絲弄亂，大怒斥打，晚間遂患心絞痛。渠之怒與肝疾互爲因果，而堪兒好弄，怠於學習，遂爲生氣之根，真無可如何也。

　　四十餘年前，小香水在津演劇，與之配戲之梆子老生有魏連陞、小達子二人，魏之藝名爲元元紅，早爲軍閥孟某所殺。頃覽報，悉小達子昨在京去世，年七十八。其人本名李桂春，近任河北梆子劇院副院長。香水若存，年當相若。

五月六號星期日 （四月初三　立夏）

　　五時半，到車站，接吳大姨及其孫女吳苓，與雁秋偕之歸，早餐後到雁秋家去。修改《雜識》文二篇。德融侄來，長談，留飯。

德融侄邀予及洪、湲、堪三兒到兒童影院，看蘇聯片《我了解他》，四時廿分出，冷飲。歸，記筆記一則。張覺非來，爲靜秋診疾。

到東安市場閱書。趙光來按摩。十時半服藥眠，上午四時以咳醒。又眠，五時半醒。

吳大姨久説來京玩，今日始得實現，渠亦七十人矣。

德融侄現任北大統戰工作，此吾家第一入黨人也。

潮兒節儉第一，用功第一。今日德融邀觀電影，渠竟堅決不往。如此勞逸不結合，又安得不病乎！

五月七號星期一（四月初四）

節錄《大誥校勘》千餘言，付王道生鈔。修改《史林雜識》文八篇。胡柏立來。孟默聞來，取去文廿二篇。

眠一小時。偕堪兒到中山公園散步，遇康心之夫人。

趙光來按摩。李鏡池之子念華來，交《周易探源》稿。服藥後約十一時成眠，翌晨三時三刻醒。又眠，五時醒。

工作一天，屁股痛甚，不得不到公園散步。趙大夫説我兩股瘦甚，所以有此病。予不知何以邇來之瘦竟至此也？

洪兒今日上學。潮兒食量減少，有頭暈無力之疾。

覽報，悉北京全市高中生比賽數學，六十五中唐守文得第一。守文，蕙裳之三子也。靜秋以是大興奮。惜其父肇謨甘心爲蔣介石殉葬，至今在臺灣耳。

五月八號星期二（四月初五）

節錄《大誥校勘》千餘字，訖。湯茂如偕盧松安、崔吉如來，談《周易》問題。修改《雜識》文二篇。

到政協禮堂，洗浴、修面、買物、換證。看《大衆電影》雜志。到侯寶璋處，并晤老舍及其夫人胡絜青。六時半歸。

趙光來按摩。看《古今小說》。待靜秋浴畢，十一時半服藥眠，翌晨五時醒。

今日所晤人：張紀元　李俊龍　周鯁生　曹靖華　陳銘德　楊美貞　盧漢　巨贊　錢端升　曾世英

湯茂如等都已退休，因得專力學習馬克思主義及研究《易經》。盧松安治《易》數十年，所藏《易》類書至數百種。以覽《古史辨》第三冊，知我曾對經、傳分別研究，特來訪問。然而予近來有何時間可治兹學耶？

五月九號星期三　（四月初六）

王道生來，鈔《大誥校勘》訖。劉鈞仁來。楊東蓴來，還書。侯寶璋來，偕靜秋到協和醫院診。雁秋來。

未成眠。吳大姨偕吳苓、頤萱嫂來，留飯。改《雜識》文三篇。寫《大誥解釋》一千餘字。與堪兒及吳苓在附近散步。遇蘇笑天。

趙光來按摩。看《古今小說》。十時服藥眠，翌晨五時醒。

予十餘年來，鈔集古地理考證資料不少，而工作煩忙，年亦漸老，自揣已不能整理。上月項平來，談及獨立編《中國地名大辭典》之劉鈞仁已退休，而精力尚足，因介紹彼來訪。倘真能成《古地名彙考》一書，大善！

靜秋今日由寶璋之介，得由協和醫院內科主任張孝騫親診，結果謂浮腫及肝腫大可不考慮，惟腎往下垂，又腸子過敏，是爲病之主因，囑送驗兩次大小便再說。

五月十號星期四　（四月初七）

王道生來，鈔《大誥解釋》。改《九鼎》一篇。到馮大夫處打針。陳宣昭、程希文來。

　　朦朧片刻。光明日報館章正續、詹銘新來。續寫《大誥解釋摘要》千五百字。又安自鄉來，留宿。到東安市場閱書。

　　趙光來按摩。看《古今小說》。失眠，服藥兩次，十二時眠，上午二時醒。又眠，五時十分醒。

　　前日聞湯茂如言，學部所以不開會者，以現在又來一個大躍進之暗潮，惟恐打斷人們工作之精神集中也。并政治學習亦一并停止，而幹業務，此爲一大轉變。

五月十一號星期五（四月初八）

　　王道生來，續鈔解釋。改《畿服》一篇。

　　未成眠。看《古今小說》。吉星來，商量《孟姜女故事資料》編法，又安同談。寫《大誥解釋摘要》一千字，訖。改《雜識》序，未畢。到禄米倉散步。雁秋來，留飯。

　　趙光來按摩。十時服藥眠，上午四時醒。又眠，六時醒。

　　《孟姜女故事集資料集》，民研會表示可出，惟須刪去若干文人創作，及若干無關重要之資料。此書本一百萬字，今若此，殆七十萬即可。

五月十二號星期六（四月初九）

　　王道生來，鈔解釋訖。作《大誥史實》一千二百字，未畢。記筆記一則。劉鈞仁來，取地理資料。尚愛松來，還書。孟默聞來，取去文十篇。

　　未成眠。到北海，遇楚波，同觀書法篆刻展覽會。到慶霄樓，參加民進同人生活小組，自三時至六時。上樓一望。到仿膳，飯。與伯祥到雙虹榭茗談。八時三刻歸。

　　趙光來按摩。服藥兩次，約十二時眠，翌晨五時醒。

今日同會同席：第一組：葛志成　王紹鼇　吳研因　林漢達
第四組：陳慧　徐伯昕（未飯）　王伯祥　徐楚波　予幹部：王
嘉璠　吳德咸

聞許廣平以腸出血，入北京醫院。

今日談及機關幹部問題，陳慧言："人有言：他們不求'管
好'，只求'好管'。"葛志成言："上級原要他們'貫徹政策'，
而他們只知道'完成任務'，任務與政策脫節，所以多官僚主義
與命令主義也。"予按，幹部之亂指揮而無常識，觀此次大會中
透露之青海以大兵團作戰方式行之于打獵可知，以其不知"竭澤
而漁"，則明歲便無魚也。

五月十三號星期日 （四月初十）

作《史林雜識引言》數百字。與堪兒及徐小融參觀歷史博物
館，九時往，十二時歸。

眠二小時。徐永瑛來，長談。到東安市場購票。雁秋來。

到吉祥劇院觀劇，自七時一刻至十時一刻。遇葉叔衡先生及吳
有訓夫婦。十時三刻服藥眠，上午三時三刻醒。良久又眠，六
時醒。

今日上午跑了半天，午後即能眠兩小時之久，可見體力勞動
之有益於我，惜不易有此時間耳。

今晚所觀劇：連環記：王允——叢聲桓　貂蟬——虞俊芳
呂布——滿樂民　董卓——周萬江　李儒——何金鵬　伍德
瑜——白士林　北崑角色整齊，此劇又爲新排，乃今日上座不及
五成，北京號爲人海，乃竟有此，可見對崑曲有興趣者太少，此
亦一文化問題也。

五月十四號星期一 （四月十一）

作《大誥史實》訖，《引言》未訖，共寫一千八百字，付王道

生鈔。

眠一小時半。續寫《大誥引言》二千字。看《古今小説》。寫北京醫院取藥信。雁秋來，留飯。

趙光來按摩。十時三刻服藥眠，上午三時醒。又眠，六時醒。

昨下便二次，今日下三次，不知何故，幸不稀耳。

五月十五號星期二（四月十二）

續寫《大誥引言》及《引用書目》二千餘字。王道生來鈔。

眠近兩小時。理書。

到文聯禮堂，看《北大荒人》電影。服藥兩次，約十二時眠，翌晨六時醒。

今日下便二次，服參苓白术丸，薑湯送下。

得劉起釪書，渠已由領導通知，轉職中華書局，助我整理《尚書》，此真可喜事也。

看《北大荒人》電影，知燕窩島以濱江，必須排水乃可種植，而排水極費力，以此推想《禹貢》荆、揚二州“厥土塗泥”，地雖肥腴，而以排水受技術限制，終致“厥田下下”也。

五月十六號星期三（四月十三）

王道生來鈔。寫《參考書目》訖，即將王道生所鈔修改，未畢。

眠一小時。雁秋夫婦及吳大姨、吳苓來，留飯。到東單新華書店閲書。出，遇章雪村。看李承祥等編《釣魚城》。

趙光來按摩。看《古今小説》。十一時服藥眠，上午四時醒。又眠，六時半醒。

聞人言，榮毅仁年入定息三百萬元。又聞馬連良每月茶葉費二百元。以我輩生活較之，直如天壤。現在商業場中，百物都有，而價皆突高，殆爲收回此輩人鈔票計耶？最低價之酒，現在需七角一兩，嗜飲者苦矣。

五月十七號星期四（四月十四）

王道生來，交鈔稿。修改《大誥今譯摘要》全文訖。中華書局朱士春來，取《桐橋錄》。孟默聞來。到馮大夫處打針。

未成眠。胡柏立來取稿，因與商定排字方式。中國書店魏廣洲來。王哲卿來。到朝陽門散步。校孟默聞所草地圖，未畢。

趙光來按摩。靜秋吵，出門散步，移住東屋。十一時後眠，上午三時三刻醒。又眠，六時半醒。

王道生共來十四天，鈔文二萬五千字。今日得完此一工作，大快。予久不爲雜志寫文矣。

今日下便只一次矣，想係薑湯與參苓白术丸之力。

五月十八號星期五（四月十五）

胡厚宣來，長談。吳采君來。續校孟默聞所繪插圖。

未成眠。到東單理髮館理髮。改《牧誓八國》一篇。看《中國科學院哲學社會科學研究所試行工作條例》（未定稿）。雁秋來，留飯。

金緯宇來。到孟默聞處送稿。趙光來按摩。洪兒等爲移住西屋。十一時服藥眠，翌晨六時醒。

《哲學社會科學研究所試行工作條例》分九章：一、性質、方針及任務　二、研究計劃（包括資料計劃）　三、研究工作　四、圖書資料工作　五、學術活動　六、幹部培養工作　七、政策與學風　八、組織機構　九、黨的組織和黨的領導

忽然頭暈，不知其故，要之老態日章，不容掩也。

五月十九號星期六（四月十六）

改《教條式之銘辭》。到南河沿文化俱樂部，出席學部會議，討論《工作條例》第一章，自九時至十二時，劉導生主席。在俱樂部飯。

到西單商場閱書。到政協禮堂三樓，與羅任一、覃異之、梅汝璈談。三時，洗浴。四時，參觀新辦小吃部。到雁秋處，與其夫婦及吳大姨談。六時歸。看《燕山夜話》。

章元善來，長談。趙光來按摩。翻《韓詩外傳》。十一時服藥眠，翌晨四時三刻醒。

今日同會同飯：劉導生　侯外廬　呂叔湘　徐炳昶　王伯祥　胡厚宣　丁名楠　劉大年　唐棣華　鄭奠　丁聲樹　賀昌群　張鐵生　余冠英　夏鼐等　以上第一組　錢寶琮　馮家昇　傅懋勣　翁獨健　金岳霖　賀麟　嚴仲平等　以上第二組

今日暴熱，至三十五度，一天活動，渴不可禁矣。北方旱，南方澇，今年收成又將不佳，奈何？

予爲書法會所書橫披一幅，會畢後竟挂在政協禮堂三樓休息室中，恐從此又多些事了。

老王爲予搓背，謂予肌肉乾縮，此其所以臀痛也。

五月二十號星期日（四月十七）

改《教條式之銘辭》訖。容希白、元胎來。寫誠安、劉子植、劉起釪信。

到長安戲院看北昆演《李慧娘》，自一時至三時半。到雁秋處，待靜秋及諸兒來，與吳大姨及吳苓同到政協禮堂進晚餐，并參觀各室。七時，與靜秋同返。

到緯宇處送行，贈物。并晤振宇、擎宇、新垓、大夏等。趙光來按摩。十時半服藥眠，翌晨上午三時半醒。

今日所觀劇：李慧娘——盧俊芳　賈似道——周萬江　裴

禹——叢兆桓　　廖瑩中——韓建成　　郭稚恭——宋鐵錚　　家
將——王德林

今日在政協禮堂所遇人：黃秉維夫婦及其女　戴愛蓮夫婦
王家楨夫婦　安若定夫婦　周勗成父子　薛愚　浦熙修　王葆真

五月廿一號星期一（四月十八）

四時起，將《畿服》、《吳越兵器》等篇整理訖。到馮大夫處
打針，遇屠思聰夫人黃竹雲。

眠兩小時。重以白話文寫《史林雜識》序二千字，未畢。寫陸
欽頤信。

到孟默聞處送稿。趙光來按摩。十時半服藥眠，翌晨四時半醒。

今日上午工作八小時，下午工作四小時，共十二小時，此久
之未有者也。所苦者，屁股坐痛耳。

五月廿二號星期二（四月十九）

趙阿姨來作工。看王芸生作《舊大公報》文。爲文史資料研委
會寫《中國社會黨和陳翼龍之死》五千餘言，未畢。王錦第偕
《文匯報》記者吳培恭來談。吳采君來取鈔件。

眠一小時。吳大姨、雁秋來，留飯。贈吳姨物爲別，送至巷口。

看羅振玉《玉簡齋叢書》。趙光來按摩。服藥兩次，十一時半
眠，翌晨五時一刻醒。

陳翼龍在被袁世凱殺害前，面托我爲其寫傳，五十年來迄未
能成，愧對死友。茲值文史資料會徵文，并有曹綏之、曹嘉蔭回
憶錄及劉起釪代鈔之社會黨文件三通，因得一日寫五千餘字，明
日可寫成，了我平生一願，所恨翼龍生平，我所知者太少也。

趙阿姨丈夫死後，願來我家幫工。李勤走後，將一月矣。靜
秋爲家務，筋疲力盡，今乃有喜色也。

五月廿三號星期三 （四月二十）

記筆記一則。續作《中國社會黨和陳翼龍之死》一千五百字，訖，全文共七千字。魏廣洲來。雁秋來，留飯。

未成眠。看毛主席一九四二年《在延安文藝座談會上的講話》。三時，到民間文藝研究會，參加"紀念毛主席在延安文藝座談會上的講話發表二十周年"座談會，六時散。常維鈞邀往"康樂"吃飯。出，遇馬幼漁子馬杰、陳慧。

與維鈞同到政協禮堂，出席聯歡會。晤吳仲超。九時出。十時半服藥眠，翌晨五時半醒。

今日同會：老舍（主席）　賈芝　林山　魏建功　常任俠　常惠　周汝誠　容肇祖　俞平伯　楊成志　游國恩　朱澤吉　鍾敬文　吉星　王雪明　楊亮才　阮艾芹　陶建基　吳超

今晚所看節目：一、合唱——總政文工團歌舞團合唱隊二、舞蹈(踢場子)——中央歌舞團、東方歌舞團　三、秧歌劇(兄妹開荒)——中央歌劇舞劇院（兄——孫繼光；妹——李大德）四、獨舞(牧羊女)——阿依吐拉(維吾爾人)　五、舞蹈(陸軍腰鼓)——總政文工團歌舞團　六、女聲獨唱——蘇盛蘭　尚有話劇《十六條槍》，以禮堂悶熱，未觀。演出者：總政文工團話劇團

五月廿四號星期四 （四月廿一）

修改前昨所作文訖。與靜秋到馮大夫處打針。王道生來。魏廣洲來。

眠半小時。審閱《秦漢的方士與儒生》樣本，未畢。

到錢琢如夫婦處談。趙光來按摩。十時半服藥眠，翌晨五時半醒。

近來經濟已到山窮水盡之境，昨中華書局送來《史記》標點費一千五百餘元，大有絕處逢生之感。

上海人民出版社來信，説《秦漢的方士與儒生》一書要再版，要我校閲一下，此書印數已在萬册上矣，可見其不爲今人所菲薄也。

五月廿五號星期五（四月廿二）

再將前日文修改一過。到所，參加所務會議，討論出版、圖書等事，自九時至十二時十分。

眠一小時半。校《秦漢的方士與儒生》訖。孟默聞來。

與静秋到康家看太平花，聽唱曲，自七時半至十時半。十一時半服藥眠，翌晨四時醒。又眠，五時三刻醒。

今日同會：侯外廬　尹達（以上主席）　熊德基　賀昌群　趙幼文　孫毓棠　胡厚宣　張政烺　王毓銓　劉導生　陳樂素　萬斯年　張德鈞　姚家積　劉浩然　田昌五　高全樸　謝國楨　張雲非　共約四十人

今晚同會：仇亦山（鰲）　陳銘樞　載濤夫婦　章乃器　張雲川　張滄江（以上客）　康同璧　羅儀鳳（以上主）　載濤唱《蘆花蕩》張飛及《水簾洞》孫悟空，并顯功力。其夫人亦兼工昆曲、京戲，可謂一門風雅。

五月廿六號星期六（四月廿三）

到孟默聞處，與同到曾次亮處，談周初曆法一小時。與静秋同到馮大夫處打針。看王謨《漢唐地理書鈔》。雁秋來。

眠半小時。寫上海人民出版社、李鏡池、王世澄、張毓藴、沈瓞民先生、北師大歷史系研究組信。

到市場散步，閲書。歸，看郭沫若《古代社會研究》。趙光來按摩。十時半服藥眠，翌晨五時半醒。

所中組織編審、圖書兩會，予均爲委員，是爲予參加所務之始。尹達謂予："顧先生書多，經驗富，我所得天獨厚。"嗟乎，何其前倨而後恭一至是也？黨改正個別領導幹部簡單粗暴之作風，故有此果耳。

前數日已熱至攝氏卅七度，今日下了一點小雨，溫度驟降。華北苦旱，得此尚未得沾足，奈何！

五月廿七號星期日（四月廿四）

六時半，致故宮西角訪希白，并晤馬國權、曾憲通、張維持。與希白出，到市場買乾點，到元胎處進食，并晤八爰、七娪。歸，與靜秋同到南河沿赴宴。

與靜秋到東單百貨商店購物。歸，眠一小時許。章元善來。與全家及彭惠賢到紅星，看《驕傲的將軍》、《誰的本領大》與《大鬧天宮》三動畫片。

雁秋來，同剝豌豆。趙光來按摩。十時半服藥眠，翌晨三時三刻醒。又眠，五時半醒。

今午同席：容希白　容元胎夫婦及其子伊、凱　予夫婦（以上客）　容媛及其姊七娪（主）　八爰數載未見，今日相晤，謂予云："你瘦了！"與健常語同。可見予年來真瘦，故臀痛也。

五月廿八號星期一（四月廿五）

寫陸欽頤信。吳采君來，改其所鈔《中國社會黨》一文。王道生來，點其所鈔《息壤考》一文。魏廣洲來，長談。與靜秋到馮大夫處打針。到南河沿赴宴。

送柴德賡到教育部招待所。二時半歸，眠一小時。將《中國社會黨》一文再修改一過。魏廣洲來送書。

到伯祥處，請對《社會黨》文提意見。與王緒芳談。趙光來按摩。十時服藥眠，翌晨三時一刻醒。又眠，五時半醒。

今日同席：柴德賡　謝孝思　葛志成　吳榮（以上客）　　徐伯昕（主）

今晚静秋胸前作痛，疑是心臟病，明日當到阜外醫院診治。

聞江蘇出口貨物，蘇州市占三分之一，皆絲織品、刺綉、檀香扇等美術工藝品也。所收入之外匯，足供全省開支。蘇州工業及手工業之進步，于此可見。

五月廿九號星期二（四月廿六）

看周汝昌《三國演義前言》等。點讀陳乃綱《武成日月表》。柴德賡來，長談，與同到康樂午餐。遇常維鈞夫婦。

未成眠。三時，到來今雨軒與諸同鄉茶敘。六時，到西長安街全聚德飯。七時半歸，李覺來。

趙光來按摩。看《西游記》。十一時服藥眠，翌晨四時醒。

今午同席：柴德賡（客）　　予（主）　　七元

今日下午同會同席：王伯祥　章元善　陸欽頤　俞平伯　汪季文　每人四元五角

阜外醫院醫師謂静秋是脾虛，當服中藥。

現在菜館盈虧自負，如營業不佳則工資減少，故多作廣告，拉攏生意，進門出門時也有人招呼。然現在居家，除糧食外百物皆漲，恃工資過活者皆竭蹶奔赴，無多餘力可上菜館，故各館皆不擠，消滅去年排隊現象。

五月三十號星期三（四月廿七）

至故宮訪希白，遇張江裁。歸，再將《中國社會黨》一文作最後之修改。吳石君、采君來，交之。劉鈞仁來，續取地理資料。到馮大夫處打針。校《我在民間文藝的園地裏》訖，即寫民研會信。雁秋來，留飯。

眠一小時。三時到政協禮堂，晤吳景超、梁漱溟、唐棣華。理髮、買物。到雁秋處。歸，疲乏，臥床。

趙光來按摩。十時半服藥眠，翌晨三時半醒。良久又眠，五時半醒。

今日溫度攝氏三十八度，出門如在火焚中，禮堂的水打不上三樓，因此不能洗澡。其所以打不上，則以旱故。今年北方旱象又成，奈何！

五月卅一號星期四（四月廿八）

寫容七娓、八爰信。北京師大歷史系研究班將畢業生十一人來訪問，自八時半至十時半。家務勞動。

略一朦朧。看《華陽國志》、《後漢書・西南夷傳》等，寫筆記兩則。李唐晏來，長談。

與靜秋同到政協禮堂觀劇，遇裴文中、周亞衛夫婦等。十時半歸。服藥兩次，約十二時後眠，翌晨五時半醒。

今日上午來客：姬可文　吉書時　王玉本　倪鳳翰　張顯傳　李學彬　魏文清　王賢用（以上男生）　陳守靜　張式苓　何珍如（以上女生）

今晚所觀劇：1. 張三借靴（弋陽腔）　劉二——童慶初　張三——李水葆　2. 搶傘（青陽腔）　王瑞蘭——段日麗　蔣世瑾——萬良福　3. 拜月（青陽腔）　王瑞蘭——潘鳳霞　蔣瑞蓮——童明明　此江西省贛劇院一團所演出。

[中華書局來信]

中華書局

地址：北京東總布胡同十號
電話：5.6091　電報挂號：6586

北京市復興門外翠微路

（62）編字第 1323 號

頡剛先生：

《史記》標點本，早已出版，對本書的稿酬沒有及時清結，實深歉仄，請諒。您對該書的標點擬按千字一元二角計酬，該書計 2 351 000 字，共合 2 821.2 元。57 年 3 月古籍出版社曾付過 1 300 元，尚應補付 1 521.2 元，該款另行送上，到請檢收。這樣結算，不知你意如何。請示知。此外，對其他幾部書稿的付款情況和處理意見，今亦順告如下：

一、《史記校證》，55 年 3 月我局曾付過您 2 500 元。據科學出版社談，此稿該社也付過 2 000 元，這筆款，他們最近即將轉撥給我們。這樣，本稿一共預支稿費是 4 500 元，因爲全稿尚未完成，如何進行也當待研究，我們的意見是暫不結算。

二、《古籍考辨叢刊》第二集，古籍出版社在 56 年 1 月曾付過 1 200 元。本稿你答應在最近可以修改完畢，擬俟出版後即將稿費結清。

三、《尚書今譯》，從 1961 年 3 月起，先後四次我們共付過稿費 900 元。據科學出版社談，此稿該社亦付過您 1 100 元，該社亦擬轉來，本書既打算分卷出版，擬每卷出版後即結算一次。

四、《史林雜識》，曾于 61 年 6 月，付過 500 元，上海人民出版社轉來預付該書稿費 450 元。亦擬俟該書出版後清結。

對上述幾部書稿的處理辦法，不知您有何意見，請函告。

此致

敬禮！

（中華書局古代史組章）

1962 年 5 月 21 日

[原件]

中華書局關于書籍稿酬的暫行規定

第一條　著譯稿第一次在本局出版時，按照字數付給編著者基本稿酬，并且按照印數付給編著者印數稿酬。重印時，不付基本稿酬，只付印數稿酬。

第二條　著譯稿酬支付標準：

1. 著作的基本稿酬按稿件質量分爲六級：每千字4元、6元、8元、10元、12元、15元。有高度科學價值或藝術價值，所費勞力特大而印數特少的著作，得酌量提高基本稿酬。

2. 從古代著作譯成現代漢語，從外國文著作譯成漢文，譯稿的基本稿酬按譯文的質量和翻譯的難易分爲六級：每千字3元、4元、5元、6元、8元、10元。古詩詞譯成現代漢語，每首作一千字（每首超過二十句的長詩，計算標準另議）。特別難譯而質量優秀的譯稿，得酌量提高基本稿酬。

3. 從已出版的國內兄弟民族文字著作譯成漢文，對原著作者按本條第（1）款所規定的稿酬標準支付60%。對翻譯者所付的稿酬按本條第（2）款辦理。

第三條　古籍整理稿酬支付標準：

1. 注釋，按第二條第（1）款辦理。

2. 斷句、標點（包括一般校勘），按工作難易和質量分爲五級：每千字5角、8角、1元2角、1元5角、2元。

3. 校點（包括斷句、標點及較繁重的校勘），按工作難易和質量分爲六級：每千字1元5角、2元、2元5角、3元、4元、6元。

4. 編選、集解、輯録（包括校點），按工作難易和質量分

　　　　　爲六級：每千字 2 元、3 元、4 元、6 元、8 元、10 元。

　　5. 索引，按工作難易和質量分爲六級：每千字 1 元、2
　　　元、3 元、4 元、5 元、6 元。

第四條　印數稿酬按基本稿酬總額和下表規定的百分比支付：

累　計　印　數	著　作		翻　譯
1 至 5，000 册	每千册	8%	6%
5，001 至 20，000 册	每千册	5%	4%
20，001 至 30，000 册	每千册	3%	2%
30，001 至 50，000 册	每千册	2%	2%
50，001 至 100，000 册	每千册	1%	1%
100，001 册以上	每千册 0.5%		0.4%

　　古籍整理不付印數稿酬，可視情況另付鈔録費。

　　注釋占全稿百分之五十以上，單獨出版的年表、索引等，
均致印數稿酬。

第五條　書籍在第一次出版後兩周年内，因被指定爲學習用書、臨
　　　時教材或其他客觀原因而大量印行，印數達到 10 萬册以
　　　上者，10 萬册以内的印數稿酬照第四條標準計算，10 萬
　　　册以上照下表規定的百分比支付：

累　計　印　數	著　作	翻　譯
100，001 至 300，000 册	每千册 0.4%	0.3%
300，001 至 500，000 册	每千册 0.3%	0.2%
500，001 册以上	每千册 0.2%	0.1%

　　注：（1）逐年少量重印，數年間累計印數超過 10 萬册者，
　　　　　　印數稿酬適用第四條的標準。

　　　　（2）出版後兩周年内印數超過 10 萬册，超過部分的

　　　　　　印數稿酬，按本條標準計算。但以後每年又重印
　　　　　　少量時，則仍按第四條的規定：10 萬册以上著
　　　　　　作每千册 0.5%，翻譯每千册 0.4% 的標準計算。

第六條　曾在報刊上發表過的著譯輯成個人文集出版時，仍付基本
　　　　稿酬和印數稿酬。不同著譯者的短篇文章由本局編選爲合
　　　　集出版，對編入的著譯只付一次基本稿酬，不付印數稿
　　　　酬，本局對編入的各篇著譯也不專有版權。
　　　　解放前出版過的著譯校訂重印，仍支付基本稿酬的全部或
　　　　一部；解放後出版過的著譯，轉移本局出版時，一般不再
　　　　支付基本稿酬，只付印數稿酬，并累計以前的印數，遞减
　　　　計算。
　　　　著譯修訂重版時，一般不再付基本稿酬，但花費大量勞
　　　　力，書稿質量有顯著提高者，應按具體情況重新支付基本
　　　　稿酬的全部或一部；其印數稿酬，仍應累計原來的印數遞
　　　　减計算。

第七條　支付基本稿酬以千字爲計算單位，不足千字的作千字算。
　　　　支付稿酬的字數按實有正文的字數計算，即以排印版面的
　　　　每頁或每行字數，乘實有頁數或行數。章節題目周圍的空
　　　　白、文字末尾不足一行的空白、文字段落和詩節中的空
　　　　行、行文和劇本對話上下所留的空白等，一切文中應有的
　　　　空白，均作爲計算稿酬的字數，不能扣除；但每篇或每章
　　　　另面起排造成的整塊空白，不計字數。本局編輯部所加的
　　　　例言、説明、目録、索引，書内的中縫、書眉、頁碼，整
　　　　理古籍中就原書復制的圖片，以及附録轉載的未經加工的
　　　　資料等，均不計字數，不支付稿酬。
　　　　標點排在行外的，字數加十分之一計算。

第八條　印數稿酬以千册爲計算單位，不足千册的作千册計算；每

次重印，均累計過去的印數，遞減稿酬。

一種書籍以幾種裝幀形式出版，或改變裝幀設計、改變書名重印，均累計過去的印數，遞減稿酬。

本局將一種書籍分地印造，或經地方出版社租型造貨，其印數均一并累計，遞減稿酬。辦法另行協商。

第九條　書稿的審訂，付審訂費；文集的編輯，付編輯費，均一次致酬，不按印數計算。

封面、插圖、地圖、表式的設計繪制，均一次致酬，不按印數計算。

以上具體致酬標準，及本規定所沒有包括的其他項目致酬標準，均另行協商解決。

第十條　本局在審閱書稿後決定接受出版時，按原稿約計字數一次或分次預付基本稿酬一部或全部，書籍出版後按實際字數及印數付清全部稿酬。每次重印，在出版後結付印數稿酬。

約稿一般不預付稿酬，但某些編著者有實際需要時，在約稿後亦可預付部分稿酬。

第十一條　本規定自 1962 年 5 月 1 日起實行。

中華書局編輯部地址：北京復興門外翠微路二號

自廣東歸來，忙甚矣。除開會外，做了下列文字工作：

1．爲民間文藝研究會修改予去年所講《我在民間文藝的園地裏》，近萬字。（三、廿二——卅）

2．爲政協大會寫提案等，近萬字。（四、三——十六）

3．爲林石廬作《篋書賸影録》序。（四、廿七——廿八）一千字。

4．修改《史林雜識初編》（四、廿九——五、廿一）約增入三萬字。

5．爲《歷史研究》作《尚書大誥今譯摘要》，兩萬字。（五、七——十七）

6．爲文史資料研究委員會作《中國社會黨和陳翼龍之死》，七千字。（五、廿二——三十）

7．爲上海人民出版社校閱《秦漢的方士與儒生》。（五、廿四——廿五）

8．作《史林雜識初編》序，未訖。（五、廿一）

9．寫筆記十九則。（三、廿五——五、卅一）

一九六二年六月

六月一號星期五（四月廿九）

到于思泊處談。記筆記一則，三百餘字。雜閱《後漢書》、《水經注》等書。與静秋到馮大夫處打針。

眠一小時。記筆記兩則，一千三百餘字。鈔平伯題《桐橋倚棹録》詩十八首。疲乏，臥。藍菊孫來。

臥床。趙光來按摩。十時半眠，服藥，翌晨三時半醒。又眠，五時半醒。

連日悶熱，盡人覺得懶洋洋地無力工作。予極願整理《尚書》，而終鼓不起精神來，只得寫筆記以遣日，苦哉！

静秋已停瀉半個月，正深欣幸，乃今日又瀉一次。予則今日瀉三次，精神益壞，只得就床。

思泊以母喪回京，其母八十七矣。

六月二號星期六（五月初一）

記筆記十則，共三千餘字。

未成眠。記筆記一則。爲尹如潛工作，寫李覺信。鈔元善所作《爲書業史徵稿的初步意見》，寫申伯純信。

出，遇吳瑞燕。到郵局寄申伯純信。到王府井買筆。到李覺夫婦處，交信，并晤張德尊。到元胎處，晤其子容凱。歸，錢琢如來。趙光來按摩。十一時服藥眠，上午一時醒。又服藥，良久眠，六時半醒。

今日早起，烏雲布空，而迄未下雨，今年旱象如何補救。

靜秋到阜外醫院復查，別處無甚問題，惟膽固醇仍高至三百四十。我今日仍疲乏，蓋熱傷風也。

現在豬肉市價爲每斤一元，而科學院售自宰之肉則每斤五元，未知其故。

全國通用糧票，本月起取消。農村中以實物供給，不用糧票，蓋農村較富，便以通用糧票換取各城市糧票，使城市供應緊張也。

六月三號星期日（五月初二）

于思泊來談。與思泊同到元胎家，并晤希白。十一時，同到帥府園全聚德飯，靜秋偕兒輩來，同食。

眠半小時。雁秋夫婦來，留晚飯。王錦第偕潘安榮來，談譯李福親《長城的故事》事。記筆記一則。

看《蛇島的秘密》。趙光來按摩。十時服藥眠，上午一時半醒。良久又眠，六時半醒。

覽報，悉孫福熙君以腦溢血逝世，年六十三。此吾北大同學，亦新潮社同志也，久不晤面矣。

今日下午，油然作雲，又打雷，惜一陣風來，將雲吹散，天真將陷我民于絕境乎！

今午同席：容希白　于思泊　容元胎夫婦及其子凱（以上客）　予夫婦及四兒（主）　五十二元

予今日已不疲倦，而晚飯後一坐便不能起，胸悶，略喘，不知何病。

六月四號星期一（五月初三）

記筆記二則。金振宇、擎宇兩夫人來，贈物。看于思泊《鄂君啓節考釋》文。與靜秋到馮大夫處打針。

眠一小時。吳榮來。依于解，録鄂君啓兩節，并摘録其説入筆記，約二千字。

道遇吳瑞燕。到章元善處，與其夫婦談。趙光來按摩。與靜秋談四兒事，失眠，服藥兩次，約十一時一刻眠，上午二時半醒。又眠，六時醒。

今日天凉，精神較爽。

四兒性格各不同。潮兒責任心重，自治力强，計劃性高，無浪費之金錢與時間。洪兒心善良，但脾氣特大，一觸即發，不可收拾。湲兒聲入心通，在諸兒中爲最慧，而口齒尖利，出口傷人，又驕倨不聽善言，必如其意而後可。堪兒不若湲兒之驕傲，亦不若洪兒之牛脾氣，但無潮兒之責任心與自治力，只想玩樂，不求向上，遂成爲一疲茶之人。靜秋爲此三兒，日夜提心吊膽，不知將來大些可否改正也。

六月五號星期二（五月初四）

到北京醫院，由内科周裕民大夫診，到治療室打針、噴氣。遇鄺明、董守義、楊東蓴、劉定五、陳萬里。歸，錢琢如夫人來。記筆記一則，約一千字。琢如夫婦來，同飯。

眠半小時許。到中山公園來今雨軒，與陳萬里、陳乃乾茗談。五時半，與萬里出，到東安市場森隆，會錢琢如夫婦，同飯。遇吳景超。

雁秋來。趙光來按摩。服藥兩次，約十一時半眠，翌晨五時半醒。

今日量血壓，爲 140/80，不高。近日所苦，實爲氣管炎，打

B_{12} 針及吸噴氣，所吸者連黴素也。

今晚四人聚餐，每人僅出二元八角，可見菜價已落，館中食客亦不多。

六月六號星期三（五月初五）

到北京醫院抽血。到森隆進早餐。到所，參加會議，討論周揚"高等院校文科教科書編纂報告"，自八時半至十一時半。與昌群同歸。

眠一小時。理文稿入櫃。到東單理髮館修面。到北京醫院噴氣。遇黃仲良。王道生來。歷史教學社李世瑜、吉敦諭來。

與靜秋同到政協禮堂觀劇，十一時半歸。十二時許服藥眠，翌晨六時半醒。

今日上午同會：熊德基（主席）　賀昌群　謝國楨　王毓銓胡厚宣　劉浩然　趙幼文　張德鈞　高全樸　孫毓棠　姚家積翁獨健　張雲飛　林乃燊　程西筠　約到卅人。

今晚所觀劇：中國評劇院一、二團合演《金沙江畔》：金秀——小白玉霜　珠瑪——新鳳霞　金明——張德福　金萬德——趙連喜　譚文蘇——馬泰　格桑土司——喜彩春　捷仁葉巴——席寶昆　所崗葉巴——王景明　仇萬里——王鳳文　副官——范冠英　參加演出者凡六十六人。此劇演來精力瀰滿，本黃色之評劇竟變爲紅色，此黨教育之效也。

今晚所晤：邵力子夫婦　吳景超夫婦　康心之夫婦　嚴景耀夫婦　涂允檀夫婦

六月七號星期四（五月初六）

到西郊，訪蕭項平于中華書局。同到金燦然處談，并晤陳乃乾。十一時半出，項平邀至惠風堂國强西餐部午餐，遇潘達仁，同食。

一時半歸。眠一小時。補記日記兩天。記筆記四則。與靜秋到紅星，看《廬山》、《桂林》、《泰山》、《千山》風景片。到北京醫院打針、噴氣。

雁秋來。趙光來按摩。十時半服藥眠，上午一時半醒。又眠，六時醒。

日日作雲，日日不下雨，何其重苦我民乃爾？

予本年需向中華書局繳稿四册：1. 史林雜識　2. 大誥譯證　3. 古史論文集（地理）　4. 古籍考辨叢刊二集　約一百萬字。祝予健康，完此任務！

六月八號星期五（五月初七）

記筆記二則。到寶泉堂洗浴。校孟默聞所繪地圖。

眠一小時。民進市委會宣教處趙景明、崔用純來。續校孟圖及《牧誓八國》、《瓜州》、《氏》三篇訖。到孟默聞處送稿。

到北京醫院噴氣。趙光來按摩。十時半服藥眠，上午一時半醒。又眠，五時半醒。

潮兒過于用功，自與父母異室，恒溫課至十一時後始眠。又任班主席，忙于事務及發展團員，近又舉行學年考試，以致食欲銳減，剩下一口飯竟推與予吃。如此生活，非逼成胃病不可。

靜秋仍患浮腫，食欲亢進，而精神氣力則均感不足。予近日又每日兩便。咳嗽雖多方醫療，仍不能止。所幸睡眠尚好耳。

六月九號星期六（五月初八）

記筆記二則。王道生來送稿。《光明日報・東風》編輯部章麗皋來。鈔曾次亮周初各家曆入册。

略一矇矓。校《禹貢評述》。記筆記一則。到曾次亮處，談周初曆法。到北京醫院打針、噴氣。擬文集第一册目。

木蘭來，留飯。邀予與堪兒到青年藝術劇院觀話劇，自七時半至十時。服藥兩次，十一時半眠，翌晨六時半醒。

得王愛雲電話，涂長望于今晨在協和醫院逝世。此氣象專家也。一九五六年予在南寧，與同住明園賓館。年僅五十六，惜哉！

今晚爲四川人民藝術劇院與中國青年藝術劇院聯合演出之三幕諷刺喜劇《抓壯丁》，以未得戲單，不知其詳，僅從玻璃櫃中知有吳雪、陳戈等演員耳。全劇以四川話演出，描寫保長、地主、下級軍官在蔣介石反動政權下之壓迫人民，甚生動。

六月十號星期日（五月初九）

雁秋來。昌群偕科學院圖書館武作成、劉世凱來談清代著述目錄事。理稿件。記筆記一則。寫劉起釪、李德清信。

到首都劇院，觀北京京劇團學員班演出，自一時半至五時十分。與雁秋夫婦同歸飯。記筆記二則。

疲甚，臥。趙光來按摩。服藥兩次，十一時後眠，一時半醒。又眠，三時醒。又眠，六時半醒。

今日所觀劇：（一）盜御馬：竇爾墩——谷新全　（二）拾玉鐲：孫玉姣——白玉香　劉媒婆——張桂茹　傅朋——田仁強（三）借東風：諸葛亮——張克讓　（四）金錢豹：金錢豹——張四全　孫悟空——高春生

連看兩日戲，今晚疲甚矣，而作按摩，按摩後又睡矣，而記挂服藥，及服藥則不成眠矣，飲水化氯醛而眠，而眠終不佳，一夜在半醒狀態中。以此知晚間疲乏，不可先眠，必待至當眠時而眠，否則一醒則睡不成矣。

六月十一號星期一（五月初十）

觀《光明日報》吳則虞論"共工"文，因從各書中鈔共工事，未盡。記筆記二則。到東單理髮館剃頭。王翠芳來。魏廣洲來，付書款。

眠一小時。吳覺農夫婦來，乘其車到王迴珠處，吊涂長望之喪，遇許德珩夫婦、謝立林、朱潔等。

到傅學荟處送思泊函。到北京醫院吸入，遇王歷耕。趙光來按摩。服藥後約十一時眠，翌晨四時醒。

今日又熱，室內至華氏九十二度。予遷至北房工作，較涼。

涂長望死于腦瘤，因在中樞，不能割，病三年半而死。覺農謂人若不患癌瘤及心臟病，到一百歲無問題。

吳則虞因毛主席新發表之漁家傲詞有“不周山下紅旗亂”句，自注謂共工沒有死，他確實勝利了，因作《共工觸不周疏證》一文，以證共工之勝利，全不從神話上看問題，本無足道，但搜集資料有爲我所未注意者，故檢書鈔出。

六月十二號星期二（五月十一）

續鈔“共工”資料，仍未訖。記筆記二則。寫蕭項平、賈芝、于思泊、劉起釪、李平心信。劉鈞仁來取稿。

眠半小時。與静秋同到政協禮堂，彼聽張執一報告，予出席文史資料會之商業史組，自三時至五時半。與静秋到政協餐廳飯。

與静秋到雁秋處。冒大雨歸，易衣，洗身。十時許服藥眠，翌晨四時半醒。

今日同會：章元善　王伯祥　章雪村　劉國鈞　陳乃乾　譚志清　丁裕長　梁誠瑞

今日所晤人：李培基　韓壽萱　吳大琨　王楓　黃雍夫婦　李覺　周亞衛夫婦

晤李覺，知從本月起，政協給我之秘書改由尹如瀋擔任，仍爲臨時工，月六十元。如此，使我負擔一輕。

今晚大雨，淋在身上，喜在心頭，以莊稼可有起色也。

六月十三號星期三（五月十二）

三校《我在民間文藝的園地裏》訖，即送去。寫周揚信，起稿，千餘言，即謄清。

眠一小時。理稿件。上街寄信。重寫《史林雜識初編》序二千四百字，訖。又安自鄉來，留宿。

到金振宇夫婦處送杏。趙光來按摩。十時半服藥眠，翌晨三時十分醒。

前日得劉起釪來信，謂中華事遲遲不定，事恐中變。昨與項平通電話後，晚得張北辰電話，知北京市報進戶口極難。今日因與周揚同志函，請其由文化部與北京市人委洽辦，又連帶說黃永年、王煦華兩人。

静秋今日到協和醫院，知血液、糞便經檢驗後無病徵，惟神經衰弱及腸胃不吸收二症嚴重。今日静秋歸後即病，稀便冲入褲中，遂眠，蓋昨日淋雨受寒故也。

六月十四號星期四（五月十三）

改昨序文訖。理稿件。寫吳文藻、張令琦、張景寧信，爲搜集圖片事。寫中華書局古代史組信，爲《史記》稿費事，約一千二百字，即鈔出。

眠一小時半。出寄信，遇屠思聰。到孟默聞處送稿。寫羅福頤、趙肖甫、自珍、陝西省政協信。

張覺非來。趙光來按摩。十時半服藥眠，翌晨三時五十分醒。

静秋之病，張孝騫大夫認爲是植物性神經失調，今日告之沈茲九，渠云：植物性神經，即生殖神經也，婦女調經後易犯，即所謂更年期病也。渠亦犯過，曾病二年而愈。因有此病，時常弄得失頭忘腦。

　　三個月來，忙于開會及寫作，積壓了多少信件未復。今當逐日寫些回信，至清訖爲止。

　　昨到振宇處，知接緯宇信，云誠安已退休，但患腎病，小便有血，腰酸痛，未知危險否，頗念之。

六月十五號星期五 （五月十四）

　　修改《尚書大誥今譯摘要》，略訖。記筆記二則。王姨母偕大琬表妹來。

　　眠十分鐘。寫沈勤廬、辛樹幟、華訓義、翁詠霓、魏紹昌信。出寄信。看陳毅在廣州報告。

　　趙健來。趙光來按摩。洗浴。十時三刻服藥眠，翌晨四時四十分醒。又眠，六時醒。

　　我近日仍每日大便兩次，第二次在下午二時後，如出外，即不拉。所幸仍是成條之糞，不似静秋之動輒泄瀉也。

六月十六號星期六 （五月十五）

　　晤過旭初。到南河沿俱樂部，出席學部中心小組學習會，談蔣匪幫反攻問題，各研究所招收研究生問題，買外交書問題，自九時至十二時。在俱樂部進餐，遇高尚仁夫婦、史公載。

　　出，遇吳德咸。眠一小時。點王道生鈔件。記筆記二則。到紅星買電影票。

　　趙大夫來按摩。待潮、洪兩兒歸，服藥兩次，約十一時半眠，翌晨四時三刻醒。

　　今日同會同席：潘梓年　劉導生　徐炳昶　金岳霖　汪奠基　王伯祥　夏鼐　巫寶三　錢寶琮　胡厚宣　馮家昇　傅懋勣　劉斗奎　賀麟　王守禮

天熱至卅七度，出門一次即流汗遍體，疲憊不堪。

堪兒今日始看《西游記》。

今年政協以節約，停辦歇夏。科學院定海拉爾、廬山兩地。予以《尚書》工作，恐須八月方能出門，而漢口、九江、南昌均熱，惟有重到海拉爾耳。

蔣匪幫宣言要反攻大陸，一來欺騙美國，得些餉械；一來欺騙臺灣人民，取得擁護；三則途窮日暮，惟有倒行逆施而已。蔣氏倘能好好做人，何至逃出大陸，以彼所爲，殺害民命，篡奪民財，無一件事不做壞，而謂到臺以後能一反前轍乎！彼妄謂大陸上連年災荒，民不聊生，一經反攻，"起義"者將蜂起，不知我大陸人民受十二年共產黨之教育，明辨是非，雖生活上暫時有所不足，然美景在前，必不會擁護此一反動政權也。彼來反攻，徒然速其崩潰，我輩當拭目以待之。

六月十七號星期日（五月十六）

整理筆記五冊，備鈔。與静秋及兒輩到紅星，看風景片二集《無錫》、《杭州》、《大理》、《昆明》四片。

眠一小時許。與静秋到王姨丈處，并晤王儼等。

趙光來按摩。看舊作《造僞與辨僞》。服藥兩次，約十一時半眠，翌晨四時半醒。又眠，六時醒。

六月十八號星期一（五月十七）

寫孟默聞信，還書。與静秋到馮大夫處打針。看徐中舒《禹鼎的年代及其相關問題》。

眠一小時許。鈔改《世俘篇校注》二千餘字。鈔共工資料一千餘字。

到東安市場閱書。趙光來按摩。木蘭來，留宿。服藥兩次，十二時後眠，翌晨六時醒。

六月十九號星期二（五月十八）

續鈔改《世俘校注》二千五百字。

眠一小時。到來今雨軒，與諸同人茶敘，并晤范引準。步至北京飯店，聚餐，七時半出。

獨游北海。十時歸。服藥兩次，約十一時半眠，翌晨六時醒。

今日同會同飯：王伯祥　陸高誼　陳乃乾　汪季文

六月二十號星期三（五月十九）

續鈔改《世俘校注》約三千字。姚家積來，談所中出版計劃。與靜秋到馮大夫處打針。

眠一小時。雁秋來。與雁秋、靜秋到美術館，參觀全國美術展覽會，晤周枚孫夫婦、馮芝生夫婦。出，到北京飯店進餐，遇張明養。歸，遇李前偉。

看李亞農文，未畢。趙光來按摩。十時服藥眠，上午二時半醒。良久又眠，六時半醒。

六月廿一號星期四（五月二十）

續鈔改《世俘校注》約三千字。到東單理髮館剃頭。到寶泉堂洗浴。

希白來。到常維鈞處，與其夫婦談。與維鈞同到同和居赴宴。

與王伯祥同回。張覺非來。趙光來按摩。十一時許服藥眠，翌晨六時半醒。

昨夜居然打雷下雨，今日天氣陰涼，精神一爽。

今日同席：容希白（客）　王伯祥　陳乃乾　馬宗霍　啓功（元白）　魏建功　常維鈞　牟小東　予（以上主）

六月廿二號星期五（五月廿一）

到八面槽郵局寄平心郵件（《大誥今譯》）。到北海，參加政協游園會，先在慶霄樓取齊，下船，泛一小時，到仿膳飯。十二時半散。

續鈔改《世俘校注》約二千五百字，初稿訖，全文約一萬五千字。到東安市場買文具。

雁秋來。趙光來按摩。十時半服藥眠，十二時半醒。又眠，六時半醒。

今日同會同席：邵力子　李書城　康同璧及其女儀鳳　曹孟君　周士觀　載濤　李培基　翁文灝　錢昌照　王伯祥　吳研因　葛志成　林漢達　康心之　周亞衛　王家楨　陳文彬　李伯球　章元善　李俊龍　易禮容　黃紹竑　涂允檀　黃芝岡　鄭洞國　侯鏡如　章乃器　羅隆基　莊明遠　陳銘德　安若定　陳銘樞　黃雍　王楓　史公載　趙君邁　楊公庶　共五十餘人

六月廿三號星期六（五月廿二）

寫沈颺民先生、平心信。王道生來。重寫《武王克殷月日異說表》，未訖。點陳目綱《武成日月表》訖。

眠一小時許。增刪《世俘校注》，未畢。陳慧來，長談。

到東單散步。看周汝昌《三國演義前言》。待兒輩看電視歸，十一時半服藥眠，上午二時半醒。又眠，七時半醒。

今日上午，靜秋爲堪兒不做功課，大打一頓，中午又吃餅稍多，腹中又痛，遂就眠。渠真應戒二事，一暴怒，一飽食也。

聞肯尼迪以我國國防準備充足，較抗美援朝時有過無不及，故召集最高國務會議，決定壓制蔣匪，令勿冒險。蔣匪欲拖美帝下水，不恤掀起第三次世界大戰。然美方黃金外流，股票大跌，自顧不暇，哪能從井救人！又美蔣之間，矛盾重重，蔣方文官若吳國楨，武官若孫立人，俱以親美被撤職，美國所派傳教士俱有特務釘梢，美海軍陸戰隊在臺灣者只許星期六以便衣登陸，星期日即返艦，而蔣又排場甚大，欲令美負擔政費已不堪，况欲令其擔戰費乎！故蔣無論戰與不戰，美無論助與不助，均非失敗不可。

六月廿四號星期日（五月廿三）

續增删《世俘校注》。陳文彬來。修改《尚書今譯摘要》略訖。

就枕一小時，未成眠。到徐伯昕處，長談。

趙光來按摩。看《鏡花緣前言》。服藥兩次，約十一時半眠，十二時半醒。又眠，六時醒。

今日上午大雨，久無此甘霖矣，不禁爲莊稼慶。今年夏收已不及去年，秋收可望。

今日靜秋拉兩次，進食甚少，憊不能興。伯昕受寒受累亦復泄瀉，皆大腸病也。

六月廿五號星期一（五月廿四）

校孟默聞所繪《史林雜識》地圖，訖。作《武王克殷日曆各家異説表》，未訖。與靜秋到馮大夫處打針。

就枕一小時，未成眠。到南河沿俱樂部，參加民進中委會，討論蔣介石反攻大陸事，張紀元、雷潔瓊傳達陳副總理報告，自三時至五時半。與伯祥同到食堂飯。遇葉叔衡、黄琪翔、譚惕吾、楊崇瑞、康心之、王卓然等。

與伯祥到錢琢如夫婦處談，并晤其子克仁。步歸。趙光來按摩。十時半服藥眠，翌晨三時四十分醒。

今日同會：楊東蓴　王紹鏊　許廣平　雷潔瓊　吳文藻　徐楚波　張紀元　董守義　王伯祥　梁純夫　吳研因　張志公

聞蔣介石所以敢作反攻妄想者，以得情報，大陸上已暴動廿四萬次也。閉眼造謠，有如此可笑者！又聞我國沿海各山俱作工事，不第可開機關槍，亦可發大炮，蔣匪軍若要登陸，難于登天。

六月廿六號星期二（五月廿五）

寫劉起釪、金燦然信。出寄信。到孟默聞處送地圖稿。作《克殷日曆異說表》，略訖。梁濟川來。

眠一小時許。與靜秋同到政協禮堂，予赴文教組會，討論蔣匪反攻事，自三時至五時半。與靜秋同飯。李覺導至會計室，爲尹如潛取工資。石慰萱來。

到文聯禮堂，看南京越劇團竺水招等《柳毅傳書》電影。與賈芝夫婦同出。十一時服藥眠，翌晨五時半醒。

今日同會：呂振羽　載濤（主席）　王伯祥　何思源　覃異之　向達　韓壽萱　王振鐸　趙萬里　沈從文　彭鏡秋　秦德君

聞蔣介石飛機止五百架，而我方則三千架。我方魚雷爲全世界第一，潛水艇爲東方第一，全世界第四。蔣匪若來，只有死路一條。

石慰萱說話無倫次，疑其已病瘋癡，可憐也。

今日所遇人：劉仲容夫婦　謝立林　竺可楨夫婦　夏滿子　黃雍夫婦　彭澤民夫人　梁思成　張絅伯　吳鏡儂　陶鈍

六月廿七號星期三（五月廿六）

修改《王莽大誥校注》訖。張德鈞來，長談。記筆記二則。梁濟川來。

眠一小時。三時，孫蜀丞、馬宗霍來，同到乃乾處，到中華書局，晤蕭項平、丁樹奇、姚紹華。照相，長談。六時出，到政協禮堂飯。

到褚頤萱處，并晤木蘭。到政協三樓，參加晚會。十時四十分歸。十一時半服藥眠，翌晨五時三刻醒。

中華書局五十年紀念，撰文登英文雜志《中國建設》，而以孫、馬、陳及予照片印入，表示工作狀況，將使海外人知我輩生活。

今晚所觀節目：侯寶林、閻寶航、康心之等——笑話　侯寶林、郭啓儒——相聲《似是而非》　溥雪齋等——琴簫合奏　李慕良等——京胡獨奏　尚有馬連良清唱未聽

所晤人：廖華、葉企孫、凌其峻夫婦、江澤涵夫婦、李覺、申伯純、趙慶杰、張明養夫婦、黃雍夫婦、薛愚、康心之夫人、仇鰲。

六月廿八號星期四 （五月廿七）

林劍華來。胡厚宣來，談用人事。寫歷史所所長信。修改《世俗、克殷文字比較表》訖。

眠一小時。中宣部田玨來。胡柏立來，取稿。到雁秋處，與同到政協餐廳進食，持菜歸。

洗浴。看《警世通言》。趙光來按摩。十時三刻服藥眠，翌晨四時三刻醒。

今晨厚宣來，達所中命，囑開助理員名單，予開兩人，一周達甫，長于語言文字；一林劍華，擅鈔文。下午田玨來，傳周揚同志命，謂決以大力支持我，所提劉、黃、王三人無問題，予何幸而得此支援也？亦何不幸而八年之間幾爲尹達所扼殺也？

六月廿九號星期五 （五月廿八）

到希白處握別，并晤張次溪。到大同酒家進早餐。寫《世俘校注》三次稿五千餘字。雁秋夫婦來，留飯。

眠一小時。看《警世通言》。記筆記一則。石兆原來。

趙光來按摩。續看《通言》。十時半服藥眠,上午二時半醒。又眠,五時三刻醒。

堪兒不肯用功,課業分數遠不及其三姊,但有兩點渠勝諸姊者,一,極喜看《知識就是力量》雜志,對理工科知識較豐,說不定將來走上理工的路。二,《西游記演義》雖不盡了了,但敢啃,潮、洪、湲三兒則只肯看白話,對語、文夾雜之書總怕接觸,連《三國演義》且不敢問津也。

六月三十號星期六(五月廿九)

寫北京醫院、楊東蓴信。到南河沿俱樂部,參加學部中心小組學習會,討論對知識分子的政策問題,自九時至十二時。在俱樂部進餐。

與昌群同歸。就床,未成眠。續作《世俘校注》一千五百字。

看《通言》。趙光來按摩。十一時服藥眠,翌晨六時醒。

今日同會:張友漁(主席)   徐炳昶   王伯祥   錢寶琮   胡厚宣   夏鼐   予   以上一組   姜君辰(主席)   賀麟   傅懋勣   馮家昇   嚴中平   王守禮   以上二組

所遇人:章守華   黃藥眠   吳秀峰   馮友蘭   趙萬里

[剪報] 1962 年 8 月 16 日《人民日報》
談荀子的 "語言論"   邢公畹
(下略)

[剪報] 1962,7,18《光明日報》
北大中國哲學史教研室進一步討論孔子思想
(下略)

［剪報］1962 年 3 月 18 日《文匯報》

　　　　　　　　論考據　　　　　　　吳則虞

　　（下略）

天津河西區徽州道三號　于鶴年

北京德內大石橋五十號故宮博物院宿舍二〇一號　陳萬里

北京西單大樓中國國際貿易促進委員會　周勗成（電 38581－249）

上海（18）靖江路 21 號　周予同

杭州文三街杭州大學　夏瞿禪

杭州菩提寺路菩提新村六號　孫孟晋

上海紹興路七號中華文史論叢編輯室

北京舊鼓樓大街小石橋 16 號　康生　電話 39 總機

蘇州十全街一一四號　華訓義

蘇州白塔西路十三號　沈勤廬

南京市北京東路七十一號　劉起釪

瀋陽市大東路一段民主里九號　李德清

廣州華南師院北區三路六號之二　李鏡池

北京前趙家樓甲十號旁門　湯茂如

蘇州土聖巷十一號　王世澄

蘇州富郎中巷德壽坊四號　沈飈民

香港大坑道宏豐臺偉景大廈三樓 203 室　容琬

上海老西門市九女中　顧德輝

上海西康路一八一弄一號　起潛

上海淮海中路一二〇二號四樓　周谷城

上海長壽路養和村一號　鄭逸梅

北京屯絹胡同卅六號　吳研因（6.6578）

北京報房胡同卅五號　徐永瑛

北京西黃城根南口（石板房甲十九號）　　呂振羽（6.4505）

北京東四四條卅一號　姚家積

北京前英子胡同五號　李明揚

北京景山東街丁二號　徐冰（4.0009）

北京成方街卅五號　黎劭西（2.0586）

北京小雅寶胡同十一號　侯外廬（5.4810）

江蘇濱海縣大有舍郵電局第102信箱一分箱一中隊(東直農場)　張鴻鈞

［剪報］1962，7，18《光明日報》
　　　　　　　　周人不這樣稱呼殷人　　　　　謝　中
　（下略）

［剪報］1962，8，2《旅大日報》
　　　　　　　　怎樣學習古代漢語？　　　　　尤　川
　（下略）

［剪報］1962，7，26《北京晚報·燕山夜話》
　　　　　　　　十日一水，五日一石　　　　　馬南邨
　（下略）

　　現代修正主義的骨頭渣子都看透了，他再壞，也用不着怕。我們是穩如泰山、頂天立地的巨人，不要說有烏雲、天下雨，就是天塌下來也頂得住。

　　現在我們摸清了幾個底：修正主義的底，他再壞也不過這樣，他要動手，他的人民是通不過的；美帝的底，世界大戰打不起來，美帝不敢打；尼赫魯的底，他不能打，印度軍隊也不堪一擊。心中有了底，信心就越來越大。

帝國主義矛盾重重，核戰爭打不起來。尼赫魯挨了一棒，一兩年内不敢打。赫魯曉夫幫印度整我們，現在只剩下做錳、鎢、錫的生意，還要重利盤剝。阿爾巴尼亞尚且頂得住，我們站得穩、站得正，怕什么！全世界百分之九十五以上是要革命的，東風是革命的形象化，是永遠打不破的力量。

我們要解決兩個"怕"字：在國際上要解決"怕"戰爭的問題，在國内要解決"怕"困難的問題。這樣，我們就會信心百倍地精神抖擻地邁步前進。

黨和毛主席站得高，看得遠，高瞻遠矚，"胸有成竹"，"指揮若定"，不僅看到一步棋，而且看到好幾步棋；不但有高度的原則，而且有高度的策略，"不爲已甚"，"後發制人"，把馬列主義徹底融化了。有這樣偉大的黨和領袖的領導，我們就無堅不摧，無往不勝。這是我們的幸福，也是我們的光榮。

黨對我們披肝瀝膽，推心置腹，把國内外重大問題的"底"，把政策的"底"都交給我們，對我們是"消毒防腐劑"，是"强心補腦針"，使我們進一步明確：堅持原則，堅持真理，堅持馬列主義就是勝利，就有利于人民，有利于革命。對大是大非問題，立場必須鮮明，不容絲毫含糊。我們一定要與黨同舟共濟，風裏雨裏永遠在一起，把自己的命運同黨和人民的命運緊緊地聯結在一起。

只有樹立革命世界觀，方向明確，立場堅定，才能站得高，看得遠；落實到工作，就會鑽得深，鑽得精。要做偉大的人民，就應該以高標準來要求自己。

顧頡剛五年計劃

一九六二秋——六五秋　整理《禹貢》，作《尚書·禹貢譯證》，約五十萬字。

一九六二——六四　整理《盤庚》，作《尚書·盤庚譯證》，約三十萬字。尚有《牧誓》、《金縢》、《無逸》等可同時作。

一九六四——六六　整理《康誥》、《酒誥》、《梓材》，作《尚書·康誥、酒誥、梓材譯證》，約三十萬字。

一九六六——六八　整理《召誥》、《洛誥》，作《尚書·召誥、洛誥譯證》，約四十萬字。

一九六二年七月

七月一號星期日（五月三十）

檢資料。記筆記一則。希白來。理書。

眠近兩小時。看《警世通言》。到容元胎夫婦處，并晤希白。到雁秋夫婦處，并晤木蘭、陸啓鏗。與雁秋到政協餐廳，買食物，到雁秋家飯。八時歸。

看《通言》。雁秋來。十時半服藥眠，上午二時醒。近天明，又眠，七時醒。

今日啓鏗宣布與木蘭婚期爲本月十四日下午，邀予家到中關村晚餐。

希白今晚離京赴太原。

所晤人：袁翰青　于益之　曾世英、世榮　閻寶航夫婦

七月二號星期一（六月初一）

應永深來，寫五年研究計劃。元胎來，與如瀋同到僑委會取物。孟默聞來。到馮大夫處打針。作"顓頊曆"五百餘字，補入

《雜識》，即鈔清。

眠一小時。修改《世俘校注》，約六千字，未畢。沈元來談。

看《通言》。洗浴。失眠，服藥兩次，約十二時後眠，晨六時醒。

近代史所沈元同志前年畢業北大歷史系，年二十餘，而學問根柢已好，予所作《大誥今譯摘要》付《歷史研究》，得其細讀，指出若干不妥處，乃得修改一過，可愛也！

龍雲于前日以心肌梗塞病逝世，年七十七，死後黨爲脱帽。聞其致死之因，由于在電視中看乒乓球賽，過于緊張所致。老年人誠不可入少年場也。

七月三號星期二（六月初二）

將《世俘校注》大略改畢，全文二萬餘字。寫趙肖甫、劉起釪、學術月刊社信。

眠一小時許。到來今雨軒，與伯祥、乃乾茶話。五時半出，到北京餐廳，乃乾邀飯。到孟默聞處送稿。

到首都劇場，觀《武則天》劇。十一時歸。服藥，十二時後眠，上午四時醒。又眠，六時三刻醒。

今晚所觀《武則天》劇：劇作家：郭沫若　導演：焦菊隱　演員：武則天——朱琳　上官婉兒——郭莘華　鄭十三娘——趙韞如　裴炎——鄭榕　駱賓王——童超　李賢——童弟　唐高宗——董行佶

所晤人：胡厚宣　趙幼文　謝剛主夫婦　張德鈞　魏明經

《桐橋倚櫂錄》一書，僅予與蘇州文管會各有一部，而其記清代蘇州手工業甚悉，上海中華書局已擬付印。

七月四號星期三（六月初三）

校如濬所鈔《王莽大誥》等篇，因將《莽誥校注》更斟酌一過，編爲索引。到馮大夫處打針。

眠一小時半。到東單理髮館剃頭。草《世俘評論》一千七百字。

爲靜秋按摩。十時服藥眠，翌晨五時醒。

靜秋今日到阜外醫院檢查，知膽固醇更高至三百七十二，日服大量維他命 C 而不降，且更高，何也？陳綿祥告彼，此病不除，有中風危險，以此靜秋心境更劣。

今日下午得甘霖，快甚。

七月五號星期四（六月初四）

謝剛主來，取去王金範刻《聊齋志異摘鈔》。王姨母來，送育蘇藥。草《世俘評論》約二千字。看袁學瀾《適園叢稿》。

眠一小時半。翻《尚書古文疏證》、《尚書後案》等書，集評論資料。記筆記一則。到伯祥處送袁學瀾書，未晤，留條。出，遇王緒芳。

洗浴。看《參考消息》。失眠，服藥兩次，約十二時後眠，二時醒。四時又醒。五時三刻醒。

五四年在蘇州，買得方苞女夫王金範所刻《聊齋志異摘鈔》一書，但知其刊刻之早，不知其有何特殊價值也。自中華書局集各本校勘，乃在康生處得此，知蒲氏原文頗爲王金範所節删，而此書域內僅存二部，一康生藏，一予藏也。去年中國書店白君來，予因以此示之，此其孤本，索價二百元，書店只肯出百五十，以是不諧。文學研究所知之，願如數，托謝剛主來言之，因以此書交付，然靜秋則不願讓也。

七月六號星期五（六月初五）

記筆記一則。張其考來。到所，參加所務會議，討論五年計劃，自九時至十一時半。與厚宣到二樓，晤蕭良瓊等。雁秋來，留飯。

眠二小時。到國子監中國書店閱書，剛主來，同觀，晤裴子英、馮雪峰等。六時歸。

剛主偕耿鑑庭大夫來，診靜秋疾。十時半服藥眠，上午四時醒。

今日同會：侯外廬（主席）　熊德基　翁獨健　謝國楨　胡厚宣　王毓銓　賀昌群　趙幼文　孫毓棠　劉浩然　姚家積　楊向奎　酈家駒　應永深等

今日之會，乃爲向中宣部作報告者。侯所長且謂"中宣部直接領導"。報告中屢言對老專家不能發揮其積極性，對青年同志不能好好培養，對青老關係不够團結，夫誰使之然乎？今日尹達不出席，其已爲中宣部解職乎？抑自覺慚愧而不參加乎？（後聞係卧病頤和園。）

七月七號星期六（六月初六　七七事變廿五周年）

檢《杜預傳》，改《造舟爲梁》篇，即送默聞處。到侯外廬處談工作，昌群來，同談。出，訪伯祥，未遇。理書。洗浴。雁秋來，留飯。築兔棚。

眠二小時。到長安戲院買票。寫自珍、張景寧信。與靜秋到北京餐廳飯，遇祝叔屏及周亞衛夫婦。予送食品歸。

到長安戲院，與靜秋同觀劇，自七時半至十時一刻。十一時歸。十二時後服藥眠，翌晨五時醒。又眠，七時醒。

四日靜秋到醫院，歸來午餐，則餅烤硬如石，大加誚讓，趙阿姨不安，昨日退錢辭職。靜秋自己洗衣，兩臂作痛，身子更累。渠性情躁急，生出許多事故，而體弱又不堪自持，真可嘆也。

今晚所觀北昆劇院劇：（一）三岔口：任棠惠——侯長治　劉利華——王卷　焦贊——侯廣有　　（二）獅吼記：陳季常——白雲生　柳氏——李淑君　蘇東坡——張肇基　琴操——梁壽萱

佛印——韓建成　院公——馬德華　縣官——何金鵬

七月八號星期日（六月初七）

到張苑峰夫婦處，談傅學苓轉工作事。校尹受所鈔《世俘校注》訖。又校王道生所鈔《堯典二十有二人說》訖。

未成眠。中華書局馬緒傳來，取去《逸周書集釋》稿本十七册。到大石橋，訪陳萬里、唐蘭、羅福頤。到小鵓鴿市，訪鄒新垓，未遇，晤屠思聰夫婦。

看《玉芝堂談薈》。十時半服藥眠，上午一時醒。又眠，五時半醒。

今晨大雨，下午陰，久欲訪友，難得此天氣。然雖在陰涼中，依然汗出如瀋，即此可知予之虛弱。以視從前之“無事三十里”者，真不堪回首矣。

自趙阿姨走後，靜秋操勞較多，臉又發腫。

七月九號星期一（六月初八）

到北京醫院，就周裕民大夫診，遇李維漢、楊東蓴、黃任之。到東單郵局，寄自珍信。到百貨商店。與靜秋到馮大夫處打針。

眠一小時半。校王道生所鈔《古籍考辨叢刊第一集後記》訖。新建設雜志社王慶成來談。歷史所辦公室主任李士敏、人事科鄧濟民來談。

出，買戲票，九時半歸。張覺非來。失眠，服藥兩次，約上午三時眠，六時醒。

今日到醫院，知六月中檢查，膽固醇爲二百卅，卵靈子爲二百四十，血糖爲一百卅，肝功能正常。今日查血壓，爲150/84，亦好。惟氣管炎不易痊，幸肺尚無病耳。

邢臺豫劇團來京後，群贊姚淑芳演《抬花轎》之佳，而不審

"大眾劇場"所在。今晚先到文化宮，繼至百貨大樓，又到中山公園，皆不得，至鮮魚口乃得之，知即民國初年之"天樂茶園"也。爲此奔跑，精神緊張，又不成眠，可謂癡矣。

七月十號星期二 （六月初九）

整理《世俘》曆法，修正《世俘校注》。爲吳榮（仲興）寫扇。

未成眠。三時，民進車來。到辛寺胡同中委會開會，聽伯昕傳達統戰部徐冰部長報告，討論應提意見。六時車送歸。寫廷謙信，告《語絲》事。

與靜秋到大眾劇場觀劇，十時半散。十一時歸。十二時服藥眠，上午四時半醒。又眠，六時半醒。

今日同會：徐伯昕　陳慧　董守義　毛之芬　張志公　章廷謙　王寶初　謝瑩　余之介　陳麟瑞　吳榮　鄭效洵　王嘉璿　吳廷勘　毛啓邲

今晚所觀劇：河北省邢臺專區豫劇團：一、對花槍　趙雲枝　谷秀花　王鑫山　二、抬花轎　姚淑芳　張玉鳳　郭蘭鳳　王小毛　《抬花轎》爲《香囊記》之後半部，劇中人物有周彩霞（姚飾）、周天才（彩霞弟）、王丁雲（彩霞小姑）。姚淑芳今年四十歲，不但臉上有戲，而且滿身是戲，聰敏活潑，可喜也。

七月十一號星期三 （六月初十）

將《世俘校注》全部修改一過。農業出版社王文靖來。與靜秋到馮大夫處打針。

未成眠。看《警世通言》。洗浴。記筆記二則。

散步。到章元善夫婦處談。寫屠思聰信。看《通言》。十一時服藥眠，上午二時醒。又眠，五時半醒。

坐得久了，兩股又作痛甚，此病真妨害予工作。

七月十二號星期四（六月十一）

看侯寶璋兩文，記筆記二則。看《文史資料選輯》中溥儀《復辟的形形色色》等篇。夏作銘來。孟默聞來。

眠約一刻鐘。看《通言》。陶建基來。續修改《世俘校注》。王玉哲介紹李民來，詢《盤庚》篇問題。木蘭來，留飯。

看《文史資料選輯》。服藥兩次，約十一時半眠，翌晨六時半醒。

七月十三號星期五（六月十二）

檢《爾雅》、《説文》，修改《世俘校注》中"武王狩"一節。雁秋、又安來，留飯，又安留宿。

未成眠。校尹受所鈔《三監人物及其疆地》訖。改《周公攝政稱王》訖。出，與鄭效洵、鄭榮同行。

與靜秋到青年藝術劇院觀話劇。到四川益康食堂進消夜。十一時歸，服藥眠，翌晨六時半醒。

今日所晤人：翁獨健夫婦　顧均正夫婦　林漢達　董守義　王澤民夫人　陳秉立　李念武　李紫東夫婦　余之介　王寶初　陶建基　陳選善

今日所觀劇：中國青年藝術劇院演出：《記憶猶新》：王司令員——王斑　李政委——杜澎　張愛華——吳鳳媛　何軍長——王培　方卜亮——邵華　周隆生(侍者)——馮汗元　張淑華——韓靜如　克魯門少將——郭平　賽普爾上校——江水　墨菲上校——田隴　娜俞絲(間諜)——金淑之　此劇寫一九四五年，解放濱海市後，美、蔣反共之罪惡行爲。今晚戲，民進所請也。

七月十四日星期六（六月十三）

修改《史事考證》第四、五、六三章，訖。重寫《大誥譯證

簡目》。侯外廬、賀昌群來。到外覓理髮處，不得，遇常任俠。到
馮大夫處，不遇。

　　到燈市口"孔雀"理髮。三時，與静秋、洪、湲、堪三兒乘十
一路車到西直門，會雁秋夫婦，同乘卅二路車到中關村科學院四十
樓二〇八號陸啓鏗處，并晤木蘭、陸啓燁。予與静秋到熊慶來處，
小坐。到西頤餐廳飯。

　　九時歸。洗身。十時許服藥眠，上午二時半醒，耿耿到旦。

　　今晚同席：予夫婦　　雁秋夫婦　　陸啓燁　　洪、湲、堪三兒
（以上客）　　陸啓鏗　　張木蘭（以上主）　　明日爲啓鏗、木蘭婚
期，今日先請我們兩家吃一席，計五十七元。

　　自東城到中關村當有三十餘里，今日大熱，又須換車，適爲
星期六，車中擠甚，以此，静秋幾暈倒，予則竟成汗人。歸家飲
茶，十杯猶不止渴。

七月十五號星期日（六月十四）

　　路工、王一奇來，同上汽車，到朝陽門外芳草地接陶鈍，同到
文聯。九時半開民間文藝編委會，十二時半散。到四川飯店飯。

　　三時歸。看《民間文學》中予所作報告。洗浴。修改《大誥
解釋》。鄰居俞阿姨來洗衣。

　　看溥傑所寫《醇王府》。十時服藥眠，上午四時廿分醒。又眠，
七時醒。

　　今日同會同席：阿英（主席）　　賈芝　　楊成志　　傅懋勣　　陶
鈍　　陶建基　　吉星　　毛星　　孫劍冰　　劉錫誠　　劉超　　吳超　　阮艾
芹　　楊亮才　　王雪明　　王一奇　　張子晨　　陶瑜　　路工　　討論編輯
方針、方法。

　　静秋以昨日之行，今日又病，作瀉，絲毫無力，腹痛，用湯
婆子溫肚。體弱如此，使人心驚。予奈何安心工作？

昨日湲兒天癸始至，三女在生理上言，均成人矣。

七月十六號星期一（六月十五）

八時半，與昌群同到所中開編審會，則以中華書局尚無準備停開，與熊德基談，十時乘車歸。續作《世俘評論》一千五百字，本篇略訖。

看于思泊《釋𠂤、𠂤》。浙江人方阿姨來上工。修改《世俘解釋》。標《爾雅·釋詁、釋言》。雁秋來，留飯。

與堪兒到東安市場及百貨大樓購物。十時服藥眠，上午三時醒。又眠，六時醒。

今日靜秋略好，但仍瀉。她只可靜養，不可活動。然而其性情偏愛活動，與其體質相矛盾，此亦無可如何之事也。

予體固較靜秋強，但年紀不饒人，氣管支炎浸以加劇，總覺吐不完的痰。晨起吐出之痰，有如餐廳中之"凍"然。予每年七月離京，而今年以工作故留此，然開會慶吊不得不出，在大熱天中跑來跑去，宜此疾之加重也。又年來太易出汗，今一食一飲，總是一身大汗，此非病也，衰也。

七月十七號星期二（六月十六）

寫向覺明信，謝贈書。到北京醫院，就金靜仁大夫診，待久，與呂振羽、張稼夫、常任俠談，遇盧漢。看李亞農《封建領主制與地主制》。十二時歸。

未成眠。伯祥來，同到來今雨軒，與陳乃乾、張靜廬、徐忠仁談。五時，與伯祥、乃乾出，到北京餐廳，予買菜先歸，宴啓鏗等。留啓鏗夫婦宿。

歐陽柏來，送又安稿費。與啓鏗談。洗身。待潮兒歸，服藥兩次，十二時後眠，六時半醒。

今晚同席：陸啓鏗　張木蘭（新親上門）　　張雁秋　褚頤萱　尹如灃（以上客）　　予夫婦及諸兒（主）

今日熱甚，臥床流汗不止。

量血壓，爲170/96，何突高也？

七月十八號星期三（六月十七）

與啓鏗談。同照相。到政協禮堂，開文史資料研究會三周年總結會，自九時至十一時半。到餐廳飯，遇劉仲容、傅彬然、林仲易。

到北海雙虹榭冷飲。遇張次溪。到中宣部，開歷史研究所會，康生主席，自三時至六時半。乘汽車歸。

洗浴。看《辛亥革命回憶錄》第二集。十時服藥眠。翌晨五時醒。

今日上午同會：楊東蓴　申伯純　章士釗　翁文灝　李培基　李仲公　載濤　王伯祥　章元善　閻寶航　翁獨健　邵循正　趙世蘭　浦熙修　鄧哲熙　陳公培　金燦然　黎澍　劉大年　姜克夫　溥儀　杜聿明　張述孔　廖華　陳修和　米暫沉　李俊龍　羅任一　焦實齋　羅隆基　章伯鈞　李祖蔭　葉景莘　陳達　王家楨　劉斐　王耀武

今日下午同會：康生　于光遠　尹達　侯外廬　熊德基　胡厚宣　賀昌群　翁獨健　姚家積　劉浩然　楊向奎　酈家駒　李士敏　姜君辰　張政烺　林甘泉　田昌五　程西筠

七月十九號星期四（六月十八）

林劍華來。寫又安信。寫起鈺信。九時，康生同志派車來接，到其家，長談二小時半，金燦然來，同談。十一時半歸。

眠一小時半。點予舊作《今本堯典爲漢人作》王道生鈔件，未畢。俞旦初來，同標《大誥今譯摘要》中之繁、簡字體。

到市場購物，遇袁熙之、葉叔衡。到伯祥處談。失眠，服藥兩次，約十二時半眠，七時醒。

與政協約定，本月廿三日晨，携洪、湲、堪三兒到大連歇夏一月。

堪兒今日將《西游記》一百回看畢。

林劍華，所中允其爲我鈔寫，計工論酬，一個月約六十元。今日付與《禹貢》書五種，請其斷句，并將説法分列，以便利我的工作。

七月二十號星期五（六月十九）

王道生來。程金造來。將《從地理上證今本堯典爲漢人作》校點訖，討論四篇亦點訖。

未成眠。將《東土的新封國》一章改訖，重寫二千字。改《世俘注》訖。

與静秋到吉祥戲院看劇。遇馮國寶夫人。十一時歸，遇林其煌夫婦。十一時半服藥眠，翌晨六時半醒。

今晚所觀劇：天津市越劇團演《紅樓夢》：賈寶玉——筱少卿　林黛玉——裘愛花　賈母——筱艷芬　賈政——邢湘麟　薛寶釵——黄秀英　王熙鳳——章麗娟　紫娟——丁漢君　傻丫頭——張幼娟　賈環——許小平　雪雁——韓依萍

七月廿一號星期六（六月二十　初伏）

理書。記筆記一則。寫劉鈞仁、侯寶璋信。林其煌來。與静秋到馮大夫處打針。

眠兩小時許。理書及稿。準備行裝。

李范生來借錢。看《絞索套頸時的報告》。十時半服藥，十二時半成眠，翌晨六時半醒。

今日量血壓，爲 138/80，何與十七日相去懸殊也？

林其煌囑靜秋服瑞士藥 Entero-Viotorm，謂治慢性腸炎有特效，且王府井大街有貨，因以十元買三盒。詢之馮大夫，亦謂可服，惟須少吃菜蔬耳。

七月廿二號星期日 （六月廿一）

寫李可染、錢琢如、安若定信。又寫俞旦初、尹達、石聲漢信。王錦第來。理書、稿入箱。寫李光信信，孟默聞信。作孫詒讓紀念會祝詞。

未成眠。誦芬弟來，爲寫德融侄信。到林劍華處，并晤其女蘭英。劍華伴至夏作銘處。六時歸。魏廣洲來。馮大夫來。雁秋夫婦來，留飯。

到昌群處。張覺非來。十時服藥眠，翌晨六時醒。

孫詒讓先生著作遺物展覽會祝詞

經學子學，蔚爲大宗。甲文金文，星斗羅胸。樸學後勁，科學先鋒。探賾索隱，晚進追踪。千秋事業，峙若高墉。我瞻遺澤，仰止情鍾。

予謂魏廣洲，日前到國子監中國書店，竟少可購之書，與去年情況大異，足徵綫裝書越來越少。廣洲云：最可惜者兩批書，一批在四九年初解放時，一批在五二年三反運動時，舊籍大量散出而無人要，大都送至紙廠也。如在今日，豈非寶貝。

七月廿三號星期一 （六月廿二）

昌群來。尹如潛送行李到站，七時半，予與洪、湲、堪三兒乘電車到站。八時十五分開車，與旅順區委陳炳武等談話。下午一時飯。

眠一刻鐘。過山海關後望風景。七時到錦州，下車散步，進晚餐。

以未服藥，耿耿終夜。堪兒以無宿位，與陳炳武同眠。

在火車中，不服藥竟不得眠，可見予失眠疾之根深蒂固如此。

七月廿四號星期二（六月廿三）

七時十五分到大連，趙公勤等來接，到連捷路休養所，落宿樓下五號。理物。與王芸生、黃琪翔、李連捷等往還。趙公勤來收費及糧票。

未成眠。寫靜秋信。三時，與洪、堪兩兒乘電車到青泥窪，入秋林公司及大連商場購物，又到老虎灘觀海。五時，步歸。

飯後與諸同人談話。到從文處。服藥三次，約十一時眠，翌晨六時半醒。

大連連日有雨，今晨雨尤大，屋內甚潮濕，與五七年七月在青島無異。所居為倪嗣冲舊屋，洋樓一所，予以携三兒占兩間，臨高望遠，樹木扶疏，致為可愛。一說，為張宗昌舊居。此屋久無人居，一進屋即有一陣霉氣。予失眠之劇，當與此有關。

今日付趙公勤秘書手：糧票　一百〇七斤　飯費　二百四十元　牛奶　廿四元　昨靜秋交與三百元，什去其九矣。

七月廿五號星期三（六月廿四）

與洪、湲、堪三兒到勞動公園，登五一塔。十時半歸。看楊寬《上古史導論》。

眠一小時半。獨到市區，游魯迅公園，冷飲。訪新華書店及古舊書店，以星期三公休，未得入。六時歸。

洗澡。到趙公勤處談。與張耀傑、張文蘭談。服藥兩次，約十一時眠，上午兩時半醒。此後在半睡狀態中，六時半醒。

同休養人：黃琪翔夫婦及其女平　王芸生夫婦　李連捷及其

　　子爽　沈從文

　　兩日欲發靜秋電，今日幸而找到一"郵電局"，乃謂只"郵"不"電"，使我生氣。

　　予到一新地，不肯不游，而近年過于多汗，每一走動，髮頂、頸上、背上大量注出，有如淋雨。老年頹唐，洵少年所不解也。予少壯時脚汗極多，近年雖走多路，脚總無汗，亦一奇也。

七月廿六號星期四（六月廿五）

　　寫靜秋信。校尹如濬所鈔《周公執政稱王》一文訖，計萬七千字。

　　朦朧半小時。與同人參觀大連自然博物館，由黃藻辛等導引。二時四十分往，五時一刻歸。旅大交際處薛貴陪行。飯後到八一路散步。

　　看繆祐孫《漢書引經異文錄證》。十時，服藥眠，十一時醒。又眠，三時半醒。又眠，六時醒。

　　今晨颱風至，大雨，天昏地暗，景象愁慘。

　　此間自然博物館包有動、植、礦、工業等部門，陳列品約萬件，詳于東北，蓋日人所創辦，而發展于解放後者。

　　來此後頗感疲乏，殆氣候潮濕之故歟？

七月廿七號星期五（六月廿六）

　　記筆記五則。鈔《禹鼎銘》。當地政協、統戰部主持人姜培禄等來。

　　眠一小時。到友好路新華書店、古舊書店閲書。到上海路新春軒理髮。歸，看王鳴盛《十七史商榷》。

　　與三兒及黃平游魯迅公園。十時服藥眠，十二時醒。又服藥，六時醒。

今日來客：姜培禄（大連政協副主席）　梁朱明（大連政協副秘書長、民盟副主委）　俞芹（女，大連統戰部副部長）孫岱玉（女，大連政協工作人員）

爲求夜眠之安，今日下午出門，晚飯後又出門，乃仍不易入眠，總在半醒狀態中，不得已再服一次乃成眠。我真病入膏肓矣！初意到大連後上勁趕工作，今勢不可能矣，奈何！

七月廿八號星期六（六月廿七）

楚溪春夫婦自京來。記筆記一則。讀徐中舒《禹鼎的年代》，修改《大誥考證》，約二千字。

眠一小時。到樓上，與黃琪翔夫婦話別，送之上車。王芸生、沈從文來，長談。寫尹如潛信。記筆記五則。

與三兒及王裕春同車到中蘇友誼館看電影。十時一刻歸。十一時服藥眠，上午一時醒。又眠，五時半醒。

今晚所看電影：1. 人民公敵蔣介石　2. 光輝的歷程（就革命歷史博物館陳列物品加以發揮）

聞楚溪春言，北京自廿四日起大雨，有塌房者。

聞大連雨季，集中七月下半月及八月。

七月廿九號星期日（六月廿八）

記筆記二則。與三兒同出，乘二路電車，轉三路電車，更轉六路電車，到星海公園，游半小時。八時半出，十二時歸。

擦澡。未成眠。寫靜秋信。與同人到體育場，觀游泳、跳水表演及海軍演"抓特務"劇。自三時至六時，冒雨以觀。

與同人到南山招待所看電影，自七時半至九時半。失眠，服藥三次。約十二時眠，晨六時廿分醒。

我等寓大連東南部，星海公園在西南部，從地圖上看甚近，而中間隔一座山，故必須先北行，轉西行，更轉南行，往返須三小時。爲不能在外面吃飯，故須在午餐前趕回，太匆匆矣。如其近也，則孩子們又可過青島生活，日逐之于海濱矣。

今晚所看電影：1. 瘟神原形（艾森豪威爾反動事實，及東風壓倒西風之力量）　2. 光榮的特徵（匈牙利革命故事）

今晚失眠，殆以看表演及電影，精神緊張之故。

七月三十號星期一（六月廿九）

楚溪春、趙公勤來。記筆記二則。到大連市場買文具。校《歷史研究》所排《大誥今譯摘要》訖。

眠半小時。到桃源街寄校件。

到自由街及其附近散步。疲勞，休息。九時半服藥眠，翌晨四時半醒。

今日諸同人均至小傅家莊海水浴場，予獨以校字留寓。據兒輩云：水中石多鋒利，湲、堪腿足都爲擦破。

今晚依金靜仁大夫囑，將 Atarax 及 Toclase 兩種藥丸在晚飯後服一次，睡前一小時又服一次，居然得佳眠，可喜也！

七月卅一號星期二（七月初一　中伏）

寫靜秋、潮兒信，即付寄。林葆駱夫婦及其子建武自京來。修改《大誥考證》第七節千餘字。大連圖書館周之風來，與從文、芸生同接見，長談，留飯。

眠一小時。二時，與同人到大傅家莊海灘，與從文長談，拾石子。五時，同人浴畢，歸。點繆祐孫《漢書引經異文録證》卷一，未畢。

與同人到文化俱樂部，參加大連市軍民慶祝建軍卅五年聯歡大會。遇張奚若、高崇民、姜培禄。會畢，觀京劇《滿江紅》，未訖，歸。服藥兩次，約十二時一刻眠，早六時醒。又眠，七時一刻醒。

來此後多陰雨，僅今昨二日晴，同人乃得洗海水澡。

沈從文患失眠，不亞于我，我二人皆神經質人也。

今日入中伏，不動尚可不流汗，可知大連所以爲避暑勝境之故。

今晚會上發言人：許西（旅大市委書記，市長）　曲競濟（大校，駐旅大部隊首長）　畢春花（軍人家長代表）

所觀劇：滿江紅（旅大市京劇團曹藝斌、沙世鑫、榮桂芬等演）

旅大市分區：1. 中山區（青泥窪、車站、海港）　2. 嶺前區（解放路、八一路、老虎灘、南山嘴，此區今已并入中山區）　3. 西崗區（魯迅公園以西）　4. 沙河口區（沙河口車站）　5. 甘井子區（北郊）　6. 營城子區（西北郊）　7. 小平島區（西南郊、星海公園）　8. 旅順口區（舊旅順市）

大連二路車計經下列各站：青泥窪　勞動公園　武昌街　智化街　葵英街　青雲街　文化街　桃源街（八一路）　秀月街　白雲街　解放路　老虎灘　此路實在山溝中行，兩旁山上，不少人家，大街小巷，儼然平地。以其爲住宅區，故家庭婦女及小孩特多，電車擠甚。又老虎灘爲海軍基地，故軍人往來者亦不少。

大連一月總結：

甲、參觀：

一、公園、大厦：勞動公園　魯迅公園　星海公園　明澤公園　大連賓館　旅順海軍招待所　中蘇友誼館　文化俱樂部　南山招待所

二、市場：秋林商店　大連市場　昆明小市場　天津街百貨商

店　嶺前商店　婦女兒童商店　新華書店　古舊書店

　　三、工廠、農場：大連造船公司（躍進號）　旅大玻璃製品廠
旅大第一農場

　　四、博物館、圖書館：大連自然博物館　旅順博物館　旅大市
圖書館

　　五、風景：老虎灘　大傅家莊　夏家河　體育場（觀游泳）
龍王塘水庫　三山島（觀捕魚）　大連港　養殖試驗場（海産）
　旅順白玉山、萬忠墓

　　乙、工作：

　　六、讀書：繆祐孫《漢書引經異文録證》　陳奐《毛詩傳疏》
豳風部分　徐中舒《禹鼎的年代》　于省吾《吉金文選》　吳闓
生《吉金文録》　唐蘭《中國古代歷史上的年代問題》　章鴻釗
《中國古曆質疑》　楊寬《中國上古史導論》　王鳴盛《十七史商
榷》　周之風諸稿　洪邁《容齋隨筆》　顧禄《清嘉録》　關文
瑛《通志堂經解提要》　夏目漱石《哥兒》

　　七、寫作：修改《大誥史事考證》　校《大誥今譯摘要》
記筆記六十三則　點《清嘉録》　編洪邁考辨古籍語　作贈周之風
詩四首　寫家信十通

　　丙、交際：

　　八、宴會：當地首長歡宴　建軍節聯歡會

　　九、談話會：民進省委、市委談話　市委書記談話

　　十、電影：公敵蔣介石　光輝的歷程　瘟神原形　光榮的特徵
不是小事　如何是好

　　十一、戲劇：滿江紅

一九六二年八月

八月一號星期三（七月初二）

點《漢書引經異文録證》卷一訖，又點卷二訖。記筆記二則。

眠一小時。看唐蘭《中國古代歷史上的年代問題》及章鴻釗《中國古曆質疑》。王芸生來，長談。

與洪、湲兩兒到秀月街散步。失眠，服藥三次，約十二時半眠，翌晨七時醒。

静秋自我等出門後，生活已上軌道，每日下午可眠二三小時。常與潮兒看電影或對奕。腹已不瀉，極可喜。惟潮兒則食量依然不振，每頓只一兩，正當發育之際而有此病，可慮也。

八月二號星期四（七月初三）

王却塵夫婦自京來。收到静秋托帶錢信。與王芸生、沈從文、周之風、趙公勤同到大連圖書館參觀，又由周之風、王衍爵（士修）導至大廟，觀書藏。十一時半歸。

眠一小時。續看《中國古曆質疑》，未畢，記筆記一則。到王却老處。五時，到大連賓館，赴宴，遇周揚等。

飯畢，先歸。洗浴。十時，兒輩看電影歸。十一時服藥眠，翌晨七時醒。

今晚同席：張奚若　高崇民　周揚　趙樹理　邵荃麟　沈雁冰　王紹鏊夫婦　王芸生夫婦　林葆駱夫婦　楚溪春夫婦　沈從文　李連捷　參加作家會議諸同人（以上客）　許西（市委書記、市長）　胡明（市委書記）　譚松平（副市長）　姜培禄（副市長）（以上主）　共八桌

今日所晤圖書館職員：王多聞　田餘年　崔家祥　王衍爵

韓明武　　余念慈

八月三號星期五（七月初四）

金岳霖自京來。點《漢書引經異文録證》半卷。記筆記四則。翻《雙劍誃吉金文選》，搜集資料，未畢。

眠半小時。二時，與同人上車，赴龍王塘水庫，至黄泥川洞，車壞，修復後，三時半到。同人釣魚，予與王却老夫婦坐談。五時還。未到黄泥川，車又壞。易車歸，七時到。

訪周之風，未遇。看《吉金文選》。九時半，服藥眠，上午三時醒。又眠，五時一刻醒。

昨晚恐再失眠，服藥較多，醒來覺得頭暈。此次失眠，由于晚間多看電影、戲劇，此後務當少看，以利工作。

今日所至之龍王塘，係在大連旅順之半途，一往返間，一百里矣。水庫係日人所築，供旅大全市人食水，凡六池，深處達四十米。當時經營，甚爲井井，今則頗呈荒蕪現象，連鐵欄杆亦拆去，恐鄰邦之見笑耳。

八月四號星期六（七月初五）

王芸生之女芝瑜來。周之風來。八時半，與同人乘車到碼頭，上旅大水産公司 501 號船。九時開船，十一時半下網。十二時飯。一時半看收網，三時半歸。

吃西瓜。到周之風處，看其所作《旅大紀事詩》。持其《旅大史話》稿歸，閱之。

與金岳霖談。與程逸波到自由街散步。九時半服藥眠，上午四時醒。又眠，六時半醒。

今日上漁艦看打魚，以兩艦合圍，僅打得一千斤，未得大魚。太陽極旺，曬得兩臂皮膚發炎作痛。海上打魚，爲我第一次見，然得魚實非易也。

接潮兒信，悉湲兒已録取師大女附中，她高興得跳起來，此固北京最好之中學也。聞須平均九十八分乃可取。

八月五號星期日（七月初六）

摘録《雙劍誃吉金文選》中資料訖。

未成眠。鈔周之風《旅大史話》目，即將稿送王芸生處。鈔吳闓生《吉金文録自序》，未訖。

飯後與同人談話，聽廣播相聲。不成眠，起記筆記五則。再服藥，十二時後眠，翌晨六時醒。

今日上午大雨，入晚未晴。好容易晴了六天！

今晚與同人一談話，又興奮不能成眠，予有此病，處處受限制，真苦事也。

報載金毓黻先生于八月三日逝世，年七十六，東北史專家失却一個，可惜！又聞生物學家朱洗亦于上海逝世，此亦六〇年政協大會時接席者也。聞謝璉造亦死，近代史所又失去一美國史專家。

八月六號星期一（七月初七）

寫静秋信。鈔《吉金文録自序》訖，計四千餘字。周之風來，出示《叢書提要》、《方志提要》稿。

到秀月橋理髮。二時，與同人到旅大玻璃製品廠參觀，歸途游勞動公園。

看《叢書提要》稿。十時服藥眠，上午一時醒，三時又醒。又眠，六時醒。

此間玻璃廠成品銷古巴者最多，英國亦售，但須在白坯上由其再行加工。已能製水晶器，刻花甚工。

勞動公園本爲日本神社，解放前中國人所不能到。

今夜夢哭兩次，一爲履安之死，一爲僕人之死，均哭而醒。近日心情甚爲寧謐，何得有此恐怖？

八月七號星期二（七月初八）

記筆記二則。夏康農及其子延、程希孟、翁獨健及其女如蘭自京來。鈔金文中淮夷資料。記筆記二則。

未成眠。記筆記四則。三時，與同人赴大連港務局，聽王偉局長講解，并乘車歷各碼頭。五時一刻歸，民進大連分會主席蔣永威、副主席李穎生來談。

看金文，記筆記二則。服藥兩次，十二時後眠，爲狂風大雨所驚醒，遂耿耿到曉。

大連港水深，能進大船；形如蟹鉗，保有常溫，入冬不凍；以有此良好條件，一八九八年即爲帝俄所占，其後日人奪取，致力經營，分爲六區，或運煤，或運油，或運木材，或運鋼鐵，各有倉庫，火車可與輪船直接，軌道八十餘條，一年吞吐量爲一千二百萬噸，外舶來者四十餘國，務使盡速運輸，且量其所至遠近，或加潤，或烤乾，使貨物到目的恰恰合用，此中調動，真須大學問也。

八月八號星期三（七月初九　立秋）

記筆記五則。九時，開會，由夏康農、程希孟傳達陳毅副總理"關于解決老撾問題的擴大的日内瓦會議情况的報告"，翁獨健傳達教育部的報告。十一時四十分散會。周之風來。

看周之風所作稿。記筆記二則。與王芸生、沈從文到周之風處談，又到夏康農處長談，并訪程希孟。六時歸。

獨到勞動公園散步。十時服藥眠，上午一時半醒。又眠，六時廿分醒。

昨夜颱風來，上午二時半將我室窗戶吹開，全屋門窗亦俱震動作響。喚洪兒起來關窗，遂不成眠。聞同人中亦有如我者。

今晚到公園散步一小時，睡眠便順利。可知予身體尚有辦法，只要精神寧靜便好，散步猶之打坐也。

八月九號星期四（七月初十）

與李連捷同到古舊書店，以時早未開門，到天津街百貨商店、婦女兒童商店閱市。十時到書店，選購書三種。十一時半歸。翁獨健來談。

未成眠。同人到海濱浴，予上樓浴。看新購《容齋隨筆》、《通志堂經解提要》、《屺瞻草堂四史評議》。周之風來。寫靜秋、尹受、北京醫院信。

到車站及其附近散步。九時歸，爲打滴滴涕，避出房，與獨健談。服藥兩次，十一時半眠，五時三刻醒。

大連潮濕，多蚊蟲，應挂帳子，而休養所仗有紗窗不設，然門實不能緊閉，飛進者仍多，許多人都叫苦。服務員打滴滴涕又不上勁，非請不行。

今日回來，本有倦意，爲了打滴滴涕延遲一小時，倦意就消了，又服了兩次藥。

大連車站高廣，幾可與北京新車站毗美，想見昔日"南滿鐵路"之氣焰。

八月十號星期五（七月十一　末伏）

記筆記三則。九時，李穎生來，接却老與予，同到玉光街民進市委會，與諸省委、市委同人談話，十一時半歸。林葆駱爲量血壓。

眠半小時許。記筆記二則。翻《容齋續筆》，搜集考辨資料。

點《漢書引經異文錄證》第三卷訖。

乘車到中山廣場，步至勞動公園，九時許歸。十時服藥眠，上午二時三刻醒，朦朧至六時半。

今日同會：王紹鰲　予（以上客）　蔣永威　李穎生　張淑貞（女，沙河口小學）　孫常信(三中，省委)　王恒業(六中)　呂聖寰(九中)　沈正志(師院附中)　呂德瑜(旅大師院)　扈先哲(化工學院)　程光舉(遼寧師院，省委)　張汭夫(十三中)　王國華(四中)　蒯彥範(女，九中)　王慧蘭(女，宣教部長)　于朝元（幹部）（以上主）

今日量血壓，爲 144/84，與七月廿一日馮大夫所量不遠。予血壓既不高，何以夜間入眠乃難至此乎？

今日溫度爲攝氏表卅一度，是爲大連最熱的一天，以此間平均溫度爲廿八度也。

八月十一號星期六（七月十二）

到王却老處。九時，與同人到老虎灘參觀旅大市海洋水產研究所養殖試驗場，十時半歸。點《漢書引經異文錄證》第四卷訖。

未成眠。記筆記三則。翻《容齋三筆》訖。看《左傳》，記筆記七則。程逸波來。周之風來。

步至青泥窪，并到勞動公園望月，自七時至九時半。十時半服藥眠，上午三時一刻醒。又眠，五時半醒。

自連捷巷行至中山路，又到公園，行雖遲，當在十五里以上，予能行，足證腳力尚健，惜多汗，殊掃興耳。

前日接靜秋信，知頤萱嫂到太原省親，雁秋一人在家忽病，六日發燒不退，靜秋因常至其家照顧，然北京天熱，靜秋體又不健，兩家相去又遠，殊使予不放心。好在木蘭正在假中，又安亦以改稿來城，當可侍湯藥也。

四日出海，太陽灼膚，右臂皮膚枯焦，今日乃脫皮，斑剥若白點瘋然。

八月十二號星期日（七月十三）

寫静秋、潮兒信，即付寄。點《漢書引經異文録證》卷五訖。翻《容齋四筆》訖。點《清嘉録》半卷。

一時與同人乘車出發，到夏家河子海濱，予入海三次。在海濱與沈從文談。五時歸，六時到。

步至桃源街，再至老虎灘，乘車歸。十時服藥眠，十二時醒。又眠，五時醒。

夏家河子在大連西北隅，去可八十里，海灘極平淺，適宜于學游泳，惜太遠耳。

上海中華書局囑我整理蘇州風俗書，由乃乾來邀，因于今日起，點顧禄《清嘉録》。

八月十三號星期一（七月十四）

周之風來。到獨健處談。點《清嘉録》半卷，《漢書異文》半卷。九時，與同人到造船公司，上躍進輪，由公司幹部趙錫明講解。十一時三刻歸。

點《清嘉録》第二卷畢。《漢書異文》第六卷畢，全書粗訖。未成眠。翻《容齋五筆》訖。三時，與同人到星海公園，至幹部濱海招待所吃西瓜，又至望海亭，下探海洞。五時半歸。到周之風處。

乘五路車，游明澤公園。到三八廣場，乘一路車，轉二路還。十時服藥眠，上午二時三刻醒。又眠，六時半醒。

今日所晤人：周美鑫（市統戰部副部長）　梁朱明（市政協副秘書長）　蔣永威　李穎生　孫岱玉　李文華（民進遼寧分會副秘書長）　扈先哲（化工學院教授）　彭林冀（教師進修學院教授）

　　同人中如李連捷、沈從文、林葆駱、程逸波、夏延、李爽、王芝瑜皆病腹疾，蓋一以氣候常變，一以勞動過度，一以食物過飽也。予四人幸尚安好。

八月十四號星期二（七月十五）

　　到李連捷處問疾。八時三刻，梁朱明來，予乘芸生夫婦車行，九時十分到旅順白玉塔，望全港形勢。交際處梁書臣講解。下，到旅順博物館參觀。十二時半，到海軍招待所進飯，休息。

　　二時半出，到白玉山東麓萬忠墓，逾垣而入。又到營城子區參觀旅大第一農場，歷蘋果園及葡萄園。五時三刻歸。

　　覺倦，且臀痛，臥床。十時服藥眠，上午二時醒。又眠，五時醒。又眠，六時醒。

　　自大連至旅順，有南、北兩道。今日由南道前往，經黑石礁及兩山洞。歸由北道，不見海。自我寓至旅順，約一百十華里，行八十分鐘。旅順居民不多，清静可喜。一日往返，太匆匆耳。

　　連日活動，予亦覺憊，今日在車，顛得臀骨作痛。七時登床，至十時終無眠意。十時進藥乃眠，一夜幾睡八小時。以勞頓如彼，佳眠至此，而入眠則必賴藥，可見予痼疾之深矣。噫，予苟無失眠及氣管炎兩病，豈不成一"老青年"耶？

八月十五號星期三（七月十六）

　　周之風來。點《清嘉錄》第三卷訖。周之風偕王衍爵來，并邀翁獨健同談。點《清嘉錄》第四、五兩卷訖。寫答王多聞書，未訖。到沈從文處問疾。

　　略一朦朧。點《清嘉錄》六卷訖。與王却老夫婦、獨健、康農、希孟同到圖書館及大廟參觀書庫，周之風、王衍爵、田餘年伴。點《清嘉錄》第七卷畢。

與同人到大連賓館赴茶話會。予與芸生、岳霖先歸。又出，乘十路車，自車站到輪埠。服藥兩次，十二時後眠，五時半醒。

今日金風送爽，秋意突來。

大廟本爲"東本願寺"，爲大谷光瑞所建，祀天道大神者。聞大谷本皇子，假宗教之名以行間諜之實。旅順博物館所陳吐魯番唐尸八具，勞動公園之梵文大鐘，均彼所盜來者。

今晚同會：本所同人及眷屬　施復亮（以上客）　郭述申（旅大市委書記）　胡明　傅忠海（副書記）　周美鑫（市統戰部副部長）　張毅（副市長、民盟主委、醫學院副院長）　梁朱明　李穎生（以上主）

八月十六號星期四（七月十七）

沈從文來。點《清嘉録》七卷至十二卷，全書粗畢。王芸生來。林葆駱來。

未成眠。上樓，與王却老夫婦及王芸生夫婦、王芝瑜話別，三時半送之上車。將《清嘉録》全書編號。記筆記二則。

到中山廣場散步。九時服藥，約十時眠。翌晨三時一刻醒，遂不寐。

今日得靜秋書，知頤萱嫂已回京，雁秋病已好，但靜秋却因雁秋之病，常至西城，勞累之下，腹瀉又作。她的性情和其體力是矛盾的。

旅大圖書館館長爲孫效章，副館長爲喬世國，皆出差，未得見。聞該館所存羅振玉所印書，已得上級批准出售，屆時如得稿費，當儘量購取。

八月十七號星期五（七月十八）

記筆記三則。到八一路桃源理髮館剃頭。到嶺前商店購鯨魚肉。鈔《清嘉録》目次，并統翻一過。

未成眠。上樓洗浴。鈔羅振玉《論古器物學書》，未畢。記筆記一則。

上山，觀山上街屋，由文化街下山。乘一路車到奇兒溝，散步。九時歸。九時半服藥眠，翌晨六時醒。

前日參觀果園，買得桃、梨、蘋果不少，予分得十三斤。因洋梨易爛先食，食之較多，昨下便二次，今又下三次，且不暢。此向不甚吃果子之故也。聞近日所産稱爲"伏果"，其質量不若"秋果"之佳。

八月十八號星期六 （七月十九）

鈔羅振玉《論古器物學書》訖，凡三千字。高崇民自東山賓館來，上樓談。寫靜秋信，即付寄。

眠一小時。將《容齋隨筆》應編入《考辨叢刊》者鈔題目于卡片，再定一目，粗訖。記筆記一則。寫中華書局信。

與同人冒雨到造船俱樂部看電影。十時半歸。十一時服藥眠，翌晨五時一刻醒。

今日所看節目：電影：新婚舞　不是小事(小兒弄火)　如何是好(夫妻生活)　相聲：三段　山東快書：一段(均工人業餘組織)

《史林雜識初編》稿早于五月下旬交全，該局迄今尚未付排，諉爲插圖未全，其實文可先排也，今日來函，寄示樣張一，用大卅二開本老五號字，注用六號字。

高崇民爲開原人，年七十一，住棒槌島東山賓館，名爲島，實大陸也。

八月十九號星期日 （七月二十）

復看《大誥考證》一、四、五、六、八章，再行改定，約看三萬八千字。程希孟來。

未成眠。送林葆駱夫婦、林建武返京。到程希孟處。聽楚溪春等講解放前軍政界事，兩小時許。

步至青雲街上車，到車站上四路車，到沙河口，九時歸。十時服藥眠，上午四時三刻醒。又眠，六時醒。

昨終日大雨，今日出門，街旁流水淙淙，秀月橋下成洪流矣。聞是橋去年曾被水冲毀，故今年重建，予等至時方竣工也。

得靜秋信，知潮兒亦錄取師大女附中高中部，可與湲兒一同上學。此事全出靜秋主意，必令潮兒以女附中爲第一志願，以此校功課好也，予則不以爲然。該校在西城二龍路，離吾家遠，一往返間須一小時半，若回家飯則每日便花費三小時。以潮兒之勤學，在燈市口上學，尚且覺得時間不够用，早起遲眠，以至食欲衰退，精神憊憊，況再剥奪其三小時之時間，爲要趕功課，更將縮短其睡眠而增加其疾病矣。況夏寒冬冷，未曉出門，又足致他疾乎！湲兒本有氣管炎，恐將加劇。若果如此，此皆靜秋好高鶩遠之過也。

八月二十號星期一（七月廿一）

寫王多聞信畢，即付寄。與洪兒及楚溪春夫婦同到武漢街、玉光街一帶看自由市場，購物。與洪兒同到秋林商店及大連市場購物。十一時歸，算賬。記筆記一則。

眠一小時。洗浴。寫靜秋信。經周之風門，入談。改《大誥考證》第七章，未訖。

到自由市場，買花生。九時半服藥眠，晨三時半醒。又眠，六時醒。

此間自由市場範圍頗廣，不第農業生産品，即舊衣服、布料、木器、什用品皆有之。靜秋囑買花生米，白天無之，晚乃有，然炒熟，且一攤只有一斤，買兩斤而歸。

八月廿一號星期二（七月廿二）

改作《淮夷》一節訖，計增入三千字。記筆記一則。

未成眠。再勘《淮夷》節，增入數百字。記筆記一則，《朝陽類聚辨僞類》第一冊訖，即寫一小序。

與堪兒到自由市場，買薑及花生。服藥兩次，十時半眠，翌晨三時醒。又眠，六時一刻醒。

　　林葆駱之急于回京，爲李亞農病重，需其到滬診治也。據葆駱言，亞農心臟有五種病，肺有四種病，實爲不治之症。亞農以中國古代史與馬列主義相結合，最爲用功，亦最能搜集資料，而竟罹此病，惜哉！

八月廿二號星期三（七月廿三）

記筆記二則。整理《壬寅夏日雜鈔》一冊訖。整理《讀尚書筆記》第四冊訖。

未成眠。堪兒腹痛，由趙公勤、張耀傑、夏延、洪兒伴往兒童醫院診。李連捷及其子爽返京，送之。與夏延、洪、湲、堪三兒到自由市場買物，遇翁如蘭。予與堪兒先歸。

到周之風處還稿，談。步至老虎灘，八時許歸。十時服藥眠，上午二時半醒。又眠，六時醒。

　　堪兒今日上午即覺腹痛，午飯時更甚，乃至院診治。查係蟲病，須服打藥。打針後痛旋止。

八月廿三號星期四（七月廿四　處暑）

鈔陳呂綱《漢志武成日月表》入《大誥考證》第二節。與洪兒同到自由市場買物。到民進，送地圖，晤于朝元。十時歸。周之風送紙來。翁獨健來還書。

略一朦朧。作贈周之風詩四首，即爲寫好。張耀傑來。點陳奐

《詩毛氏傳疏‧東山、破斧》兩篇。周之風來贈水果。

步至青雲街上山，至文化街下山。失眠，起理物入箱囊。共服藥三次，十二時後眠，翌晨六時半醒。

贈周之風同志

同聲相應氣相求，鐙帳何期聚一丘。文字因緣天意在，故將小疾結朋儔。

逃暑盤桓秀月橋，安排輶軒好聽潮。驚傳翔起遼東鶴（指金靜庵），落日樓頭賦大招。

肅慎夫餘史闕文，冥搜猶待燭膏焚。金公餘緒賴誰補，公誼私情兩屬君。

一館珍藏百萬書，左抽右挹樂何如。願君爭取千秋業，留得鴻編照海隅。

之風隨靜庵久，其治東北史，即承其風，故當其出紙囑書時以此勉之。

八月廿四號星期五（七月廿五）

理物訖。到周之風處。點陳奐《詩疏‧七月》篇。張耀傑來算賬。趙公勤來捆箱。爲翁如蘭、夏延寫字。

未成眠。點《詩疏‧鴟鴞》篇。上樓，與之風、從文談。三時四十分，與諸同人別，上站。四時〇五分車開。與岳霖、從文談。

與堪兒同榻。十一時到瀋陽後無新客至，予臥上層，以不服藥，竟夜不寐。

送行者：姜培禄　梁朱明　蔣永威　孫岱玉　張耀傑　趙公勤　張文蘭

同行者：金岳霖　沈從文

堪兒出寓所上車忽泪下，蓋不忍與夏延、翁如蘭分手也。在此一月，兒輩與王芝瑜、林建武、李爽及夏、翁等相處如兄弟姊妹然，而堪兒最小，爲其疼愛，故尤感動。

八月廿五號星期六（七月廿六）

在車看日本夏目漱石著《哥兒》等。到山海關站散步。遇徐行之。

二時五十分到北京。尹受、又安、老温來接，乘民進汽車歸。與静秋談。看各處來信。洗浴。

看《哥兒》訖。十時服藥眠，上午三時醒。又眠，六時醒。

北京較大連稍熱，但近日已較凉矣。昨夜今晨在車中頗凉，雖以堪兒之熟睡，亦自起蓋毛毯。

潮兒飯量不佳，身子無力，已歷半年，醫言有肝炎嫌疑，但近日肝病人甚多，非大不了事。然轉瞬開學，如何受得了？

静秋腸炎較好，然在此寒暑轉換期間，依然日拉兩次。幸家中有一保姆，可不太勞耳。

八月廿六號星期日（七月廿七）

理物，略訖。林劍華來。補記日記三天。點《詩疏·伐柯、九罭、狼跋》三篇，《豳風》訖。

未成眠。看譚正璧《話本和古劇》。德融侄來，長談，留飯。寫趙公勤、張耀傑信。林建武、李爽來。李念華、黎煥葵來。遇昌群夫人。

雁秋夫婦來。續看譚正璧書。服藥兩次，十一時眠，翌晨六時醒。

大連有捕鯨隊，因此製鯨肉罐頭出售。予買紅燒鯨肉一罐，今日開食之，形狀與滋味均極似牛肉，洵乎鯨之爲獸而非魚也。

德融侄來告，誠安半年病腎臟炎，近月致十餘日小便不通，已入同濟醫院，須開刀。但本月八日進院後，迄今家中尚無來信，想無甚危險也。

八月廿七號星期一（七月廿八）

看《歷史研究》所載予《大誥今譯》文。魏廣洲來。寫李士敏、北京醫院信。寫越特金信，開履歷與之。寫自珍信。

未成眠。寫張令琦信。王錦第來。昌群來。寫張又曾信。看張舜徽《古代史籍校注法》。

孟默聞來。看魯迅《中國小説史略》。十時服藥眠，上午三時醒，遂不寐。天明略一朦朧。

魏廣洲來，言劉蟄園于上月廿七日逝世，年約七十七。渠爲前清舉人，嗜花，藝菊尤著名。解放後得政府之助，爲北海園藝之主持人。没後，其子將所藏園藝書舉贈北海，其他則售與中國書店。其死係患毒瘤。予與同在政協，故相識。

歸後以氣候變化，氣管炎又作，咳嗽多痰，左眼亦不舒服，祝勿紅眼也。

八月廿八號星期二（七月廿九）

寫張舜徽信。金擎宇夫人來，長談。到郵局寄信，到東單理髮。到乾麵胡同十五號新屋訪賀昌群。

未成眠。看又安所寫"孟姜女"特殊問題四篇。寫姜君辰信。與靜秋挈四兒到王府井中國照相館照相，到百貨商店、東安市場購物。六時歸。

孟默聞來。看趙吉文《寄園寄所寄》。十時半服藥眠，翌晨五時半醒。

堪兒帶紅領巾，潮兒考入高中，湲兒考入初中，皆家庭中喜事，故照相以作紀念。

吾家現代化之物太少，留聲機、無綫電均已壞，欲買新者，

價又不貲，兼電視機、自行車，度必在千元上。俟得稿費，再
謀之。

八月廿九號星期三（七月三十）

寫王拱璧、廣西民進、孟默聞信。到伯祥處談，又到侯外廬處
談。寫德武佺、劉起釪信。看民進文件。

未成眠。看唐英《十字坡》雜劇等。與靜秋及諸兒同出，送湲
兒到師大女附中檢查身體。到雁秋夫婦處。到政協買物，進食。

步至二龍路、報子街，爲潮湲兩兒上學乘車定計劃。八時歸。
十時半服藥眠，翌晨六時醒。

今晚所晤人：王葆真　周炳琳　錢昌照夫婦　嚴景耀夫婦
徐楚波夫婦　楊扶青　李伯球　陳修和　李俊龍　吳大琨夫婦子
女　徐行之　聞家駟

潮、湲兩兒既入女附中，而該校在西單二龍路，離家遠。今
日乘車，知一路汽車最快，自西單至東單僅十三分鐘。換四路汽
車到金魚胡同，六分鐘，惟兩頭均須走，換車又須等，則一回至
少須四十分鐘，每日在路上所費時間約一小時半。

八月三十號星期四（八月初一）

寫林劍華信。王嘉璿來，談教界精簡問題。山東歷史研究所陳
錫德、史學通來。與靜秋到馮大夫處打針。

眠一小時。記筆記二則。寫李平心、陝西政協、陸欽頤、俞平
伯、葉聖陶信，即付寄。

到章元善處，并晤其子保，爲寫鄒新垓信。到容元胎夫婦處
談。出，遇向達、昌群。服藥兩次，十一時眠，上午四時醒。又
眠，六時半醒。

自二十日後，午睡久不能入夢，今日就床一小時後居然得

睡，至三時而醒，其打普魯卡因針之效乎？蓋停針已五十日矣。

八月卅一號星期五（八月初二）

班書閣來。爲王守義寫扇。黎澍來，爲調劉起釪事。記筆記三則。寫周予同、學術月刊、劉起釪、王玉哲、金德門、周達甫信。

又安遷鄉。寫孟默聞、陳萬里、周晶成、容希白信。到北海公園，穿至團城，看"蘇州市工藝美術展覽"，遇葉叔衡、吳研因。歸，寫研因信。

全家到"紅星"觀非洲電影。十時服藥眠，翌晨五時醒。

黎澍來言，調劉起釪來京事已成事實，因作函告之，并云："年來各方意見，願我將《尚書》趕速全部譯出，不必作大考證，更不必畏小問題不盡能解決，只須大體上無大誤即可。以是兄來此後，即請助我作《尚書今譯》之普及本。"又黎澍勸自擇研究生，因念南開將畢業之李民不錯，因與王玉哲書云："《尚書》工作，處處是盤根錯節，且兩千年來衆家之說，不看則慮有遺珠，看則有若亂絲之難理。若李君能來，則以彼壯健，當有勇氣作徹底之整理也。"又接姜君辰信，知周達甫已到中央民族學院任教，但已由劉導生與其講妥，仍可助我整理《尚書》。是均今日之好消息也。

蘇州工藝美術有其久遠之傳統，惟至我世，既不爲經濟中心，又不爲政治中心，日薄西山，奄奄待盡。而解放十二年來，在黨之關懷與政府之正確領導下，竟有勃然之發展。如刺綉，吾幼時所見已極粗劣，後見湘綉，自愧不如，今在金靜芬、顧文霞等研究實踐之下，推陳出新，又在湘綉上矣。此可見蘇州工藝雖已凋敝數十年，而其優美之傳統尚未絕種，故在"百花齊放"號召之下，又怒苗奇葩也。此次陳列，尚有緙絲、宋錦、紅木小件、玉石雕刻、摺扇、檀香扇、絹宮扇、紙團扇、寶素珠、玩具、戲裝戲具、民族樂器、古琴弦、蘇裱、國畫顏料等千餘種。

今晚所觀電影：1. 摩洛哥　2. 幾內亞　3. 馬里　4. 加納　5. 索馬里

一九六二年九月

九月一號星期六（八月初三）

林劍華來。陸啓鏗來，留飯及宿。剃破嘴唇數處。與靜秋到馮大夫處打針。

眠一小時。寫于鶴年、李鏡池、陳懋恒、沈瓞民、起潛叔、孫孟晉、鄭逸梅信。誦芬弟偕新夫人江澤菲來。木蘭來，留宿。爲祝熊慶來壽，數學所趙國祥來收費。

出寄信。在附近街道散步。九時，服藥眠，上午二時醒。又眠，五時醒。

昨晚回來，家中電燈息滅。賀氏子爲檢查保險絲，無損傷，今日請房管局來查，乃知電綫被剪去一大段。今晚則賀、蕭兩家亦滅燭矣。盜賊公行，奈何！聞上海、天津等大城市亦然，可憂也。

九月二號星期日（八月初四）

啓鏗赴廈門，木蘭送上站。看《文史資料選輯》第十八輯竟。楊向奎來。

未成眠。夏延來，與群兒嬉，留飯。與靜秋到外交部街口買桃，送至王姨丈家。

爲潮、湲兩兒寫參加半伙信。洗浴。續看《文史資料》。服藥兩次，十二時後眠，翌晨六時半醒。

九月三號星期一（八月初五）

記筆記一則。林劍華來。修改《周公東征的勝利和東方民族大遷徙》一章，未訖。孟默聞來。到馮大夫處打針。

未成眠。容元胎來。數學所龐保環來。張書年來，送吳小如還書。

到"春風"理髮，遇祝同志。乘車周全城，到西單商場。十時服藥眠，上午二時醒。又眠，六時醒。

爲昨日遲睡，今日頭暈甚。天乎困我，使我失去睡眠之機能！

九月四號星期二（八月初六）

記筆記二則。林劍華來工作。得平心《大誥商兌》信，即鈔入筆記，未畢。將筆記三册寄華訓義鈔寫。

到來今雨軒，茶聚。四時許，靜秋來，同到政協禮堂第一會議室，參加熊慶來先生七十壽辰，聽莊圻泰報告熊先生學術工作。六時半聚餐。

乘楚圖南車歸。看敦煌本《搜神記》。十時服藥眠，上午二時醒，遂耿耿到曉。

李亞農同志于本月二日逝世，年五十七。上月十九日林葆駱大夫自大連回京轉滬，而病勢已深，醫藥束手矣。不意五七年青島一別，遂成永訣！今日能以馬克思主義結合中國古史資料者雖多，而彼則確有深研，異乎一般之扣盤捫燭者流，惜哉！

今日下午同會：吳研因　陳乃乾　陳萬里　章元善　瞿菊農　陸欽頤　汪季文　王伯祥　夏慧遠

今晚同會同席：熊迪之夫婦及其孫女　華羅庚　莊圻泰　段學復　許寶騄　嚴濟慈　程明德　吳新謀　張勁夫　吳晗　楚圖南及其子澤涵　江澤涵　趙忠堯　趙九章　葉企孫　袁翰青　張子高　何魯　陳遵嬀夫婦　惲子强　錢三强　趙進義　范秉哲夫

婦　鄭桐蓀　施汝爲　楊一波　辛志超等（共七桌）

九月五號星期三（八月初七）

點《桐橋倚櫂録》卷一畢。鈔平心《大誥商兑》文畢，凡五千字。

略一朦朧。看《聞一多全集》。與静秋到馮大夫處打針。到景山公園，直上山頂。到大同酒家買叉燒。步歸。

到楊向奎夫婦處談。服藥兩次，十時半眠。早四時醒。又眠，六時半醒。

自上月卅一日我家電綫被竊後，繼之以賀、蕭二家。至昨日，則前院、後院皆被竊矣。尋其踪迹，于卅五號房頂得一剪刀，此屋本爲吉林會館，壞人甚多，繼此以往，恐將操戈入室。屢報派出所及房管局，設法防範，不知可能斂迹否也。

景山自址至顛，凡二百六十二級，高于虎丘之五十三參幾五倍。

九月六號星期四（八月初八）

點王先謙《詩三家義集疏》中之《豳風》，未畢。看《敦煌變文集》。

未成眠。記筆記兩則。王錦第偕《文匯報》記者吳培恭來訪問，長談。

乘車到前門，由天安門、午門步歸。服藥兩次，十時半眠，翌晨五時醒。又眠，六時三刻醒。

予睡眠時間不算少，只是非多服藥不得眠，而服藥一多則腦易昏漲，不便工作，今日寫字且手顫矣。予之生活非改變不可。

静秋今日覺得食道作梗，疑是癌症。渠身體太壞，百病俱來，真可憐也。

湲兒驕傲，其母問之恒不答，令作事不做，今晚大打一次。

九月七號星期五（八月初九）

將《詩三家義集疏》中《豳風》點畢。到北京醫院，就金靜仁大夫診。遇翦伯贊、熊壽祺、于樹滋、程希孟、徐行之等。與靜秋到馮大夫處打針。

未成眠。記筆記一則。

周達夫來。到北京醫院打冬眠合劑針。步歸。張覺非來。十時半服藥眠，翌晨六時醒。

周達甫君允助予整理《尚書》，但只限于音韻方面。他介紹語言所管燮初任文法，內蒙大學梁東漢任文字，當徐圖之。

九月八號星期六（八月初十）

寫平心信，即到前門寄。到四川飯店，參加學部中心小組學習，自九時至十二時，潘梓年主席。會後聚餐。

到西單理髮。到西單商場飲咖啡及買書。到民族宮舞廳，參加民進學習會，自三時至六時。會後與陶建基談。到民族飯店聚餐。

步至北京醫院打針。又步歸。失眠，服藥三次，約十二時半眠，翌晨六時半醒。

今日上午同會同飯：潘梓年　張友漁　劉導生　劉斗魁　徐旭生　夏鼐　黃文弼　郭寶鈞　王伯祥　唐棣華　余冠英　賀麟　汪奠基　胡厚宣　賀昌群　夏康農　翁獨健　傅懋勣　馮家昇　嚴中平　侯外廬　呂叔湘　丁聲樹　鄭奠　陸志韋　巫寶三　周新民　錢寶琮　王守禮　丁名楠

今日下午同會同飯：楊東蓴　王紹鏊　許廣平　雷潔瓊　嚴景耀　謝冰心　吳文藻　吳研因　林漢達　董守義　毛之芬　顧均正　鄭效洵　章廷謙　葛志成　張紀元　張明養　梁純夫　陶

建基　嚴幼芝　吳榮　吳廷勘　陳選善　徐楚波　張志公　張錫
彤　傅彬然　戴克光　王歷耕　李紫東　陳麟瑞　沐紹良　趙濟
年　張夢麟　謝瑩　鄺平章　龐安民　王嘉璿

九月九號星期日（八月十一）

　　寫陳萬里、陸軼程信。訪胡厚宣夫婦、張德均、湯茂如，談。
與静秋到馮大夫處打針。記筆記一則。

　　眠兩小時。看桂馥《札樸》。到和平賓館買菜，王府井買葡萄。
到章元善處。到郵局寄信。

　　雁秋夫婦來。到北京醫院打針。服藥兩次，十時半眠，翌晨六
時醒。

　　打冬眠合劑針後，眠時固長，但仍不易入眠，仍必服多量藥
物乃得眠，且白天精神仍不痛快。奈何！

　　王玉哲來信，李民肯來作研究生。

九月十號星期一（八月十二）

　　徐忠仁來，爲寫聖陶信。農業出版社朱洪濤來，取回樹幟《禹
貢新解》。孟默聞來。記筆記一則。

　　未成眠。送《適園叢稿》到陳景鑾處鈔寫。遇袁熙之。到琉璃
廠，參觀榮寶齋，到一得閣買墨汁，邃雅堂買平裝舊書。到中山公
園吃茶，看沈從文《自傳》，遇何思源。

　　王錦第、潘安榮來。到北京醫院打針。十時半服藥眠，翌晨五
時半醒。

　　今晚多服了些藥，便安眠達旦，然藥量如此重，不可久也。
下午隨便玩玩，或亦致眠之一道。

　　一星期來，每日必兩便，向惟晨間一次，今則午後又一次
矣。静秋記得，前予在滬時亦曾犯此，則腸病其復發乎？

近日手汗大作，寫字時輒滴致紙濕。足汗，久已無之，今又有。可見予體必有變化。

九月十一號星期二（八月十三）

民間文藝會黃勤來，談繪《山海經》圖事。看張維《蘭州古今注》，記筆記二則。到寶泉堂洗澡。堪兒十一足歲生日，吃麵。

未成眠。續看沈從文《自傳》。記筆記一則。《文史》編輯王慶成來，取《世俘校注》去。到北海雙虹榭，會諸友到仿膳飯。遇林葆駱夫婦、趙鳳喈。

飯後想拍曲。八時半出。到北京醫院打針。十時半服藥眠，翌晨五時半醒。

今日同會同席：王伯祥及其女漢華　錢琢如夫婦　章元善　汪季文　俞平伯及其外孫韋奈　陳萬里　宋雲彬　俞鳴鶴夫婦　潘達仁　王建侯夫婦　陸高誼　陳乃乾夫婦

遇林葆駱，渠初自滬歸，爲伴李亞農疾，兩目紅腫，尚未到醫院上班。爲言李亞農知我在大連，且關心其疾病，淚隨之下。又言渠以肺癌喑不成聲，與葆駱常作筆談，但臨死之傾，喊"毛主席萬歲"而絕。聞之悲悼。

九月十二號星期三（八月十四）

到中華書局，遇傅彬然，到其家（十一號）小坐。到金燦然家，長談。歸，到"藝華"修面。馬元材、孟默聞來。

未成眠。看《札樸》。到中山公園茶座，看蒙文通《山海經著作時代與地點》訖。遇陶才百。到水榭，看波蘭兒童畫展。到和平賓館買菜。

到楊向奎處，同到胡厚宣處。到北京醫院打針，遇金靜仁。十時半服藥眠，翌晨五時一刻醒。

接德輝信，知魯弟所患乃係膀胱癌，恐開刀後轉促其命，故未開，然亦不過等待日子耳。家中已爲辦後事，傷哉！吾昆弟將從此不見乎？

九月十三號星期四（八月十五）

七時半，到民研會，八時車開，九時到植物園，由馬勛導引參觀，并講解。十一時許，到碧雲寺，飲茶吃飯，二時，上金剛座。

三時上車，到臥佛寺一觀。四時返城，四時半抵家。翻《禹貢半月刊》四卷。

頤萱嫂來。到北京醫院打針。服藥兩次，十一時眠，翌晨七時醒。

今日同游者（°同飯）：賈芝夫婦　吉星　陶建基　°周汝誠　°傅懋勣夫婦（徐珠）　鐵肩　王雪及其母　黃勤　劉錫誠　張帆　°張紫晨　阮愛芹　吳同瑞　段寶林　劉遼逸　°胡丹沸　°李岳南　吳超

九月十四號星期五（八月十六）

寫北京醫院信。到民研會，晤張紫晨、張帆，談《山海經》圖事。與靜秋到馮大夫處打針。

眠近兩小時。寫《殷人遷至東北》一條二千餘字，補入《大誥考證》。

到北京醫院打針。遇尚愛松。十時眠，上午三時醒。良久又眠，六時三刻醒。

九月十五號星期六（八月十七）

寫徐俊鳴《廣州史話》評語。續寫《流亡東北的殷人》二千餘字，訖。周達甫來，長談兩小時半。

未成眠。看歷史小叢書《諸葛亮》。看小叢書《梁啓超》未畢。
到北京醫院打針。十時許眠，翌晨三時醒。又眠，六時半醒。

九月十六號星期日（八月十八）

記筆記一則。整理《東方民族大遷徙》，尚未畢。爲潮兒十六
歲生日，邀雁秋夫婦來飯。

未成眠。與雁秋談，留飯。譚惕吾來，送之上站。

與静秋到吉祥戲院看崔蘭田等演《對花槍》。十時畢，十一時
服藥眠，上午四時三刻醒。

《周公東征勝利，東方民族大遷徙》一章，予工作累年，今
日將完工，大是快事，不但爲《尚書》解決若干問題，亦爲周初
史解決若干問題，不負平生學問。全文一百四十六頁，約四萬五
千餘字。

予前年到安陽，聽崔蘭田劇，喜其高朗圓潤，以爲豫劇第一
流也。日前來京演出，因購得今晚之票，而當晚飯之際，惕吾忽
來，静秋對彼本不快，又因到戲院時已演第二場，遷怒于予之不
逐客，大與予吵。惕吾八年未來，今日一來即肇此禍，牽及于
予，真孽冤矣！

九月十七號星期一（八月十九）

爲静秋吵，避之，到大同酒家進早餐。乘四路車到菜市口，訪
曹祥之（嘉蔭）于香爐營頭條，交《文史資料》稿費。訪陸軼程
夫婦于永光寺中街，談。出，到中山公園，大便。茗于來今雨軒，
看管燮初《甲骨文法》。遇陶瑞伯。飯于瑞珍厚。

到元善處送還甲子表。到"四聯"理髮。到中華書局，訪蕭項
平，談。遇徐調甫。到端王府語言研究所，訪丁聲樹、管燮初、陸
志韋、鄭石君。六時半冒雨歸。

洗浴。與静秋談。服藥三次，十二時後眠，上午四時三刻醒。

昨静秋一夜未眠，又瀉三次，今晨與予打架，只得避其鋒出走。幸適有數事該辦，因以一日之力辦訖。

與中華接洽，擬即遷住，一星期約住三天，專力任《尚書》工作，冬至後不去。如此一年當可往八個月，即作四個月之工。所餘時間，以應科學院、政協、民進、民間文藝會等處之開會，及作《尚書》以外之工作，如此則精神較集中，不致顧此失彼，致焦躁不能成眠。

語言所中有古代漢語組，陸志韋爲組長，鄭奠、管燮初屬之。今日往請助譯《尚書》，荷蒙同意。得其相助，"詞類"一門，可不愁其多誤矣。

九月十八號星期二 （八月二十）

和金通尹詩。寫周達甫信。理書，運中華。陳景鑾來。周達甫來。

點《桐橋倚櫂録》第二卷訖。三時半，中華車來，携物上車。到後，張北辰、屬始奐來照料一切。鋪床。理書上架。傅振倫來。姚紹華來。遇俞鳴鶴、徐調孚。

到國强西餐館飯。到公主墳一帶散步。歸看楊樹達《金文説》。失眠，服藥三次，上午一時後眠，七時醒。

和金通尹滬上就醫出院詩，步韻：

陰霾盡掃日輝東，已到翁年耻作翁。著史丘明終未瞽，吼音獅子好開聾。雙肩喜負千鈞重，方寸還將百世通。何以祝公長壽考，試看稑黍萬倉豐。

中華書局給我三樓東南角一室，有西、南兩窗，甚静謐，但夜中蚊子太多，騷擾人不得入眠。又附近馬路尚未整治，人行道係泥路，每卡車一過，即捲起灰沙數丈，不適予晚間散步。故不擬住宿。好在車輛交通方便。

九月十九號星期三（八月廿一）

張北辰來。傅振倫來。乘一路車，到所，開編審會，自九時至十二時。與翁獨健同出，與容元胎同歸，并晤張德鈞。

標點《桐橋倚櫂録》卷二，粗畢。張紫晨來。雁秋來，留飯。陳景鑾來。

到伯祥處，并晤其子湜華。到北京醫院打針，本療程訖。十時服藥眠，上午六時醒。

今日同會：尹達　侯外廬　田夫　熊德基　翁獨健　胡厚宣　賀昌群　姚家積　張政烺　王毓銓　金燦然　孫毓棠　程西筠　劉迺和（代表陳垣）　商出版叢書及叢刊事，予之《史林雜識初編》亦被列爲一種。此可謂“殺鄧析而用其竹刑”。

今日會中，尹達謂周達甫作兼任研究員事，應與中央民族學院聯繫。又謂李民作研究生事，爲教育部所擋回，謂應由教育部分派工作。按今年予收研究生事，係尹達囑胡厚宣來言，可給二人，今一人不派，及予提出，又諉爲教部不許。夫達甫研究員等級，打一電話至中央民族學院即可解決，而彼遲遲不辦，顧李民事則一說即辦，一辦即擋，是否可信實是問題。予之所以願爲中華書局及民間文藝會工作，非鶩外也，歷史研究所之所驅也。

九月二十號星期四（八月廿二）

標點《桐橋倚櫂録》三、四、五卷，粗畢。吳超來。周達甫來。

看《山海經》，校張紫晨所鈔。寫張紫晨信，附表樣，親送去。爲堪兒事，到史家胡同小學，待久歸。

乘三路車至動物園，換十一路車歸。十時服藥眠，上午四時醒。又眠，六時醒。

予定在中華從事《尚書》工作，回城則開會，餘暇作下列幾事：一、《山海經》（民間文藝會報告）。二、《孟姜女故事資料集》校注。三、程憬《中國神話史》校訂。四、《蘇州風土叢刊》編點。也够忙了！

九月廿一號星期五（八月廿三）

遇陸高誼。到中華，與張北辰、蕭項平、傅振倫、丁曉先、姚紹華等談，參觀圖書館。原孝銓來。重寫《世俘評論》三千五百字。劉鈞仁來。到惠豐吃飯。

到白塔寺修面。到政協副主席室，開聯絡委員會談話會，自三時半至六時。即在政協飯。

乘邵力子車到人民劇場，會静秋，觀《井岡山》話劇，十時半散，乘汽車歸。十一時半服藥眠。

今日同會同席：邵力子　辛志超　馮友蘭　邵鶴亭　關瑞梧　王楓　趙增壽　談教育界中問題，予持今年所提兩議案，自謂非表面文章之"政協話"也。

今晚所晤人：陳真如　劉斐　吳半農夫婦　徐楚波　嚴景耀夫婦　王炎之　王雪瑩　吳景超夫婦　葛志成夫婦　李明儒　張綱伯夫人　王愛雲

《井岡山》劇係總政文工團編排演出，布景妙肖，情緒熱烈，話劇進步之飛速，于此見之。

九月廿二號星期六（八月廿四）

補記日記四天。寫陸欽頤、陳萬里信。整理《大誥考證》中《淮夷》一節訖。又安自鄉來。

未成眠。整理《考證》中《楚》節未訖。吳玉年來，長談。

到長安戲院買票。到西單商場閱書。十時服藥眠，翌晨三時三刻醒。

昨日大熱，今日陰雨，又陡寒，相差殆近廿度，棉被不溫矣。

今日本應出去開會，以雨未出門，亦賴此得將此一章文着力修改也。

接德武信，誠安已開刀，體瘦弱甚，不知能脫險否？

昨日歐陽予倩去世，年七十四，亦心機梗塞症也。

九月廿三號星期日（八月廿五）

整理《考證》中《楚》節，全章竣事。《文匯報》記者吳培恭來談《尚書》兩小時。李蔭棠來。

未成眠。到錢琢如夫婦處談。出，遇趙琪。

到長安戲院，看北崑演出。遇毛之芬、琢如夫婦。九時半未畢歸。服藥兩次，十一時後眠，翌晨六時半醒。

《周初東方民族遷徙》一章完成，肩負一輕！計從事近兩年矣。如此長期工作，為前所未有。在予一生工作中，此章作得最稱心，蓋所有資料幾都收到，而又加以組織，使成系統，足為解決此一問題之重要參考也。

今晚所觀劇：一、草詔：方孝孺——白玉珍　燕王——陶小庭　陳瑛——孟祥生　二、玉簪記（琴挑、問病、偷詩）：潘必正——白雲生　陳妙常——虞俊芳　進安——韓建成　白雲生過于求工，翻流下俗，不若俞振飛之雅，于此知蘊藉之難。《草詔》劇中，白、陶兩人演得均好。

九月廿四號星期一（八月廿六）

到中華，校尹如濬所鈔《世俘校注》。續寫《世俘評論》約二千八百字。到惠豐堂吃飯。遇涂傳傑。

未成眠。看《積微居金文說》。雁秋來，留飯。

看《古今義俠奇觀》。服藥兩次，十一時後眠，翌晨七時醒。

九月廿五號星期二（八月廿七）

修改昨作《世俘評論》，未畢。周達甫來，長談。雁秋來，留飯。

未成眠。到"東單"修面。到民間文藝會訪張紫晨。到中山公園，與錢琢如等茗談。五時半，予歸加衣，到東來順聚餐。雁秋飯後去。

與伯祥父子同回。服藥兩次，十一時後眠，上午一時三刻醒。四時後又眠，五時三刻醒。

今日同會同席：王伯祥及其女漢華、子湜華　陸欽頤　陳萬里　錢寶琮夫婦　章元善　陳乃乾　陸高頤　俞平伯　汪季文（未飯）

九月廿六號星期三（八月廿八）

到中華，將《世俘評論》寫畢，又潤色一過，全文約八千五百字。到"國強"飯，宴陳文彬，談。到新華書店閱書。

以大風，室內寒，歸家，遇小雨。寫《武王克紂月日異說表》上卡片，未畢。到馮大夫處打針，茗談。金岳霖來。

到西單商場閱書，又到北新橋。十時服藥眠，上午三時醒。又眠，六時醒。

報載北京各大學向外省招收研究生三百餘人，而尹達乃謂李民不能報户口，真欺我哉！

今日大風且雨，陡然作冷，可穿大衣矣。

九月廿七號星期四（八月廿九）

以陰雨未出門，鈔《武王克紂月日異說表》上卡片訖，并以原書校對一過。

爲李民事，寫王玉哲信。

與洪、堪兩兒到頤萱嫂處祝壽。飯畢，偕四兒歸。十時服藥眠，上午三時半醒。良久又眠，六時醒。

今日爲頤萱嫂六十三歲生辰，靜秋極擬往，但無氣力走路，終未能去。她的身體如此不濟，真可憂慮。

今晚同席：予及四兒（客）　　雁秋夫婦及木蘭（主）

九月廿八號星期五（八月三十）

到中華，張北辰來談兩次。校新建設社所鈔之《世俘校釋》，未畢。到惠豐堂飯。

到雁秋處。到西單裕華園洗浴。到政協禮堂，參加歡迎越南南方民族解放陣綫代表團酒會，自四時半至六時。到第二會議室看越南電影三幕。

八時歸。雁秋來宿。十時服藥眠，上午三時半醒。五時又眠，六時半醒。

今日同會：越南阮文孝團長及團員十餘人　　越南大使館人員（以上客）李維漢　張執一　黃炎培　李四光　陳叔通　王紀元包爾漢　竺可楨　吳有訓　魏建功　喜饒嘉措　盧郁文　周亞衛沈從文　梁思成　徐冰　林仲易　王紹鏊　張友漁　翁文灝　徐伯昕　邵力子　王復初　吳研因　申伯純　覃異之　張明養　言慧珠　謝冰心　王雪瑩　關瑞梧　曹谷冰　陳半丁　載濤　呂振羽　劉斐　巨贊　老舍　易禮容　安若定　傅彬然　共四百餘人

九月廿九號星期六（九月初一）

雁秋接姨甥女吳孝芝來，同飯。到中華，校《世俘校釋及寫定本》畢。厲始尫來。涂傳傑來。到"國强"飯。

到公主墳理髮店理髮。到八里莊，觀天寧寺塔。看馮夢龍《掛枝兒》。四時進城，到長安戲院買票。歸，記筆記兩則。

到東四、南小街散步。十時服藥眠，翌晨五時醒，朦朧達六時。

涂傳傑爲予買到馮夢龍《掛枝兒》，此久想看而不得者，一旦得之，怎肯不看，遂不能從事《尚書》工作矣。"外騖"之不能免如此？然此固予在民間文藝方面之一職業也。

九月三十號星期日（九月初二）

校尹受所鈔《世俘評論》。寫王慶成信。李民來，長談。至十時同出，予到中華。楊伯峻、孟默聞來，到飯廳聚餐。遇童第德等。

鈔《大誥》馬、鄭、王注訖，開始鈔注疏。孟默聞來。四時歸。木蘭、孝芝來，留飯。

到長安戲院看北昆演出。十時戲散，乘三輪車歸。十一時服藥眠，十二時醒。吃藥又眠，四時醒，朦朧至五時。

今晚所觀《長生殿》劇：唐明皇——白雲生　楊貴妃——虞俊芳　高力士——韓建成　安禄山——張志斌　哥舒翰——程增奎　楊國忠——周萬江　所見者潼關、小宴、驚變、埋玉、聞鈴五折，尚有酒樓一折，陶小庭演郭子儀，以遲到未觀。

关于鞏固集體經濟問題

有些人認爲包産到户可以鼓勵農民積極性，但從各方面分析則有嚴重的危害性。

包産到户實際上是分田到户，有的農民拼命使用小隊的耕畜，有的還自己占有耕畜；對使用水利也只顧自己的一塊地，不顧集體。這樣，勞動力多而強的，生産多，收入多，越來越富；四屬户和勞動力少的，生産少，收入少，越來越窮。這就必然會導致兩極分化，給資本主義復辟提供了條件。包產到戶實際上是要單幹，要回到舊中國落後的小農經濟和佃農制的道路上去。因此，它不但不是集體所有制的多勞多得的體現，恰恰相反，它破壞了集體所有制和社會主義的按勞分配的原則。我國農業發展的根本方向是：在集體化的基礎上實行機械化、電氣化、水利化和化學化。包產到戶會阻礙四化的實行，破壞農村生產力。包產到戶，農民往往把好的農產品留下，壞的交給國家，使國家不能完成對農產品的收購任務，影響社會主義積累。這就必然會破壞國家的建設計劃，阻礙我國工業化的實現。例如有一個生產隊，實行了包產到戶以後，卅五頭牲口死了五頭，其中二十五頭又瘦又弱，農具被拿走了，地主富農乘機進行破壞活動，投機倒把，高利貸、僱工什麼都來了。還有一個生產隊，實行包產到戶以後，集體的事沒有人管，耕牛被搶走了，水利工程被糟踏了，上邊水多成災，下邊田裏缺水乾旱，水塘裏的水被放乾了，還被人種上了菜，一切景象同過去完全兩個樣子。

包產到戶不是政府的政策，而是（1）有些農民，特別是富裕中農由于勞動力多，覺得實行包產到戶對他有好處；（2）地主富農故意製造空氣，宣揚包產到戶的好處，陰謀復辟資本主義；（3）有些地方的少數幹部，由于自然災害造成農業減產等原因，迷失了方向，沒有貫徹黨的政策，遷就了農民的自發傾向。

包產到戶問題是農村尖銳的階級鬥爭的反映，是社會主義和資本主義兩條道路尖銳的鬥爭。我們必須盡一切力量鞏固集體經濟，加強社會主義陣地。其關鍵在于堅決貫徹黨的方針政策，切實地加強對農民進行思想教育，使他們提高社會主義覺悟，發揮集體經濟的積極性，認識到包產到戶的道路是走不通的。

實行機械化、電氣化、水利化，對鞏固集體經濟有極密切的關係；增加化肥、農藥以及各行各業積極支援農業，也是鞏固集體經濟的重要條件。我們應在自己崗位上貢獻出一分力量。

國內外的階級鬥爭是不可避免的，它必然會反映到我們頭腦中來，我們要在階級鬥爭的實踐中改造自己，首先就要同自己頭腦中的資產階級思想進行鬥爭，思想改造也就是階級鬥爭。掃除同修正主義思想有共鳴的東西，這也就是階級鬥爭。階級鬥爭是客觀存在，怕是沒有用的。自己積極投入鬥爭，就不會覺得可怕了。現在知識分子遇到大風浪，對許多重大問題仍有看不清之處，歸根到底是革命人生觀還沒有很好建立起來，因而決不能放鬆改造。

要革命是起碼的愛國主義，革怎樣的命是兩條道路的鬥爭，贊不贊成世界革命是國際主義的問題，革命準不準備犧牲又是世界觀的問題。總的是跟不跟黨和毛主席走到底的問題。每句話都有十字路口，要你自己去找紅綠燈。

豬八戒到西天途中遇到困難時，反復動搖最大，幾度想回高老莊。他所以能到西天，一是由于唐三藏的帶領，二是由于孫悟空和沙和尚的幫助，也經過激烈的與和風細雨的鬥爭，最後才跟到西天。知識分子也有很多的豬八戒。革命的關是不斷的，我們也要不斷改造。

一九六二年十月

十月一號星期一（九月初三）

出，遇厚宣，同雇三輪車到學部，乘大卡車，與諸同人到天安門觀禮，自十時至十二時。步出，到東安門大街，疲甚。到"華宮"飯。遇葉企孫。

歸，休憩。爲杭州市文聯審查《西湖民間故事》，未畢。孝芝來，留飯及宿。

與孝芝及兒輩到天安門看放花。予先歸。十時半服藥眠，上午三時三刻起泄瀉，遂無眠。

今日所遇人：王季範　劉定五　劉型　宋雲彬　徐炳昶　容肇祖　賀麟　郭寶鈞　胡繩武　王伯祥　康同璧　章元善　陳岱孫　陳文彬　葉景莘　陳銘樞　黃紹竑　夏康農　蕭三　潘梓年　劉導生　傅懋勣　游國恩　周一良　嚴景耀夫婦　徐伯昕　葛志成　孟目的　葉渚沛　吳覺農　安若定

今日天安門往返四次，每次均流汗濕衣，而中午到東安門後竟走不動，逼得到華宮進餐。予體之衰如此，可奈何！又半夜忽瀉，亦不究其故。總之，百骸皆虧損矣。予謂靜秋，予之痛苦，皆由想作事來。若無求于世，逢事退避，大隱在朝者，伯祥其選也。何故？他不想作事。因此，老而猶健。

十月二號星期二（九月初四）

錢琢如夫婦來。周春元來。吳世昌來。程金造來。張覺非來。德融來，長談，留飯。

未成眠。審查《西湖民間故事》訖。

王吉望來。十時半，服藥兩次眠，翌晨五時半醒。

吳世昌君，在牛津大學教授中國文學，每年上課廿四周，爲終身職，而堅決返國，寧取少于牛津八倍之工資，工作于科學院文學研究所，可敬也。

十月三號星期三（九月初五）

看報。王道生來。徐伯昕來，長談。葛志成來，與同到伯祥處談。寫浙江人民出版社信。

未成眠。到楊伯峻處，送《春秋左傳讀》。并晤胡厚宣，同出。到夏作銘處談。訪金岳霖，未遇。歸，寫《班簋》文。

到中山公園散步。十時半服藥眠，上午三時三刻醒，朦朧至五時半。

伯昕來，以尹達不欲爲我收李民爲研究生事告之，渠允在政協反映。實在，這種手段太拙劣了。毛主席嘗勸人："不要做霸王，做霸王是要別姬的。"我于尹氏亦云。

十月四號星期四（九月初六）

記筆記一則。到考古研究所圖書室，晤曹聯璞，看《通溝》，選材。到中華，與張北辰談，并晤原孝銓。鈔《大誥注疏》三頁。到翠微路理髮館修面。

到惠豐堂飯。看曾次亮所提意見。修改《大誥考證》第二節武王年代，未畢。五時歸。吳孝芝來，留飯及宿。

到華僑大廈訪吳世昌，未遇，留條。十時半服藥眠，翌晨五時一刻醒。

看日本人所出《通溝》考古，知高句麗人實係"左衽"。但衣從中開，所謂"對襟"，而繫其結于左耳。

十月五號星期五（九月初七）

記筆記一則。偕吳孝芝到歷史博物館，自八時三刻進，至下午一時出。又與之同到中山公園，飯于來今雨軒。二時半，雇三輪車歸。

民進車來，到南河沿開會，討論中共八屆十中全會公報，自三時至六時。與顧均正同車歸。雁秋夫婦來。又安自鄉來。

到東安市場閱書，得袁嘉穀《移山簃隨筆》，歸閱之。與靜秋同責堪兒。服藥兩次，十一時半眠，翌晨六時三刻醒。

今日同會：梁純夫（主席） 王紹鏊 楊東蓴 葛志成 謝冰心 毛之芬 顧均正 巫寶三 徐楚波 董守義 余之介 陳麟瑞 吳研因 嚴景耀 張明養 鄭效洵 幹部陳秉立等

予近日傷風咳嗽甚劇，一日沾兩方手巾。

潮兒，前月醫生謂其有肝疾嫌疑，今日重往檢查。

十月六號星期六（九月初八）

與吳孝芝別。到南河沿，開學部中心小組學習，聽周新民報告陳副總理出席日內瓦會議、劉斗魁報告阿爾及利亞革命狀況，自九時至十二時。乘姜君辰車歸。雁秋來，留飯。

張覺非來。修改《大誥考證》第二節，未訖。修改吳培恭所作訪問記及《孟姜女資料集》新聞稿訖。即寫吳培恭信送去。

到章元善處談。看《掛枝兒》。服藥兩次，十一時眠，翌晨六時半醒。

今日同會：姜君辰（主席） 劉斗魁（以上學部） 金岳霖 汪奠基 賀麟（以上哲學所） 呂叔湘 丁聲樹 陸志韋 鄭奠 石明遠（以上語言所） 胡厚宣 賀昌群 予（以上歷史所） 錢寶琮（以上自然科學史室） 丁名楠（以上近代史所） 夏鼐 徐炳昶 黃文弼 郭寶鈞（以上考古所） 夏康農 翁獨健 馮家昇 傅懋勣（以上民族所） 嚴中平 王守禮 巫寶三 馮華德（以上經濟所） 周新民（以上法律所） 王伯祥 余冠英 唐弢（以上文學所）

十月七號星期日（九月初九）

寫吳研因、陳萬里信。與靜秋乘車到香山，遇林仲易、李一平。到魏伯達處談借房事，并晤其母、妻、弟叔達。到黃彝銘夫婦處，并晤其子一鳴。到香山飯店，人多，不得食。到園外小賣部買餅乾，飲茶當飯。

與静秋再到黄彝銘處，由其導至黄老太處看屋。出，到頤和園，由北宫門入，諧趣園出。到動物園，飯于莫斯科餐廳。遇周一良夫婦及其幼女。五時歸，遇盧勤，拉歸飯。遇趙君勱。

十時服藥眠，上午三時半醒。又眠，六時醒。

静秋欲至郊外休息，覺非爲介紹魏伯達。伯達任西苑醫療工作，僅星期日歸家。其父、母均在農場工作，兩星期一歸。其弟在中學讀書，晚歸。其妻粗壯，可爲静秋煮飯、挑水。甚擬前往，俾一釋家庭負擔，庶神經衰弱能痊好也。

十月八號星期一 （九月初十）

到中華，校尹如瀷所鈔《東方民族大遷徙》，未畢。到惠豐堂飯，遇乃乾、雲彬，同進食。

到公主墳理髮店理髮。到乃乾辦公室談。蕭項平來，同到劉鈞仁處談。出，看新開運河。到項平家，見其夫人及孫嵩華。五時歸。雁秋來，留飯。

到寶泉堂浴。看《掛枝兒》上册畢。服藥後約十一時半眠，上午三時半醒。兩小時後復眠，六時半醒。

十月九號星期二 （九月十一）

吴培恭來訪問。徐國興來照相，備《文匯報》發表。周達甫來談。與林劍華談工作。修改《武王的死》一節訖，付鈔。與静秋到賀昌群處，晤其夫人。

眠一小時。到中山公園，與諸同人茶叙，并晤計志中、倪農祥、狄源滄、汪季文等。源滄爲照相。

到江西餐廳飯。看《掛枝兒》。十時服藥眠，翌晨六時半醒。

今晚同席：王伯祥及其女漢華、子滉華　葉聖陶及其媳夏滿子　章元善　陸欽頤　錢寶琮夫婦　陳萬里　顧鐵符

見狄源滄，知其父福鼎已半身不遂，瞽一目，而其叔晝三則已于今年逝世。我家在滬時，常請晝三看病，不意其遽逝也。

十月十號星期三（九月十二）

到中華，校尹如澥所鈔《東方民族大遷徙》訖。張北辰來談，簽訂《史林雜識初編》出版合同。到惠豐堂飯，遇陳文彬。

乘車到玉泉路，步行至特鋼廠附近，二時半歸。鈔《尚書注疏》約二千字。到張北辰處。五時半歸。雁秋來，留飯。容元胎來，看其所作紀念《歌謠週刊》文。

李民來。到元胎處。看《掛枝兒》。十時半服藥眠，上午二時醒。又眠，五時半醒。

《史林雜識初編》，中華定基本稿酬爲每千字十五元，是爲最高級。此外尚有印數稿酬，在五千冊內爲百分之八，五千冊外則遞降，至萬冊爲百分之一。萬冊以上爲百分之〇.四。

聞元胎言，希白已與東莞麥凌霄女士結婚。希白年六十九，麥年五十五，寡居已三十年，是亦佳話也。

今日靜秋將方阿姨辭去，以其作事少而脾氣壞也。渠爲最高法院副院長馬錫五家之保姆，家事有厨司、警衛員等任之，故到我家覺得不適合。

十月十一號星期四（九月十三）

郭紹虞來。吳培恭來，爲寫《尚書》工作請教他人例二則。到中華，原孝銓來。續鈔《大誥注疏》二千餘言。到國强飯，遇乃乾、項平、陸高誼、江紹原、陳文彬。

原孝銓來，同到歷史博物館，訪史樹青，照寶雞出土之原始社

會屋，作《中雷》插圖。遇陳喬、于冠英、王恒傑、張葱玉等。觀求售書畫藍瑛《秋山紅葉圖》等。歸，頤萱嫂來。草唁誠安夫人電。

　　接弟婦陳瑤芳來電，魯弟于今日晨二時廿二分病故，聞訊不勝悲痛。前年由廬山北返，道經滬上，同到起潛叔家談話，又同返上海大廈，憑欄望黃浦江，送之上電車，孰意此竟爲最後之一面耶！痛哉！

十月十二號星期五（九月十四）

　　寫弟婦陳瑤芳信，唁魯弟喪，并匯二十元奠儀。寫劉起釪、自珍信。民研會王雪明、陶陽來。魏廣洲來。修改《世俘》篇所附二表。審查鍾鳳年《戰國地理考》，寫評語。理書桌、信件。

　　未成眠。看溥儀《我怎樣當上偽滿執政》，許念暉《土肥原策動北洋大同盟的内幕》。磨墨。

　　海文正携章丹楓信來。同到北京劇場。予入觀《紅岩》劇，自七時至十一時。十一時半服藥眠，上午四時醒。五時後又眠，六時三刻醒。

　　　今日重要演員：許雲峰——田冲　華子良——童超　成瑤（女）——金昭　成崗——郭嘉慶　雙槍老太婆——舒綉文

　　近日鷄瘟，後院劉玉平家鷄死，我家所養鷄本有傳染之虞，而劉玉平因用我家箱板作鷄窩，爲静秋所指摘，以是深有恨于我家，竟將瘟之毛投入我家鷄籠，而我家之鷄遂不得不死矣。人情鬼蜮，有如是者。

十月十三號星期六（九月十五）

　　王道生來。爲民進寫“益壯齋”扁等四件。讀《中共八屆十中全會公報》，作一提要。爲王紹鰲寫旅大市圖書館概況。

　　到“東單”修面。到南河沿，參加民進學習第一組，自三時至五時半。與陶建基同回。雁秋夫婦來，留飯。頤萱嫂留宿。

看《掛枝兒》訖。覺非來。寫李四光信。十時半服藥眠，上午三時半醒。良久又眠，五時三刻醒。

今日同會：吳文藻（主席）　楊東蓴　嚴景耀　陳慧　毛之芬　陳意　陶建基　戴克光　張志公　張錫彤　徐楚波　王嘉璿　李念武

今日起風，氣溫突降。湲兒上學穿衣較少，又傷風矣。

十月十四號星期日（九月十六）

寫王紹鏊信。到電報大樓，上民進車，八時半出發，十時至香山，與伯祥等到玉華山莊飲茶。十二時，到紅葉餐廳午餐。飯後到見心齋，與志成、均正等談。三時上車，到臥佛寺匆匆一觀。五時還城。

到前門飯店紹虞處談。并晤其子澤弘、女澤珍及周雲青、汪蔚林。十時服藥眠，翌晨四時醒。又眠，六時醒。

今日同游：王紹鏊夫婦　謝冰心　毛之芬　胡夢玉　王澤民夫婦　王歷耕　左克恭　胡明琦　林漢達夫婦　徐楚波　鄭效洵及其女弘、榮　顧均正夫婦　葛志成　陳意及其夫周思敬　王慎樓　章廷謙　余之介夫婦　謝瑩　嚴景耀夫婦　徐建竹　嚴幼芝　李紫東夫婦　陳選善夫婦　戴克光及其子　王伯祥及其女瀋華、漢華　毛啓邠　楊起華　張守平　陳秉立　宓雅娟　李婉卿　吳廷勘　沐紹良　趙濟年　龐安民　何欽賢　共百二十人，分乘三車。

今日所遇人：陳樂素全家　沈有鼎　金振宇、擎宇　鄒新垓　屠思聰

近日紅葉正艷，真"霜葉紅于二月花"也。

十月十五號星期一（九月十七）

到中華，將《逸周書世俘之校注、寫定本、評論》細核一過，歸付《新建設》來人。到"國强"進食。

傅維本來。劉彩玉來。

看《文史資料選輯》第二十九册。服藥兩次，約十一時半眠，翌晨六時醒。

《世俘》一篇，自去冬工作起，至今始成定稿，約費時四個月，連附表約四萬字，是亦一我之大工作也。《新建設》與北京中華書局合辦《文史論叢》，將在第二集内刊出。此文推翻武王在道統中的地位，爲我辨古史之又一成果。

自到中華辦公，有了運動，睡眠轉佳。今日晚上覺渴，泡杯新茶，喝了三碗，遂不思睡。茶我所好，病我所畏，此亦不可解之矛盾也。

十月十六號星期二（九月十八）

到胡厚宣處，爲侯寶璋問《學思》。寫北京醫院取藥信。補記日記二天。周達甫來。方阿姨來。看唐蘭論"康宫"文，未訖。

到雁秋處取證。到政協禮堂，與潘光旦長談。費孝通邀飲咖啡。三時，出席文史資料會，討論徵集文教方面資料案。遇趙樸初、李培基、吳覺農等。六時，到餐廳同飯。

與伯祥、覺明同返。翻《文史資料》。十時半服藥眠，上午四時醒。又眠，六時醒。

到胡厚宣處，乃知解放以來，南京大學自殺者四人，歐陽翥、徐益棠、羅根澤、李小緣也。小緣一生循謹，兹兹矻矻于搜集資料，爲南大積聚無數東方不易見到之書報，而五九年不知犯了何種錯誤，竟爾出此短見？聞其所寫卡片，已歸本所，倘能爲之整理成書乎？

　　今日同會同席：楊東蓴（主席）　　呂振羽　吳研因　向達
王伯祥　宋雲彬　浦熙修　費孝通　彭子岡　潘光旦　陳達　翁
獨健　邵循正

十月十七號星期三（九月十九）

　　到中華，鈔《大誥注疏》一千字。草《我和歌謠、故事的研
究工作》。涂傳傑來。到國强飯。遇陳文彬。

　　到"翠微"修面。修改上午所作文，并重鈔，計三千餘字。到
侯寶璋處送《學思》，觀其新得書畫。

　　看《文史資料》第卅集。十時服藥眠，上午四時半醒。良久又
眠，六時半醒。

十月十八號星期四（九月二十）

　　到中華，鈔《大誥注疏》四千字，訖。到惠豐堂飯。

　　修改昨作文，訖。三時一刻出，到政協俱樂部洗澡、買物。遇
黄慎之、廖華等。雁秋來，留飯。

　　看《文史資料》第卅冊。十時一刻服藥眠，十二時醒。又眠，
四時半醒。

　　　靜秋自服李輔仁藥，用肉桂、附子熱性劑，已多日未泄瀉，
　　身體較硬撑，飯量亦較進。只是神精衰弱，比予更難入眠耳。

十月十九號星期五（九月廿一）

　　到中華，鈔《大誥蔡傳》及《大全》二千字。原孝銓送照片、
地圖來。與同人宴紹虞于國强，二時許出。

　　與伯祥到金燦然處茗談。又到陸高誼、乃乾、調孚及予室。趙
豐田來談。四時，與伯祥、乃乾同乘一路車歸。

　　看《巴黎公社》畢。續看《文史資料》。服藥兩次，約十二時

半眠，翌晨六時半醒。

今日同飯：郭紹虞（客）　　金燦然　傅彬然　王伯祥　王漢華　丁曉先　宋雲彬　陳乃乾　徐調孚（以上主）

地圖出版社已將《史林雜識初編》所附地圖十幅送來，清晰可喜。惟究有誤寫、脫寫及地位不當處，須校改也。

十月二十號星期六（九月廿二）

到中華，途遇姚紹華，談。寫梁思莊信。校地圖三張。作《中雷》補一條，送原孝銓處。金子敦來，同到國強飯，談至一時許別。

校地圖四張。到張北辰處。五時歸。雁秋、覺非來。留雁秋、木蘭飯。木蘭留宿。

續看《文史資料》。十時服藥眠，上午二時半醒。又眠，五時半醒。

今日同飯：金兆梓　朱文才（以上客）　　蕭項平　陳乃乾　予（以上主）

今晨靜秋到協和檢查，知食道有問題，頗感不快，因請覺非來談。下星期一尚須照胸外科。靜秋咽食不順已約兩個月，常自疑是癌，今日一照，更增駭怖，全身無力，真可悲也。

十月廿一號星期日（九月廿三）

到鄒新垓處，談改圖事。到陳景鑾處，并晤其子潘國宏。到新僑飯店訪金子敦，未遇，晤朱文才。歸，看報。

劉彩玉來，到其寓所談。看鄭逸梅《逸梅叢談》。寫逸梅信。徐伯昕來，長談，三小時。寫辛樹幟、陳萬里信。

到市場散步。十時服藥眠，上午二時半醒。又眠，六時醒。

印度反動頭子尼赫魯，爲要得美帝貸款，甘心執行其“用亞洲人打亞洲人”之政策，早在一九年侵入“麥克馬洪綫”北之兼則馬尼，最近又侵入扯冬等地，恣意挑釁，我國忍無可忍，于昨日予以回擊，收復兼則馬尼等地。今晨四時，對印提出强烈抗議，以此，今日出報遲。

十月廿二號星期一（九月廿四）

到中華，遇陳文彬，到商務館東語組小坐，文彬又到予室，看地圖。校地圖出版社代繪地圖訖。到國强飯，遇陳乃乾、姚紹華。

到商場理髮。鈔《大誥蔡傳、大全、彙纂》三千餘字。五時歸，遇雁秋，同回，留飯。

到東安市場，看呂劇《藏樓、搜樓》，九時先歸。十時服藥眠，翌晨四時三刻醒。

今夜所觀劇：1. 王小趕腳：一丑一旦，未詳其名　2. 藏樓搜樓：洪彥先——蓋貴玲　師爺——于鶴鵬　洪美蓉——高秀文　藍中玉——張艷芳　春梅——董硯萍　知縣——李同慶（是劇原名《逼婚記》）

我軍昨日又收復絨不丟、扯果布、克寧乃、日挺布、湯、娘巴、仲昆橋等地，西段又清除了印軍侵入的幾個據點。

静秋連日無力，多眠，飯量減少，爲之愁絶。

十月廿三號星期二（九月廿五）

在家，將地圖應改處逐條鈔出。周達甫來。林劍華開始整理予筆記。

看馬叙倫《石屋餘瀋》。到錢琢如處，與其夫婦同到公園，在茶點部飲牛奶，與伯祥、錢氏夫婦同到森隆，與諸同人聚餐。

八時歸。十時服藥眠，不安。至十二時半再服藥，天將明時方眠，七時起。

今日同席：王伯祥及其女漢華　錢寶琮夫婦　章元善　陳乃

乾　謝剛主　夏慧遠　陸軼程

　　報載我軍繼續收復吉普、日昌、章多、哈東山口等地。惜無中印交界地圖可檢。我國防部聲明，爲防止印軍卷土重來，再度發動進攻，我軍在自衛戰鬥中不再受非法的"麥克馬洪綫"的約束。

十月廿四號星期三（九月廿六）

　　到地圖出版社，訪鄒新垓，同至董紹華、楊經綸處，商修改地圖。出，晤金振宇。到孟默聞處，詢畿服圖。歸，看《參考消息》。

　　二時，與靜秋到協和醫院，就徐大夫診。到耳鼻喉科驗。出，到大明公司，靜秋配眼鏡。看《石屋餘瀋》訖。

　　李勤送一保姆來。十時服藥眠，翌晨四時醒。

　　昨訊，我邊防部隊又擊退呷林公、棒山口、打章山口、邱散謀各地之印侵略軍，并收復其地。今日我政府發表聲明，鄭重提出三項建議，呼籲和平，再次舉行會談，促進中印友好，世界和平。

　　今日靜秋赴診，醫生態度較鄭重，不作肯定，靜秋緊張神情即較弛。後日上、下午要再往，甚願其非食道癌也。

十月廿五號星期四（九月廿七）

　　陶景蓬來。到中華，鈔《大誥蔡傳、大全、彙纂》二千五百字。丁曉先來。趙琪來。到趙豐田處，并晤金燦然。到姚紹華處。到新華書店閱書。到惠豐堂飯，遇陳文彬。

　　寫賈芝信，爲編輯《孟姜女故事資料集》事。寫德輝、康同璧信。馬緒傳送《史林雜識》排樣來。到徐調孚處。

　　海文正來。校《史林雜識初編》四十面。十時服藥眠，翌晨五時醒。

　　予今年一月赴粵，與北京腫瘤醫院院長吳桓興認識，靜秋擬往該院檢查，因去電話接洽。

我軍在中印邊界東段克復學真、吉米塘、加林定等地，西段我軍亦清除班公湖南岸一印軍侵略據點。

美帝封鎖古巴，哈瓦那人民準備投入戰鬥。全世界民主國家予以聲討。

十月廿六號星期五（九月廿八）

校《史林雜識初編》，未畢。偕靜秋到協和醫院，就耳鼻喉科屠大夫及程家華診。周國華來。

眠十餘分鐘。偕靜秋到協和醫院，再至胸外科，取會診結論。

馮大夫來，爲靜秋打針。九時半服藥眠，上午二時醒。以咳，遂不能眠。

今日驗的結果，知靜秋食管有一叉口，食物易墜入，因之發生故障，不是癌，心情爲之緩和。然因尚不能完全除外癌變，仍須每月往查一次。醫謂靜秋食道不必太注意，而慢性腸炎則必須注意。

我軍在中印邊境東段，克復阿夏比拉、下察隅地區之打壩、古玉通，及冬門山口、米山口、崗山口、永邦橋、下地等處。盤據在我新疆境內昌格隆格河谷地區之印軍，亦爲我軍清除。

十月廿七號星期六（九月廿九）

校《史林雜識初編》，仍未畢。山東歷史研究所朱活來，邀赴濟南。王哲卿來，取舊雜志。

到“東單”修面。到北極閣，視吳桓興住所。

張覺非來。與堪兒到史家胡同小學，出席家長會，聽孫校長講小學生守則。十時服藥眠，翌晨四時半醒。

聞堪兒班主任李老師言，堪兒在校，學習、秩序俱有進步，惟孫校長謂史小特點爲寫字好，則渠尚不能臻此一境耳。

　　西藏東段，我已進駐達旺、東新橋、登坑、那玉山口、洛山口、馬加等地。西段克復班公湖南岸尤拉等地。《人民日報》發表《從中印邊界問題再論尼赫魯的哲學》一長文。

十月廿八號星期日 （十月初一）

　　校《史林雜識初編》，畢。與静秋到吳桓興處談病。到新華書店閲書。趙豐田來。

　　寫越特金、李福親信，即付寄。到鄭石君處，并晤鄭天挺、馬巽伯。邀天挺、石君至家，又同出，到和平賓館飯。俞嫂來。

　　與鄭石君同步歸。静秋談賣書事。失眠，服藥兩次，十一時許眠，翌晨五時醒。又眠，六時醒。

　　吳桓興囑静秋十一月廿日左右到日壇腫瘤醫院，由其親查，以食道鏡用後必須休息一個時期也。

　　以三日之力，校訖廿餘萬字之《雜識》，一快，此書以廿餘年時間寫作修改，可無憾矣。

　　中印邊界東段，我軍克復拉曼、塔克新等地。印度總統宣布全印處于“緊急狀態”，尼赫魯要求美國提供侵略武器。

十月廿九號星期一 （十月初二）

　　到地圖出版社，到董紹華、楊經綸處觀其所改《史林》插圖，并提出再改之點。遇王錫光。歸，遇張知行。加《古代兵刑無别》末段。

　　到中華，鈔《大誥蔡傳、大全、彙纂》二千字畢。到姚紹華處。編《史林雜識》插圖目，補序文一段。歸，補記日記。

　　李勤來。看《十萬個爲什麽？》。十時服藥眠，上午二時醒。天明後又略朦朧。

金芝軒于前日逝世，年六十六，是民進中委同事也。

靜秋以房屋不適居住，必欲予售書，姚紹華亦以爲然，囑向中華進行。乘予未耋老，將三代藏書付托得所，予之願也。

中印邊境西段，我軍清除羌山口、約山口等印軍侵略據點。不丹首相多爾吉說，不丹決心置身于中印邊界衝突之外，是亦尼赫魯失道寡助之一徵也。

十月三十號星期二（十月初三）

作《史林》之頁碼商榷。加《造舟爲梁》一段。草《賣書與中華之願望》八百字。到寶泉堂洗浴。王姨丈、母來。

檢查筆記，補《史林初編》及《尚書譯證》。王錦第來，借書。馮大夫來，爲靜秋打針。到百貨大樓買物。

乘四路車環城一過。遇史樹青。雁秋來。服藥兩次，十一時半眠，翌晨六時醒。

剛在我集中精神在工作的時候，王錦第來閑談，心中一急，胸前作痛，只得出外散步。

靜秋昨服人參汁後頗有勁，今日又軟矣。

赫魯曉夫前數日斥印度侵華，方將改變態度，乃今日又以肯尼迪之威脅，宣布從古巴撤除戰略防衛武器裝備，又泄氣了。此之謂機會主義！

十月卅一號星期三（十月初四）

伯祥來，與同到嘉興寺，吊金芝軒之喪，晤葛志成。歸，補《拋彩球》兩段，《風雅頌之別》一段。

到中華，將《史林初編》統看一過，交張北辰。與蕭項平談《近三百年樸學家著述目》事。鈔《賣書願望》畢，訪姚紹華，未遇。歸，王大玫來，視靜秋疾，與之同到蔣漢澄夫人處。

與頤萱嫂同到政協禮堂看戲，遇楊東蓴、柴德賡，未畢歸。十時服藥眠，上午三時三刻醒。五時後又眠，六時半醒。

今日所看劇：浙江省婺劇團演出《三請梨花》：樊梨花——葉竹青　薛金蓮——彭桂民　薛丁山——方允均　程咬金——嚴宗河　薛仁貴——李朝俊　樊洪——朱賢民　樊虎——王亦凡

一九三八年九月，英國首相張伯倫往德國見希特勒，是月英、法兩國政府即以最後通牒致捷克斯洛伐克，迫其將捷領蘇臺德區轉讓與德國，以保持歐洲和平。張伯倫出席慕尼黑會議前，裝模作樣，在倫敦公園挖戰壕，在繁華之大街上架高射炮。在會議簽字後，張伯倫自我陶醉，以爲通過協商達到和平矣，各帝國主義國家亦群以“和平使者”頌之。但希特勒即在張伯倫之鼓舞下，野心愈來愈大，一九四〇年進攻法、英，挑起第二次世界大戰，張伯倫內閣因之塌臺，其人亦憤懣死矣。毛主席曾評之曰：“張伯倫以損人的目的開始，以害己的結果告終。這將是一切反動政策的發展規律。”（選集，二卷）此爲帝國主義犧牲他國以換取妥協和平之結果。今赫魯曉夫之行爲宛然張伯倫，其犧牲古巴也即當年英、法之犧牲捷克也，而美國之肯尼迪即當年之希特勒也，欲壑難填，今且宣言“關于達成在公海上視察從古巴撤出的導彈的協議只不過是第一步，這還沒有滿足要美國作出不入侵的保證的條件”！看吧，美國的導彈終有一天臨到赫魯曉夫的頭上！到這時，才可使他明白，和平是不可乞求而得的！

今日應當認識之世界情勢：
一、帝國主義陣營之頭子爲肯尼迪。

二、反動民族主義之頭子爲尼赫魯。

三、修正主義（即右傾機會主義）之頭子爲赫魯曉夫。

四、此種反動派在其國内占極少數，大多數的人民是傾向革命的。

五、古巴革命領袖卡斯特羅雖非共産黨，但以其與帝國主義有鬥争之實踐，必然走向共産主義。

六、古巴革命開始只有七枝槍，而現在七百萬人民已團結爲一體，必然戰勝美帝。

七、亞、非、拉美向爲帝國主義之殖民地，各帝國主義掠奪財富于是，故各殖民地之獨立即爲拆帝國主義之臺。

八、有人單看表面現象，説中國得罪了許多大國，而團結的盡是些小國，須知得罪者僅是大國中之一小撮反動派，而團結的則是全世界之人民，必然可以達到勝利。

九、現在全世界人民所最敬仰之領袖是毛澤東與卡斯特羅，我們應以生于今日之中國而自豪。

一九六二年十一月

十一月一號星期四（十月初五）

李勤介紹之吳阿姨來工作。到中華，將賀次君、姜又安等所編我家書目統看一過，寫姚紹華信。到惠豐堂飯。

看章太炎《尚書略説》。以雨，早歸，到崇文門買月票。與雁秋談編輯《近三百年樸學家著述總目》事。董紹華來，送修好地圖。馮大夫來，爲静秋打針。

陶復和來。爲静秋病歷，到蔣漢澄夫婦處，又到王姨丈家，珏佺送上車。九時半服藥眠，上午二時半醒。又眠，五時半醒。

今日上午，静秋有些熱度，由尹如潛伴至寬街中醫院一白姓大夫處診，知是虛火上升，開黃菊花等藥。下午即無熱。

　　一九一六年予病家居，曾從手頭諸書輯録《清代著述考》二十册，忽忽四十餘年，迄未定稿。中華書局欲爲予成之，此大好事也。因囑雁秋邀張宇慈夫人陶復和及張覺非之女衍蕙任鈔寫。

十一月二號星期五（十月初六）

　　寫北京醫院信。到中華，與姚紹華談賣書事。與張北辰看地圖，與蕭項平談編《樸學家書目》事。到趙豐田處。張北辰來。到惠豐堂飯。遇陸高誼。

　　理髮。校《大誥考證・武王之死》節，訖。到服務部買書，看《文史》第一輯。五時，豐田來，與同出，到康家，飯。

　　談編康有爲文事，九時半歸。十一時服藥眠，翌晨六時醒。

　　今晚同席：予　趙豐田　張滄江夫婦　任啓聖（以上客）康同璧及其女羅儀鳳（主）　任啓聖出告予，康同璧甚欲人整理康有爲遺稿，而不肯出錢，常將人罵走，故三、四十年迄不能成書。是大異于梁啓超子女矣。

　　昨日一雨，今日一風，天氣驟寒。

　　静秋每日上午略有熱，向爲卅六度五，今爲卅七度一，下午退。不知又是何病。

　　聞任啓聖言，金梁（息侯）上月于北京逝世。

十一月三號星期六（十月初七）

　　吳鵬自蚌埠來。王哲卿來。爲起潛叔修改《中國叢書綜録編輯經過》。張宇慈夫婦及張衍蕙來，以《清史稿・藝文志》交鈔。雁秋整理《清史稿》。

　　徐伯昕來，談國際形勢三小時。王大玫來，留飯。

　　劉彩玉來。到文聯，看昆曲研習社演出。十時半服藥眠，上午四時醒。又眠，六時半醒。

今晚所觀劇：一、荆釵記・見娘：王十朋——李小蒸　二、長生殿・驚變：唐明皇——袁敏宣　楊貴妃——周銓庵　三、同上・彈詞：李龜年——傅潤森

所遇人：章元善夫婦　錢琢如夫人　嚴景耀夫婦　王漢華

十一月四號星期日 （十月初八）

看劉彩玉文四篇，及陳懷荃《豫章考》，記筆記一則。

吳鵬來。胡厚宣來。藍菊孫來。平心自滬打長途電話來。

到劉彩玉處。在米市大街散步。九時半服藥眠，上午三時醒。良久又眠，六時醒。

静秋今晨即卅七度四，胸前作痛，舌胎厚甚，且作黑色，不思進食。

予近日食量不佳，有遇食即飽之勢。右腭牙亦作痛。

吳鵬來，道及鄭州棉花倉庫失火，害得全國人民少穿二尺布。年來棉收荒歉，布票少發，每人襯衣皆已稀爛，顧未有以易之也。予入厠一次，褲即撕破一點，幾若百結之衣矣。然而不怨者，以其均也。

又道及中印邊界作戰，已屆冬令，滿山積雪，士兵只帶些炒麵上戰場，無熱水喝，在雪中挖坑，當屋子，如此勢不可久，則輪流換班。我國解放軍有艱苦生活之經驗，印度人則無之，尼赫魯驅民于死地，終必給人民打倒。

十一月五號星期一 （十月初九）

到中華，草《近四百年學人著述編輯計劃》，未畢。到惠豐堂飯。商場購物。遇姚紹華。

到蕭項平處，交周之風稿。寫起潛叔、劉起釪、夏廷域信。三

時出，到近代史研究所訪俞旦初，爲平心索書。到郵局寄信。到文物出版社購《考古學報》。歸，陳宣昭、陳景鑾來，視静秋疾。馮大夫來打針。

張覺非來。看《參考消息》。十時服藥眠，翌晨六時醒。

静秋急于求痊，今日又到阜外醫院診，而主任醫師爲古巴事件游行未歸，年輕醫師又與護士意見不一致，連透視亦未做，白白走了一趟。

十一月六號星期二（十月初十）

寫出地圖應改之點。爲《贅婿》文看《淮南子》，寫筆記一則。王姨母來，視静秋疾，贈物。木蘭來，留飯。

到北海雙虹榭，集合同人，遇陶才百、汪季文夫人、趙鳳喈。四時半，出園，到二里溝新疆餐廳聚餐。爲陸欽頤改書。

續看《淮南子》。十時服藥眠，上午四時醒。天明又一朦朧。

静秋今日下午又泄瀉，半夜又一次。不知何故，是否所服中藥有凉性也。渠之病，慢性腸炎爲主，神經衰弱次之，食道憩室又其次也。

今晚同席：王伯祥　　錢琢如夫婦　　陳萬里　　章元善　　汪季文

吾家無綫電，數日前爲堪兒弄壞，今日托木蘭購一新者，價二百〇七元。

十一月七號星期三（十月十一）

爲静秋入院事寫徐伯昕信。到地圖出版社，晤董紹華、楊經綸，商改地圖。十一時歸，陳汲來視静秋疾。石聲漢自武功來。寫董紹華信。

到燈市口修面。到修綆堂閲書。到人民銀行取款。記筆記四則。看《越縵堂文集》。王嘉璿來。昌群夫人來。王芹白來，送戲票。

到王姨丈處，并晤大玫，商静秋到北大醫院診治事。到伯昕處送信。十時服藥眠，上午二時醒。又眠，六時醒。

今日陳汲、王嘉璿來，謂朱潔、楊東蓴俱有食道憩室，而生活如常，使静秋心情頓安。

本月一日，李勤介紹吳阿姨來工作，其人誠實勤懇，惟以爲回教徒，聞豬肉味則思吐，洗漬有豬油之碗又不好受，使之飯量減少，故其家人不讓其來，今日辭去。由樓朗懷介紹許阿姨來，安徽無爲人，住建國門外，每日早來晚去。

十一月八號星期四（十月十二）

到中華，草致編輯所信，討論編《尚書今譯》、《古代地名彙考》、《近三百年著述考》三書函，凡二千八百字，即謄請，送張北辰處。到惠豐堂飯，遇陳文彬。

寫章元善信。到政協俱樂部飯。看《燕山夜話》四集。

到政協禮堂看婺劇，九時出。十時服藥眠，翌晨六時半醒。

今日所看戲：浙江婺劇團演出：一、斷橋（蘭溪灘簧）：白素貞——倪芝荃　青兒——朱珠鳳　許仙——李永蘭　二、對課（同上）：呂洞賓——胡炳糺　白牡丹——鄭蘭香　白禮文——徐重凡　童兒——彭桂民　尚有金華灘簧《僧尼會》及西安高腔《米欄敲窗》未觀。今晚係科學院所組織之晚會。

今晚所晤人：翁獨健夫婦　夏作銘夫婦　錢琢如夫婦　涂允檀　王芸生　曹谷冰　關瑞梧　果淑英　查阜西　李蒸　章元善　高君箴

今日吾家在屋中搬移床鋪，爲我安置辦公室于屋內，以遷就火爐。

十一月九號星期五（十月十三）

到中華，看《大誥蔡傳、大全、彙纂》一過。到陳文彬處，取陳光垚稿。十一時出，十二時歸飯。頤萱嫂病愈來。

與靜秋到北大醫院，就胸外科主任李曰民大夫診。到王府井大街購物。記筆記一則。馮大夫來打針。

看胡道靜《夢溪筆談校證》。十時服藥眠，翌晨四時半醒。

今晨靜秋無熱度，昨夜眠亦好，惟胸前仍作痛。又今晚以打興奮劑故，一夜不成眠，不知馮大夫何故打此針也？

今日報載美、蘇已就"視察"進出古巴貨運船隻事達成協議，又蘇已同意載運導彈離古巴之蘇聯船由美海軍加以清點，真不知人間有羞恥事矣。以前我不懂右傾機會主義如何壞事，而今赫魯曉夫給我以反面教育矣。

十一月十號星期六（十月十四）

到中華，將阮刻《尚書注疏》中之《大誥》篇點讀一過，記出其是非，并以阮校、日本校文標出。到曾次亮處，并晤趙琪。出購物，遇江紹源。到惠豐堂飯。

到政協禮堂，四兒來會，同飯。

與洪、堪兩兒在禮堂看電影，十時半歸。十一時許服藥眠，上午二時醒。又眠，六時醒。

今晚所看電影：1. 歡度國慶　2. 槐樹莊（記土改及建合作社、公社事）

今晚所遇人：徐行之夫婦　章乃器　李一平　譚惕吾及其子利民　袁翰青　蔡無忌　吳德咸　陳秉立　吳研因　余之介　吳覺農

今日到曾次亮處，原欲請其將《武王之死及其年歲和在位之年》再看一遍，而彼肺病轉劇，力不能勝，自謂末期已到，可憐哉！

十一月十一號星期日（十月十五）

到民進訪石聲漢，并晤其二子二女。到謝剛主處，晤其夫人。到夏作銘夫婦處還書，作銘導至金岳霖處談。又到吳世昌夫婦處談，并遇褚聖麟。

吳孝騫來。到東安市場買物，購褚人穫《堅瓠集》歸，閱之。謝剛主來。馬緒傳送卡片來。馮大夫來打針。

閱《堅瓠集》。洗浴。十時服藥眠，翌晨四時半醒。良久，又眠一小時。

《堅瓠集》，我鄉人所爲也，以康熙間所印傳世已少，予迄未得見。上月在東安市場見之，以須八元，囊中羞澀，迄未能購。今以賣出重本雜志，王哲卿送錢來，乃急買來，幸尚未爲人捷足先得也，此書中甚多蘇州掌故。

上月山東歷史研究所派員邀我到濟南，參加孔子學說討論會，予以事冗辭之。而靜秋見其來意殷勤，勸予少去數天，因與約，以十一月十日前往，較六號開會諸君少參加五天會，并囑其通知學部，爲我購票，而到今日迄無消息。此事本非我所願，而凡事一經科學院即復煙消雲散，其有意隔離我與社會接觸可知也。

去年李址麟回國，邀我于今夏到朝鮮科學院，而今年暑中竟無消息，殆亦爲院中或所中所捏起。然而火絕不能爲紙所包裹，將來亦必證明小人之枉費心機耳。

十一月十二號星期一（十月十六）

閱《堅瓠集》。將阮元《尚書注疏校勘記》、日本東方文化研究所《尚書正義定本》、森立之《經籍訪古志》、楊守敬《日本訪書志》及《觀海堂書目》中之《尚書》古寫本及刻本記入卡片，約二百頁。

閱《堅瓠集》。十時服藥眠，上午一時半醒。良久又眠，六時半醒。

今日堪兒發燒，當是昨晚洗浴受凉之故。静秋日來較好，爲他一病，又夜不安眠矣。

十一月十三號星期二（十月十七）

搜集各藏書家目録及邵懿辰、莫友芝兩家標注補充《尚書》版本。記筆記一則。陶復和來。章元善來。馮大夫來爲堪兒治病，及爲静秋打針。

到王府井買書物。到"美白"理髮。寫周之風、翁獨健信。

與雁秋、静秋到長安戲院觀劇。回，遇賀昌群夫人及其次女。服藥兩次，約十一時半眠，翌晨六時醒。

今晚所觀劇：浙江婺劇團演出：1. 2. 如八日所見　3. 米欄、敲窗：高文舉——徐勤納　王金貞——徐如英　老杜娘——徐仙芝　4. 僧尼會：和尚——吳光煜　尼姑——鄭蘭香　鄭蘭香動作伶俐，唱腔悠揚，後起之秀也。静秋以看《北京晚報》知其藝，故邀予同觀。

今年水果、蔬菜增産，近日街道上滿地白菜，有如築牆。全素齋亦已恢復素菜，惟須繳豆票購取耳。

十一月十四號星期三（十月十八）

到中華，録《尚書孔傳》卷篇目次，將篇名填書寫本《尚書》片上。鈔藍菊孫《詩經國風今譯》中《豳風》各篇譯文。看地圖社送來地圖，送馬緒傳處。到國强飯，遇陳文彬、陳乃乾、陸高誼。

歸，記筆記一則。

到東安市場、百貨大樓閲市。十時半服藥眠，翌晨三時半醒。

《參考消息》載日本真島公司新製"安眠機"，放枕邊，發出"的搭的搭"的聲音，有似蕭邦之《雨點》前奏曲，只需十分鐘便可使人入眠，即最嚴重之失眠症亦可治好，使病人身心不受麻醉藥之壞影響。嗟乎，予病失眠四十六年矣，一生所服安眠藥不知其幾，所幸者尚未中毒耳。不知何日此機傳入中國，使我得蒙其治療也。

十一月十五號星期四（十月十九）

寫總務科鄺某信。到中華，鈔《尚書正義》目次，看吳國泰《史記解詁》，記筆記三則。到國強飯。

到蕭項平處，送吳國泰書。寫黃永年、李民信。作藍菊孫《詩經國風研究》序初稿訖。到王府井買宣紙。

記筆記一則。看《堅瓠集》。十時服藥眠，翌晨三時三刻醒。

堪兒今日到趙堂子胡同檢查，知是猩紅熱，但不重，須靜臥十天，甚慮傳染，但家中房屋無法隔離，奈何！夜中將堪兒移住客堂，俾與其三姊稍遠。

予近日胃納不佳，幾有見食即飽之勢。予之所以能多任事者，以健飯也。若少食，即必不能擔負許多工作。

十一月十六號星期五（十月二十）

重作藍菊孫《詩經國風研究》序，約一千五百字，即鈔上箋。寫史家胡同小學信，為堪兒請假。頤萱嫂來。

與靜秋到北大醫院，先至胸外科攝影室，次至李曰民大夫診，又至院長辦公室接洽，由李護士導至內科徐大夫處診。在院看《淮南子》三卷。六時半歸。

看李亞農《欣然齋史論集》總叙。木蘭來，留飯。十時服藥，十一時半再服，眠，翌晨五時半醒。

今日下午，我也覺得不舒服，四肢無力，腎囊下垂，痰吐增多，大約是傷風感冒。

醫謂静秋食道無問題，腸胃則有痙攣現象，故不能緊張。

蘇聯從古巴撤走導彈後，美國又謂古巴漁港對美國是一威脅矣。狼欲食羊，必想入非非地數羊過失，伊索寓言可徵也。

十一月十七號星期六（十月廿一）

看楊成志《我國民俗學運動概況》。將《隸釋》與《漢石經集存》中之《尚書》資料寫上卡片。彭子岡來，訪問可爲《文史資料》寫教育文化之人。

爲藍菊孫寫字四幅。馮大夫來爲静秋打針。

與潮、洪、湲三兒到民族宮觀劇。十一時服藥眠，上午一時三刻以咳醒。又眠，六時半醒。

今晚所觀劇：解放軍空政文工團話劇團演《年青的鷹》：王吉英（副大隊長）——王仁　黃桂香（吉英妻）——李志堅　李芳（新飛行員）——張可方　張麗（護士）——吕莎　楊秀蘭（航空醫生）——韓秀黎　朴大隊長——曾静　湯姆斯（美俘）——萬軍

十一月十八號星期日（十月廿二）

寫藍菊孫信。到謝剛主處閲書，遇陳翔鶴、蕭菊君。剛主夫婦留飯。

南開大學朱鼎榮來。偕剛主、鼎榮到國子監中國書店閲書，晤裴君等。遇于思泊、羅隆基、劉王立明。六時歸。

看新買書。十時服藥眠，上午四時醒，黎明少朦朧。

剛主聚書數十年，所得孤本及少見之零本極多，今日予所見者不及十分之一。予勸其編一藏書記以作紀念，蓋我輩藏書十年後必然散出，編目不可期之後人也。

十一月十九號星期一（十月廿三）

理新得書。寫蕭項平及張北辰信，北京醫院取藥信。終日整理《魏石經》，略訖。頤萱來。又安自鄉來。

再寫張北辰信，由尹如瀋前往取鋪蓋。

看江大俠《奇聞怪見錄》。十時服藥眠，上午二時醒。五時後又一矇矓。

静秋近日喉中甚乾，肚子仍不好，今晨即泄二次，或以進奶粉之故。

近日予入眠較易，惟半夜輒醒，耿耿待曉，是爲苦耳。

近日天冷，予氣管炎又作，有時咳嗽甚劇，中華書局只得不去矣。對此静謐環境，甚覺戀之也。

十一月二十號星期二（十月廿四）

記筆記一則。看繆荃孫、葉德輝各家書目，補《尚書》版本。曾憲楷來，未見。

到燈市口修面。到北海西門，看菊花展覽會。周行北海，到雙虹榭，與同人談話，遇陶才百。五時出，乘五路汽車到珠市口，入豐澤園飯。

九時歸。十時服藥眠，十一時以猫竊食醒。再服藥眠，翌晨六時半醒。

今日同會同席：王伯祥　陸軼程　錢琢如夫婦　汪季文　陳乃乾（未飯）　王湜華　陳萬里　章元善　顧鐵符　許姬傳　朱喬黃　俞平伯　今日之菜，爲兩年來飯局之最佳者，其故以許姬傳爲梅蘭芳秘書，梅常在豐澤園宴會，故許指定黃師傅作菜。

印軍反撲，我邊防部隊經激烈戰鬥後，進駐申隔宗、略馬東、德讓宗等地。瓦弄地區之邊防部隊亦進駐薩底、吉牙、薩木雅爾等地。印度總統拉達克里希南聲稱，印、中之間的分歧，應該在桌子周圍解決，而不是在戰場上。

十一月廿一號星期三（十月廿五）

記筆記二則。看馮登府《魏石經考異》。又記筆記一則。

吳孝騫來。開始寫《魏石經大誥》，未成。趙琪來，爲《武王死》一章作討論。校《史林雜識》。出，遇海文正送丹楓所借書來。

與靜秋到民族宮觀劇。遇白薇、彭道真、劉型。十時一刻散，遇章元善夫婦。十一時許到家。十二時服藥眠，翌晨六時許醒。

靜秋今日到協和針科扎針，檢血壓，乃高至160/100。渠向爲低血壓，今乃一轉而高，故亦患失眠矣。

今日我政府聲明，爲促進和平，從明日零時起，全綫主動停火；自十二月一日起，從實際控制綫後撤二十公里。希望印度政府改弦易轍，積極響應。

今晚所觀劇：解放軍總政文工團歌舞團演出《湘江北去》（毛主席詞意）：楊開慧——于增湘、劉有僑　柳直荀——劉英、姚鎮泉　凌姑——陸易、鄭咪雲　青年縴夫（凌夫）——許國成、蕭志明　凌老頭——單群　土皇帝（劣紳）——趙頌南　土太子（反動軍官）——吳建平　嫦娥——姜誠　吳剛——任明遠

十一月廿二號星期四（十月廿六）

續校《史林雜識初編》未畢。記筆記一則。

頤萱嫂來。于鶴年自津來。陳振、唐珍賢來，同到車站接劉起釪。

看徐世昌《清儒學案》。服藥兩次，約十二時眠，翌晨七時醒。

劉起釪君今日到京矣，此事接洽四年而成，可見北京添進一幹部之難，蓋市人委、文化部、宣傳部各關都須打通之故，而近代史所南京分所之不放爲其主因。

自我國聲明停火、撤兵後，全世界爲之震動，以戰勝國而如此，群訝爲東方人之哲學，非西方人所可了解。此給尼赫魯一下

場機會，但彼接受美國貸款與軍火，則只得聽其主子之命令耳。

十一月廿三號星期五（十月廿七）

到北京醫院，抽血驗膽固醇，留尿驗糖尿症。續校《史林雜識》，至《贅婿》篇訖。

劉起釪來，贈物，長談。寫蕭項平、張北辰、鄭逸梅、賀覺非信。

看《清儒學案》。服藥兩次，約十二時眠，翌晨六時半醒。

近日入眠又難，當是不出去活動之故。

今日潮兒又發燒，堪兒剛好，她又發作，固緣冬日天氣，亦以校在西單，早晨不得不早出，犯寒無抵抗力故。

印度共産黨依附尼赫魯反華，但近日報載其大捕共産黨，足徵印共已分化，其一部分人灼見尼赫魯之反動，不接受其主張，故有捕禁之舉。自此以後，印共其又可爲純潔之馬列主義黨徒乎？

十一月廿四號星期六（十月廿八）

爲潮兒寫請假信。到民族宮健身房，開學部中心小組會，自九時至十二時。會散，至樓上聚餐，吃羊肉。出，遇尹如濬送券。

到西單商場閱書。到長安戲院買票。到人大會堂，晤巫寶三，談。上二樓聽周總理在人大常委會之中印邊界戰事報告之擴音，自三時至六時。到前門乘車歸。

看《清儒學案》等。十時服藥眠，上午五時半醒。

今日上午同會：劉導生　郭寶鈞　黄文弼　王伯祥　余冠英　俞平伯　張鐵生　劉斗魁　吕叔湘　翁獨健　夏康農　傅懋勣　張友漁　唐棣華　胡厚宣　賀昌群　鄭奠　嚴中平　陸志韋　巫寶三　錢寶琮　王守禮　丁名楠

聞印度兵實不能打，見中國軍隊即摇白旗投降，故我軍可以兵不血刃而致勝，此真仁義之師矣。印度人亦自知其國純襲英帝傳統，名爲獨立，一切未變樣，大資產階級壟斷政權，不若中國之經過革命，足以蕩滌舊污也。

十一月廿五號星期日（十月廿九）

記筆記一則。董紹華來，送圖。李民及其夫人任翠萍來。王真來，同到東安市場五芳齋飯，談寫通俗讀物社資料事。

到長安戲院看北昆演出，自一時半至四時。歸，翻看《列女傳》，記筆記一則。金竹安自滬來。

洗浴。看《清儒學案》。十時服藥眠，上午四時半醒。又眠，六時醒。

今日所觀劇：一、春香鬧學：春香——馬錦玲　麗娘——梁壽萱　陳最良——張肇基　二、棋盤會：鍾離春——張玉文　齊宣王——周萬江　楚威王——姜茂賢　廉賽花——張竹華

社會主義陣營，毛主席爲領袖。資本主義陣營，肯尼迪爲頭子。赫魯曉夫，則肯尼迪之玩物耳，尼赫魯，則肯尼迪之走狗耳，何足道哉！

十一月廿六號星期一（十月三十）

鈔黃慶雲《讀尚書大誥今譯疑義》約四千字，訖。記筆記一則。

到東單理髮。陶復和來取鈔件。記筆記二則。

看《清儒學案》。十時服藥眠，上午二時醒。三時半後又眠，六時醒。

今晨予忽拉肚，想係昨晚洗澡，爐子太熱，而出外又太涼之故。

靜秋今日到北大醫院檢，血壓爲 130/90，太接近。膽固醇爲四百，則更高。牙床有病，明日再查。靜秋近來頭常暈，心常

跳，身愈瘦，百病叢生，奈何！

今日堪兒上學，明日潮兒上學，皆愈矣。

湲兒自云多夢，此爲神經質之現象。予幼時亦然，曾記十一歲時，作《我夢錄》一册以記之，爲我父所塗改，而不知此爲心理現象之忠實記錄也。

十一月廿七號星期二（十一月初一）

記筆記一則。寫黃慶雲文審查報告，送歷史研究編輯部。檢出各本《水經注》，并理地理書。孟默聞來，長談。

伴靜秋到北大口腔醫院，由張樂天大夫診。在院翻《淮南子》一卷半。出，到北海看菊花。五時歸，記筆記三則。董紹華來送地圖。

看《清儒學案》。十時服藥眠，上午二時醒。又眠，六時醒。

靜秋生性緊張，上月廿日爲協和醫院一年輕醫生告以有食道癌可能，遂至委頓。自北大醫院李曰民醫生證其不然，心始安。然昨日到口腔醫院，一年輕醫生又謂其牙齒腫痛有毒瘤可能，今日又心跳足軟，若大病然。及經老醫師張樂天證明不是，謂此病由心神不安所致，身體陡然硬撐，到北海看菊花矣。心理影響生理，力强如是，而年輕醫生不解事，動以重病嚇病人，其爲害尤大也。

十一月廿八號星期三（十一月初二）

寫柳定生信，將《中山大學圖書館周刊》一册寄之。到北京醫院，就王志芸女醫師診。遇鄧初民、陳達邦、程希孟、鄺明、閻迦勒。在院翻《淮南子》二卷。

記筆記四則。劉起釪來，談《尚書今譯》工作事。寫蕭項平信。

看《清儒學案》。十時服藥眠，上午四時半醒。又眠，六時半醒。

今日查血壓，爲 145/80，甚正常。惟上周查血糖，爲 140，較高，醫囑多吃魚肉，少吃飯，隔三星期再往驗血。膽固醇 240，亦稍高。心臟無病，氣管炎則時令病也。

全世界輿論傾向中國，印度愈來愈孤立，尼赫魯乃倒行逆施，捕印共五百人，華僑七百人，又誹謗主持正義之亞非國家，惟有如昔人詠蟹之“看你橫行到幾時”耳。

十一月廿九號星期四（十一月初三）

記筆記四則。陳景鑾來，送《吳中風土》稿。

記筆記三則。草《魏三體石經大誥殘字》千餘字。看《清儒學案》。

看范祥雍《洛陽伽藍記校注》。服藥兩次，十二時眠，四時醒，又眠，七時醒。

尹如瀋好意，在將予筆記分類後，要爲予打初稿。今晚與予談兩次，而予夜間精神不能緊張，竟爲之失眠。

十一月三十號星期五（十一月初四）

記筆記四則，約三千字。

伯祥來，觀予所藏《水經注》各本。孟默聞來。趙琪來，送稿費。

看《清儒學案》。服藥兩次，十二時眠，上午二時醒。又眠，六時醒。

大躍進既反映了我國社會主義建設的客觀規律，也反映了六億人民要求迅速改變“一窮二白”，把我國建成三個現代化的繁榮富強的國家的意志和願望。我們對大躍進的成績和缺點如何正確的估價？

第二個五年計劃的主要指標，三年完成了，鋼五七年五百萬噸，五八年一千八百四十萬噸，這種速度是古今中外所沒有的。我國已經奠定了獨立的完整的國民經濟的初步基礎。

大躍進中所興建的水利工程，在防災、抗災、排澇、灌溉中發揮了顯著的作用。如蘇北地區把邵伯湖水引入山區，五六——六一年連年旱災很解決問題。要是在過去也三百天不下雨，肯定會顆粒不收。

我們應該從整個歷史時期來看大躍進。在同樣的歷史時期內，跟資本主義國家比，同解放前的舊中國比，我們建設的速度飛一般快。我們能用五十年時間建成一個美國一樣的強國，用二十年時間建設成蘇聯現在這樣的強國，這就是大躍進。過去我們的機器設備和技術力量要靠人家支援，現在我們有成套的設備可以支援人家。我國國民經濟十三年來所達到的水平，是資本主義國家在幾十年內所不能達到的。

大躍進就是有計劃的按比例的高速度的發展國民經濟。這是社會主義制度優越性的體現。但國民經濟的發展不是直線的，而是波浪式前進，螺旋式上升。在發展過程中難免會出現不平衡和某些薄弱環節，這就需要進行調整。調整不是消極的“拆廟”和停滯不前，而是大躍進的繼續，并且進一步更好地爲大躍進準備了必要的條件。例如我們停了一些經濟效果不大或設備條件較差、產品質量不高的工廠，讓較好的工廠充實、提高，更好地發展；從調整中抽調一部分勞動力去支援和加強農業戰綫，這些都有積極的意義。

和平環境要從革命鬥爭中來創造。只有世界革命成功，帝國主義消滅，全人類都得到解放，持久和平才得到最後的保證。

必須繼續和加強自我改造，才能跟得上形勢。

革命是不容易的，過了這一關還有那一關——民主革命、社會主義革命、世界革命，直到全世界人類得到解放。將革命進行到底不是隨便說說的。

犧牲不只是生命的問題，還包括糧食够不够吃，衣服破了有沒有布補的問題。怎麼才能在緊要關頭不掉隊？這很不簡單，要從認識、行動、感情上不斷地進行改造。我們往往認識落後于形勢，行動落後于認識，感情落後于行動。所以今後既要提高認識，還要在行動中鍛煉，更要在思想上培養革命的感情。

知識分子做工作，有革命感情的做和沒有革命感情的做是不一樣的。有了革命感情，挑一百斤也不覺得重。走革命的道路，要想一直走到底，不掉隊，不回頭，培養熱愛社會主義的感情很重要。

不管帝國主義者怎樣猖狂，反動派怎樣囂張，現代修正主義者玩弄什麼花招，我們會穩如泰山地堅持原則，堅持鬥爭，站在馬列主義的基礎上，鞏固擴大國際統一戰綫來和美帝國主義作更堅決的鬥爭。不管人家怎樣咒罵我們，孤立的不是我們，而是帝國主義，而是那些不要革命、不敢革命的人們。馬列主義是不可戰勝的。

跟着黨走，是要把全世界無產階級革命進行到底。自己應當把這個認識指導行動，爲世界革命起到一分作用。過去懂得要從六億人民出發來看問題，現在更感到要從二十億人民出發。革命總要犧牲，但不一定就非犧牲生命不可。

我們能够丢掉自己捨不得的東西，就是犧牲。

一九六二年十二月

十二月一號星期六（十一月初五）

記筆記四則，約二千五百字。《愚修録》第一册竟，作小序。
董紹華來。

打各本《水經注》印章。陶復和來。

看《清儒學案》。仍失眠，服藥兩次，至十二時眠，四時醒。
又眠，七時半醒。

數日不得安眠，精神頹唐。欲外出散步，又以氣管炎故不
敢。此真矛盾之苦境。如到廣東，則晚間仍可出門散步，無如静
秋之疾，又不放心何！

十二月二號星期日（十一月初六）

蓋各本《水經注》圖章，未畢。陳慧來。翁詠霓來，借《臺
灣通史》備陳列。

到長安戲院看昆曲戲，自一時半至三時半。到東單，遇金竹
君。還家，晤蕭風。寫陳萬里信，潘達仁信。

到隆福寺散步。十時服藥眠，上午四時半醒，又眠，七時醒。

今日天氣甚暖，因敢出門。

今日所觀劇：一、下山：王寶忠　喬燕和　二、中山狼：張
肇基　王德林　劉徵祥　張志斌　白小華　以未得説明書，僅從
報上鈔出其名，未知其所演何角也。

爲三夜不得安眠，萬分困憊，口苦舌乾。今日下午看戲，夜
間散步，乃得拗轉過來，甚矣動之不可以已也。

鐵托集團出版《古巴的叛逆》小册，此真反革命之自供狀，

應聲罪致討者也！

十二月三號星期一（十一月初七）

寫華訓義信。劉起釪來取《尚書》資料。王道生來送鈔稿。與林劍華談編《古籍考辨叢刊》事。出，寄信，買月票，到"春風"修面。

點讀張國淦《歷代石經考》之《魏石經》部分。記筆記二則。與靜秋到東四工人俱樂部，看《李雙雙》電影，六時歸。

散步，到錢琢如處談。仍步回。十時許服藥眠，上午三時三刻醒。又眠，六時半醒。

十二月四號星期二（十一月初八）

記筆記二則。寫陶復和信，送鈔費。點讀唐蘭《康宮問題》一文，未畢。

孟默聞來。金振宇夫人、擎宇夫人來。老鄺來。王姨母來。覆校《史林雜識初編》。伯祥來，與同到東來順。

飯後步歸。看《清儒學案》。服藥二次，約十二時眠，翌晨七時醒。

今日同席：王伯祥　　陸欽頤　　錢琢如夫婦　　章元善　　陳萬里　　俞平伯　　顧鐵符

靜秋到北大醫院，視查驗結果，則云是"白斑"，爲癌前症。聞此又極不安。

老鄺爲歷史所總務，向不到人家。今日不知受何人囑，竟帶一工師爲我家改造房屋設計，但又言估價後須經學部批准方得進行，則事之成否固猶不可知也。

十二月五號星期三（十一月初九）

覆校《史林雜識初編》，未畢。

鈔謝良《中山狼傳》未畢。到東單新華書店閱書。

乘環行路車一周。看《清儒學案》。服藥，約十一時半眠，三時醒，又眠，六時半醒。

静秋近日心臟又不舒服，她之病何以如此多門？真急人！

我之失眠已激發七日，今日晚間兩次出門，精神較鬆，得少吃一次藥。

上星期二，静秋得張樂天大夫之安慰，精神一振。昨得檢驗結果後，又緊張了。生理影響心理，心理又反影響生活，奈何！

十二月六號星期四 （十一月初十）

覆校《史林雜識初編》訖。

到南河沿，赴民進學習會，討論國内問題，自二時半至五時四十分。在俱樂部進食。

到孟默聞處送稿。爲静秋商改作文。看《清儒學案》。服藥，十時半眠，十二時醒。又眠，六時醒。

今日同會：王紹鏊　陳麟瑞　謝冰心　毛之芬　顧均正　徐世信　鄭芳龍　李念武

所晤人：葛志成　嚴景耀　林漢達　吳研因　黃紹竑　李祖蔭　胡庶華　張楚琨

《史林雜識》二校，凡費四天功夫。

十二月七號星期五 （十一月十一）

到政協禮堂第三會議室，開第八次文史資料研究委員會，自九時至十一時半。到餐廳飯。與葛志成談。

乘民進車歸。點唐蘭《康宫問題》文，仍未畢。與雁秋談《著述考》編輯事。

　　到百貨大樓買物。看《清儒學案》。服藥，約十一時眠，上午二時醒。又眠，六時半醒。

　　今日同會：楊東蓴　申伯純　李根源　章士釗　葉景莘　陳修和　李祖蔭　黃紹竑　載濤　王家楨　閻寶航　章元善　翁文灝　焦實齋　吳研因　陳達　米暫沈　姜克夫　覃異之　資耀華　浦熙修　李培基　張述孔　溥儀　杜聿明　羅隆基　李仲公　趙世蘭　廖華　陳公培　鄧哲熙　楚溪春　吳晉航

　　今日爲大雪節，而天甚暖，可怪！

　　十二月二十日後，民進開中央全會，政協開文史資料全國性大會。民進不知在何處開，政協則在社會主義學院開，彼時將又作一回奔跑矣。

十二月八號星期六（十一月十二）

　　記筆記一則。點唐蘭《康宮問題》畢。到“東單”理髮。出，遇姚紹華夫人。

　　摘録《康宮問題》之資料，未畢。楊伯峻來。記筆記一則。

　　華而實送陳景巒鈔費來。看《清儒學案》。服藥，十時眠，約十二時醒。又眠，六時醒。

　　唐蘭《西周銅器斷代中的康宮問題》一文約四萬字，載《考古學報》一九六二年一期。其中銅器斷代説與郭沫若不同，而予考證《尚書》，則西周銅器斷代是一大事，不能不讀。

十二月九號星期日（十一月十三）

　　到南河沿，開民進支部組織生活，自九時至十一時三刻，到北京餐廳進午餐。步歸。

　　與靜秋到王姨丈處，并晤姨母、大琪夫婦、大瑛、大玫等，長談。記筆記一則。

記筆記二則。史先聲來。洪兒爲我洗浴。服藥二次，約十二時眠，翌晨七時醒。

今日同會:°陳慧　徐伯昕　葛志成　°王伯祥　王紹鏊　余之介　°林漢達　梁純夫　加°者同席　吳德咸

静秋日來患心跳，脉搏早七十餘，午間至九十，晚降至六十，無力起床，不知是何疾，使伊衰弱至此?

大玫表妹云白斑爲良性瘤，可無患。姨丈勸静秋"尋快樂"，姨母又勸其對家事"拆爛污"，勿過察之，致傷神。

十二月十號星期一 （十一月十四）

與静秋到中山公園觀菊，茗于西廊，遇陳開祥。予看民進所發《參考資料》。到瑞珍厚飯。

與静秋到陳景鑾處，送鈔費。歸，孟默聞來商改圖。又安自鄉來。續讀唐蘭文，記筆記二則。

張覺非來。到市場散步，遇陳慧、常任俠。歸，與覺非、雁秋、又安談。服藥兩次，約十二時眠，翌晨七時醒。

以昨夜眠不佳，早起頭量。適昨日姨母一家勸静秋出游以舒鬱悶，遂與同至公園。渠到園後，脉搏遂較減。予何能每日與同游，使其霍然病去耶!

今日出游，理應得佳眠，而來客較多，精神亢進，遂與静秋同不能睡。我二人如此受生理限制，豈不苦哉!

十二月十一號星期二 （十一月十五）

續摘唐蘭文，仍未畢，記筆記一則。林其煌來，囑静秋到牙醫朱硯農處診，因伴往。朱醫兼視牙齒，定二月四日往。遇葉叔衡先生。

記筆記三則。爲看紅星《古巴》電影，到米市大街等侯静秋，待一小時許不至，退歸。鈔《中山狼傳》訖。

乘環行路車一周。看《清儒學案》。服藥兩次，約十一時半眠，翌晨六時三刻醒。

朱硯農謂静秋非白斑，渠心爲一定。又爲予看牙，謂須拔去兩個。朱醫門庭，就醫者衆，故排至二月四日。

十二月十二號星期三（十一月十六）

到所，參加所務會議，自九時至十二時一刻，尹達主席。

與静秋到中山公園，飲茶。遇陶才百。看雷敢《讀王夫之諸經稗疏札記》。出，到北京餐廳買麵包。

張覺非來送藥。看《清儒學案》。服藥四次，約上午二時眠，六時醒。精神大不好。

今日同會：尹達　胡厚宣　賀昌群　王毓銓　孫毓棠　酈家駒　趙幼文　張德鈞　翁獨健　田昌五　劉浩然　熊德基　謝國楨　姚家積　魏明經　張雲非　萬斯年　李士敏　連青年同志三十餘人

今日之會，爲各組報告。我不在組，與我無關。尹達很高興地説：“做了一萬年的考證，還是做不出結果來的！”歷史研究所副所長，其思想乃如此！

静秋之腸病，予之腦病，皆植根于少年而惡化于今日。兩榻相對，相顧愁人。老年境況，洵不易度！

十二月十三號星期四（十一月十七）

到北京醫院，就王新德大夫診。遇楚溪春。看政協《參考資料》。理書。又安赴常州。尹如潛因病歸。

獨到故宫博物院，參觀碑帖展覽，并觀清代繪畫。到燈市口“孔雀”修面。

到百貨大樓閱市。到北京醫院，注射冬眠合劑。九時半服藥眠，翌晨七時醒。

多夜眠不好，昨夜更壞，今日精神亢奮，若將瘋者，只得又注射冬眠合劑矣。今晚居然得佳眠，此固注射之效，亦下午散步之功也。故宮竟成予治病之方，可發一笑。

十二月十四號星期五（十一月十八）

王道生來，取鈔費（存八元餘）。偕靜秋到日壇醫院腫瘤研究所，作透視，晤吳桓興院長。十一時歸。看譚其驤《鄂君啓節銘文釋地》。

爲待劉起釪，未出門，在家將《水經注》各本蓋印訖。起釪來談，商《尚書》工作。寫周達甫信，介紹與談。

到北京醫院打針。服藥，九時三刻眠，翌晨七時醒。

腫瘤醫院爲靜秋透視，亦云沒有什麼，但尚須經吳院長核定。

十二月十五號星期六（十一月十九）

到文聯俱樂部，出席"《歌謠周刊》出版四十年紀念會"，賈芝主席，自九時至十二時半。與元胎同歸。

看新出《民間文學》及《民間文學參考資料》。陶復和來。送鈔片。寫姚紹華信。

到北京醫院打針。服藥，九時半眠，翌晨七時醒。

今日同會：魏建功　常惠　容肇祖　楊成志　鍾敬文　賈芝　毛星　吉星　路工　張紫晨　楊亮才　陶鈍　阮艾芹　孫劍冰　陶榆　段寶林

昨眠雖佳，今日却臉腫，何也？

今日紀念會，對歌謠研究會中人開創之精神、奮鬥之勇氣、持續之力量均有好評，亦當初工作時所不及料者也。

腫瘤醫院打電話來，謂靜秋之病，經吳院長審查，并非腫瘤，心爲一定。

十二月十六號星期日（十一月二十）

到謝剛主家閱書，并晤其弟乘生、劉盼遂，十二時歸飯。所中工友老雍來。

看《人民日報》社論《全世界無産者聯合起來反對我們的共同敵人》。看《清儒學案》及影印《歌謠周刊》。

看《清儒學案》。教湲兒寫篆字。服藥三次，約十二時眠，翌晨七時醒。

在此一個月內，保加利亞、匈牙利、意大利、捷克斯洛伐克四國開共産黨代表大會，受赫魯曉夫嗾使，指斥中共爲“冒險主義”、“宗派主義”、“分裂主義”、“民族主義”與“教條主義”，社會主義明顯地分裂，爲帝國主義者所快，故中共義正詞嚴地給予答覆，實當代歷史上之重要文獻也。

前數夜睡得好，故今夜不往打針以試之，果然不能成眠。予之睡眠必靠重量藥物，豈非不了之事！

湲兒製賀年片，要寫“恭賀新禧”及“新年好”等篆書，予教之，一學就會，此兒天分故自不凡。

十二月十七號星期一（十一月廿一）

對“國務院關于第二批重點文物保護單位名單”補十九處，寫齊燕銘信。寫《我所知道的蔡元培先生》一千字。

到民族宮禮堂，看文聯內部放映電影蘇聯片《七面風》及《美機監視蘇拆運古巴火箭》等短片，自二時至五時。出，訪雁秋，不晤。到全素齋買菜。

到北京醫院打針。十時半，倚枕眠，十二時半醒。服藥，又眠，七時半醒。

今日所遇人：葉聖陶　鍾敬文　文懷沙　黃芝岡　老舍　林山

今日放映影片，是蘇聯在第二次世界大戰時，男子當兵，其妻在紅十字會當護士，或得前綫之信而有悲喜之異，或其夫受傷抬回治療。其所以作爲内部放映者，殆以此片表示蘇聯當局畏懼戰爭之意歟？

十二月十八號星期二（十一月廿二）

續作《我所知道的蔡元培先生》約六千字，初稿訖。理稿件。陰法魯來。雁秋來，留飯。

與静秋及洪、堪兩兒到首都劇場觀劇，十一時歸。服藥眠，上午三時醒，遂耿耿到曉。

昨雖得眠而精神不爽，眼睛仍腫。夜中胸前作痛，不知是否今日較久之故，得不爲聶崇岐之病乎？看戲回來，服了兩丸 Seconal，只睡得三小時許，亦可憐矣。

今晚所觀劇——《紅岩》：許雲峰——田冲　江雪琴——林東升　雙槍老太婆——梁菁　華子良——童超　成崗——郭家慶　成瑶——金昭　李敬原——刁光覃　華爲——修宗迪　茶館老板娘——包瑛　甫志高——丘揚　徐鵬飛——胡浩　鄭克昌——朱旭　警察局長——韓善續

今晚所遇人：富介壽　顧均正　陳選善　陶景蘧　陳萃芳

十二月十九號星期三（十一月廿三）

修改昨作文，略訖。魏廣洲來。周國華來。與林劍華談工作。

雁秋來，留飯。觀其鈔撮《清史稿》著作名。到"藝華"理髮。到東安市場買書。歸，看新購之《敦煌遺書總目索引》及《清代北京竹枝詞》等。

到政協禮堂，出席晚會。九時出，到北京醫院打針。十時歸。服藥，十一時眠，翌晨六時醒。又眠，八時一刻醒。

今晚所看"笑的晚會"節目：青藝、王瑾愚《吃鷄》　人藝、李翔《熏蚊子》　實驗話劇、李健等《在公共汽車上》京電、謝添獨唱　八一廠、王曉棠諧劇　人藝、黃宗洛《來亨先生》　相聲——郭全寶、劉寶瑞　人藝、朱琳彈詞　京劇——張雯英　笑話——劉斐、閻寶航、吳大琨　報幕——侯寶林

所晤人：胡庶華　李平衡　張治中　黃琪翔　劉型夫婦　張紀元　劉郁芬　溥雪齋

以昨夜少眠，精神有些恍惚，故出游。

十二月二十號星期四（十一月廿四）

看《清儒學案》，記筆記一則。寫劉導生、歷史所、趙孟頫、李鏡池信。

到政協文史資料會，乘大汽車到社會主義學院，開全國文史資料會議預備會，聽申伯純報告，自二時半至四時。出，上大汽車，候人，至五時開，到政協俱樂部，與伯祥、元善同飯。

到西單商場聽相聲。到北京醫院打針。服藥兩次，至十一時眠，翌晨六時醒。又眠，七時半醒。

昨夜眠酣矣，今日兩脚猶冰冷，作字手顫甚，可見神經未平復也。

今日同會：申伯純　楊東蓴　劉瑤章　閻寶航　鄧哲熙　米暫沈　向達　羅隆基　章士釗　章伯鈞　黃紹竑　陳修和　廖華李培基　劉大年　溥儀　杜聿明　李建勛　戈定遠　載濤　陳達李祖蔭　章元善　吳晉航　姜克夫　趙世蘭　覃異之　焦實齋張述孔　各地代表四十四人

今日在政協俱樂部所晤人：王楓　楚溪春夫人　王芸生　夏

滿子　謝立林　高君箴　李書城夫婦

十二月廿一號星期五（十一月廿五）

八時半到北京醫院，就女大夫高麗麗診，到心電圖室測驗。十時半歸。作文史資料大會發言稿一千字。

與靜秋到北海，北門入，到華園進點，到雙虹榭飲茶。看譚其驤《鄂君啓節考》。五時歸，記筆記一則。

到西單商場閱書。到曲藝廳聽相聲、琴書。到北京醫院打針。服藥，十時半眠，翌晨七時半醒。

今日量血壓，爲 140/85，不高，而失眠如此之甚，何也？

文史資料會指定我作一次"史料學"的學術報告，因此又得忙幾天。

十二月廿二號星期六（十一月廿六　冬至）

續寫發言稿三千字。記筆記一則。

與靜秋到賀昌群夫婦處。雁秋來。

洪、堪兩兒相鬥。到西單劇場看北昆劇，十時散。服藥，十一時眠，翌晨四時一刻醒。

靜秋昨日玩得甚好，乃今日又覺心軟、欲吐，且多尿，易生畏懼。晚張覺非來，謂是氣血兩虧，此病非一日所成，亦非一日可袪，將奈之何！

今晚所觀劇：一、盜仙草：白素貞——張竹華　仙童——滿樂民、王卷等　二、相梁、刺梁：鄔飛霞——顧鳳莉　梁冀——周萬江　萬家春——韓建成　家院——陶小庭　三、錘震四平山：李淵——吳偉錦　李元霸——侯永奎　竇氏——王少君　程咬金——何金鵬　裴元慶——侯少奎　秦瓊——張肇基　伍雲召——戴祥其　李世民——宋鐵錚

十二月廿三號星期日（十一月廿七）

記筆記一則。與洪兒到米市大街買牛奶，遇汪季文。劉起釪來，同到南河沿飯，遇宋雲彬、金岳霖。

寫劉盼遂、蕭項平信。歸，寫陳景巒信，寄《詩辨妄》付鈔。洗浴，潮兒助。看《舊唐書》，記筆記一則。雁秋來，留飯。

到北京醫院打針。服藥三次，約十二時眠，上午五時醒。又眠，七時醒。

昨許阿姨打電話來告病假，今日來乃欲辭職，此對靜秋又一打擊。幸三姨不日將由成都來，可望其相助耳。今日欲由私人之力找一幫忙人，其難猶登天也。

今晚聞湲兒言，女附中作文競賽，得一等三名，二等四名，三等五名，而渠名在二等，實即本班中之第一名。聞此興奮，且說話稍多，遂不成寐。予晚飯後，直當禁止說話。

十二月廿四號星期一（十一月廿八）

到北京醫院抽血，晤周鯁生、張爲申。歸飯，記筆記三則。再到北京醫院，取耳血。遇李一平。翻《亭林遺書》。

看《清儒學案》。寫發言稿一千五百字。到東安市場買褲帶及新書。歸，翻胡繩《棗下論叢》。

爲潮兒寫賀年片字。到北京醫院打針。十時服藥眠，上午一時醒。又眠，五時醒。

保姆不在，靜秋勞動，脉搏即升至九十以上，臥床片時，即降至八十餘。可見渠之身體實已不任勞動，無如其須撑一家何！

今日取血，一在飯前，一在飯後兩小時，又送尿，經此化驗，予糖尿程度可以確知。

天久旱，近數日乃和暖如春，今日乃下霹靂雨。

十二月廿五號星期二（十一月廿九）

續寫發言稿五百字。李君素自南京來，長談。到“東單”理髮。到車站接三姨，晤雁秋夫婦。二時歸飯。

看《文史資料選輯》第三十輯。劉起釪來，看其計劃書及《史林雜識》插圖。馮大夫來，視靜秋疾。到人民銀行取靜秋款。到文淵閣爲湲兒買紙。

到北京醫院打針，與員護士談。服藥兩次，約十一時半眠，上午三時醒。又眠，六時半醒。

李君素爲靜秋同學好友，今日來探望，靜秋説話多，興奮了，既送之門，即軟弱無力，脉搏至九十餘。她委頓若此，奈何！馮國寶大夫謂其無病，然易驚善汗，好人當不如此。

打冬眠合劑一療程矣，然入眠之難如故，惟下半夜睡得較好耳。

十二月廿六號星期三（十一月三十）

出，遇吳聞。續寫發言稿一千餘字，初稿訖。即鈔二稿一千七百字。到華僑大廈，向民進五屆三中全會報到，晤吳研因、吳榮、張志公、張明養、梁純夫、陳秉立、吳德咸、趙濟年等。

倚床看報，略一闔眼。與靜秋到王府大街付電視機價。續寫二稿千餘字。雁秋來，留飯。

到文聯，看《爐火正紅》電影。服藥兩次，約十一時眠。上午四時醒，遂不寐。

靜秋常以無“電視”爲恨，今日到廣播電視服務部定一架，價八百元，是爲一大筆支出，靜秋積存也。

十二月廿七號星期四（十二月初一）

續寫發言二稿四千餘字，林劍華助鈔。

到東安市場買物。木蘭來，留飯及宿。

到吉祥劇院，聽曲藝。服藥，十時許眠，十二時醒。又眠，六時醒。

今日所觀曲藝：馮廣月——山東快書《巧開車》　良小樓——京韻大鼓《雙玉聽琴》　史文惠、譚伯如——對口相聲《地理圖》曹寶禄、劉淑惠——雙梅花調《鳳儀亭》　尚有魏喜奎奉調大鼓《寶玉取親》，孫雅君西河大鼓《頭字令》，賈振良、福寶仁對口相聲《鬧公堂》三節未聽，以恐歸家遲，妨礙静秋睡眠也。

十二月廿八號星期五（十二月初二）

續寫發言二稿四千餘字，全文訖。程金造來。

發蘇聯越特金、李福親賀年片。賀齡宇來裝電視。到王府井茶館小憩。買水果歸。劍華續來，鈔稿。雁秋來，留飯。

到西單商場，聽齊信英講《聊齋》狼。九時歸。服藥，十時眠，上午一時半醒。良久又眠，六時一刻醒。

文史資料會發言稿，初稿寫了三天，二稿亦寫三天，共成一萬一千字，爲予近來久未作之長文。作文不可不集中精力，然一集中精力又覺胸頭悶脹，不得不出外跑跑，幸尚能得睡也。

裝電視，以近椿樹胡同無綫電站，干擾得厲害，殆不能看，惟聲音尚清晰耳。

十二月廿九號星期六（十二月初三）

看林劍華所鈔予發言稿兩遍，作最後修改。

到社會主義學院，訪申伯純、米暫沈，俱不晤。到陝西派來代表張光遠、樊子先處，談張扶萬遺稿事。到政協文史會，交發言稿。到餐廳飯，遇謝家聲夫婦及其長子。

寫張述孔信。到三樓，聽各女聲獨唱。九時半出，十時許歸。

服藥兩次，約十二時後眠，翌晨六時半醒。

今日所聽唱：。王玉珍(洪湖赤衛隊歌、湖北民歌回娘家等)
仲偉(蘇聯歌)　梁美珍(我的祖國等)　孫家馨(洋娃娃等)　張
利娟(小夜曲等)　徐有光(春到邊疆等)　蘇盛蘭(蝶戀花等)
張越男(哈達與鮮花等)　尚有王昆、劉淑芳、張權三人未及聽。

今晚所晤人：涂允檀　閻寶航　張執一　于滋潭　吳覺農

今日大風，予出入社會主義學院，幾被吹倒，氣候突寒。

予之報告，擬題以《中國的史料範圍及其整理成績》。

十二月三十號星期日 （十二月初四）

到北京醫院，就女醫師王壹診。遇陳劭先。伴三姨到中關村，
晤頤萱嫂，招陸啓鏗歸，同飯，長談。

二時，木蘭歸。二時半，予先行，四時許到家，看報及信。
出，問理髮。歸，補記日記。記筆記一則。

休息，十時服藥眠，十一時半醒。又眠，四時醒。良久又眠，
六時半醒。

予此次檢查，尿中有糖，血糠一百卅，醫言能降至一百十即
好，囑控制食物。心臟尚好，血壓 140/80，亦正常。

今日予與三姨一出，靜秋在家即靜得發慌，彼非人伴不可，
自謂恐成歇斯的里或精神分裂症。然三姨不能常在此，予又須開
會，兒輩尚未放假，勢不能不靜也。

十二月卅一號星期一 （十二月初五）

七時三刻，到"春風"理髮。商錫永來。記筆記一則。劉起釪
來。寫申伯純信。理書桌。與湲兒同到米市大街買牛奶及橘，遇林
其煌。

頤萱嫂送三姨歸，留飯。胡厚宣來。唐守正來。鈔內藤虎《隸

古定尚書跋》入筆記，訖。

　　民進派車來，接至華僑大廈，參加除夕聚餐。歸看電視。十一時許服藥眠，上午三時一刻醒。又眠，七時醒。

　　今晚所晤人：車向忱　周建人　徐伯昕　馮賓符　葛志成　張紀元　徐楚波　曹鴻翥　吳若安　吳榮　陳禮節　楊石先　謝冰心　毛之芬　富介壽　張志公　陽太陽　林漢達　胡明樹　張景寧　金通尹　雷潔瓊　嚴景耀　吳研因　毛啓邠　鄭建宣　潘承孝　周煦良　顧均正　余之介　章廷謙　董守義　梁明　張明養　范興登　范煙橋　王寶初　陳麟瑞　謝瑩　陳慧　鄭效洵　吳廷勘　王嘉璿　王澤民　陳選善　徐健竹　胡夢玉　張守平　陳鴻楷　柴德賡　古楳　李變華　巫寶三　梁純夫　陳萃芳

　　今晚所觀電視：平劇：喜榮歸　京劇：貴妃醉酒（杜近芳）　電影：昆侖山上一棵草　雜技：狗上課等

　　予家乾麪胡同之西爲椿樹胡同，有無綫電臺，故電視受干擾甚劇，目爲之眩，惟白天有時甚清楚耳。

　　赫魯曉夫强調和平共處是由于（一）只要兩大國達成妥協就可以決定一切；（二）自以爲有核武器了不起，但又怕被核戰爭毀滅；（三）幻想帝國主義的本性變了，社會主義和資本主義可以互不干擾，兩個萬歲；（四）幻想可以關起門來建設，在二十年内建成共產主義，與帝國主義和平競賽。實質上，是向帝國主義投降，自己不革命，也不讓人家革命。
　　我們的和平共處是有原則、有條件的，認爲它是進行階級鬥爭的手段，不是最終的目的。最終目的是消滅階級、實現共產主義、得到永久和平。在美帝實行戰争政策和侵略政策的情況下，我們同美帝是處于“冷戰共處”而不是

"和平共處" 的局面。現代修正主義者則把和平共處作爲外交政策的總路綫，是無原則的，無條件的，以階級合作代替階級鬥爭，對帝國主義屈膝，乞求和平；對民族主義國家和小國却實行大國沙文主義，不許人家有獨立、平等的權利，甚至壓制人家的革命，如對剛果；出賣人家的主權，如對古巴；要人家做他的兒孫，如對阿爾巴尼亞。他幫助印度來打我們，在新疆搞顚覆活動，是十足的流氓行爲。

美帝在古巴事件中，把橄欖枝丟掉了。現代修正主義者也丟掉了馬列主義的外衣。人民則受到了一次反帝鬥爭的鍛煉，覺悟大大提高，團結大大加強。更重要的，是説明儘管國小、人少，只要團結起來，堅決與帝國主義鬥爭，就一定可以取得勝利。這是東風壓倒西風的一個重要標志。爲什麼堅決鬥爭可以制止戰爭、乞求和平反會導致戰爭呢？（一）帝國主義是欺軟怕硬的，你愈氣壯，他愈不敢輕舉妄動。（二）帝國主義愈接近死亡，對人民的壓迫愈瘋狂，人民的反抗力量也愈大。（三）制止美帝發動戰爭的，決不是 "明智的妥協"，而是古巴人民誓死保衛祖國的鋼鐵般的意志。（四）中國抗美援朝制止一場大戰，那時志願軍的裝備比現在還差得多。

帝國主義和修正主義都是反革命，階級本質都屬于資産階級。修正主義者雖是工人階級出身，但已成爲叛徒。帝國主義、修正主義、反動派，三位一體，他們都想控制古巴，也都幫助印度反華，本質都一樣。修正主義者總想復辟資本主義，同帝國主義走的是一條路。修正主義者有時也對帝國主義張牙舞爪，但那只作給人看，實際上是雷聲大、雨點小，只拉弓，不放箭；有時甚至充當帝國主義扼殺民族解放鬥爭的幫凶。去年蔣匪幫企圖竄犯大陸時，赫魯曉夫遲遲没表示態度，直至摸到了美帝的底，知道美帝不準備支持蔣匪，才發了一個聲明，送了一回順水人情。

一九六三年

一月二日，予到全國文史資料會（十二月廿日始開），講“中國史料的範圍及其已有的整理成績”。

一月廿一日，李民始來。

廿六日，予又病。

二月，所中行政科始來商住屋改建問題。

二月十三日，發現予腿腫。

是月，整理予筆記散片。

三月，重寫《大誥》之校勘、解釋、章句、今譯、詞類。至考證則爲長期工作。

是月廿二日，馬念祖來，始助予編《古籍考辨叢刊》。

四月，雁秋等爲予藏書蓋章，分別祖、父及予三代所藏。

是月五日訪楊伯峻，請其審查《大誥》詞類。

是月，整理《大誥》漢、宋各注。編《大誥》比較資料四篇。

五月十二日《文史》第二輯出版，《世俘校注》發表，凡占四十一面。

是月予腸病作，大便不正常。迄冬不止。

六月廿八日，到黎錦熙處，請其爲作《大誥》語法。

七月七日，將《大誥》考證送中華書局審查。續理校勘。

是月十九日起，參加民進中央擴大會議，至廿一日止。

是月卅一日，應政協約，與靜秋、堪兒由海道赴大連（錦州水淹故）。八月五日，李祖蔭以游泳患腦溢血卒。予在彼校王道生所鈔予古史文，略加修改，擬編爲《古史質疑》第一册。九月一日歸。予左臂爲蚊嚙潰爛。

九月，《辛亥革命回憶錄》出版，予《中國社會黨及陳翼龍之死》一文發表。

是月，續作《尚書》序，仍未成。蘇州人民評彈團來京，往聽多次。以供應多，鄉友停止聚餐。此會凡歷三年。

十月，作《早期尚書殘存篇目及文字表》。參觀建國門外新屋，擬遷去，又以物多躊躕。

十月十六日，寫張友漁信，請換房。

十月十九日始，與政協同人參觀北京市建設，迄十一月六日止。

十月廿八日起，參加學部擴大會議，至十一月十六日止。

十一月，予以《春秋史事勘》交張茂鵬整理。

是月三日寫學部信，請給建國門外新屋兩單元。

四日，始覺腹中隱痛。

十一日，學部張仲才來，伴予參觀建外新屋，允給兩單元，予已允之，而靜秋不欲，真使我爲難。

十六日，學部擴大會議結束。

十七日，政協大會開始，與李伯球同車。予作應建立中國古籍研究所之發言。至十二月四日閉幕。

以兩月積勞，會畢即感疲勞萬狀，大便爲粘沫，其後便血。

十二月廿四日，學部派董謙、宋仁敬、楊光禮來，商量修屋。（先是廿二日史先聲來，爲繪改建圖樣。）

廿六日，翟福辰偕包工匠來看屋，告尹所長已向學部商得同意重修。至翌年四月二日始定。予病不能起，臥看《一千○一夜》。

卅一日，北京醫院許予住院檢查。迄不得結果，二月廿五日出院。在院看恩格斯書及予筆記。

一九六三年一月

一月一號星期二（十二月初六）

到華僑大廈，參加民進新年團拜，十時先歸。德融佺來。王貴民、林乃燊、謝濟來。政協車來，與靜秋、葉叔衡、楊崇瑞同到禮堂三樓赴老人宴。在禮堂寫章元善詩。

一時半歸。看昨日《人民日報》社論《陶里亞蒂同志同我們的分歧》文，未畢。記昨、今兩日所見人。

看電視《第二個春天》（海鷹）。十時服藥眠，十二時半醒。又眠，六時半醒。

今日同會：民進同人略同昨日，加許廣平、吳貽芳、王紹鰲等。

今日又同會：政協周總理　徐冰　張執一　梅龔彬　劉孟純　徐伯昕　董必武　史永　孫曉村　陳毅　郭沫若　辛志超　包爾漢　易禮容　彭真　史良　范長江　申伯純等(以上主)　沈鈞儒　張難先　朱啓鈐(以上九十以上)　康同璧　葉景莘　李燭塵　李根源　謝無量　馬約翰　陳叔通　黃炎培　施今墨　章士釗　李書城　陳半丁　王葆真　俞慶丞　邢贊亭(以上八十以上，共四十二人)　竺可楨　李培基　何遂　劉定五　張之江　周叔弢　王伯祥　章元善　周頔成　張頤　唐鉞周亞衛　王復初　李麟玉　范文瀾　王卓然　載濤　喜饒嘉措　徐行之　陳秋安　黃紹竑　吳研因　陳銘樞　張絅伯　金通尹　吳若安　林仲易　潘梓年　陳望道　陳鶴琴　吳晉航　周鯁生　李國偉　楊崇瑞　梁漱溟　胡庶華　張奚若　李明揚　熊慶來　周炳琳　許德珩　陳達　饒毓泰　吳昱桓　鄧初民　馬寅初　高崇民　周建人　黎錦熙　張

治中　蔡廷鍇　熊克武　陳紹寬　蔣光鼐　楊明軒　王元信　王
紹鏊　季方　陳其尤（以上七十以上，共一百七十三人）

　　周總理年必宴老人一次，限年七十以上，今日爲予初次參
加，除老人二百一十八人外，高級領導、政協幹部、老人家屬亦
約二百人，共四十餘桌，盛會也。

一月二號星期三（十二月初七）

　　爲潮兒寫請假條。家務勞動。續看《陶里亞蒂同我們的分歧》
訖。文史資料會送發言稿打樣來，即檢閱一過，作"正誤表"。許
阿姨又來服務。

　　伯祥來，同車到社會主義學院，予講《中國史料的範圍及其已
有的整理成績》，邵循正講《第一手資料和第二手資料》，自二時
半至五時一刻。與伯祥、溥儀、閻寶航同車歸。

　　休息。服藥兩次，約十時半眠，翌晨六時半醒。

　　今日晤見人：申伯純　米暫沉　邵循正　陳修和　章元善
閻寶航　溥儀　陳達　吳晋航　陳農有（四川）　王定南（山
西）　何思誠（浙江）　姜克夫

　　今日下午，排定我與邵循正二人，故不得不趕。一萬二千字
以一小時十分鐘畢之，究竟精神興奮，不易入眠矣。

一月三號星期四（十二月初八）

　　爲湲兒寫請假自修條。到華僑大廈，出席民進五屆三中全會，
到三四三號，談《陶里亞蒂同我們的分歧》，自九時至十二時。出，
遇吉星。以湲兒足十四歲生日，雁秋夫婦來，同餐。

　　二時半，往赴民進小組，續論修正主義，六時散。在會飯。李
佑民導上車，與吳研因、王元信同到政協禮堂。

　　觀杜近芳《廉錦楓》、袁世海《論英雄》劇。遇伍蠹甫、金克

木。十時散。十一時許服藥眠，翌晨七時半醒。

今日同會（第一組）：巫寶三　嚴景耀　顧均正　毛之芬 李榮德　陳慧　周建人　徐楚波　張志公　張明養　傅彬然　謝 瑩　謝冰心　吳美珍　陳萃芳　李念武　下午增四人：王紹鏊 馮賓符　張紀元　胡夢玉

一月四號星期五（十二月初九）

八時半車來，到華僑大廈，參加民進小組會，討論"和平共 處"問題，自九時至十二時。在會午餐。到范煙橋處。

到四〇三室看報。到四〇九室小息，與戚景龍談。二時，與謝 冰心、陳慧到人民大會堂雲南廳，聽西藏軍區宣傳部長盧華報告中 印邊境鬥爭情況。五時，乘許廣平車歸。記筆記二則。

李念華來辭行。失眠，服藥三次，十二時後眠，四時半醒。又 眠，七時半醒。

今日下午所晤人：葉聖陶　老舍　查阜西　賈芝　林山　吳 曉邦　楊蔭瀏　陶鈍　孫劍冰

晚上一有客至，精神即緊張，久久不能眠矣。

中、印邊界之戰，非常艱苦。給養不繼，捕得俘虜往往無從 得食，一也。道路未通，或藤索渡河，或懸崖賴繩而下，二也。 每一士兵，負衣、被、食物已數十斤矣，而大炮拆運，所負更 增，三也。賴萬人同心，進退裕如，此黨教育之功也。

一月五號星期六（十二月初十）

出席小組，討論我們的主要矛盾是帝國主義還是修正主義。飯 後，在大風中步行歸家。

將會中《簡報》摘錄入日記。到會，討論誰是主要矛盾問題。 在會飯，下樓修面。

上八樓，看《中印邊界問題真相》電影。歸，看《春催桃李》電視。十時半服藥眠，十二時爲靜秋叫醒，遂不成眠。五時後得睡兩小時。

今晚本已眠矣，靜秋慮貓閉在厨房，恐其偷食許阿姨之魚，叫醒予，使逐貓，予遂不復成眠。五時，靜秋以熱水袋溫予足，乃得小睡，然頭昏殊甚。予之睡眠，其難如此，太苦人矣。

在會中，討論世界局勢愈來愈深，予竟不能插口，甚羨同人明了大勢，而予自愧落後。然一人只有如許時間，如許精力，又如何可以一齊通曉乎？

一月六號星期日（十二月十一）

三校《史林雜識》五十頁。寫陳萬里、錢琢如、俞旦初信。周春元來辭行，寫自明信囑轉。

眠半小時許。張光遠、樊子先來。王伯元來。看《清儒學案》四册。

續校三十頁。與堪兒同浴。服藥，十一時眠，翌晨六時醒。

王伯元來，浼予題李燭塵《黃山攬勝圖》及伯元父母雙壽册。予不幸，復爲此酬應文字所苦！

今晚以熱水袋溫足，居然得一佳眠，此爲物理療法，可常行也。

自昨日起，大風，天氣驟寒。

一月七號星期一（十二月十二）

到會，討論帝國主義、修正主義的前途及其階級分析。飯後歸。遇蔣永威。

鈔《簡報》入册。到會，討論"東風壓倒西風"問題。晤陳文彬、方明、胡顏立。車送歸。

看葉景葵《卷盦賸稿》。校《史林》二十頁。張覺非來。服藥，十一時眠，上午二時醒。又眠，四時醒。

潮兒讀革命小說，自慮安樂生活易于導致腐化，不肯多吃，亦不願穿暖，天未大明，即以棉襖上學，靜秋天天勸其穿大衣，終不應也。她真是毛澤東時代的好學生！

一月八號星期二（十二月十三）

到八樓大廳，聽徐伯昕傳達張致祥關于《毛選》翻譯、出版、發行情況，又聽方明報告出席國際教師工會時與修正主義分子鬥爭情況，自八時半至十二時一刻。晤王楓、陶景蓮、陳秉立等。

聽方明報告出席國際工人會議及游歷世界各國時人民對中國態度，自二時半至五時。晤梁明、麥元章。到大同酒家聚餐。

八時半歸。服藥兩次，約十一時眠。上午三時半醒。又眠，七時醒。

今晚同席：金通尹　胡厥文　范煙橋（以上客）　章元善　王伯祥　葉聖陶　陸欽頤　夏慧遠　周振甫　錢琢如夫婦　俞平伯　葉叔衡

伯祥見告，袁倜畬先生去年一月在滬逝世，年八十餘。

一月九號星期三（十二月十四）

到顧均正家，同車到會，遇章元善。各人做一學習小結，自九時至十二時。歸，吃靜秋五十六歲壽麵。雁秋夫婦來飯。

遇沈有鼎。王道生來，取鈔費。林劍華來，贈物。到會，聽毛之芬傳達南斯拉夫情況報告。作小組總結訖。在會飯，到小賣部買物。

木蘭來。看報。服藥，約十一時眠。翌晨五時醒。

覽《參考消息》，蘇聯《真理報》發表社論，指名批評中國爲"教條主義、分裂主義"了，看它如何怯于對美帝而勇于對中國。又載肯尼迪擔心我國將擁有核武器，并云："具有核能力的共產黨中國，作爲一個世界大國，比俄國要難對付得多。"又載朱家驊于本月三日中風死去，年六十九，又少一反動分子。

一月十號星期四（十二月十五）

上午自八時半至十二時，下午自二時半至五時半，聽張明養談國際現狀及我們對付修正主義問題。在會飯。

到金通尹處談，并晤王典昭。在四○九室看報，瞌睡半小時。在會飯。理髮。

與冰心、陳慧、徐楚波閑談。七時半，與吳貽芳同車到交道口電影院看《停戰以後》影片。十時一刻，與王元信等同車回。十一時服藥眠，翌晨七時醒。

一月十一號星期五（十二月十六）

到顧均正夫婦處，與均正同車到會。小組討論大躍進與八字方針問題。遇胡顏立、梅明。在會飯，歸家。

校《史林雜識》十五頁。雁秋夫婦來，留飯。三時，到人大禮堂，聽中共中央政治局委員彭真講國內外形勢，七時半散。八時歸飯。

趙光來，爲靜秋過電。雇車，由尹如瀋伴送三姨上站赴徐州。服藥兩次，約十二時半眠，翌晨七時半醒。

一九六○年，蘇聯收回在華專家，使數百項工業停頓，損失不貲。近年自力更生，漸可不需他國人才相助，所欠爲抗美援朝而買蘇聯軍火之債亦將于兩年內還清，此後赫魯曉夫再有何種訛詐術乎！

今日所晤人：郭一岑　葉企孫　何叙父　胡厚宣　張璽　趙

慶杰　德融侄

　　葉企孫告我，雷海宗没于天律。趙孟輪來信，葉瑨生没于蘇州。

一月十二號星期六（十二月十七）

　　到會，參加小組討論，談對于彭市長報告認識。

　　到鄭建宣處小坐。與毛之芬談。

　　看電視中《神童》影片。服藥，約十一時半眠，翌晨八時醒。

　　自聽彭真同志報告後，知我輩已負有世界革命之責任，必須不畏犧牲，乃能完成任務。

一月十三號星期日（十二月十八）

　　終日校《史林雜識》三校稿一百七十頁，畢。

　　劉起釪來。趙光來，爲靜秋過電。

　　服藥，十一時許眠，翌晨七時半醒。

　　過電爲按摩術之一種，按摩者與被按摩者之精神集中在身體上之一點，即能通電，使全身發熱。此一療術甚費按摩者之氣力，前兩年供應較差，故趙大夫未敢行之于靜秋也。

一月十四號星期一（十二月十九）

　　到會，小組續談對于彭市長報告之體會及其與業務之結合。在會飯，與柴青峰談。步歸。

　　又安自常州回。鈔《簡報》入册。整理《史林》，寫孟默聞信，送去。到會，續上午討論，自二時半至五時一刻。乘車到北京飯店赴宴。

　　步歸，遇俞平伯。服藥兩次，約十一時半眠，上午三時醒。天明，又朦朧一小時。

　　今晚同席：劉少奇主席　董必武副主席　鄧小平總書記　統

戰部副部長徐冰、平杰三、張執一、許滌新、薛子正、劉春、金
城　　民主黨派負責人程潛、楊明軒、黃炎培、陳叔通、傅作義、
張奚若、周建人、季方、陳其尤、許德珩、徐萌山

　　所晤談人：李伯球　何思源　張雲川　孟目的　載濤　王楓
趙樸初　黃慎之

　　柴青峰（德賡）告我，蘇州有王姓者，其祖爲人保鏢，能以
點穴治病，尤其對失眠有效。予囑其探得地址，以便就醫。若果
醫愈，真得解放矣！

一月十五號星期二（十二月二十）

　　到會，聽小組同人談農村人民公社經濟組織及包産到户。遇嚴
希純。在會飯，步歸，遇阮艾芹。

　　雁秋來，留飯。鈔《簡報》入册。到會，談階級鬥争。在會
飯，到一樓修面。

　　到四〇三號，聽鄭效洵報告“修正主義與文學”。九時半，與
同歸。十時半服藥眠，翌晨六時醒。

　　覽報，悉李儼于前日逝世，以心臟病。渠壬辰生，年七十
一。平生收藏數學書最多，治學最勤，可惜也。

　　蘇聯修正主義遍及于文學各個角落，強調人生，否定革命，
如此墮落，下一代青年如何得了！

一月十六號星期三（十二月廿一）

　　到鄭效洵處，同到會。晤石明俊。聽王紹鏊、王嘉璿兩度傳達
劉主席、鄧小平談話。到三〇三室，討論劉、鄧談話。飯後歸。

　　鈔《簡報》入册。本組作第二回小結及總結。每人發言。在
會飯。

　　翻《清儒學案》。服藥兩次，約十二時眠，上午四時醒，天明

又一朦朧。

予在小組中作誓言，此後當以每星期六分之二從事政治學習，六分之四從事業務工作，請生活小組長陳慧監督，請本會副秘書長張紀元指導讀《人民日報》社論。

參加民進大會兩星期矣，精神緊張，胸間又作痛。予之年齡已不許緊張，而生茲時代又不得不緊張，此之矛盾無法解決，奈之何哉！

一月十七號星期四（十二月廿二）

到嘉興寺，吊李樂知（儼）之喪。到會，聽王紹鏊作"民進常委會工作報告"。回小組，討論此報告。在會飯。到吳貽芳處談。

歸，看報。到會，討論總結，漫談感想。在會飯。與胡夢玉、李榮德談。

與戚景龍同到首都劇場，看《紅色宣傳員》劇。十時半，冒大風歸。服藥，十一時許眠，翌晨六時醒。

今日所觀劇：李善子——狄辛　崔鎮午——于是之　崔官弼——周正　崔吳氏——林納　李福善——胡宗溫　朴致旭——于志寬　姜鐵洙——李源　此為朝鮮趙白嶺所作劇，北京人藝演員到朝鮮學習而來，除語言外全依朝鮮俗。

今晚狂風，幾吹余倒地。自王府大街回乾麵胡同，將躓者屢，扶牆摸壁而行，然不得不穿過兩次馬路，與西北風作戰鬥也。

看今日劇，想到尹達若有一絲一毫的李善子精神，我就可以多做出工作，為人民服務了，此之謂冒牌黨員！

一月十八號星期五（十二月廿三）

鄭效洵來，同乘車到會。到醫務室，由黃思敏女大夫診。到四〇九號臥。十二時歸。

就床，未成眠。看《蔡孑民先生言行錄》。寫民進請假信，北京醫院取藥信。鈔《簡報》入冊。

看電視《鐵道衛士》。服藥，約十一時眠，上午三時醒。五時許又眠，六時半醒。

日來眠又極難，昨與傅彬然談，渠謂開會太久，血壓又高，予因于今晨到醫務室量血壓，果爲 158/98，果較上月杪大高。又近日胸間作痛，疑是冠狀動脉硬化現象，經醫診斷，謂必須休息，此兩日之大會只得請假矣。

自昨日大風，今日繼之，氣候驟寒，晚間至零下十七度。予氣管炎又作，兩足冰凉，非眠床以熱水袋温脚不可矣。老年苦况，洵非青年人所可了解。

一月十九號星期六（十二月廿四）

寫陳萃芳信。臥床，看《蔡孑民先生言行錄》，草蔡先生年表。

張紫晨來，談《山海經》工作。

陳振藩來，詢五四以來文學。趙光來爲静秋過電。看電視《東進序曲》。十時半服藥眠，上午三時半醒。良久又眠，六時半醒。

近日予不覺得餓，而静秋屢覺餓，均爲反常現象。

民研會張紫晨君助予整理《山海經》，予與之約，二月十五日將圖表送來，二月底，予將講稿作就，到會中演講。

一月二十號星期日（十二月廿五）

蔡尚思來，爲寫康同璧信。鈔金通尹讀史詩八首，即寫通尹函交還。寫民進總務組、范煙橋、商錫永信。

續看《蔡孑民先生言行錄》。誦芬弟來。

看電視川劇《秀才外傳》。十時半，服藥眠，翌晨五時半醒。又眠，七時醒。

狂風第四日矣，大寒，盥漱室中亦凍冰，予以氣管炎，竟不敢出門一步。惟李君素今晚即行，静秋不得不冒寒至前門飯店話別。居然歸後未病，想見其體轉好，爲慰。

美國女作家安娜·斯特朗在錫蘭《工人報》發表一文，云：還在印度政府向右轉以前幾年裏，美國和美國控制的金融機構給印度的"援助"平均每年一億零五百二十萬美元。從一九五六年下半年到一九五九年上半年，即印度政府的對外政策逐步向右轉的期間，它們每年給印度的"援助"增加到六億四千五百五十萬美元。而從一九五九年下半年到一九六二年七月底，即印度政府製造反華運動以後，它們給印度的"援助"平均每年增加到十二億九千零八十萬美元。文章問道：在這種情況下，尼赫魯是否還是一個完全的"自由人"，抑或已是一個受制于債權的人？按，此揭出印度反華之經濟的原因，大足説明問題。

一月廿一號星期一 （十二月廿六）

李民來。看李民所作《尚書盤庚篇研究》訖。

雁秋來，留飯。看于省吾《詩駿惠我文王解》。爲李民事，寫金燦然、蕭項平信。爲李民定五年工作計劃。

鈔黃宛《心臟病的預防》入冊。看葉大慶《考古質疑》。洗浴。十一時半服藥眠，上午三時半醒。良久又眠，七時醒。

李民，畢業于鄭州大學後，又畢業于南開大學研究院，其論文題爲《尚書盤庚》，所論對予極有啓發。鄭大校長嵇文甫令其受學于我，期爲五年，故正式作函于中華書局，請其代辦户口遷進事。

一月廿二號星期二 （十二月廿七）

李民來。寫賈芝信。看報。看《國立北京大學校史略》。

看《考古質疑》。寫辛樹幟、姜義安、張又曾、自珍信。老鄧來。

趙光來。看電視評劇《孫龐鬥智》。十時半服藥眠，翌晨七時醒。

予每逢冬寒即發氣管炎，此固可厭，然未爲大害，特是冠狀動脉硬化，胸間作痛，則經一度緊張輒發，此爲心臟病之根基，實爲可慮。如聶崇岐，則二小時即不救矣。予如何可以不緊張而將學習、業務兩俱做好耶？

昨静秋浴，自顧體較前胖，乃知易餓之非病。願彼日有起色，以紓一家之憂也。

看《孫龐鬥智》劇，瞿然想起卅餘年前舊事，此固廈門大學中，潘家洵、孫伏園輩對付我的手段，而以魯迅爲魏王者也。

一月廿三號星期三（十二月廿八）

李民來，爲寫中華書局信。記筆記一則。所中車來，更接昌群、厚宣，到學部上大車，待一小時方開，到政協禮堂，赴學部宴。與唐棣華談。

飯後看《山高水長》（西藏解放）、《移山填海》（鷹厦鐵路東端工程）兩電影片。四時，與昌群、厚宣、苑峰同乘大車歸。記筆記二則。

看電視剪紙技術及《女理髮師》電影。服藥兩次，約十二時眠，上午四時半醒。良久又眠，七時醒。

今日同席：潘梓年（主）　郭沫若　竺可楨　吴有訓　徐炳昶　錢寶琮　張友漁　劉導生　姜君辰　劉斗魁　鄭奠　郭寶鈞　黄文弼　金岳霖　何其芳　王伯祥　吕叔湘　丁聲樹　俞平伯　吴世昌　唐棣華　侯外盧　尹達　熊德基　傅懋勣　馮家昇　翁獨健　趙洴　賀昌群　胡厚宣　張政烺　賀麟　范文瀾　劉大年

黎澍　王静如　余冠英　夏康農　陸志韋　周新民　容肇祖等共八桌

一月廿四號星期四（十二月廿九）

看李貽德《左傳賈服注輯述》。十時，所中車來，與昌群、厚宣同到所，參加團拜。又安自鄉來。

木蘭、鴻鈞來。記筆記三則。張紀元來。寫朱葆初、賀覺非、張令琦令瑄、于鶴年信。

看電視《錦上添花》等電影及侯寶林相聲。服藥，約十一時眠，上午一時半醒。又眠，五時醒。

今日團拜所見：尹達　侯外廬　熊德基　張雲飛　李學勤謝剛主　賀昌群　胡厚宣　朱家源　趙幼文　張德鈞　楊向奎張政烺　酈家駒　謝友蘭　蕭良瓊　田昌五　李士敏　劉浩然魏明經　姚家積　程西筠等約八十人

一月廿五號星期五（正月初一　春節）

記筆記一則。林劍華來。金振宇、緯宇來。胡一雅、朱大昀來。楊向奎來。鴻鈞來。王澤民來。史先聲來。吳世昌來。張德鈞來。陸啓鏗、木蘭。應永深、蕭良瓊來。劉瀛來。雁秋夫婦來。胡一雅夫人羅麗偕其子來。與静秋到胡一雅、蕭風、朱大昀家。

照相。唐守正來。王明來。姚紹華來。張覺非來。程金造來。堪兒隨啓鏗到中關村小住。記筆記二則。楊伯峻來。傅振倫來。

看電視《結婚進行曲》話劇。十時半服藥眠，上午五時一刻醒。

應永深送歷史所第一組選題計劃來，其第一項爲“馬列主義關于歷史科學的理論研究”下第六條爲“批判中外反動歷史學者對中國古代史的曲解和各種謬論，如……否定中國上古歷史和上古文化的買辦洋奴思想等等”，此即尹達多年來苦心孤詣欲打倒我之科學研究工作之以文字表出者也。予在國民黨時代爲戴季陶所壓制，謂予爲"離經叛道"，在共產黨時代又爲尹達所壓制，斥予爲"買辦洋奴"，皆以政治力量强加于我，然我固反封建也。我殆爲今日之哥白尼、伽利略乎？

今午同席：雁秋夫婦　鴻鈞　陸啓鏗夫婦　史先聲　又安

一月廿六號星期六（正月初二）

劉鈞仁來。魏明經來。方慶瑛來。感冒發燒，政協車來，寫申伯純信與之，即臥床。馮世五來。記筆記二則。

王樹民來，班書閣、李延增來，容元胎來，王錦第來，張宇慈夫婦來，均由静秋代見。卜蕙蓴及其子唐守正、其甥王文潤來。黄秉維夫婦及其女永平、以平，涂長望夫人來。胡厚宣來。看《莊子》。

鴻鈞來，遷予床至外室。趙光來，爲過電。九時服藥眠，四時醒。

予自大會後即不舒服，至今日而發燒，熱高三十八度三，頭腦暈眩，胸間悶痛。經趙大夫按摩，漸出汗，夜眠又佳，一覺醒來已無熱，惟僅卅六度，又嫌低耳。

今日上午爲政協文史會宴中央文史館員之期，今晚又爲劉主席等中央領導人接見老科學家之期，予如不病，皆當前往。

一月廿七號星期日（正月初三）

看《人民日報》社論《在莫斯科宣言和莫斯科聲明的基礎上團結起來》。陶建基來。錢琢如夫婦及其子來。謝剛主來。陶才百來。

尚愛松來，長談。王世民來。看《國語·周語》。趙光來過電，得眠半小時。

四兒自中關村赴宴歸。九時服藥眠，翌晨三時一刻醒。天明略一朦朧。

今日雖已無熱，而飯量不佳，仍臥床。

昨日劉主席在大會堂召見老科學家，而科技協會亦在大會堂招待科學院、各大學教職員，人數多至二萬餘。聞剛主言，別的所都布置車輛井井，獨歷史所無是。

一月廿八號星期一 （正月初四）

看《國語·魯語》至《晋語》三。德融來，留飯。張次溪來。石□□來，致張令琦信。

雁秋、鴻鈞偕高瑞蘭及其女高燕寧、樂寧、子天寧來，長談，留飯。陳夢家來。唐守正來。

趙光來爲靜秋按摩。服藥四次，約十二時半眠，翌晨六時半醒。

瑞蘭于去年與其夫許子美離婚，獨撫三兒，在絨綫胡同一中學教書，月薪八十元。法院判子美月寄贍養費二十五元，勉能自給。然無人相助，一手支撐，極爲勞苦，故亦患浮腫。

今日上午，靜秋偕洪、湲兩兒到蕙黄家，其家只三間屋而十餘人居之，唐守正兄弟姊妹皆踞地寫字，舉步一不小心即碰破瓶罐，欲令兒輩識此艱苦生涯也。然靜秋去後，開門嫌冷，閉門嫌熱，吃一頓飯汗如雨下，舊病復作矣。

一月廿九號星期二 （正月初五）

金振宇夫人、擎宇夫人來。寫路工信，交又安送去。周錫卿（震鱗子）來。看《國語·晋語》訖。

補記日記三天。眠半小時許。看《國語·楚、鄭、吳、越》訖。胡柏立來，因臥未見。

與靜秋及諸兒打牌。十時半服藥眠，不落實，再服，翌晨七時醒。

今日起床，以三日臥，體軟甚。

昨下小雪，今日狂風。

一月三十號星期三（正月初六）

看《人民日報·新老殖民主義和加丹加》等。記筆記一則。又安回鄉。靜秋偕洪兒到口腔醫院。

寫越特金信，寄《文史》三冊。就床，未成眠。記筆記二則。潮、洪兩兒到車站，接三姨回家。雁秋夫婦、鴻鈞來，留飯。

趙光來。喚工來理髮。看電視《貨郎與小姐》。服藥兩次，約十一時半眠，翌晨七時醒。

靜秋到口腔醫院，就張樂天大夫診，謂白斑無變化，下月再來，心遂較安。

三姨爲靜秋病，故回徐過春節後，今日即來。夜中興奮，靜秋至服藥四次方眠。

剛果加丹加省多礦藏，有鈾、鐳、鈷、錳等貴重原料，十九世紀後期爲比利時所占，二十世紀初英國亦擠入，與比國合營礦業公司。一九〇六年，美國亦來，在剛果獨立後，即以"聯合國軍"爲工具，與比、英爭奪加丹加。冲伯集團，比、英之傀儡也，兹已被迫宣布結束加丹加之分裂，將來必更進一步，使比、英盡放棄其利益。

一月卅一號星期四（正月初七）

看《文史資料選輯》第三十三輯。靜秋伴三姨到雁秋家飯。

邵恒秋來。吳玉年來，長談。翻《春秋經》一過。記筆記二則，一千餘字。

續看《文史資料》。十時半服藥眠，十一時半醒。又眠，翌晨五時醒。天明又睡片刻。

黎光明死在靖化縣任上之事，我先已知之，其所以致死之因則不詳。今日看《文史資料》中米慶雲《蔣政權在川西邊區禁煙的真相》一文，乃知四川第十六專區（松、理、懋、茂、汶、靖等縣）由哥老會分子及貪利之徒大量涌入種煙。一九三八年，蔣介石自兼全國禁煙總辦，揚言六年禁絕。一九四〇年，靖化縣長游輔國遣人下鄉宣傳鏟煙，被惡霸杜鐵樵殺死。米慶雲繼任縣長，其所遣人亦爲杜殺。一九四二年，王元輝任十六區專員，以兵力嚴行禁煙，但一再失敗。一九四五年，王以黎任靖化縣長，到任之初，與杜相處尚好，而杜橫行已慣，借縣府名義向各鄉收煙，又私收縣府屯糧，擅賣屯地。四六年春，王卸專員職，黎懼王行後更不易應付杜，遂設宴招杜至署，殺之。是夜，杜子錫麟率黨數百人圍署，破門入，先割黎舌，又斷其兩足，洗劫縣府。新任專員何本初率兵平亂，又殺錫麟。黎本研究學問之人，不幸與王元輝爲同鄉同學，竟以身殉。

聞玉年言，馬鶴天于上月逝世，其晚年坎坷甚矣。

聞恒秋言，章乃器已被民建開除，羅偉之表現好，將派工作。

心臟病的預防　阜外醫院院長黄宛作
一九六三、一、十五《北京晚報》

（下略）

我們同帝國主義的矛盾是主要的，正因爲要反帝就必須反修，反修是爲反帝掃清道路。

赫魯曉夫的政權，壽命不會太長：（一）蘇聯人民是久經考驗的，要革命的，絕不會像南斯拉夫一樣，只要有人糾合力量，就會起來反抗他；（二）他用物質刺激的做法來迷惑人民，正說明他的統治的虛弱；（三）他在黨內大肆清洗，排斥異己，也反映他統治的不堅固；（四）被他排

擠出去的老布爾什維克，現仍堅持馬列主義原則，他們在
國內是有群衆基礎；（五）在古巴問題上，他拉元老伏羅
希洛夫寫文辨護，也説明其做法不得人心；（六）蘇聯物
價日長，可知其生產力的衰退。

鐵托的理論，集中表現在"南共綱領"。赫魯曉夫的理論
則表現在"蘇共二十二大的綱領"中。赫強調全民的黨，
近又把黨改組成管工業的黨和管農業的黨，把政治和經濟
分家。這實質上是取消階級鬥爭，否定無產階級先鋒隊的
作用和無產階級專政。在"三和"問題上，是不革命的和
平過渡、無條件的和平共處、無原則的乞求和平；在那本
"三無"的書裏，竭力宣揚在帝國主義存在的條件下，能
够實現没有軍隊、武器和戰爭的世界。這是肯定帝國主義
的本性變了，散布對帝國主義的幻想，麻痹人民意志，要
人民解除革命武裝、取消反帝鬥爭。

赫氏不但不反帝，而且處處適應帝國主義的需要，做了
帝國主義的幫凶，起了帝國主義所不能起的作用，也正
因他處于大黨大國地位，危害性就更加嚴重。他是"口
頭上反帝，行動上反共；抽象反帝，實際反共"。他的
罪惡，（1）和美帝互相標榜和吹嘘核武器的威力，嚇唬
人民，麻痹人民的革命鬥志，替帝國主義的核訛詐作義
務宣傳員；（2）利用大國的地位、威望，來美化帝國主
義的走狗鐵托，給鐵托集團做了保鏢；（3）不僅不支持
民族獨立運動，而且扯後腿，經常製造阻礙。如在聯合
國和美帝狼狽爲奸，扼殺剛果革命；在日内瓦會議上，
處處看美帝臉色行事，想把老撾搞成奥地利式的中立；
對經過長期艱苦鬥爭才取得獨立的阿爾及利亞，在達成
埃維昂協定以後還遲遲不予承認；對若干民族主義國家

搞陰謀顛覆活動。他是"見狼現羊相，見羊現狼相"。遠在二十大時，他就以反對個人迷信作幌子，播下了社會主義陣營不和的種子。他一直處心積慮製造社會主義陣營的分裂。他對待阿爾巴尼亞完全不是獨立、平等的兄弟黨的態度，蠻橫專制，想壓服人家；壓服不成，就進一步想壓死人家。

一九六三年二月

二月一號星期五（正月初八）

章元善來。周國華來。記筆記四則。

眠近一小時。康同璧偕女羅儀鳳來。續看《文史資料》。與兒輩打牌四圈。

趙光來。看電視《英雄坦克手》。失眠，服藥三次，約十二時半眠，七時醒。

今晚王楓來電話，謂靜秋如以芝麻、核桃、花生三物合食，可治餓的虛火。適上午周國華送核桃來，尹如瀋遂作椎破工作，已及十時，猶不輟。及其封好四爐，已將十一時矣。予與同室，遂不能眠。甚矣予無獨住之一室之苦也！

二月二號星期六（正月初九）

王樹民來。記筆記三則，約一千五百字。

眠一小時許。

看祝允明手書《興寧縣志》。失眠，服藥兩次，上午二時半後眠，七時醒。

晚間入眠之難有如登天，苦甚。恨天不早暖，使予不能夜間散步也。

二月三號星期日（正月初十）

王楓來。記筆記六則，約一千三百字。與靜秋到王姨丈處賀節，并晤王儼、大玫。

雁秋夫婦來，留午、晚飯。眠一小時許。

趙光來，兼爲予按摩。服藥，十時半後眠，上午一時醒。良久又眠，七時醒。

不知如何，近日下午能眠一小時，此打破昔日習慣者也。見予者均謂予瘦，大約係消化不良、不思進食之故。故請趙大夫兼爲予按摩。

靜秋近日飯量頗增，而心跳仍不止。

王姨丈近日亦不思飲食，兼病氣管炎。姨母則左手發顫不止，醫謂是中風之預兆也。幸大玫表妹業醫，有治療之便。

二月四號星期一（正月十一）

與靜秋到朱硯農處治牙，待二小時，遇趙萬里。看《文史資料》卅三輯。十二時半歸。

未成眠。看《參考消息》六期。賀昌群夫人來。將《壬寅冬日雜鈔》記訖，作一小序。

與三姨及堪兒等打牌，待靜秋等看戲回。十一時服藥，十二時後眠，翌晨六時醒。

予右下腭牙應拔二補一，今日補訖，其應拔者，定本月十九日上午爲之。

靜秋牙齦白斑，朱醫主張到口腔醫院療治。

二月五號星期二（正月十二）

林劍華來談。馮國寶來診。看孔廣森《大戴禮記補注》，未訖。眠約三刻鐘。

趙光來。服藥二次，十二時後眠，上午四時醒。又眠，六時半醒。

馮大夫謂予疲憊無力，應多睡，因又就床。又謂予不想吃飯，可啜粥，因又煮粥。

許阿姨前日做餛飩，竊了些麵，爲静秋所發覺，發作一陣，今日又不來了。幸有三姨在此，可幫老尹，無如此局不可長何！

二月六號星期三（正月十三）

李伯球夫婦來。看伯球近作詩。看孔廣森《大戴禮記補注》及王樹枬《校正》訖。

未成眠。二時半，由静秋雇車，伴赴北京醫院，就郭善遠大夫診，并抽血、透視。遇郭一岑、陳達邦、楊成志、李覺、李一平。仍雇車歸。楊景晨、陳宣昭來。鴻鈞來，留飯。

譚鎬來。服藥三次，十二時後眠，三時醒。又眠，六時半醒。

今日量血壓，爲 150/90。醫謂予熱度退而疲憊無力，恐係糖尿病關係，胰島素缺少之故，故抽血，但今日未能得結果。X 光透視，知內臟尚好。惟失眠如此，多服安眠藥又如此，深爲痛苦耳。

伯球夫婦來，謂予臉腫。

大中國圖書局之學徒譚鎬，近竟任一〇六中語文教員，因勖勉之。

二月七號星期四（正月十四）

房管局程永養、張有文、李素娟來，所中行政科李、蘇兩同志來，商量住屋改建問題。馮國寶來打針。翻《晉書·載記》未畢。

眠半小時。爲張政烺病，胡一雅來打電話。

趙光來。服藥，約十二時眠，上午四時醒。又眠，六時半醒。

病中自思，去年政協開會一月，使我股痛甚久。今年文史資料會及民進全會開會一月，又使我一病至今。我實不能長期緊張。所以尹達九年來對我歧視，不要我在所裏做一點事，固然是舊社會中排擠傾軋的老一套，但對我身體却好。我做事太負責任，但此性情在年輕時固是好事，今則體力已不能濟，使我在研究所中多管事，我的身體一定垮了。

服酵母片後，胃中較爲活動，進食較有興趣。

二月八號星期五（正月十五）

戴克光來。看劉歌德《認識的全面性》。翻《晉書·載記》訖。

未成眠。胡厚宣來，長談。雁秋來，留飯。與雁秋、静秋、湲兒打牌兩圈。

看電視相聲《打燈謎》。服藥，十一時眠，上午四時醒。良久又眠，七時醒。

二月九號星期六（正月十六）

所中老王來，談修屋事。與静秋到馮大夫處打針。李址麟來，未晤。看《晉書·四夷傳》，記筆記七則。

眠約一小時。張覺非來，長談。買參蘇理肺丸服之。

趙光來。看電視《猜燈謎》。十時一刻服藥眠，十二時醒。又眠，七時醒。

湲兒中午發燒，高卅八度六，幸夜間即出汗，退凉。

許阿姨今日又來。三姨今日由洪兒伴至雁秋家宿。

二月十號星期日（正月十七）

方慶瑛送書來，未晤。容元胎來。看司馬達《北大西洋集團的地震》。記筆記一則。

未成眠。看《佛説陀羅尼集經》。與静秋及湲、堪兩兒打牌。

李址麟來，長談，留飯。

再打牌。九時三刻服藥眠，上午二時半醒。良久，又眠，七時醒。

予至今仍無氣力，眼澀頭暈，不能順利工作。靜秋亦傷風，滿身不舒服。

李址麟任朝鮮——尼泊爾友好訪問團團長，明日飛昆明，經緬甸、印度而至尼泊爾，約一個月回。渠約我今夏到平壤度夏，不知所中容我成行否？

二月十一號星期一（正月十八）

記筆記四則，約三千字。卜蕙蕫來，留飯。

約眠三刻鐘。王姨丈、姨母來。戴禮來。頤萱嫂送三姨回，留飯。鴻鈞來，留飯。喚人理髮。

趙光來。卜蕙蕫、尚愛松來，長談。服藥兩次，十一時後眠，上午三時醒。又眠，七時醒。

今日兒輩開學矣。在此寒假中，潮兒學化學，洪兒學圖畫，湲兒學天文，堪兒學滑冰，都有成績。而湲兒將周天星象完全繪出，尤有鑽研精神。

二月十二號星期二（正月十九）

林劍華來，長談。徐伯昕來，長談。記筆記三則，約二千字。未成眠。孟默聞來。

看歡迎西哈努克電視。靜秋嚴斥湲兒。服藥兩次，十一時後眠，上午四時醒。又眠，七時醒。

第三屆亞非人民團結大會閉幕，聲稱一九六三年將結束殖民主義統治。并選出十二國代表，籌備亞非拉美三大洲大會，在哈瓦那舉行，以杜絕帝國主義和新老殖民主義之繼續存在。全世界人民團結的更緊了！

二月十三號星期三（正月二十）

看《後漢書》、《水經注》、《華陽國志》。記筆記二則，約二千五百字。

未成眠。與靜秋、三姨、張覺非打牌。又安來。

看電視《金銀灘》。十時服藥眠，三時一刻醒。良久，天明時又一朦朧。

予夜洗足，靜秋發現其腫，此可徵氣虛。就眠前痰咳頗甚。寫字手甚顫。凡此，皆可見予體之衰也。

二月十四號星期四（正月廿一）

與靜秋到北京醫院，就中醫師李輔仁診。遇汪世銘。看牙含章《有神論觀念的起源》。

未成眠。看艾地《加強反帝國際陣綫和國際共產主義運動》。將尹如濬所編予筆記目錄寫封面以便查檢。將歷史部分散片粗整一過。以鴻鈞將于今晚回江蘇農場，靜秋與三姨到雁秋處。

失眠，服藥三次，終夜只眠三小時許。

今日上午，自謂腿不腫，而經李醫之驗則仍腫。上午如此，晚更可知。以是靜秋禁予伏案。予如不能工作，真將悶死，思之氣短！

今日下午，靜秋他出，予整理筆記，夜中未休息，又以服中藥故，未即服西藥，遂致釀成嚴重失眠，予之夜間工作，所當切忌。

二月十五號星期五（正月廿二）

終日整理數年來發出鈔寫之筆記散片中之"歷史、故事、神話"部分。

眠約半小時。

雁秋送三姨回。看電視中杜近芳、袁世海之《桃花村》。十時半服藥眠，翌晨五時半醒。

四年來，找覓鈔手鈔予筆記，以華訓義、陳景鑾所鈔爲最佳。爲便編排，寫上散片。去年已由尹如潛、林劍華分類整理一過，但我心中之問題非他人所能了解，故只得自己編排也。

予數十年中讀書所得，實有石破天驚之見解，不忍不傳諸後人。今當衰老，此事更不當遲作。林劍華君允爲予每日鈔寫二千字，不知予能每日整理出二千字與鈔否耳。

二月十六號星期六（正月廿三）

續理筆記散片"歷史"部分。

眠一小時許。與静秋打牌。黎煥葵、王成喜來，送李鏡池稿。洗浴，浴後就床。

看《後漢書》。趙光來。十時服藥眠，上午三時醒。天明略一朦朧。

服中藥後咳較愈。今日上午九時下雪，積起，一望皚然。北京一帶半年不雨，旱象已成，得此補救，可喜也。

覽報，悉翻譯家芳信以癌病死，年六十一，予于一九六〇年秋與同學習《毛選》四輯于西山長安寺者也。

二月十七號星期日（正月廿四）

將筆記"歷史"部分理訖。

未成眠。與静秋、潮、洪打牌。

看電視《鄂爾多斯風暴》電影。十時半服藥眠，上午四時醒。

二月十八號星期一（正月廿五）

遇蕭風。到朱硯農處拔右顎兩牙。八時往，十二時歸。在待診時看《淮南子》。

未成眠。劉起釪來，贈物。看筆記散片。與静秋、三姨打牌。

趙光來。十時服藥眠，上午四時醒。天明又一朦朧。

兩牙早該拔，蹉跎至今乃行之。然左上顎又有兩牙當拔，朱醫囑三月二日往拔。

二月十九號星期二（正月廿六）

林劍華來。陶復和來。整理筆記散片"載籍"部分。

未成眠。中國書店送書來。

翻岑仲勉《中外史地考證》。十時服藥眠，上午四時醒。又眠，五時半醒。

今日上午大便兩次，終日兩足發冷，舌苔仍厚，似乎元氣已虛，奈何！"烈士暮年，壯心不已"，余亦有此苦悶。

二月二十號星期三（正月廿七）

寫章元善信。整理筆記"載籍"部分訖，開始整理"文藝"部分。陶復和來，取卡片。孟默聞來，借書。

未成眠。老酆、老王來，看屋。静秋責堪兒。

趙光來。看《後漢書》。十時服藥眠，上午三時醒。久不能睡，天明一朦朧。

近日打噴嚏多，每覺鼻癢，輒不能忍，一嚏則痰從喉頭噴出矣。

堪兒對功課，不能自檢束，常有三分或三分減，練習本上常爲老師批"亂"字，所作字大小不齊，而拒絕家人指教，今日静秋狠狠地督斥一回。

二月廿一號星期四（正月廿八）

與静秋到北京醫院，就李輔仁大夫診。遇吳昱恒。取藥後，到東單公園、東單菜市、三羊商行。予先雇車歸。張紀元來。

眠半小時許。整理筆記"制度"部分。劉培華持吳恩裕函來洽方志事。

看電視《仇恨的旋風》蘇聯電影。十時半服藥眠，上午三時三刻醒。良久又眠，七時醒。

醫言我脉較上次爲好，但消化不良，兩足覺冷，足證病根未除，仍服藥，并定下星期四再診。

静秋十日來，又泄瀉，每日兩三次不等。昨詢趙大夫，謂試少食可愈。今日遂少進一餐，居然未再泄。

二月廿二號星期五（正月廿九）

整理筆記散片"哲學"、"宗教"部分。

未成眠。到"東單"理髮。原孝銓來，談《史林雜識》出版事。宋家鈺來。

看《後漢書》。趙光來。寫張紀元信交之。十時服藥眠。上午四時醒。

報紙連載赫魯曉夫報告及蘇聯《真理報》社論，皆以核彈嚇人，具見其重武器而不重人之修正主義思想。

二月廿三號星期六（正月三十）

整理筆記散片"文藝"、"動植礦物"訖。

未成眠。與静秋到賀昌群夫婦處談。

看電視《北大荒人》電影。失眠，服藥三次，上午一時半後眠，晨七時半醒。

兩日來大風，惟以爲東風，故不冷，然益旱矣。

二月廿四號星期日 （二月初一）

記筆記一則。整理書桌。看《人民日報・帝國主義集團加速走向四分五裂》一文。

眠半小時。整理筆記散片 “地理” 部分，未訖。

看電視《七十二家房客》電影。十時半服藥眠，翌晨五時半醒。

今日爲藏曆水兔年元旦。

二月廿五號星期一 （二月初二）

整理筆記散片 “地理” 部分，略訖。

未成眠。張紫晨、張帆來談《山海經》講演事。

趙光來。十時服藥眠，上午二時醒。又眠，六時醒。

連日大風，咳迄不愈，不敢出門。

二月廿六號星期二 （二月初三）

整理早期筆記散片，未畢。

看電視《相梁》、《刺梁》劇。十時服藥眠，十二時醒。待至天明，始又眠半小時。

今日爲想用 Amytal 換去 Seconal，遂至一宵只眠兩小時半。看來此身已成廢人矣！

今日所理，乃尹如瀋所未先分類者，以是進行較慢。

二月廿七號星期三 （二月初四）

整理早期筆記散片，仍未畢。劉起釪來。蕭項平來。

歷史教學社李世瑜來。

看電視《冬梅》電影。十時服藥眠，上午五時醒。

聽廣播《人民日報》社論《分歧從何而來？答多列士等同志》，理直氣壯，駁得修正主義者無法回答，一快。

蕭項平同志謂予："黨不希望把你這老專家成爲政治家及社會活動家，只望你多寫作及帶徒弟。"并囑我縮短工作陣綫，以《尚書》爲主。

二月廿八號星期四（二月初五）

到北京醫院，就李輔仁大夫診。整理筆記散片，仍未訖。

未成眠。雁秋夫婦來。林劍華來。與靜秋、三姨、雁秋夫婦到中山公園，茗談。五時歸。遇陶才百。

看電視《羌笛頌》電影。服藥，十時半眠，上午四時半醒。

唐花塢中，春蘭盛發，梅花、杜鵑、山茶、碧桃并茂，春天真可愛也。

整理筆記已歷半月，而迄未完工，可見作事之難，亦見予積累之厚也。

靜秋喉管中仍覺壓迫，精神不佳，惟走路則已有力，且能連打幾次拳。

予肛門甚癢，背上亦癢，不知何疾。李醫謂予舌苔已薄，亦可喜也。

方明報告參加世界工聯、世界進步教師大會等國際性會議和在蘇聯、保加利亞、幾内亞、日本、錫蘭等地訪問中的見聞，揭露了現代修正主義者在國際工人運動中的破壞活動，贊揚了亞非拉美各國人民反帝鬥爭的鮮明立場以及社會主義兄弟國家對我國人民的深厚情誼，指出毛澤東思想的萬丈光芒照亮了亞非拉美人民的前進道路。

同志們聽此報告，認識了修正主義的欺騙性，赫集團早就是修正主義者，早就不反帝了，他已對我們采取敵對態度，惡劣透頂，但跟着指揮棒走的畢竟是少數人，社會主義大家庭的兄弟姊妹對我們人民是具有深厚的友誼和情感。全世界人民是要革命的，人民是能辨是非的，反帝鬥爭和民族解放運動的洪流是誰也阻擋不了的。修正主義者確實不能代表人民意志，真理是掩蓋不住的，他們一定會由暴露、失敗，直到滅亡。

赫魯曉夫的危害性不只表現在社會主義陣營，而且擴大到整個國際工人運動的隊伍裏，他和西歐資本主義國家的老修正主義互相呼應，宣揚和平過渡，美化"共同市場"。最近又拿着指揮棒，策動反華反共大合唱。這次幾個黨的代表大會上連鎖反應式的對中共、阿共的攻擊，很明顯地就是他幕後的導演。這不但無損于我們的偉大，恰是再次暴露了他的手法的拙劣。

他從我國撤退專家、追討貸款，企圖給我們增加新的困難。但多大的困難也難不倒我們。在中印邊界問題上，他明知印度侵略我們，却説我們"闖了大禍"，百般責難，還給印度一個飛機廠。這真是借刀殺人。

他在古巴設置導彈，决不是爲了幫助古巴自衛，而是把它作爲同美帝爭霸稱雄、討價還價的資本，以核訛詐對核訛詐。他同美帝進行賭博，原本想嚇倒美帝，結果反被美帝嚇倒了。他没有同古巴商量，却擅自答應美帝可到古巴去視察，又派人賴着不走，威逼古巴低頭。假如不是卡斯特羅和古巴人民堅持正義的立場，不就是給美帝變相的間諜活動提供了合法的保證了嗎？這給社會主義陣營丟醜，對全世界人民的革命鬥争起多大的不良影響！

蘇聯在他控制下，已經走向南斯拉夫的道路。他千方百計向國内人民灌輸和平主義、福利主義和人道主義，排斥共産主義。很多人追求西方資産階級的生活方式，個人主義、自由主義思想正在泛濫。工礦企業强調超額利潤和物質刺激，廠長决定一切，謊報成績，營私舞弊。農民可保留相當于十五華畝的自留地，富裕農民雇傭工人，搞私人買賣。工資懸殊，差距達三四百倍。高薪階層，不少人擁有直升飛機、私人別墅。年青人缺少革命朝氣。總有一天，蘇聯人起來推翻他的統治。

他究竟應什么運而生？有以下的分析：（一）他代表國内一部分高薪階層的利益，他們貪圖享樂，實際就是新的資産階級。爲了保持既得利益，因此怕革命、怕戰争。（二）蘇聯過去的領導者對人民的政治思想教育抓得不緊，在某些問題上處理不當，産生副作用，給修正主義者鑽了空子。同時由于第二次大戰中犧牲較大，人民怕戰争思想未消除，所以現代修正主義者宣揚和平容易欺騙人民。（三）目前是社會主義與帝國主義决戰的時代，帝國主義者也害怕核戰争，拼命想在社會主義内部找代理人，從内部來攻破堡壘。爲了迎合帝國主義需要，于是形形色色的現代修正主義者就應運而生，鐵托受美帝收買而當了忠實的走狗，赫氏利用帝國主義的"真備戰、假和平"的政策來達到他的不可告人的目的。（四）赫利用過去黨和國家領導人的缺點，大肆渲染，篡奪領導權，上臺後，開始用反對"個人崇拜"的幌子，進一步又用反對教條主義、宗派主義、分裂主義作幌子，實際上則是反對馬列主義，埋葬社會主義。（五）赫是陰謀野心家，是政治大流氓。説他爲帝國主義的核訛詐嚇破了膽、假和平迷住了心是不够的，他本身就在采取核訛詐、假和平的手法。（六）他懼怕人民力量，痛恨革命。在他心目中，美帝不過是"平分秋色”的對手，而堅持革命的馬列主義者倒是個“你死我活”的敵人。他是一個變相的帝國主義者。（七）“富則修”這話是不對的。第一，建設社會主義的目的是爲了富，問題在于讓大家都富，還是只讓少數人富。修正主義者只要少數人富，不顧被壓迫人民的死活。第二，實現共產主義有兩條，一條是物質的極大豐富，一條是人民覺悟的極大提高。只注意發展生產，不注意提高人民覺悟，才會給現代修正主義者造機會，所以，“富而無教必修”。

東風壓倒西風，總的形勢未變，出現烏雲不會影響總的形勢。但東風中出現了亂頭風，增加我們困難，鬥爭是艱巨的。我們揭露修正主義，以馬列主義思想教育各國人民，人民覺悟提高了，革命形勢就會更快發展。同時，經過鬥爭，共產主義運動的隊伍更純潔，反掉修正主義，反帝就更有利。修正主義者肯定會倒在帝國主義前面。

東風壓倒西風的主要論點：（1）現代修正主義是帝國主義戰爭政策的產物，它的出現就反映帝國主義日暮途窮；（2）古巴革命的勝利，在拉丁美洲有了這一面紅旗，就會有第二、三個古巴。近在美帝身邊的古巴，帝國主義就宰割不了；（3）我國在黨的領導下，我們的建設沒有因修正主義的打擊而削弱，而是一天天好起來。亞非拉美人民心向着北京，眼看着北京；（4）當前拉美有十一個國家在進行着不同規模的武裝鬥爭；非洲五十九個國家，已有卅二個國家取得獨立，占全非人口百分之八十以上，面積占百分之八十九以上；日本、老撾、越南南方、朝鮮南方等地人民的革命鬥爭，正在取得一個接一個的勝利。不管修正主義者怎樣爲帝國主義效勞，他們無法阻擋這個偉大的革命洪流；（5）美帝經濟越來越蕭條，經濟危機周期性縮短，工廠開工率降低，失業人數增加，財政赤字龐大，黃金儲備暴跌，國外市場日益縮小，工人罷工規模越來越大。美帝在政治上更加法西斯化，國內階級矛盾更加尖銳。英國在經濟上也很不景氣，它和法國、西德在共同市場上的鬥爭十分激烈。美、英之間和美、法之間最近壟斷更加吵得不可開交。這都説明帝國主義之間的矛盾日趨尖銳，力量日益削弱，它們的日子越來越不好過了。因此，今天以列寧主義爲偉大旗幟的反對現代修正主義的國際性的思想鬥爭，更會是無產階級偉大革命運動和一切人民革命運動在更廣闊的範圍內發展的標志和信號。

[原件]

頡剛師年逾古稀猶不倦不厭彌增敬仰率成二章以申椒頌

樸學東南顧與黃，淵源所自久彌光。精心稽古幾忘食，大著于今最擅場。一物不知儒者恥，三長具備史家強。渭濱際會稀齡後，俯仰乾坤老益當。

總是東西南北人，轍環何暇計其身。櫛風沐雨庸難免，流水行雲信可親。顧曲當年饒興趣，成書多日歷艱辛。安排筆硯供鈔寫，見説洛陽紙價新。

受業林劍華初稿并乞

哂政

一九六三年三月

九月十九柿葉紅，閉門學書人笑翁。世間誰許一錢值，窗下自用十年功。老藤纏松飽霜雪，瘦蛟出海拏虛空。即今譏評何足道，五百年後言自公。

此陸放翁詩也，樹幟爲予道之，録之以壯膽。

聞一多語：“你誣枉了我，當我是一個蠹魚，不曉得我是殺蠹的芸香。雖然二者都藏在書裏，他們的作用并不一樣。”

一九六三年三月

三月一號星期五（二月初六）

初度整理筆記散片訖。聽廣播《再論陶里亞蒂同志同我們的分歧》歷三小時。

王道生來。未成眠。到王府井買物，遇陳萃芳。

看電視川劇《燕燕》。趙光來。十時服藥眠，上午四時半醒，又矇矓至六時半。

今日廣播之《紅旗》社論，講道理，擺事實，區別馬克思主義與修正主義，長達十萬字，今日先播四分之一，真社會主義陣營之一針砭也。

筆記散片第一次整理，凡十五日而畢，得暇當續爲之。有此工作，將來發表《史林雜識》及《古史質疑》時方便多矣。

三月二號星期六（二月初七）

到朱硯農大夫處拔左上腭牙一，在待診時看《淮南子》。十一時歸，看王芸生《韓愈和柳宗元》。草《著述篇目》。

未成眠。方慶瑛來。記筆記六則。聽廣播續昨文。洗浴。

看電視趙青演舞劇《祝英臺》。服藥兩次，約十二時眠，翌晨五時醒。

作字手顫，將以初病愈而然乎？抑以年衰而然乎？如爲後一因，則將來對寫作甚不利矣。

朱醫約定六月一日往鑲牙，須待三個月。

三月三號星期日（二月初八）

聽廣播《陶里亞蒂同我們的分歧》第五節。徐伯昕來。看近數日《參考消息》。

眠半小時。唐守正來。看上月廿七日《人民日報》社論《分歧從何而來，答多列士等同志》。

服藥兩次，約十一時後眠，上午二時醒。又眠，六時醒。

近日睡眠又極難。入晚便有臨難之感覺，決明日起重打"冬眠合劑"針。

近日靜秋又甚不舒服，牙也，喉也，腸胃也，皆有問題。一對病夫妻，惟有相顧嗟嘆耳。

自上月杪發表《答多列士》一文，全世界爲之震驚，雖英、美諸帝國主義者亦然，觀《參考消息》報道可知。《論陶里亞蒂》文出，當亦然。

三月四號星期一（二月初九）

到北京醫院抽血，就王新德大夫診。歸，聽廣播《再論陶里亞蒂同我們的分歧》第六至第八節，全文訖。雁秋來，留飯，商作《近四百年著述考》事。

眠一小時許。翻俞樾《諸子平議補錄》。與雁秋、三姨、靜秋打牌四圈，以舒靜秋之悶。

看童書業《中國古代地理考證論文集》。趙光來。服藥兩次，約十二時眠，上午六時醒。

醫謂予兩手顫抖，而右甚于左。

今日有風，晚涼，以是不敢到北京醫院打針。服藥雖多，仍兩次方得入眠，失去自然睡眠之苦，何可言也！

四日來聽廣播，政治認識提高不少。我輩何幸，生此偉大時代，得有中共之正確指導，自致于世界革命！蘇、意、法諸國，領導者如此不得其人，何不幸也。

三月五號星期二 （二月初十）

整理書桌，點王道生爲予所鈔《三統説的演變》訖，又《潛夫論中的五德説》未畢。

偕静秋到口腔醫院，何鍾麟大夫爲静秋拔牙，切去白斑。一時往，四時半歸。在院時看《淮南子》。歸，看《安徽叢書》。

到西單市場閲書。到北京醫院打針。遇王歷耕。十時就眠，翌晨六時醒。

白斑爲癌前期現象，爲欲切去，不得不拔牙。切去後静秋精神負擔倘得稍輕乎？

三月六號星期三 （二月十一）

整理内室書籍文稿。理《大誥譯證》稿。記筆記二則。陳恒力來。

未成眠。到史家胡同小學送信。到北新橋理髮。出，遇張政烺，同歸。理書、稿、信札。傅振倫來，校改《史林雜識》圖片説明。頤萱嫂來，留飯。

到西單商場聽評書《隋唐》。到北京醫院打針。十時一刻眠，上午四時醒，朦朧達旦。

《雜識》圖片之標題與説明，中華編輯部同人竟排不好，必須予親動手，可見人家幫忙力量之有限，而文稿尤必須自定也。

三月七號星期四 （二月十二）

到北京醫院，就李輔仁大夫診，遇嚴景耀。歸，劉起釪來，爲寫唐立厂、管燮初兩函。

未成眠。學部史同志等四人來看屋。記筆説六則。點《潛夫論中的五德系統》訖。

看電視《英雄小八路》電影。趙光來。服藥，十一時眠，上午三時三刻醒。良久，朦朧達天明。

仍常咳。

靜秋泄瀉久不愈，又甚委頓。

靜秋連日大便三次，予亦二次。靜秋當以拔牙後服氫黴素故，予不知何故也。

三月八號星期五（二月十三）

林劍華來，贈物。整理《壬寅秋日雜鈔》訖。看《人民日報》社論《評美國共產黨聲明》。重草《大誥校勘》三千字。

未成眠。雁秋夫婦來，留飯。

趙光來。看電視《李雙雙》電影。服藥，十時半眠，翌晨五時醒。朦朧至六時半。

昨日密雲不雨，今晨乃降大雪，離春分已不遠矣，望雨已半年，今得此，大有裨于保墒，春播有望矣。

從今日起，重寫《大誥》之校勘、解釋、章句、譯文四部分，預計本月底可了。

三月九號星期六（二月十四）

爲李燭塵《黃山攬勝圖》題詩，爲王乙生夫婦雙壽題詩。重草《大誥校勘》兩千餘字。

看《人民日報》社論《修正主義的一面鏡子》（斥印共丹吉）。孟默聞來。陳景鑾來，送《詩辨妄》鈔件。

到厚宣處，未遇，晤其夫人及其子正宇。到北京醫院打針。十時半服藥眠，上午五時醒。又眠，七時醒。

應酬文字實不願作，而有時亦不得不作，真矛盾！予于詩及字不過略涉其樊而已，而近年竟被人看作專家，何不幸也！

《人民日報》幾篇長文，斥意共陶里亞蒂，法共多列士，美共霍爾，印共丹吉，而實斥蘇共赫魯曉夫，使是非大明于世，社會主義不會迷失方向，帝國主義更加孤立，真重要文獻也。

三月十號星期日（二月十五）

到民族宮舞廳，參加民進生活小組，自九時至十一時半，會後即在原處聚餐。一時半歸。

記筆記一則。看《人民日報》社論《化學工業要更好地爲"吃、穿、用"服務》。重草《大誥校勘》八百字。與靜秋、三姨等打牌。雁秋來，留飯。

到東安市場閱書。到北京醫院打針。十時服藥眠，上午一時三刻醒。又眠，六時醒。

予步行至一里即流汗，故護士爲予注射常致訝。靜秋則一緊張就流汗，此可見予夫婦均入衰境也。

今日同會同席：葛志成　陳慧　王紹鏊　吳研因　王伯祥　董守義　徐伯昕　梁純夫　林漢達　徐楚波　又一組：雷潔瓊　嚴景耀　毛之芬　巫寶三　馮賓符　余之介　張明養　張紀元　陳麟瑞　幹部：王嘉璿　徐緯

三月十一號星期一（二月十六）

終日鈔《大誥校勘》及《解釋》七千餘字。

原孝銓來，再看《雜識》圖片樣。雁秋夫婦來，留飯。

趙光來。翻《癸巳類稿》。十時半服藥眠，十二時醒。又眠，五時半醒。

今日大便三次，惟尚不稀。咳嗽，早晚仍發。

靜秋牙齦尚作痛。

尹如潛夫人生一女，尹請假兩天。

三月十二號星期二（二月十七）

陶復和來。鈔《大誥解釋》四千餘字。

未成眠。與靜秋到中山公園散步，遇余冠英夫婦、石德安父子。看梁啓超《清代學者整理舊學的總成績》。到春風修面。

看電視李世濟演京劇《劉三妹》。十時服藥眠，上午一時三刻醒。久久不寐。天明時又一闔眼。

今日晚間又作劇咳，咳得胸前痛，且多痰。夜中以少服藥，又醒了半夜。

靜秋夜中不易成寐，又覺心慌。起打拳乃得眠。

三月十三號星期三（二月十八）

鈔《大誥解釋》近五千字。

未成眠。賀昌群來。張覺非來，留飯。張協和來，未見。

到東安市場爲兒輩買帖。到北京醫院打針。靜秋爲堪兒大生氣。服藥兩次，約十一時眠，翌晨六時半醒。

潮兒犯左傾幼稚病，生活務求艱苦，母給予葷菜不肯吃。然現在供應已較前多，黨正鼓勵人民吃肉，以強壯體格。又米市大街開設乳品供應部，廣徵牛乳定戶，以是吾家定兩磅，而潮兒堅不肯飲乳食肉，每吃一次飯母女間即吵架一次。洪、湲、堪效之，群謂須大家有肉吃，有乳飲，乃飲之食之。以此扞格，加以靜秋脾氣不好，矛盾乃愈劇。今晚堪兒背燈光寫字，母令其改對燈光，而堅不聽，又致大吵，此等倔強性格實由在食物上鬧對立來。潮兒臉色蒼白，青年時代如此，將來如何作社會主義接班人。

三月十四號星期四（二月十九）

　　鈔《大誥解釋》近五千字。

　　未成眠。看《心史叢刊》。堪兒班李老師來。

　　看《心史叢刊》。服藥兩次，約十一時半眠，翌晨六時半醒。

　　靜秋今日到口腔醫院，看化驗結果，知確是白斑。近日口腔腫漲，不知病根尚在否，抑係切去一層所致。

　　昨日許阿姨疲得要病，故通知雁秋請老尹，今日渠來工作矣。可見我家需要勞動力之殷切，而屋子大，非有兩勞動力不可。

　　卅年前，洪煨蓮評我爲"衝鋒"。日來以寫十張自程，今日寫至第十張時，身體陡然不舒服，腎囊下垂，胸前悶痛，然仍將此張鈔畢，則衝鋒之習未改也。

三月十五號星期五（二月二十）

　　到北京醫院，就女醫師王裔診。遇傅懋勣、丁瓚、賈芝、郭沫若、劉清揚。十時歸。鈔《大誥解釋》千餘字。

　　未成眠。草致劉導生信稿。與靜秋到中山公園，看花，茗于服務部，續看《清代學者整理舊學的總成績》。頤萱嫂來，留飯。

　　洗浴。服藥兩次，約十一時半眠，翌晨六時醒。

　　今日下午，忽然手顫甚，書不成字。驗血壓，爲 145/90，不高，惟血糖 150，醫仍囑控制飲食。

　　學部將于使館區建宿舍，每一研究員住屋，最多者可五間，有暖器、煤氣設備，省却勞動力不少。靜秋因督促予致函劉導生，促成其事。

三月十六號星期六（二月廿一　春社）

　　寫劉導生信、新建設社信。與靜秋同到康同璧處贈物，并晤其女羅儀鳳。歸，胡厚宣來。吳廷勘來。

　　未成眠。鈔《大誥解釋、章句》約二千字。姚紹華來。到徐伯昕處，未晤。到王伯祥處，并晤其女濬華，子潤華、湜華。

雁秋夫婦來，頤萱留宿。看電視《霓虹燈下的哨兵》。到北京醫院打針。服藥兩次，約十二時眠。翌晨六時半醒。

致劉導生函剛發，厚宜即來，謂學部擬構之屋，予如願往，一定給一所最大之屋，并爲照顧身體，不在高層。此屋約今年年底完工。聞此欣慰。

姚紹華來，決定中華書局接受我家藏書，惟須將善本書開出一單。據彼言，如捐獻可得二萬元，如出售可得二萬五千至三萬元。但出售則須中國書店估價，不免麻煩耳。

今日打針，本可安眠，而電視直至十一時始畢，看者甚多，予不能早眠，及眠則藥性已過，又不成眠矣。此真"有一利必有一弊"也。

三月十七號星期日（二月廿二）

到章元善處，未晤，見其夫人張紹璣及子章保。又到錢琢如處，并見其夫人朱慧貞。又到容元胎處，并見其夫人袁熙之。記筆記一則。雁秋來，留飯。

未成眠。鈔《大誥章句、今譯》約二千字。北大古籍整理專業助教向仍旦來。與雁秋夫婦、三姨、靜秋打牌兩圈。

看電視《蔓蘿花》電影。到北京醫院打針。十時服藥眠，翌晨五時醒。又眠，六時半醒。

三月十八號星期一（二月廿三）

鈔《大誥今譯》一千五百字，訖。將《大誥校勘》至《今譯》統看一遍。雁秋來，爲書籍蓋章。莫雅南來。

未成眠。劉起釪來，爲寫魏建功、陳夢家信。出，遇賀昌群。到"東單"理髮。鈔平心文一千字。李民自鄭州來，爲寫劉起釪、蕭項平信。

　　乘環行路一周。到西單商場購物。到北京醫院打針。十時服藥眠，翌晨六時醒。

　　予家藏書既決定歸中華書局，爲要留一點紀念，請雁秋來蓋章，以分別祖書、父書、我抗戰前購、抗戰後購，并編出一目，作一回徹底清理。如一日可整理四百册，則五個月可畢。

　　晚上乘車跑一小時許，頗于睡眠有利，以不用心也。

三月十九號星期二 （二月廿四）

　　林劍華來。整理書籍，交雁秋蓋章，尹如潛寫卡片。鈔平心文兩千字。

　　未成眠。點朱駿聲《尚書便讀》，修改《大誥解釋》。與靜秋到使館區看新屋基址。藍菊孫來。

　　看電視俞振飛演《黄鶴樓》劇。與堪兒同室，十時服藥眠，上午四時醒。又朦朧到六時。

　　晚間突然牙痛，劇至不能俯仰，蓋朱醫所拔右下顎牙，其臼中作痛也，即買撒烈痛丸服之。

三月二十號星期三 （二月廿五）

　　林劍華來，整理書，以先父舊藏與之。到胡厚宣處，商《大誥解釋》中用甲骨文事。鈔平心文三千字。

　　未成眠。雁秋來蓋章。寫周達甫信。

　　乘四路車到和平里，即退回。十時半服藥眠，上午二時一刻醒。又眠，六時醒。

　　雁秋太不動腦筋，蓋章于書竟顛倒，糟踏古籍，使我生氣。

三月廿一號星期四 （二月廿六　春分）

理書付打印。爲學習雷鋒，作七古一篇，三百餘字。與林劍華談。

未成眠。理書。鈔平心文二千字。將詩鈔清，寫吳廷勘信。

到李民處，未晤，見其母。到東安市場、百貨商店散步。到北京醫院打針。十時服藥眠，翌晨五時一刻醒。

三月廿二號星期五（二月廿七）

鈔平心文約六千字。理書付林劍華及雁秋打印。學部派李、楊兩同志來。木蘭來，留飯，晚去。

未成眠。

到吉祥劇院買票，到中國書店閱書。十時服藥眠，上午四時醒。又眠，六時半醒。

因爲我給劉導生同志信，今日學部派人來，説定乾麵胡同住屋不再改造，俟建國門外大北窰新屋建成後遷入。此屋今尚未築，約年底完工，明春可居。其地離建國門二站，尚在齊家園之東。

三月廿三號星期六（二月廿八）

鈔平心文千餘字，《從尚書研究論到大誥校釋》全文畢，即覆看一遍。理書。

雁秋送三姨歸。未成眠。理書。到"春風"修面。趙豐田來。與之同到吳世昌處，并晤其夫人嚴伯昇。

與豐田、靜秋同乘汽車到康同璧家赴宴，談康有爲著作編輯事。十時半歸。服藥兩次，約上午一時眠，八時醒。

今晚同席：予夫婦　趙豐田　任啓聖　馬念祖　張滄江（以上客）　康同璧及其女羅儀鳳（主）　今日爲康有爲一百○五歲生辰。

康有爲著作，有副本在其女同璧處，同璧甚欲整理，而精力不及，託之于人，又過緩慢。今日予與豐田勸其與中華書局聯繫，由國家之力爲之，未知其肯放手否耳。

三月廿四號星期日（二月廿九）

理書。丁宜中來。陳夢家來。劍華來蓋章。

眠一小時半。理書。陳萬里來，同到伯祥處談。出，遇楊向奎。

與靜秋同到吉祥劇院看戲，十時歸。十時半服藥眠，上午三時醒。又眠，五時半醒。

今晚所觀劇：河南省商丘專區越調劇團演《李天保吊孝》：李天保——申鳳梅　張忠實——何全志　假妲己——李金英　張妻——郭煥榮　張鳳姐——黨桂枝　小鸞妮——黃桂蘭　縣官——王庭臣　趙義——王金鼎

越調盛行河南，此團主角申鳳梅，女，年卅五，戲路甚寬，能演老生、小生、小旦，唱做俱佳。

靜秋牙齦仍脹痛，意興蕭颯，晚看喜劇，爲之啓顏。

三月廿五號星期一（三月初一）

覆核《大誥校勘、解釋、章句、今譯》第一、二、三章。祝叔屏來。理書。

未成眠。雁秋來，續蓋章。寫陸欽頤信。到郵局寄信，市場購物。

李伯球夫婦來。到北京醫院打針。服藥兩次，約十一時眠，翌晨六時半醒。

今晚打針而又不成眠，殆伯球夫婦夜中來談一小時耶？如之何可以晚間不見人耶？

初以爲予家書籍，抗戰前所購爲多，近日理書，乃知實以戰後所得，質、量兩方俱高于戰前。姚紹華要我清清楚楚地交給中華，倘能編一全目以留紀念，則善矣。

三月廿六號星期二（三月初二）

覆核《大誥校勘、解釋、章句、今譯》自四章至十二章。理書。

眠半小時。修改《王莽大誥校注》，訖。馬念祖來，觀其所著書。

乘四路環行一周。十時服藥，牙痛，約十一時半眠，上午四時醒。又眠，六時半醒。

馬念祖君出身北大研究所，受孟心史先生指導，甚用功讀書，惟方法較舊耳。本在北大圖書館工作，已退職。予擬請其從事《古籍考辨叢刊》，以輕予負擔。

三月廿七號星期三（三月初三）

偕靜秋到寬街中醫院，就王洗大夫診。遇丁穎夫人。待診看梁啓超《清代舊學總成績》。理書。

未成眠。偕靜秋到朱硯農大夫處看牙，遇吳世鶴夫人、陳岱孫。又到大北窑相地，車中遇徐伯昕。

靜秋責堪兒。服藥，十時餘眠，上午三時醒。天明又一朦朧。

予近年消化不良，進食漸少，吃來無味，而大便常一日二次，或竟三回。王洗大夫長于腸胃，因請民進介紹往診。據言我脈洪大，是壽者徵，只要清理，可無慮也。

牙痛甚，朱醫謂是前補牙處離神經太近所致，囑星期五再往，將所補牙拔去。

靜秋經診，肝火太旺，無大病。

大北窑地區，工廠甚多，空氣不佳，但尚未知新屋確址。

三月廿八號星期四（三月初四）

重寫學習雷鋒詩，寫吳廷勷信。將《大誥校勘、解釋》再作整理。章元善來。楊伯峻來。

寫李平心、起潛叔信。看鄧邦述《群碧樓書目》。草《尚書大誥索引》。到"東單"理髮。寫德輝信。

送三姨上車。與靜秋到吉祥劇院觀劇。遇蕭三。十時半歸。十一時服藥眠，翌晨六時一刻醒。

今晚所觀劇：河南越調劇團《收姜維》：諸葛亮——申鳳梅　姜維——何全志　馬遵——邵淑芳　魏延——李大勛　馬岱——王重九　關興——江玉卿　張苞——丘克山　趙雲——張秀蘭　申鳳梅老生派頭十足，雅有當年譚鑫培之風。

三姨來此兩月，靜秋又與不歡，蓋三姨好多說話，使靜秋厭煩也。今日行矣，後日晚十時可抵成都。

三月廿九號星期五（三月初五）

與靜秋同到朱硯農大夫處，拔右下顎槽牙。待診時看梁啓超《清代舊學總成績》。歸，臥床，看楊伯峻《孟子譯注》。

眠約一小時。鈔《大誥索引、詞類》兩種卡片。方慶瑛來，送書。寫廈門大學鄭樵調查組、陳萬里信。

到長安戲院購票。到東安市場散步，乘四路無軌到和平里，返至豬市大街步歸。十一時服藥眠，上午三時醒。又眠，五時三刻醒。

拔槽牙大不易，苟非作劇痛，予不忍拔之也。

三月三十號星期六（三月初六）

到金魚胡同和平賓館東院涼亭，開學部同人座談會，游那桐花園。飯後歸。看蒙達坦《關于盤庚遷都問題》未畢。

未成眠。鈔《大誥詞類、引書》兩種卡片。洗浴。

看電視《李天保吊孝》劇。服藥兩次，十一時後眠，翌晨五時半醒。

今日同會同席：潘梓年　劉導生　呂叔湘　丁聲樹　黃文

弼　　鄭奠　王伯祥　錢寶琮　陳中平　巫寶三　王守禮　馮華
德　郭寶鈞　馮家昇　翁獨健　吳世昌　陸志韋　俞平伯　唐棣
華　夏康農　胡厚宣　賀昌群　張鐵生　丁名楠　汪奠基

那桐花園，予尚初到，雖在鬧市，而頗寂靜。杏花初放，頗
覺妍秀。那氏于清代任軍機大臣，又經手諸借款，故能占半條金
魚胡同也。

三月卅一號星期日（三月初七）

續鈔《大誥詞類》卡片兩章。理書稿。看蒙達坦文，訖。

眠一小時。續鈔《大誥詞類》卡片三章。陸啓鏗夫婦來，留飯。

與靜秋到長安戲院觀劇，十時半歸。十一時服藥眠，翌晨六時
半醒。

拔牙後常有隱痛，雙眼亦覺模糊，其衰態耶？

今晚所觀劇：一、千里送京娘：趙匡胤——侯少奎　趙京
娘——洪雪飛　二、奇雙會：趙寵——俞振飛　李桂枝——言慧
珠　李奇—白玉珍　禁卒——韓建成　以靜秋疲倦，李保童出場
即離座。

　　　　學習雷鋒同志
"人不自私天誅滅"，舊社會中處世訣。
敲骨求金不厭貪，漫天遍地飛鮮血。
或者小康避鬥爭，虛言道德借立名，
雖未噬人實染指，萬事必將肥己衡。
我生彼世年復年，飽看魑魅心熬煎，
天際重重張羅網，斯民何日得安全？
幸哉巨帚掃妖氛，中華人民欣解放，
千年陰霾一旦開，封建糟粕長埋葬。

偉大領袖毛澤東，耀耀教語若洪鐘：
堅定立場愛集體，同志齊如水乳融；
致力即從崗位起，小螺絲釘重無比，
惟有平凡出瑰瑋，萬里之行足下始。
青年戰士有雷鋒，學習毛選肅以恭，
任務精進不出聲，革命事業奏其功。
爲早喪親臥豕圈，翻身推念人困頓，
到處助人不告名，春陽温暖衷所願。
督促己身寫日箋，自畀責任大無邊，
爭分奪秒誓不懈，建設祖國挺雙肩。
嗚呼二十有二歲，遽遭觸擊離此世，
報章圖畫驚相傳，億萬青年都隕涕。
惟我昔于舊世居，聞耗更感鬱不舒，
請與兒曹共鍛煉，忘我精神莫負渠。

　　民進同人提意見，謂不當作感傷語，因將末一段改爲：
嗚呼二十有二歲，身雖遽殞名垂世！
報章圖畫爭傳觀，億萬青年俱奮勵。
惟我昔于舊世居，聞之更感愧有餘，
請與朋儕共黽勉，忘我從公勿負渠！

［剪報］一九六三，《北京文藝》六號
　　　　　學習雷鋒後感賦
　　　　（下略）

［剪報］一九六三年第二期《民進》
　　　　　學習雷鋒同志
　　　　（下略）

題李燭塵先生黃山攬勝圖

昔我夢游天都峰，丹崖涌出金芙蓉。群山積翠豁清秋，迷
離雲海入鴻濛。數十年來不曾去，至今想望興空濃。燭公
示我黃山圖，使我仰企高賢踪。我聞黃山歸來不看嶽，霞
客作記雕以琢。今觀惠吳二子所作畫，山頭突兀何瑋怪。
長松迤邐峭石巔，一若兄弟相比肩。有翁八十履巉巉，輕
携印杖登高岩。氣之豪兮足之健，堯天舜日知無悶。披圖
不禁心眷戀，萬壑濤聲起殷羨。會將奮志駕長風，一接欽
奇造化工。

一九六三年四月

四月一號星期一（三月初八）

與靜秋到北京市中醫院，就王洗大夫診。待診時看梁啓超《清
代整理舊學總成績》，十時三刻歸。續鈔《大誥詞類》卡片一章，
訖。雁秋來蓋章六百冊，并編目。

未成眠。將所鈔卡片編號。劉起釪來。尚愛松來。王伯元來。
將卡片分類，未畢。

與靜秋到東單公園散步，步歸。十時服藥眠，上午三時醒。又
眠，六時醒。

予舌苔甚厚，醫謂清除非一日之功。近日放屁多而且勁，足
證腸胃確有疾。飯不送到面前，即不想吃，吃亦不香。予向健啖
而壯，今殆失其憑藉矣。不知服王醫之藥能見效否耳。

四月二號星期二（三月初九）

將詞類卡片分類完畢，即鈔一目。將《大誥校勘、解釋》兩部
分再改一過。

未成眠。與雁秋同車到西四，予入同和居。

諸鄉友宴集。九時歸。服藥兩次，十二時後眠，七時醒。

今晚同席：王伯祥　陳萬里　錢琢如夫婦　陸欽頤　章元善　顧鐵符　今日之菜，大家吃得滿意，以牟小東介紹，得名厨師爲之也。

四月三號星期三 （三月初十）

爲靜秋寫張孝騫大夫信。李民來，討論整理《盤庚》篇方法。爲寫唐立厂信。理書。

眠約五十分鐘。將《大誥解釋》節要録入卡片，訖。理書。

張覺非來。理書。十時半服藥眠，翌晨五時半醒。

日來雁秋、劍華兩人合打印，一日可千餘册。不知四月底能否編出一善本書目，以應姚君之求也。劍華早七時即來，實作五小時。雁秋繼之，天黑始去。

劉起釪整理《堯典》，李民整理《盤庚》，一年以後，我着手此二篇時當方便多矣。

四月四號星期四 （三月十一）

鈔《大誥解釋》中之參考書目，盡八節。

未成眠。到"藝華"修面。陳維輝自南京來，談。與靜秋到張覺非家，到張宇慈家，到地安門大街友誼服裝公司，由韓步塵導往門市部選料製衣。六時歸。理書。

八時，與堪兒到"大華"，看《南海潮》電影。十時半歸。服藥，十一時後眠，上午二時三刻醒。又眠，六時一刻醒。

製一套春衣，工、料須百五十元左右，七十九張工業券，以舊日眼光視之，亦可駭矣。"友誼"本專爲國際友人服務，今始開放。

四月五號星期五 （三月十二）

　　鈔《大誥解釋》中之參考書目訖。到朱硯農大夫處看牙，待診時看梁啓超《清學成績》訖。

　　未成眠。到小牌坊胡同訪楊伯峻，以《大誥》稿及詞類片交之整理。冒雨歸。看陳其猷《我國古代曆法之探索》。

　　爲堪兒改保證書。理書。十時服藥眠，上午二時醒。良久又眠，六時半醒。

　　自上月廿九日拔牙後，牙齦腫痛，今日往診，謂是進臟，爲一洗滌，囑五日後再往洗。

　　日來天氣陰霾，有風，頗冷，靜秋又臥床，并在床前生一小爐。

　　潮兒過于嚴肅：一歸來即埋頭搞功課，諸事不管，予之葷菜則不食，磨夜恒至十一時，對人不言不語。堪兒則過于不嚴肅：一放學即找院中幼兒玩，上課時喜說話，弄小玩具，愛打人，吃飯時恒看書，功課成績不好而無慚色。靜秋脾氣，因病愈壞，對此兩兒，時氣得發抖、出汗。今日陳老師令堪兒寫保證書，因此更氣，一家中竟無溫暖意矣。

四月六號星期六 （三月十三）

　　理書。到前帽胡同訪馬念祖，商《古籍考辨叢刊》事，爲寫金子敦信。理書。理書桌。寫周達甫信。

　　寫華訓義信。略一朦朧。徐伯昕來，長談。理書。

　　到隆福寺散步，買剪子。十時服藥眠，十二時醒。又眠，四時醒。又眠，五時三刻醒。

　　雁秋、劍華蓋章速，如濬寫片亦速，故我理書遂不得不勤矣。

　　將予四十餘年前所鈔之辨僞資料交馬念祖君整理，心中一快。

四月七號星期日（三月十四）

與堪兒到電報大樓待車，與傅彬然談。八時一刻車開，九時半到靈光寺，飲茶。上山，經三山庵、大悲庵，到龍王堂，進食。

到秘魔崖、長安寺。二時開車，到亞非學生療養院參觀。三時出，四時半返家。休息，看報。

看電視《趙一曼》電影。服藥兩次，十一時後眠。上午四時醒，又眠，六時醒。

今日同游：王紹鏊夫婦　王伯祥及其長子婦、三子湜華、孫女緒芳　王澤民及其夫人閻力行　毛之芬　傅彬然及其孫　馮賓符　葛志成　吳榮夫婦　王歷耕　左明夫婦　張紀元　巫寶三夫婦　胡明樹　徐楚波　謝瑩　董守義夫婦　章廷謙　嚴景耀夫婦　徐健竹　顧均正夫婦　柴德賡　張明養夫婦　胡夢玉　鄭效洵夫婦及其子女　嚴幼芝　李念武　陳秉立　徐緯　吳德咸　何欽賢　王嘉璿　凡三大車，百餘人。今日遍至八處者，僅堪兒及王緒芳耳。

四月八號星期一（三月十五）

與靜秋到市中醫院，就王洗大夫診。待診時覆看梁啓超書。德融佺返滬，贈物。理書。

未成眠。看《民間文學》。又安從農場回城。鈔《大誥》馬、鄭、王注彙輯訖。記筆記二則。

看《陶庵夢憶》等。靜秋打堪兒。十時服藥，約十一時半後眠，上午三時醒。又眠，六時醒。

堪兒于功課不措意，今日歸來，書包空空，蓋教科書及練習簿均置校中也。靜秋大怒，打之。然打不是好辦法，靜秋亦自知之，且暴怒實傷己之健康，而理智不勝感情之衝動，奈何！

四月九號星期二（三月十六）

鈔陳其猷《我國古代曆法之探索》入筆記，訖。趙之雲來，長談。周達甫來。

未成眠。寫陳其猷、蒙達坦兩文評語，送歷史研究編輯部。馬念祖來。鈔《史》、《漢》、《尚書》資料。

理書。九時服藥，約十一時半後眠，翌晨六時醒。

近來入眠愈難，雖服重藥，仍須閱兩小時左右方得眠，苦甚。

黨將整風，臨時職工之工資不發，說要請上級批准，劍華又成問題。予擬請其整理《水經注》，成一圖釋本，亦予三十年來之積願，且搜集資料亦已敷用也。

四月十號星期三（三月十七）

作《王莽大誥》序文一千八百字，訖。陳維輝來。

到"東單"理髮。與靜秋、洪兒到友誼服裝部試衣。與靜秋到朱硯農處看牙，又到文聯服務部進食。雇車歸。遇馮國寶夫人、林其煌、祝叔屏。看孟森《清三大案考實》。

看《辛亥革命回憶錄》第四冊。十時服藥，十二時再服藥，直至上午三時後方眠，六時半醒。

今晚回來，以上飯館口渴甚，靜秋送新茶一甌來，予連飲三杯，快甚，然而今夜便不能眠矣。以此知晚上決不能進新茶。

今日靜秋到協和醫院，就張孝騫大夫診，張大夫說她肚子鼓脹是神經性的，只要精神不緊張便無事。

今年春寒甚久，今日突暖，至二十六度，穿不上大衣了。

四月十一號星期四（三月十八）

理書。中國書店張少亭來，長談。作《東漢古文尚書學派資料說明》約二千字。寫北京醫院內科大夫信。

看戴名世《孑遺録》。約眠半小時。章元善來。

到中山公園散步一小時。十時半服藥眠，翌晨六時半醒。

今晚散步，又服多量藥，故得佳眠。然此何可長也？

近日視物，覺兩眼如有塵障，此亦衰老之一端也。

四月十二號星期五（三月十九）

重寫昨作《古文尚書馬、鄭、王本合輯》序文三千五百字，訖。理書。

得眠一小時。

到西單商場聽西河大鼓《苦菜花》。閱書。十時三刻服藥眠，上午二時醒。又眠，六時醒。

下午大雨，天氣又涼，予咳又作，痰吐不盡。

靜秋吃了即餓，是過敏的腸胃病。予胃停滯，永不覺餓，但亦可吃，是過鈍的腸胃病。

四月十三號星期六（三月二十）

理書。整理《尚書正義・大誥》標點訖，并以阮刻本校之。李婉卿來。劉鈞仁、劉起釪、李民來，贈壽禮。

朦朧一小時。陳維輝來，爲寫馮友蘭信。

看《辛亥革命回憶録》第四册。十時服藥眠，十二時醒。又眠，六時醒。

三數日來，予下午又加大便一次，但尚成條耳。放屁愈多，如連珠炮然。

靜秋腹鼓，擊之作咚咚聲。惟能放屁則腹較軟，人亦舒服。此與我異者。

四月十四號星期日（三月廿一）

整理《蔡傳》、《大全》、《彙纂》中之《大誥》，訖。與靜秋到遂安伯胡同電車公司投區選舉票，遇尹淑範、賀昌群夫人。雁秋來，贈壽禮。

未成眠。理書。與靜秋到中山公園看花。遇潘達仁。王伯元來。

周達夫及其子旗來，贈壽禮。洗浴。十時服藥，約十二時眠，翌晨六時半醒。

我的生日，不知如何被人記得，日來紛紛送禮，受之有愧。

公園中榆葉梅已零落，丁香、紫荆、碧桃等正盛，星期日游客之多，較他日多百倍。

四月十五號星期一（三月廿二）

校平心寄來《論大誥校釋》改稿，改定所鈔本。原孝銓來。與林劍華談。與靜秋到市中醫院，就王洗大夫診。

眠一小時。作《僞孔傳與蔡傳大誥解釋異同表》訖。理書。改李民《盤庚篇校釋》。

看《辛亥革命回憶録》第四册。十時服藥眠，上午一時三刻醒。又眠，六時醒。

今日大便至三次之多。連日所下便均作黑色，據王醫言，此乃滯積在内之糞，拉出是好事。

靜秋爲予明日生辰，今晨上兩市場買菜，歸後又與予同赴醫院，疲甚，又拉稀兩次。渠肝氣上頂，直至頸首，此真苦事也。

四月十六號星期二（三月廿三　予七十一生辰）

臥床，看《辛亥革命回憶録》第四册，略訖。與靜秋到北京醫院，就内科主任女醫師張惠診。遇錢昌照、史良、黃仲良、浦熙修。孟默聞、馬非百來。

未成眠。高瑞蘭偕其子天寧來，贈禮物。李民來。劉起釪來。

木蘭來。又安返鄉。

十時服藥眠，翌晨五時半醒。

今晨拉稀，忍不住拉在褲內，靜秋不放心，必欲到醫院檢查，但須下星期一方知結果。今日驗血壓，爲 145/90，甚正常，故夜眠易也。

今午同席：林劍華　雁秋夫婦　姜又安

今晚同席：劉起釪　李民　張木蘭　雁秋夫婦

我的生日，別人記得，亦只得備些酒菜，以作紀念。

四月十七號星期三（三月廿四）

到北京醫院抽血，遇郭寶鈞。出，遇馮君實夫人、鄭石君。看皮錫瑞《書經通論》。丁宜中來。魏廣洲來。

林劍華送禮物來。未成眠。看皮錫瑞《書經通論》畢。理書。看《文史資料選輯》第卅四輯。校《呼倫貝爾散記》。應永深來。

到“東單”修面。傅學苓來，長談。看汪淇等《尺牘新語》。十一時服藥眠，上午五時醒。良久又眠，六時三刻醒。

今日仍大便兩次，後一次是稀的，想來是在空腹中喝了一碗牛乳之故。

四月十八號星期四（三月廿五）

作《尚書僞孔經、傳》説明三千字，未畢。理書。

眠一小時。董森來。

看《文史資料》第三十四輯。服藥兩次，約十一時半眠，翌晨五時三刻醒。

今晚眠不佳，當以一日未走動，且夜間看革命回憶録，精神緊張之故。

四月十九號星期五（三月廿六）

與静秋到電報大樓，民進車已開，自乘車到頤和園，游諧趣園，到北宮門等候，遇張守平。十一時，民進同人自植物園來，同上船（共五船），進食。舟入昆明湖。

舟到龍王堂北，停，聽毛之芬報告北京市人代會萬里報告。二時，到知春亭，上岸，到樂壽堂，看海棠、玉蘭，照相。再到戲樓、諧趣園，返知春亭，飲茶。四時四十分上車，五時半到金魚胡同，下車。

理書。看電視《青春之歌》電影。服藥兩次，約十一時五十分眠，翌晨五時半醒。

今日春游，爲民進聯絡委員會所辦，老年人多，約舉如下：王紹鏊夫婦　陸欽頤夫婦及其婿胡熊良夫婦　李紫東　孫照　樓朗懷　周國華　陳伯君　張紀元　葛志成　王以若　馬雁　林漢達夫婦　毛之芬　陳意　陳兼善夫人　幹部：曹寶章　龐安民　張守平　毛啓邠　李婉卿

四月二十號星期六（三月廿七）

理書。續作《僞孔經、傳》説明一千六百字，畢，統整一過。又作《蔡傳、大全》説明一千五百字，未畢。

未成眠。看《文史資料》第三十四輯。陳維輝來。

到王府井新華書店及市場稻香春閲市。十時一刻服藥眠，上午四時半醒。又眠，六時醒。

夜間一散步，睡眠便好，當操之有恒也。

四月廿一號星期日（三月廿八）

閻力行來，送代購書。到南河沿，參加民進中央第四組小組生活，自九時至十一時半，與徐楚波同飯。遇林超、林昌善。

朦朧約一小時。爲書法研究會寫學習雷鋒詩兩紙，爲李燭塵題《黃山攬勝圖》。爲蕭菊君、瀋陽農學院寫字。

乘六路車到天橋，步至大柵欄閱市，九時半歸。看《適園叢書》。十一時半服藥眠，上午四時醒。五時後又眠，六時醒。

今日同會：梁純夫　徐伯昕　董守義　徐楚波　王嘉璿

聞伊拉克政變，殺人萬餘，有一伊共中委上絞架時，大呼"擁護毛澤東，打倒赫魯曉夫"，此可以測世界民意矣。

下午以四小時之力，還清寫字之債，一快。予對寫字亦有興趣，但業務如此忙，那能顧及此乎！然既不練字，即不能將字寫好。如不幸而我書字傳至後世，有知我者，其能給予"質美而未學"之評乎？

四月廿二號星期一（三月廿九）

理書。與靜秋同到北京醫院，再就張惠主任診。遇吳半農、余讓之夫婦、王歷耕、黃雍。出，到東單公園看碧桃，到東單菜市買菜。遇張毓峰。歸，續理書。

眠一小時。重作《蔡傳、大全、彙纂》說明書二千餘言。王伯元來，取書件，爲寫葉聖陶信，介紹其父王家枏《中外歷史年表》。

與靜秋到東安市場買物，雇車歸。看《儒學警悟》。十時服藥眠，十二時醒。又眠，六時醒。

余讓之遜，十年不見，衰老得不能步履，可駭也。

今日就診，知檢查結果，血糖、膽固醇俱下降，可喜也。又磅體重，爲六十公斤。

四月廿三號星期二（三月三十）

續作《蔡傳》等說明千餘字，訖。鈔《僞孔傳》說明約四千字，未畢。

未成眠。理書。遇傅振倫。到"春風"理髮。馮君實夫人來。

與靜秋到高瑞蘭處送物，談，十時歸。十一時服藥眠，十二時半醒。又眠，翌晨四時半醒。

四月廿四號星期三（四月初一）

與靜秋到北京醫院透視腸胃，八時半一次，九時四十分一次。看《聖經是怎樣一部書》。到東單公園散步。遇謝家榮、徐行之、張爲申等。歸，續鈔《僞孔傳》説明。

未成眠。與靜秋再到北京醫院，再透視一次。出，到地安門取新製衣。到北海北岸飲茶。乘船到南岸，遇徐塵埃澋秋。鈔《僞孔傳》説明畢。

到前門小劇場，聽王世臣等曲藝。歸，看廿七屆乒乓球賽電視。十時半服藥眠，翌晨五時三刻醒。

今日出門三次，睡得非常好，可見予病尚有辦法。

四月廿五號星期四（四月初二）

將説明四篇統看一過。改寫《古文尚書馬、鄭、王注》五百字，未畢。

朦朧一小時。理書。寫閻寶航信，送至政協號房。與靜秋到三樓進飯，與陳文彬、葛志成、胡愈之談。遇徐伯昕。

與靜秋到禮堂觀劇，與林仲易談。十時半散，十時一刻抵家。服藥，約十二時眠，翌晨五時三刻醒。

今日所觀劇：中國評劇院二團演出《奪印》：何文進——馬泰　陳廣清——陳少舫　陳景宜——席寶昆　爛菜花—花月仙　陳廣玉——張貴祥　胡素芳——張淑桂　陳廣西——李梓森　春梅——張玉蘭　陳友才——魏榮元

此爲反映農村人民公社化以後階級鬥爭的大型諷刺喜劇，何文進、陳廣玉、胡素芳站在革命一面，陳景宜、爛菜花、陳廣西站在反革命一面，而陳廣清、春梅、陳友才則爲模糊階級立場之動搖分子。其後卒以執行黨的階級路綫與群衆路綫，擊潰壞分子之陰謀詭計，奪回了黨在小陳莊之領導權，搞好生産。

四月廿六號星期五（四月初三）

理書。與静秋到北京醫院就張惠女醫師診。遇馮賓符、王克俊。趙健來。重寫《古文尚書》説明三千五百字，未畢。

朦朧一小時。理書。

看查慎行《敬業堂詩集》。九時三刻服藥眠，翌晨六時醒。

醫言予腸胃無甚病，可放心。近日大便又乾結了。

今日噴嚏多，痰涕多，頭暈，大約昨晚看戲，又感冒了。潮兒學校回來，即就床眠，蓋亦同我。近日天氣陰晴寒暖倏更，北京春天已非我輩無抵抗力者所能居矣。

中華書局寄來《世俘》一文之稿費六百八十元，大出意料，然我在此文上實費四個月之力。

四月廿七號星期六（四月初四）

將比較資料説明四篇統改一過。劉鈞仁來。理書。

未成眠。静秋爲我洗澡。理書。

看電視《南海潮》電影至十一時。服藥兩次，十二時後眠，翌晨六時半醒。

《大誥》比較資料四篇，一、王莽《大誥》；二、馬、鄭、王本注；三、《僞孔傳》及《正義》；四、《蔡傳》及明、清補充：原文約三萬二千字，説明約一萬六千字，自本月八日起，今日止，凡二十天，工作始了，然去春游及治疾，則僅十二天耳。

四月廿八號星期日（四月初五）

理書。李民來，爲寫周達甫信。陶復和來，借書。補作説明一段。

眠一小時。理書。點陳喬樅《今文尚書經説考・大誥》數頁。

陳維輝來。與静秋到王府井散步。十時服藥，約十一時眠。翌晨五時半醒。

近日下午又泄一次，惟不稀耳。知腸病仍未痊。

四月廿九號星期一（四月初六）

記筆記一則。到"東單"修面。與静秋到中山公園，予赴政協會。出，與静秋、李培基同看花。又返會，討論作詩事。十一時半散。步歸。遇劉盼遂、黄樹芳。

朦朧一小時。王道生來。劉起釪來。周達甫來。點陳喬樅書十頁。

到北京醫院打針。乘車至八王墳，步至大北窰，乘車至東單，步歸。服藥兩次，約十二時眠，翌晨六時半醒。

今日同會：龔飲冰　陳叔通　章士釗　葉景莘　仇亦山　陳半丁　吳研因　李培基　覃異之　黄琪翔　劉斐夫婦　白薇　周亞衛夫婦　陳文彬　秦德君　巨贊　章元善　翁文灝　黄紹竑　錢昌照　李伯球　王楓　閻寶航　易禮容　何魯　安若定

今日之會，希望與會者多作詩，鼓吹休明，登香港諸報，以激發游子愛國之思。

四月三十號星期二（四月初七）

排《大誥詞彙》，畢事。理書。點《今文尚書經説考・大誥》篇畢。

眠一小時。李唐晏來。陳萬里來。

看電視"文藝節目"。十時服藥，約十二時入眠，上午六時醒。又眠，七時半醒。

一九六三年五月

五月一號星期三（四月初八　國際勞動節）

與堪兒到中山公園，看舞蹈、武術、打球、下棋、相聲等，遇王歷耕、仇亦山、黃秉維夫婦、麥元章。步至東安門，雇三輪車歸。

未成眠。鈔《大誥詞彙》二頁。與靜秋到王姨丈、母家，并晤大玫表妹。

與洪、湲、堪三兒及胡厚宣到天安門觀放花。十時半步歸。十一時半眠，一時半醒。又眠，六時半醒。

在公園站三小時，脚痛竟不得舉步矣。

晚間所晤人：趙公勤　陳真如　楚溪春夫婦　李爽及其父連捷　閻寶航

近日上午大便，晚間入眠，均困難如登天，可嘆！

昨所中兩次打電話來，問今日到天安門要汽車否，家中人方奇其改變作風，肯予照顧，乃下午六時車來，謂小車無通行證，須到學部改乘大車去，及與厚宣同至學部門口，則有大車而無其他乘客，待半小時許，司車者謂人少不便開，當打電話至中山公園，請劉導生同志小車來接。又越半小時車方至，司機謂我等係赴東臺，只能送至北池子南口，須步至文化宮，散會時亦只得步歸。幸予等尚能走路，否則不能歸矣。夫哲學所、文學所亦必有人去，然而他們均不來搭大車，足證其均取得通行證，何歷史所之獨不得也。蓋有尹達之所長，而後有老鄧之總務，表面上作一敷衍，而實則推與學部也。厚宣亦斥之爲官僚主義，其使人受氣者多矣。記之于此，看彼輩能否長借黨員名義橫行而不受裁制。

以後歷史所打電話問要否乘車時，先須問以有通行證否，庶免被罔。

五月二號星期四（四月初九）

與靜秋到金家，晤振宇夫人，擎宇子竹君、竹漪，振宇孫女金沙江。到朝內市場買物。鈔《大誥詞彙》十八頁。容媛來。

眠兩小時。理書交雁秋蓋章。

與靜秋到中山公園看花。到天安門廣場步一周。十時歸。十一時服藥眠，上午二時半醒。又眠，七時醒。

兩日內屢出，體較勞，故今午得佳眠。然安得日日如此耶！

五月三號星期五（四月初十）

寫越特金信。理書。到崇文門買月票。到北京醫院，就外科大夫駱正禧診，到透視室照相。遇馬寅初先生及其女仰衛。十時半歸。續鈔《大誥詞彙》十五頁，訖。

朦朧約一小時。唐守正來，以雨留食宿。贈伯祥《南洋中學藏書目》，題其端。

雜翻諸書。十時服藥眠，十二時半醒。背奇癢，良久眠，六時醒。

予右足跟作痛已數月，近日走路較多，站起作痛尤劇，今日到醫院診，已照相，待數日後往看結果。

去年在大連參觀之躍進號巨輪，不幸赴日本時在南朝鮮領海內沉沒，爲之悵念。

五月四號星期六（四月十一）

理書。王道生來。徐知良來。到"東單"理髮。到北京醫院打針，遇徐旭生、安若定。

朦朧一小時。理書。陶復和來，同理書。記筆記兩則。整理《愚脩録》第二冊。

到伯祥處送書，并遇其長女及婿、六女、長子夫婦。十時半眠，一時醒。又眠，五時醒。又眠，八時醒。

許阿姨自五月一日起即不來，一時雇一保姆不易，静秋只得多勞動些，但她牙齒作痛，易于疲勞，且腸胃不好，常一日兩三便，實難挺下，孩子們又功課忙，不能爲母分勞，我只得多負起一點責任了。

陶復和爲張宇慈之夫人，静秋之侄孫媳。她去年退休，在家閑不住，故來幫助理書。

五月五號星期日 （四月十二）

將楊伯峻所批意見照改一過。記筆記三則。

未成眠。洗浴。德融侄來，長談，留飯。晤宋家鈺。

服藥兩次，約十一時後眠，上午一時醒。又眠，六時半醒。

德融自滬歸，爲言上海青年風氣不好，男女均喜爲"阿飛"。政府雖加禁止，而拜金思想則一時改不過來。

五月六號星期一 （四月十三）

寫北京醫院取藥信。寫越特金信，論《史記》工作。將《大誥詞彙》審核訖，即送楊伯峻處。將《三監疆地及其人物》一章修改兩次。

未成眠。陶復和來，助雁秋理書。又安自鄉來。到北京醫院打針，東單郵局買郵票，東單菜市買菜。

看《辛亥革命回憶録》。服藥兩次，約十一時半眠，翌晨六時半醒。

昨夜失眠，以開電視，聲音太響，且至十時半始畢過。今日失眠，則以腳痛甚，不能到外散步故。予只要腳不痛，還須天天晚上散步一二小時爲宜。

潮兒太用功，日日溫書至十時半後始就眠，而早則六時必起，臉色慘白。堪兒則太不用功，放學後儘在門前及院內玩。姊弟間"過猶不及"，靜秋爲此常操心，然無如何也。

五月七號星期二（四月十四）

到北京醫院看腳。遇顧鈞正、石磊。修改《周公執政稱王》一章略訖。

眠一小時半。與靜秋到動物園游覽、喝茶。六時至莫斯科餐廳飯。

與靜秋到北京展覽館劇場看東方歌舞團演出，十時散。十一時回家。服藥，約十二時半眠，翌晨六時半醒。

今晚所遇人：丁名楠　王明　李士敏　丁瓚夫婦

歌舞團演出節目繁多，記入本月之末。中國人真聰敏，亞、非、拉美歌舞一學即會。

我的腳痛，據透視，是骨刺不正所致，醫言此藥可塗，但須在鞋中墊襯，而于痛處挖孔，使不着地。

五月八號星期三（四月十五）

鈔東方歌舞團節目，記筆記二則。在《周公執政稱王》中補入霍光事及莊存與說兩條，約寫二千五百字。

眠一小時。楊伯峻來，送《大誥詞彙》。陳汲來。

到天安門步月。乘環行路一周。十時半服藥眠，上午二時醒。又眠，六時半醒。

今日爲予陽曆生日，從選舉年齡言，爲七十足歲之始。

五月九號星期四（四月十六）

將《周公執政稱王》一章統改一過，訖。陳維輝來。寫內蒙人民出版社信。

未成眠。看《梵天廬叢錄》。劉彩玉來。與靜秋、復和同到北海參觀北京市書法篆刻展覽。與靜秋到百貨大樓、東安市場購物。遇崔永純、孟目的。

看電視《美麗的西雙版納》。看報。服藥兩次，十二時後眠，翌晨七時醒。

王阿姨來工作，俞嫂所介紹也。

予書雖不佳，而本甚豪放，今日在展覽會中，與他人書比較，予書乃拘謹甚，此亦才氣漸漸衰沈所致也。

今日靜秋爲予買鞋一雙，配以海綿墊，頗覺軟和，此後脚痛殆可漸愈乎？

五月十號星期五（四月十七）

記日記一則。將平心《大誥解釋》文細看一遍。記筆記一則。

眠一小時半。看莊存與《周官記》，作《周官隸屬系統表》初稿。記筆記一則。到"春風"修面。到北京醫院打針。到東安市場買物，遇靜秋，同車歸。

與靜秋到東單公園散步。十一時服藥眠，上午四時醒。良久又眠，七時醒。

靜秋爲予買海綿鞋墊，居然足痛好得多了。

五月十一號星期六（四月十八）

理書。訪李士敏，未遇。到學部，參加中心小組學習，討論防止修正主義問題，自九時至十一時半，即在學部飯廳進食。與昌群同到伯祥處茗談。

一時半歸，未成眠。寫張樂天大夫信。尹如瀋爲擦澡。馬念祖來，送《郡齋讀書志》、《直齋書錄解題》摘本，爲之改定若干處。

看電視《劉主席在柬埔寨》、《相親記》等。服藥兩次，約十二時眠，翌晨七時半醒。

今日同會同席：潘梓年　張友漁　金岳霖　賀麟　汪奠基　賀昌群　胡厚宣　王伯祥　俞平伯　吳世昌　丁名楠　丁聲樹　黃文弼　錢寶琮　夏康農　馮家昇　陸志韋　巫寶三　王守禮

聞仲良言，赫魯曉夫在我新疆搞顛覆活動，成立哈薩克共和國，進一步即作蘇聯聯邦之一。此獠真是萬古罪人！又聞我國派至蘇聯學尖端科學者，我國招之歸來，乃蘇聯竟以失踪報，是則作惡直超過帝國主義國家。我國日前派鄧小平、彭真兩同志赴蘇，商談意識形態分歧事，諒亦無好結果也。

五月十二號星期日（四月十九）

到北海仿膳，參加民進中央支部組織生活，自九時至十一時半。會畢進餐。

看四季花展覽。與伯祥、漢達到陳乃乾處長談，看《文史》第二冊。四時半歸。記筆記二則。寫羅元貞信。

頤萱嫂來，留飯。與靜秋到東單公園。觀靜秋打拳。十時半服藥眠，上午四時醒。又眠，七時醒。

今日同會同席：楊東蓴　王紹鏊　許廣平　葛志成　張紀元　陳麟瑞　吳研因　余之介　林漢達　謝冰心　吳文藻　嚴景耀　雷潔瓊　馮賓符　巫寶三　毛之芬　王伯祥　董守義　徐楚波　顧均正　王嘉璿

五月十三號星期一（四月二十）

將《大誥詞彙》統整一過，注出"別見"與"參義"，訖。

未成眠。到北京醫院打針。到王府井購物。

韓儒林、譚季龍來。與靜秋到東單公園散步。服藥，十一時後眠，翌晨五時半醒。又眠，七時醒。

昨聞乃乾言，《史林雜識初編》爲有牽涉邊疆語，出版擱淺矣。此事，予自謂甚謹慎，又經平心、上海人民出版社、北京中華書局多次審查，有問題處已盡改去，而猶以此挂誤，未免拘牽太甚，令人不敢動筆矣。

五月十四號星期二（四月廿一）

金竹安來。重寫《大誥今譯》，并勘《章句》。

眠一小時半。賀昌群夫人來。寫李平心信。

到前門小劇場，聽馮廣月山東快書《武松趕會》、趙振鐸等相聲《學習雷鋒》。十時半服藥眠，上午三時醒。又眠，六時半醒。

潮兒無力，厭飯，靜秋疑爲肝炎。今日偕至協和醫院，未得結果。定於明日再至同仁醫院。此兒過于用功，又堅持節約，不肯吃牛奶、鷄蛋，以致方在盛年，怯弱至此。

五月十五號星期三（四月廿二）

將《大誥校勘》覆看一過，略加修改。理書。

未成眠。將《大誥解釋》覆看一過，略改。陶復和來。到北京醫院打針。到“鼎新”理髮。

與靜秋到東單公園散步。歸，遇馮家昇夫婦。十時半服藥眠，上午二時醒。又眠，六時半醒。

今日潮兒到同仁醫院，自謂無病，因此未予查血，醫師且謂母親愛兒女過甚，夸大其病。靜秋歸來大怒。不知潮兒何以肯請假就醫也？

五月十六號星期四（四月廿三）

理書。鈔《大誥校勘細目》訖。

未成眠。理書。再校《呼倫貝爾散記》。寫內蒙古人民出版社信。又寫李士敏信。寫劉起釪信。鈔《大誥解釋細目》，未畢。李民來，爲寫魏建功、王力、高名凱信。

與靜秋到中山公園，看上海雜技團表演。乘汽車歸。十一時服藥眠，上午三時半醒，朦朧至天明。

五月十七號星期五（四月廿四）

理書。與靜秋到北京醫院，就屈承源大夫診。遇王克俊夫婦、周亞衛夫婦、閻寶航、林漢達、胡華。

眠一小時。理書。陶復和來。鈔《大誥解釋細目》仍未畢。以復和勸令休息，因看《梵天廬叢錄》。出散步，遇劉起釪，同至東單。歸，陳維輝來。

與靜秋到中山公園看花。遇吳世昌夫婦。十一時後服藥眠，翌晨五時醒。又眠，六時醒。

今日量血壓，爲 142/80，甚不高。體重爲六〇·二公斤，較前輕。醫囑予吃飯須細嚼，以利消化。工作不可過累。

堪兒頰破發炎，今晨由尹如澔伴至協和醫院敷藥。

五月十八號星期六（四月廿五）

到和平賓館訪韓儒林、譚其驤，并晤方國瑜、傅樂煥。靜秋伴至北京醫院，再就屈承源診。臥床，看柴萼《梵天廬叢錄》。

眠半小時。

十時服藥眠，翌晨五時醒。又眠，六時半醒。

今晨下便二次，第一次在起床時，竟泄在褲內，便粘。第二次在八時半後，仍粘。靜秋因取至北京醫院化驗，謂無細菌，但白血球較多，看來胃腸機能減退了。

終夜頃盆大雨，此在北京爲久未有之事。

五月十九號星期日（四月廿六）

看報。移書。看《梵天廬叢録》。看張鈞衡刊《適園叢書》，未畢。

朦朧一小時。看《康南海墨迹》印本。

看《文史》二輯。失眠，服藥三次，約十二時後眠，翌晨七時半醒。

今日大約因看書太多，致又不成眠，服藥致三次之多，苦甚。

近日静秋已不浮腫，泄瀉亦稀，飯量增加，身上有些肉了。眠亦較佳，洵可喜事。惟滿嘴不舒服，則白斑之爲害也。聞張樂天大夫云，白斑非癌前期現象，不致命。此固可寬心，無如總是一病在身，不爽利耳。

五月二十號星期一（四月廿七）

續寫《大誥解釋細目》訖，《詞彙目》、《商榷目》亦訖，《比較資料目》未訖。

未成眠。與静秋到工人文化宮，又到中山公園來今雨軒吃茶。看林泰輔《周公》。六時歸。寫趙孟頫、吳秋白表弟信。

訪方國瑜于和平賓館，不遇。到“四聯”修面。到百貨大樓買紙。服藥兩次，約十二時後眠，翌晨八時醒。

今晚出門散步，又多服藥，仍不易眠，蓋失眠有連續性也。精神頓覺委頓。

五月廿一號星期二（四月廿八）

遲起。到中央民族學院訪周達甫，未遇，在白崇仁室看報。待至十二時半，達甫來，同到紫竹院活魚食堂飯。

在活魚食堂外吃茶，談至三時三刻返學院，到學術研究部訪吳一飛，同到民族文物陳列室，由楊成志導觀。五時半出。六時半歸家。遇沈有鼎、朱大昀。

與靜秋到東單公園散步。十時半服藥，朦朧至三時醒。再服藥，至六時半醒。

八年不至民族學院，今日前往，花木蔥蘢，高樓重疊，簡直不認識了。文物室係楊成志、吳澤霖兩君所徵集布置，極楚楚可觀，惜匆匆一步，未細看耳。

五月廿二號星期三（四月廿九）

校《孟姜女名稱的來源》文，寫民間文學編輯部信。續鈔《大誥比較資料目》十頁。方慶瑛來，送《大藏經》。

眠一小時。理書，付雁秋、復和蓋章。與靜秋到大雅寶胡同盲人按摩所，予就恒大夫，靜秋就朱大夫摩。遇賀昌群、王緒茂、緒芬。

與靜秋到東單公園散步。服藥，約十一時許入眠，上午二時醒。又眠，六時半醒。

今日上午又下便兩次，食少，便多，如何能吸收養料，如何有氣力！睡眠不好，必用藥物強制，如何有精神！無力無神，如何能作事！想至此，不容不悲觀矣。昨日大熱，今日突寒，此亦予多便之一因。總之，予對氣候已無抵抗力。

盛傳盲人按摩有效，故與靜秋往試之。

校又安所作文，邏輯上有問題，引書句不全，非多改不可。作文發表，固非盡人可為也。

五月廿三號星期四（閏四月初一）

鈔《大誥比較資料目》畢，鈔《史事考證目》兩章。

眠約三刻鐘。覆看《周公東征的勝利和東方民族大遷徙》三十頁，略加修改。與靜秋到盲人按摩所就醫，待診時看《學習雷鋒》。

看電視《美人魚》。服藥兩次，十二時後眠，上午五時醒。又眠，六時半醒。

今日又大便兩次，但不稀，大約今日雨，受涼所致。

爲了晚間因雨未出外散步，而孩子們爲看電視，十一時才睡，爲了他們就厠須經我室，使予疲勞過去，重歸清醒，以是又多服安眠藥。按摩之功抵不上環境的壓迫，可奈之何！

五月廿四號星期五（閏四月初二）

覆看《周公東征的勝利和東方民族大遷徙》及《東土的新封國》兩章粗訖。中國書店送《余嘉錫論學雜著》來，閱之。爲高瑞蘭寫王大琬信。

未成眠。北京文藝編輯部李源實來。

看洪兒寫大字。雜覽書。十一時半服藥眠，上午二時半醒。又眠，六時半醒。

五月廿五號星期六（閏四月初三）

爲扇面展覽會寫扇二。記筆記一則。王伯元來，取扇。劉起釪來，商製《尚書文字表》。爲又安改文。寫《民間文學》信。在《東方民族大遷徙》中加入顧炎武、丁山三條。將《三監及東方諸國的反周軍事行動》一章覆看一過。

朦朧一小時。洗浴。

翻看《適園叢書》一集。服藥，十一時許眠，翌晨六時半醒。

五月廿六號星期日（閏四月初四）

　　記筆記一則。封寄《世俘》單行本，到郵局投筒。到西單"曲園"飯。到西長安街理髮。

　　到長安戲院看北昆演出，自一時至三時半。回家，起釪偕其母來，同游北海，到"仿膳"飯。

　　七時，起釪母子出，予與静秋到雙虹榭飲茶。九時返家。十時半服藥兩次眠，上午四時半醒。又眠，八時醒。

　　中華送《世俘》單行本十册來，不够分配，竭力壓縮，發出如下：沈颺民及子延國　辛樹幟　石聲漢　徐中舒　童書業　張舜徽　黄永年　起潛叔　李平心　此外尚有應送者，如譚其驤、史念海、周達甫、章丹楓等，皆未及矣。

　　今日所觀劇：（一）扈家莊　扈三娘——張竹華　王英——王卷　（二）金不換　姚英——滿樂民　張氏——秦肖玉　春蘭——顧鳳莉　管二——韓建成　姚勤——張肇基

五月廿七號星期一（閏四月初五）

　　遲起。增補《東方民族大遷徙》三條。寫涂傳傑、劉起釪信。

　　眠半小時。姚紹華來。與静秋到盲人所按摩。

　　與静秋到東單公園散步。十時半服藥眠，上午三時醒。又眠，六時半醒。

五月廿八號星期二（閏四月初六）

　　增補《東方民族大遷徙》四條。記筆記一則。王道生來。

　　未成眠。與静秋到盲人所按摩。予獨到東安市場買戲票。

　　翻看舊雜志。服藥，約十一時半入眠。上午三時半醒。又眠，六時半醒。

五月廿九號星期三（閏四月初七）

記筆記二則。整理《愚修録》第二册訖。依照唐蘭《西周銅器斷代》文，將《東方民族大遷徙》文所録銅器銘文重排一過。

眠一小時許。與静秋到盲人所按摩。孟默聞來。

與静秋到吉祥劇院觀劇。十時半散。約十一時一刻服藥眠。翌晨六時半醒。

今晚所觀劇：福建泉州市高甲戲劇團演出《連升三級》：賈福古——蔡友輝　賈仁（僕）——黄大篇　甄玉齋——洪英年　甄似雪——施培明　秋紅（婢）——吴慧玲　崇禎帝——劉再生　魏忠賢——吴運宋　馮庸（相）——吴長泰　王永光（考官）——陳子良　徐大化（考官）——施順道　吴鐵口——許仰川　老監——蕭光以　此劇除似雪主婢外全爲丑角，描寫封建社會之科舉制度之黑暗，淋漓盡致。

五月三十號星期四（閏四月初八）

仍依唐文，修改予作。

未成眠。與静秋到盲人所按摩。

天雨，未出，看《適園叢書》。服藥兩次，約十二時眠，翌晨六時醒。

今晚因雨不能散步，一看書便覺緊張，入眠不易，可見欲除予疾，散步尤重于按摩也。

右脚跟作痛甚劇，囑恒醫師摩之。

五月卅一號星期五（閏四月初九）

到唐處借書。仍依唐文，修改予作。

未成眠。與静秋到盲人所按摩。寫所辦公室、桂瓊英等信，取書。到“銀城”修面。遇劉瀛。

與静秋到東單公園散步。服藥兩次，十二時後眠，翌晨六時醒。

今晚已散步矣，乃猶不能入眠，蓋失眠症有連續性也。

五月七日所觀東方歌舞團演出節目：

一、百花園中的仙女（柬埔寨）　張均、刀美蘭、崔淑敏等。

二、塔吉克（蘇聯）　阿依吐拉·卡塞姆娃、阿布列孜·阿克齊。

°°三、八木小隊（日本）　孫濟光（唱）　傳新利、王琴、鄭慧芳等。

四、器樂合奏　本團樂隊　（1）落花曲（阿富汗）　（2）大象（幾內亞）　（3）哎喲，依內媽媽（古巴）

五、神祠舞（印度尼西亞）　宋金福等。

六、矓驪舞（越南）　鄭慧芳、安勝子、金志南等。

°°七、拍球（印度）　張均。

八、墨西哥雙人舞　阿依吐拉·卡塞姆娃、邢德輝。

°°九、笛子獨奏　張曉輝　（1）我是一個兵　（2）薩馬哈（叙利亞）　（3）挂紅燈（內蒙二人臺）　（4）快樂（新疆）。

十、脚鈴舞（巴基斯坦）　崔淑敏、王丁菲、唐景璐等。

十一、草笠舞（黎族）　安勝子、劉佳賓、呂宏聲等。

十二、古典雙人舞（緬甸）　張均、趙世中。

°°十三、牧人舞（蒙古）　高恩德　宋金福　彭紹剛等。

十四、獨弦琴（越南）　田昌　（1）懷念南方　（2）紡紗曲　（3）行雲曲。

十五、罐舞（錫蘭）　崔淑敏、王琴、王丁菲、汪永生等。

十六、薩巴代歐（古巴）　孫濟光、邢德輝、張善榮等。

十七、鼓舞（朝鮮）　安勝子。

十八、女聲獨唱　王昆　（1）秋收　（2）南泥灣　（3）北風吹（白毛女選曲）　（4）維吾爾歌。

十九、幾內亞舞　齊俊江、朴英子、蘇冰慧、彭紹剛等。

指揮：韋俊　領奏鼓手：鄭振槐　報幕員：陳承藻　舞蹈伴奏：張翰書、王全忠、文永平、烏里亞特·阿斯姆圖拉依娃等。

一九六三年六月

六月一號星期六 （閏四月初十）

寫所中人事科信。理書。到朱硯農大夫處按牙模，待診時看《學習雷鋒》。十時許歸，以足痛，臥床看《文史資料》卅四輯。記筆記一則。

眠二小時。續寫《東方民族大遷徙》五百字。静秋爲洗浴。續看《文史資料選輯》。

與静秋到中山公園散步。服藥兩次，約上午二時眠，七時醒。

脚跟愈來愈痛，倘予一生喜步行所得之報耶？老子云："善游者溺，善騎者墮，各以所好，反自爲禍。"予亦罹此荼毒矣。

六月二號星期日 （閏四月十一）

鈔岑仲勉《昆侖一元説》一文入筆記，約三千五百字。

與堪兒到政協禮堂，看少年宫書畫刻印展覽。三時，看"慶祝六一國際兒童節匯報演出"。與徐楚波夫婦同飯。

歸，脚痛，就眠。姚紹華來。木蘭來，留宿。十時半服藥眠，五時醒。又眠，六時醒。

今日所晤人：吳榮　楊美真　邵力子夫婦　熊慶來夫婦　黄琪翔夫婦　王家楨夫婦　徐楚波夫婦　辛志超　李培基　裴文中夫婦　向達　梁漱溟　李聖章夫婦　梁純夫　于永滋

今日節目：合唱　小提琴獨奏　回、藏舞蹈　民樂　朗誦　獨唱　皆少年先鋒隊所爲。

上午鈔書稍多，右手指作痛，可見一衰便無所不衰。

六月三號星期一 （閏四月十二）

潮兒赴東郊中阿人民公社勞動一星期。到北京醫院，就腦系科大夫王新德診。歸，遇金荷清、馮國寶夫人。依唐蘭文，修改予作訖。

眠一小時。靜秋到民進開會，予獨到盲人所按摩。將《嬴姓族》一節再改一過。陳維輝來。

與靜秋到東單公園散步，到北京醫院打針。眠不佳。翌晨七時醒。

今日就診，血壓爲 145/70，甚低，而睡眠則仍難，爲打冬眠合劑針，祇服 Amytal 一丸，以此直到上午三時前總在半睡狀態中。

經過按摩、游園、打針、吃藥四部曲，仍不能安眠，爲之奈何！

六月四號星期二（閏四月十三）

從《左傳》集偃姓國資料。劉起釪來。孟默聞來。

疲勞，臥床，看《毛澤東自傳》訖。翻《清平山堂話本》。

與靜秋同到東單公園散步。到北京醫院打針。服藥，十一時眠，翌晨六時半醒。

今日上午工作，手忽發顫不止，竟不能成字，心中尤慌，脉搏跳至一分鐘九十次。今日下午，學部爲了整風開會，以我發病，竟不能往矣。

昨、今兩日，均大便兩次，幸不稀。而今日在上午十一時，離起床後例便太近，不知何故。

心中一慌，便覺得我的生命受了威脅。

六月五號星期三（閏四月十四）

與靜秋同到北京醫院，就郭普遠大夫診，并照心象電流圖。遇胡厚宣、周培源、陳選善。十時歸，題《十萬個爲什麼》贈行健孫。續鈔《左傳》資料。

未成眠。看《警世通言》。到北海，看扇面書畫展覽。到王府井買草帽。歸，寫張毓蘊、陳懋恒、李光信函。

與靜秋到東單公園散步。到北京醫院打針。服藥二次，十二時後眠。上午五時醒。又眠，六時半醒。

郭醫謂予腸胃不好，可能有兩個原因，一是糖尿病發展，一是神經失調，囑明晨往驗血。

昨多服藥，故得佳眠。今晚擬少吃些藥，那知反因而多吃些，四種藥全部都服了。減不下來，藥癮日增，終非了局。

六月六號星期四 （閏四月十五）

方慶瑛來，取《大藏經》。到"東單"理髮。看徐中舒《遍敦考釋》。

未成眠。記筆記一則。與靜秋到盲人所按摩。看《學習雷鋒》訖，即送伯祥處。洗浴。

改《史林雜識》。十時服藥眠，翌晨五時醒。

今日服 Seconal、Amytal 各一丸，眠爾通三丸，即不打冬眠合劑針，亦得安眠矣。

與伯祥談，知其亦患泄瀉，每飯後一次，并謂老年人腸胃不調，是生理的，非病理的。

伯祥已出席文學研究所整風會三次，而歷史研究所竟未通知我一次，意者尹達懼我揭發，有意不令我參加乎？予在病中，亦正憚于參加也。

六月七號星期五 （閏四月十六）

六時半，到北京醫院抽血、注小便。歸進早點，又與靜秋同到北京醫院，送小便、大便，就李輔仁大夫診。遇徐行之、黎澍、楊成志。歸，寫劉起釪信。

眠三刻鐘。作《嬴姓之國》千餘字。與靜秋到盲人所按摩。到容元胎家借書。

張覺非來。與靜秋到東單公園散步。到北京醫院打針。十時半服藥眠。上午四時醒。良久又眠，六時半醒。

覺非謂予腳底痛爲腎虧，渠去年亦犯是疾，致踏不下地，今年愈矣。

越特金自莫斯科寄來特種工藝品漆盒一個，祝予七十壽。因念自明、自珍爲我親生女，竟把予年忘記，不禁悵然。

六月八號星期六（閏四月十七）

到朱硯農大夫處試假牙坯。待診時看趙貞信《論語堯曰章作于墨者考》。歸，續作《嬴姓》九百字。潮兒自東郊回。

未成眠。看《石點頭》。與靜秋同到北海，看"扇展"。出，遇王姨丈、母，同到文聯進餐，遇陳慧。

看電視朝鮮歌舞。十一時服藥眠，翌晨六時醒。

今日覺頭暈，下午又覺心臟萎弱，故與靜秋出游，大約打針服藥，用大量安眠劑所致。昔人所謂"神不守舍"，予大約到此境界矣。

姨母説我瘦了。

今日西北風大起，北海中浪拍岸，天氣驟寒。予與靜秋皆傷風。予夫婦對氣候轉變已無抵抗力如此。

六月九號星期日（閏四月十八）

續昨作，約寫二千字。中國書店白君來。

未成眠，看《石點頭》。三時，赴南河沿，參加民進小組生活，六時散。即與伯祥、陳慧、徐楚波同進食。

略看電視滙劇《笑着向昨日告別》。到北京醫院打針。十時半服藥眠，翌晨五時半醒。

　　　　今日同會：王紹鏊　許廣平　余之介　林漢達　趙樸初　楊東蓴　葛志成　張紀元　謝冰心　吳文藻　雷潔瓊　嚴景耀　王伯祥　毛之芬　顧均正　吳榮　陳慧　巫寶三　徐楚波　王嘉璿　陳麟瑞

　　　樸初爲日本紀念鑑真和尚一千二百年，代表中國佛教會前往，與日本人士接近，知彼國人民對于中日友誼極爲肫篤，而對美帝感情甚壞，以美方傾銷己貨而又抵制日貨也。

六月十號星期一 （閏四月十九）

　　將《嬴族》重寫千餘字，統整一過。金振宇夫人、擎宇夫人來。

　　未成眠，看《石點頭》。與靜秋到寶禪寺街盲人診所新址，按摩。

　　看張舜徽《廣校讎略》。到胡厚宣處。十時半服藥眠，翌晨四時醒。

　　《嬴姓》一章，續寫至八天方訖，一可見工作之難，一可見予體之弱。苟在壯年，兩日可訖，安得如今日扶病爲之，手簌簌顫抖不止乎！

　　今日溫度高至卅五，長街似火，可畏！

六月十一號星期二 （閏四月二十）

　　看張舜徽《漢書藝文志釋例》。記筆記三則。到北京醫院，就李輔仁大夫診，遇吳半農、賈芝、傅懋勣、許廣平、蔡方蔭。回，遇林其煌。又安自鄉回，與林劍華談《水經注》。

　　未成眠。看《石點頭》。將春秋時徐國資料集出，補入《徐》節，約一千五百字。牟小東來，長談。

與静秋到東單公園散步。予到北京醫院打針。十時半眠，上午一時醒。二時服藥又眠，六時半醒。

今日所中開會，對領導提意見，承見招，本當去，惟天熱如焚，體實不耐，故從静秋言未往。

李醫謂予根本之病爲腸胃不佳，不思飲食，惟謂予舌苔稍化，由黄轉白，則亦可望有轉機也。

將全、趙、戴、楊之《水經注》各本及張棟銘所評本一起囑尹君送與林君，希望他好好作一研究，爲之總結。

六月十二號星期三（閏四月廿一）

續寫一千五百字，全章訖。統看一過，未訖。

未成眠。看《石點頭》。李民來。周達甫、劉起釪來。

到"東單"修面。與静秋到東單公園散步。十時半歸。服藥兩次，十二時後眠，翌晨七時醒。

今日整理《周公東征的勝利和東方民族大遷徙》一篇略訖，大約九萬字，予力竭矣！

沈鈞儒先生昨日逝世，年九十足。昨聞小東言，劉翰怡亦于今春死矣。

今日温度至攝氏四十，書桌靠近南窗，一陣風來，若焰火之着身，肌肉爲之焦灼。

前數日皆下便兩次，今日則三次，但尚成條，不知是否腸炎。

六月十三號星期四（閏四月廿二）

將《東方民族大遷徙》全章修改訖，并增一條，六百字。排資料號碼及頁碼訖。記筆記一則。

眠一小時，看《石點頭》訖。洗浴。

看于省吾《商周金文録遺》及《世界知識》之《海地》。服藥，十二時眠。翌晨五時三刻醒。

洪兒在雙杠上跌下，傷足。

堪兒算術連四日得五分，靜秋甚喜，以爲進步矣。然率以字迹潦草，雖結果正確，仍爲老師批一"亂"字，降爲四分。予苦口勸彼練字，不見聽也。

六月十四號星期五（閏四月廿三）

修改《三監及東方諸國的反周軍事行動》及《東土的新封國》二章訖。蘇秉琦來。容元胎來。馮君實來。

眠約三刻鐘。記筆記一則。

與靜秋到王家，晤大琪、大玫。到東單公園。北京醫院打針。歸，倦甚。朦朧至十二時。服藥，眠至翌晨七時。

昨今兩日又皆下便二次，馮大夫勸我不要吃油膩，日服黃連素三丸。

大玫表妹見予，説："比前些時瘦了。"不知是否因腸胃不好之故。

靜秋日來眠、食較好，體亦較肥，惟喉頭作梗，不知何病。

六月十五號星期六（閏四月廿四）

到朱硯農大夫處配牙。待診時看王雨田《關于中東形勢》、《中國青年・社會主義時期的階級和階級鬥爭》、劉厚之《鐵菱角》。又安返鄉。到百貨大樓買筆。

眠一小時。記筆記一則。寫張舜徽信。看新出《學術月刊》。晤羅麗。

與靜秋，洪、湲、堪三兒到北京飯店訪李址麟，未遇，留條。與靜秋及堪兒到中山公園，看《林海雪原》電影。十一時服藥眠，翌晨六時醒。

李址麟君，由中國科學院邀請，來華訪問。

六月十六號星期日 （閏四月廿五）

鈔《民族大遷徙》細目十二頁。

眠一小時半。洗浴。陳維輝來。

到長安劇院觀劇。十時歸。服藥兩次，十二時後眠，上午三時半醒。良久又眠，七時醒。

今晚所觀劇：（一）剪髮、賣髮　趙五娘——洪雪飛　張廣才——富乃蘇　（二）琴挑　陳妙常——王燕菊　潘必正——許鳳山　尚有姜茂賢等演《蘆花蕩》、滿樂民等演《岳雲招親》未及觀。

予以《琵琶記》中之"剪髮"從未看過，故往一觀，又遲到早退，在戲院中僅一小時半，而竟睡得不好，異乎前兩日之酣眠，洵晚間活動之惟宜到公園散步也。

六月十七號星期一 （閏四月廿六）

聽廣播中共答復蘇共信《關于國際共產主義運動總路綫的建議》。石德安來。記筆記四則。

未成眠。補寫《鄭語》中祝融八姓入文，約寫千餘字。與靜秋到盲人所按摩。遇梅汝璈。看中共與蘇共信。孟默聞來。到春風理髮。遇鄭石君。寫林劍華信。

與靜秋到東單公園散步，到北京醫院打針。十時半服藥眠，翌晨六時半醒。

兩日大便一次矣，今日上午腹痛，又泄兩次。病老不好，奈何。腳跟痛亦不愈，大玫告余，此係足骨長刺，甚不易治。

六月十八號星期二 （閏四月廿七）

遇吳瑞燕及其姊、姊夫。到朱硯農大夫處配牙，待診時看中共與蘇共討論信。十一時半歸。

未成眠。看予一九一九年一月分日記，補寫六百餘字。與静秋到盲人所，予就叢大夫按摩。到文聯飯。遇羅儀鳳。

遷房間至西屋，理物。失眠，服藥三次，約上午一時後眠，翌晨六時半醒。

上月所用之王阿姨，地主家庭出身，貪吃懶做，故于昨日辭去。今日尹阿姨上工，她是安徽和縣人，年四十，氣力正壯，又能自動工作，當爲静秋代勞不少也。

今日失眠，其故有三，在文聯食堂飲濃茶，一也；搬一卧室，二也；夜未散步，三也。

吳瑞燕亦説予瘦，可知予近日健康差得多了，其故，腸胃不佳，一也；趕工作，二也。

六月十九號星期三 （閏四月廿八）

遷書室至後房，整理書稿，繼續補寫《鄭語》一千五百字，訖，續寫《帝繫》，未訖。

約眠半小時。與静秋到盲人所按摩。游護國寺街。歸，遇桂瓊英。

與静秋到大北窰訪宿舍新址。到東單公園。到北京醫院打針。十時半服藥眠，翌晨四時醒。

因昨晚睡不好，今日頭暈甚。

今日起，劍華爲編期刊目。

六月二十號星期四 （閏四月廿九）

續寫三千餘字，《陸終》一節訖。

未成眠。理書上架。與静秋到盲人所，由李大夫按摩。遇張會計。

洗浴。十時半服藥眠，上午三時三刻醒。

大便才好了兩天，今日上午又下兩次了。何反復之多也？下午又一次，但成條，屁愈來愈響，有如放炮。喉嚨裏永有一口痰，剛吐出又起來了。

尹阿姨來，非常勤快，衣服隨換隨洗，屋内外均掃一清。我家人多事多，别的保姆每叫苦，而彼則行所無事，游刃有餘，人之才能精力相懸如此。

六月廿一號星期五（五月初一）

修改《陸終》節，略訖，并鈔細目。到北京醫院，就張惠大夫診。遇呂叔湘。看葉蠖生《南斯拉夫問題》訖。

服眠爾通，得眠一小時半。與静秋到盲人所按摩。

與静秋到東單公園散步。到北京醫院打針。十時半服藥眠，翌晨六時半醒。

張醫謂上次檢查，心臟正常，大便中有蛔蟲卵，小便中血糖一百四十三，略高。謂予大便次數多由于消化不良，今日量血壓爲130/80。囑予午飯前服眠爾通，以資午睡。

得沈勤廬來書，知汪旭初先生（東）于本月十三日以胃癌逝世，年約七十四。去年政協大會爲最後之一面矣。

六月廿二號星期六（五月初二　夏至）

理善本書付劍華編目，同時理出予需用書。鈔《大誥考證》細目、簡目訖。方慶瑛來。

未成眠。修改上午所作目録。與静秋、堪兒、周江平到美術館，看張印泉攝影，伍步雲油畫，魏紫熙、阿老等“海防之春”圖畫展覽。出，遇洪兒，同歸。

出外欲理髮，皆人滿。到東安市場閱書。歸，静秋爲洗澡。十一時半服藥眠，翌晨四時半醒。

今晚尹阿姨之女友來，告彼丈夫患肝炎，已入醫院，促其速回，遂退回已付工資而去。此人極度勤奮，凡事主動，尋事去作，故來五日而吾家搞得清清楚楚，于其去也，甚惜之。

六月廿三號星期日（五月初三）

看朱芳圃《殷周文字釋叢》。將《東方民族遷徙》一章修正若干處。馬念祖來。劉起釪來。趙人麟來。

服藥，眠一小時半。李民來。寫朱慶曾信。

錢琢如來。李址麟來。失眠，服藥兩次，約十二時眠。翌晨六時半醒。

尹阿姨走後，靜秋事情一忙，又多生氣了。

今日熱甚，院中至攝氏四十八度。

琢如初由蘇杭返京，址麟則由朝鮮來京商中朝兩國科學合作事，忙不得暇，今晚來談，原是好意，而予便以緊張不成眠矣。痼疾困人，一至于此！

六月廿四號星期一（五月初四）

再將《東方民族遷徙》一章修改，補入約三千字。

服藥，得眠一小時半。

到"藝華"修面。到稻香春買肉鬆。服藥兩次，約十一時半眠，上午一時半醒。又眠，五時半醒。

天熱，如在吐魯番盆地，必夜中才敢出門。

今日如澐到尹阿姨家，乃知另易新主，云夫病者誑也。大概吾家工作量既重，又爲房屋所限，無一爲保姆居之專室，中午未能休息，所以留不了人。

六月廿五號星期二（五月初五　端午）

續改《考證》。到朱硯農處鑲牙，待診時看胡厚宣《楚民族源于東方考》。

未服藥，朦朧半小時。以胡厚宣文修改《考證》，略訖。與静秋出門，遇鍾毛毛之母，介紹張阿姨，同歸家。

與静秋到北海，看放花燈，略看《李雙雙》電影。十時三刻服藥眠，翌晨五時半醒。

換一口牙，費了半年工夫，可謂緩矣，所花醫費約五十元。

今日吳阿姨上工，尹阿姨之同鄉也，不知能做長否。

今日端節，康同璧送粽子來，又到北海度晚會，可謂應景。只是脚底痛，煞風景耳。

今日下便兩次，幸不稀。

六月廿六號星期三（五月初六）

略翻連士升寄來文集。依周達甫意見修改《大誥校勘、解釋、語彙》，又用陳夢家《尚書通論》、陳喬樅《今文尚書經説考》修改《解釋》及《王莽大誥校釋》。略訖。

未服藥，眠半小時。

理書。與静秋到東單公園。洗浴，洪兒爲擦背。十時三刻服藥眠，朦朧至十二時半再服藥，眠至二時醒。耿耿達曉。

今晚睡眠特壞。白天工作太緊張，一也。晚飯後急速理書以備明日林先生編目，二也。臨睡前洗浴，三也。三十年前，履安曾謂我："生了你的志氣，没生你的身體。"今日老矣，更有此感，爲之一嘆！

六月廿七號星期四（五月初七）

將《校勘、解釋》與《詳目》勘對一過，并加修改。趙健來。

服藥，眠一小時半。

與靜秋到北京飯店，訪李址麟。出，到中山公園飲茶。十一時服藥眠，翌晨五時半醒。

六月廿八號星期五（五月初八）

將《校勘》至《語彙》統看一遍。劉起釪來，同到黎劭西處，談加入《語法》事。十時半出，行至西單，遇程建爲，同到西單商場冷飲，再到曲園午飯。出，遇白壽彝。

眠一小時許。將《三監人物及其疆地》一章作最後修改。洗浴。

唐守正將赴小興安嶺，來辭行。理書。服藥兩次，十一時半眠，翌晨六時醒。

起釪告我，中華書局此次整風，有人貼大字報，謂科學院歷史研究所一位高級研究員的助手，要來局占據一個席位，指予及起釪也。夫我爲研究員，整理《尚書》爲所中工作，而偏要中華爲我助手，此均尹達擺布下之現象也，真不知他懷了什麼心理？害得起釪在局受了歧視！

今日將《大誥》文字部分交出，一快。

六月廿九號星期六（五月初九）

修改《周公攝政稱王》一章訖。元善來。北大古典文獻教研室向仍旦來。理書。

服藥，眠三刻鐘。理書。陳維輝來，爲寫俞平伯信。

與靜秋到中山公園飲茶，略看電影。十時半歸，爲兒輩看電視，十一時半方歇。服藥兩次，十二時半眠，翌晨六時半醒。

吳阿姨人甚忠厚天真，惟不能做飯，因此使靜秋多操心。靜秋近日頭部、脚部均腫，蓋親下廚房及心中焦急所致。

六月三十號星期日（五月初十）

理書。元善來，送張茂鵬《南北史異文錄》稿。看吳世昌《綜論曹雪芹卒年問題》。與静秋到金家，晤振宇夫人、擎宇夫婦及竹安等。頤萱嫂來。

張覺非來。未成眠。將《三監及東方諸國的反周軍事行動和周公的對策》一章重排次序，并改寫。洗浴。

與静秋到東單公園散步。服藥兩次，約十二時眠。翌晨五時半醒。

頤萱嫂謂予："兩個月未見，瘦得多了！"可見予之瘦爲衆所共睹，不審是工作忙之故與，抑身體衰之故與，抑兩皆有之與。俟《尚書》稿交出，必作一度休息。

昨眠不佳，今日頭暈甚，自覺形神支離矣。

吳阿姨今日去，虞嫂介紹之趙阿姨定明日上工。

一九六三年七月

七月一號星期一（五月十一）

寫劉起釪信。與静秋到政協禮堂聽平杰三講"農村四清與城市五反運動"，未畢，十時歸。將《三監反周》一章通改一過。

服藥，眠一小時。修改《周公東征和東方民族大遷徙》四十二頁。李民來。理書。

元善偕張茂鵬來。在院内乘凉。十時半服藥眠，十二時醒。又眠，五時五十分醒。

今日所晤人：朱惠方　柴德賡　楊憲益　葛志成　張紀元葉景莘　龐安民　陳文彬　李覺　王楓　彭子岡　雷潔瓊

平副部長，山東人，報告聽不了了，只得退出。

晤楊憲益，知戴樂仁先生死已七八年。往年陶孟和在漢口破壞我時，渠頗爲我説公道話。

七月二號星期二（五月十二）

理書。續改《東方民族大遷徙》章四十頁。朱慶曾來，爲其父貢三先生作傳事，贈墨。

未成眠。到北京醫院檢查身體，自二時半至五時半。

理書。洗浴。服藥兩次，約十一時後眠，翌晨五時醒。又眠，七時醒。

今日所晤人：彭鏡秋　王葆真　葛志成　左克明　章士釗　朱紹華　章伯鈞夫婦　章元善　楚溪春　胡厚宣　陳劭先　康英（王茹蘭）　侯鏡如

遇康英，知楊剛之死實係自殺，蓋撞車後腦筋受震蕩，不能工作，因此不欲生也。有一女，在外國。一個有志、有力的人，得此結果，可悲也。

今日檢查，知予左目、左耳均好，鼻也好，血壓更正常（130/80），只是神經衰弱，易緊張，又腸胃功能較差耳。腳跟骨刺，聞即割去亦會重生，無可如何。頭皮上有皮膚病，須塗藥。體重六十公斤，似輕了些。

七月三號星期三（五月十三）

續改《東方民族大遷徙》七十頁。寫北京醫院信，取藥。

服藥，眠三刻鐘。洗浴。陳維輝來，爲寫張舜徽信。

理書。與靜秋到東單公園。服藥兩次，約十二時眠，翌晨六時醒。

七月四號星期四（五月十四）

理書。續改《東方民族大遷徙》章訖。改《東土的新封國》

章亦訖。修改第一、二章細目訖。

　服藥，眠一小時半。理書。劉彩玉來，長談。洗浴。

　與静秋到中山公園飲茶，遇朱慶曾。十一時歸。服藥，十二時後眠，翌晨六時半醒。

　近日西紅柿、洋白菜大批涌入市中，價廉甚，一角錢可買十斤。油定量亦增。以是飯館生意日少。

七月五號星期五（五月十五）

　修改《考證》第三、四、五章細目訖，總排頁數。記筆記一則。

　服藥，眠半小時。理書。

　與静秋到北海公園北岸飲茶。十時半歸。十一時半服藥眠，翌晨六時半醒。

　今日中共代表團鄧小平、彭真、康生、劉寧一、楊尚昆、伍修權等到蘇聯，與蘇共談判兩黨意識形態問題，此世界一大事也。縱不能得結果，亦足爲我黨張目，使全世界人民明瞭是非。

七月六號星期六（五月十六）

　理書。鈔《考證》引用金文目。草《東方民族遷徙表》，未畢。

　服藥，眠一小時許。理書。又安自鄉來。

　到東安市場買書、水果。洗浴。服藥兩次，約十一時半眠，翌晨四時半醒。又眠，六時半醒。

七月七號星期日（五月十七）

　金竹君送田鷄來。出，遇容元胎。到十五號，晤王明，到其家小坐。到胡厚宣處借書。歸，修改《考證》，增加“呂伋封齊”三條。

　將《考證》中經、注分清。寫應注意各條。劉起釪來，即付之。李民來，又交與若干筆記稿。理書。記筆記一則。

與静秋到東單公園散步。十時半歸。服藥兩次，約十二時後眠，翌晨六時醒。

今日將《考證》部分交去，肩頭一輕矣。尚有序、例、引用書目等，不知本月内能竣事否？今晨忽然想起封齊者不是太公而是吕伋，太公與周、召一樣，是朝官，非諸侯，即補入，大快！

聞起釪言，渠聞之北大，謂去年予在全國政協所提案，請選幼童讀古書，俾成爲整理古籍專家事，國務院已令上海某校實行，甚可喜。蓋人不須多，但必須專，非有二十年功夫不能上道也。

七月八號星期一（五月十八）

修改《大誥比較資料》叙論四篇訖，校注亦訖。理書。又安回鄉。

未成眠。静秋爲洗浴。理書。

與静秋到東安市場、百貨大樓。十時半服藥眠，翌晨五時三刻醒。

昨今兩日均大便兩次，不知是否水果吃多之故。

今晚上下大樓，脚痛甚，不但脚跟，兩足脚底均痛，只得雇車歸。静秋云：此係腎虧現象。噫，吾何一衰至此！

静秋近日全身骨痛，自謂恐是關節炎。

七月九號星期二（五月十九）

記筆記二則。集合浦鏜、山井鼎、段玉裁、阮元、日本東方文化研究所所校，寫《大誥注疏校勘記》約四千字，略訖。

服藥，眠一小時半。

到錢琢如夫婦處談。九時歸。洗浴。失眠，服藥兩次，上午一時後眠，六時醒。

七月十號星期三（五月二十）

鈔黄慶雲《讀尚書大誥今譯疑義》入《討論》，約五千字，訖。鄭州大學教員李克非來，爲寫册頁。中國書店白同志來取殘書。

眠一小時半。洗浴。理書。

出門，遇夏鼐。到永定門車站散步。服藥兩次，約十二時後眠，翌晨五時三刻醒。

爲昨夜服藥多，入睡遲，今日頭暈，故改鈔《討論》文，期明日頭腦清爽，將《比較資料》整理完成也。

今日起，尹如濬每晚歸家，伍阿姨住到外間。

今晚睡仍不好，入眠之難如登天，倘以夜中飲茶故耶？因此，服藥之多如昨，早起之頭暈亦如昨。

堪兒語文，必静秋陪伴始肯學習，以此十六日大考前，予只能一個人散步。

七月十一號星期四（五月廿一）

寫周谷城、夏廷棫、陸尹甫先生信。作《尚書校勘説明》二千字。

服藥，眠一小時半。與静秋到東安市場、百貨大樓買物，又到北海，道遇楚溪春夫人及其子婦。飯于“仿膳”。

到“春風”理髪。乘凉。待静秋爲堪兒温課畢。十一時三刻服藥眠，翌晨六時半醒。

今日歸來渴甚，連飲茶十餘杯方解，蓋一則天熱，出門四五小時不進水，二則飯館菜鹹也。

聞楚太太言，劉定五先生日前逝世了，年過八十。他和我已有近三十年的友誼，只緣我工作忙，不能細看報，竟未知這消息。

七月十二號星期五（五月廿二）

連作帶鈔，續寫《校勘説明》三千字。

服藥，眠一小時半。到郵局買郵票。理書。

到西單市場閲書。到東單公園散步。十時三刻服藥眠，翌晨六時半醒。

　説明寫得太多，擬放到序文中去，似較適宜。

　靜秋今日感冒，覺冷，眠半日。臉又腫了。前兩天她爲堪兒補課，睡得太遲，亦其一因。

七月十三號星期六（五月廿三）

　校改《尚書注疏校勘彙記》，重作一簡單説明，未畢。王姨母來，送西瓜。白同志來，付書價。

　看《京本通俗小説》。服藥，眠一小時。靜秋爲洗浴。看《人民日報》社論《我們要團結，不要分裂》。

　到東安市場豐盛公吃杏仁豆腐。到中國書店閲書。十時半服藥眠，上午三時半醒。五時半又眠，七時半醒。

　中共：堅持原則，消除分歧，加强團結，共同對敵。蘇共：放棄原則，擴大分歧，製造分裂，認敵爲友。會議如何談得攏來。

　中國書店必欲予書，因檢出普通本殘書數百册與之，得價八十五元許。

　天熱如焚，工作做不下去，奈何！

七月十四號星期日（五月廿四）

　到南河沿，參加民進生活小組，自九時至十一時，討論整風心得。在俱樂部飯。遇杜任之、嚴濟慈、金岳霖。十二時歸。

　未成眠。洗浴。看《二十年目睹之怪現狀》至三十二回。

　大雨。十一時服藥眠，翌晨六時半醒。

　今日同會：陳慧　徐楚波　董守義　伯昕以病，伯祥、純夫以事，皆未能來。

作雨多日，至今晚乃下，一快，惜不久即止耳。

吳沃堯《二十年目睹之怪現狀》，聞名數十年，迄未見過。近人民文學出版社標點出版，乃得一覽。此書描寫六十年前情況窮形盡相，不少社會史料，惟文筆不精煉耳。

七月十五號星期一（五月廿五）

續寫《尚書校勘》一千五百字，未畢。

未成眠。看《二十年目睹之怪現狀》至五十九回。

到文淵閣買筆。洗浴。失眠，服藥三次，約上午二時方眠，七時醒。

七月十六號星期二（五月廿六）

續寫一千五百字，《尚書校勘》訖。

服藥，眠一小時半。看《二十年目睹之怪現狀》至六十九回。早吃飯，與靜秋、湲兒同出。

到兒童影院看《紅樓夢》，自七時至十時。到“餛飩侯”吃餛飩。十時半歸。洗身。十一時半服藥眠，上午三時醒。又眠，六時半醒。

上海越劇團演《紅樓夢》電影，徐玉蘭飾賈寶玉，王文娟飾林黛玉，演得比去年所見天津越劇團好。惟此等戲在現今演來，太無教育意義，湲兒評寶、黛爲“廢物”，良信。

七月十七號星期三（五月廿七）

將《尚書正義》及《校勘記》整理訖。

服藥，闔眼片刻。木蘭來，留飯。起釬來，送黎劭西《大誥語法》。李民來，送還沈延國《逸周書集釋》稿。

到北新橋修面。看《怪現狀》至七十八回。洗浴。十一時服藥眠，上午二時半醒。良久又眠，六時半醒。

七月十八號星期四 （五月廿八）

將《蔡傳·大誥》篇整理訖。

未成眠。雇車到人大會堂，參加"首都各屆人民歡迎我國出席世界婦女大會代表團大會"，聽楊蘊玉報告。歸，晤蘇笑天、金荷清。李民來。

與靜秋到中山公園散步。十時歸。服藥，十時半眠，翌晨六時醒。

七月十九號星期五 （五月廿九）

將《比較資料》四篇統看一過，作最後之修改。

眠一小時。到南河沿，參加民進中央擴大會議，又開小組會，自三時至六時。會畢進餐。

靜秋偕堪兒來，同參加乘涼晚會，看電影《黄山》、《泰山》、《桂林》三片。十時歸。失眠，服藥三次，十二時後眠，翌晨七時醒。

今日同會同席：王紹鏊　楊東蓴　雷潔瓊　葛志成　張紀元　嚴景耀　林漢達　徐楚波　鄭效洵　謝瑩　王伯祥　謝冰心　吳文藻　吳研因　胡夢玉　章廷謙　傅彬然　董守義　顧均正　吳榮　王寶初　毛之芬　余之介　陳麟瑞　梁明　梁純夫　幹部：吳廷勱　徐世信　龐安民　王嘉璇　何欽賢　李念武　張守平　徐緯

參加晚會者（除上列諸人外）：李紫東夫婦　鄭效洵夫人及其女　陳伯君　涂傳傑　陸欽頤夫人　陳慧　張明養夫婦　孫照　徐健竹　陳萬里　周國華

爲了民建與工商聯反出投機倒把的事例，故各民主黨派亦須參加五反運動。民進爲中小學教師之領導團體，雖不致有投機倒把之實事，但資産階級思想不能没有，故中委須開會四次，共同檢查。

七月二十號星期六（五月三十）

作《比較資料》序論目録訖。將《二十年目睹之怪現狀》看畢。

服藥，眠一小時。記筆記一則。看陳家康《中東形勢》，民進《會員思想的反映》。

獨游北海，上塔址，入攬翠軒。十時歸，浴。十一時服藥眠，翌晨六時半醒。

七月廿一號星期日（六月初一）

到南河沿，出席民進中常委（擴大）座談會第一組，談資産階級思想，自九時至十二時。伯祥邀至俱樂部飯。遇倪徵噢。

眠約一小時。與潮兒到"大華"看《甲午海戰》電影。五時歸。洗浴。劉起釪來，取稿。

與静秋在院内乘凉。十時半服藥眠，翌晨六時半醒。

今日同會：嚴景耀　葛志成（召集人）　　王伯祥　吳文藻　吳研因　林漢達　徐楚波　許廣平　謝瑩　秘書：吳廷勷　徐世信

今日鄧小平、彭真諸同志自蘇聯歸，毛主席以下領導幹部全體到飛機場迎接。此次固未得結果，只兩方各述己見，爲將來談判開一個頭。看來中蘇裂痕愈來愈深，而赫魯曉夫投靠帝國主義亦越來越緊矣。

七月廿二號星期一（六月初二）

記筆記一則。修改《大誥解釋》，看黎劭西先生所作《語法》。

未成眠。鈔黎文約四千字。看静秋打堪兒。

到"東單"理髮。看《拍案驚奇二集》。服藥兩次,十二時後眠,五時半醒。

今日爲兒輩放假第一天,三女均忙着做功課,而堪兒只是貪玩,不肯工作,渠考試又不好,得了六個三分,僅體育五分,唱歌四分耳,以是其母生氣,狠狠地打了他一頓。

今日上午大雨,爲今年一次暴雨,下午較涼,因得多鈔字。

七月廿三號星期二（六月初三　大暑）

續鈔黎文三千餘字。彭湘綺挈其女自南京來,即寫信與劉起釪,令如濬導往。頤萱嫂來,留飯,晚歸。

未成眠。到南河沿,參加民進學習會,討論中蘇關係,自三時至六時。到百貨大樓買筆,雇車歸。洗浴。

看《拍案驚奇》。大便兩次。腹痛,静秋爲揉磨。服藥兩次,十二時後眠,六時半醒。

今日晚間腹痛,大便兩次,幸不稀。想是多吃西瓜,又冒暑開會之故。

劉起釪夫人彭湘綺以打其婆婆,由鄰居控訴,南京法院判決離婚。但她一無依靠,不願離,故來京尋訪。

今日同會：鄭效洵　張志公　陳意　楊東蓴　王紹鏊　張紀元　賈祖璋　王國光　徐楚波　嚴景耀　毛之芬　顧均正　傅彬然　吳文藻　謝瑩　王寶初　吳榮　吳廷勘　毛啓邠　趙濟年

七月廿四號星期三（六月初四）

續鈔黎劭西《大誥語法圖解》二千字,畢。劉起釪、李民來,交還《大誥考證》部分,并提意見。

服藥,眠一小時。依劉、李兩君意,修改《考證》文字,略訖。看《拍案驚奇》。

與靜秋到文化宮，入文化茶園吃茶。九時，冒雨歸。浴。十時半服藥眠，中夜屢醒。六時起。

今日大便二次，仍不稀，服黃連素。

七月廿五號星期四（六月初五）

改《考證》訖，又增入一條。記出應插入書中之遺物、遺址照片。寫《關于印刷事項之擬議》。

服藥，未成眠。作《對于古代中、朝史的處理問題的四項意見》千餘言，即鈔清。

與湲兒視雁秋疾，到政協禮堂看戲。十一時半歸。十二時服藥眠，翌晨七時醒。

今日大便三次，最後一次在劇場中覺腹痛，忍至歸家，未知是否吃了西瓜。靜秋亦覺腹痛，但她所拉是白沫，而我則半乾半濕，似她病重于我。

今晚所觀，係天津越劇團新編之《春草闖府》，以遲到，未取得説明書，不知演員爲誰，此劇玩笑性重，許多地方不合情理，投俗所好。

所晤人：章廷謙夫婦　葛志成　劉連城

七月廿六號星期五（六月初六）

鈔周谷城信入《大誥討論》，約二千餘字，訖。即校點。

寫北京醫院取藥信四通。未服藥，眠一小時許。彭湘綺來，留飯。將《大誥討論》整理訖，并鈔目録。

與彭湘綺游北海，茗于攬翠軒。洗浴。失眠，服藥三次，約上午一時眠，七時醒。

今日大便兩次。

彭湘綺苦苦地要我對劉起釪説，不要離婚。但此案已經法院判決，恐不得改變。

七月廿七號星期六（六月初七）

將所鈔黎劭西《尚書語法》校畢。

服藥，眠兩小時。理稿。理書。

理書。與湲兒講《古詩源》。服藥兩次，十二時後眠，翌晨七時醒。

昨晚以在北海飲茶濃且多，致不成眠。今午服藥後眠甚久，然醒後疲倦更甚。夜中又不成眠，所有安眠藥都進了。

七月廿八號星期日（六月初八）

今日十分疲乏，不能工作，只得將《二刻拍案驚奇》閱畢。張覺非來。

眠一小時。

全家到北海，划船。十時半歸。十一時半服藥眠，翌晨七時醒。

肚子已好數日，今日敢吃西瓜，哪知竟吃壞了，下午在家拉一次，到北海後又拉一次，十時歸後又拉一次，最後一次拉的是粘液。予爲失眠及腸疾鬧得疲乏不堪，直有棟折榱崩之象。

七月廿九號星期一（六月初九）

寫趙叔玉信。修改《大誥譯文》。與靜秋到錫錩服裝社製衣。到"東單"修面。木蘭來，留飯、宿。寫黎劭西信。林劍華來贈物。

眠半小時。雁秋來，看予《大誥》稿。陸啓鏗來，留飯及宿。頤萱嫂來，留飯。孔繁山來。看《拍案驚奇》。

與靜秋到北京醫院，就女大夫顧惜金診。十時半服藥眠，上午一時三刻醒。至五時又睡，七時醒。

今日才知林劍華工作費，六月分的尚未給，尹達排抵我至如此！

今日大便兩次，後一次係在晚飯後，肚子作痛，故就醫診，謂前次檢查無阿米巴菌。

啓鏗將于後日赴青島休養，故先來城宿予家。予與靜秋、堪兒亦于後日晨行，家事托頤萱嫂及木蘭主持。木蘭懷孕已半年，住此赴醫院檢查亦便也。

七月三十號星期二（六月初十）

寫自明信。寫趙叔玉、歷史所人事科、珠圓妹、越特金信。理信札。卜蕙賁偕其幼女唐守成、甥女王文灝來，留飯。

未成眠。理物。李民來。張紀元來。趙叔玉來。劉起釪來。

到容元胎處還書，與之同到吳世昌處，并晤徐璇等。十時服藥眠，翌晨六時醒。

爲錦州大雨積水，鐵路不通，故明日由海道赴大連，靜秋、堪兒皆未嘗渡海，借此可一觀海景。

七月卅一號星期三（六月十一）

雇車到站，李覺、劉毓蘭來送。乘七時卅五分車赴天津，九時半到，即乘汽車到輪埠，上民主十一號船，入二等艙。十一時四十分開行。

在船眠一小時。與同艙客慶一成談。觀塘沽、新港。看報。四時，入海。

九時服藥眠，上午四時醒。又眠，六時醒。

同行者：李雲亭　梁漱溟　閻熔冰　安若定　涂允檀夫婦（殷琰）　幹部：俞人則

海河甚長，待海久久不至。新港有閘，所以調節水量者，係解放後所築，予初見也。外國船只許停港外。

今日我國政府宣言，主張全面廢止核武器，開全世界各國首腦會議，斥美、蘇、英三國部分廢止核武器爲陰謀，此全世界前程一大轉折點也。赫魯曉夫卑劣的向美帝國主義投降政策，完全拆穿。

[剪報]　一九六三、八、廿五《遼寧日報》
　　　　　分析情況　交流經驗　推進工作
　　　　民進召開東北地區第一次工作會議
　　（下略）

　　　　社論：教好階級教育這一課
　　（下略）

一九六三年八月

八月一號星期四（六月十二）

四時許，起看海上日出。與慶一成談話。與清華大學到大連實習者談話，聽涂允檀談話。與馬明捷談話。

與慶一成、劉萬翿談話。二時，到大連，市府張秘書長等來接。入連捷巷，寓第四號室。到施今墨、俞寰澄室。

洗浴。趙公勤、俞人則來。九時服藥眠，上午一時半醒。又眠，四時醒。

今日到大連後下便三次，末一次無糞，大懼病之復發也。

此次政協休養同人分二處居住，七十以上者住連捷巷，以下者住楓林路南山招待所，以是予與允檀、雲亭、熔冰、若定等均不晤面矣。

來碼頭迎接者：張滔（市人委秘書長）　劉衡（市政協秘書）
林志新（南山招待所所長）　孫岱玉（市政協職員）　李穎生（民進
市委）　張耀傑（招待所主任）　趙公勤

八月二號星期五（六月十三）

到施今墨處按脉，承贈藿香正氣丸二粒。讀《關于國際共產主
義運動總路綫的建議》十一節。到青泥窪"紅星"理髮。

未成眠。熊慶來夫婦、張綱伯夫婦及其孫來，上樓與談，并晤
劉衡、李穎生、孫岱玉。與静秋到青泥窪，入秋林商店、大連商店
購物。歸，問施太太病，贈藥。

住南山招待所同人來，同到棒槌島軍區禮堂看電影，自八時至
十時半。十一時半服藥眠，上午四時醒。五時又眠，六時醒。

今晚所看電影：（1）劉主席訪問印度尼西亞　（2）甲午風
雲　（3）時事片

今晚所遇人：吳玉章　劉國鈞　劉文輝夫婦

同往者：涂允檀夫婦　周培源　安若定　閻熔冰　李蒸　李
祖蔭夫婦　張振漢夫婦　張工立

來此出汗甚多，施大夫謂是體虛，可服西洋參清補。

服藿香正氣丸後，居然未再拉，此藥乃有此神效！

八月三號星期六（六月十四）

點《桐橋倚櫂錄》兩卷，又點《禪讓傳説起于墨家考》六十頁。
張曼筠來。施今墨、施如瑜來。招待所所長徐竹松、林志新來。

未成眠。與張綱伯夫人及其孫工立、俞寰澄夫人、静秋、堪兒
游老虎灘公園，六時歸。

洗浴。熊迪之夫婦來談。與静秋、堪兒、工立在附近山上散
步。服藥二次，十一時眠，上午三時醒，遂不寐。

在北京不能做的工作甚多，携之來此，恐一個月未必做得完耳。

西洋參一兩卅元，分十日服，如連服一月，便須九十元，予吃得起耶？

八月四號星期日（六月十五）

點《禪讓傳説起于墨家考》訖。看報。

未成眠。到棒槌島，觀游泳，看學習資料。到西崗新開路大仁堂購西洋參，晤經理李天德。

與静秋到天津街購藥。九時半，服藥眠，翌晨四時醒。

今日同游：俞寰澄夫婦　張綱伯夫婦　梁漱溟　熊慶來夫婦　張耀傑　趙公勤　張國復

八月五號星期一（六月十六）

點《桐橋倚櫂録》二卷。與王歷耕同乘車，到大連飯店，出席民進東北地區工作會議大會，自九時至十一時。

未成眠。到施老室，量血壓。民進于朝元來。寫潮兒等、樹幟、周之風等、劉起釪等信。寫馬明捷信。理信札。

上樓洗浴。服藥兩次，十時半眠，上午三時醒。又眠，六時醒。

今日會中所晤：車向忱　王紹鏊　王嘉璘　吳榮　蔣永威　李穎生　楊堅白　李汝祺

招待所派人來量血壓，予得 144/84，甚正常。今日又拉二次，恐係吃香蕉之故。予與水果殆絶緣矣。

李祖蔭同志，予燕大同事，法律專家，此次來大連休養，偕其夫人來，住南山招待所。今日隨衆到夏家河子，初謂只是看看，并不游泳，及到其地，見大家下海，忽然興來，亦脱衣下，夫人阻之，不聽也。及入海，即感頭暈，奮力返沙灘，即倒下。

俄而上吐下瀉，且嘔血。送至大連醫學院，又轉至鐵道醫院，醫治無效，至九時卅分逝世。此真休養中一慘劇也。年六十七歲。

八月六號星期二（六月十七）

散步。點《桐橋倚櫂録》二卷。看報。十一時半，乘車到大連賓館，到王却老處談，赴宴。下午二時半歸。到天津路買藥。

未成眠。與靜秋、張絅伯夫人、俞寰成夫人、張曼筠、張國復同到南山招待所李祖蔭夫人處弔喪，并到涂允檀處談。

周之風來。與靜秋到老虎灘散步。服藥兩次，十時半眠，二時半醒。又眠，六時半醒。

今日同席：王紹鏊　車向忱　楊堅白　朱靜航　王歷耕　李汝祺　王嘉璠　何欽賢　張滔（以上客）　許西（市長）　胡明（代理第一書記）　蔣永威（以上主）

八月七號星期三（六月十八）

點《桐橋倚櫂録》一卷，本書粗點訖。到桃源街修面，買物。歸，與靜秋在廊下與施今墨夫人談話。遇彭林冀。

十二時半上車，到星海公園，兩所同人會合，看空軍跳傘。遇劉國鈞夫婦、李學盈、林志新。三時半歸。困憊，眠一小時。起，鈔日本朝川鼎《清嘉録序》。

周之風來。與同人到雲山賓館，看電影、跳舞。遇許西、胡明。九時先歸。待堪兒十一時歸。服藥兩次，十一時一刻眠，上午二時醒。又眠，六時醒。

雲山賓館，由蘇聯領事館改建，在大連賓館東，去年所未至也。

聞大連市區近百萬人，合旅順及金縣等四縣，約三百餘萬，誠爲大市矣。又聞此間人百分之八十由山東遷來。

八月八號星期四（六月十九　立秋）

看《孟姜女故事資料集》二册。梁漱溟偕董渭川來。張曼筠偕王歷耕來。劉國鈞夫婦來。賓館李文金大夫來視靜秋疾。

眠半小時。二時與諸同人到鐵路醫院，向李祖蔭先生遺體行告別禮，三時一刻歸。晤李覺、張滔、李穎生等。點《五德終始説下的政治和歷史》廿餘頁，《孟姜女資料集》半册。到辦公室與張耀傑商參觀圖書館事。

與堪兒受民進招待，到實驗劇院，看大連市歌舞團表演。十時歸。十時半服藥眠。翌晨六時醒。

李覺伴李祖蔭兩女來辦喪事。今日行別葬禮後即火化，明日還京。

大連市歌舞團表演極有勁，就知東北人民之富于積極性也。

靜秋腿上腰間均生瘡，當是感染濕熱所致。日前用拔毒膏藥不見效，今日依王歷耕言，先用酒精擦之令燥，再敷以魚石脂膏，不走動，居然好轉。

八月九號星期五（六月二十）

散步。到南山招待所學習，談時事，自八時半至十一時半。張滔、周美鑫來。晤李覺。

未成眠。點《五德終始説》文二十餘頁，《孟姜女資料》一册。看報。張曼筠來談。

洗浴。與張綑伯夫人同游勞動公園。服藥兩次，十一時眠，上午三時醒。又眠，七時半醒。

今日同會：周培源　李蒸　張曼筠　張綑伯　梁漱溟　王歷耕　董渭川　涂允檀　安若定　張振漢　閻熔冰　幹部：俞人則

天熱如焚，汗下如雨，蚊子又多，許多能睡者且不得睡，況予久有失眠之疾者乎！去年來此，天氣未若此也。

八月十號星期六（六月廿一）

遲起。點《五德終始説》文三十頁。周培源偕其夫人王蒂澂、女周如苹來。

服藥，眠約一刻鐘。審核《孟姜女資料集》兩册。鄧道生、殷琰來，張綗伯夫人留飯。

遇梁朱明。到棒槌島，看《劉主席訪問緬甸》、《自衛反擊》（中印之戰）及新聞簡報諸電影。十一時服藥眠，翌晨五時醒。

八月十一號星期日（六月廿二）

散步半小時。點《五德終始説》文三十頁。寫潮兒等、尹如濬、自珍信。

眠約一刻鐘。審核《孟姜女資料集》兩册。馬明捷來談。趙公勤來算賬。

與俞寰澄夫人、張綗伯夫人到桃源街散步。歸，與施、熊二老談。十時服藥眠，翌晨四時半醒。

今日天陰，少凉。静秋便因此拉稀矣。

寫自珍信，告彼：我的大病有二：失眠、氣管炎；小病有二：走路多即流汗，脚跟生骨刺，走路多即作痛。我以前之所以健康，由于能吃、能走，今飯量尚未大減，而走路竟不得超過兩里以上矣。

八月十二號星期一（六月廿三）

點《五德終始説》文廿二頁。八時，上車，到南山招待所，接同人到旅順，息于帝俄總督府，上白玉山，參觀歷史博物館。

回總督府飯。眠約一小時。到軍事博物館參觀。四時上車回大連。予獨到新華書店買書，在友好路理髮。六時歸。

洗浴。周之風來，同到施今墨處談話。十時服藥眠，上午一時半醒。又眠，六時醒。

　　今日同游：俞寰澄夫婦　周培源夫婦　張綱伯夫婦　張工立
涂允檀夫婦　張曼筠　梁漱溟　施如瑜　張振漢夫婦　李蒸　閻
熔冰　安若定　王歷耕　董渭川　靜秋　堪兒　張耀傑及其女
趙公勤　俞人則　李桂梅

　　自大連至旅順，往返二百四十華里。

八月十三號星期二（六月廿四）

　　點《五德終始説》文卅五頁。看周之風《瀋陽博、圖兩館接
收記》。靜秋、堪兒赴三山島觀打魚。李文金來量血壓。

　　服藥，未成眠。到解放路、天津街，參觀古舊書店、外文書
店、文物店，到百貨商店購物，新華書店購書。到昆明路小市場看
自由市場，遇張振漢、李蒸、閻熔冰。歸，看《人民日報》觀察家
《爲什麼三國條約有百弊而無一利?》。

　　與張綱伯夫婦、俞寰澄夫人、靜秋、堪兒到勞動公園游覽。
歸，待車半小時，方得上。十時服藥眠，翌晨六時醒。

　　今日上午工作較多，中午便不能成眠。昨日上午游覽，中午
便能成眠。以此知予之生活如能改變，失眠疾自有望痊愈，而惜
乎責任在身，不克自由也。

　　得北京信，知連日大雨，爲數十年來所無，西長安街竟不能
行車，東城往西城須走地安門，以是天氣轉涼。

　　量血壓，爲 150/88，視前稍高。

八月十四號星期三（六月廿五）

　　與靜秋散步。與綱伯、漱溟、曼筠、靜秋同車到南山招待所，
參加學習會，自八時半至十一時半。靜秋與涂、張、周三夫人買
物，先歸。

服藥，眠一小時。點《五德終始説》文十一頁。審《貞烈賢孝孟姜女長城寶卷》未畢。

與同人到雲山賓館，受市長許西接見，看電影。十一時歸。服藥，十二時後眠，翌晨六時醒。

今日同會：與九日同。

今晚同會：來此全國人民代表、政協委員及家屬　來此遼寧省政協委員　來此鞍山市政協委員　共約六十人（以上客）　許西　辛副市長（以上主）

今晚所觀電影：1. 蘇聯片：鐵匠的旗　2. 長春片：越劇柳毅傳書

晚間坐了四小時，我與静秋腿都腫了。此後應切忌磨夜。

八月十五號星期四（六月廿六）

點《五德終始説》文十一頁。審《貞烈賢孝孟姜女長城寶卷》訖。姜培禄、杜延年、劉衡來。

服藥，眠半小時。與張絅伯、俞寰澄、梁漱溟到圖書館參觀，晤喬世國、周之風、王士修、崔家祥等，并至大廟。

到大連飯店，參加東北三省民進同人公宴。到吴榮處，與楊堅白等談。十時半服藥眠，上午三時醒。又眠，六時醒。

姜培禄——市政協副主席　杜延年——市政協秘書長。

今晚同席：（東北三省公宴）姜培禄　周美鑫　車向忱　蔣永威　李穎生　楊堅白　李汝祺（以上客）　馬榮選（哈爾濱民進主委）　傅鍾英（哈市副主委）　牛平甫（遼寧省副主委）　朱静航（長春市主委）　米子泉（長市秘書長）　王延年（哈市秘書長）　丁玉衡（遼寧省秘書長）　李文華（凡八桌）

八月十六號星期五（六月廿七）

朱光潛自長春來。到南山招待所，參加第三次學習會，討論美蘇聯合反華問題。十二時歸。

眠一小時半。點《五德終始説》文廿二頁。到中山路"華洋"修面。到大連賓館，入楊堅白室談。

在賓館赴吳榮宴。乘賓館車歸。洗浴。服藥兩次，約十一時眠，三時醒。又眠，四時醒。又眠，六時醒。

今晚同席：車向忱　牛平甫　丁玉衡　李文華（以上遼寧省）　蔣永威　李穎生（以上旅大市）　朱靜航　米子泉（以上長春市）　馬榮選　傳鍾英（以上哈爾濱市）　吳榮　何欽賢　王嘉璇（以上北京中央）　楊堅白　李汝祺（以上天津市）

共兩桌　今日爲中央宴省市。

八月十七號星期六（六月廿八）

看中國政府發言人聲明，評蘇聯政府八月三日的聲明。點《五德終始説》文廿二頁，全文粗訖。涂允檀夫婦、周培源夫婦、俞人則來。吳荒來，同到大連飯店赴宴，二時歸。

未成眠。審孟姜女資料《長城寶卷》訖。

與兩所同人到棒槌島看電影，遇杜任之。十二時歸。十二時半服藥眠，翌晨七時醒。

金風送爽，自今晨起方感秋意。然静秋畏寒，腸炎又作。

今日同席：如昨，加工作幹部一桌，長春、哈爾濱兩市委會作主人。

今晚所看電影：1. 新聞簡報（香港大旱等）　2. 劉主席訪問柬埔寨　3. 越劇紅樓夢（徐玉蘭、王文娟等演，歷三小時半）

看電影至四小時半，漸覺不支矣。

八月十八號星期日（六月廿九）

　　點《三統說的演變》文訖。審《孟姜女雙封寶卷》訖。周之風（化宜）、王衍爵（士修）、羅繼祖（奉高）來，爲作字數幅。

　　未成眠。點《潛夫論中五德說》未畢。與靜秋同到天津街百貨商店、婦女商店、新華書店購物。

　　在院中乘涼。十時服藥眠，十二時醒。久不寐，服藥無效。靜秋來拍，三時半眠。六時半醒。

　　今日下午活動兩小時許，一身大汗，脚跟作痛，而仍犯失眠者，蓋晚飯後飲濃茶所致。甚矣予之忌諱多也。

　　堪兒足上濕氣發，不能下海。

八月十九號星期一（七月初一）

　　到南山招待所，參加第四次學習會，討論美、蘇對華問題。與李燕、安若定作別。十二時歸。

　　未成眠。點《潛夫論中五德說》訖。審《孟姜仙女寶卷》訖。到桃源路，發張又曾電，爲運琴桌事。

　　與朱光潛談。雷雨。看《中華文史論叢》。九時服藥眠，翌晨四時半醒。

　　今日同會：李燕　安若定　張絅伯　涂允檀　朱光潛　董渭川　張曼筠　俞人則

　　今日又熱甚。越五日即處暑矣。今年來此，遠不如去年之舒適。

八月二十號星期二（七月初二）

　　寫潮兒等、尹如潛信，即到秀越橋寄。點《三皇考》童序、自序卅五頁。審《孟姜女寶卷》訖，終資料第十三册。

　　略一闔眼。審《南瓜寶卷》，未畢。與俞寰澄夫婦、張絅伯夫婦到魯迅公園，觀動物，吃西瓜。六時歸。

洗浴。涂允檀夫婦、董渭川遷來，臨其室。九時半服藥眠，翌晨三時半醒。良久又眠，六時半醒。

早餐爲豆漿、油條，静秋食之，腸炎又作。她肚子真太敏感了。

予近日每飯後有一口痰衝口而出，濺及衣履，可見氣管炎又進一步。

八月廿一號星期三（七月初三）

涂允檀來。鈔王穉登《吳社編》訖，約三千字。審《南瓜寶卷》訖，又鼓詞、弟子書南詞二篇。

未成眠。看政協《學習資料》本年第七册。杜任之來，同到張曼筠處。唐子清及其夫人李玉璽、女唐華來。

與同人到棒槌島看電影。遇許西、張文蘭。十時半歸。十一時服藥眠，翌晨五時半醒。

今晚所看電影：一、尚小雲舞臺藝術　1. 昭君和番　2. 失子驚瘋　二、十八號封地（古巴片）

唐子清爲一九三七年燕大教育系畢業生，在大連港務局任職工業餘學校事，予忘久其人，而彼則竭力打探，終得予址而來，殊可感也。

八月廿二號星期四（七月初四）

散步。到解放路理髮。到古舊書店閱書，晤李女士。到文物店。歸，幹部休養所大夫陳步山來量血壓。翻所購徐振聲《歷代治黃史》。

未成眠。看《人民日報》社論《誰也挽救不了印度反動派的政治破產》。審《孟姜女全傳》訖。

洗浴。看《巴西共產黨聲明》。十時服藥眠，上午一時醒。又眠，六時醒。

今日量血壓，爲 140/90。

大連蚊子利害，靜秋初到時即被咬腿爛，今予左臂亦作矣。去年來時，未至此也。

予日來大便，晨間恒下少許，至午後乃多下，想腸間又有些變化也。

八月廿三號星期五（七月初五）

散步。上樓，參加第五次學習，討論中國的國際地位及美、蘇、印對中國之態度。

未成眠。點《三皇考》廿七頁。審《孟姜女貞烈傳》。與涂允檀同出散步。歸又談。俞人則來。

與施今墨夫婦及其女如雪、靜秋、堪兒、工立同到河邊散步。歸後又談。十時服藥眠，上午一時醒。良久不寐，至四時後又眠，六時醒。

今日同會：張綱伯　張曼筠　涂允檀　朱光潛　梁漱溟　俞寰澄　董渭川　熊慶來　俞人則　趙公勤

八月廿四號星期六（七月初六　處暑）

散步。遇施如瑜、朱光潛。與同人到中山美術工藝社，參觀貝雕工作。十時歸。點《三皇考》四十四頁。李文金來量血壓。

未成眠。與靜秋、堪兒、光潛、如瑜、工立、公勤等到大傅家莊，下海洗。四時半歸。又洗浴。

與同人到棒槌島，看旅大市京劇團演出。十一時歸。十一時半服藥眠，翌晨六時醒。

今晚所遇人：劉文輝夫婦　潘梓年　杜任之

今晚所觀劇：全本蝴蝶杯：胡鳳蓮——于春榮　田玉川——周仲博　田雲山——趙鵬聲　田夫人——尹雲銘　盧林——劉兆

良　　盧世寬——張二莊　布政使董大人——王明義　徐大人——
沙世鑫

　　大傅家莊海灘，由八一路往，于諸浴場爲最近，惟沙灘皆石
子，坐卧行走皆刺痛，不如夏家河子之細沙爲適體耳。

　　今日血壓爲 140/80。

八月廿五號星期日（七月初七）

　　董渭川來。静秋爲同寓諸人照相。周之風來，上樓座談。爲黄
慎之寫扇。點《三皇考》三十六頁。

　　未成眠。熊迪之夫婦來。涂、俞、張三夫人來。徐竹松、李善
俊來。四時半，送静秋，堪兒、施如瑜、董渭川到站，五時十分開
車。在站晤姜培禄、杜延年、張滔、劉衡、孫岱玉。

　　到白雲街散步。與允檀、光潛談。十時半服藥眠，上午三時
醒。又眠，五時半醒。

　　凉了幾天，又熱了。

　　静秋爲兒輩臨近開學，須歸摒擋，又潮兒不肯檢查，須于開
學前勸導赴醫院，故于今日携堪兒先歸。

　　堪兒此來，寫字、作文殊無進步。惟游泳較熟練，又看得小
説四册耳。

八月廿六號星期一（七月初八）

　　點《三皇考》五十五頁。到張絅伯處，視工立疾。施今墨來，
送報。

　　服藥，未成眠。到天津街百貨公司購物。到上海路修面。到古
舊書店購書。徐竹松來。允檀來。

　　與絅伯、允檀、光潛到桃源街散步。看新購書。十一時，静秋
到京電來。服藥兩次，十一時半眠，翌晨六時醒。

今日買得方苞《儀禮析疑》、程瑶田《通藝録》二書，皆方宗誠柏堂所藏。光潛告我，方令孺、方孝岳，即其後人也，不知如何流至大連？

得起釪信，《史林雜識初編》，爲了整風擱下，須九、十月間出版。又云李民已到鄭大。

八月廿七號星期二（七月初九）

散步。八時半，上樓，參加第六次學習，討論印度問題。張滔、杜延年等四人來。施太太來敷藥。

服藥，眠一小時。施今墨來還書。點《三皇考》三十七頁。

與絅伯祖孫、允檀、光潛到解放街散步。服藥二次，十一時後眠，翌晨七時醒。

今日同會：張絅伯　涂允檀　梁漱溟　俞寰澄　朱光潛　張曼筠　熊慶來　俞人則　趙公勤

下午二時半，大風雨，但不久即晴，依然悶熱。

入眠之難，宛若登天。此後數日，晚間當乘電車到遠處走走，或有豸乎？

八月廿八號星期三（七月初十）

寫周之風、王士修信。到桃源街寄信，并買筐。俞人則來。點《三皇考》四十四頁。張耀傑來。涂允檀來。

服藥，未成眠。到幹部休養所換藥布。到桃源街買物。歸，又點《三皇考》十四頁，全文訖。張曼筠來談。

與允檀到自由街散步。獨游勞動公園，九時歸。十時半服藥眠，翌晨四時半醒，五時起。

《三皇考》鈔稿，共 292 頁，約十四萬字，九天中點畢，一快。但此僅爲極粗略的一點，尚須好好斟酌，細細修改，連同

《五德終始説下的政治和歷史》十萬字，《堯舜禪讓出于墨家考》五萬字，連序文當卅餘萬字，《古史質疑》第一册略具規模矣。

今晚散步三小時，便能在服藥後得六小時之睡眠，可見晚間勞動之不可少。

八月廿九號星期四（七月十一）

到小龍街散步。寫上海中華書局信，爲介紹周之風《旅大史話》。散步至小龍街。記筆記七則，約三千六百字。到施今墨大夫處，請其開一常用方。

服藥，眠一小時。校《吳社編》，訖。到大連市場及桃園商店購物。歸，擦身。

與同人到羣衆劇院，看呂劇。十時歸。十一時服藥眠，翌晨六時醒。

入處暑已六日，今日陰，微風，而予上街一次，汗濕上下襯衣，有如水浸，足證予體日虛，惟據施老言，則脉甚好，可自慰耳。

今晚所觀劇：鞍山市呂劇團演出：1. 牆頭記　2. 打瓜招親演員未詳。

羣衆劇院係大連最早之建築，築于帝俄侵占時代，司機謂其舊名爲“吉鳳臺”。

八月三十號星期五（七月十二）

點黃省曾《吳風録》。熊慶來夫婦、張絪伯、朱光潛、涂允檀來，同到圖書館參觀，晤崔家祥、韓明武。十時許出。與絪伯、光潛到秋林商店、大連市場購物。

趙公勤來算賬。看《孟姜女資料目録》訖。到秀月街理髮。與俞寰澄、張絪伯、張曼筠、趙公勤到各機關辭行，且道謝。允檀來，同到今墨處。理物。

周之風來。吳潤芝來談，并同至光潛處談。到解放路散步。失眠，服藥兩次，十一時後眠，上午二時醒。

半夜下雨，今晨更大，入商店時直如傾盆。聞近日以多雨故，膠濟、京滬兩綫皆不通，至青島休養者且將先至大連而返北京，故絧伯甚慮山洪暴發而錦州再阻水也，幸下午即晴，可無慮。

今日所到各機關及所晤人：1.旅大市人委：張滔（秘書長）2.旅大市委：李緒林（主任）　3.旅大市政協：杜延年（副秘書長）　劉衡（秘書）　孫岱玉

市人委在斯大林廣場，即日帝關東州治所，規模闊大。市政協在玉光街，即日帝時代之英國匯豐銀行。

八月卅一號星期六（七月十三）

散步。與涂允檀談。理物。俞人則、張耀漢來捆箱。到幹部休養所，由陳步山主任換藥。草致杜延年信，爲吳潤芝調工作，約一千字，送朱光潛處核定。林志新來。

施今墨來還書。鈔清致杜延年信。到幹部休養所量體重。四時半，乘車到站，與諸送行者別。五時十分車開。在車飯。與熊慶來等談。

九時半服藥眠，上午三時醒，蓋被。又眠，五時醒。旋起身。

左臂爲蚊齧者，兩處皆潰爛。陳醫言癰尚未成熟，須待數日方可擠去。

今日上午時仍熱，但半夜則涼，蓋得上毛毯矣。此次到大連避暑，真有名無實也。

量體重，予得六十一公斤，連衣履，可謂"不增不減"。

今日到站相送者：姜培禄　杜延年　張滔　李緒林　劉衡　李穎生　孫岱玉　周之風　張耀傑　趙公勤　張桂琴　唐子清（送好蘋果一籃）　林志新　徐竹松

今日連捷巷同人走空矣。

此來一個月之工作：

1. 《古史質疑》第一册稿粗點一過。
2. 《孟姜女故事資料集》看過一半，尚須重編。
3. 《吳中風土叢刊》略一動筆，距竣工尚遠。
4. 時事學習，因得專家張綱伯、涂允檀之指導，頗有進步。

工作的頭緒太多，又天熱多蚊，又因可玩處去年都已去過，不想再去，所以腦力勞動太多，體力勞動太少，因此睡眠不佳。這一回的休假只算得白休！

此次同到大連休養人：俞寰澄及其夫人胡志珍　施今墨及其夫人張培英、女如瑜、子如雪　張綱伯及其夫人韓平卿、孫工立　熊慶來及其夫人姜菊緣　梁漱溟　涂允檀及其夫人殷琰　朱光潛　張曼筠　周培源及其夫人王蒂澂、女如苹　張振漢及其夫人鄧道生　李蒸　安若定　董渭川　李祖蔭及其夫人（祖蔭逝世後其兩女來）閻熔冰　王歷耕　予與靜秋及堪兒（以上共卅一人）　幹部：俞人則　趙公勤　張國復（先歸）

大連方面休養所幹部：徐竹松　林志新　張耀傑　辛某　服務員：張桂琴　李桂蘭　王裕春

[原件] 大連電車票

一九六三年九月

九月一號星期日（七月十四）

在車，與張綱伯、涂允檀等談。在唐山站買燒鷄。聽對蘇聲明廣播，未晰。

四時○三分到北京站，静秋、湲兒、尹如潛來接。在站晤鄒秉文、劉毓蘭。與梁漱溟同乘一車歸。理物。看《辛亥革命回憶錄》第六册所載予《中國社會黨及陳翼龍之死》。潮兒爲予洗浴。

看各處來信。服藥兩次，十二時眠，上午三時醒。又眠，六時半醒。

北京自今日起凉，可謂由大連來此避暑矣。

所乘車太舊，竟有臭蟲，早起股上一連串的塊。

陳翼龍之死，距今五十年矣。當彼參加二次革命時，握予手曰："一旦不幸，請爲作傳。"五十年來，未忘此約。今乃于《革命回憶錄》中寫出，雖未詳盡，總算不負死友。

九月二號星期一（七月十五）

到北京醫院換藥，并就内科郭敏文女醫師診。遇馮國寶、莊明遠、楊東蓴、廖華、李一平、安若定、李書城夫婦。看昨日《中國政府發言人評蘇聯政府八月廿一日的聲明》。與林劍華談。

服藥，眠二小時。雁秋來。看吳研因《鳳吹詩集》。看尹如潛所寫文，勸之。

與静秋到中山公園散步。服藥兩次，約十二時眠，上午四時醒。又眠，六時半醒。

今日疲甚，竟不能作事。晚間雖出散步，依然不易入眠。左臂爛兩處，頸間又一處，今年到大連實爲得不償失。

量血壓，爲 130/70，何其低也？血壓低而難眠，何也？

今日四兒皆開學，惟潮兒高中一班皆出外勞動，改于下星期開課。

看潮兒所作《論個人主義》一文，甚暢達老練，知其擅長作議論文也。

九月三號星期二（七月十六）

與靜秋同到北京醫院敷藥，并就金靜仁大夫診。遇唐棣華、黃雍夫婦、楊東蓴。看《歷史研究》中戚本禹、羅爾綱論李秀成文。

羅麗來。服藥，眠一小時許。補記日記三天。與靜秋同到王姨丈處，但晤金嫂。到東堂子胡同百貨商店購物。

看《辛亥革命回憶錄》第六册。到北京醫院打針。服藥二次，十二時眠，上午三時醒。又眠，六時醒。

到王姨丈處，下三輪車，車高而有篷，一不小心，跌了一交，傷右腿膝盖皮，予今年何皮膚之多厄運耶？至則王姨丈已因病進醫院，聞金嫂言，係膽上長癌，以彼高年，如何敵得？

打針後仍須服藥兩次乃得眠，可知予神經衰弱之深度。但願多打冬眠合劑針數次，能將此情況扭轉來耳。

九月四號星期三（七月十七）

與靜秋到建國門外看學部所建新屋。到北京醫院換藥，遇雷潔瓊、趙紀彬。到東單公園，看靜秋練拳，晤徐教師。到"美白"修面。到東安市場買物。雇車歸。

服藥，眠一小時。看新購之《中國近百年繪畫展覽選集》。與靜秋到施今墨夫婦處贈物，并晤其子稚墨夫婦。到瑞蘭處贈物，未晤。五時半歸。

與靜秋到東安市場換鋼筆。予到北京醫院打針。遇植物所汪君。遇趙健。十時半服藥眠，上午三時醒。又眠，六時半醒。

歸家三日矣，猶疲憊不能工作，洵予之衰也。

堪兒足上濕氣，在大連發了，到今還未好，且有增劇之勢。

潮兒今晨六時，背了鋪蓋，到長辛店附近農村，從事農業勞動，約十號歸來。此兒覺悟高，必不以下放爲苦也。

九月五號星期四（七月十八）

到北京醫院，請李輔仁大夫復開施今墨大夫方，取藥。遇呂炯，長談。并遇羅任一、林漢達。十一時歸。點袁學瀾《吳門歲暮雜詠》訖。

服藥，眠一小時。點袁學瀾《吳門新年詞》、《田家四時絕句百首》訖。鈔《古史質疑》第一冊目錄。檢出《春秋傳禮徵》付武錫文鈔，定鈔寫條例。理信札。

與靜秋到東單公園散步。予到北京醫院打針，又遇汪發纘。歸，少服藥，十時半眠，一時半醒，遂不能寐，直至天明後始一闔眼。

今日工作太急，工作量太多，當理信札時即覺心宕，夜間自恃打針，僅服"眠爾通"，以致失眠大作。此後下午應多游散，以紓息精神。

今日一天大便三次，腸炎又作，奈何！

呂炯亦草橋中學同學，在地理研究所任氣象工作，謂予云：太陽黑子活動，致地球上寒暑晴雨失常，此種狀態須繼續四十年，可畏哉！

九月六號星期五（七月十九）

到北京醫院換藥。遇莊明遠、姜君辰、張楚琨。偕靜秋到美術館，看"泥人張"塑像、廣州美術學院圖畫、越南南方宣傳畫展覽。爲靜秋寫張桂琴信。頤萱嫂來，留飯。

未成眠。到郵局寄于鶴年書籍，吉祥劇院買票。到南河沿，參加民進座談九月一日中國政府發言人聲明。遇鄭石君。劉起釪來。

獨到東單公園散步。到北京醫院打針。姜又安自鄉來，留宿。十時三刻服藥眠，上午三時半醒。五時後又眠，七時半醒。

以昨夜睡眠甚壞，精神大不佳，故參觀美術展覽。此足見予雖打冬眠合劑針，而服藥量仍不能少，否則仍無效。體氣若此，吁，可悲也！

今日同會：章廷謙　謝冰心　雷潔瓊　林漢達　許廣平　吳研因　傅彬然　吳榮　謝瑩　顧均正　董守義　葛志成　徐楚波　嚴景耀　王嘉璿　吳德咸　趙濟年　吳廷勘　毛啓邠

九月七號星期六（七月二十）

與又安談《孟姜女資料集》問題。與靜秋同出，到北京醫院換藥。遇劉珺。寫于鶴年信。

服藥，未成眠。看關鋒等《春秋哲學史論集》。于思泊來，招張政烺共談。洗浴。邵恒秋來。朱士嘉來，贈物，留飯。

到北京醫院，打針。服藥兩次，十一時眠。上午三時半醒。又眠，七時許醒。

今日中午，服藥而不能成眠。晚間打針，又因不易入眠而服藥兩次。腦神經如此僵化，大不得了。必設法治愈，不可專倚賴藥物矣。

今夏河北大水，自天津至滄州，自保定至安陽，皆阻水，津浦、京漢兩鐵路皆斷。今聞京漢已通，但行得甚慢，一小時在灾區僅行十餘公里，思泊本定日内伴學生至安陽，恐難如願。又聞灾區冲掉村莊無數，人民之犧牲可知也。

九月八號星期日（七月廿一　白露）

看報。田普霖來借書。獨到中山公園，在後河飲茶。參觀加納畫家依·維·阿希漢尼展覽。又到行健會看蘭花展覽，遇楊蔭瀏、曹安和。歸，遇馮國寶。責堪兒。

服藥，眠一小時半。看明陳絳《金罍子》。編《古史質疑》第一册初稿頁碼，未訖。

與靜秋到吉祥劇院看昆曲。遇葉景莘、容元胎、王明等。十時半歸。十一時服藥眠，五時醒，又朦朧一小時許。

堪兒過于傲慢，與之言不答，勸之作事不理，而功課甚劣，文字太不像樣，今日予忍無可忍，用板子打之，深望能一洗其驕氣也。

今日所觀劇：晴雯（編劇者：王昆侖、王金陵）：晴雯——顧鳳莉飾　寶玉——馬玉森　襲人——洪雪飛　王夫人——林瑞康　王善保家的——秦肖玉　芳官——張竹華　凡七場　爲曹雪芹逝世二百周年紀念

九月九號星期一（七月廿二）

到"東單"理髮。到北京醫院換藥。編《古史質疑》第一冊初稿頁數訖。寫沈飈民信。

服藥，未成眠。寫沈勤盧信。記筆記二則。與靜秋到賀昌群夫婦處談。予獨至杜任之處，并見其女洛伊。又到伯祥處談。

與頤萱、靜秋同出，到東安市場買物。靜秋與予至東單公園，予到北京醫院打針。歸，十一時服藥眠。翌晨六時半醒。

將《古史質疑》第一冊所鈔稿編號訖，共六八一頁，約三十四萬字。此三篇文字各有所增加，而《五德終始說》一文尚須補撰三分之一，則此冊當不止四十萬字矣。

伯祥次子滋華在安徽工作，來信云安徽亳縣一帶亦大水，災民達一千三百萬。適靜秋接徐州信，亦云大水成災。此可見今年災區之廣。

九月十號星期二（七月廿三）

到北京醫院抽血查糖尿。到東單食堂進早餐。乘一路車到中華書局，晤金燦然、蕭項平、劉鈞仁、劉起釪、宋雲彬、丁曉先、原孝銓、傅振倫、姚紹華、趙豐田等。十一時半，乘卅五路車到阜成

門，換三路無軌車歸。潮兒自鄉回。

服藥，略一朦朧。將靜秋在大連所照相片寄贈同人，寫俞寰澄、施今墨、張絅伯、熊慶來、朱光潛、涂允檀、張曼筠、趙公勤信。

看《辛亥革命回憶錄》。服藥，約十一時眠，上午三時半醒，遂不寐。

上午到中華書局，走公主墳至翠微路一段路，又汗出浹背。此後氣候如不變，當由阜成門行，可少走路也。

下午大雨，轉凉。

前日聞思泊言，商藻亭先生（衍鎏）上月以心肌梗塞逝世，年九十，前清科舉中鼎甲盡矣。予去年到粤，猶在錫永家得見一面。

九月十一號星期三（七月廿四）

看《辛亥革命回憶錄》第六册。寫李民、農業出版社、陸欽頤、陳萬里信。

服藥，未成眠。寫王真、周達甫信。到八面槽寄信、永仁堂買藥。到北海畫舫齋，看部隊畫家黃冑、劉侖、佟翔天、李健、康東、寇鴻烈邊疆寫生畫展。

訪章元善，未晤。到東單公園散步。到北京醫院打針。九時半眠，上午二時半醒。又眠，六時半醒。

昨夜少睡，今日精神又不佳，眼亦模糊，苦矣！

前數日，我均一日下便兩次。昨日忽一次，方以爲幸，而今日乃三次，看來我的腸子終有問題。

歸後見我者多謂我瘦，予意，自到大連後所做多機械工作，并不勞神，而失眠之劇乃由六、七兩月中趕作《大誥》而來，則此次之病有類于一九三一年爲趕作《五德終始說》一文而病矣。

九月十二號星期四（七月廿五）

看《辛亥革命回憶錄》第六册。到北京醫院，先看外科，再看內科，遇張友漁、徐行之、王家楨、趙萬里、汪世銘。雁秋夫婦來。記筆記一則。

未成眠。與静秋到文華殿，看曹雪芹逝世二百年紀念展覽，看第一、二部分，粗看第三、四部分。遇陳乃乾、賀麟。

到錢琢如處談。到北京醫院打針。十時服藥眠，上午二時醒，遂不寐。

內科荆女醫師謂予多下便無大關係。血糖，驗得130，較前爲低，而醫則猶嫌其高。

看曹雪芹展覽，脚底痛甚，此必內臟有病所致也。

今日晴，又熱。

從《回憶錄》中見袁希洛先生《我在辛亥革命時的一些經歷和見聞》一文，知其任蘇州公立中學監督爲一九一〇年四月二十日事，距武昌起義僅一年餘，而在我的記憶中覺得他在校有兩年之久，可見我記憶的不正確，亦見彼在校措施甚多，因而使人覺得甚久。

九月十三號星期五（七月廿六）

獨到什刹海散步。歸早飯後到中華書局，整理前數年所作《尚書總序》稿。晤趙琪。偕劉鈞仁及起釪到國强飯。

看孫次舟《魏三體石經與經今、古文學》一文，未畢。到起釪宿舍，晤其母。出，遇丁曉先。歸車中遇張鴻翔。

周達甫來，長談，留飯。看電視《新兒女英雄傳》。十時半服藥眠，上午三時三刻醒。又眠，六時醒。

涂允檀打電話來，謂早晨出外運動爲佳。今日起試行。但北京上班人多，汽車、自行車接叠而來，要穿過馬路實在不易，故順四路環行車至什刹海。

昨日打針而眠不好，今日不打針而反得安眠，可見藥物之不可專信也。

周達甫來，謂予工作之所以科學院不相助，乃由于魯迅對我的打擊，而魯迅之所以如此則由于魯迅與周作人之不協，以錢玄同接近周作人，而我接近錢玄同，因此遷怒及我。此爲予前所未知，不知可信否耳。

九月十四號星期六（七月廿七）

雨中，與靜秋到東單公園，她打拳，我散步。看《二評蘇共中央的公開信——關于斯大林問題》。寫又曾、德輝、毓蘊、行健信。以《孟姜女資料集》稿交雁秋先看一過。

未成眠。寫容希白、葉國慶信。寄《漢魏叢書》與德輝。靜秋爲洗浴。寫侯芸圻信。

與靜秋到兒童劇場看電影。出，到東安市場買物。十時半服藥眠，上午二時醒。四時又醒、六時又醒。

今晚所看電影：一、支持美國黑人鬥爭（時事片）　二、碧海丹心（解放海南島，以木船擊潰蔣匪海軍艦隊。演金小妹者爲田華，即《白毛女》中主角。）

潮、湲兩兒均日在練隊，以參加國慶節游行，湲兒在儀仗隊，潮兒在游泳隊。然潮兒食量少，一日不過六兩，故練隊三小時歸來，輒不勝疲乏，躺在床上。

洪兒昨日在體育課上忽發心臟病，查得有雜音。今晨由雁秋伴至阜外醫院，照心臟電流圖，則已正常。

九月十五號星期日（九月廿八）

田普霖、馬春陽來。偕靜秋到東單公園。到王姨丈家，晤大琪夫婦、大玫，遇潘介泉夫人。歸，北大向同志來，接洽講課事。寫王守真信。

未成眠。鈔致葉國慶函于日記。記筆記三則。静秋照全家相。到東單買物。到涂允檀夫婦處，并晤其子、媳、孫。

與静秋到中山公園。九時半歸，得産科醫院電話，她即往。予服藥兩次，十一時後眠，上午三時半醒。又眠，六時醒。

王姨丈病，經醫師診斷，爲胰臟上端生瘤，妨害膽汁下垂，故面部現黄色。既爲癌症，又以年高（八十七歲）不能開刀，只得聽其發展，恐生命不能久長矣。

木蘭今晚十二時半産兩女孩，每個僅重三斤半，未知能存活否？雁秋夫婦及静秋都往，一時半步歸。

静秋轉述湲兒語，知潮兒議論文在女附中甚有名。湲兒則喜作描寫文。

九月十六號星期一（七月廿九）

出，遇王毓銓。到中華書局，將夏廷棫論《大誥》函鈔出，編入《討論》，計二千字。午歸飯。

眠一小時。看《辛亥革命回憶録》。將舊作《尚書總序》數稿編目，未竟。與静秋到東安市場買物，到豐盛公吃蓮子粥。遇梅汝璈。

與静秋到東單公園散步，到北京醫院打針。十時服藥眠，翌晨五時半醒。

前數年所作《尚書序》有九篇之多，以未先作提綱，而又牽于他事，均未完成。今準備寫序，乃先將舊序各編一目，再匯合爲提綱，庶可凭之作文。

近日眼睛發花，不知何疾。予性過敏，不能診眼科，只得聽之而已。

大便又每日兩次，幸尚不稀。

九月十七號星期二（七月三十）

與靜秋到東單公園。予到中華書局，遇徐調孚。續作舊《尚書序》編目，未訖。

未成眠。到來今雨軒，與諸同人談。五時，到同和居飯。七時半歸。頤萱嫂來，製衣留宿。

看報。十時服藥眠，十二時醒。又眠，六時醒。

今晨得産科醫院嬰兒室電，知木蘭所産兩女，其次女以發育不完（早産近五十日），肺部出血，搶救無效死。木蘭人力不足，而生雙胎，更爲難辦，死其一未始非幸事也。

今日同飯：王伯祥　陸欽頤　陳萬里　錢寶琮　葉聖陶　陳乃乾　俞平伯　孫寶君（自滬來）（以上同茶同飯）　章元善　夏慧遠（以上同茶）

九月十八號星期三（八月初一）

與靜秋到東單公園。遇李伯球夫人。到中華書局，將《尚書序》稿編目訖，草《尚書總序》提綱訖。歸家飯。

崔洪文來。眠一小時許。作《尚書序》九百字。馬念祖來。洪兒病歸。雁秋、靜秋送洪兒赴阜外醫院。王桂芝來。

獨至東單公園散步、北京醫院打針。十時半服藥眠，上午二時醒。又眠，六時醒。

崔洪文爲山東樂陵縣寨頭堡完全小學歷史教師，以赴内蒙探親，歸途過京，向郵電局探得予住址，來詢予古史問題數事而去，可謂熱誠矣。

洪兒夙有心跳之疾，今日到天壇勞動，運老玉米，才半日而病作，下午送回來，脉搏速至每分鐘一百八十，急送阜外醫院，打針後漸遲，因留居數日。其師王桂芝來，謂此兒熱情，止之不往則哭，因此只得帶去。又謂勞動期十日，可以休養。如竟不痊，則明年高中入學恐有困難矣。

九月十九號星期四（八月初二）

作《尚書序》三千字。雁秋來，寫表揚張淑芬信。科學院圖書館陳君來，爲購書事。到"東單"理髮。

未成眠。武修文來，取紙。與靜秋同到東安市場買物。遇關瑞梧。到豐盛公飲咖啡。洪兒同學七人來。

王守真來。劉起釪來。燈市口女中蔣、陳二師來。服藥兩次，十一時眠，上午二時半醒。又眠，六時醒。

洪兒住阜外醫院候診，應繳費二百元，靜秋只有付七十元。其病，醫生定爲"陣發性的心動過速症"。

九月二十號星期五（八月初三）

與靜秋到東單公園。予到中華書局，續作《尚書序》二千字。歸飯。

未成眠。與靜秋到阜外醫院看洪兒。遇雁秋。予又獨至北大醫院後庫病房看王姨丈。歸，陳維輝來。

查"嬴"地。十時服藥，十二時後眠，四時醒。又眠，六時半醒。

古人云："人生五十始衰。"予年五十，雖已華顛，然未覺衰也。六十後雖氣管炎漸劇，亦復餘勇可賈也。所以然者，吃得下飯，走得動路耳。及至今日，每餐不能及三兩，行路至二里輒流汗，腳底亦作痛，乃覺真衰矣。今日至兩醫院，歸來即感疲乏，如此不自由，可奈何哉！

九月廿一號星期六（八月初四）

與靜秋到東單公園。予到中華書局，續寫《尚書序》二千餘字。晤原孝銓。歸途遇錢琢如夫人。

未成眠。静秋爲洗浴。記筆記一則。鈔出"嬴"地資料，備增入《考證》。

與静秋及堪兒到東單看練隊。十時歸。服藥兩次，十二時後眠，上午四時醒。又眠，六時半醒。

予日來仍每日下便兩次，有時竟至三次，但亦偶有一日一次者。服中西藥，皆無效，蓋實病難醫也。輸出多而輸入少，總不是辦法。

潮兒在國慶游行中參加游泳隊，今晚全市練隊，自晚九時至上午三時方畢，長安街一帶交通爲斷。予等往觀，萬頭攢簇，青少年之活動力真可驚也。

九月廿二號星期日（八月初五）

與静秋到東單公園。歸，九時進早餐。姚紹華來，爲捐書事。記筆記三則。

眠近一小時。陸啓鏗來。到張絅伯處，晤其夫人及孫工立。到葉聖陶處，并晤其長孫。記筆記一則。

出，遇胡厚宣夫婦。與静秋到東單公園散步。十時服藥，十一時後眠，上午三時半醒。天明又眠，六時半醒。

木蘭于今日出院，將返中關村，嬰兒則留院乳養，以太小，不能吸乳，必于鼻中灌入也。

赫魯曉夫造謠，説中國在中蘇邊境已發動侵略五千次，然則我建國十四年，將一日進蘇聯境一次乎？此真"賊喊捉賊"之伎倆，亦爲他日進兵我境預造口實，其陰險有如是者。

九月廿三號星期一（八月初六）

與静秋到東單公園。予至北京醫院，就荆大夫診。遇黃紹竑。

作《尚書序》二千字。到公主墳商場購紙。

未成眠。與靜秋到王府井購物。到東來順食冰糖蓮子。冒雨歸。

看《新學僞經考》。十時服藥眠，就床坐，待堪兒歸。十一時眠，翌晨六時半醒。

堪兒每夜到徐小融處作功課，今晚下大雨亦往。寫字較工整，算術考五分，以是靜秋心爲一慰。

予今日量血壓，爲 140/70，甚好，然何以睡眠之難如是？今晚待堪兒歸，滅燈倚床，將近一小時，睡眠却好，以知睡前先須安神。

頻日下便兩次，今日竟下三次，腸疾不易愈也。

九月廿四號星期二（八月初七　秋分）

與靜秋到東單公園。到中華書局，作《尚書序》約一千字。王宗虞來，送李民信。到項平處。南京史料處熊緯書、莊稼漢來。

未成眠。到來今雨軒，與章元善、陸欽頤茗談，改詩。四時半出，到新華書店及東安市場閱書。到東單"華美"修面。

看《秋瑾集》。看電視。十一時服藥眠，上午二時半醒。又眠，六時半醒。

今日同人之會本當有十人左右，以寒流侵襲，北風大作，僅到三人，取消飯局，因將飯錢付諸書肆，亦所願也。

今晚所看電視：一、新聞片：劉主席訪問朝鮮等　二、丑戲集錦：1. 雙下山（北方昆曲劇院韓建成等）　2. 畫梅（中國評劇院二團陳少舫等）　3. 時遷盜甲（中國京劇院二團張春華）

九月廿五號星期三（八月初八）

到中華書局，寫《尚書序》千餘字。陳振來。唐珍賢來。蕭項平來。雁秋來，留飯。

眠一小時。王道生來，付鈔件。爲静秋改致女附中函。作《尚書序》約一千字。

到東安市場。看電視《甲午風雲》。看《秋瑾集》。服藥，倚床，約十一時半眠，翌晨五時半醒。

洪兒今日上午由静秋到阜外醫院接歸，計住七天，花二十餘元，動則脉速，静則遲，仍須静養。自木蘭、洪兒住院，静秋奔跑訪問，精神過于緊張。今兩人先後出院，當可漸就寧謐矣。

潮兒過于刻苦，不肯多吃飯，更不肯多進副食，以致體重由六十二公斤降至五十七公斤，面色蒼白，又不肯看病，睡眠不足八小時，枕邊放着鬧鐘，生活極度緊張。今日静秋致函女附中高二六班主任，請加勸導，暫停其課外工作，便于勞逸結合。

九月廿六號星期四（八月初九）

到胡厚宣處。作《尚書篇數圖》。到政協，看《南斯拉夫是社會主義國家嗎?》。赴午宴。

二時，政協車送歸。將《人民日報》今日社論讀畢。寫潘梓年、新建設編輯部信。作《尚書序》千餘字。

與静秋到東單公園散步。看《秋瑾集》。服藥，倚床，約十二時眠，翌晨五時半醒。

今午同席：向達　楊東蓴　黄芝崗　龔飲冰　安娥　謝冰心　齊燕銘　王芸生　田漢（以上客）　李維漢　張執一（以上主）

學部將于十月中旬舉行學部委員會第四次擴大會議，囑在會上作學術演講。期限如此迫，哪能趕出來，且近日正集中精力作《尚書序》，更無餘力任他種工作，因致函潘老辭謝。

九月廿七號星期五（八月初十）

朱士嘉來，告編輯張石公遺著事。作《尚書序》一千六百字。

王姨母來，贈物。雁秋來，留飯。

略一朦朧。作《尚書序》千餘字。與靜秋到康同璧處，并晤其女儀鳳。

與靜秋到東安市場買藥，到百貨大樓買鞋。服藥，十時半眠，翌晨五時半醒。

今日上午瀉兩次，急服黃連素。

洪兒心臟病雖暫愈，而臉腫，月經十天不靜，因買安坤贊育丸與服。

昨世界科協北京中心成立，一千多位中外科學家在京隆重集會，周培源主席，胡厚宣亦參加，而歷史研究所不通知我，尹達對于我之排擠可知。然我正集中精力作《尚書序》，使我省出一些時間來從事工作，亦大佳事。

九月廿八號星期六（八月十一）

與靜秋到東單公園。予獨至中山公園散步，遇馬非百。到民族文化宮，參加學部中心小組會，聽薩空了報告香港、澳門近況。十二時散。

伯祥邀予與錢琢如到南河沿飯。二時半歸。作《尚書序》一千餘字。

與靜秋到東安市場聽蘇州評彈，十時散。服藥兩次，十二時眠，翌晨七時醒。

今日同會：劉導生　夏康農　黃文弼　徐旭生　丁聲樹　熊德基　胡厚宣　賀昌群　張政烺　張鐵生　呂叔湘　陸志韋（約四十餘人）　薩氏講港澳情況，淋漓，真非人世界也。

伯祥、琢如均于前日參加科協中心，并于晚間在人代會餐，問予何以不往，予不欲彰尹達弄權之過，但謂是日適逢李維漢部長宴會，故未去而已。噫，尹之所爲，直係魏奄手腕，而不意行之于共產黨執政之世也！

九月廿九號星期日（八月十二）

與靜秋到天安門散步，看幼兒園生參觀。步回，遇沈從文。到
"藝華"理髮。看《經義述聞》。

約眠三刻鐘。尚愛松偕其三子尚元來，長談。農業出版社朱洪
濤來。雁秋來，留飯。

與靜秋到"吉祥"聽蘇州評彈。十一時歸。服藥，十一時半
眠，翌晨六時半醒。

昨日所看蘇州人民評彈團演出：1. 北京的列車（薛調開篇）：
薛君亞、龔克敏　2. 珍珠塔・哭塔（馬調開篇）：魏含英　3. 八
個雞蛋一斤（新短篇彈詞）：汪梅韻、侯莉君、高雪芳　4. 一頓飯
（新）：謝漢庭、王映玉、王月香　5. 三笑・追舟：徐雲志、王鷹

今晚所看：1. 毛主席像紅太陽，又鶯鶯拜月（開篇）：侯莉
君　2. 風雨桃花洲（評話）：陳景聲　3. 假夫妻（《紅色的種子》
片段）：王鷹　丁雪君　王月香　4. 庵堂認母（《玉蜻蜓》片
段）：周玉泉　薛君亞　蘇州評彈能在北京演出，且受歡迎，滿
座，此以前所不可想像者也。

今晚所遇人：路工　金擎宇夫婦　錢琢如夫婦　祝叔屏　謝
剛主

九月三十號星期一（八月十三）

與靜秋、洪兒到天安門廣場，靜秋照相十餘幅。遇王錦第。到
王府井，予僱車歸。十一時，所中來車，與政烺、昌群、厚宣來到
所，赴午宴。

到第一組，與諸同人談話。二時，謝濟送歸。休息，約眠半小
時。寫北京醫院信取藥。又安自鄉來。與靜秋到崇文門國際服務部

購節物。

　　待潮兒參觀天安門歸，服藥三次，十一時半眠，翌晨七時醒。

　　今午同席：東光　白天　熊德基　姚家積　李士敏　張政烺
田昌五　楊向奎　魏明經　胡厚宣夫婦　蕭良瓊　王貴民　羅琨
高志辛　酈家駒　趙友文　張雲飛　謝國楨　李學勤　張德鈞
朱大昀　劉浩然　朱家源　謝濟　應永深　宋家鈺　王毓銓　赫
治清　張永山　楊品泉　商福九　牛繼斌　謝友蘭　王芹白　霍
適之（共十桌，一百五十人）

[原件]

王老師：

　　要下鄉了，這對我來說確實是一個不小的考驗。

　　我的身體不太好，一定要在這幾天內好好鍛煉。這幾天，我才開始懂得了身體是干革命的本錢，以前，我太不重視身體了。

　　我覺得，擺在我面前的最重要的還是生活上的考驗。我從小就生活在城市裏，過的是舒適的家庭裏的生活，除了幼兒園裏過的一年集體生活之外，從沒有在集體中生活過。家裏，由于爸爸媽媽年歲都很大，對我們十分疼愛，國家對爸爸的照顧，我們也沾了光。現在我們從來沒有吃過粗糧；家裏的設備都很齊全，像衛生設備：有洗臉盆、抽水馬桶等等。現在，即將擺在我面前的，是農村的艱苦生活，這一切，我都得從頭開始。

　　我想，勞動時，一定要踏踏實實，幹一點，就真正是一點，要保證質量。勞動時，要像上課一樣要求自己，休息時，幫劉憲子作好工作；聽老農講農村情況，講階級鬥爭，都要認真記錄，真正學到知識；平時和農民們接觸，腦子裏一定要想着：自己是燈市口女中的，處處都要做對燈市口女中有利的事。我想，我只有比在學校更加嚴格地要求自己，沒有絲毫理由放鬆對自己的要求。我希望老師能嚴格地要求我、督促我，當我做得不好時，嚴厲地批評我。

學生　顧洪　9. 13

　　洪兒竭力向上，爭取勞動機會，而身體不濟，參加半天即病。茲將請求勞動一函粘于上方，俾知病由。

　　潮、洪、湲三兒文均暢達如自明，惟堪兒迄今寫作尚難達到水平，不知其將來何如耳。

　　十月一日國慶節在觀禮臺所遇人：

康同璧　仇鰲　田漢　蕭三　徐伯昕　張紀元　葛志成　申伯純　王伯祥　俞平伯　俞寰澄　何遂　周鯁生　王歷耕　張明養　江澤涵　侯仁之　翁獨健　張絅伯　黃正清　張楚琨　莊希泉　王紀元　陳文彬　葉聖陶　徐平羽　章元善　吳覺農　吳羹梅　陳建晨　黃士卿　饒毓泰　舒宗鎏　張知行　張豐胄　凌其翰　李培基　梁漱溟　涂允檀　張曼筠　翁文灝　沈從文　宋雲彬　傅彬然　王葆真　錢昌照　嚴景耀　雷潔瓊　徐楚波　楊扶青　李伯球　吳大琨　潘梓年　唐棣華　唐弢　周新民　傅懋勣　丁聲樹　林漢達　董守義　關瑞梧　謝冰心　楊崇瑞　王雪瑩　林仲易　載濤　曹谷冰　王季範　陳岱孫　孟目的　葉至善　浦熙修　費孝通　潘光旦　陳達　邵循正　吳桓興　李燕　黃紹竑　胡庶華　閻寶航　吳晉航　王家楨　何思源　唐鉞　王卓然　葉企孫　何其芳　竺可楨　裴文中　于永滋　侯鏡如　顧均正　謝瑩　楊人楩　黃藥眠　（管夫人）喻宜萱　錢端升　林礪儒　倪徵噢　張振漢　曹靖華　薛愚　趙君勱　楊公庶　程希孟　吳景超　楊鍾健　張子高　劉王立明　吳半農　朱潔夫　黃汲清　劉澤榮

　　十月二日中秋節在政協禮堂所晤人：

連以農　辛志超　張執一　張曼筠　李覺　仇鰲　李燕　黃琪翔

覃異之　劉斐夫婦　周培源夫婦　于永滋　易禮容　焦實齋　李四光　嚴希純夫婦　邵力子　李平衡　王楓　溥傑夫婦　章元善　吳研因　黃紹竑

一九六三年十月

十月一號星期二（八月十四）

所中車來，到中山公園，上天安門觀禮，自十時至十二時半。遇趙公勤。回園上車，一時半歸家。二時許進飯。

略一朦朧。金竹安來。看《十萬個爲什麽》。雁秋來，留飯。

與靜秋、堪兒到天安門看放花。并到文化宮、中山公園散步。遇郭敬（外交部辦公廳）。十一時服藥眠。翌晨六時半醒。

前、昨兩日天氣預報，本謂今日有風雨，我與靜秋甚爲潮兒發急，以其身體不好，而編在游泳隊中，須脫淨衣服，易受寒也。幸今日不但無風雨，且晴日照空，爲今年最好天氣。

今日有八十一國代表來觀禮，又華僑若干人，甘肅、貴州、雲南各省少數民族代表團若干人，故觀禮臺頗擠，夜間尤甚。此真大好之教育場所也。

十月二號星期三（八月十五　中秋）

到林劍華處，并晤其女蘭英。尚愛松來。看電視。補記日記。陶復和來，贈物。張覺非來，留飯。

未成眠。看《文史資料選輯》第卅八輯。與靜秋到東安市場，中途遇馮家昇夫婦及其子和平，折歸談。

與堪兒到政協禮堂屋頂參加賞月晚會。服藥，十時半眠，上午二時半醒。又眠，六時醒。

昨日兩次赴天安門，今日十分疲乏。兩眼昏花，看字如隔紗

幕。憶伯祥患白内障，自言如此，予其與之同病乎？若然，則妨
礙我工作不少。

堪兒漸知勤學，學校亦予鼓勵，上月廿八日令其到車站接劉
主席。近日同學華而實、徐小融、李小寶均來與之同作功課。渠
數學既常考五分，只要語文、習字有所改進，即不難成一優等
生，明年可考上一好中學矣。

十月三號星期四（八月十六）

續看《文史資料選輯》。章元善來。朱慶曾來。

未成眠。德融侄來，長談，留飯。王樹民來。涂允檀來。田普
霖來。

袁翰青來。服藥兩次。十一時後眠，翌晨六時醒。

赫魯曉夫正在宣傳我國人"喝稀粥"及"五個人合穿一條
褲子"時，其國農業大量減產，只得拋出若干黄金，向各國購
買。昨林蘭英告我，渠新近到蘇聯開會，住賓館中，日吃黑麵
包，此豈非天報乎！

十月四號星期五（八月十七）

林劍華來。與靜秋到中山公園。到中華書局，編《僞古文尚書
篇目及書序次第表》，訖。出，遇羅繼祖。歸，遇沈有鼎。

看《蘇州評彈演出介紹》。得眠一小時。張紀元來。同到伯祥
處談。又到徐伯昕處長談。再到馮賓符處，未遇，晤其子鼎中。
出，到寶泉堂修面。

看袁枚《子不語》。服藥兩次，十二時後眠，翌晨六時半醒。

伯昕神經衰弱症迄不能愈，理療亦無大效，精神容易緊張。
此真時代病也。

靜秋聽傅學荟説，鄧廣銘夫人病食道癌，白血球少，陡覺自

己舊病復發。

十月五號星期六（八月十八）

與靜秋到東單公園。到中華書局，室門不開，到鄭天挺、羅繼祖處談。旋出，到北海，茗于攬翠軒，又到濠濮間小坐，看《尚書大義》。出，遇孫照。

看《子不語》。得眠一小時許。看龔自珍《太誓答問》。涂允檀夫婦來。唐守正來。畫《西漢尚書表》及《逸十六篇表》。

與靜秋到東單公園散步。服藥兩次，十一時後眠，翌晨五時半醒。

日來甚用腦力，而晚間常不能寐，意者 Seconal 服久亦不靈耶？所幸午飯後看書尚能得眠一小時耳。

赫魯曉夫因蘇聯小麥減產，民食陷于困境，在農民會議上說：“我負有一千零一項任務，你們之中有人只有一項任務，所以我在道義上有權利批評你們。”虧他好意思說得出來。蔣介石極端集權，兼差亦只二三百事耳。

十月六號星期日（八月十九）

草《戰國秦漢人所引尚書篇目表》，未畢。尚愛松、唐守正來。雁秋來。愛松邀至“康樂”飯。

未成眠。看《子不語》。與靜秋及潮、湲兩兒到“紅星”看電影。搜集《尚書》作表資料。

到兒童劇院聽評彈。十時乘車歸。服藥，十一時後眠，翌晨五時醒。

今午同餐：雁秋　予夫婦　唐守正（以上客）　尚愛松（主）

今日所看電影：1. 偉大的戰士（雷鋒）　2. 一九六三年北京國慶節

　　今晚所聽評彈：1. 劉胡蘭（開篇）：汪梅韻、高雪芳　2. 珍珠塔・七十二他：魏含英　3. 苦菜花・搏鬥猫嶺山：謝漢庭、丁雪君　4. 文武香球・托媒：周玉泉、薛君亞

　　今晚所晤人：邵力子　謝剛主　路工　章元善夫婦

十月七號星期一（八月二十）

　　從《尚書大傳》、《説文》、阮元《詩書古訓》、王紹蘭《周人經説》輯出《尚書》篇目，備製表。雁秋來，留飯。静秋到阜外醫院檢查，晚與雁秋同回。

　　看《子不語》。

　　獨到附近街道散步。看《子不語》。服藥，約十一時眠，翌晨六時醒。

　　日來大便乾結矣，而又三次，何也？

　　堪兒臨近小學畢業，自知學力不足，老師又予鼓勵，日來與李紹勇、徐小融等爲一小組，晚飯前後在我家共同學習，進步殊速，惟字總寫不好，時時被教師批"亂"字，以此減分耳。

十月八號星期二（八月廿一）

　　續編《尚書未定型時各家引據表》，未畢。

　　眠約半小時。到中山公園，與諸同人雜談。遇胡厚宣夫婦。遇馮都梁及其弟賓符、俞鳴鶴。到西長安街鴻賓樓飯。乘聖陶汽車歸。

　　看《子不語》。服藥，約十一時眠，翌晨五時醒。又朦朧達六時。

　　今日同茶、同飯：王伯祥　陸欽頤　章元善　葉聖陶　同茶而未同飯者：張茂鵬　夏慧遠

　　老人宴集三年矣，最貴一席達百四十元。今日人少物賤，僅六元五角五分耳，故由我獨付。

十月九號星期三（八月廿二　寒露）

送静秋到東單公園。作《早期尚書殘存篇目及文字表》，未畢。

看《子不語》，眠一小時。按摩師劉玉春來，爲静秋按摩一小時。到兒童劇院購票。到市場買物。到"四聯"理髮。昌群來。

静秋爲洗浴。看《子不語》。服藥二次，十一時後眠。上午五時醒，又朦朧到六時半。

静秋内臟運行不調和，腹中僵硬，蓋氣所壅也。到馮大夫處打針，久不見效。涂允檀夫人介紹一劉姓按摩者來，每星期一、三、五來，月十元。

潮兒學習勤奮之狀，直可動天地而泣鬼神。每天回家，沒有一刻休息，和一家人都不説話。勸其稍息，則謂沒有時間。女附中功課既重，政治學習與勞動亦多，聞其同學有服安坤贊育丸，滿抽屜都是藥物者。如此教育，終不可謂之正常也。

十月十號星期四（八月廿三）

寫北京醫院取藥信。作《早期尚書殘存篇目及文字表》略訖。梁措成來。

未成眠，看《子不語》。張茂鵬來。雁秋來。

遇王湜華。與静秋到兒童劇院聽評彈，静秋先歸。服藥，十一時後眠，翌晨六時半醒。

武阿姨前日下堂傷足，歸家休養。今日其女來，謂血壓高，不來矣。此人多説話，有力不使，静秋本已厭之。惟一時用人不易，洗衣爲一負擔耳。

今晚所觀評彈：1. 梁山伯與祝英臺（開篇）：徐琴韻　2. 壽堂唱曲（《秦香蓮》片段）：汪梅韻、高雪芳　3. 朱家灣（《戰鬥在敵人心臟》片段）：陳景聲　4. 關亡（《玉蜻蜓》片段）：周玉泉、薛君亞

十月十一號星期五（八月廿四）

檢查昨作表。重作《漢代今古文尚書篇數表》。

看《子不語》。未成眠。張綱伯來。雁秋夫婦來，頤萱留宿。

獨到兒童劇院聽評彈，遇謝剛主夫婦。服藥二次，約十一時半眠，翌晨六時半醒。

嵇文甫于昨日在鄭州逝世，年六十七。渠與我爲北大同學，解放前入黨，今爲人大代表、鄭州大學校長、河南省副省長。去年渠令李民隨我治學，而尹達堅不允，只得推薦與中華書局，其意可感也。尹氏對我，排擠傾軋，無所不至，此特其一端耳。

今晚所觀評彈：1. 瀟湘夜雨（開篇）：王月香　2. 五畝地（短篇彈曲）：謝漢庭、薛君亞、龔克敏　3. 槍挑小梁王（《岳傳》片段）：曹克昌　4. 堂樓露真情（《三笑》片段）：徐雲志　王鷹

十月十二號星期六（八月廿五）

修補前、昨所作表。宋家鈺來。商錫永偕中大助教王子超、研究生張振林、楊玉銘、孫稚雛、陳煒湛來。

頤宣嫂回家。未成眠，看《子不語》。劉起釪來。

看《子不語》。服藥，十一時眠，翌晨六時醒。

樓朗懷介紹楊阿姨來，其人年近六十，然甚安詳肯做，其夫爲解放前之全聚德經理，以合營時未參加工作，僅領定息，家用不足，故出外幫人。

十一月十五日，全國政協開會，數日後即須出外參觀，予以下列三事，竟不能行：一、靜秋多病。二、學部將開擴大會議，上月已通知潘老，出席報告大會。三：《尚書》序文。只得在京市參觀矣。

十月十三號星期日（八月廿六）

到謝剛主處還書借書。到南河沿，參加民進生活小組，自九時至十一時半，談中蘇問題。伯祥邀飯。遇金子敦之子。

到兒童劇場聽評彈，自一時十五分至四時。遇陳萬里夫婦、金擎宇。到東安市場購物。歸，張覺非來。麗京周來，同到伯祥處，并晤其子湜華、女漢華。

到兒童劇院聽評彈。十時半歸。服藥，十一時後眠，翌晨六時醒。

今日同會：陳慧　徐伯昕　徐楚波　王伯祥

今日所看評彈：老楊和小楊　第一回要轉業：謝漢庭、王月香、高雪芳　第二回鬧轉業：謝毓菁、丁雪君、王鷹　第三回不轉業：汪梅韻、侯莉君、薛君亞

今晚所看評彈：1. 羞姑（《珍珠塔》片段）：魏含英　2. 梅亭相會（《三笑》片段）：徐雲志、王鷹　3. 挑華車（《岳傳》片段）：曹漢昌　4. 搶救三娘娘（《玉蜻蜓》片段）：周玉泉、薛君亞　賣滿座。再在西單劇場演三天，便行矣。

十月十四號星期一（八月廿七）

寫何叙父信。送靜秋到東單公園。到中華書局，遇祁龍威，入其室談。與起鈃到古史組，晤趙守儼、原孝銓，商排印《大誥譯證》事。并晤傅維本。歸室，作《史記引尚書表》。出，遇潘達人、陸高誼。

到青年藝術劇院聽評彈，遇陶鈍、章輝、葉聖陶、夏滿子、徐邁進、袁水拍、張正宇等。五時許出，步至“東單”修面。歸，雁秋來，留飯。

與靜秋出，遇蘇笑天。到中山公園，以靜秋頭暈，雇車歸。服藥二次，十一時後眠，上午四時醒。朦朧至六時。

今日中國曲藝工作者協會邀看評彈：1. 八個鷄蛋一斤：汪

梅韻、侯莉君、高雪芳　2.　一馬雙駃(《文武香球》片段)：周玉泉、薛君亞　3.　五畝地：謝漢庭、薛君亞、龔克敏　4.　追舟(《三笑》片段)：徐雲志、王鷹　此次蘇州評彈團來，共看八次。

今晚靜秋到公園後突然頭暈，頭重脚輕，又自云"氣衝兩肋"，使我驚駭無措。歸家即眠，又不易入睡。體弱如此，奈何！

十月十五號星期二　（八月廿八）

與靜秋到建國門外頭道街看新造屋，學部職員紀季良伴。十時歸，作《兩漢今古文尚書表》注解畢。羅麗來。

未成眠。看《子不語》。寫朱硯農信。到文聯，參加曲藝協會"蘇州評彈座談會"，自二時半至四時半。寫張次溪信。

與靜秋到東安市場買物。看《讀尚書筆記》。服藥兩次，約十一時半眠，翌晨五時半醒。

建國門外新屋，一家只能占用一個單元，每個單元只有八十餘平方米，我家萬不能容。遷居城外的希望破滅了。

今日同會：陶鈍（主席）　周玉泉　徐雲志　汪梅韻　侯莉君　高雪芳　曹漢昌　謝漢庭　高元鈞　朱崇懋　葉聖陶　袁水拍　路工　章輝（淑惠）　陳慧

十月十六號星期三　（八月廿九）

作《漢石經書序殘石及假想復原圖》畢。再改《漢今古文尚書篇目表附注》。

未成眠，看《子不語》。王道生來。寫致張友漁信，爲擬移屋事，即鈔清付寄。朱士嘉來辭行。

與靜秋到王府井買物。服藥兩次，十一時半後眠，翌晨五時醒。又眠，六時半醒。

建國門外新屋既不可居，靜秋要我寫信與京市副市長張友漁，請其在別處設法，不知有效否也？許多人勸我"一動不如一靜"，但此屋冬間太寒，我與靜秋之慢性病難忍耳。

我以前手脚均多汗，然近數年已不然。而今年又復多汗，襪子越三日即不能穿，寫字時亦輒滴汗于紙，身體現象改變，何也？又既多汗，仍冰冷，何也？

十月十七號星期四（九月初一）

送靜秋到東單公園。到中華書局，整理《早期尚書殘存篇目及文字表》。校《雜識》圖。到原孝銓處。孝銓來。傅維本來。遇宋雲彬。歸，車中遇王錦第。

看《子不語》，得眠近一小時。到人大禮堂，參加視察北京組，決定參觀項目，未畢先歸。將上午所作表再整理一過。

與靜秋到政協禮堂看戲。休息時歸，十時到家。十一時服藥眠，翌晨五時醒。又眠，六時三刻醒。

今日所觀劇：雲南京劇院一團演出《多沙阿波》：椰枝——關鸝鸝　三伙頭——高一帆　惹木爺——徐敏初　女土司——夏韻秋　張鐵匠——魏剛　"多沙"爲元陽縣地名，"阿波"爲領袖義。土司恣意壓榨，椰枝起義，逐去之，群衆奉之爲多沙阿波。椰枝，哈尼族人。關鸝鸝聞爲滿族人，抗日戰爭時至雲南，工花旦，更工刀馬旦，文武全才也。

今日下午所晤人：俞平伯　王季範　千家駒　黄雍　黄琪翔　吳研因　舒舍予　王紹鏊　焦實齋　侯鏡如　傅彬然　潘梓年

十月十八號星期五（九月初二）

看《周總理接見路透社總經理的談話》及各國的反應。將《讀尚書筆記》四册分類，備作序。

未成眠，看《子不語》。寫辛樹幟信。寫楊廷福、張鏡芙、張紫宸信。到"大明"修眼鏡脚。

劉彩玉來。奚涵培來，爲朱葆初贈物。劉起釪來。十時服藥眠，翌晨五時醒。

爲欲尋袁枚反道統語，看《子不語》一書，索之兩周，今日乃得之。

今日静秋到阜外醫院，查出胸部較去年并無變。醫言種種病狀似係肝病。

西德阿登納説，他于一九五五年訪問莫斯科時，赫魯曉夫對他説："中國是蘇聯的巨大威脅。"可見在彼時已定下反華的陰謀。因此想：尹達自我到所，即予排擊，蓋亦視我爲對彼之巨大威脅也。然中國能自力更生，我獨不能自力更生乎！

十月十九號星期六（九月初三）

到市人民委員會，九時許出發，參觀宣武醫院，由市衛生局副局長譚壯、宣武醫院副院長金宇、神經外科主任大夫王忠誠伴同參觀病房及研究所，并看電影《開顱取瘤》。十二時到北京飯店午餐。遇楊崇瑞、劉文輝、老舍。

在北京飯店理髮。二時半，到九龍山農業機械廠參觀，由廠長沙葉導引。五時出，到北京飯店晚餐。遇李燭塵、黃琪翔、黃紹竑等。

看《子不語》。十時半服藥眠，翌晨四時半醒。又眠，六時半醒。

今日上午同參觀者：王紹鏊　鄧哲熙　趙世蘭及其秘書梅如芳　鄧士章　黃雍　市府秘書張金祥

下午同參觀者：黃雍　鄧士章　張金祥

宣武醫院以神經外科著名，其開腦殼取瘤，實爲醫學尖端，其死亡率亦逐漸減少。

農業機械廠專造發動機，四十五馬力，經過七十餘套手續，今雖每月只產五十臺，但潛力無窮，將來必有大增加也。

十月二十號星期日（九月初四）

鈔本市參觀項目單入冊，未畢。十時許，與洪、湲、堪三兒同到中關村，到木蘭家，賀愛華彌月并頤萱嫂六十五歲生日。獨到熊迪之處問疾，晤其夫人及孫女。

飯後小息，看北京出版社所編《黨使我獲得新的生命》。到黃秉維處，晤其夫人王愛雲及女永平。六時晚飯後與靜秋、四兒、雁秋同出。

略看《子不語》。看報。服藥兩次，十一時後眠，三時醒。又眠，六時半醒。

今日上下午同飯：予家六人（潮下午到）　雁秋夫婦　陸啓鏗夫婦（主）

木蘭得子，一喜也。啓鏗著作出版，二喜也。遷新屋（四十樓一○七號），三喜也。頤萱嫂生日，四喜也。雁秋備菜三日，使我等大嚼。

熊迪之血壓高至二百二十，兩腿無力，不能行動。送至北京醫院後較好，但如此年齡，前又中過風，深恐難復健康耳。

十月廿一號星期一（九月初五）

到市人委，九時許出，與杜春晏、楊崇瑞同車，到東北旺人民公社，聽社長趙文敬報告，參觀小麥、奶牛及永豐渠。十二時三刻到北京飯店午餐。

步歸。到科學出版社閱書。歸，看《文史資料選輯》第卅七輯。

與靜秋到東安市場購物。略看《子不語》。十時半服藥眠，上午三時醒。又眠，五時半醒。

今日同參觀者：王紹鰲　千家駒　楊崇瑞　韓權華　黃雍　鄧哲熙　鄧士章　黃琪翔　黃紹竑　黃汲清　劉文輝　程希孟　劉瑤章　杜春晏（浦潔修之夫）　市府秘書：王淑蘭

農業大學在圓明園北，東北旺又在農大之北，故即爲農大之試驗地，且得政府之輔助，故生産特好，較五七年前增加一倍。麥、玉米、蔬菜、猪、牛、林、魚均有。

十月廿二號星期二（九月初六）

到市人委，九時許，與諸同人到玉泉路參觀中國科學技術大學，由副校長武汝揚報告及導觀電子計算機及加速機等研究室。十二時出，到北京飯店午餐。遇李奇中、周太玄等。

到外文書店，爲朱葆初買書。歸，遇羅麗、朱大昀。臥看《子不語》。陶復和偕張伯英之女七姐、十姐及十姐之孫女劉振羽來，同到文聯大樓進晚餐。寄朱葆初書，并作函。

看《人民日報》今日社論《新殖民主義的辯護士》。十時半服藥眠，上午四時半醒。又眠，六時半醒。

今日同參觀者：張志讓　華鳳翔　杜春晏　王季範　楊崇瑞　韓權華　董燕梁　黃雍　鄧哲熙　鄧士章　王淑蘭　劉瑤章

靜秋大便黑色，周身不舒服，未知何故，擬明日赴協和醫院診治。

人大代表吳昱恒先生，予參觀丹江口水庫時所識也，今年一月一日在老人會上尚遇之。今日與張志讓語及，則已于三月前夜行郊外，被車壓死矣，傷哉！年當七十四五。北京車禍甚少，而楊剛及吳氏均罹不幸，真出意外也。

十月廿三號星期三（九月初七）

到市人委，九時，由王耀勛陪同，到東郊高碑店參觀污水處理場，由李廣源、王仁和講解，并到沉砂池、沉澱池、曬泥場。十一時十分回北京飯店。到科學院社會科學部擴大會議報到。

與邢贊亭、王紀元、趙慶杰談。乘杜春晏車歸。寫路工信。眠半小時。看劉起釪所作《國內所見隸古定尚書及古寫尚書影本各篇文字情況表》及《隸古定尚書及古寫尚書現在藏所表》。即寫起潛叔信寄去。到東安市場買信箋。

寫越特金信。到寶泉堂理髮。看《子不語》。十時半服藥眠，上午四時半醒。天明又一朦朧。

邢贊亭年八十四，曾在蓮池書院吳摯甫先生處讀書。

十月廿四號星期四（九月初八　霜降）

寫中華書局上海編輯所信。到東單寄信。到市人委，九時，與同人到長辛店機車車輛廠，由廠長武嘉澍報告，導觀鍋爐、煤水車、附屬品、工具等車間。

到北京飯店午餐，遇嚴景耀等。與鄧哲熙、黃雍同車回。遇王道生。未成眠。與靜秋到建外頭道街看屋，學部楊慶初同來。出，到王府井榮寶齋，遇馮芝生。到東安市場買物。出，遇文懷沙。雇車歸。

到文聯禮堂，聽蘇州評彈。與胡繩談話。十時一刻散。服藥兩次，十一時半眠，翌晨六時醒。

今日同參觀者：劉定安　陳書樂　鄧哲熙　黃雍　黃汲清　焦實齋　幹部：王斌　張明　長辛店此廠建立于一九〇一年，為京漢鐵路所辦。主持者為法國人。今工人已七千，連家屬已一萬五千。

今晚所聽評彈：一、祝枝山舌戰杭州明倫堂（《三笑》片段）：徐雲志　二、金張氏父女相爭（《玉蜻蜓》片段）：周玉泉、薛君亞　三、血染桃莊（《苦菜花》片段）：謝漢庭、丁雪

君　明日，全班南旋矣。

　　所遇人：周總理　胡繩　袁水拍　路工　陶鈍　陳慧　陽翰笙

十月廿五號星期五（九月初九）

　　與靜秋到北京展覽館，看日本工業展覽會，遇周谷城、周予同、譚其驤。十一時出，到百萬莊訪謝家榮夫人，未晤。十二時半歸。

　　未成眠。看《子不語》。方慶瑛來。校尹如潛所鈔《漢尚書》、《僞古文尚書》兩表。周谷城、周予同、譚其驤、楊寬正來。劉起釪來。寫張茂鵬信，未畢。

　　看《子不語》畢。翻《康藏輶征》。待堪兒作功課訖，十一時服藥眠，上午三時許醒。黎明又眠，七時醒。

　　覽報，悉清華數學系教授鄭之藩（桐蓀）于前日逝世，年七十六。是于去年熊慶來七十生日會上同桌進餐者也。

　　谷城子周進楷以肝疾逝世，年四十八。肝發硬，腫大，靜秋似亦有之，應勸其注意治療。特近日供應豐富，而進楷則適逢三年災荒，有不同耳。

　　日本工業品種類豐富，形式美麗，尤使人注意者，從煤及樹膠中取纖維，織爲“維尼龍”及各種“龍”，使衣料不必取自麻、棉、絲、毛，解決衣的問題，于民生大有實用。日本究竟是工業先進國家，我國亟應取法也。

十月廿六號星期六（九月初十）

　　老鄞來，與昌群、厚宣、政烺同到政協禮堂，參加學部會議，聽郭沫若、周揚講話。至十二時會散，到政協餐廳，與焦實齋同飯。

　　遇鄧季惺。在政協三樓休息，看毛主席《改造我們的學習》，劉主席《在越南歡迎會上的談話》。洗浴。三時半，到禮堂，續聽周揚“反對現代修正主義”報告，至五時半先出。

與静秋及潮、洪、湲到民族文化宫看話劇。十一時歸。十二時服藥眠，翌晨五時醒。

今日所晤人：黄雲眉　魏建功　王力　高名凱　嚴群　高亨　楊東蓴　朱光潛　呂叔湘　丁聲樹　劉及辰　容肇祖　侯外廬　白壽彝　翁獨健　馮家昇　林耀華　傅樂焕

空軍政治部文工團話劇團演出《年青的一代》：林育生——林路生　夏淑娟——韓秀黎（林之養母）　夏倩如——劉丹（林之未婚妻）　蕭繼業——趙振濤（林之友）　林堅——王貴（林之養父）　林嵐——張蕙英（林之妹）　蕭奶奶——王立元（繼業之祖母）　李榮生——杜賓（與林嵐同上井崗山者）

遇吳研因、程希孟、周亞衛。

十月廿七號星期日（九月十一）

將《早期尚書殘存篇目及文字表》粗校一過。與静秋到王姨丈處探訪，并晤孫紹謙夫婦、大琪、大玫。雁秋、木蘭來，留飯。

校《漢石經書序圖》。用阮元《詩書古訓》修改《早期尚書表》。辛樹幟及其子仲勤、劉起釪來。到宋家鈺處談。方國瑜來。

到"四聯"理髮。十時服藥眠，翌晨六時醒。

昨焦實齋見告，周枚孫（炳琳）死矣。枚孫係予北大同學，一九一六年，予賃屋東高房，標其門曰"大學公寓"（此爲北大公寓之始），枚孫來，轉賃旁屋而居，倏忽四十餘年。渠現任北大教授，以神經痿縮病不治死。

王姨丈臉黄甚，一望而知其爲膽病。飯食稀少，一日僅食二兩。出病院自壽詩六章見示，知國慶前二日爲其足八十七歲之生辰。不知其尚能遷延若干時日也。

十月廿八號星期一（九月十二）

到北京飯店，參加學部擴大會議小組會，予入北京六組，由侯外盧主席，自九時至十二時，乘所中車歸。

未成眠。看連士升《南行集》。查《漢書》、《説文》，修改《早期尚書表》，未訖。

到北京飯店訪上海來人，不遇。訪方國瑜，并晤邵循正、侯方岳。十時許服藥眠，上午三時三刻醒，遂不寐，天明又一朦朧。

今日同組人：吳玉章　范文瀾　錢寶琮　徐炳昶　夏鼐　黃文弼　郭寶鈞　呂叔湘　熊德基　丁聲樹　姜克夫　楊向奎　胡厚宣　賀昌群　張政烺　程西筠　管燮初　劉桂五

十月廿九號星期二 （九月十三）

到市人委，參加視察京密引水工程，九時出發，十時半到懷柔水庫，聽潮白河水庫渠道灌溉管理委員會主任李伯華報告，及北京市水利局副局長劉鵬補充。十二時，到懷柔縣人委會進餐。

獨到東大街看廟會。到新華書店閱書。回縣，車已開。溫義亭來，同到北臺上水庫，又到大中富樂大隊參觀。四時還城，經順義縣小憩。五時到北京飯店，上七樓飯。與余道辛、曹傑談。

到四樓訪陳望道、周谷城、周予同、楊寬談。九時歸。十時服藥眠，上午四時醒。六時又眠半小時。

今日同參觀者：莊希泉　舒舍予　余道辛　曹傑　韓權華　董燕梁　高士一　焦實齋　劉瑤章　劉定安　幹部：張明　溫義亭

到懷柔縣城，急欲上街一觀。適值重陽後有一廟會，東大街上肩摩轂擊，予好奇心盛，遂往觀之。又予每到一地，只要有書，總想買一冊歸作紀念，今日見有新華書店，即往選唐弢《書話》一冊。以此遂致掉隊，勞汽車另接一次，愧甚！

十月三十號星期三 （九月十四）

以吳玉搢、陳瑑兩種《說文引經考》校《早期尚書表》訖。排定表中次序，并作注文一千七百字，未訖。到張政烺處。

未成眠。羅麗來。寫路工、趙儷生信。

與靜秋到東單公園散步。歸，看《參考消息》。十時服藥眠，上午二時半醒。又眠，六時醒。

十月卅一號星期四（九月十五）

到市人委，與王却塵、吳研因同車到東南郊王四營參觀北京市煤氣熱力公司煤氣壓縮罐站，聽馬學亮講解，出觀壓縮車間、調節車間、煤氣儲藏罐、降溫水池。十一時許，到北京飯店進餐。與張勵生同車歸。

未成眠。原孝銓、劉起釪來，出《大誥》所用甲、金文照片見示。爲起釪寫谷城信。王傳恭來，爲寫文字改革會信。續作《早期尚書表》注文一千六百字。

到北京飯店，訪高亨，并晤胡厚宣。與厚宣到蒙文通、徐中舒處。九時歸。十時服藥眠，上午四時醒。朦朧至六時醒。

今日同參觀者：王紹鏊　劉文輝　余道辛　曹傑　韓權華　高士一　張勵生　焦實齋　楊蘊玉　吳研因　王季範　黃雍　鄧哲熙　劉定安　鄧士章　黃汲清　邢贊亭　幹部：張明等

靜秋今日到協和醫院復查，知大便中有血，肝腫大一厘米半，膽固醇高至四百五十，轉胺酶一百二十，其他尚無毛病，然既此亦够受矣。根本是內臟有病，互不調和，故時時處處覺得不舒服。

靜秋之病，始于五三年之打胎，出血太多；成于六〇——六二年之灾荒，偶得食即與我及四兒，自己不吃，以是健康日差；六一年遂病于海拉爾，幾不起矣。

木蘭于九月十五日所生之兩女嬰，以過于早產，無抵抗力，其一兩日即死，其一延至一個半月，亦于今日以肺炎死。

一九六三、九、十五與葉國慶同志書云：（下略,見《顧頡剛書信集》）

一九六三、十、十六與張友漁副市長書云：（下略,見《顧頡剛書信集》）

一九六三、十一、三與導生、友漁、君辰諸位主任書：（下略，見《顧頡剛書信集》）

去年予在政協大會中直陳尹達對我之排擠情狀，會後晤陳毅副總理，渠囑我將一切不方便處與康生同志言之，予當將（下缺）

中國科學院哲學社會科學部委員會第四次擴大會議學科分組名單（摘要）：

哲學一組（四十五人）

艾思奇　劉文珍　李培南　李達　馮定　楊獻珍　潘梓年等

哲學二組（三十七人）

馮友蘭　關山復　楊榮國　呂澂　陸平　高亨　陶白　嚴群　趙紀彬　關鋒　林聿時　任繼愈等

哲學三組（四十三人）

金岳霖　劉剛　胡曲園　賀麟　鄭昕　汪奠基　杜任之　匡亞明　張仲實　王子野等

經濟一組（三十四人）

于光遠　孫冶方　滕維藻　千家駒　關夢覺　聶真　楊堅白等

經濟二組（三十一人）

王亞南　曾惇　嚴中平　許滌新　漆琪生　胡寄窗　陳岱孫　姜君辰　巫寶三　王守禮　樊弘等

歷史一組（四十人）

劉大年　梁寒冰　周谷城　范文瀾　張稼夫　徐侖　吳澤　胡華　戴逸　邵循正　周一良　楊人楩　齊思和　劉導生　姜克

夫　黎澍　劉桂五　丁名楠　程西筠等

歷史二組（三十九人）

翦伯贊　楊永直　徐中舒　包爾漢　鄧拓　鄭天挺　楊寬　譚
其驤　周予同　蔡尚思　黃雲眉　韓儒林　谷霽光　唐長孺
蒙文通　白壽彝　賀昌群　寧可　林甘泉　酈家駒等

歷史三組（五十人）

尹達　葛震　翁獨健　吳晗　侯外廬　夏鼐　谷苞　楊東蓴
唐蘭　金燦然　丁樹奇　尚鉞　鄧廣銘　葉企孫　林耀華　傅
樂煥　白天　東光　熊德基　顧頡剛　胡厚宣　楊向奎　張政烺
田昌五　姚家積　徐旭生　郭寶鈞　黃文弼　蘇秉琦　夏康農
秋浦　馮家昇　侯方岳　方國瑜　錢寶琮　嚴敦杰　王忠等

文學組（五十二人）

馮至　魏伯　劉大杰　何其芳　樓適夷　左恭　游國恩　金克
木　唐棣華　蔡儀　余冠英　賈芝　卞之琳　戈寶權　俞平伯
錢鍾書　李健吾　吳世昌　李希凡　王朝聞　楊晦　朱光潛等

語言組（二十三人）

陳望道　呂叔湘　葉籟士　丁聲樹　陸志韋　王力　季羨林
黎錦熙　魏建功　高名凱　袁家驊　趙洵　管燮初　傅懋勣

國際問題組（三十五人）

張鐵生　陸辛仁　吳大琨　劉思慕　陳翰伯　楊西孟等。

共計四百廿九人

一九六三年十一月

十一月一號星期五（九月十六）

到市人委，參加門頭溝煤礦參觀小組，九時出發，十時到。聽
礦長劉樹森報告，城子煤礦礦長張彥俊繼之。十二時，飯。

休息半小時，換礦工衣，參觀宿舍、飯堂、浴池、禮堂，下井，觀行道及操作。三時半上，照相。予致詞後即上車，五時到北京飯店飯。與劉瑤章同車到展覽館下。

到湖邊散步。到禮堂，觀日本蕨座民族歌舞團演出。八時半出，九時半歸。服藥，約十時半眠，上午三時半醒。良久又眠，六時半醒。

今日同參觀者：李國偉夫婦　許志猛　盧心遠　洪絲絲　劉瑤章　侯德原　幹部：郭錫民　劉萬禎　寧玉環　下井三百餘公尺，達第三層，各行道均點日光燈，有通風設備，上地後洗臉不黑，知一切皆與解放前不同。

予卅餘年前曾至門頭溝，其時皆土窰，斜井逼仄，礦工奮力上下，予欲入而未能也。一九三四年，予游西山陽泉煤礦，下井，覺井中黑暗、悶熱，及出井而口、眼、鼻盡染煤灰，洗數次而未凈。今日無此，解放後之進步可知。若其浴室之整潔，實有超越城市者，礦工生活之改善如此，真"換了人間"矣！

十一月二號星期六（九月十七）

寫學部信。寫張茂鵬信，論春秋史事。方慶瑛來。續作《早期尚書表》注文三千字。

未成眠。出寄信。到"東單"修面。歸，洗浴，如澢擦。

蒙文通來。看連士升《南行集》。待堪兒看畢電視，十一時服藥眠，上午一時醒。又眠，四時三刻醒。又眠，七時醒。

日本蕨座歌舞團是粗綫條的美，從中國文化言之，不免獷暴，然元氣未漓，究勝于靡靡之音也。所演爲播種、收割等舞及沖繩"海濱千島"歌等。

文通告我，李源澄已于前數年以神經病死于重慶師院，是與之同在成都文廟讀書者也。年不過五十，惜哉！

十一月三號星期日 （九月十八）

與靜秋討論致學部函，重寫三次方定。趙儷生自蘭州來，長談。

未成眠。劉子植自廣州來。誦芬弟自瀋陽來。胡一雅來。與靜秋到一雅夫婦處談。寫注文一條。

看吳昌綬《龔定盦年譜》。十時服藥眠，上午一時醒。又眠，四時醒。又眠，七時醒。

儷生告我，馮國瑞已于蘭州逝世，年六十餘。是亦西北文家，天水人，卒業于清華研究院者。

誦芬弟今年八月得一子，留滬，由起潛嬸撫養。

今日陰，微雨，天氣轉涼，穿棉衣矣。予與靜秋皆咳，甚矣其敏感也！

房屋事，向學部要兩單元。如不可破例，則再議修改。

十一月四號星期一 （九月十九）

到北京醫院，就牛福康女醫師診。寫注文一千五百字，略訖。雁秋來，留飯。

未成眠。到北京飯店，出席學部會，聽林默涵報告"蘇聯修正主義在文學方面"，自三時至六時一刻。散會，與胡厚宣在飯店進餐。步歸。

看馬念祖送來之《黃氏日鈔》等。服藥兩次，十一時眠，翌晨五時醒。

今日所晤人：劉導生　黎澍　吳澤　齊思和　傅樂煥　金克木　夏康農　方國瑜　袁家驊　錢寶琮　楊東蓴　俞平伯

靜秋以前二日參加太極拳受涼，今日發燒，高半度許，疲憊臥床。

予今日就診，以腹部常覺有隱痛，大便亦不規則，疑是腸病。若干日來，不思進食，不食亦飽。又許多朋友見面，常訝予瘦，疑體重減輕，今日過磅，體重仍六十公斤。醫謂予消化不好，腸中疑有蛔蟲。血壓爲 135/70，甚低。

十一月五號星期二（九月二十）

七時，市人委車來，到西直門車站，七時五十分開車，在車聽列車長王選志等報告。十一時十二分到官廳水庫，即到電站辦公處，聽水庫主任許辛忙報告。十二時飯。

鈔《官廳水庫畫册》文。二時出，參觀電站及水庫，休息時由水庫工程師劉以信報告。四時卅分車到，七時五十六分到西直門，到北京飯店進餐。

九時，與莊明遠同車歸。爲堪兒不聽話，生氣，服藥三次，至十二時後方得眠，翌晨七時半醒。

今日同參觀者：陳其尤　侯德原　李國偉夫婦　劉瑤章　榮科　徐士高夫婦　莊明遠　趙世蘭及其秘書梅如芳、針灸女醫師李某　幹部：梁隆泰　王斌

靜秋病仍不愈，熱高卅七度五。請汪仲鶴診治，謂是氣管炎。

今晚失眠，固由堪兒不聽話，問之不答，呼睡不應，亦緣歸車中與侯德原、梁隆泰、榮科等談話太多之故，予晚間泃不能多説話。

十一月六號星期三（九月廿一）

到市人委，九時出，到通州東郊看新開之運潮減河，由韓林先指揮報告，并看小中河、溫榆河兩閘。十二時半，到北京飯店進餐。

到谷苞處談。與莊明遠同車歸。到北京飯店，聽艾思奇報告"現代修正主義的活命哲學"，自三時至六時。方國瑜邀晚餐。

到國瑜室談，并晤侯方岳。八時，步歸。十時服藥眠，上午一時醒。又眠，五時醒。

今日同參觀者：李燭塵　舒舍予　劉瑤章　莊明遠　鄧哲熙　黃雍　楊崇瑞　李賦都　何之春　幹部：張金祥　徐連仲

今日所遇人：齊思和　韓儒林　鄭天挺　何幹之　鄧廣銘　何錫麟（南開校長）

静秋仍有數分熱。

十一月七號星期四（九月廿二）

校尹如瀋所鈔《早期尚書表》，并加修改，訖。羅麗來。雁秋來，留飯。

未成眠。重草《早期尚書表解釋》三千五百字，未畢。

到政協禮堂觀劇。七時到，十一時半歸。服藥，十二時後眠，翌晨六時醒。

今日大風，氣候突冷。

今日静秋熱退。予兩日來均每日大便三次，腸病可知。

今晚所遇人：王却塵夫婦　章行嚴　黃雍　向達　楊蔭瀏

今晚所觀劇：中央實驗話劇院演出《三人行》：趙文澔——石羽(特約)　顧淑珍(趙妻)——劉燕瑾　趙偉森(趙子)——金振武　石人俊——耿震　孫慧君(石妻)——姚向黎　石曉芬(石女)——蕭馳　吳思賢——李丁　梁二順——張守維　梁二嫂——賀昭　梁發——黃小立　羅三——艾長緒　此係陽翰笙所作劇，狀解放前後不同型之知識分子。予自省殆有類于吳思賢，即在政治運動中亦不能忘本業也。

十一月八號星期五（九月廿三）

林劍華來。到文聯大樓，轉北京飯店，參加歷史大組會，聽鄧拓報告"歷史科學的戰鬥"，自九時至十二時許，乘所中車歸。

未成眠。看《康藏輜征》。重草《早期尚書表解釋》三千餘字。馬念祖來。頤萱嫂來。

到"東單"理髮。到東安市場閱書。十時半服藥眠,翌晨六時半醒。

今日所遇人:張德鈞　黃仲良　楊東蓴　馮家昇　翁獨健　張政烺　胡厚宣　侯外廬　熊德基　賀昌群　郭寶鈞　徐炳昶

十一月九號星期六（九月廿四）

寫學部房管科信。到北京飯店,出席大組會,聽黎澍報告"蘇聯修正主義歷史學",自九時至十一時四十分。

未成眠。重草《早期尚書表解釋》三千五百字。雁秋夫婦來。

看《文史資料》。十時服藥眠,上午四時醒。又眠,六時半醒。

昨日静秋起床,今日乃又有微熱,又是卅七度五。渠體已達到"弱不禁風"之程度,奈何!

今日所遇人:蔡尚思　周予同　胡厚宣夫婦

潮兒本梳兩長辮,以早晨上學,梳扎費時,今晚剪去。静秋甚不樂。

十一月十號星期日（九月廿五）

出,遇陶建基。到姚企虞處,與企虞同歸,取書目,借地圖。重草《早期尚書表解釋》一千字,畢。與洪、湲兩兒到大華影院看《幾内亞》、《冰山上的來客》兩片,自十一時至下午一時半。

盧南喬來,長談。雁秋來。史先聲來,爲設計房屋改造,構圖,留飯。

看如瀋所草《盤庚遷殷》。十時許服藥眠,上午三時醒。又眠,六時半醒。

《早期尚書殘存篇目及文字表》及其《解釋》,自十月六日始草,迄今逾月矣,方得觀成,固由視察、開會諸事牽制,亦由問題複雜，非一下子所能成也。

　　静秋仍發燒，雖不高，然已一星期，服四寰素多日亦無效，傷風雖爲小病，但渠體力甚弱，恐不勝耳。

十一月十一號星期一（九月廿六）

　　重開修改房屋條件。將《早期尚書表解釋》修改一過。楊廣初來，張仲才、王玉昆來，與予及静秋商量房屋事，到建外看屋，并參觀永安里商店。

　　到北京飯店，聽潘梓年報告學部工作，自三時至四時。上七樓，開小組會，討論各所制度，自四時半至五時半。與厚宣同飯。

　　訪周谷城、予同、楊寬、譚其驤。歸，看學部文件。與静秋口角。服藥兩次，十二時後眠，上午二時半醒。又眠，七時醒。

　　今日學部來人，告予學部已通過給予建外新屋二單元，一中一小，共計住屋七間半，厨房、浴室在外，面積約一百五十平方米。因往一觀，知予已能安家，且可將書房與住屋分開，甚合理想，故即接受。

　　今日所晤人：張鐵生　　侯方岳　　寧可　　吳大琨　　李榮　　徐侖　陸志韋　　劉導生　　趙泂　　王子野　　唐棣華

　　静秋今日到協和醫院，審所病係氣管炎，非肺炎，心爲寧定。

十一月十二號星期二（九月廿七）

　　羅麗來。到前門飯店，向全國政協報到，遇黎劭西夫婦、何思源。到榮寶齋買畫贈起潛叔。歸，修改《表解》。

　　未成眠。吳榮來。修改《早期尚書表解釋》竣工。理書桌所陳書。看雲大馬開梁《關于春秋時期階級鬥爭》一文。

　　出，遇張覺非、殷琰。到東安市場散步，觀寄售商行。服藥，十一時眠，上午二時醒。又眠，六時醒。

《早期尚書表解釋》，今日蕆工，凡約萬二千字。

静秋又將遷家翻案，欲修現住屋，此事頗使予爲難。出話不當話，恐爲學部同人所笑。

十一月十三號星期三（九月廿八）

將《早期尚書表》及《解釋》再改一過。雁秋來，留飯。

未成眠。三時許，與厚宣、昌群、苑峰同到懷仁堂，聽劉主席講話，自四時至五時四十分。乘車歸。趙儷生來。

到"燈市口"修面。到隆福寺散步。看《康藏軺征》。服藥兩次，十一時後眠，上午十二時半醒，一時許再服藥，至四時許始眠，七時醒。

今日所晤人：李士敏　劉大年　黃雲眉

今日未甚緊張，不知何以失眠。

十一月十四號星期四（九月廿九）

再改《早期尚書表》及《解釋》，竣事。寫劉起釪信。看趙紀彬《孔墨顯學對立的階級和邏輯意義》。

服藥，得眠一小時。磨墨，爲趙儷生及其夫人高昭一各寫一條幅。趙儷生來。劉起釪來。雁秋、木蘭來，留飯。

到北京飯店，訪季龍，不遇。到予同處談。出，到高晋生、徐中舒處談。九時半歸。十時許服藥眠，上午四時醒。天明又眠，七時醒。

潮、洪、湲都得學校優良獎狀，其勤學苦練可知也。

十一月十五號星期五（九月三十）

參加歷史研究所學術委員會擴大會議，到四川飯店，分組討論，自九時至十二時半。在飯店進午餐，與郭沫若同席。

　　二時歸，臥床，未成眠。辛樹幟夫婦、董爽秋來。徐中舒來。到新華書店閱書。

　　到人大會堂，浙江廳談話，新疆廳進食。八時半歸。十時服藥眠，上午一時半醒，遂不寐。

　　今日上午同會同席：郭沫若　尹達　侯外廬　熊德基　白天東光（主）　蒙文通　徐中舒　周予同　譚其驤　吳澤　蔡尚思　傅維鱗　谷霽光　唐蘭　趙紀彬　白壽彝　黎澍　胡厚宣　賀昌群　張政烺　韓儒林　馮家昇　鄭天挺　唐長孺　田昌五　楊向奎　酈家駒　程西筠（凡七桌）

　　今晚同會同席：齊燕銘（主）　周揚　范文瀾　吳晗　陳垣　馬宗霍　吳則虞　劉節　鄭天挺　唐長孺　盧振華　羅繼祖　鄧廣銘　王永興　金燦然　蕭項平　李俊民　趙守儼　劉迺和　馮家昇　傅樂煥　陳振（凡三桌）

十一月十六號星期六（十月初一）

　　到和平賓館，訪起潛叔。與白天等同到北京飯店，參加學部會議閉幕式，聽吳玉章、周揚、郭沫若發言，自九時至十二時。在北京飯店進午餐。

　　在大廳待。一時許上車，到中海懷仁堂後攝影，晤毛、劉兩主席，周、陳兩總理。四時歸，疲甚，臥床休息。起改尹如潯所鈔《早期尚書注稿》。寫起潛叔信。

　　續改稿。靜秋大打堪兒。洗浴，洪兒擦背。十時許服藥眠，上午四時醒。天明又眠，七時醒。

　　今日所遇人：吳一麈　黎錦熙　楊人楩　朱光潛

　　起潛叔將到日本，以書法作友好訪問，同行者有陶白、王个簃諸人。今來京學習數日，兼製西裝。廿一日飛廣州轉香港。

　　學部此次擴大會議，集合各大學校長、各省宣傳部分、科學院社會科學各部分負責人及有名學者，凡四百八十人，以反修爲主，兼及十年科學規劃，討論三星期，然而問題萬千，此一短時期如何討論得了也。

十一月十七號星期日（十月初二）

李伯球來，同車到政協禮堂，先出席小組會，再出席大會，聽周總理講話及陳叔通報告。十一時半散會，即在政協飯。十二時歸。雁秋來，留飯。

二時，到人大會堂。三時開會，朱德主席，李富春報告"關于一九六三年國民經濟計劃執行情況和一九六四年國民經濟計劃草案"。五時半散，予遄歸。

宴起潛叔。八時許去。看史念海《河山集》。十一時服藥眠，上午四時醒。良久又眠，七時醒。

今日同小組：楊東蓴（召集人）　王紹鏊　周建人　吳研因　陳禮節　李平心　李霽野　徐伯昕　葛志成　張紀元　馮少山　金通尹　徐楚波　梁純夫　潘承孝　張明養　幹部：王永　蔡慶德

今日所晤人：馬大猷　何遂　李平心　吳榮　張絅伯　鄭昕　章元善　吳羹梅　陳達　王伯祥　王昆侖　申伯純　楊崇瑞　陳文彬　薛愚　嚴景耀夫婦　酆雲鶴　熊慶來夫婦　陳望道　沈尹默夫婦　裴文中　金克木　黃藥眠

十一月十八號星期一（十月初三）

到文淵閣買物，未開門，退回。再勘《早期尚書表解釋》訖。原孝銓、劉起釪來，商《尚書》插圖。整理書桌抽屜。雁秋來。

到"春風"理髮，遇姚家積。寫茹欲立信。到人大會堂，聽李先念報告"關于一九六三年國家預算草案執行情況、一九六四年國家預算初步安排"，自三時至四時半。到民族飯店，訪董爽秋、金通尹、辛樹幟夫婦，在飯店進餐。

到李伯球室，并晤其夫人。看惠士奇《禮説》。服藥兩次，十時半後眠，翌晨七時醒。

今日所晤人：王大珩　茹欲立　費孝通　陳中凡　唐棣華　王楓　盛彤笙　袁敦禮　莊明遠　劉仲容　張執一　楚溪春　楊亦周　曹孟君　季羨林　傅彬然　宋雲彬　巨贊　吳家象　方令孺　陳銘德　李培基

靜秋前、昨兩晚皆爲堪兒及尹受生氣，此實不利于其病，然其所以如此則由病來，病與怒互爲因果，日以推進，將奈之何！

十一月十九號星期二 （十月初四）

到政協禮堂，開小組會議，聽徐伯昕、張紀元談福建，潘承孝、葛志成談江、浙，梁純夫談雲南視察情況。在政協飯。十二時半歸。

看五評蘇共中央的公開信《在戰爭與和平問題上的兩條路綫》。羅麗來。寫李民信。與李伯球同到政協飯。上樓買書。飲茶。與倪徵燠談。

在政協看《三人行》，自七時半至十時三刻。十一時許到家，十二時服藥眠，翌晨五時半醒。

今日所晤人：陳半丁　李覺　王復初　陸殿棟　仇鰲　袁翰青　聞家駟　朱蘊山　陳建晨　潘光旦　林仲易　吳大琨　章元善　呂叔湘　張楚琨　華羅庚　于滋潭　劉荃多　羅培元　吳覺農　王芸生　韓壽萱　浦熙修　吳文藻　涂允檀　沈從文　盧漢　孫雲鑄　江澤涵

靜秋自本月四日以來，日有微熱三四分，不思進食，身體疲憊，爲之理療者云：“氣管炎已基本痊可，此微熱或係肝炎，或係膽囊炎，皆不可知，須好好地查一查。”

十一月二十號星期三（十月初五）

到政協禮堂，繼續參加小組會，聽徐楚波等報告，予亦發言。十二時散，即進膳。十二時半歸。雁秋來，留飯。

眠約半小時。草《請多印舊籍并設立古籍研究所案》二千餘言，未畢。

起潛叔來辭行。與同出，到東安市場及百貨大樓。回至和平賓館，晤王个簃。九時半歸。十時四十分服藥眠，翌晨五時醒。又眠，七時醒。

今日所晤人：梅汝璈　錢端升　凌其翰　謝家榮　王家楨
閻寶航

九月自大連初歸時，静秋伴予至百貨大樓買鞋，覺脚底痛甚。今日上三樓，則不痛。意者骨刺之疾竟得愈乎？

起潛叔告予，彼曾見日本報刊所載廣告，知香港已將予所編《古史辨》七册完全翻印。此不知係何方所為。起潛叔又云：劉厚生先生已于去年逝世，年正九十，此即作《張謇傳記》者也。

十一月廿一號星期四（十月初六）

到政協禮堂，出席小組，討論社會主義教育問題，自九時至十二時。上樓，看齊白石畫展，晤莊明遠。飯後歸。

未成眠。草《請建全國性圖書館，推動科學研究工作，爭取建設新成就》案一千四百字，即修改謄清。與李伯球同到政協飯。雁秋夫婦來，頤萱嫂留宿。

商改伯球所作詩，上樓飲可可。買書。看電影。九時半歸。待堪兒作功課，十一時服藥眠，翌晨五時醒。迷糊到七時。

今日所晤人：王葆真　章伯鈞　資耀華　羅隆基　黃琪翔
關瑞梧　鄧哲熙　劉瑤章　何思源　陳達夫婦　于滋潭　李淑君
曾憲楷　吳世鶴　黃琪翔夫人及其女平

今晚所看電影：1. 一九六三年河北抗洪運動　2. 劉主席訪問朝鮮　今年八月，河北省大雨，自天津以西，保定以南皆成灾區，水或齊腰，或滅頂，賴海、陸、空三軍一齊出動救灾，公社又發揮威力，灾區人民始得生存，天津市及津浦路始得安全。

十一月廿二號星期五（十月初七）

寫民進小組請假信。重作《請設立古籍所并重印古籍案》二千字，未畢。

雁秋來。未成眠。寫吳大琨信。李燭塵先生、沈從文、陳雲章、王伯元來。到政協禮堂，聽大會發言，郭沫若主席，自三時至六時一刻。飯後歸。

到"東單"理髮，頤萱嫂去。看吳晗《燈下集》。十時服藥眠，翌晨六時醒。

今日發言人：蔡廷鍇　汪胡楨　喻楚傑　陶述曾　鄒秉文　黃德茂　茅以升　稅西恒　孫鼎　書面發言：嚴獨鶴　傅道伸　周煥章

今日所晤人：葉景莘　辛樹幟　陳中凡　馮友蘭　鄭建宣　翁獨健　吳半農　閻迦勒

十一月廿三號星期六（十月初八）

寫劉起釪信。送靜秋到市中醫院。到政協禮堂，聽大會發言，康生主席，自九時至十二時，并宣布肯尼迪死耗，舉場騰歡。飯後歸。

未成眠。到人大會堂，列席人代大會，聽陳毅副總理報告外交，吳玉章主席，自三時至五時半。與伯球同到民族飯店進餐。

到平心處，并晤李前偉。與平心到樹幟處，并晤劉宗鶴夫婦及其二子。七時半歸。十時半服藥眠，上午二時醒，遂不寐。

今日上午發言人：許德珩　馮友蘭　陳維博、劉良模（聯合發言）　王遵明　丁是娥　孫維忠　楊亦周　書面發言：趙宗燠　吳景超　熊秉坤　王越　陳禮節　周瘦鵑

所晤人：邢贊亭　葉至善　李麟玉　林葆駱　許志猛　陳攖寧　陳建晨　曾世英　盧郁文

今日下午所晤人：張之江　俞寰澄　武和軒　伍獻文　陳序經夫婦　呂澂　載濤　張頤　侯外盧　潘震亞　丁果仙　馬寅初　梁漱溟

為了前數天睡得好，今晚少服藥，只睡了三小時半即不能眠。可見予癮已有定量，不得減輕矣。

為予等駕車之張秀清，聞肯尼迪之死，多吃一碗飯。

十一月廿四號星期日（十月初九）

鈔改《請建立全國性圖書館，推動科學研究，爭取社會主義建設新成就案》訖，千餘字。改作《古籍》一案，略訖。龐京周、龍伯堅來。

雁秋來。未成眠。鈔改《請建立中國古籍研究所并大量翻印古籍案》訖，凡四千餘字。黃烈、張一昌來。

到政協禮堂赴宴。到天橋劇場觀舞。十時歸。十時半服藥眠，翌晨五時半醒。

今晚同席：陳叔通　陳半丁　仇鰲　章士釗　陳雲誥　黎錦熙　吳鏡汀　溥雪齋　康同璧　秦仲文　吳則虞及其女　惠孝同　劉蘆隱　陳雲章　王伯元及其父（以上客）　李燭塵（主）

今晚所遇人：周瘦鵑　鄭曉滄

今晚所觀舞劇：中央歌舞劇院演出朝鮮舞劇《紅旗》

今日可謂為最緊張的一天！

十一月廿五號星期一（十月初十）

將《古籍》一案再修改。到政協會場，出席小組，討論國際問題，自九時至十二時。請平心看發言稿。

再將《古籍案》統改一過，成發言。到政協禮堂，聽大會發言，陳毅主席，三時至五時半。飯後到體育館。

看籃球比賽。十時廿五分歸。十一時服藥眠，翌晨六時醒。

今日所晤人：饒毓泰　羅任一　唐鉞　侯仁之　侯德原　戴愛蓮　鄧士章　鄒秉文　向達　陳鶴琴　胡庶華　劉定安　梅汝璈　董守義　黃新彥　曾澤生

今日發言人：曾廣福　張超　沈粹縝　姚克方　胡師童　馮定　刁光覃等　賈亦斌　吳曉邦等　書面發言人：楊子廉　任崇高　黃方剛　鮑鑑清　鄭曉滄　柳野清

今晚所見：女籃　新疆隊（負）　八一隊（勝）　男籃八一隊（勝）　北京青年隊（負）

十一月廿六號星期二（十月十一）

到政協會場出席小組，繼續討論國際問題，自九時到十二時。飯後歸。

看《文史資料》第卅九輯。到政協禮堂，聽大會發言，楊尚昆主席，自三時至六時一刻。飯後到民族飯店。

訪平心，未遇。到樹幟夫婦處談。續看《文史資料》。服藥兩次，十二時眠，翌晨七時醒。

今日發言人：酈健廉等　談家楨　傅抱石等　魯桂蘭　毛鐵橋　石筱山　胡子昂　張楚琨　江仲華　書面發言人：梁守槃等　朱遂　沙彥楷　馬師曾　錢令希　王達甫　安若定　廖安邦　李伯球　李俊龍

今日所晤人：朱物華　翁文灝　石筱山　白薇　李蒸　辛志

超　朱潔夫　周新民　吳晉航　周士觀　資耀華　徐伯昕　袁翰青　尹贊勛　許崇清　覃異之

十一月廿七號星期三（十月十二）

到政協禮堂，出席小組，繼續討論國際問題。修改發言清樣。飯後歸。

得眠近一小時。到"春風"理髮。羅儀鳳來。車至，到平心處送書，到前門飯店訪繆彎和，并晤祝永康。訪周谷城，未遇，留條。

在前門飯店進餐。到工人俱樂部看歌舞晚會。十時歸。十一時服藥眠，翌晨六時半醒。

今日所晤人：吳有訓　季方　尹義　趙樸初　凌其翰　倪徵燠　王學文　陳岱孫　曹谷冰　吉雅泰

今晚晚會節目：1. 火鳳凰（京劇）　2. 草笠舞　3. 中山狼（京劇）　4. 織網舞　5. 笛子獨奏（陸春齡）　6. 節日之夜（舞）　7. 在果園裏（舞）　8. 秋江（昆曲）　9. 樵夫與畫女（舞）　10. 雁蕩山（京劇）　上海京劇院、上海青年京昆劇團、遼寧歌劇院演出。

十一月廿八號星期四（十月十三）

寫董爽秋信。到政協禮堂，出席小組，繼續討論國際形勢。在禮堂飯。雁秋來，留飯。

眠半小時。將路工送來孟姜女資料九件交雁秋。到政協禮堂，出席大會討論，自三時至六時。休息時上樓看書畫。飯後歸。是日，傅作義、許德珩任主席。

看《文史資料》。雁秋、木蘭來。以咳，服藥兩次，十一時眠，翌晨六時醒。

今日發言人：王紹鏊　朱學範　謝高峰　郭則沈　王天強等　戴戟等　舒舍予等　王芸生　陳攖寧等　皮漱石等　書面發言

人：陳其尤　梁思成　黃叔培　陳序經　蘇育民　李再雯　方鼎英　高鳳志　張學銘　張銓

所晤人：喜饒嘉措　王越　王雪瑩　黃琪翔　李平衡　周太玄　徐萌山　熊佛西　王遵明　王復初　劉蘆隱　周亞衛　彭鏡秋　董竹君　董渭川　曾昭燏

晚間咳甚，氣管炎又發矣。堪兒亦感冒泄瀉，有微熱。

十一月廿九號星期五（十月十四）

頤萱嫂來，雁秋來。爲《文史》二期將再版，將《世俘》一文校改一過。看發言印稿。

未成眠。到政協禮堂，出席大會，沈雁冰、康生任主席，聽發言。予亦發言。飯後歸。劉起釪來。

看《文史資料》。服藥兩次，十一時後眠，翌晨六時醒。

今日發言人：史良　陳中凡　曲仲湘　鄒儀新　蘇延賓　陶晋初　盛彤笙　顧頡剛　宋雲彬　書面發言人：呂季方等　張酥村等　伍治之　丁樹聲等　王子野　裴阿貝　王弼等　胡庶華　李有篾　梁毅文　陳子彬　李學海　錢端升

所晤人：曲仲湘　劉勣　陳銘樞　黃振勛　楚溪春　史永　楊一波　袁翰青　吳曉邦　包爾漢　白薇　李培基

今日予發言時適康生主席，他是實際領導古籍整理工作的，看來應當發生一些反應。

十一月三十號星期六（十月十五）

閱讀今年五月《中共中央關於目前農村工作中若干問題的決定》。石油工業部長余秋里發言。公安部長謝富治發言。

未成眠。到政協禮堂，出席大會，陳叔通、楊尚昆任主席，聽發言，自三時至六時。飯後歸。

洗浴，潮兒爲擦背。服藥，十時眠，翌晨六時醒。

今日所晤人：任芝銘　王國秀　陸秀　呂叔湘　巨贊　馮少山　陳禮節　章元善　李平心

今日發言人：呂叔湘　傅懋勣　黃友謀　阿木提　周亞衛聶真　梁尚立　書面發言人：王學文　鍾惠瀾　黃振勛等　黃鼎臣等　侯仁之　章元善　陸殿棟　陳半丁　周士觀　辛亟舟　胡獻尚　陳鶴琴等　朱鼎卿等　李平心　廖藹庭　溫少鶴　尤家駿陳丕揚　李振等　黃穆如　馬大猷等　侯策名　金通尹　陳桂雲鄭辟疆　王葆真

覽報，悉柯璜前日在太原逝世，年八十七。此人頗負書畫虛名，而作字癱瘓，作文荒謬，前數年在全國政協之發言，簡直不知所云。世故有無其實而有其名者，此一好例也。

一九六三年十二月

十二月一號星期日（十月十六）

田普霖、馬春陽來。劉起釪來，爲寫金燦然信，要求住屋。看《中共中央關于農村社會主義教育運動中一些具體政策的規定》及《厲行增産節約運動的指示》。張覺非來，留飯。

未成眠。看天野元之助《關于明俞宗本種樹書》。看《文史資料》第四十輯。李唐晏來。

與伯球到民族飯店進食。訪沈尹默，遇鄭天挺。訪平心，遇王觀瀾夫婦。到民族宮觀劇。十一時半歸。十二時服藥眠，翌晨六時醒。

今晚所觀劇：一、強項令（中國京劇院四團）：董宣——李長春　湖陽公主——王晶華　光武帝——畢英琦　老太監——寇春華　趙彪——田文善　二、三擊掌（北京京劇團）：王允——

劉盛通　王寶釧——李世濟　三、虹橋贈珠（同上四團）：凌波仙子——李麗　白永——夏永泉　二郎神——俞大陸　哪吒——林雲深　四、盤夫（同上京劇團）：嚴蘭貞——趙燕俠　曾榮——閔兆華　飄香——張韻秋

　　　所遇人：董守義　鄧士章　王葆真　吳家象　申伯純　尹羲塗允檀

十二月二號星期一（十月十七）

　　復看保密文件，節鈔入冊。中國書店孫景潤來。到"藝華"修面。寫致張秀清謝函。

　　未成眠。到人大會堂，聽賀龍副總理報告國防，周總理報告國際情況及社會主義教育問題、國家規劃問題。六時半散會，上樓飯。

　　到懷仁堂看話劇，自七時三刻至十一時十分。歸，十二時服藥眠，翌晨六時半醒。

　　接中華寄來《文史》第三輯，知李思純先生已去世，渠爲川大教授，貫通中西史，爲時代所困，竟不能儘量展其所學，世亦鮮知其人，可惜也。

　　今日所遇人：周叔迦　周谷城　張執一　盧以遠　方鼎英趙世蘭　彭鏡秋　郭沫若　閻寶航　皮漱石　趙樸初　馬寅初梁思成　王國秀

　　今晚所觀劇：中國人民解放軍南京部隊政治部前綫話劇團演出《霓虹燈下的哨兵》。

十二月三號星期二（十月十八）

　　到政協禮堂，參加小組討論，楊東蓴、陳禮節主席，討論周總理報告。十二時散，進餐後歸。雁秋來，留飯。

　　未成眠。到人民大會堂，參加人代二屆四次閉幕式，聽榮高

棠、張國華發言。休息一小時，聽鄧小平宣讀蘇共中央信，八時，通過決議後散會。

到民族飯店，公宴辛樹幟夫婦。十時，與靜秋歸。十一時服藥眠，翌晨六時半醒。

今日蘇共中央忽給中共一信，呼籲停止論戰，蘇聯願意供給中國石油及專家，蘇聯仍將以無產階級專政，反對帝國主義。此真突如其來之轉變！可見肯尼迪死後，赫魯曉夫失去靠山，乃急向中國投降，引起全場中無數笑聲，正與上月廿三日宣布肯尼迪死耗之鼓掌聲相應。

今日所遇人：胡愈之　茅以升　劉仲容　王家楨　秦仁昌　黃正清　孫起孟　梁思成　曾澤生　傅懋勣　侯仁之　李書城　周亞衛　周瘦鵑　熊慶來　徐嘉瑞　尹羲　金克木　許廣平　張銓　黃新彥　李沛文

今晚同席：辛樹幟夫婦（客，賀其七十壽）　羅宗洛　周谷城　董爽秋　楊亦周　盛彤笙　李平心　予夫婦（以上主）

十二月四號星期三（十月十九）

到政協禮堂，參加三屆四次會議閉幕式，周總理主席，聽徐冰、彭真發言，通過決議，十二時一刻畢。飯後歸，與張秀清握別。

未成眠。看《文史資料》。到民族飯店訪平心，值大風，取還所借書，搭渠車歸。看本屆政協提案。

看《文史資料》。十時四十分服藥眠，上午二時醒。又眠，六時半醒。

今日所晤人：仇鰲　翁獨健　沈從文　陳慧　辛樹幟　林葆駱　季方　嚴希純

人大代表平均年齡爲五十五歲半，政協委員則平均爲六十五歲。

午餐時有人謂赫魯曉夫態度之轉變，正如《打漁殺家》劇中之"教師爺"，其初聲勢汹汹，向蕭恩索討漁稅，其後以武力不如人，急向蕭恩跪倒求饒。此真丑角行爲，不圖戲劇中之形象化乃見之于國際舞臺也。

十二月五號星期四 （十月二十）

分類整理此次大會發言，訖。

得眠近一小時。辛樹幟夫婦來。李民自鄭州來。

看《文史資料》。服藥兩次，十一時眠，十二時半醒。又眠，四時半醒。

自十月七日起參加北京組視察，十月廿六日起參加哲學社會科學部擴大會議，十一月十七日起參加政協會議，迄今兩月，固極興奮，亦頗疲憊矣。不知休養幾日，始得動筆寫《尚書序》也。

予自一九五四年起，即提議在北京造一全國性之圖書館，而迄今未能實現。覽此次提案，則有向達、袁翰青二案，與予案而三。聞翁獨健轉述周揚言，謂十大建築中未排入圖書館，實爲錯誤。想領導既有此認識，則至遲在第三個五年計劃中必能興工矣。

十二月六號星期五 （十月廿一）

老鄷來，談修屋事。羅麗來。審查張鵬一《尚書今釋》、《今文尚書問答》兩稿。記筆記四則。

眠近一小時。到"東單"理髮。又安自西郊來，留宿。

聽廣播。十時半服藥，十一時後倚床眠，上午二時醒。又眠，五時半醒。

此次開會，遠道來之友人見予，均謂予"瘦得多了"。此不知何故，太忙耶？抑體日衰耶？但老來之瘦未始非佳事，胖則易以血壓高而中風也。觀徐森玉先生由胖轉瘦，克享上壽可知。

堪兒近日頗能自知用功，亦能自覺地早起。今日上學，校門尚未開。看來已漸轉好。此兒不愚，日在厠所看《十萬個爲什麽》，常識甚豐富，只要努力，不愁其不趕上三個姊姊。

十二月七號星期六 （十月廿二）

孫阿姨來上工。看張鵬一《尚書今釋》，記筆記三則，鈔吳廷錫《黑水説》入册，未畢。

未成眠。民研會張帆來。洗浴，尹受爲擦洗。

聽廣播李淑君等演《紅霞》。十一時服藥眠，上午二時半醒。五時後復眠，七時醒。

靜秋今晨到中醫院看病時，將下便矣，以院中厠所不潔，强爲忍住，歸後亦竟未拉。可見服藥後腸疾確已轉痊，否則必撒在褲中矣。

兩月前，由張明養夫人介紹楊阿姨來工作，其人年近六十，而辦事整整有條理，不須靜秋操心，彼此相處甚好。但本月一日別去，云是送其兒婦到包頭，請假半月，不知真否。靜秋既病，無法等待，今日由羅麗介紹孫阿姨來，年約五十，人頗可靠，惟工作不如楊阿姨之有條理，又惹靜秋操心耳。

十二月八號星期日 （十月廿三）

劉起釪來。張覺非來。譚健常來。鈔吳廷錫《黑水説》訖，續鈔張鵬一《弱水説》。

未成眠。到王姨丈處問疾，并晤姨母、大琪夫婦、大玫、大珍等。

聽廣播奏阮咸。十時半服藥眠，翌晨五時半醒。

王碩輔姨丈一病三月，前二次探望時步坐如常，此次則不能起床矣。今年八十八歲，慮其不治。甚矣老之可畏也！

健常此次視察四川，聞伯祥言，静秋有病，故特來訪。

十二月九號星期一 （十月廿四）

看李長傅《禹貢通釋》稿，未畢。記筆記五則。爲學部催退開會時所發保密文件，趕翻一過。

未成眠。雁秋來。馬念祖來。

看郭沫若《讀隨園詩話札記》。十時半服藥眠，十二時一刻醒。又眠，四時醒，朦朧至六時。

中華書局交予審查四稿：1．牟庭著《同文尚書》，2．張鵬一著《尚書今釋》，3．張鵬一著《今文尚書問答》，4．李長傅著《禹貢通釋》。予之習性，既讀一書即不忍不鈔，且慮中華之退稿也，更不敢不鈔。以是遲滯，妨礙正常工作，此亦一難解之矛盾也。

十二月十號星期二 （十月廿五）

所中車來，與苑峰、厚宣、拱辰同到展覽館後劇場，聽田家英報告農村社會主義教育工作，自九時至十二時半。遇李士敏。歸飯。

眠一小時。續看李長傅《禹貢通釋》，未畢。記筆記兩則。馮國寶大夫來談。

到文聯俱樂部飯，遇胡華、白薇。上樓看電影，九時歸。木蘭來，留宿。待堪兒作功課，十二時服藥兩次眠，六時醒。又朦朧到八時。

今晚所看電影：1．祖國古建築　2．越南片《白烟》（水泥廠技術革新故事）

馮大夫來，謂静秋慢性腸炎必須忌嘴，白菜，豆子皆不可吃，主食僅可吃稀飯、麵包，副食僅可吃魚。静秋之疾，中醫謂是脾虛，西醫謂是消化功能衰退。

木蘭對于雁秋之生活無規律甚不滿意，而其負擔亦不勝任。

生于今日之中國，一個人如何可以懶散！可以把自己的生活倚賴
他人！

十二月十一號星期三（十月廿六）

羅麗來。雁秋來，爲作六十八歲生，同吃麵。續看李長傅《禹
貢通釋》，未畢。

到“鼎新”修面。遇汪奠基。到南河沿，參加民進擴大常務委
員會，聽徐伯昕、張紀元報告福建視察，梁純夫、徐楚波報告雲南
視察，自二時半至五時半。與伯祥同飯。

到新華書店及東安市場閱書。歸，聽廣播《六評蘇聯信》。服
藥，十二時眠，一時半醒。二時，再服藥，六時醒，迷離達八時。

今日同會：嚴景耀夫婦　徐伯昕　葛志成　張紀元　梁純夫
徐楚波　林漢達　吳文藻　章廷謙　胡夢玉　謝瑩夫婦　董守義
夫婦　張明養夫婦　喬凌雲　杜仁懿　顧均正夫婦　王伯祥　王
澤民　陶建基　孫照　陳意　陳選善夫婦　王寶初　余之介　陳
麟瑞　李紫東　戴克光　富介壽　王歷耕　李念武　鄭芳龍　張
守平

十二月十二號星期四（十月廿七）

到北京醫院，就腦系科女醫師馮而娟診。遇曾資生。歸，閱報。

未成眠。續看李長傅《禹貢通釋》，未畢。看《兩條根本不同
的和平共處政策》。

聽廣播，再出《六評》。十時，服藥眠，十一時許即醒。再服
藥，仍不安眠。至上午五時後始沉沉睡去。

予累日不安眠，精神頹唐之甚。今日就醫，知 Seconal, Am-
ytal 等藥服得太久，以致失效。今日改開 Medinal（德製），Mis-
turae Sedatirae, Phenergan，望其有效也。然夜中眠仍不佳，且説

話舌本木強，直至天將明時方得安睡，可見藥性之遲。

　　爲了房屋究竟遷不遷，靜秋思想時時變化，而我對學部及研究所則不便變化，因此不免摩擦。

十二月十三號星期五（十月廿八）

　　在睡眠中。下午一時，靜秋喚起，進食。

　　二時覺困，又眠，四時半醒。續看李長傅《禹貢通釋》。

　　看報。十時服藥眠，十二時醒。延至上午四時復眠，八時醒。

　　今日眠至十餘小時，自來無此佳睡。不有此睡，兩個月中之緊張無法鬆弛也。

十二月十四號星期六（十月廿九）

　　將李長傅《禹貢通釋》看訖。

　　得眠半小時。翻予與靜秋舊札。與靜秋到建國門外看新屋，到張仲才家觀察。洗浴，如漬爲擦澡。

　　聽廣播北昆《血淚塘》。服藥兩次，約十二時眠，翌晨八時醒。

　　今日覺頭暈，當係服藥之故。然昨晚已減少一半矣。

　　李長傅稿閱畢，渠甚能博觀約取，以現代地理知識說明《禹貢》，惜其寫得麻胡，必須謄正修改耳。

　　今日看新屋，靜秋亦覺容量太小，雖兩單元，我家亦無法遷進，蓋不第書多，即箱籠亦無處安放也。

十二月十五號星期日（十月三十）

　　泄瀉。到“春風”理髮。乘六路車到珠市口，步至煤市街豐澤園，赴聖陶壽宴。

　　與聖陶、伯祥、元善等赴南河沿，聽昆曲研習社月會之唱。晤平伯夫人、許寶騄、張茂英、張律、趙景深、陳汲等。

乘聖陶車歸。謝剛主來。十時服藥眠，二時醒。又眠，六時半醒。

今日同宴：葉聖陶　葉至善　夏滿子（以上客）　章錫琛　王伯祥　陸欽頤　章元善　傅彬然　宋雲彬　俞平伯　徐伯昕　賈祖璋　顧均正　倪農祥　朱文叔　覃必陶　夏龍文　唐錫光　徐調孚　王漢華　王湜華　賀昌群　張志公（以上主）　每人分攤八元五角　此皆聖陶之老同學、老同事及其姻戚也。

十二月十六號星期一（十一月初一）

終日臥床。看張治中《解放十年點滴活動》。林劍華來。雁秋來，留飯。

看解放前予與靜秋信件。

金岳霖來。服藥兩次，十一時後眠，一時醒，四時又醒、七時又醒。

看解放前予與靜秋之信，彼時接近國民黨政府官僚及上海商人，所畢力以營求者，在于藉出版業以打好經濟基礎，使予能如願治學，并辦通俗讀物以喚醒群衆。解放後，此幻想已破滅，所幸在黨的照顧下，尚能安心讀書以符宿願，至于工農大衆讀物，則黨已以全力從事，固不必由我刻苦經營矣。一班人不了解我内心之苦悶，以爲我想鑽進官場，不亦冤乎！

昨日大便三次，頭一次稀，後二次拉水沫，今晨又拉水，疑將成白痢，故臥床休息，服黃連素三次。

十二月十七號星期二（十一月初二）

補記日記兩天。爲潮兒班上作祝毛主席七十壽詩。黃少荃來，看其新作《顧炎武的抗清鬥争》。

未成眠。續看舊札。將牟庭、李長傅、張鵬一四稿寫評語。李民來，交之帶去。寫張鴻欽信，寄回其父張棟銘所批《水經注》。

到"大華"看《黃山》、《野豬林》兩電影。十一時歸，服藥眠，上午四時醒。又眠，七時醒。

看舊札，予在蘭大所講"古史料與古史説"，應編輯成書，庶不負一生治學苦心。

祝毛主席壽

掃盡人間虎與狼，偉人偉略起東方。昆侖三截猶難饜，要把河山一擔裝。

十二月十八號星期三（十一月初三）

林劍華來，贈物。寫史先聲、祝嘉、郭紹虞、陳伯衡、錢海岳、卓啓俊、于鶴年信。雁秋來，留飯。

到黃少荃處。到南河沿，出席民進會，聽吳文藻報告江蘇，王歷耕報告湖南、廣西，林漢達報告浙江、上海，葛志成報告上海視察。與吳榮談。

看解放前與靜秋札。服藥二次，十一時後眠，四時醒。又眠，七時半醒。

前日潮兒腹痛歸。昨到協和醫院檢查，知是胃病，只得在家休息數天。

今日同會：略如本月十一日。

十二月十九號星期四（十一月初四）

爲潮兒學習過度努力而體力已不濟，在靜秋信稿基礎上重寫致女附中鍾老師信，約一千五百字，即謄清。北大古典系人來，商定明年課目。雁秋來，留飯。

未成眠。寫程百讓、郭篤士信。到東安市場買物。遇德融侄。雁秋、木蘭來，留飯。

看電視《野火春風鬥古城》及李淑君説《紅霞》唱調。服藥眠，上午四時醒。又眠，七時醒。

自大會後，睡眠愈難。且服藥後雖得眠，翌晨甚頭暈，此前所未有。現在白天太短，做不了很多事，夜間又不敢工作，真有玩時惕日之感。

與北大商定，明年三月下半月到北大，住朗潤園內招待所，至四月底。每周二小時課，講經學。希望在此時間內寫出一本《什麽是十三經?》來，給歷史小叢書社發表。

十二月二十號星期五 （十一月初五）

寫女附中校長胡志濤信，即出寄。理書桌及抽屜，將李民所編予筆記置入卷宗。

未成眠。爲《戰國策》問題，再寫程百讓信，并録入筆記。何叙父來，同到伯祥處，并晤瀞華。原孝銓、劉起釪、李民來，商《尚書》工作。

看《學術月刊》。十時服藥眠，翌晨四時半醒。

以潮兒遲睡早起，損害健康，昨今兩日寫兩函寄去，希望校中注意學生體力問題，勿因急邃提高課業標準致減少三好學生數量。

孫阿姨以能力不足，又遣去。

世界科學北京中心，尹達既不令予參加矣，而明日范長江在西郊報告此事及明年開會，今日學部來通知後，靜秋必欲予參加，爲此一氣，胸中塊壘頓作。予何不幸而覯斯人也！

十二月廿一號星期六 （十一月初六）

上午拉三次。服黃連素，臥床。所中派車來接，未去。翻看施閏章《愚山詩集》。

未成眠。翻看趙懷玉《亦有生齋集》。記筆記三則。尚愛松來，長談。

十時服藥眠，上午四時醒。又眠，七時半醒。

今日腹瀉，初黃後白。今日上午范長江報告會，下午民進報告會（四川、日本），明日上午民間文藝研究會開編輯會，皆不能去矣。

十二月廿二號星期日（十一月初七　冬至）

又瀉二次。民研會派車來接，未去。史先聲來，計劃房屋修屋，重畫圖，晚飯後歸。

看《華陽國志·南中志》。看越特金、李福親、李址麟賀年片。

瀉一次。爲靜秋斥責潮、堪兩兒，空氣緊張，予又不成眠，服藥二次，十一時半眠，翌晨八時醒。

自本月四日休會，先以失眠，繼以氣管炎，今又增以腸炎，精神身體俱極疲憊，老之已至，無復生意。

爲吳覺農囑查中原與雲南交通史迹，因爲一考。

潮兒太用功，堪兒太不用功，然潮兒身體太弱，腹有蛔蟲。聞史先聲言，其弟先禮即以此致死。靜秋肝疾爲之大發，腹右作痛，臨睡眠時斥責不已。如此管孩子，惟有增加我二人之病耳。

十二月廿三號星期一（十一月初八）

新建設社王慶成來。拉一次。臥床，看報。又安來。雁秋來，留飯。

未成眠。又拉一次。起床，記筆記三則。靜秋伴潮兒就醫。

聽廣播《柯山紅日》歌劇。十時半服藥眠，上午四時半醒。又眠，七時醒。

又安在鄉得妹淑華電，其父修卿在長治去世，匆遽奔喪，借百元以行。修卿碌碌一生，如龍書。予之僚婿，三方都盡矣。

下午驟起風，氣候突寒。予年來畏寒，聞今年之寒却爲北京最冷一年，不知將如何渡過也。

十二月廿四號星期二（十一月初九）

又拉兩次，臥床，未成眠。看《隋唐五代史》。學部辦公室主任董謙、行政處副處長宋仁敬、房產科副科長楊光禮來。

記筆記二則。

拉一次。看電視北昆所演《血泪塘》。服藥兩次，約十二時眠，翌晨七時醒。

學部人來，商房屋事，欲請張政烺家遷至建國門外宿舍，我家遷入，正室再行修改，此甚善事也。只望張家應允耳。

自十五日晨起，至今已十天，而泄瀉猶不止，氣力不振。服焦三仙湯，或可有效。

十二月廿五號星期三（十一月初十）

拉一次。臥看羅爾綱《太平天國史料辨僞集》。

眠半小時。看郭沫若主編之《中國史綱》。記筆記三則。

聽廣播張君秋等《詩文會》。十時半服藥眠，上午三時醒。遂不寐，天明又一朦朧。

近日不思飲食，勉强吃一點，而支出却多，身體軟甚，寫字既手顫，又眼澀。如此不濟事，奈何！

十二月廿六號星期四（十一月十一）

拉一次。翟福辰來。寫修改房屋計劃及所長信。劉起釪、李民來，寫《尚書》工作計劃。看艾思奇《反對現代修正主義的幾個哲學問題》訖。

未成眠。翟福辰偕包工匠來看屋。記筆記四則。

拉一次。看《一千○一夜》。十一時服藥眠，翌晨六時醒。

今日爲毛主席七十壽，闔家吃麵以祝。

今日大便久不愈，咳嗽仍劇，現在靜秋服中藥頗愈，因擬子身到廣東過冬，未知所中見許否。

翟同志言，過陽曆年，即可修屋。惟苑峰家如不搬，則家人住處便成問題耳。

十二月廿七號星期五（十一月十二）

拉兩次。竟日臥床，看納訓譯《一千○一夜》。

記筆記三則。

聽廣播張淑敏《杜十娘》劇。十時服藥眠，翌晨三時半醒，遂不寐。

自二十日後，孫阿姨去。尹受一身任内外諸工作，至今日亦覺不舒服，可見家務之勞。其最勞者，是管四個爐子。

十二月廿八號星期六（十一月十三）

拉一次。看《一千○一夜》第一册訖。招“春風”人來理髮。湯周材阿姨來上工。

尹受因病假歸。雁秋來。原孝銓來。劉起釪來。記筆記一則。

聽廣播“週末文藝晚會”。洗浴，潮兒爲擦背。服藥二次，十一時後眠，上午三時醒。又眠，六時醒。

湯阿姨今日來，渠卅九歲，安徽人，甚有能力。然以家中有小孩，不能住吾家，每日來往，不能做孩子們上學早飯。

靜秋以近日稍勞，腫又作，兩腿無力。

予不出門，不工作，腹疾似愈，咳病仍然。

十二月廿九號星期日（十一月十四）

拉二次。看《一千〇一夜》第二冊。姚紹華來，長談。

拉一次。記筆記一則。

聽廣播王玉珍《洪湖赤衛隊》等。十時服藥眠，上午五時醒。

予發現大便中有血，不敢爲靜秋道也。

十二月三十號星期一（十一月十五）

拉二次。看《一千〇一夜》。尹受回。康同璧來。

略一朦朧。與靜秋到市中醫院，就關幼波大夫診治。遇韓壽萱，長談。汽車去，三輪車歸。

看《聞一多全集》。十時半服藥眠，十二時醒。又眠，一時半醒。再服藥，八時醒。

關大夫謂予脾虛，蘊積濕熱。

十二月卅一號星期二（十一月十六）

拉二次。寫魏應麒、陳懋恒、華訓義、朱士嘉、李鏡池賀年片。批林劍華點書條，劍華來談。

與靜秋同到北京醫院，由女大夫全銀環診，入病房，住一一四號室。看《一千〇一夜》。楊超元大夫來問病歷，就所憶者詳告之。抽血。

楊大夫續問，直至八時訖。靜秋始歸飯。尹受取衣物歸。十時服藥眠，翌晨五時醒。

自昨日到中醫院診病，予告關大夫，大便有血，靜秋方知其事。今日檢查予便，果見血甚多，大驚，急令入醫院診治。大夫不知予何處之血，囑住院檢查，是爲予住北京病房之第一次。借此作一徹底之檢查，俾知病之所在，亦一佳事。

醫院中裝汽爐，經常爲攝氏廿五度。冬間住此，比家中舒適得多，甚望得在此度過寒天，免發氣管炎。

　　予記勝利後第一次到徐州，受諸親友之宴，致患腸炎，久不愈，其後到蘇、滬續治方痊，是爲予病腸炎之第一次，距今十七八年矣。近年來此病仍時發，惟出血則此次始有，則三個月來兩次大會太緊張，積勞之所致也。今後應吸取教訓，開大會時只參加半天，夜中則不預文娛活動。要之年過七十，應作事未完，不可不提高警惕性矣。

上海淮海中路 469 號 75 室　李平心
杭州道古橋杭州大學宿舍 4—3 號　姜亮夫
蘇州富郎中巷德壽坊四號　沈颩民
蘇州西白塔路十三號　沈勤盧
北京北池子六十四號　張鴻翔
蘇州仁孝里 12 號平江電木工場　張毓蘊（負責人兼理財會工作）
香港宏豐臺偉景大廈 203 號　容婉
北京海淀區龍泉寺家禽場　姜又安
北京西單保安寺十九號　侯芸圻
武昌張之洞路一一六號　朱士嘉
武昌雲架橋華中村二十九號　張舜徽
北京東琉璃廠炭兒胡同二十八號　俞寰澄
開封半截戲樓街十一號付二十八號　李長傅
上海新樂路 194 號 2 室　顧佶人（張國淦夫人）